张岂之 主编　　刘学智 副主编

中国学术思想编年

明清卷

陈国庆　刘　莹　著

陕西师范大学出版社

图书代号： ZZ6N0840

图书在版编目（CIP）数据

中国学术思想编年·明清卷/张岂之主编；陈国庆，刘莹著.—西安：陕西师范大学出版社，2005.12
　ISBN 7—5613—3488—5

Ⅰ.中…　Ⅱ.①张…②陈…③刘…　Ⅲ.学术思想－思想史－中国－明清时代　Ⅳ.B2

中国版本图书馆 CIP 数据核字（2005）第 155585 号

张岂之 主编　刘学智 副主编

中国学术思想编年·明清卷

陈国庆　刘　莹　著

责任编辑	侯智奇
责任校对	李小娟
装帧设计	吉人设计
出版发行	陕西师范大学出版社
社　　址	西安市陕西师大 120 信箱（邮政编码：710062）
网　　址	http://www.snuph.com
经　　销	新华书店
印　　制	万裕文化产业有限公司
开　　本	850×1168　1/32
印　　张	24.125
插　　页	4
字　　数	528 千
版　　次	2006 年 10 月第 1 版
印　　次	2006 年 10 月第 1 次
印　　数	1－4000
书　　号	ISBN7－5613－3488－5/B·107
定　　价	全套（六册）240.00 元

开户行：光大银行西安电子城支行　账号：0303080－00304001602
读者购书、书店添货或发现印装问题，请与本社营销中心联系、调换。
电　话：(029)85307864　85233753　85251046（传真）

目　录

明清学术思想史概述 …………………………………… （ 1 ）

明
（公元 1368 年—公元 1644 年）

太祖洪武元年　戊申（公元 1368 年） ………………… （ 3 ）
　二月，太祖下诏祀孔 ………………………………… （ 3 ）
　七月，设学校 ………………………………………… （ 3 ）
　十一月，对孔子后裔恩惠有加 ……………………… （ 4 ）
太祖洪武二年　己酉（公元 1369 年） ………………… （ 4 ）
　正月，太祖与马翼论元朝因宽纵而失天下 ………… （ 4 ）
　二月，诏修《元史》，八月书成 …………………… （ 5 ）
　十月，命府、州、县皆立学 ………………………… （ 6 ）
太祖洪武三年　庚戌（公元 1370 年） ………………… （ 6 ）
　五月，定科举考试制度 ……………………………… （ 6 ）
　七月，续修《元史》成 ……………………………… （ 9 ）
　九月，《大明集礼》成 ……………………………… （ 10 ）
　胡广生 ………………………………………………… （ 11 ）
太祖洪武五年　壬子（公元 1372 年） ………………… （ 11 ）
　正月，危素卒 ………………………………………… （ 11 ）

黄教始祖宗喀巴入藏求佛法 …………………………（12）
太祖洪武六年　癸丑(公元1373年)………………………（13）
　　王祎卒 ………………………………………………（13）
太祖武八年　乙卯(公元1375年)…………………………（14）
　　正月,始命天下立社学 ………………………………（14）
　　四月,刘基卒 …………………………………………（14）
　　《洪武正韵》编成 ……………………………………（15）
太祖洪武九年　丙辰(公元1376年)………………………（16）
　　曹端生 ………………………………………………（16）
太祖洪武十四年　辛酉(公元1381年)……………………（16）
　　五月,宋濂卒 …………………………………………（16）
太祖洪武十五年　壬戌(公元1382年)……………………（18）
　　四月,命天下通祀孔子 ………………………………（18）
太祖洪武十七年　甲子(公元1384年)……………………（18）
　　三月,科举考试成为定制 ……………………………（18）
太祖洪武十八年　乙丑(公元1385年)……………………（19）
　　十月,颁《御制大诰》于天下 …………………………（19）
　　僧克主杰生 …………………………………………（21）
太祖洪武二十二年　己巳(公元1389年)…………………（21）
　　十一月,明太祖与刘三吾论治民之道 ………………（21）
　　薛瑄生 ………………………………………………（22）
　　黄润玉生 ……………………………………………（22）
太祖洪武二十四年　辛未(公元1391年)…………………（22）
　　十二月,吴与弼生 ……………………………………（22）
　　僧成生 ………………………………………………（22）
太祖洪武二十五年　壬申(公元1392年)…………………（23）

七月,明太祖与儒臣论诸生当知民间疾苦 …………… (23)
　　域外 ……………………………………………………… (24)
太祖洪武二十七年　甲戌(公元1394年) ………………… (24)
　　明太祖下令删节《孟子》 ……………………………… (24)
太祖洪武二十八年　乙亥(公元1395年) ………………… (25)
　　十一月,赵谦卒 ………………………………………… (25)
　　域外 ……………………………………………………… (25)
太祖洪武三十年　丁丑(公元1397年) …………………… (25)
　　五月,《大明律诰》正式颁布 …………………………… (25)
　　《逊志斋集》编成 ………………………………………… (27)
惠帝建文四年　壬午(公元1402年) ……………………… (28)
　　六月,方孝孺被杀 ……………………………………… (28)
成祖永乐元年　癸未(公元1403年) ……………………… (30)
　　七月,始修《永乐大典》 ………………………………… (30)
　　域外 ……………………………………………………… (30)
成祖永乐二年　甲申(公元1404年) ……………………… (30)
　　七月,朱季友进书 ……………………………………… (30)
成祖永乐三年　乙酉(公元1405年) ……………………… (31)
　　六月,三保太监郑和首次下西洋 ……………………… (31)
成祖永乐四年　丙戌(公元1406年) ……………………… (33)
　　四月,明成祖下令购求遗书 …………………………… (33)
成祖永乐五年　丁亥(公元1407年) ……………………… (34)
　　十一月,《永乐大典》编纂完成 ………………………… (34)
成祖永乐七年　己丑(公元1409年) ……………………… (35)
　　吴与弼潜心理学 ………………………………………… (35)
　　黄教首寺——甘丹寺建成 ……………………………… (36)

成祖永乐九年　辛卯(公元1411年) ……………………(36)
　陈真晟生 ………………………………………………(36)
成祖永乐十二年　甲午(公元1414年) …………………(37)
　十一月,三部《大全》开始纂修 ………………………(37)
成祖永乐十三年　乙未(公元1415年) …………………(37)
　正月,解缙卒 …………………………………………(37)
　九月,三部《大全》修成 ………………………………(38)
成祖永乐十四年　丙申(公元1416年) …………………(40)
　十二月,《历代名臣奏议》成书 ………………………(40)
　王恕生 …………………………………………………(41)
成祖永乐十五年　丁酉(公元1417年) …………………(41)
　四月,颁三部《大全》于天下 …………………………(41)
成祖永乐十六年　戊戌(公元1418年) …………………(42)
　三月,姚广孝卒 ………………………………………(42)
　五月,胡广卒 …………………………………………(43)
成祖永乐十七年　己亥(公元1419年) …………………(43)
　十月,僧宗喀巴卒 ……………………………………(43)
　域外 ……………………………………………………(44)
成祖永乐十九年　辛丑(公元1421年) …………………(45)
　丘浚生 …………………………………………………(45)
成祖永乐二十年　壬寅(公元1422年) …………………(46)
　娄谅生 …………………………………………………(46)
宣宗宣德元年　丙午(公元1426年) ……………………(46)
　七月,始设内书堂教育宦官 …………………………(46)
　阎禹锡生 ………………………………………………(46)
　域外 ……………………………………………………(47)

宣宗宣德三年　戊申(公元1428年)……………………(47)
　　十月,陈献章生………………………………………(47)
宣宗宣德六年　辛亥(公元1431年)……………………(47)
　　十二月,金幼孜卒……………………………………(47)
　　罗伦生…………………………………………………(48)
宣宗宣德九年　甲寅(公元1434年)……………………(48)
　　九月,曹端卒…………………………………………(48)
　　胡居仁生………………………………………………(49)
英宗正统元年　丙辰(公元1436年)……………………(50)
　　二月,始开经筵………………………………………(50)
　　章懋生…………………………………………………(51)
英宗正统二年　丁巳(公元1437年)……………………(51)
　　贺钦生…………………………………………………(51)
英宗正统三年　戊午(公元1438年)……………………(51)
　　僧克主杰卒……………………………………………(51)
　　重建白鹿洞书院………………………………………(52)
英宗正统六年　辛酉(公元1441年)……………………(53)
　　始编《文渊阁书目》……………………………………(53)
　　域外……………………………………………………(54)
代宗景泰四年　癸酉(公元1453年)……………………(54)
　　蔡清生…………………………………………………(54)
代宗景泰五年　甲戌(公元1454年)……………………(55)
　　陈献章从吴与弼学……………………………………(55)
代宗景泰六年　乙亥(公元1455年)……………………(55)
　　张诩生…………………………………………………(55)
英宗天顺元年　丁丑(公元1457年)……………………(56)

董沄生 …………………………………………（56）
英宗天顺四年　庚辰（公元1460年）………………（56）
祝允明生 ………………………………………（56）
英宗天顺八年　甲申（公元1464年）………………（56）
六月,薛瑄卒 …………………………………（56）
宪宗成化元年　乙酉（公元1465年）………………（58）
罗钦顺生 ………………………………………（58）
余佑生 …………………………………………（58）
宪宗宠佛老 ……………………………………（59）
白鹿洞书院恢复教学活动 ……………………（59）
宪宗成化二年　丙戌（公元1466年）………………（60）
湛若水生 ………………………………………（60）
夏尚朴生 ………………………………………（60）
陈献章游太学 …………………………………（61）
宪宗成化四年　戊子（公元1468年）………………（61）
宪宗宠番僧 ……………………………………（61）
域外 ……………………………………………（61）
宪宗成化五年　己丑（公元1469年）………………（61）
吴与弼卒 ………………………………………（61）
域外 ……………………………………………（65）
宪宗成化八年　壬辰（公元1472年）………………（65）
王守仁生 ………………………………………（65）
宪宗成化十年　甲午（公元1474年）………………（66）
何瑭生 …………………………………………（66）
王廷相生 ………………………………………（66）
陈真晟卒 ………………………………………（66）

僧成卒 …………………………………………………（68）
宪宗成化十一年　乙未(公元1475年) …………………（69）
《宋元通鉴纲目》修成 ……………………………………（69）
宪宗成化十二年　丙申(公元1476年) …………………（70）
阎禹锡卒 …………………………………………………（70）
宪宗成化十三年　丁酉(公元1477年) …………………（71）
黄绾生 ……………………………………………………（71）
黄润玉卒 …………………………………………………（71）
宪宗成化十四年　戊戌(公元1478年) …………………（72）
李中生 ……………………………………………………（72）
崔铣生 ……………………………………………………（72）
罗伦卒 ……………………………………………………（73）
域外 ………………………………………………………（74）
宪宗成化十五年　己亥(公元1479年) …………………（74）
吕柟生 ……………………………………………………（74）
穆孔晖生 …………………………………………………（74）
宪宗成化十七年　辛丑(公元1481年) …………………（75）
宪宗崇信左道 ……………………………………………（75）
域外 ………………………………………………………（75）
宪宗成化十八年　壬寅(公元1482年) …………………（75）
御制《文华大训》修成 ……………………………………（75）
域外 ………………………………………………………（76）
宪宗成化十九年　癸卯(公元1483年) …………………（76）
魏校生 ……………………………………………………（76）
王艮生 ……………………………………………………（76）
蒋信生 ……………………………………………………（76）

顾应祥生 ………………………………………（ 76 ）
　　封江夏僧继晓为国师 ……………………………（ 77 ）
　　域外 ………………………………………………（ 77 ）
宪宗成化二十年　甲辰(公元1484年) ……………（ 77 ）
　　胡居仁卒 …………………………………………（ 77 ）
　　宪宗宠僧道益甚 …………………………………（ 79 ）
　　域外 ………………………………………………（ 79 ）
宪宗成化二十一年　乙巳(公元1485年) …………（ 79 ）
　　季本生 ……………………………………………（ 79 ）
　　宪宗因灾变求直言 ………………………………（ 80 ）
宪宗成化二十二年　丙午(公元1486年) …………（ 80 ）
　　四月,封二真君为上帝 ……………………………（ 80 ）
　　何廷仁生 …………………………………………（ 81 ）
宪宗成化二十三年　丁未(公元1487年) …………（ 81 ）
　　十月,孝宗裁撤、整顿佛道职官 …………………（ 81 ）
　　聂豹生 ……………………………………………（ 82 ）
　　徐爱生 ……………………………………………（ 82 ）
　　王道生 ……………………………………………（ 83 ）
　　陈选卒 ……………………………………………（ 83 ）
　　丘浚献《大学衍义补》 …………………………（ 83 ）
孝宗弘治元年　戊申(公元1488年) ………………（ 85 ）
　　杨慎生 ……………………………………………（ 85 ）
孝宗弘治二年　己酉(公元1489年) ………………（ 85 ）
　　《薛文清集》刊行 ………………………………（ 85 ）
　　王守仁谒见娄谅 …………………………………（ 86 ）
　　域外 ………………………………………………（ 87 ）

孝宗弘治三年　庚戌(公元1490年) ………………………（87）
　刘文敏生 …………………………………………………（87）
　黄佐生 ……………………………………………………（87）
孝宗弘治四年　辛亥(公元1491年) ………………………（88）
　娄谅卒 ……………………………………………………（88）
　邹守益生 …………………………………………………（89）
　吴廷翰生 …………………………………………………（90）
　域外 ………………………………………………………（90）
孝宗弘治五年　壬子(公元1492年) ………………………（90）
　五月,诏求遗书 ……………………………………………（90）
　黄弘纲生 …………………………………………………（91）
　王守仁格竹得疾 …………………………………………（91）
　域外 ………………………………………………………（91）
孝宗弘治七年　甲寅(公元1494年) ………………………（91）
　陈九川生 …………………………………………………（91）
　《康斋文集》刊印 …………………………………………（91）
孝宗弘治八年　乙卯(公元1495年) ………………………（92）
　丘浚卒 ……………………………………………………（92）
孝宗弘治九年　丙辰(公元1496年) ………………………（94）
　钱德洪生 …………………………………………………（94）
　欧阳德生 …………………………………………………（94）
孝宗弘治十年　丁巳(公元1497年) ………………………（94）
　三月,始修《大明会典》……………………………………（94）
　域外 ………………………………………………………（95）
孝宗弘治十一年　戊午(公元1498年) ……………………（95）
　王守仁转学道养生 ………………………………………（95）

王畿生 …………………………………………………（95）
　　林春生 …………………………………………………（96）
　　域外 ……………………………………………………（96）
孝宗弘治十三年　庚申（公元1500年）…………………（96）
　　陈献章卒 ………………………………………………（96）
孝宗弘治十四年　辛酉（公元1501年）…………………（99）
　　何迁生 …………………………………………………（99）
　　域外 ……………………………………………………（99）
孝宗弘治十五年　壬戌（公元1502年）…………………（99）
　　十二月,《大明会典》修成 ……………………………（99）
　　王守仁渐悟佛道之非 …………………………………（100）
孝宗弘治十六年　癸亥（公元1503年）…………………（100）
　　尤时熙生 ………………………………………………（100）
　　张后觉生 ………………………………………………（101）
　　王栋生 …………………………………………………（101）
孝宗弘治十七年　甲子（公元1504年）…………………（101）
　　四月,派李东阳祭告曲阜先师庙 ……………………（101）
　　罗洪先生 ………………………………………………（101）
　　余佑整理刊行《居业录》 ……………………………（102）
孝宗弘治十八年　乙丑（公元1505年）…………………（103）
　　王守仁始讲学授徒 ……………………………………（103）
　　新会县令罗侨汇编《白沙先生全集》刊刻 …………（103）
武宗正德二年　丁卯（公元1507年）……………………（104）
　　唐顺之生 ………………………………………………（104）
　　十二月,徐爱拜王守仁为师 …………………………（104）
武宗正德三年　戊辰（公元1508年）……………………（105）

春,王守仁"龙场悟道" ……………………………(105)
　　赵贞吉生 …………………………………………(106)
　　王恕卒 ……………………………………………(106)
　　蔡清卒 ……………………………………………(107)
　　薛敬之卒 …………………………………………(108)
武宗正德四年　己巳(公元1509年) ………………(109)
　　四月,《孝宗实录》成 ………………………………(109)
　　《明会典》刊行 ……………………………………(109)
　　王守仁始论"知行合一" …………………………(110)
武宗正德五年　庚午(公元1510年) ………………(111)
　　六月,武宗崇佛事 …………………………………(111)
　　黄绾与王守仁、湛若水交游 ………………………(111)
　　贺钦卒 ……………………………………………(111)
武宗正德六年　辛未(公元1511年) ………………(112)
　　王艮按《礼经》制衣冠,服之 ………………………(112)
　　王襞生 ……………………………………………(113)
武宗正德七年　壬申(公元1512年) ………………(113)
　　高拱生 ……………………………………………(113)
　　域外 ………………………………………………(113)
武宗正德九年　甲戌(公元1514年) ………………(113)
　　张诩卒 ……………………………………………(113)
武宗正德十年　乙亥(公元1515年) ………………(114)
　　罗汝芳生 …………………………………………(114)
武宗正德十二年　丁丑(公元1517年) ……………(114)
　　五月,徐爱卒 ………………………………………(114)
　　何心隐生 …………………………………………(115)

胡直生 ………………………………………… (116)
　　域外 …………………………………………… (116)
武宗正德十三年　戊寅(公元 1518 年) ……… (116)
　　七月,古本《大学》和《朱子晚年定论》刊刻 ……… (116)
　　八月,王守仁门人薛侃刻《传习录》……………… (117)
武宗正德十六年　辛巳(公元 1521 年) ……… (119)
　　章懋卒 ………………………………………… (119)
世宗嘉靖元年　壬午(公元 1522 年) ………… (121)
　　王时槐生 ……………………………………… (121)
　　王艮游至京师传"阳明学"受挫 ……………… (121)
世宗嘉靖二年　癸未(公元 1523 年) ………… (122)
　　四月,世宗倡道教遭臣谏 …………………… (122)
世宗嘉靖三年　甲申(公元 1524 年) ………… (123)
　　《大学问》问世 ………………………………… (123)
　　耿定向生 ……………………………………… (124)
世宗嘉靖四年　乙酉(公元 1525 年) ………… (125)
　　张居正生 ……………………………………… (125)
世宗嘉靖五年　丙戌(公元 1526 年) ………… (125)
　　王世贞生 ……………………………………… (125)
世宗嘉靖六年　丁亥(公元 1527 年) ………… (125)
　　九月八日,"天泉证道" ……………………… (125)
　　十二月,《慎言》成书 ………………………… (127)
　　章潢生 ………………………………………… (128)
　　李贽生 ………………………………………… (128)
　　邓元锡生 ……………………………………… (129)
世宗嘉靖七年　戊子(公元 1528 年) ………… (129)

三月,诏令重修《明会典》……………………………（129）
十一月,王守仁卒……………………………………（129）
湛若水《格物通》一书行世…………………………（133）
余佑卒…………………………………………………（133）
世宗嘉靖八年 己丑（公元1529年）……………（134）
《易经蒙引》刊行……………………………………（134）
《四书蒙引》刊行……………………………………（135）
世宗嘉靖九年 庚寅（公元1530年）……………（136）
十一月,更孔庙祀典…………………………………（136）
王圻生…………………………………………………（137）
域外……………………………………………………（137）
世宗嘉靖十年 辛卯（公元1531年）……………（137）
罗钦顺写成《困知记》一书…………………………（137）
世宗嘉靖十二年 癸巳（公元1533年）…………（138）
董沄卒…………………………………………………（138）
世宗嘉靖十三年 甲午（公元1534年）…………（139）
五月,许诰卒…………………………………………（139）
世宗嘉靖十四年 乙未（公元1535年）…………（140）
许孚远生………………………………………………（140）
僧莲池生………………………………………………（140）
世宗嘉靖十五年 丙申（公元1536年）…………（141）
五月,世宗令焚毁宫中佛像、佛骨及佛牙等物……（141）
吕坤生…………………………………………………（141）
管志道生………………………………………………（142）
域外……………………………………………………（142）
世宗嘉靖十六年 丁酉（公元1537年）…………（142）

四月,罢各地私创书院 …………………………………（142）
世宗嘉靖十七年　戊戌(公元1538年) …………………（142）
十月,《雅述》付刻 ……………………………………（142）
唐鹤征生 ………………………………………………（144）
张元忭生 ………………………………………………（144）
夏尚朴卒 ………………………………………………（144）
世宗嘉靖十八年　己亥(公元1539年) …………………（145）
钱一本生 ………………………………………………（145）
穆孔晖卒 ………………………………………………（145）
世宗嘉靖十九年　庚子(公元1540年) …………………（146）
十二月,王艮卒 …………………………………………（146）
方学渐生 ………………………………………………（147）
世宗嘉靖二十年　辛丑(公元1541年) …………………（148）
五月,崔铣卒 ……………………………………………（148）
焦竑生 …………………………………………………（149）
林春卒 …………………………………………………（150）
世宗嘉靖二十一年　壬寅(公元1542年) ………………（150）
七月,吕柟卒 ……………………………………………（150）
李中卒 …………………………………………………（152）
世宗嘉靖二十二年　癸卯(公元1543年) ………………（153）
九月,何瑭卒 ……………………………………………（153）
僧真可生 ………………………………………………（155）
魏校卒 …………………………………………………（155）
域外 ……………………………………………………（156）
世宗嘉靖二十三年　乙巳(公元1544年) ………………（156）
王廷相卒 ………………………………………………（156）

世宗嘉靖二十五年　丙午(公元1546年)……………………(161)
　僧憨山生…………………………………………………(161)
世宗嘉靖二十六年　丁未(公元1547年)……………………(161)
　四月,罗钦顺卒…………………………………………(161)
　王道卒……………………………………………………(163)
　聂豹作《困辨录》一书……………………………………(164)
　《明道编》刊刻……………………………………………(164)
世宗嘉靖二十七年　戊申(公元1548年)……………………(165)
　杨东明生…………………………………………………(165)
　《学蔀通辨》刊行…………………………………………(166)
　域外………………………………………………………(166)
世宗嘉靖二十八年　己酉(公元1549年)……………………(167)
　重修《大明会典》成………………………………………(167)
　《柏斋集》问世……………………………………………(167)
世宗嘉靖二十九年　庚戌(公元1550年)……………………(168)
　顾宪成生…………………………………………………(168)
世宗嘉靖三十年　辛亥(公元1551年)………………………(168)
　黄绾卒……………………………………………………(168)
　何廷仁卒…………………………………………………(169)
世宗嘉靖三十二年　癸丑(公元1553年)……………………(170)
　灵济宫之会开始…………………………………………(170)
世宗嘉靖三十三年　甲寅(公元1554年)……………………(171)
　三月,欧阳德卒…………………………………………(171)
　顾允成生…………………………………………………(172)
世宗嘉靖三十七年　戊午(公元1558年)……………………(172)
　郝敬生……………………………………………………(172)

世宗嘉靖三十八年 己未(公元1559年) …………… (173)
　十月,吴廷翰卒 ………………………………………… (173)
　杨慎卒 …………………………………………………… (175)
　程文德卒 ………………………………………………… (176)
　蒋信卒 …………………………………………………… (177)
世宗嘉靖三十九年 庚申(公元1560年) …………… (178)
　四月,湛若水卒 ………………………………………… (178)
　甘泉学派形成 …………………………………………… (180)
　唐顺之卒 ………………………………………………… (180)
世宗嘉靖四十年 辛酉(公元1561年) ……………… (181)
　黄弘纲卒 ………………………………………………… (181)
　域外 ……………………………………………………… (182)
世宗嘉靖四十一年 壬戌(公元1562年) …………… (182)
　八月,重录《永乐大典》开始 …………………………… (182)
　高攀龙生 ………………………………………………… (183)
　徐光启生 ………………………………………………… (183)
　邹守益卒 ………………………………………………… (183)
　陈九川卒 ………………………………………………… (184)
世宗嘉靖四十二年 癸亥(公元1563年) …………… (185)
　十一月,聂豹卒 ………………………………………… (185)
　季本卒 …………………………………………………… (187)
世宗嘉靖四十三年 甲子(公元1564年) …………… (188)
　罗洪先卒 ………………………………………………… (188)
　域外 ……………………………………………………… (189)
世宗嘉靖四十四年 乙丑(公元1565年) …………… (189)
　孙慎行生 ………………………………………………… (189)

顾应祥卒 ……………………………………………… (189)
世宗嘉靖四十五年　丙寅(公元1566年) ……………… (191)
　明世宗卒 ……………………………………………… (191)
　黄佐卒 ………………………………………………… (192)
穆宗隆庆元年　丁卯(公元1567年) …………………… (193)
　重录《永乐大典》成 …………………………………… (193)
　陈建卒 ………………………………………………… (194)
穆宗隆庆五年　辛未(公元1571年) …………………… (195)
　四月,王徵生 …………………………………………… (195)
穆宗隆庆六年　壬申(公元1572年) …………………… (195)
　刘文敏卒 ……………………………………………… (195)
神宗万历元年　癸酉(公元1573年) …………………… (196)
　张居正上《帝鉴图说》 ………………………………… (196)
神宗万历二年　甲戌(公元1574年) …………………… (197)
　钱德洪卒 ……………………………………………… (197)
　何迁卒 ………………………………………………… (198)
神宗万历三年　乙亥(公元1575年) …………………… (199)
　熊三拔生 ……………………………………………… (199)
神宗万历四年　丙子(公元1576年) …………………… (199)
　续修《明会典》 ………………………………………… (199)
　赵贞吉卒 ……………………………………………… (200)
　域外 …………………………………………………… (200)
神宗万历五年　丁丑(公元1577年) …………………… (201)
　章潢著成《图书编》 …………………………………… (201)
神宗万历六年　戊寅(公元1578年) …………………… (201)
　刘宗周生 ……………………………………………… (201)

高拱卒 ··· (202)
　　张后觉卒 ·· (203)
　　域外 ··· (204)
神宗万历七年　己卯(公元1579年) ······························ (204)
　　正月,张居正反对聚众讲学,毁天下书院 ····················· (204)
　　何心隐卒 ·· (204)
　　潘季驯始著《河防一览》 ··· (205)
神宗万历八年　庚辰(公元1580年) ······························ (206)
　　尤时熙卒 ·· (206)
神宗万历九年　辛巳(公元1581年) ······························ (207)
　　王栋卒 ··· (207)
神宗万历十年　壬午(公元1582年) ······························ (208)
　　八月,利玛窦来华 ··· (208)
　　杨慎《升庵集》刊行 ·· (209)
　　钱谦益生 ·· (210)
　　张居正卒 ·· (210)
神宗万历十一年　癸未(公元1583年) ··························· (212)
　　六月,王畿卒 ··· (212)
　　恢复全国书院 ·· (214)
　　域外 ··· (214)
神宗万历十二年　甲申(公元1584年) ··························· (214)
　　孙奇逢生 ·· (214)
　　黄尊素生 ·· (215)
神宗万历十三年　乙酉(公元1585年) ··························· (215)
　　黄道周生 ·· (215)
　　范钦卒,因"天一阁"闻名于世 ································· (215)

胡直卒 ………………………………………………… (216)
神宗万历十四年 丙戌(公元1586年)……………… (217)
　徐霞客生 …………………………………………… (217)
神宗万历十五年 丁亥(公元1587年)……………… (218)
　王襞卒,著有《东崖遗集》………………………… (218)
神宗万历十六年 戊子(公元1588年)……………… (219)
　罗汝芳卒 …………………………………………… (219)
　张元忭卒 …………………………………………… (220)
　域外 ………………………………………………… (221)
神宗万历十八年 庚寅(公元1590年)……………… (222)
　《弇山堂别集》刊刻 ………………………………… (222)
　王世贞卒 …………………………………………… (224)
神宗万历二十年 壬辰(公元1592年)……………… (225)
　邓元锡卒 …………………………………………… (225)
神宗万历二十一年 癸巳(公元1593年)…………… (227)
　李时珍卒 …………………………………………… (227)
神宗万历二十二年 甲午(公元1594年)…………… (228)
　始撰《国史经籍志》 ………………………………… (228)
神宗万历二十三年 乙未(公元1595年)…………… (229)
　《圣寿万年历》附《律历融通》进于朝廷 …………… (229)
　瞿汝稷《指月录》撰成 ……………………………… (230)
神宗万历二十四年 丙申(公元1596年)…………… (231)
　耿定向卒 …………………………………………… (231)
　域外 ………………………………………………… (232)
神宗万历二十七年 己亥(公元1599年)…………… (232)
　毛晋生 ……………………………………………… (232)

僧智旭生 …………………………………………… (233)
神宗万历二十八年　庚子(公元1600年) ……………… (234)
　　朱之瑜生 …………………………………………… (234)
神宗万历二十九年　辛丑(公元1601年) ……………… (234)
　　查继佐生 …………………………………………… (234)
　　利玛窦进京传教 …………………………………… (235)
神宗万历三十年　壬寅(公元1602年) ………………… (235)
　　李贽卒 ……………………………………………… (235)
神宗万历三十一年　癸卯(公元1603年) ……………… (238)
　　《续文献通考》刊行 ………………………………… (238)
　　僧真可卒 …………………………………………… (239)
神宗万历三十二年　甲辰(公元1604年) ……………… (240)
　　七月,许孚远卒 …………………………………… (240)
　　东林书院重建 ……………………………………… (242)
　　陈确生 ……………………………………………… (243)
　　域外 ………………………………………………… (243)
神宗万历三十三年　乙巳(公元1605年) ……………… (244)
　　王时槐卒 …………………………………………… (244)
神宗万历三十四年　丙午(公元1606年) ……………… (245)
　　《毛诗古音考》成 …………………………………… (245)
　　傅山生 ……………………………………………… (246)
神宗万历三十五年　丁未(公元1607年) ……………… (246)
　　始译《几何原本》前六卷 …………………………… (246)
　　顾允成卒 …………………………………………… (247)
　　王肯堂著成《证治准绳》 …………………………… (248)
神宗万历三十六年　戊申(公元1608年) ……………… (250)

章潢卒 …………………………………………………（250）
　　管志道卒 ………………………………………………（251）
神宗万历三十八年　庚戌(公元1610年) ……………（252）
　　四月,利玛窦卒于京 …………………………………（252）
　　黄宗羲生 ………………………………………………（253）
　　钱一本卒 ………………………………………………（253）
　　袁宏道卒 ………………………………………………（254）
神宗万历三十九年　辛亥(公元1611年) ……………（255）
　　陆世仪生 ………………………………………………（255）
　　方以智生 ………………………………………………（256）
神宗万历四十年　壬子(公元1612年) ………………（256）
　　张尔岐生 ………………………………………………（256）
　　顾宪成卒 ………………………………………………（256）
神宗万历四十一年　癸丑(公元1613年) ……………（257）
　　《同文算指》书成 ………………………………………（257）
　　顾炎武生 ………………………………………………（259）
神宗万历四十三年　乙卯(公元1615年) ……………（259）
　　王圻卒 …………………………………………………（259）
　　僧莲池卒 ………………………………………………（260）
　　方学渐卒 ………………………………………………（261）
神宗万历四十六年　戊午(公元1618年) ……………（263）
　　六月,吕坤卒 …………………………………………（263）
神宗万历四十七年　己未(公元1619年) ……………（265）
　　九月,王夫之生 ………………………………………（265）
　　唐鹤征卒 ………………………………………………（265）
神宗泰昌元年　庚申(公元1620年) …………………（266）

焦竑卒 …………………………………………………（266）

熹宗天启元年　辛酉（公元1621年）…………………（267）
　　张铨卒 …………………………………………………（267）

熹宗天启三年　癸亥（公元1623年）…………………（268）
　　僧憨山卒 ………………………………………………（268）
　　毛奇龄生 ………………………………………………（269）

熹宗天启四年　甲子（公元1624年）…………………（270）
　　杨东明卒 ………………………………………………（270）

熹宗天启五年　乙丑（公元1625年）…………………（270）
　　八月，毁天下书院 ……………………………………（270）
　　《大秦景教流行中国碑》出土 …………………………（271）

熹宗天启六年　丙寅（公元1626年）…………………（275）
　　正月，《三朝要典》成 …………………………………（275）
　　四月，东林书院被毁 …………………………………（276）
　　闰六月，黄尊素卒 ……………………………………（276）
　　《西儒耳目资》成 ………………………………………（278）
　　高攀龙卒 ………………………………………………（278）

熹宗天启七年　丁卯（公元1627年）…………………（280）
　　汤斌生 …………………………………………………（280）

思宗崇祯元年　戊辰（公元1628年）…………………（281）
　　五月，毁《三朝要典》…………………………………（281）

思宗崇祯二年　己巳（公元1629年）…………………（281）
　　李颙生 …………………………………………………（281）
　　吕留良生 ………………………………………………（281）
　　复社召开尹山大会 ……………………………………（282）

思宗崇祯三年　庚午（公元1630年）…………………（283）

唐甄生 …………………………………………………… (283)
　　邓玉函卒 ………………………………………………… (284)
　　复社召开金陵大会 ……………………………………… (284)
思宗崇祯六年　癸酉(公元1633年) …………………… (285)
　　十月,徐光启卒 ………………………………………… (285)
　　万斯大生 ………………………………………………… (286)
　　胡渭生 …………………………………………………… (286)
　　复社召开虎丘大会 ……………………………………… (287)
　　域外 ……………………………………………………… (288)
思宗崇祯八年　乙亥(公元1635年) …………………… (288)
　　三月,颜元生 …………………………………………… (288)
　　孙慎行卒 ………………………………………………… (288)
思宗崇祯九年　丙子(公元1636年) …………………… (289)
　　阎若璩生 ………………………………………………… (289)
　　域外 ……………………………………………………… (289)
思宗崇祯十年　丁丑(公元1637年) …………………… (289)
　　《天工开物》首刊 ……………………………………… (289)
　　祩宏《云栖法汇》刊刻 ………………………………… (290)
思宗崇祯十一年　戊寅(公元1638年) ………………… (291)
　　二月至八月,《明经世文编》编成 …………………… (291)
　　万斯同生 ………………………………………………… (292)
思宗崇祯十二年　己卯(公元1639年) ………………… (293)
　　郝敬卒 …………………………………………………… (293)
思宗崇祯十三年　庚辰(公元1640年) ………………… (295)
　　马注生 …………………………………………………… (295)
思宗崇祯十四年　辛巳(公元1641年) ………………… (295)

徐霞客卒 …………………………………………………（295）
思宗崇祯十六年 癸未（公元1643年）……………………（296）
　方以智著《物理小识》公诸于世 ……………………（296）

清

（公元1644年—公元1911年）

世祖顺治元年 甲申（公元1644年）………………………（301）
　王徵卒 ……………………………………………………（301）
世祖顺治二年 乙酉（公元1645年）………………………（302）
　闰六月，刘宗周绝食而死 ………………………………（302）
　黄宗羲组织世忠营，颁《监国鲁元年大统历》，
　　后返里著述 ……………………………………………（303）
世祖顺治三年 丙戌（公元1646年）………………………（304）
　黄道周卒 …………………………………………………（304）
世祖顺治五年 戊子（公元1648年）………………………（305）
　刘献廷生 …………………………………………………（305）
　王源生 ……………………………………………………（305）
世祖顺治六年 己丑（公元1649年）………………………（305）
　艾儒略卒 …………………………………………………（305）
世祖顺治九年 壬辰（公元1652年）………………………（306）
　孙奇逢居夏峰耕田讲学 …………………………………（306）
　方以智撰成《东西均》 …………………………………（307）
世祖顺治十年 癸巳（公元1653年）………………………（308）
　戴名世生 …………………………………………………（308）
世祖顺治十二年 乙未（公元1655年）……………………（308）

阎若璩始作《古文尚书疏证》 …………………………… (308)
王夫之始作《周易外传》 ………………………………… (309)
僧智旭卒 …………………………………………………… (311)

世祖顺治十三年　丙申(公元1656年) ……………………… (312)
谈迁《国榷》成 …………………………………………… (312)

世祖顺治十五年　戊戌(公元1658年) ……………………… (313)
谷应泰《明史纪事本末》编成刊行 …………………… (313)

世祖顺治十六年　己亥(公元1659年) ……………………… (314)
李塨生 ……………………………………………………… (314)
阳玛诺卒 …………………………………………………… (314)
毛晋卒 ……………………………………………………… (315)

世祖顺治十八年　辛丑(公元1661年) ……………………… (316)
苏州诸生聚哭文庙，倪用宾等被杀 ……………………… (316)

圣祖康熙元年　壬寅(公元1662年) ………………………… (317)
顾炎武《音学五书》刊刻 ………………………………… (317)

圣祖康熙二年　癸卯(公元1663年) ………………………… (318)
五月，《明史》案结 ……………………………………… (318)
黄宗羲《明夷待访录》成书 ……………………………… (319)
王夫之著《尚书引义》初成 ……………………………… (320)

圣祖康熙三年　甲辰(公元1664年) ………………………… (322)
钱谦益卒 …………………………………………………… (322)
汤若望与杨光先的"历法之争" ………………………… (323)
域外 ………………………………………………………… (325)

圣祖康熙五年　丙午(公元1666年) ………………………… (325)
八月，汤若望卒于北京 …………………………………… (325)
域外 ………………………………………………………… (327)

圣祖康熙七年　戊申(公元1668年) ……………………(327)
　方苞生 ……………………………………………………(327)
　王懋竑生 …………………………………………………(327)
圣祖康熙十年　辛亥(公元1671年) ……………………(328)
　方以智卒,其书《通雅》盛行一时 ……………………(328)
圣祖康熙十一年　壬子(公元1672年) …………………(330)
　陆世仪卒 …………………………………………………(330)
圣祖康熙十三年　甲寅(公元1674年) …………………(331)
　顾祖禹《读史方舆纪要》成书 …………………………(331)
圣祖康熙十四年　乙卯(公元1675年) …………………(333)
　四月,孙奇逢卒 …………………………………………(333)
　域外 ………………………………………………………(334)
圣祖康熙十五年　丙辰(公元1676年) …………………(335)
　黄宗羲《明儒学案》成书 ………………………………(335)
　查继佐卒 …………………………………………………(336)
圣祖康熙十六年　丁巳(公元1677年) …………………(337)
　张尔岐卒 …………………………………………………(337)
　陈确卒 ……………………………………………………(338)
　域外 ………………………………………………………(339)
圣祖康熙十七年　戊午(公元1678年) …………………(339)
　正月,诏举博学鸿儒 ……………………………………(339)
　大臣争荐顾炎武博学鸿儒 ………………………………(340)
圣祖康熙十八年　己未(公元1679年) …………………(340)
　三月,诏修《明史》 ……………………………………(340)
　万斯同拒绝应选史局之官 ………………………………(340)
　王夫之作《祓禊赋》 ……………………………………(341)

域外 …………………………………………………（341）
圣祖康熙十九年　庚申（公元1680年）…………（341）
　　顾祖禹卒 ……………………………………（341）
　　域外 …………………………………………（342）
圣祖康熙二十年　辛酉（公元1681年）…………（342）
　　江永生 ………………………………………（342）
圣祖康熙二十一年　壬戌（公元1682年）………（342）
　　朱之瑜卒 ……………………………………（342）
　　顾炎武卒 ……………………………………（343）
圣祖康熙二十二年　癸亥（公元1683年）………（347）
　　八月，吕留良卒 ……………………………（347）
　　颜元著成《四存编》…………………………（348）
　　万斯大卒 ……………………………………（349）
圣祖康熙二十三年　甲子（公元1684年）………（351）
　　傅山卒 ………………………………………（351）
圣祖康熙二十六年　丁卯（公元1687年）………（352）
　　四月，上谕修《明史》………………………（352）
　　十月，汤斌卒 ………………………………（352）
　　王夫之始撰《读通鉴论》……………………（353）
　　圣祖赐白鹿洞书院"学达性天"匾额 ………（354）
圣祖康熙二十七年　戊辰（公元1688年）………（355）
　　正月，南怀仁卒 ……………………………（355）
　　域外 …………………………………………（356）
圣祖康熙二十九年　庚午（公元1690年）………（356）
　　王夫之撰成《读通鉴论》……………………（356）
圣祖康熙三十一年　壬申（公元1692年）………（357）

王夫之卒 ………………………………………… (357)
圣祖康熙三十四年　乙亥(公元1695年)………… (361)
　　顾炎武《日知录》刊行 ………………………… (361)
　　刘献廷卒 ………………………………………… (362)
　　黄宗羲卒 ………………………………………… (364)
圣祖康熙三十五年　丙子(公元1696年)………… (367)
　　颜元至漳南书院任教 …………………………… (367)
圣祖康熙三十六年　丁丑(公元1697年)………… (368)
　　惠栋生 …………………………………………… (368)
圣祖康熙四十一年　壬午(公元1702年)………… (368)
　　万斯同卒 ………………………………………… (368)
　　《禹贡锥指》书成 ……………………………… (370)
圣祖康熙四十二年　癸未(公元1703年)………… (371)
　　唐甄《潜书》刊行 ……………………………… (371)
圣祖康熙四十三年　甲申(公元1704年)………… (372)
　　六月,阎若璩卒 ………………………………… (372)
　　唐甄卒 …………………………………………… (374)
　　颜元卒 …………………………………………… (376)
　　域外 ……………………………………………… (378)
圣祖康熙四十四年　乙酉(公元1705年)………… (378)
　　全祖望生 ………………………………………… (378)
　　李颙卒 …………………………………………… (378)
圣祖康熙四十九年　庚寅(公元1710年)………… (381)
　　王源卒 …………………………………………… (381)
　　域外 ……………………………………………… (382)
圣祖康熙五十年　辛卯(公元1711年)…………… (383)

马注卒 …………………………………………………（383）
　　域外 ……………………………………………………（384）
圣祖康熙五十一年　壬辰（公元1712年）……………（384）
　　上谕宋儒朱熹配享孔庙 ………………………………（384）
　　域外 ……………………………………………………（384）
圣祖康熙五十二年　癸巳（公元1713年）……………（384）
　　戴名世下狱论死 ………………………………………（384）
　　编修《御定数理精蕴》 ………………………………（385）
　　毛奇龄卒 ………………………………………………（386）
圣祖康熙五十三年　甲午（公元1714年）……………（387）
　　胡渭卒 …………………………………………………（387）
圣祖康熙五十四年　乙未（公元1715年）……………（389）
　　始撰《钦定音韵阐微》 ………………………………（389）
　　域外 ……………………………………………………（389）
圣祖康熙五十五年　丙申（公元1716年）……………（389）
　　袁枚生 …………………………………………………（389）
　　《康熙字典》编成 ……………………………………（390）
圣祖康熙五十六年　丁酉（公元1717年）……………（390）
　　四月,康熙帝命查禁天主教 …………………………（390）
　　卢文弨生 ………………………………………………（391）
圣祖康熙五十八年　己亥（公元1719年）……………（391）
　　庄存与生 ………………………………………………（391）
圣祖康熙六十年　辛丑（公元1721年）………………（391）
　　二月,藏族学者嘉木样协巴卒 ………………………（391）
　　江声生 …………………………………………………（393）
　　梅文鼎卒 ………………………………………………（393）

圣祖康熙六十一年　壬寅（公元1722年）……………………（395）
　　王鸣盛生 ……………………………………………………（395）
世宗雍正元年　癸卯（公元1723年）………………………（395）
　　七月，雍正帝命设馆撰修《明史》……………………（395）
　　十二月，复禁天主教 …………………………………（395）
　　戴震生 ……………………………………………………（396）
　　域外 ………………………………………………………（396）
世宗雍正二年　甲辰（公元1724年）………………………（396）
　　将《圣谕广训》颁发全国，广为宣传 ………………（396）
　　域外 ………………………………………………………（396）
世宗雍正四年　丙午（公元1726年）………………………（396）
　　三月，革钱名世职衔并赐"名教罪人"四字 …………（396）
　　九月，查嗣庭文字狱 …………………………………（397）
世宗雍正五年　丁未（公元1727年）………………………（398）
　　赵翼生 ……………………………………………………（398）
世宗雍正六年　戊申（公元1728年）………………………（398）
　　八月，雍正下令自明年起恢复浙江乡、会试 ………（398）
　　十二月，清政府在西藏设立驻藏大臣 ………………（398）
　　改曲阜"宣圣庙"为"至圣庙" …………………………（399）
　　钱大昕生 …………………………………………………（399）
世宗雍正七年　己酉（公元1729年）………………………（399）
　　五月，吕留良文字狱 …………………………………（399）
　　七月，陆生楠文字狱 …………………………………（400）
　　九月，颁行《大义觉迷录》……………………………（400）
世宗雍正八年　庚戌（公元1730年）………………………（401）
　　毕沅生 ……………………………………………………（401）

世宗雍正十一年　癸丑(公元1733年) …………………（401）
　李塨卒 ……………………………………………（401）
世宗雍正十三年　乙卯(公元1735年) …………………（402）
　段玉裁生 …………………………………………（402）
高宗乾隆二年　丁巳(公元1737年) ……………………（403）
　乾隆下令各地书院检束身心 ……………………（403）
高宗乾隆三年　戊午(公元1738年) ……………………（403）
　章学诚生 …………………………………………（403）
高宗乾隆四年　己未(公元1739年) ……………………（404）
　《明史》成书 ………………………………………（404）
高宗乾隆五年　庚申(公元1740年) ……………………（405）
　《大清律例》编成 …………………………………（405）
　崔述生 ……………………………………………（406）
高宗乾隆六年　辛酉(公元1741年) ……………………（406）
　王懋竑卒 …………………………………………（406）
高宗乾隆九年　甲子(公元1744年) ……………………（408）
　王念孙生 …………………………………………（408）
　汪中生 ……………………………………………（408）
　惠栋《易汉学》著成 ………………………………（408）
高宗乾隆十年　乙丑(公元1745年) ……………………（409）
　《古文尚书疏证》刻成 ……………………………（409）
高宗乾隆十一年　丙寅(公元1746年) …………………（410）
　洪亮吉生 …………………………………………（410）
高宗乾隆十四年　己巳(公元1749年) …………………（410）
　方苞卒 ……………………………………………（410）
　域外 ………………………………………………（411）

高宗乾隆十八年　癸酉(公元 1753 年) …………………… (411)
　孙星衍生 ………………………………………………… (411)
　法式善生 ………………………………………………… (411)
高宗乾隆二十年　乙亥(公元 1755 年) …………………… (412)
　三月,胡中藻诗狱 ……………………………………… (412)
　戴震入京避难 …………………………………………… (412)
　全祖望卒 ………………………………………………… (413)
　域外 ……………………………………………………… (414)
高宗乾隆二十二年　丁丑(公元 1757 年) ………………… (414)
　郝懿行生 ………………………………………………… (414)
　凌廷堪生 ………………………………………………… (414)
高宗乾隆二十三年　戊寅(公元 1758 年) ………………… (415)
　五月,惠栋卒 …………………………………………… (415)
高宗乾隆二十四年　己卯(公元 1759 年) ………………… (417)
　惠栋《周易述》刻成 …………………………………… (417)
高宗乾隆二十六年　辛巳(公元 1761 年) ………………… (418)
　江藩生 …………………………………………………… (418)
高宗乾隆二十七年　壬午(公元 1762 年) ………………… (418)
　严可均生 ………………………………………………… (418)
　江永卒 …………………………………………………… (419)
高宗乾隆二十八年　癸未(公元 1763 年) ………………… (421)
　焦循生 …………………………………………………… (421)
高宗乾隆二十九年　甲申(公元 1764 年) ………………… (421)
　《大清会典》编成 ……………………………………… (421)
　《大清一统志》编成 …………………………………… (421)
　阮元生 …………………………………………………… (422)

高宗乾隆三十一年　丙戌(公元1766年) …………… (423)
　王引之生 ……………………………………………… (423)
高宗乾隆三十四年　己丑(公元1769年) …………… (423)
　李兆洛生 ……………………………………………… (423)
高宗乾隆三十七年　壬辰(公元1772年) …………… (423)
　方东树生 ……………………………………………… (423)
高宗乾隆三十八年　癸巳(公元1773年) …………… (423)
　二月,以纪昀为总裁官,开《四库全书》馆 ………… (423)
高宗乾隆四十年　乙未(公元1775年) ……………… (424)
　凌曙生 ………………………………………………… (424)
　俞正燮生 ……………………………………………… (424)
　域外 …………………………………………………… (424)
高宗乾隆四十一年　丙申(公元1776年) …………… (424)
　毕沅将所撰《关中胜迹图志》进于朝廷 …………… (424)
　刘逢禄生 ……………………………………………… (425)
　宋翔凤生 ……………………………………………… (425)
　域外 …………………………………………………… (425)
高宗乾隆四十二年　丁酉(公元1777年) …………… (425)
　王锡侯《字贯》狱 …………………………………… (425)
　《孟子字义疏证》定稿 ……………………………… (426)
　戴震卒 ………………………………………………… (427)
高宗乾隆四十三年　戊戌(公元1778年) …………… (431)
　余萧客卒 ……………………………………………… (431)
高宗乾隆四十六年　辛丑(公元1781年) …………… (432)
　朱筠卒 ………………………………………………… (432)
高宗乾隆四十七年　壬寅(公元1782年) …………… (433)

《四库全书》编纂完成 …………………………………（433）
　胡培翚生 ……………………………………………（433）
高宗乾隆五十年　乙巳（公元1785年）……………（434）
　林则徐生 ……………………………………………（434）
高宗乾隆五十一年　丙午（公元1786年）…………（434）
　陈奂生 ………………………………………………（434）
高宗乾隆五十二年　丁未（公元1787年）…………（434）
　王鸣盛《十七史商榷》刊行 ………………………（434）
高宗乾隆五十三年　戊申（公元1788年）…………（436）
　朱骏声生 ……………………………………………（436）
　庄存与卒 ……………………………………………（436）
高宗乾隆五十七年　壬子（公元1792年）…………（437）
　《续资治通鉴》定稿 ………………………………（437）
　《述学》刻竣成书 …………………………………（438）
　龚自珍生 ……………………………………………（440）
高宗乾隆五十九年　甲寅（公元1794年）…………（440）
　马复初生 ……………………………………………（440）
　魏源生 ………………………………………………（440）
　汪中卒 ………………………………………………（441）
　域外 …………………………………………………（442）
高宗乾隆六十年　乙卯（公元1795年）……………（442）
　《廿二史札记》定稿成书 …………………………（442）
　徐继畬生 ……………………………………………（443）
　卢文弨卒 ……………………………………………（443）
仁宗嘉庆元年　丙辰（公元1796年）………………（444）
　《廿二史考异》刻竣成书 …………………………（444）

王念孙著《广雅疏证》成 …………………………………（445）
仁宗嘉庆二年　丁巳（公元1797年）………………………（447）
　　王引之著《经义述闻》初成 ………………………………（447）
　　毕沅卒 ………………………………………………………（448）
　　王鸣盛卒 ……………………………………………………（450）
仁宗嘉庆三年　戊午（公元1798年）………………………（451）
　　袁枚卒 ………………………………………………………（451）
　　《经籍籑诂》书成 …………………………………………（452）
仁宗嘉庆四年　己未（公元1799年）………………………（453）
　　阮元《畴人传》撰成 ………………………………………（453）
　　江声卒 ………………………………………………………（454）
仁宗嘉庆六年　辛酉（公元1801年）………………………（455）
　　章学诚卒 ……………………………………………………（455）
仁宗嘉庆九年　甲子（公元1804年）………………………（457）
　　钱大昕卒 ……………………………………………………（457）
仁宗嘉庆十年　乙丑（公元1805年）………………………（460）
　　纪昀卒 ………………………………………………………（460）
仁宗嘉庆十二年　丁卯（公元1807年）……………………（460）
　　马礼逊来华 …………………………………………………（460）
　　域外 …………………………………………………………（461）
仁宗嘉庆十四年　己巳（公元1809年）……………………（461）
　　冯桂芬生 ……………………………………………………（461）
　　陈乔枞生 ……………………………………………………（461）
　　凌廷堪卒 ……………………………………………………（461）
　　洪亮吉卒 ……………………………………………………（462）
　　陈立生 ………………………………………………………（464）

仁宗嘉庆十五年　庚午(公元1810年) …………………（464）
　邵懿辰生 ……………………………………………（464）
　李善兰生 ……………………………………………（464）
仁宗嘉庆十六年　辛未(公元1811年) …………………（464）
　曾国藩生 ……………………………………………（464）
仁宗嘉庆十八年　癸酉(公元1813年) …………………（465）
　法式善卒 ……………………………………………（465）
仁宗嘉庆十九年　甲戌(公元1814年) …………………（466）
　赵翼卒 ………………………………………………（466）
　域外 …………………………………………………（467）
仁宗嘉庆二十年　乙亥(公元1815年) …………………（467）
　阮元始校刻《十三经注疏》…………………………（467）
　《尚书今古文注疏》刻竣 ……………………………（468）
　段玉裁卒 ……………………………………………（470）
　姚鼐卒 ………………………………………………（471）
仁宗嘉庆二十一年　丙子(公元1816年) ………………（472）
　崔述卒 ………………………………………………（472）
仁宗嘉庆二十三年　戊寅(公元1818年) ………………（473）
　《国朝汉学师承记》在广州刊刻 ……………………（473）
　郭嵩焘生 ……………………………………………（474）
　孙星衍卒 ……………………………………………（474）
仁宗嘉庆二十五年　庚辰(公元1820年) ………………（475）
　焦循卒 ………………………………………………（475）
宣宗道光元年　辛巳(公元1821年) ……………………（476）
　俞樾生 ………………………………………………（476）
宣宗道光三年　癸未(公元1823年) ……………………（477）

第一本汉文《圣经》和《华英字典》出版 …………（477）
宣宗道光五年　乙酉（公元1825年）…………（477）
　　郝懿行卒 ……………………………………（477）
　　《孟子正义》刻竣 ……………………………（479）
　　域外 …………………………………………（480）
宣宗道光六年　丙戌（公元1826年）…………（480）
　　《汉学商兑》刻竣 ……………………………（480）
宣宗道光七年　丁亥（公元1827年）…………（481）
　　《皇朝经世文编》刊行 ………………………（481）
　　孙家鼐生 ……………………………………（481）
宣宗道光八年　戊子（公元1828年）…………（482）
　　容闳生 ………………………………………（482）
　　王韬生 ………………………………………（483）
　　黄以周生 ……………………………………（484）
宣宗道光九年　己丑（公元1829年）…………（484）
　　《皇清经解》刻竣 ……………………………（484）
　　凌曙卒 ………………………………………（485）
　　刘逢禄卒 ……………………………………（485）
宣宗道光十年　庚寅（公元1830年）…………（487）
　　裨治文来华 …………………………………（487）
　　江藩卒 ………………………………………（487）
宣宗道光十二年　壬辰（公元1832年）………（488）
　　《文史通义》刻竣 ……………………………（488）
　　王闿运生 ……………………………………（490）
　　王念孙卒 ……………………………………（491）
　　胡承珙卒 ……………………………………（492）

域外 …………………………………………………………（493）
宣宗道光十四年　甲午(公元1834年) ……………………（493）
　　王引之卒 ………………………………………………（493）
　　陈寿祺卒 ………………………………………………（494）
宣宗道光十五年　乙未(公元1835年) ……………………（495）
　　顾广圻卒 ………………………………………………（495）
宣宗道光十七年　丁酉(公元1837年) ……………………（496）
　　张之洞生 ………………………………………………（496）
　　杨文会生 ………………………………………………（496）
　　戴望生 …………………………………………………（496）
宣宗道光十八年　戊戌(公元1838年) ……………………（497）
　　《宋元学案》成书付刻 …………………………………（497）
　　薛福成生 ………………………………………………（498）
宣宗道光十九年　己亥(公元1839年) ……………………（499）
　　五月,龚自珍会阮芸台、魏源、李申耆、包慎伯 ………（499）
　　曾国藩始记日记 ………………………………………（499）
　　杨守敬生 ………………………………………………（499）
宣宗道光二十年　庚子(公元1840年) ……………………（500）
　　《四洲志》辑译 …………………………………………（500）
　　沈家本生 ………………………………………………（501）
　　俞正燮卒 ………………………………………………（502）
　　域外 ……………………………………………………（503）
宣宗道光二十一年　辛丑(公元1841年) …………………（503）
　　七月,曾国藩从唐镜海讲学 ……………………………（503）
　　八月,龚自珍卒 …………………………………………（504）
　　李兆洛卒 ………………………………………………（509）

宣宗道光二十二年　壬寅（公元1842年） ……………… (510)
　　六月,郑观应生 ……………………………………… (510)
　　八月,《圣武记》成书 ……………………………… (511)
　　《道光洋艘征抚记》撰成 …………………………… (512)
　　《海国图志》成书 …………………………………… (513)
　　魏源提出"师夷长技以制夷"主张 ………………… (514)
　　倭仁、曾国藩等相与讲学 …………………………… (516)
　　王先谦生 …………………………………………… (516)
　　域外 ………………………………………………… (517)

宣宗道光二十三年　癸卯（公元1843年） ……………… (517)
　　拜上帝会成立 ……………………………………… (517)
　　墨海书馆迁至上海 ………………………………… (518)
　　严可均卒 …………………………………………… (519)
　　域外 ………………………………………………… (520)

宣宗道光二十四年　甲辰（公元1844年） ……………… (520)
　　天主教开始通过不平等条约取得特权 …………… (520)
　　缪荃孙生 …………………………………………… (521)
　　马建忠生 …………………………………………… (521)
　　域外 ………………………………………………… (521)

宣宗道光二十五年　乙巳（公元1845年） ……………… (521)
　　十二月,诏弛天主教禁并给还康熙年间没收之教堂 …… (521)
　　域外 ………………………………………………… (522)

宣宗道光二十六年　丙午（公元1846年） ……………… (522)
　　夏秋之交,曾国藩、刘传莹论学 …………………… (522)
　　朱一新生 …………………………………………… (523)

宣宗道光二十七年　丁未（公元1847年） ……………… (523)

《原道救世歌》、《原道醒世训》、《原道觉世训》写成 …… (523)
域外 …… (524)
宣宗道光二十八年　戊申(公元1848年) …… (524)
四月,黄遵宪生 …… (524)
《瀛环志略》刊行 …… (524)
孙诒让生 …… (525)
域外 …… (525)
宣宗道光二十九年　己酉(公元1849年) …… (526)
胡培翚卒 …… (526)
阮元卒 …… (527)
宣宗道光三十年　庚戌(公元1850年) …… (529)
二月,丁韪良来华 …… (529)
十月,林则徐卒 …… (530)
十一月,皮锡瑞生 …… (532)
域外 …… (532)
文宗咸丰元年　辛亥(公元1851年) …… (532)
方东树卒 …… (532)
文宗咸丰二年　壬子(公元1852年) …… (533)
廖平生 …… (533)
文宗咸丰三年　癸丑(公元1853年) …… (534)
三月,太平军毁寺庙改科举 …… (534)
四月,太平天国删书衙成立 …… (534)
十一月,太平天国颁布《天朝田亩制度》 …… (535)
十二月,严复生 …… (541)
文宗咸丰五年　乙卯(公元1855年) …… (543)
陈炽生 …… (543)

域外 ··· (543)
文宗咸丰七年　丁巳(公元1857年) ················· (543)
　　墨海书馆《六合丛谈》创刊 ························ (543)
　　三月,魏源卒 ······································· (544)
　　域外 ··· (547)
文宗咸丰八年　戊午(公元1858年) ················· (547)
　　二月,康有为生 ···································· (547)
　　僧谛闲生 ··· (550)
　　朱骏声卒 ··· (551)
　　《中外新报》在香港创刊 ··························· (552)
　　域外 ··· (553)
文宗咸丰九年　己未(公元1859年) ················· (553)
　　《资政新篇》刊行 ·································· (553)
　　曾国藩作《圣哲画像记》 ··························· (554)
文宗咸丰十年　庚申(公元1860年) ················· (555)
　　宋翔凤卒 ··· (555)
文宗咸丰十一年　辛酉(公元1861年) ············· (556)
　　十一月,《上海新报》创刊 ························· (556)
　　冯桂芬提出"中学为体、西学为用"的思想雏型 ········ (557)
　　傅兰雅来华抵港 ··································· (559)
　　邵懿辰卒 ··· (560)
穆宗同治元年　壬戌(公元1862年) ················· (561)
　　七月,同文馆设立 ································· (561)
　　宋恕生 ·· (561)
穆宗同治二年　癸亥(公元1863年) ················· (561)
　　杨文会始学佛 ······································ (561)

陈奂卒 ………………………………………… (562)
域外 …………………………………………… (563)
穆宗同治三年　甲子(公元1864年) ………… (563)
　正月,叶德辉生 ……………………………… (563)
　四月,洪秀全卒 ……………………………… (563)
　五月,《字林西报》出版 ……………………… (564)
　十月,洪仁玕卒 ……………………………… (565)
　丁韪良所译《万国公法》印行 ………………… (566)
穆宗同治四年　乙丑(公元1865年) ………… (567)
　二月,谭嗣同生 ……………………………… (567)
　《张子正蒙注》刊行 …………………………… (568)
穆宗同治五年　丙寅(公元1866年) ………… (568)
　十月,孙中山生 ……………………………… (568)
　罗振玉生 ……………………………………… (571)
穆宗同治七年　戊辰(公元1868年) ………… (572)
　十一月,章炳麟生 …………………………… (572)
　陈乔枞卒 ……………………………………… (574)
穆宗同治八年　己巳(公元1869年) ………… (575)
　陈立卒 ………………………………………… (575)
　丁韪良出任北京同文馆总教习 ……………… (576)
穆宗同治九年　庚午(公元1870年) ………… (577)
　二月,英国传教士李提摩太来华 ……………… (577)
　五月,天津教案发生 ………………………… (578)
　域外 …………………………………………… (579)
穆宗同治十一年　壬申(公元1872年) ……… (579)
　二月,曾国藩卒 ……………………………… (579)

四月,《申报》创刊 …………………………………………（582）
七月,首批中国学生赴美留学 …………………………………（583）
域外 ………………………………………………………………（584）

穆宗同治十二年　癸酉(公元1873年) ……………………（584）
正月,梁启超生 …………………………………………………（584）
戴望卒 ……………………………………………………………（586）
徐继畲卒 …………………………………………………………（587）

穆宗同治十三年　甲戌(公元1874年) ……………………（589）
马复初卒 …………………………………………………………（589）
冯桂芬卒 …………………………………………………………（590）

德宗光绪元年　乙亥(公元1875年) ………………………（591）
《书目答问》书成 ………………………………………………（591）

德宗光绪二年　丙子(公元1876年) ………………………（592）
康有为始从朱九江问学 …………………………………………（592）
傅兰雅创办格致书院 ……………………………………………（592）
域外 ………………………………………………………………（594）

德宗光绪三年　丁丑(公元1877年) ………………………（594）
二月,严复赴欧洲留学 …………………………………………（594）
十月,王国维生 …………………………………………………（594）

德宗光绪四年　戊寅(公元1878年) ………………………（597）
僧圆瑛生 …………………………………………………………（597）
魏源《默觚》淮南书局刻本刊行 ………………………………（598）
域外 ………………………………………………………………（599）

德宗光绪五年　己卯(公元1879年) ………………………（599）
圣约翰大学创办 …………………………………………………（599）
康有为始接触西学,思想为之一变 ……………………………（600）

德宗光绪七年　辛巳(公元1881年) ……………… (600)
　朱次琦卒 …………………………………………… (600)
德宗光绪八年　壬午(公元1882年) ……………… (601)
　春,宋教仁生 ……………………………………… (601)
　陈澧卒 ……………………………………………… (603)
　李善兰卒 …………………………………………… (604)
德宗光绪十年　甲申(公元1884年) ……………… (605)
　五月,刘师培生 …………………………………… (605)
　薛福成《筹洋刍议》刊行 ………………………… (607)
德宗光绪十五年　己丑(公元1889年) …………… (608)
　十月,李大钊生 …………………………………… (608)
德宗光绪十七年　辛卯(公元1891年) …………… (610)
　年初,康有为讲学于万木草堂 …………………… (610)
　二月,《长兴学记》书成 …………………………… (610)
　四月,《新学伪经考》书成 ………………………… (611)
　六月,《人境庐诗草》初成 ………………………… (613)
　六月,郭嵩焘卒 …………………………………… (614)
德宗光绪十九年　癸巳(公元1893年) …………… (615)
　《庸书》书成 ……………………………………… (615)
　《盛世危言》刊行 ………………………………… (616)
　域外 ………………………………………………… (618)
德宗光绪二十年　甲午(公元1894年) …………… (618)
　六月,薛福成卒 …………………………………… (618)
　《桂学答问》撰成 ………………………………… (619)
　朱一新卒 …………………………………………… (620)
德宗光绪二十一年　乙未(公元1895年) ………… (620)

四月,"公车上书" ·· (620)
夏秋,京师强学会开 ··· (621)
《日本国志》刊行 ·· (622)
《泰西新史揽要》出版 ·· (623)
《天演论》出版 ··· (624)
严复在天津《直报》连续发表《原强》、《辟韩》
　等文章 ·· (627)
天津中西学堂成立 ·· (628)
域外 ··· (629)

德宗光绪二十二年　丙申(公元 1896 年) ············· (629)
夏,《西学书目表》成 ·· (629)
《仁学》书成 ··· (630)
《时务报》创刊 ··· (632)

德宗光绪二十三年　丁酉(公元 1897 年) ············· (633)
秋,王韬卒 ··· (633)
秋冬间,大同译书局创办 ·· (634)
十月,梁启超就任时务学堂讲席 ······························· (634)
十月,《春秋董氏学》书成 ·· (635)
《礼运注》书成 ··· (636)

德宗光绪二十四年　戊戌(公元 1898 年) ············· (637)
正月,《孔子改制考》书成 ·· (637)
三月,《劝学篇》书成 ·· (638)
七月,开京师大学堂 ··· (640)
八月,谭嗣同卒 ··· (642)
九月,《马氏文通》书成 ··· (644)
冬,《戊戌政变记》初成 ·· (645)

德宗光绪二十五年　己亥(公元1899年) ……………… (646)
　发现甲骨文 ……………………………………………… (646)
　黄以周卒 ………………………………………………… (646)
　马克思学说首次传入中国 ……………………………… (647)
德宗光绪二十六年　庚子(公元1900年) ……………… (648)
　正月,章太炎《訄书》刊于苏州 ………………………… (648)
　七月,唐才常卒 ………………………………………… (650)
　陈炽卒 …………………………………………………… (652)
　马建忠卒 ………………………………………………… (652)
　域外 ……………………………………………………… (653)
德宗光绪二十七年　辛丑(公元1901年) ……………… (653)
　二月,康有为著成《中庸注》 …………………………… (653)
　冬,康有为著成《孟子微》 ……………………………… (654)
　改书院为学堂 …………………………………………… (655)
德宗光绪二十八年　壬寅(公元1902年) ……………… (655)
　三月,康有为著《论语注》书成 ………………………… (655)
　十月,《饮冰室文集》初成 ……………………………… (656)
　康有为著《大同书》成 …………………………………… (656)
德宗光绪二十九年　癸卯(公元1903年) ……………… (660)
　陈虬卒 …………………………………………………… (660)
　邹容《革命军》出版 ……………………………………… (660)
德宗光绪三十一年　乙巳(公元1905年) ……………… (661)
　二月,黄遵宪卒 ………………………………………… (661)
　夏,《二十世纪之支那》杂志发行 ……………………… (662)
　十一月,陈天华卒 ……………………………………… (663)
德宗光绪三十三年　丁未(公元1907年) ……………… (665)

林乐知卒 ……………………………………………（665）
俞樾卒 ………………………………………………（667）
域外 …………………………………………………（669）
德宗光绪三十四年　戊申（公元1908年）…………（669）
二月，皮锡瑞卒 ……………………………………（669）
五月，孙诒让卒 ……………………………………（670）
域外 …………………………………………………（672）
末帝宣统元年　己酉（公元1909年）………………（672）
八月，张之洞卒 ……………………………………（672）
孙家鼐卒 ……………………………………………（674）
末帝宣统二年　庚戌（公元1910年）………………（676）
宋恕卒 ………………………………………………（676）
末帝宣统三年　辛亥（公元1911年）………………（677）
杨文会卒 ……………………………………………（677）

附录 ………………………………………………（680）
古代文献 ……………………………………………（680）
研究文献 ……………………………………………（693）

后记 ………………………………………………（701）

林乐知卒 …………………………………………（665）
　　俞樾卒 ……………………………………………（667）
　　域外 ………………………………………………（669）
德宗光绪三十四年　戊申（公元1908年）…………（669）
　　二月,皮锡瑞卒 …………………………………（669）
　　五月,孙诒让卒 …………………………………（670）
　　域外 ………………………………………………（672）
末帝宣统元年　己酉（公元1909年）………………（672）
　　八月,张之洞卒 …………………………………（672）
　　孙家鼐卒 …………………………………………（674）
末帝宣统二年　庚戌（公元1910年）………………（676）
　　宋恕卒 ……………………………………………（676）
末帝宣统三年　辛亥（公元1911年）………………（677）
　　杨文会卒 …………………………………………（677）

附录 …………………………………………………（680）
　　古代文献 …………………………………………（680）
　　研究文献 …………………………………………（693）

后记 …………………………………………………（701）

明清学术思想史概述

明清两代封建王朝(1368—1644;1644—1911)对中国的统治时期,社会经历了由盛转衰的剧烈变革。社会变迁对学术思想和学术研究的演进与繁荣起到十分重要的作用。依据社会历史与学术自身发展的规律,我们把明清两代学术演变过程分为以下四期。自明王朝建立至明代中期,即万历三十年以前(1368—1602);明代后期至清代初期,即明代万历三十年至清代雍正末年(1603—1735);清代中期,即清代乾嘉年间(1736—1820);晚清80年,即道光元年到辛亥革命以前(1821—1911)。就整体而言,明清两代是中国传统学术在遭受挫折中不断发展的时期。自先秦以来中国学术史上的思想、流派、典籍、理论与方法等在明清时期得到传承与弘扬。不仅如此,明清时代不断涌现的新思想、新流派和新的治学方法,更丰富了传统学术的宝库,为后世留下有重要价值的学术遗产,成为中华民族传统文化的重要组成部分。

一、明代前中期思想学说的基本线索

理学是中国古代社会后期的正统学术文化,它形成于宋代,学者皆主张承继尧舜禹汤文武周公的道统,且以孔孟学说的继承者自居。理学家继承了孔孟学说的基本内容,并加以张扬。然而宋代理学毕竟不是先秦儒学,它与先秦儒学有明显区别。这是显而易见的。

明代前中期,中国传统学术获得顺利发展。程朱理学继续占据学术界主导地位。仍然是学者学习和研究的对象,并且在学术上取得很高成就。明初政治相对安定和经济的逐步恢复,为理学学术研究提供了良好的社会环境,因而理学学术流派纷呈,学术著作连篇累牍。实际上,程朱理学已经超越了学术界限,在更广泛的人群中产生影响。此后,理学不仅成为科举取士的标准,而且作为帝王之术被用于国家政治生活。从学术史角度看,理学作为一种学术流派,对于明清时期学术思想的发展有推动作用,它完全可以与先秦诸子学、两汉经学、魏晋玄学、隋唐佛学相提并论,与先秦儒学的道统衔接,融入中国学术文化的历史长河中,成为中国古代学术的重要内容。

程朱学派的代表人物以卓越的学术成就,使理学成为宋元明三代最有影响的学派,也成为政治上处于独尊地位的学派。明代初期学术界宗法朱学的主要有两个较大的学派,一是薛瑄为代表的河东学派,他著有《读书录》、《薛文清集》;一是吴与弼为代表的崇仁学派,他著有《康斋文集》、《日录》。当时由于政治的作用,思想学术界几乎成为程朱理学的天下。然而,就一般情况而论,某一学派处于官学独尊地位,这实际使其他学术思想和学术观点逐渐被边缘化。学术上的独尊,可以使某个学派暂时获得发展机会,但是没有学术上各个学派之间平等、宽容的探讨环境,文化与学术的发展就会停顿,处于独尊地位的学派也因为缺乏论敌的诘难,而失去其自我发展的能力,从而难免走向衰落。

明代前期著名学者陈献章是改变程朱理学学术理路的中间人物,他著有《白沙集》。其弟子湛若水著有《湛甘泉集》,创立了甘泉学派,他提出的心学理论,对王守仁的学说产生了重要影响。王守仁的主要著作有《传习录》和《大学问》,其弟子把他的著作编为《王文成公全集》。他是有明一代的大理学家,心学之集大成者,他的学术研究经历了从宋儒格物致知之学,到出入佛老之学,最终归本孔孟学说的三个阶段,在这个学术转变的过程中,"心学"逐步形成较为完整的体系,成为学术界之显学。王守仁的基本学术观点是"心即理"、"知行合一"和"致良知",核心观点就是把伦理道德说成是人生而具有的"良知"。王明阳学说接近于陆九渊的思想,当时学者常以"陆王"并称,此派与"程朱"同为明代学术思想的两大主流学派。

心学在明代中期以后传播广泛。在经历了一百多年的发展以后,逐渐分化为几个新学派,也就是王门后学。其中有以王艮为代表的"良知日用"派,受到很多学者的认同。这些学术派别经过相互间探讨、争辩,对问题的研究逐渐深化。此后,王艮的"良知日用"派再经何心隐的继承和发展,比较全面地保持了阳明心学的基本观点,主张从日常生活中贯彻封建伦理道德。如果从正面看,王学后学的一个共性,就是高扬个体意识与主体精神,在一定程度上承认人的尊严和价值,对学术界的思想解放产生了积极作用。

明朝前期,考据之学也并没有中断它的发展,出现了一些有成就的考据学著作与考据学家。例如,赵谦撰有《六书本义》十二卷,对郑樵学术的分析颇为详尽,很有见解。他还著有《声音文字通》、《考古文集》等书,可以称为有明一代颇有造诣的文字学专家。焦竑著有《易鉴》、《禹贡解》、《老子翼》、《庄子翼》、《国史经籍志》、《俗书刊误》等书,对文字考订做了大量的工作。

明代中期,在心学研究兴盛的学术环境下,某些理学家另辟蹊径,使"气学"研究兴起,并成为学术界的另一个重点。薛瑄的"气学"思想源出于程朱理学,逐步形成自己的学术体系和特色,他的学说以"气中有理"为宗旨。后来,罗钦顺、王廷相等著名学者吸收了张载的"气学"思想,又继承了薛瑄的"气学",开创了明代中期以来别具特色的"气学"学派。这说明中国学术的演变有其特殊性,不是以所谓"断裂"方式而发生的。在很多相互对立的学术流派之间计划都有中间环节,甚至是相互沟通的关系。

在这个时期,实学崭露头角,立刻令人耳目一新,吸引了学者的注意力。实学尊崇程朱之学,批评陆王之学空疏无物,倡导经世致用,主张学术应与国家安稳和社会的实际生活紧密联系。实学的出现,表明我国学术开始出现新气象。此后,真正使实学学术特征得以充分体现的是江南地区颇有影响的东林学派。东林学派虽然是一个学术派别,却重视学术与政治的联系,以国家兴亡为己任,议论朝政和社会问题,因而受到朝廷奸党的迫害。学术与政治之间的关系是若即若离的,距离政治过近的学术,或者居于独尊地位,或者成为政治的牺牲品,东林学派就是一个很好的例证。

明代是中国宗教发展和变化的重要阶段。儒道佛三种文化形态相互会通,在中国古代文化体系中发挥各不相同的和缺一不可的作用。在当时学术界,儒释道三教融通似乎成为一种时尚。从另一个角度讲,这也体现了儒释道三种学说体系在中国思想文化界和社会生活中和睦相处、互相借鉴的状态。这是中国思想文化的一个鲜明特色。道家学说在中国古代历史上是相对比较重要的学派,但是到明代,传统道教的鼎盛时期已经过去,其教义的思想影响力已经十分有限,而且大多与封建迷信相关。但是有一点重要变化,就是道教的明代前期已经与民间文化交融在一起,达到彼此密切融合的程度。

明代初期,官方以行政手段调配人力、物力和财力,对几千年浩若烟海的典籍进行收集和编纂,许多读书人也为此付出毕生精力。明代第一部官修史学著作是《元史》,编印于明洪武年间。但是明代官修史书中最重要的当属《明实录》。此书从明初即开始编写,直至明末,与明代的兴亡相始终,记录了明代13位皇帝的重要活动及朝廷主要政治事件,由于全书篇幅较大,对人物和事件的记叙比较全面和详尽。在实录的编撰过程中,有的纂修者常常带有某些个人好恶,所编内容程度上与历史实际不尽相合。实际上这样的情况在那个时代是不可避免的。真实是历史的生命,对历史的亵渎就是对历史和后世不负责任。

明代前期类书编汇的重要成就为永乐年间成书的《永乐大典》,这是中国历史上规模最大的一项编汇工程。明成祖在位时命解缙负责编辑,初名为《文献大成》,后又收各类图书七八千种,辑成22877卷,凡例、目录60卷,定名《永乐大典》。此外,与历史有关的类书还有《历代名臣奏议》。明代中期以后,史书和类书主要是由私人编撰,著述者比较注重历史的真实性,重视对原始资料的引用。

类书的编纂是明代学术界的一个重要方面,学术成果有一定分量,尤其在明代后期的半个世纪里达到繁荣状态。王圻的《三才图会》,刊行于明代后期的1609年;章潢的《图书编》于1613年刊行。类书的编辑和刊行带有总结性,这也是中国封建社会发展到末期的必然产物。

明王朝建立以后,中央集权的君主专制制度逐渐达到顶峰,统治集团更加注重国家机器的作用,强调采取法律武器作为巩固其专制统治的主要工具,因而封建国家的法制也更加缜密。第一部体现明代统治集团法律思想的法典是《大明律令》。此后明朝历代皇帝几乎都对《大明律》有所修订。明朝的法律形式主要有律、令、条例、会典,以及明初特有的大诰。《大明律令》加重了对各种"贼盗"的惩处力度,法律条文比较精炼,重视法律的严厉性,使人们不敢以身试法。这也表示明王朝制定的法律就是为了镇压人民,维护自身的封建统治。

随着中外交流的日益频繁,外来文化对中国学术界,特别是对宗教、历法、算学、地理等领域,产生了很大的影响,极大地丰富了中国传统学术的内容,影响了许多学者的思维,也取得了不少颇有价值的成果。

二、明末清初学术研究的主要成就

明末清初指明代万历三十年(1602)至清代雍正十三年(1735),即17至18世纪的百余年间。这个时期学者辈出,学术著作众多,学术流派间相互论辩,学术气氛异常活跃。这种状况是明清两个朝代更迭在学术研究领域的反映,与当时的社会环境有直接关系。各学科领域的学者们有共同奋斗的目标,有彼此之间的师友行辈关系。当然,他们的学术思想有相同点,也有相异点,呈现出不同的学术特色,各自在学术界发挥重要作用。

明清是中国封建社会的后期,传统学术发展至此已达到较高水平。先秦以来出现过的各种学术流派和学术思想,在明末清初大都可以找到其发展演变的轨迹与归宿。王夫之、顾炎武、黄宗羲等人提倡经世致用之学,此为有清一代实学学术之滥觞,初步奠定了乾嘉汉学和晚清新学的基础。以经学为主体的中国传统学术,找到新的发展路径并开始新的转型历程。总之,在清代初期,经学、史学、文学、诸子学和社会实际问题研究,均取得有重要价值的学术成就。明末清初,明朝政治日益腐败,满洲贵族入主中原,西学东渐,自然科学复兴,宋明理学呈现诸多弊端。进步学者反对理学空谈心性、主张注重经典文本的实学;抨击专制制度和纲常名教,提出社会变革主张。由此,学术界形成了实学学术。

任何一种思想文化形态的形成与发展,自有其内在继承性。除极端偶然的情形外,一般而言,前代的学术思想不可能在后代突然消失,后代的学术主张也必然能在前代找到它的萌芽状态或者发展轨迹。任何学者、思想家、学术流派的传承与演变都是如此。明清之际绝大多数思想家,虽然在传统学术领域的研究重点不同,或侧重经学,或侧重史学,或侧重哲学,或侧重政治,但有一个不应回避的事实,就是他们大都是从朱学或王学体系中分化、脱胎而来。作为特定历史环境的产物,任何学者或者思想家都无法摆脱既定社会历史环境的熏陶和影响。

中国学术史上还有这样一种现象,就是当某一思想形态处于萌芽期、鼎盛期或衰落期,都有学者成为它的继承者、传播者或修正者、改良者乃至激烈的批判者。特别是在社会发生剧烈变动、民族处于兴衰存亡的关键时刻,某些思想家的怀疑精神和批判精神显得尤为强烈。任何一种思想体系,任何一种学术形态,从它开始生成的那一刻起,其内部就已包含自我批判、自我否定和自我修正与调整的因素,已经决定了它在发展过程中必然异化甚至走向自己的反面。

于是,明朝末期从传统学术的母体中,有了以倡导经世致用为基本内容的实学萌芽,至清初基本形成实学思潮。这种新思潮由萌芽渐至发展,形成与理学、心学并立的新学术理念、学术体系和价值形态。显然,它是积极进步的、有前途、有活力的学术风气,而且适应当时社会发展的需要。

实学研究内容主要有以下几个方面。第一,反对弊端丛生的宋明理学,倡导经世致用的学风。清初实学反对明末浮夸空谈的风气,讲求经世致用的功利主义。第二,主张经世致用为学术核心,提倡实事求是的治学方法。清初实学把学术研究的范围,从儒家经典文本扩大到自然、社会和思想文化领域,把天文、地理、河漕、山岳、风俗、兵革、田赋、历算、典礼、制度等具体社会问题和学术问题,全部列入实学学术研究内容之中。第三,反对君主专制和伦理纲常,提出均平天下的启蒙思想,主张通过学校和实行法治来监督君权。第四,倡导平均田地的土地制度,提出工商皆本的经济主张。工商皆本思想的提出,明末清初社会经济的进一步发展和繁荣,表明中国社会孕育的资本主义萌芽已经临盆,但是社会现实却没有给中国带来合乎逻辑的结果。中国社会要获得进步,必须接受新思想的洗礼。

总之,清初实学学术是当时社会变革的反映,引领清代学术的演变路径,启动了近代学术转型的前奏。实学学术不仅是要求学者埋头书斋,回归经典文本,而且要求学者关注天下大事和社会现实问题,追随社会的进步潮流。实学学术研究所取得的成就和研究方法,都值得我们认真思考和学习。

经学是自汉代以来中国传统学术的主要形式,或者说它是中国传统学术的主流。千百年来,中国的学术研究都与经学有着极为密切的关系,提倡者也好,反对者也罢,他们争论的视线从来没有离开过经学。各种学派之争、观点之争,如汉宋之争,今、古文之争,理与气、心与性、道与气之辩等,都是由于学者们对儒家经典的不同诠释方法和学术理念引发而来。中国经学的发展形态,历来有几种不同观点。但从经学的社会功能来看,无非有三种不同表现方式:从政治经济和社会生活层面讲,经学研究以追求务实致用的社会价值为表现形式,所谓今文经学是其代表性学派。今文经学治经,都是借助经典文本的微言,以阐发社会政治的大义。经学的学者们密切关注社会现实问题,并提出相应的解决方案。从学术路径和研究方法的层面讲,经学研究以追求经典文本真谛的学术价值为表现形式,

从学术理性和哲学本体的层面讲,经学研究以追求闻道与求道的形而上学为表现形式,宋明理学是其代表性学派。

清代学人一般把理学称为宋学,把理学家称为宋儒,宋学实际包含了程朱之学和陆王之学。程朱所谓理与陆王所谓心,在清初学者眼里,都是虚而不实的学问。为了恢复被宋儒歪曲了的理与心的本来面目,就必须回归先秦儒家原典。在清代初期及其以后

的很长一段时间内,回归儒家原典是以复兴经学的形式表现出来的。

进一步说,复古的反向问学途径和求真的学术思维,就是试图把宋明理学从儒家正统体系中剔除出去,表明清初实学直接承袭汉代经学,并力求恢复儒家原典的真面目。

对于明清之际这股复兴古学的现象,梁启超有一段非常精辟的评论:"综观二百余年之学史,其影响及于全思想界者,一言蔽之,曰:'以复古为解放。'第一步,复宋之古,对于王学而得解放;第二步,复汉唐之古,对程朱而得解放;第三步,复西汉之古,对于许郑而得解放;第四步,复先秦之古,对于一切传注而得解放。夫既已复先秦之古,则非至对于孔孟而得解放焉不止矣。"①

但我们应把握的一点是,所谓复古,绝不是按照经学的原来形态回归到古代社会,在任何时代,倡导者是为了表达自己的愿望或者达到自己的目的,而不是为了恢复古代的原貌。明末清初的复古,实质上是一种思想解放运动,是在复古的外衣下注入了新的思想内容。从这个意义上说,清初思想界的复古运动,为二百年后戊戌维新时期借复古进行社会变革的运动做了前导工作。

明末清初实学学术的另一个重要内容,是西学的传入和自然科学的复兴。有学者把西学传入以康熙中叶(约1690年)为界,分为前后两个时期,这时的西学传入大致属于前期。西学所倡导的科学精神和方法,适应了当时实学学术的新要求,使中国传统学术格局发生一定程度的变化。

当时西方科学的传入,使清初的知识分子从传统封闭状态中摆脱出来,突破陈旧保守的思维模式,为中国的知识和文化带来一场前所未有的新刺激。一批进步学者针对晚明出现的种种弊端,

---

① 梁启超:《清代学术概论》,第3页,上海古籍出版社1998年出版。

十分重视西方自然科学的实证精神,他们对西方自然科学知识采取了开放态度,在自己的学术研究中也引入科学思维和实证方法,希望西方自然科学能够成为启迪中国民众的思想武器,即试图以西学开启民智,纠正中国学术之弊端,挽救社会政治危机和精神危机。

清初进步学者在继承徐光启、李之藻等人自然科学观的基础上,积极吸收西方自然科学成果,对西学思想文化和科学采取了欢迎态度。方以智对西方自然科学推崇备至,把研究自然事物的学问称为"质测之学",他还在自己的科学著作《通雅》、《物理小识》中,介绍了西方自然科学的基本知识及工艺技术。这种理性的开放精神,在读书人中产生很大影响,而且对自然科学在中国的传播起到积极推动作用。

值得一提的,还有著名自然科学家王锡阐、梅文鼎。他们在借鉴、吸收西方自然科学知识的同时,积极开展天文学与数学的研究工作,对中、西之学均采取实事求是的科学态度,主张除去中西偏见,集合众人所长,提倡学术思想和方法上的中西会通,主动汲取西学精华。他们对西方自然科学思想和方法在中国的传播和普及,做出了极其重要的贡献。

在学术文化上,实学是对明代学风流弊及古学研究的检讨;在经世致用上,实学是对均田、发展工商、自然科学研究以及一系列社会问题如何解决等问题的深层阐述。这是实学学术涉及最多的问题。实学学术与人文启蒙思潮相互关联,相互交织,但二者并不是同一个概念。实学侧重于学术领域,而启蒙更侧重于社会政治、经济或者理论与意识的层面。启蒙思潮是实学学术研究成果在社会生活领域的具体反映;实学学术则是启蒙思潮等社会问题在学术领域进行抽象研究的高度归纳与总结。

清初实学学术在明末至乾嘉汉学兴起之前,是一种进步的学术形态,它贯穿清代学术史的始终。其学术价值和社会意义,就是抨击封建君主专制制度和封建纲常名教,维护社会的发展和稳定,促成传统学术的后期演变。

由积极倡导社会变革出发,清初实学学术意义和价值还表现在,主张复兴经世致用的优良传统,开创了通经致用的治学门径,推动了中国传统学术的发展。众多实学学者和思想家,发扬经世致用的优良传统,提倡实文、实行、实体、实用的实学,开创了崇实黜虚的治学新风气,提出了通经致用、明道救世的治学宗旨。

清初实学不仅对清代学术的发展做出了很大贡献,而且对清代启蒙思想的发展产生了不可低估的影响。诸多学者讥切时政,批判专制,探求社会政治和经济改革的方案,关心国计民生,复兴和发扬了清初的社会批判精神和经世致用学风。

清代初期形成的实学学术,在整个清代获得良好的发展。从王夫之等人到颜李学派,再到戴震;从龚自珍、魏源到章太炎、王国维,实学学术和启蒙思潮一直相互伴随,对清代社会在政治、经济和文化方面的发展,产生巨大推动作用。清代出现的实学学术和启蒙思潮,是中国传统儒学学术的精华。它在清代历史的积极表现,充分展示了由孔孟开创的儒学思想的本质特征和思想精华,并在中国社会史和文化史上起到积极作用。

概括而言,清代初期的学者和思想家们,在对社会和文化的反思中,揭露和批判了宋明理学空谈性理的危害和弊端,提出了中国社会面对世界潮流带来的机遇与挑战应当采取的对策。因而实学学术继承、改造和发扬了中国传统学术的精华,其学术价值和社会意义是不可低估的。

三、乾嘉时期的学术发展与学术特征

汉学主要是考据之学。清代初期学术界恢复东汉考据学,故此时的学术主流被称为汉学。汉学从经学派别上大致属于古文经学,从研究方法的风格上又被称为朴学。清朝廷十分崇尚程朱理学,而学术界却有很多知识分子喜欢钻研考据学,这就造成清朝汉学学术繁荣发展的局面。

　　清代初期汉学的兴盛,原因是多方面的。具体而言。学者们认为宋明理学偏重于讲求道德修养的伦理哲学,注重义理的阐发。平心而论,任何学术流派如果持续时间太长而又不知变通,它就一定会受到冷落。清王朝经过一百多年的相对稳定和顺利发展,社会承平日久,经济发达繁荣,社会生活安定,这就给读书人创造了一个安静读书的客观环境。在那个时期,大规模的反清复明活动已经基本结束,社会环境和政治气氛比较平稳静谧,很适宜学者们避开社会现实问题,专心致志地从事学术研究。清代康、雍、乾三朝皇帝对汉族官员和读书人仍怀有极大的戒心,朝廷实行文化专制主义,大兴文字狱,以此威慑汉族官员和读书人。文字狱使得汉族官员和知识分子噤若寒蝉,不敢妄议朝政,只好埋头于故纸堆中,这样与世无争的社会生活环境,就使读书人找到一个逃避现实政治的避风港。

　　清代中期汉学内部有所谓吴、皖两派,它们在治学思路上不同,判断学术价值的标准也有区别,但二者治学的基本特点是大致相同的。从表面看,清代汉学家埋首经籍,不厌其烦地从事纯粹的、曲高和寡的学术研究,但从其实质讲,就是期望学术界乃至全社会能够归返原典描述的境界,追寻他们的社会政治理想。

　　清末同光年间的学者普遍认为,清代汉学在乾隆初年以后获得迅速发展,其特点是:说经重视实证,而非空谈义理。然而,清代中期的汉学家尊崇汉儒经说,并不满足于仅仅致力音韵、训诂、考据等小学之道,他们为学的目的,是以小学见大道。作为学术研究,出发点是要对字、词、句、段有准确理解,归结点是要对儒家之道有高度把握和理想追求。这些认识表明,清代汉学并不是简单地以考据为学术,也不是单纯地为学术而学术,他们自始至终都有着鲜明的政治追求。

对此问题,他们的认识主要有两类,一类主张笃信汉代学者传注、固守汉代经说,以为此即闻道。另有一类学术主张是对汉代学者所作经说、传、注等提出疑问,对笃信汉代经说的作法深表疑虑。汉儒说经依赖古训、牵就师说,支离破碎,自相矛盾,甚至不着边际。所以不宜完全排斥汉代以后历代学者对儒学经典的研究成果,当然也包括宋学在内,他们的治学并非一无是处,在某些方面或某个问题的研究中还是有值得借鉴之处。这样的认识就比较理性,而不是绝对化和僵化。其实,历史上任何一个学者或学派都有其治学上的优长和不足,而不应以其为某派而加以无限肯定或完全否定。这是非历史主义的态度,也不符合辩证法原则。大多数学派之所以能够存在,自然有其存在的道理。

清代中期汉学在抨击宋学、追寻先秦圣道的过程中,明晰的表现出一种归返原典的思维特征,这种对儒学经典的崇拜,表现为舍弃注疏、追求经文、重新树立儒学原典的权威地位,在认识上,表现为归返原典的学术思维和深沉的政治期盼。

一般说来,人类思想文化尤其是学术研究的每一步发展,都伴随着认识上的不断深化,而认识的深化在大多数情况下需要以否定陈言旧说和固有观念为起点。这就出现了两种情形,一是学术思想的闪光促使旧观念、旧学说发生质的变革;一是否定旧思想、旧学说的冲动导致学术上的失范。从这个意义上说,无论汉学、宋学,就其时代而言,都是学术认识上不断深化和否定之否定的产物,这是无庸置疑的。

在封建专制主义横行和泛滥的时代,学术研究领域与政治领域一样,缺乏真正意义上的自由思维和自由创作,学术的生存、传播、演变和发展，首先要取得政治上的合法性才有可能在社会上立足，否则极有可能被目为异端而难以生存。在中国历史上，政治文化与学术文化往往相互结合，学术文化在政治上的合法性不一定直接由专制统治者加以规定，而是通过一只无形之手进行操控的，这只无形之手就是中国传统文化和学术自身。

在乾嘉后期，皖派汉学获得很大发展，在学术界开始盛行，为清代学术的进步做出了重大贡献。皖派后学者对于汉学的深入研究，促进了古文经学的转变。同时，以段玉裁、王念孙、王引之为代表的清代中后期著名学者，研究经典文本的方法更为严密，所取得的经学成就也更为突出。但他们放弃了皖派探求义理的特色，专注于文字音韵之学的研究。皖派汉学对清代学术产生了深远影响，它在丰富发展汉学的基础上，又引起清代学术思想和研究内容的转型及进一步发展。

清代汉学是清代中期特定社会历史条件下的产物，它在学术界和社会上的兴起与盛行，不仅促进了以经学为核心的中国传统学术文化的丰富与发展，取得了令世人瞩目的学术成就，而且在社会生活中产生了广泛而深远的影响，已经成为清代学术的标志。

清代汉学在嘉庆以后，由于学术自身特点和学术内在发展规律，以及社会历史条件的变化，逐渐由盛转衰。清代汉学的衰落经历了道光、咸丰、同治、光绪四朝，即19世纪上半期到20世纪初期。学者为考据而考据、为经学而治经学的脱离现实社会的专门学问，它对章句考据太多，义理发挥较少，束缚了清代汉学的不断创新和继续发展，降低了其自身存在的鲜活生命力，导致清代汉学在其发展的高峰之后，逐渐走向衰落。

清代中期是中国社会经济发展、政治相对稳定的时期。在此背景下，传统学术获得较快发展。可以说，这个时期是中国学术史上的一个黄金时代。这不仅表现为学术成果丰硕，学术思想活跃，而且表现为学术思维方式更新,学术方法多样,尤其是严谨求实的治学态度,对中国学术发展产生极其重要的影响。

四、晚清学术思想的发展与转向

自嘉庆、道光年间起,传统汉学一枝独秀的学术格局被打破,出现宋学、汉学相与争鸣以及汉学与宋学相调和的局面。曾经作为学术主流的宋学再次浮出水面后,学术界出现了不同于以往的发展趋势。宋学为适应新的社会形势,在复苏的同时也发生了诸多变化。

就一般情况而言,任何学派至全盛时必有弊端产生。换言之,其极盛之时也就是走向衰落的起点。汉学也难逃此运。当时,汉学研究日趋琐碎,学术上的门户之见极为盛行。汉学在嘉庆、道光之际(18世纪末期19世纪前期)的衰落已成趋势。清朝后期学术上的这种变化,既受到社会外在因素的影响,也是汉学内在演进、自我流变的必然结果。

清嘉庆以后,由于社会环境变化以及学术自我流变与更新,宋学由衰渐兴,焕发出新的生机与活力,并试图为挽救危机四伏的封建王朝统治提供精神动力与智力支持。在中国封建社会后期居官方意识形态垄断地位而又一度衰微的宋学,在走向其终点之前,出现了短暂的回光返照的局面。

宋学在清代乾嘉以后的复苏当以著名学者方东树《汉学商兑》一书的发表为标志,此书是方东树系统反驳汉学的著作。1818年,即嘉庆二十三年,江藩刻成《国朝汉学师承记》,以区别汉宋门户。清朝道光年间,方东树著《汉学商兑》(1826年)予以反击。

汉学在嘉道时期的衰落,表明学术思想的发展又到了转折的关头,中国思想学术即将进入一个新阶段。晚清宋学的复兴与经世致用之学的崛起相得益彰,二者互相渗透,互相影响,启迪了晚清宋学中的经世思想因素,更加突出了宋学的经世功能。总之,宋学在晚清复兴不是其简单的再现或者单纯的回归,一方面它是学术自身逻辑发展和内在理路的必然结果,另一方面则是社会现实对宋学提出了新的课题,这就是如何做到经世致用,如何以学术复兴来挽救清王朝的衰势和社会危机。宋学在晚清的复兴,并不意味着对汉学的全然否定。许多理学家,其治学仍深受汉学考证方法的影响。长期以来汉宋两家激烈的门户之争在晚清逐渐被淡化。

晚清学者的汉宋兼采,并未能脱出宋明以来儒学只注重阐发道德理想的旧模式,但为宋学在晚清的发展增添了新色彩,即消除门户之见,重视经世致用。晚清兼采汉宋的学术局面,突破了长期以来存在的学术流派之间的森严壁垒,有利于儒学内部各学派及其与其他学派的不断融合,表明中国近代学术要求摆脱自身困境并获得发展的新趋向。

在西方文化的冲击下,传统学术如何面对新的局面,这是任何一位有社会良心的学者不得不思考的严重问题。以西方文化作参照,改造中国传统文化,这个十分复杂而艰难的社会工程,经过魏源、曾国藩、李鸿章等人的思考和鼓吹,到了19世纪60年代就有学者指出,中国在许多方面不如西方是事实,要改变这种事实只能立足于自己的努力,在较短的时间里,赶上西方发达国家。冯桂芬明确提出"以中国之伦常名教为原本,辅以诸国富强之术",作为改造中国传统文化、向西方学习的原则。这在表达上与张之洞"中学为体,西学为用"如出一辙。从个意义上说,冯桂芬成为19世纪后半叶中国维新思潮的引路人。郑观应曾抨击那些抵制西学的顽固派。他认为,中国必须向西方学习科学技术,广译西书,广设书院,富国强兵,注重商战,建议设立议院制度,以上下沟通。

中体西用是那个时代文化精英们的普遍思考,然而对这一命题进行比较系统的阐述和发挥的还是张之洞。他提出向西方学习的主张,并做出有实效的贡献。他坚持以中国传统文化为主体,吸收外来文化,重新建构民族文化体系。中体西用的思路是19世纪下半叶中国社会和学术发展的方向和可行道路。正是在这一思想的指引下,中国在19世纪60年代之后不到30年的时间里获得了长足发展。到了19世纪80年代,中法战争和甲午战争又都以中国的失败而告终,引起人们中体西用思路的怀疑。在这种情景下,在学术界和社会政治领域,出现了康有为以公羊三世说和托古改制为主的新思路。

康有为和他的同路人主张向西方学习,但他们割不断与传统文化的联系。他们不可能冷静地从事中西文化的研究和比较,而只能匆忙地从古今中外各家各派的思想学说中,尽量寻觅适合现实需要的理论武器。他的《新学伪经考》、《孔子改制考》和《大同书》等,与其说是严谨的学术研究,毋宁说是试图改造现实的政治理论武器。康有为、梁启超如此,而"冲决网罗"的斗士谭嗣同也是同样。谭嗣同早年倾心于旧学,后来较多地接受西方自然科学的知识,三十岁之后,他的学术幡然一变,前后判若两人。当时,又值中日甲午战争,世界形势发生了很大变化,谭嗣同毅然与旧学决裂,加入向西方寻求真理的先进中国人的行列,对传统文化发出质疑,抨击三纲五常等伦理观念,其冲决封建网络的激烈程度远远超过康有为、梁启超等同时代的人。

早在康、梁等人钟情于今文经学的时候,就有人对他们的做法表示过严重不满,乾嘉汉学虽经今文经学的打击,在晚清开始衰落,但作为一种学术思潮和派别,在晚清学界依然有很大的势力。俞樾、孙诒让、王先谦、章太炎等,都是当时著名的古文经学大家,在学术上的影响都相当大。

俞樾学问渊博,对群经、诸子、语言、训诂以及小学、笔记等均有撰述。他宗法王念孙、王引之父子,以正句读、审字义、明通假而见称。著述极多,对学术界影响较大者有《群经平议》、《诸子平议》及《古书疑义举例》等。这几部书基本采用王氏父子的研究方法,并有所发明,其价值不在王氏父子的著作之下,是乾嘉学派后期的重要代表著作。他一生兢兢业业,教书授学。据说,当时海内外慕名负笈来学者接踵而至,号称"门秀三千",投其门下者有朱一新、章太炎、吴昌硕、施新华等人,对后世特别是对江浙地区的学术影响颇大。在学术上他勤奋治学,对先秦经学和诸子百家学说,做了十分深入的研究,在史学、音韵、训诂等领域都有独到的见解。当时曾国藩戏称曰,李少荃(李鸿章)拼命做官,俞荫甫拼命著书。他著述极丰,达五百余卷,堪称一代儒学宗师,有《群经平议》、《诸子平议》、《古书疑义举例》、《曲园杂纂》、《俞楼杂纂》、《茶香室丛钞》、《曲园自述诗》及《右台仙馆笔记》、《老圆》、《骊山传》、《梓童传》、《七侠五义》(改编本)等等。他的全部著作汇集为《春在堂全书》,凡500卷。

有学者认为,孙诒让是清代最后一位朴学大师。他一生著述甚多,主要有《周礼正义》、《墨子闲诂》等。由于他治学严谨,论断精当,极受学界推重。章太炎就称其为"一代大宗"。孙诒让为学不偏不倚,务求其实,既继承传统、广存旧说,又条分缕析、匡谬纠偏;既充分尊重他人之学术理念与研究方法,又确审论述中证据是否充分,来源是否可信。尤其是他对《周礼》的训释,其成果的学术价值远在汉、唐注疏之上,其中许多问题都得到比较合乎情理的解决。

王先谦在政治上没有多少作为,大体算做守旧派,但在学术上却有重要地位。他是继阮元之后集大成的学者。他所主持完成的《皇清经解续编》,是继阮元正编之后最重要的经学成果汇集,是研究经学必备的参考书。其他如《汉书集解》、《后汉书集解》、《荀子集解》、《庄子集解》等,也对中国学术史、经学史的研究有相当重要的学术贡献。他主张义理、考据和辞章三者并重,以义理为主。他的学术思想已经基本上脱出汉学与宋学的窠臼。

上述几位著名学者,基本上都是以纯粹学术研究者的面貌,出现在晚清学术界,他们在政治上少有作为,大致属于比较保守的一派。学术功底深厚、学术贡献很大而又具有思想家性格和较大政治影响力的,要数学者兼革命家章太炎。章太炎起初是康有为、梁启超改良主义政治思想的同情者和追随者,但在学术研究上,他几乎从一开始就坚定地站在康有为、梁启超的反面。其中的原委有学术上的门户之见,因为章太炎是属于古文经学派,而康有为、梁启超则是今文经学派。但是政治上的对立应当是造成他们立场截然相反的重要原因。他认为,中国思想与学术的改革和发展,不可能依靠清政府自上而下地进行,更不可能依靠传统文化的权威进行。中国问题的真解决,必须吸收外来文化,兼容并包,培养新的文化意识,动员社会各阶层有影响的力量,联合一致,才有可能获得文化与学术的成功。

明

(公元 1368 年—公元 1644 年)

太祖洪武元年　戊申（公元1368年）

二月,太祖下诏祀孔　明王朝建立后,程朱理学受到统治集团尊崇。明太祖朱元璋出于现实政治需要,深知夺天下可以马上得之,但治天下则须依靠儒家思想和知识分子。由是,对孔子尊崇备至,登基伊始便定尊孔为重要国策,并遣使至曲阜祭祀。

[文献]《明通鉴》卷一:"(洪武元年二月)丁未,诏以太牢祀先圣孔子于国学,仍遣使诣曲阜致祭。"《明史》卷五〇:"洪武元年二月,诏以太牢祀孔子于国学,仍遣使诣曲阜致祭。临行谕曰:'仲尼之道,广大悠久,与天地并。有天下者莫不虔修祀事。朕为天下主,期大明教化,以行先圣之道。今既释奠成均,仍遣尔修祀事于阙里,尔其敬之。'又定制,每岁仲春、秋上丁,皇帝降香,遣官祀于国学。"谈迁《国榷》卷二二:"何乔远曰:仲尼一生好学人也,而当其身,鲁国之人已谓之圣人。今欲为圣人而不由学,可乎?朱氏生于有宋诸儒之后,直欲上接乎洙泗之传,推明大学格物致知之旨。明兴,高皇帝立教著政,因文见道,使天下之士一尊朱子为功令。"

七月,设学校　因太子舍人周宗建议,于天下府、州、县开设学校,此系明朝天下遍设学校之始。明朝学校基本沿袭唐、宋旧制,但有损益。县有县学,府有府学,京师则有国子监,其普及程度超过此前任何朝代。

[文献]《明通鉴》卷一:"是月(洪武元年七月),带刀舍人周宗上疏,请天下府州县开设学校,上嘉纳之。"谈迁《国榷》卷三:"是月(洪武元年七月),带刀舍人周宗奏'皇太子国之主器,宜择忠良之士与之居处,其侍御仆从亦选正人。使日见正事,闻正言。国本既固,又广选人才而用之。欲求人才,宜开学校,立学官,教养

为异日用。'上大是之。"《明会要》卷二五:"洪武元年,令品官子弟及民间俊秀通文义者,并充学生。寻诏择府、州、县学诸生,入国子学。"《明史》卷六九:"科举必由学校,而学校起家可不由科举。学校有二:曰国学,曰府州县学。府、州、县学诸生入国学者,乃可得官,不入者不能得也。入国学者,通谓之监生。举人曰举监,生员曰贡监,品官子弟曰荫监,捐资曰例监。同一贡监也,有岁贡,有选贡,有恩贡,有纳贡。同一荫监也,有官生,有恩生。国子学之设自明初乙巳始。洪武元年令品官子弟及民间俊秀通文义者,并充学生。……天下既定,诏择府、州、县学诸生入国子学。……天下府、州、县、卫所,比建儒学,教官四千二百余员,弟子无算,教养之法备矣。……盖无地而不设之学,无人而不纳之教,庠声序音,重规叠矩,无间于下邑荒徼,山陬海涯。此明代学校之盛,唐、宋以来所不及也。"

十一月,对孔子后裔恩惠有加 明太祖封孔子五十六代孙孔希学为袭封衍圣公,优免孔氏子孙差徭。

[文献] 谈迁《国榷》卷三:"(洪武元年十一月)甲辰,封孔希学衍圣公,授希大曲阜知县,立尼山、洙泗二书院。"《明通鉴》卷一:"(洪武元年十一月)甲辰,诏以孔子五十六代孙希学袭封衍圣公,进二品秩,赐银印。置衍圣公官属,……立孔、颜、孟三氏学,……又立尼山、泗水二书院,各设山长一人。复孔氏子孙及颜、孟大宗子孙徭役。又授其族人希大为曲阜世袭知县。"

太祖洪武二年　己酉(公元1369年)

正月,太祖与马翼论元朝因宽纵而失天下 明太祖朱元璋与马翼谈到:元朝末年,君臣沉溺于安逸享乐,致国家沦亡,其失误在于对奸臣、贪官纵容姑息和法纪松弛,并非政策宽厚。此论反映出明朝初期治国宽猛适度的观点,乃"中庸之道"的体现,也是朱元璋"重典治吏"思想之萌芽。

[文献]《明史纪事本末》卷一四:"(洪武)二年春正月庚子,上御奉天门,召元旧臣,问其政事得失。马翼对曰:'元有天下,宽以得之,亦宽以失之。'上曰:'以宽得之则闻之矣;以宽失之未之闻也。夫步急则踬,弦急则绝,民急则乱,居上之道,正当用宽。元季君臣,耽于逸乐,循至沦亡,其失在纵弛,非宽也。大抵圣王之道,宽而有制,不以废弃为宽;简而有节,不以慢易为简;施之适中,则无弊矣。'"

二月,诏修《元史》,八月书成 《元史》的编纂,始于洪武元年二月。时以李善长为监修,宋濂、王祎为总裁,汪克宽、胡翰、宋僖、陶凯、陈基、曾鲁等16人为编修。历时6月余,至同年八月,除顺帝朝外,完成纪37卷,志53卷,表6卷,传63卷,总159卷,并进呈御览。"记成败、示劝惩"是明修《元史》的主要宗旨。史料来源以元十三朝实录为本,旁参《经世大典》、《大一统志》等。稍晚,又分遣使臣到各地继续搜罗史料。

[文献]《四库全书总目提要》卷四六"《元史》"条:"《元史》二百十卷(内府刊本):明宋濂等奉敕撰。洪武二年,得元十三朝实录,命修《元史》,以濂及王祎为总裁。二月,开局天宁寺。八月书成,而顺帝一朝史犹未备,乃命儒士欧阳佑等往北平采其遗事。"《明鉴》卷一:"(洪武二年)二月,诏修《元史》。大都既克,得元十三朝实录,乃诏修《元史》。以左丞相李善长监修,前起居注宋濂、漳州府通判王祎为总裁。……阅六月,书成而元统以后之史未备,乃分遣使者十二人,往北平、山东采遗事。明年续修,仍以濂、祎总其事。"《明太祖实录》卷三九:"上谓廷臣曰:'近克元都,得元十三朝实录,元虽亡国,事当记载,况史纪成败,示劝惩,不可废也。'(又谕修史官)'今命尔等修纂,以备一代之史,务直述其事,毋溢美,毋隐恶,庶合公论,以垂鉴戒。'"

十月,命府、州、县皆立学 明太祖建国之初,尤为重视学校教育,视学校为国家主要培植人才之所在,府设教授、州设学正、县设教谕,并俱设训导,学校师生享有种种优待。

[文献] 《明史》卷六九:"洪武二年,太祖初建国学,谕中书省臣曰:'学校之教,至元其弊极矣。上下之间,波颓风靡,学校虽设,名存实亡。兵变以来,人习战争,惟知干戈,莫识俎豆。朕惟治国以教化为先,教化以学校为本。京师虽有太学,而天下学校未兴。宜令郡县皆立学校,延师儒,授生徒,讲论圣道,使人日渐月化,以复先王之旧。'于是大建学校,府设教授,州设学正,县设教谕,各一。俱设训导,府四,州三,县二。生员之数,府学四十人,州、县以次减十。师生月廪食米,人六斗,有司给以鱼肉。"谈迁《国榷》卷三:"(洪武二年十月)辛卯,诏郡县立儒学。设教授、学正、教谕、训导有差,廪给诸生。……盖无地而不设之学,无人而不纳之教。庠声序音,重规叠矩,无间于下邑荒徼,山陬海涯此明代学校之盛,唐、宋以来所不及也。"《明会典》卷七八"学校"条:"洪武初,令师生廪食月米六斗,后复令日米一升。鱼、肉、盐、蔬之类,皆官给之。"

[考辨] 明朝设立学校之确切时间,《明史》卷二、《国榷》卷三记载均为十月辛卯,而《明史纪事本末》记为"辛巳",据考十月是晦朔,故应从《明史》。

太祖洪武三年　庚戌(公元1370年)

五月,定科举考试制度 明代之科举,其科目大体沿唐宋旧制,惟命题范围专取《四书》、《五经》之内容。士子须用古人语气作答,当时称"制义",亦称"制艺"。制义分两类,一类用散文,一类则用排偶,其用排偶对仗者称为"八股"。八股文束缚文章的气势和思想,遂为后人所诟病。然明初之考试,并未限制全用八股;

而制义,不过是鼓励学人为圣贤立言,原无禁锢思想之用意,只是后来变成僵化程式的八股文章,束缚了读书士子的思想,其流弊极大,制约着学术发展。明朝的学校教育与科举考试制度相配合,凡应科举者必自学校出身。州县级考试录取之考生称"秀才"或"生员"。秀才可参加省级考试,称"乡试"。乡试隔三年举行一次,录取者称"举人";举人可参加礼部在京城举行的考试,称"会试",也称"春闱"或"礼闱",录取者称贡士;贡士再经皇帝考试,称"廷试"或"殿试",录取者称"进士"。举人和进士均可做官。

[文献]《明史纪事本末补编》卷二:"洪武三年五月初一日,诏曰:'朕闻成周之制,取材于贡士,故贤者在职,而其民有士君子之行。是以风淳俗美,国易为治,而教化彰显也。……自洪武三年八月为始,特设科举,以取怀材抱德之士,务在明经行修,博古通今,文质得中,名实相称。其中选者,朕将亲策于廷,观其学识,品其高下,而任之以官。果有材学出众者,待以显擢。使中行文武皆由科举而选,非科举毋得与官。'"《明史》卷七〇:"科目者,沿唐、宋之旧,而稍变其试士之法,专取四子书及《易》、《书》、《诗》、《春秋》、《礼记》五经命题试士。盖太祖与刘基所定。其文略仿宋经义,然代古人语气为之,体用排偶,谓之八股,通谓之制义。三年大比,以诸生试之直省,曰乡试。中式者为举人。次年,以举人试之京师,曰会试。中式者,天子亲策于廷,曰廷试,亦曰殿试。分一、二、三甲以为名第之次。一甲止三人,曰状元、榜眼、探花,赐进士及第。二甲若干人,赐进士出身。三甲若干人,赐同进士出身。状元、榜眼、探花之名,制所定也。而士大夫又通以乡试第一为解元,会试第一为会元,二、三甲第一为传胪云。子、午、卯、酉年乡试,辰、戌、丑、未年会试。乡试以八月,会试以二月,皆初九日为第一场,又三日为第二场,又三日为第三场。"《明通鉴》卷三:"(洪武三年五月)己亥,诏设科取士。定以三年一举,子、午、卯、酉乡试,

辰、戌、丑、未会试,乡试以八月,会试以二月。又诏定科举格,初场试《经》义、《四书》义,二场试论,三场试策。中式者,十日后试以骑、射、书、算、律五事。厥后虽有变更增减,而《经》义、《四书》义试之初场,遂为一代永制。盖上及学士刘基所定,仿宋《经》义之例为之,后遂谓之'八股',通名之曰'制义'。"

[考辨] 关于以八股文取士的制度究竟始于何时,清代学者就有争议。今之不少论著亦云:"洪武三年,明政府规定以八股文取士"(翦伯赞:《中国史纲要》下册,人民出版社,1984,198页;又见左言东:《中国政治制度史》,浙江古籍出版社,1986,372页)。有的学者认为八股取士是"朱元璋在封建科举制度基础上创建"的(丁凤麟:《论薛福成的人才观》,《北方论丛》1983年第2期)。还有学者说,朱元璋为了禁锢士子思想,制定八股文程式(徐连达等:《中国通史》,复旦大学出版社,1986,397页)。从洪武年间明政府颁布的科举条例看,对于科举考试的文体并未做出必须采用八股文体的规定。而八股文的产生同其它文体一样,经历了一个孕育、形成与发展的过程。因此八股文成为科举考试中的一种文体,也不是一朝一夕的事。它不是始于明朝,更不是为朱元璋所首创。清代学者胡鸣玉在其《订讹杂录》卷七中曾明确提出:"今之谓八股文,或谓始于王荆公,或谓始于明太祖,非也。按《宋史》熙宁四年罢诗赋及明经诸科,以经义、论、策试进士,命中书撰大义式颁行。所谓经大义,即今时文之祖。然初未定八股格,即明初百余年,亦未有八股之名。"这是一则重要考述。它不仅清晰地说明宋代经义与后来八股文之间的联系与区别,还详明了明初科举考试经义,且百余年间,并未有八股之名。关于宋代科举考试经义之文体,《四库全书》纂修者纪昀等在为《钦定四书文》一书所写提要中云:"经义,起于宋。《宋文鉴》所载张才叔自靖人自献于先王一篇,即当时程式之作也。"时至元代,由于科举兼以经义、经疑试

士,因而考生们越来越注意经义文章的写作,日渐形成八股格式。明初袭用旧制,成化年间形成通例,八股格式已发展得相当严密。这种文体之所以兴起,成为科举取士的一个重要标准,一则与科举考试经义成为制度有关,再则与它构思严密分不开。江国霖在《制义丛话序》中说:"制艺指事类聚,谈理似论,取材如赋之博,持律如诗之严",即说明了这一点。但是后来它专讲对偶排比,日益繁琐,从而走向它的反面。

七月,续修《元史》成 《元史》,210卷,明宋濂等撰。始撰于洪武二年(1369),成159卷。翌年二月,重开书局,历时5月余,同年七月,又成纪10卷,志5卷,表2卷,传36卷,总53卷。此后,又合前、后二书,厘分而附丽,更作210卷。现存版本,有明洪武三年(1370)刻本、嘉靖十一年(1532)南监本、万历三十四年(1606)北监本、清乾隆四年(1739)武英殿刻本、道光四年(1824)改校刻本、1935年百衲本、1976年中华书局标点本等。记载自成吉思汗至元顺帝约160年间蒙古、元朝史事,而以记元朝史事为主。由于撰写时间较短,综前、后两次仅331天,且又出于众手,其修制多是对原始材料的直接摘抄。因此,译名不统一,年代、史实乖谬的现象严重,甚至部分传文重出。在二十五史中,《元史》可以说是舛漏最多的一部正史。书成后,便有人发现其中错误,遂有朱右作《元史拾遗》、解缙作《元史正误》以补正之,可惜这两部书均已失传。清人钱大昕作《廿二史考异》、汪祖辉作《元史本证》,对上述谬误加以较系统的纠谬正误,但从史料价值来说,则不能取代原书。由于成书早,特别是在元代各朝《实录》、《经世大典》、《功臣后妃列传》等书大都散佚的情况下,该书使原始资料得到较多保存。因此,对其重要性不可忽视。

[文献]《四库全书总目提要》卷四六"《元史》"条:"明年二月,诏重开史局,阅六月书成。为纪四七卷,志五三卷,表六卷,列

传九七卷。书始颁行,纷纷然已多窃议。迨后来递相考证,纰漏弥彰。"顾炎武《日知录》卷二六:"《元史》列传八卷速不台,九卷雪不台,一人作两传。十八卷完者都,十九卷完者拔都亦一人作两传。盖其成书,不出于一人之手。"钱大昕《十驾斋养新录》卷九"《元史》"条:"综前后仅三百三十一日,古今史成之速,未有如《元史》者,而文之陋劣亦无如《元史》者。……本纪或一事而再书,列传或一人而两传,宰相表或有姓无名,诸王表或有封号无人名。"赵翼《廿二史札记》卷二九有"元史人名不画一"条,及"金元二史不符处"、"宋元二史不符处"条,举例甚多。

九月,《大明集礼》成 《大明集礼》为明朝典制文献。徐一夔等奉敕撰修,原本50卷。嘉靖中重修,增为53卷,内容分吉礼、嘉礼、宾礼、军礼、凶礼,并增集冠服、车辂、仪仗、卤簿、字学、音乐。上起唐尧虞舜,下至明代。典礼制度之升降仪节、制度名数,莫不详备。主要版本有天一阁藏本和明嘉靖间内府刻本。

[文献] 《四库全书总目提要》卷八二"《明集礼》"条:"《明集礼》五十三卷(浙江范懋柱家天一阁藏本):明徐一夔、梁寅、刘于、周于谅、胡行简、刘宗弼、董彝、蔡琛、滕公琰、曾鲁同奉敕撰。考《明典汇》载:洪武二年八月,诏儒臣修纂礼书。三年九月书成。名《大明集礼》。……《明史·艺文志》及《昭代典则》均作五十卷。今书乃五十三卷。考《明典汇》载,嘉靖八年礼部尚书李时请刊《大明集礼》,九年六月梓成。礼部言:'是书旧无善录',故多残阙。臣等以次诠补,因为传注。乞令史臣纂人,以成全书云云。则所称五十卷者,或洪武原本。而今所存五十三卷,乃嘉靖中刊本,取诸臣传注及所诠补者纂人原书,故多三卷耳。"《明通鉴》卷三:"(洪武三年)九月,儒臣纂修礼书成,上之,赐名曰《大明集礼》。其书分五礼:吉礼目十四,嘉礼五,军礼三,宾礼二,凶礼二。益以冠服、车辂、仪仗、卤簿、字学、音乐,凡升降仪节、制度、名数皆

具焉。"

胡广生 胡广,明江西吉水人,字光大,号晃庵,谥文穆。

[文献]《明太宗实录》卷二〇〇:"广,字光大,吉安吉水人。建文庚辰进士第一,赐名靖。永乐中,敕复旧名。"张惟骧《疑年录汇编》卷六:"胡光大四十九广,生洪武三年庚戌,卒永乐十六年戊戌。"

太祖洪武五年　壬子(公元1372年)

正月,危素卒 危素(1303—1372),元明之际抚州金溪(今江西金溪)人,字太朴。危素少通《五经》,元至正元年(1341)以荐授经筵检讨,预修宋、辽、金三史,注释《尔雅》。历官翰林编修、工部侍郎、礼部尚书、岭北行省左丞等。大都(今北京)陷,劝止明兵入史库,使《元实录》得存。洪武二年(1369)授翰林侍讲学士。太祖数访以元兴亡之故,且令撰《皇陵碑》文。洪武三年(1370),兼弘文馆学士。同年冬,被御史劾以"亡国之臣,不宜重用",免官,谪居和州(今安徽含山),岁余而卒。著有《尔雅略义》、《元海运志》、《危学士集》等。

[文献] 谈迁《国榷》卷五:"(洪武五年正月)是月,危素卒。素字太朴,金溪人。至正初,荐授翰林检讨,五年改国子助教。学问渊奥,兼长笔札。顺帝初荐入官,历岭北行省左丞,为时名臣。"何乔远《名山藏·臣林记》:"危素,字太朴,金溪人。与其邑人曾子白、朱夏并以文章名家。素厚重深中,学问渊奥,兼长笔札,多识宋元事,留心史书。"又谈迁《国榷》卷五:"薛应旂曰:素之在元,秉文衡,握枢要,不但以文艺名,且崇尚考亭、龟山、豫章、延平、九峰、西山之学。请诸儒从祀孔庙,其规为气志不凡矣。"《故翰林侍讲学士中顺大夫知制诰同修国史危公新墓碑铭》:"公博学善文辞,至正中独以文名天下,凡朝廷制作,皆自公出。……有文集五十

篇,奏议二卷,宋史稿五十卷,元史稿若干篇,藏于家。"(《宋文宪公全集》卷二七)

黄教始祖宗喀巴入藏求佛法　宗喀巴(1357—1419),本名"罗卜藏札克巴",明青海湟中人,因藏语谓湟中一带为"宗喀",故名。宗喀巴幼时从噶当派名僧达玛仁钦出家,习显、密教法10年。是年,他16岁,前往西藏,遍访宝刹名师,广学藏传佛理、因明逻辑、天文历算、藏医,及印、汉、藏语等,后以噶当派教义为立说之本。针对当时喇嘛教内部之弊端,他从整饬戒律入手进行改革,规定修行次第,阐扬"止观"的修持方法,严密寺院组织,成为当时名震遐迩的佛学大师。

[文献]　释妙舟《蒙藏佛教史》之第三篇《教别》:"黄教创自至尊宗喀巴。先是,至尊宗喀巴本习红教,欲匡正当时堕落之僧众,遂别开一派。排幻术,禁娶妻,持律极严,务除红教之弊。因着黄色袈裟以自别,故称黄教。黄教既兴,世人大加敬礼。"释妙舟《蒙藏佛教史》之第四篇《西藏近代之佛教》:"至尊宗喀巴,降生于佛历第六丁卯之丁酉年十月初十日辰时,即元顺帝至正十七年也。原名罗卜藏札克巴。生于西宁多麻达宗喀尔地方,即今甘肃西宁县属。……十六岁,与众友朋同入西藏。……十七岁抵藏。"(上海佛学书局,1935)

[考辨]　关于宗喀巴的生年,一般史书均载之为明永乐十五年(1417),经刘家驹考证,该生年恰错一轮甲子(60年),应为元至正十七年(1357)。又据李安宅《藏族宗教史之实地研究》:"宗喀巴出生的年代,汉文历史记载一般较实际年代晚六十年,这是由于六十年甲子记算法的缘故,藏历与汉历尽管相同,可是汉历算得有误。"(中国藏学出版社,1989,98页)此处从是说。另可参见色多·罗桑崔臣嘉措《塔尔寺志》有关宗喀巴生平的记载。

太祖洪武六年　癸丑(公元1373年)

王祎卒　王祎(1322—1373),明浙江义乌人,字子充。少时从学于黄溍、柳贯,遂以文章名世。元至正十八年(1358),朱元璋用为中书省掾史,称其才思之雄胜于宋濂。置礼贤馆,使居之。累迁侍礼郎,掌起居注,同知南康府事。元至正二十七年(1367)忤旨,谪为漳州通判。洪武二年(1369)召修《元史》,与宋濂同充总裁官。书成,擢同知制诰兼国史院编修官。洪武五年(1372),赴云南召谕元梁王,1373年初被杀。赠翰林学士,谥文节,改忠文。著有《造邦勋贤录》及《王忠文公集》等。王祎服膺朱熹,注重于心,但与空谈心性者不同,属于主张博学致知的一派。他对于今古文《尚书》真伪的考辨,以古文为伪,颇有见地。

〔文献〕《明通鉴》卷五:"(洪武六年)十二月,庚申,翰林院待制王祎遇害于滇南。……祎,字子充,师事元儒柳贯、黄溍,遂以文章名世。上平江西,祎献颂,上览之,喜曰:'江东二儒,惟卿与宋濂耳。学问之博,卿不如濂,才思之雄,濂不如卿。'自漳州被谪召还,与宋濂修《元史》,遂擢知制诰,兼修国史。"《明史》卷二八九:"明年修《元史》,命祎与濂为总裁。祎史事擅长,裁烦剔秽,力任笔削。……五年正月,议招谕之志,命祎赍诏往。……遂遇害,时十二月二十四日也。"《四库全书总目提要》卷一六九《王忠文公集》条:"祎师黄溍,友宋濂,学有渊源,故其文醇朴宏肆,有宋人轨范。濂序称'其文凡三变。初年所作,幅程广而运化宏'壮年出游之后气象益以沈雄,暨四十以后乃浑然天成,条理不爽。可谓知祎之深矣。"

〔考辨〕　关于王祎的卒年说法不一,张惟骧《疑年录汇编》卷六称:"王子克五十二祎,生元至治元年辛酉(1321),卒明洪武五年壬子(1372)"。据《明史》卷二八九载:王祎被害于洪武五年十二月二十四日。按公历当在1373年。

太祖洪武八年　乙卯（公元1375年）

正月，始命天下立社学　社学是一种乡村民众学校，属地方官学。选15岁以下幼童入学，以年老生员为师，教习《百家姓》、《千字文》、小学、经史、历算等科目。是年，明太祖诏天下立社学。洪武二十年（1387），令民间子弟入学兼读大诰及律令。弘治十七年（1504），又令入学子弟讲习冠婚丧祭之礼。此制度在当时起到普及文化礼乐之作用，但后皆废弛。

[文献]　谈迁《国榷》卷六："（洪武八年正月）丁亥，命天下立社学。"《明鉴》卷一："乙卯八年，春正月，诏天下立社学。帝以都邑皆有学，而乡社之民，未沾教化，命有司更立社学，延师儒，教民间子弟。"《松江府志》："国朝洪武八年三月，奉礼部符，仰府州县每五十家设社学一所。延有学行秀才教训军民子弟，仍出师生姓名申达，于是本府两县城市乡村皆设社学。"《明会典》卷七八"社学"条："洪武八年，诏有司立社学，延师儒以教民间子弟。……二十年，令民间子弟读《御制大诰》。……兼读律令。……弘治十七年，令各府、州、县建立社学，访保名师，民间幼童年十五以下者送入读书，讲习冠、婚、丧、祭之礼。"

四月，刘基卒　刘基（1311—1375），字伯温，自号郁离子，浙江青田人。元末进士，曾任高安县丞、浙江儒学副提举，屡为执政所抑，郁郁不得志。后弃官归隐青田山中，著《郁离子》两卷以明志。元至正二十年（1360），朱元璋召至应天（今江苏南京），与议攻取大计，成为明太祖运筹帷幄之第一谋臣，每逢机密大事，太祖必召伯温屏人密语。刘基感知遇之情，亦知无不言，而言无不验，史称其料事如神，朱元璋比之汉之张良。洪武三年（1370），授弘文馆学士，封诚意伯。次年以老请归。洪武八年卒。正德九年

(1514)追赠太师,谥文成。刘基博通经史,尤精象纬之学。著有《春秋明经》、《郁离子》、《覆瓿集》、《写情集》、《犁眉公集》等,皆收入《诚意伯文集》中。作为明初的一位政治思想家,其政治观念系针对元末昏乱无道的政治而发。他的思想以儒家思想为本而略参以老庄与法家意识。曾提出"天有所不能而人能之"等观点。

[文献] 张惟骧《疑年录汇编》卷五:"刘伯温六十五基,生元至大四年辛亥,卒明洪武八年乙卯。"《明史》卷一二八:"刘基,字伯温,青田人。……元至顺间,举进士,除高安丞,有廉直声。行省辟之,谢去。起为江浙儒学副提举,论御史失职,为台臣所阻,再投劾归。基博通经史,于书无不窥,尤精象纬之学。西蜀赵天泽论江左人物,首称基,以为诸葛孔明俦也。"《明鉴》卷一:"(洪武八年)夏四月,诚意伯刘基卒。基佐帝定天下,工谋画,料事若神。暇则敷陈王道,帝以比张子房,常呼先生而不名。"《诚意伯文集》称刘基是承"儒先理学之统"(卷首序),"为明一代宗师"(章太炎序)。

《洪武正韵》编成 《洪武正韵》为韵书,乐韶凤、宋濂等奉敕编纂,是年成书。是书对传统韵书持批评态度,认为要以中原雅音来"正"旧韵。它对声调仍保留平、上、去、入四声,共分76部,而平、上、去三声各22部,入声为10部。该书以当时的读书音为依据,编写过程较为保守,保存了一些旧的东西,因而颁行后,士人认为其谬甚多,于是,太祖于洪武二十三年令重校之。该书的实际价值在于它反映了当时北方官话的实际情况,对研究官方语言的形成具有一定参考价值。

[文献] 《四库全书总目提要》卷四二:"《洪武正韵》十六卷(江苏周厚堉家藏本):明洪武中奉敕撰。时预纂修者为翰林侍讲学士乐韶凤、宋濂,……书成于洪武八年,濂奉敕为之序。大旨斥沈约为吴音,一以中原之韵更正其失。并平、上、去三声,各为二十二部,入声为十部。于是古来相传之二百六部并为七十有六。其

注释一以毛晃《增韵》为稿本,而稍以他书损益之。盖历代韵书自是而一大变。……濂序乃以陆法言以来之韵指为沈约,其谬殊甚。……洪武二十三年,《正韵》颁行已久,上以字义音切尚多未当,命词臣再校之。"

太祖洪武九年　丙辰(公元1376年)

曹端生　曹端,明学者。字正夫,号月川,河南渑池人。

[文献]　张惟骧《疑年录汇编》卷六:"曹正夫五十九端,生洪武九年丙辰,卒宣德九年甲寅。"《明史》卷二八二:"曹端,字正夫,渑池人。……学者称月川先生。"

太祖洪武十四年　辛酉(公元1381年)

五月,宋濂卒　宋濂(1310—1381),字景濂,号潜溪,浙江浦江人。博学强记,受业于黄潜、柳贯。元至正中荐授翰林编修,辞不就,隐居龙门山著书,历十余年。明初应朱元璋召至应天(今江苏南京),任江南儒学提举,兼授太子经书。寻改起居注,与刘基常侍朱元璋左右,备顾问。洪武二年(1369)充裁官,修《元史》。书成,升翰林学士。历国子司业、礼部主事、赞善大夫。辅导太子十余年,以礼法规谏。洪武六年(1373)升侍讲学士,洪武九年(1376)进学士承旨。以老致仕。洪武十三年(1380),因长孙宋慎坐胡(惟庸)党罪,安置茂州,次年病卒于途。正德中追谥文宪。为明开国第一文臣,朝廷文字多出其手。著有《龙门子》、《周礼集说》、《孝经新说》、《萝山杂言》及《宋学士文集》等。宋濂是宋元以来金华朱学的传人,是元明易代之际承前启后之大理学家,其学说调和朱陆而更近似陆九渊,也杂有佛教和道教理念,甚至援佛入儒。作为金华学派的传人,他对浙东功利之学相当倾心,主张出世,立功事,著之民用;又曾学于吕祖谦的后学李大有,故而其学又有吕学重经制、典籍的特点。其理学思想对后世影响甚巨,深明心的重要和心性修养,为后来心学一派的先声。著有《宋文宪公全集》,总53卷,今有四部丛刊本、四部备要本。台湾有影印《四库全书》珍本《宋景濂未刻集》,可资参较。

[文献]《宋文宪公全集》卷首三"墓志":"翰林学士承旨金华宋公景濂,洪武十四年辛酉五月二十日以疾卒于夔门,春秋七十有二,旅葬夔之莲花峰下。……公生于元至大庚戌十月十三日,享年七十有二。"《宋文宪公全集》卷首三"原序":"先生为有明三百年文章鼻祖。"赵士哲《建文年谱》卷一:"濂字景濂,金华人。博极群书,尤邃于理学。自太祖为吴王时侍帷幄,甚见尊礼,累迁太子赞善大夫,懿文太子及诸王皆从受学,以老病乞归。是年春,慎(按:宋濂之孙)坐胡党死,械濂至京。上大怒,欲并诛之。高皇后谏曰:'尝见民间请一先生尚全终,况濂亲教太子诸王,岂得不念。'上犹弗听。太子泣涕顿首乞贷其余生。久之乃得安置茂州,行至夔州,卒,年七十二。门人方孝孺感濂知己,为文以哭之,词甚悲痛。"(清咸丰四年刊本)《明史》卷一二八:"宋濂,其先金华之潜溪人,至濂乃迁浦江。一代礼乐制作,濂所裁定者居多。……屡推为开国文臣之首。……"谈迁《国榷》卷七:"(辛洪武十四年五月)甲辰,前翰林学士承旨宋濂卒。……濂笃伦品,寡嗜欲,内外诚恕,日不释书。所著《潜溪集》、《萝山集》、《龙门子》、《浦阳人物记》、《翰苑集》、《芝园集》行世。朱国桢曰:先生笃行真修,学有本原,文归尔雅,遭际圣神,大弘制作。守先生之道而见之行,无道学之名而有其实。收宋儒未竟之功,开我明大成之运。"焦竑《玉堂丛语》卷七:"宋景濂四持文衡,得人为多,接引后学,惟恐弗及。色温气和,近之者如大寒之加重裘,盛暑之濯清风也。天下之能文者,多经先生指授,朝廷英俊,咸以先生为法。……士大夫言当世有德者,必曰先生,而天下之人无贤若愚,咸推先生为大人长者。

及先生归,上面发后学无师之叹。盖先生之道,内诚外恕,一出于正,故上下信服若是云。"

太祖洪武十五年　壬戌(公元1382年)

四月,命天下通祀孔子　朱元璋即位后,将孔子学说作为重建封建秩序,加强封建专制主义中央集权统治的思想武器,以便在元朝废墟上建立大明帝国。

[文献]《明通鉴》卷七:"(洪武十五年四月)丙戌,诏天下通祀孔子。初,上即位之二年,诏孔庙春秋释奠止行于曲阜,天下不必通祀。时刑部尚书钱唐伏阙上言:'孔子垂教万世,天下共尊其教,报本之礼,必不可废。'侍郎程徐亦上疏言:'孔子以道设教,天下祀之,非祀其人,祀其教也,祀其道也。今使天下之人,读其书,由其教,行其道,而不得举其祀,非所以维人心,扶世教也。'后宋濂为司业,亦言之,皆不报。至是始诏礼官刘仲质等曰:'孔子道冠百王,功参天地。今天下郡县并建庙学,而报祀之典,止行京师,未遍宇宙,岂非阙典邪!'乃诏仲质等与儒臣共定释奠仪,颁之天下,令每岁春秋以上丁日通祀文庙。"谈迁《国榷》卷七:"(洪武十五年四月)丙戌,诏天下通祀孔子,赐学粮,增师生廪。……(五月)己未,新作太学成。"《明史》卷五〇:"丙戌,诏天下通祀孔子,赐学粮,增师生廪。十五年,新建太学成。……自经始以来,驾数临视。至是落成,遣官致祭。帝既亲诣释奠,又诏天下通祀孔子,并颁释奠仪注。"

太祖洪武十七年　甲子(公元1384年)

三月,科举考试成为定制　明代科举分文武二科,文科正式考试分乡试、会试、殿试三级。明政府规定科举程式,乡试、会试均分为三场,初场试四书义三道、经义四道(《易》、《书》、《诗》、《春秋》、《礼记》);二场试论一道,判语五条,诏、诰、表内科一道(在三者中任选一题);三场试经、史、时务策五道。就考试内容而言,乡试、会试中第一场考试经义,是依据四书五经命题,其目的在于测试考生对儒学经典的理解和熟悉程度,并且采用程朱一派理学家对儒学经典的标准注本,表明政府竭力提高程朱理学在官方学说中的地位,致使程朱理学在明代出现前所未有之盛况。

[文献] 龙文彬《明会要》卷四七:"(洪武)十七年,颁科举定式。子、午、卯、酉年乡试,辰、戌、丑、未年会试。试各三场:初场试《四书》义三道、经义四道,《四书》主朱子《集注》,《易》主程朱《传义》,《书》主蔡沈《传》及古注疏,《诗》主朱子《集传》,《春秋》主《左氏》、《公羊》、《穀梁》胡安国、张洽《传》,《礼记》主古注疏。"《明史纪事本末补编》卷二:"洪武十七年三月戊戌朔,命礼部颁行科举成式。"丘濬《大学衍义补·清入仕之路》:"祖宗时,其所试题目,皆摘取经书中大道理、大制度,关系人伦治道者,然后出以为题。当时题目无甚多,故士子专心用于其大且要者。其用功有伦序,又得以余力旁及于他经及诸子史,主司亦易于考校,非三场匀称者不取。"《明史》卷七〇:"(洪武)十七年始定科举之式,命礼部颁行各省,后遂以为永制,而荐举渐轻,久且废不用矣。"

太祖洪武十八年　乙丑(公元1385年)

十月,颁《御制大诰》于天下　明《御制大诰》共四编,是朱元璋将其于洪武十七年(1384)至洪武二十年(1387)亲手处理的一些案例及发布的峻令、训诫等汇集编纂而成的一部法律文献总集。前三编先后发布于明洪武十八年至二十年间,名称分别为《御制大诰》、《御制大诰续编》和《御制大诰三编》,第四编《大诰武臣》颁行于洪武二十年十二月。四编均由朱元璋亲自编纂或据其口述记录而成,颁行宗旨和基本精神是对臣民"明刑弼教"与"惩戒奸顽"。四编《大诰》总计236个条目,其中《初编》74条,《续编》87条,《三编》43条,《武臣》32条。就全书内容和整体结构而言,由案例、峻令和朱元璋的"训诫"三个方面内容组成。即:一是撮洪武年间(特别是十八至二十年)的"官民过犯"案件之要,用以"警戒愚顽";二是设置一些新的重刑法令,用以严密法网;三是在许多条目中,兼杂有朱元璋对臣民的"训诫",主要内容是向人们讲述"趋吉避凶之道",宣传其"明刑弼教"和"重典治世"的思想和法律主张。《大诰》中所列罪名,涉及当时法律的各个方面,是研究明初法制和当时社会政治、经济、军事情况的珍贵文献。

[文献] 《明史》卷九三:"《大诰》者,太祖患民狃元习,徇私灭公,戾日滋。十八年采辑官民过犯,条为大诰。……次年复为《续编》、《三编》,皆颁学宫以课士,里置塾师教之。因有《大诰》者,罪减等。于时,天下有讲读《大诰》师生来朝者十九万余人,并赐钞遣还。自《律诰》出,而《大诰》所载诸峻令未尝轻用。其后罪人率援《大诰》以减等,亦不复论其有无矣。"《明史》卷九四:"及十八年《大诰》成,(太祖)序之曰:'诸司敢不急公而务私者,必穷搜其原而罪之。'凡三《诰》所列凌迟、枭示、种诛者,无虑千百,弃市以下万数。贵溪儒士夏伯启叔侄断指不仕,苏州人才姚润、王谟被征不至,皆诛而籍其家。寰中士大夫不为君用之科,所由设也。其《三编》稍宽容,然所记进士监生罪名,自一犯至四犯者犹三百六十四人。幸不死还职,率戴斩罪治事。"《明通鉴》卷八:"(洪武十八年)冬,十月,己丑,颁《大诰》于天下。"谈迁《国榷》卷八:"(洪武二十年十二月)乙亥,颁《武臣大诰》二十二篇。"

[考辨] 研究《大诰》的论著,在20世纪20年代,有沈家本《明大诰峻令考》、《大诰跋》和《书明大诰后》三文,王国维《书影明内府刻本大诰后》和邓嗣禹《明大诰与明初之政治社会》。今人杨一凡在《洪武法律典籍考证》(法律出版社,1992)一书中,对《大

诰》的颁行时间、条文内容、诰文渊源、版本均作了考证和研究，《明大诰研究》（江苏人民出版社，1988）则是他有关此题的研究总结，书后附有四编《大诰》点校本。

僧克主杰生　克主杰，藏传佛教噶登寺法座第三代，宗喀巴的两位大弟子之一。原名格雷桐桑，生于后藏拉朵绛。

［文献］　中国佛教协会编《中国佛教》（二）："克主杰，是宗喀马的两位大弟子之一，……1385年，他生于后藏拉朵绛"。（知识出版社，1982，276页。）

太祖洪武二十二年　己巳（公元1389年）

十一月，明太祖与刘三吾论治民之道　朱元璋对刘三吾按地域划分人品之观点不以为然，认为应该用道德感化君子，用威严制服小人，不能因地域不同而区别对待。

［文献］《明太祖实录》卷一九八："洪武二十二年十一月乙丑朔，上御谨身殿，翰林院学士刘三吾侍，因论治民之道。三吾言'南北风俗不同，有可以德化，有当以威制。'上曰'地有南北，民无两心。帝王一视同仁，岂有彼此之间？汝谓南方风气柔弱故可以德化，北方风气刚劲故当以威制。然君子小人何地无之，君子怀德，小人畏威，施之各有倏当，乌可概以一言乎！'三吾悚服，稽首而退。"《明史纪事本末》卷一四："（洪武）二十二年冬十一月，上与翰林学士刘三吾论治民之道。三吾言：'南北风俗不同，有可以德化，有当以威制。'上曰：'地有南北，民无二心。德以化君子，威以制小人，不因乎地也。'"谈迁《国榷》卷九："（洪武二十二年）十一月乙丑朔，上与翰林学士刘三吾论治民之道。三吾言：'南北风俗不同，有可以德化，有当以威制。'上曰：'地有南北，民无两心，帝王一视而已矣。盖德以化君子，威以制小人，因乎人，不失乎地也。'"

薛瑄生 薛瑄,明理学家,字德温,号敬轩,山西河津人。卒谥文清。

[文献] 《明史》卷二八二:"薛瑄,字德温,河津人。父贞,洪武初领乡荐,为元氏教谕。母齐,梦一紫衣人谒见,已而生瑄。性颖敏,甫就塾,授之《诗》、《书》,辄成诵,日记千百言。"

[考辨] 关于薛瑄生年,《明史》卷二八二为:"天顺八年六月卒,年七十有二。"《明宪宗实录》卷一○二:"至是(天顺八年冬十月甲申)卒,年七十三。"张惟骧《疑年录汇编》为"洪武二十五年壬申",即1392年。而黄宗羲《明儒学案》卷七作"天顺八年(甲申)六月十五日卒,年七十有六",由此推断薛瑄生年为1389年。考证薛瑄曾有绝笔诗两句云:"七十六年无一事,此心惟觉性通天!"可知薛瑄死时为76岁,天顺八年(1464)。据此推算,薛瑄生年应为公元1389年。

黄润玉生 黄润玉,明初学者。字孟清,号南山,浙江鄞县人,人称南山先生。《明儒学案》作丁酉年(成化十三年,1477)卒,年89岁,逆推知其生于是年。

[文献] 黄宗羲《明儒学案》卷四五:"黄润玉字孟清,号南山,浙江鄞县人。……成化丁酉五月卒,年八十九。"

太祖洪武二十四年　辛未(公元1391年)

十二月,吴与弼生 吴与弼,初名梦祥,字子傅,号康斋,世称聘君,明抚州崇仁(今江西崇仁)人。

[文献] 杨希闵编《十五家年谱丛书》之《吴聘君先生年谱》:"明太祖洪武二十四年辛未十二月十二日公生。公吴氏,名与弼,字子傅,别号康斋,抚州崇仁人。……生时,祖逸愚公梦祖墓产一藤,盘旋而上,故小名梦祥。"(江苏广陵古籍刻印社,1980)

僧成生 僧成,法名僧成祥,具名"僧成祥贤"。西藏佛教格鲁派宗喀巴的大弟子之一,达赖喇嘛的第一世。生于萨嘉寺附近的一处牧场,在挈塘寺五戒,长期教授徒众读诵和书写,世称僧成字师。

[文献] 中国佛教协会编《中国佛教》(二):"僧成,是西藏佛教格鲁派宗喀巴的大弟子之一,是达赖喇嘛的第一世。僧成于1391年,生在萨嘉寺附近的一处牧场,……僧成(1405)出家。是年(1405)三月,在挈塘寺,依成就慧为亲教师,罗敦巴为阿阇黎,受沙弥戒,起法名僧成祥,后在末后自添贤字,具名'僧成祥贤',简称僧成。"(知识出版社,1982,279页)

太祖洪武二十五年　壬申(公元1392年)

七月,明太祖与儒臣论诸生当知民间疾苦　时各地主管教育之官员上京述职,太祖朱元璋问民间何苦?山西岢岚州学正吴从权、山阴教谕张恒答:"不知也,而非职事。"朱元璋便将这二人流放边疆。此举体现了明太祖反对空洞地理解圣贤之书,要求学以致用的思想。明太祖之所以要求主管教育的官员了解民情,了解百姓疾苦,就是为了使他们教育的学生能够在为官前就懂得体恤百姓疾苦,为以后从政打下基础。

[文献]《明太祖实录》卷二〇九:"洪武二十五年……敕刑部榜谕天下学校。时各处教官、训导有给由到京,上召谕之曰'汝等皆老儒,来自郡县,民间疾苦、稼穑艰难悉为朕言。'岢岚州学正吴从权对曰'臣为学正,以教导为职业,民事无闻。'山阴县学教谕张恒对曰'臣守职,常在学,未尝出外,于民事无所知。'上谓二人曰'岂有久居乡里不与人交接!……。'上顾谓刑部臣曰'若二人者于心无诚,已违圣贤之教,虚縻廪禄无补于时,宜窜之极边。其以榜谕天下学校使为鉴戒。'"《明史纪事本末》卷一四:"(洪武)二十五年秋七月,岢岚州学正吴从

权、山阴教谕张恒给由至京师,上问民间疾苦,皆对曰:'不知也,而非职事。'上曰:'宋儒胡瑗为苏、湖教授,其教诸生皆兼时务。圣贤之道,所以济世也。民情不知,则所教何事?其窜之极边。'命刑部榜谕天下学校。"谈迁《国榷》卷九:"(洪武二十五年七月)时各学教谕、训导考满入京,上召问民间所苦。岢岚州学正吴从权、山阴教谕张恒皆对曰:'不知也,而非职事。'上曰:'学官即勤教,岂有不与人接者。朔望节暇,民务当及之。学期用世,君问不答,何所用也,其窜之极边。'"

域外 [意]希腊文艺研究大盛。

太祖洪武二十七年　甲戌(公元1394年)

明太祖下令删节《孟子》　为求君权之绝对化,朱元璋命儒臣刘三吾等将《孟子》中有关反对武力兼并、"民为贵"、"君为轻"以及君主不仁则臣下可以诛讨、易位、背离的言论删掉85条。规定"课士不以命题,科举不以取士。"删节剩留的170余条编成《孟子节文》一书。此举,明确体现了朱元璋的政治思想,是君主专制绝对化理论表现的一个标志。

[文献] 《明通鉴》卷八:"初,上复孟子配享,而终以'草芥寇仇'及'君为轻'、'贵戚易位'等语,为寰中士夫不为君用者所藉口,乃诏三吾修《孟子节文》,凡不以尊君为主者皆删之。……三吾等奉诏修《孟子节文》,于洪武二十七年上之。"《续修四库全书总目提要·经部》"四书类":"按明太祖览孟子,至土芥寇仇之语,谓非人臣所宜言,诏去配享。有谏者,以不敬论,且命金吾射之,其憎孟子甚矣,三吾之《孟子节文》殆为此作也。……凡所删者八十五条,课试不以命题,科举不以取士。"

太祖洪武二十八年　乙亥（公元 1395 年）

十一月,赵谦卒　赵谦(1351—1395),明经学家。字㧑谦,初名古则,号海南夫子。浙江余姚人,曾就学于崇山寺,又受业于天台郑四表之门,博研六经百家,尤精于文字与考古学,人称为"考古先生"。洪武时仕为国子监典籍。撰有《六书本义》12 卷,分析郑樵之说颇为详尽,并著有《声音文字通》、《造化经纶图》、《考古续戒书》等,为有明一代文字学专家。

[文献]　张惟骧《疑年录汇编》卷六:"赵㧑谦四十五谦,生元至正十一年辛卯,卒明洪武二十八年乙亥。"《明史》卷二八五:"赵㧑谦,名古则,更名谦,余姚人。……博究《六经》、百氏之学,尤精六书,作《六书本义》,复作《声音文字通》,时目为考古先生。洪武十二年命词臣修《正韵》,㧑谦年二十有八,应聘入京师,授中都国子监典簿。久之,以荐召为琼山县学教谕。二十八年,卒于番禺。"黄宗羲《明儒学案》卷四三:"赵谦字㧑谦,初名古则,余姚人也。秦王廷美之后,降为农家。就外传于崇山寺,达旦忘寐。年十七八,东游。受业天台郑四表之门。……谓《六经》子史,历代阐发有人,惟音韵之学,世久不明,乃著《声音文字通》一百卷,《六书本义》十二卷。二十二年,召为琼山教谕,琼海之人,皆知向化,称为海南夫子。二十八年十一月一日卒于广城,年四十五。……其著述甚多,而为学之要,则在《造化经纶》一图。……庐陵解缙尝铭先生之墓,谓其力学主敬,信不诬也。"

域外　[法]明令自该年起每年可解剖死囚尸体一次,以利科学发展。

太祖洪武三十年　丁丑（公元 1397 年）

五月,《大明律诰》正式颁布　《大明律》是有明一代遵用的综合性正式刑法典,也是有明一代法典之代表。从草创到定型,历时30年,最后成书于洪武三十年。朱元璋早在全国统一前开熙元年(1367),即命李善长等据《唐律》修编新律。洪武六年(1373),刑部尚书刘惟谦等奉命详定明律,次年二月成。其篇目一准唐律,但《名例律》居于篇末,共30卷,606条,颁行天下,称洪武七年《大明律》。该律已亡佚。洪武九年(1376),朱元璋命胡惟庸、汪广洋等"厘正十三条"。洪武二十二年(1389),又命翰林院同刑部官再次修定《大明律》,改按六部官制编目,且以名例冠于篇首,共30卷,7篇,460条。洪武三十年(1397),朱元璋又命编纂《钦定律诰》147条,附于明律正文之后,总其名曰《大明律》。现存版本有:《玄览堂丛书》本、明刊《皇明制书》本、正德十六年所刻《大明律集解》三十卷本、朝鲜光武七年本、日本享保八年本、嘉靖间《大明律附例》刻本等。《大明律》不仅吸取了唐律的基本精神,还融合了唐以后特别是明初30年的统治经验,进而成为条文简于唐律,精神严于宋法,是封建社会后期一部极其重要的法典,突出了封建专制主义中央集权统治强化社会控制的内容。正因为如此,《大明律》制订之后,"历代相录,无敢更改",在明朝发挥了重要作用。它还直接影响了清朝和东亚邻国的封建立法。有关《大明律》研究的著作主要有:明代雷梦麟的《读律琐言》,王樵、王肯堂父子的《读律笺释》,清代薛允升的《唐明律合编》等。

[文献]《明太祖实录》卷二五三:"洪武三十年五月,……《大明律诰》成。"朱元璋《御制大明律序》:"朕有天下,仿古为治,明礼以导民,定律以绳顽,刊著为令,行之已久,奈何犯者相继,由是出五刑酷法以治之,欲民畏而不犯,作《大诰》以昭示民间,使知所趋避,又有年矣。然法在有司,民不周知,特敕六部都察院官,将《大诰》内条目,撮其要略,附载于《律》,其递年一切榜文禁例,尽行革去,今后法司只依《律》与《大诰》议罪。"《明史》卷九三:"始,

太祖惩元纵弛之后,刑用重典,然特取决一时,非以为则。后屡诏厘正,至三十年始申画一之制,所以斟酌损益之者,至纤至悉,令子孙守之。群臣有稍议更改,即坐以变乱祖制之罪。……盖太祖之于律令也,草创于吴元年,更定于洪武六年,整齐于二十二年,至三十年始颁示天下。日久而虑精,一代法始定。中外决狱,一准三十年所颁。……大抵明律视唐简核,而宽厚不如宋。"

《逊志斋集》编成 《逊志斋集》,方孝孺文集。方孝孺被杀后,"藏孝孺文者,罪至死"。门人王稔潜录方孝孺文章,题为《侯城集》,其文集才得以传于后世。全书原有30卷、拾遗10卷。因经永乐年间查禁,多有散佚,今通行本多并为24卷。亦间有掺入他人诗章之处。其中杂著8卷中的释统3篇、深虑论10篇、君学、君量、君职、治要、官政、民政等诸篇,集中反映了方孝孺的政治、法律思想。作者将儒学中有关政治、法律的传统观点进行发挥,突出强调"民本"、"民为贵"的思想,尤其明确提出君主对于天地、人民负有道义上的职责,这在中国政治思想史上具有重要意义。同时此书提出"均平"观点,不仅把"均平"视为天意,而且强调必须由人加以实现。其复井田的观点虽具空想色彩,却是出于对封建土地所有制的批判,在思想史上有一定意义。该书文风豪放纵横,更使其观点具有影响力。传世明刻本有明嘉靖四十年台州王氏刻本及明成都刻本等。通行本为1929年上海商务印书馆影印明台州王氏本的《四部丛刊》本和1931年中华书局《四部备要》铅印本。

[文献] 《四库全书总目提要》卷一七〇:"《逊志斋集》二十四卷(内府藏本):明方孝孺撰。是集凡杂著八卷,书三卷,序三卷,记三卷,题跋一卷,赞一卷,祭文、诔、哀辞一卷,行状、传一卷,碑、表、志一卷,古体诗一卷,近体诗一卷。史称孝孺殉节后,文禁甚严。其门人王稔藏其遗稿,宣德后始稍传播。故其中阙文脱简颇多。原本凡三十卷,《拾遗》十卷,乃黄孔昭、谢铎所编。此本并

为二十四卷,则正德中顾璘守台州时所重刊也。孝孺学术醇正,而文章乃纵横豪放,颇出入于东坡、龙川之间,其志在于驾轶汉唐,锐复三代,故其毅然自命之气,发扬蹈厉,时露于笔墨之间。……文以人重,则斯集固悬诸日月不可磨灭之书也。……但其中多杂以他人之诗。"

惠帝建文四年　壬午(公元 1402 年)

六月,方孝孺被杀　方孝孺(1357—1402),字希直,又字希古,号逊志,人称"正学先生",浙江宁海人。幼聪颖,及长师从宋濂,有"小韩子"之誉。曾两次荐至京师,均未被用。后任汉中教授,蜀献王聘为世子师。明太祖死后召为翰林学士,迁侍讲学士,为建文帝主要谋士之一。靖难之役后因不肯为燕王草诏被杀,相传被夷十族(九族及其学生)。曾主持纂修《太祖实录》,著有《逊志斋集》、《杂录》等。其思想见解上承宋濂,而实出于朱熹。他一方面遵从朱学博学致知的功夫,同时又主张践履笃实,强调学问要和事功、践履结合起来,主张齐家为治国之本,而齐家又以《周礼》中的宗法制为遗典大法,企图以《周礼》的模式改造现实社会。在对待佛教与道教的态度上,与宋濂稍有不同,宋濂出入于二教,方孝孺则以二教为叛道者,公开声言要驱逐佛教,具有无神论思想。其道德观念与政治思想都能自成体系,把性理和名节、学问和做人完全融为一体,尤其是其政治思想,有许多独到见解。

[文献]　张惟骧《疑年录汇编》卷六:"方希直四十六孝孺,生元至正十七年丁酉,卒明建文四年壬午。"李贽《续藏书》卷五:"方孝孺,字希直,一字希古,台州宁海人。父克勤,国初守济宁,有惠政。孝孺自幼精敏绝伦,双眸炯炯,日读书积寸。为文雄迈深醇,乡人呼为小韩子。长从宋濂游,宋门下多名士,孝孺一旦遂出其上,先辈如胡翰、苏伯衡皆自谓弗如也。恒以明王道、辟异端为己

任,故世咸以为程朱复出。"《明史》卷一四一:"王尊以殊礼,名其读书之庐曰正学。……时修《太祖实录》及《类要》诸书,孝孺皆为总裁。"黄宗羲《明儒学案》卷四三:"方孝孺字希直,台之宁海人。自幼精敏绝伦,八岁而读书,十五而学文,辄为父友所称。二十游京师,从学于太史宋濂。濂以为游吾门者多矣,未有若方生者也。濂返金华,先生复从之,先后凡六岁,尽传其学。两应召命,授汉中教授。蜀献王聘为世子师。献王甚贤之,名其读书之堂曰'正学'。建文帝召为翰林博士,进侍读学士。帝有疑问,不时宣召,君臣之间,同于师友。金川失守,先生渐衰,哭不绝声。……文皇亦降志乞草,先生怒骂不已,磔之聚宝门外。年四十六。坐死者凡八百四十七人。崇祯末,谥文正。"《国朝典故·建文皇帝遗迹》卷一九:"孝孺没后,诛及九族,五服之亲,尽皆灭戮。文皇怒不已,必欲诛十族,后将其朋友代为一族诛之。自古忠臣得祸之烈,未有如孝孺以侪辈代刑兼及室家之辱者,是诚异闻也哉!"

[考辨] 理学家讲的是正心修身发扬气节,而方孝孺那种刚正之气与凛然大节,最足以表现理学家的精神。因此,史书、稗记往往表彰方氏敢于"抗万乘之威"的"节行"而忽略其学术思想。黄宗羲作《明儒学案》以正学为第一人,正是出于对他"节义"的尊敬。王世贞与何乔远都将方孝孺首推为志士:"王世贞曰:'先生之学,出于宋文宪,不能如文宪之博,而纯则过之。非孔孟之书勿读,非濂洛关闽之学勿道,而至一节之士。……世之哀先生者,或过有所褒饰,然不失为志士。'何乔远曰:'孝孺平生杰然必为君子也。贱文章而贵道德,耻刑法而尊教化。'"(谈迁《国榷》卷一二)。人们惊叹于方氏"慷慨一死",却淹没了他一生在思想史上的贡献。诚如黄宗羲所说:"考先生在当时,已称程朱复出,后之人反以一死抹过先生一生苦心。"(黄宗羲《明儒学案·师说》)故学界至今对方孝孺学术思想,尚未做深入、系统研究。虽然李卓吾

对方氏学术,曾拍案称赏,评为"一等伟人"(《李卓吾评方正学》),其后刘宗周、黄宗羲等亦曾以理学家称许,但均未能触及其学旨,揭示方氏学术思想的重要价值。

成祖永乐元年　癸未(公元1403年)

七月,始修《永乐大典》　明成祖有感于天下事物太繁,而书籍太多,分散零乱,不易参考,遂命翰林院侍读解缙将自有书契以来的经、史、子、集、百家,至于天文、地理、阴阳、医卜、僧道、技艺之言,备为一书。是年,解缙奉命,根据原储藏在南京文渊阁中自五代十国、宋、辽、金、元及明初五百年来累积的"中秘藏书",分门别类,开始纂辑一部大型类书。

[文献]　谈迁《国榷》卷一三:"(癸未永乐元年七月)丙子朔,命翰林侍读学士解缙等辑《永乐大典》。"《明太宗实录》卷二一:"天下古今事物,散载诸事(书),篇帙浩穰,不易检阅。朕欲悉采各书所载事物,类聚之而统之以韵,庶几考察之便,如探囊取物。再尝观《韵府》、《回溪》二书,事虽有统而采摘不广,纪载大略。尔等其如朕意,凡书契以来,经、史、子、集、百家之书,至于天文、地志、阴阳、医卜、僧道、技艺之言,备辑为一书,毋厌浩繁。"另参见《明史纪事本末补编》卷一、《明史》卷一四七等。

域外　[捷]约翰·胡斯开始其反对罗马教会的宣传。

成祖永乐二年　甲申(公元1404年)

七月,朱季友进书　饶州(今江西余干)儒士朱季友向明成祖献其所著书,内容多有诋毁宋儒之处。明成祖下令焚其所著书,并杖责朱季友。此事表明,明政府提倡理学,不许反对宋儒。此后,理学的官学地位更无可置疑,正如陈确所说:"世儒习气,敢于诬孔孟,必不敢非程朱!"

[文献] 杨士奇《国朝典故·三朝圣谕录》卷四五:"永乐二年,饶州府士人朱季友献所著书,专斥濂、洛、关、闽之说,肆其丑诋。上览之,怒甚,曰:'此儒之贼也。'时礼部尚书李至刚、翰林学士解缙、侍读胡广、侍讲杨士奇侍侧,上以其书示之。观毕,缙对曰:'惑世诬民莫甚于此。'至刚曰:'不罪之,无以示儆。宜杖之,摈之遐裔。'士奇曰:'当毁其所著书,庶几不误后人。'广曰:'闻其人已七十,毁书示儆足矣。'上曰:'谤先贤,毁正道,非常之罪,治之可拘常例耶?'即敕行人押季友还饶州,会布政司、府、县官及乡之士人,明谕其罪,笞以示罚,其搜检其家,所著书会众焚之。又谕诸臣曰:'除恶不可不尽,悉毁所著书最是。'"谈迁《国榷》卷一三:"(甲申永乐二年七月)壬戌,鄱阳朱季友进书诋毁宋儒,礼部尚书李至刚、翰林学士解缙等请罪之。命斥还里,杖之百,搜所著燔焉,禁其教授生徒。谈迁曰:'先朝守宋儒遗书如矩矱,毋敢逾尺寸,故惩朱季友。而经学至深邃也,句沿字踵,等于苴蜡,于是曲士凿其隅见,稍有所缘饰。而矫异之窦,纷互四出,如近日李贽狱死,纸更为贵。俗尚之觭久矣。彼季友一斥不再振,则当时功令可想见也。'"此事亦见于《明通鉴》卷一四、郑晓《吾学编》、《皇明政要》及《明史》卷六。

成祖永乐三年　乙酉(公元1405年)

六月,三保太监郑和首次下西洋　郑和(1371或1375—1433或1435),明云南昆阳(今云南晋宁)人,回族,本姓马,小名三保。其祖先原籍为西域人,在元初移居云南。洪武十五年(1382),明军征云南,被俘,后入燕王朱棣藩邸为宦官,得燕王亲信。"靖难"之役,以监军从征有功,赐姓郑,擢内官监太监,人称三保太监。从永乐三年开始,奉命率"宝船"队进行七次大规模远洋航行,人称"三保太监下西洋"。航行使用罗盘,夜则仰视天空星辰,昼夜行驶。其规模之大,航程之远,实为世界航海史上之壮举。船队所至,以瓷器、丝绸、金银、铜铁等换取香料及其他珍奇宝货,扩大了中国与亚、非各国的经济、文化往来,将国家的政治势力范围拓展到南洋一带,间接促进了华侨在海外贸易的发展,然其政治意义远远大于经济利益。随同出使的马欢所著《瀛涯胜览》,费信所著《星槎胜览》,巩珍所著《西洋番国志》,记述其航海见闻尤详,史料价值颇高。

[文献] 《明史》卷三〇四:"郑和,云南人,世所谓三保太监者也。初事燕王于藩邸,从起兵有功,累擢太监。成祖疑惠帝亡海外,欲踪迹之,且欲耀兵异域,示中国富强。永乐三年六月,命和及其侪王景弘等通使西洋。将士卒二万七千八百余人,多赍金币。造大舶,修四十四丈、广十丈八者六十二。自苏州刘家河泛海至福建,复自福建五虎门扬帆,首达占城,以次遍历诸番国,宣天子诏,因给赐其君长,不服则以武慑之。"另参见《国榷》卷一三等。

[考辨] 关于郑和出使西洋的目的,历来有不少说法:追寻惠帝踪迹说;耀兵异域说;联印抗蒙说;满足统治者挥霍说等等,其中"追寻惠帝踪迹说"影响最大。沈德符《万历野获编》卷一称:"少帝自地道出也,踪迹甚秘。以故文皇帝遣胡濙托访张三丰为名,实疑其匿他方起事,至遣太监郑和浮海,遍历诸国,而终不得影响。"《明史稿·郑和传》也称:"当是时,帝以兵戈取天下,心疑建文帝行遁海外,将踪迹之;且欲耀威异域,示中国富强,乃命和及同官王景弘等通使西洋。"考察郑和出使西洋的时间有六次发生在永乐朝,还有一次发生在宣德六年(1431),"追寻惠帝踪迹"似不足以说明明政府花费巨资的这七次远洋航行之目的。由于明成祖朱棣是靠武力"靖难"取得皇位,那么他在位期间开始的这一"壮举"必定出于政治上的考虑,即提高他在海外的威望,扩大政治影响,安抚或镇压逃居海外的建文帝遗臣们的反抗活动,肃清一切活

动于海外诸国的反明势力。郑和出使西洋,威震异域,对于海外的影响极大,许多国家派使节跟随郑和船队来华向明政府朝贡。由于船队远洋航行所费甚巨,朝臣群起反对,出使西洋曾暂时中断,朝贡也随之渐稀,所以明宣宗时不得不再次命郑和出使西洋,以加强同这些国家的政治联系。因此,"三保太监下西洋"的最主要目的当是恢复和发展明政府同海外国家间的政治联系。

成祖永乐四年　丙戌(公元1406年)

四月,明成祖下令购求遗书　明朝推翻元朝时,徐达北伐,元顺帝仓皇北逃,宫中藏书大都没有损失,均被明朝所承有,所以明政府得有宋、辽、金、元四代在北京的藏书,数量颇多。是年,明成祖特命礼部派遣使者搜购天下书籍。此事表明明政府重视书籍的收藏,也为《永乐大典》的编辑提供了方便。

[文献]《明太宗实录》卷四二:"(永乐四年)夏四月乙卯,命礼悦遣使购求遗书。"《明史》卷九六:"明太祖定元都,大将军收图籍致之南京,复诏求四方遗书,设秘书监丞,寻改翰林典籍以掌之。永乐四年,帝御便殿阅书史,问文渊阁藏书。解缙对以尚多阙略。帝曰:'士庶家稍有余资,尚欲积书,况朝廷乎?'遂命礼部尚书郑赐遣使访购,惟其所欲与之,勿较值。"《明会要》卷二六:"永乐四年四月己卯,帝御便殿,召儒臣讲论。问文渊阁藏书备否?解缙对曰:'经史粗备,子集尚多阙。'帝曰:'士庶家稍有余资,尚欲积书,况朝廷乎?'遂命礼部遣使四出,购求遗书。"孙承泽《春明梦余录》卷一二:"永乐初,问文渊阁书皆备否。解缙对:'经史粗备,惟子集尚缺。'上曰:'士人起家,皆欲积书,况朝廷可缺乎,遂召礼书郑赐,令择通知典籍者四出购求。'且曰:'书籍不可较价值,惟其所欲与之。'又曰:'置书不难,须常览有益。'"(北京古籍出版社,1992)

成祖永乐五年　丁亥（公元 1407 年）

十一月，《永乐大典》编纂完成　《永乐大典》系明成祖永乐年间编纂的一部大型类书。永乐元年七月开始编纂，于次年十一月修成《文献大成》。因采摘不广，记载太略，成祖命重修。以姚广孝、解缙等监修，翰林学士王景等总裁，于文渊阁开馆编纂，参与其事者三千余人。编纂时以文渊阁所收宋、元御府藏书为基础，并派人至全国征集经、史、子、集、释藏、道经等书籍，而以洪武正韵韵目编次，采用按韵收字，用字系事的体例。永乐五年十一月全书完成，更其名为《永乐大典》，明成祖亲制序言。正文 22877 卷，凡例、目录 60 卷，共 11095 册，约 3 亿 7000 万字。辑录先秦至明初书籍七八千种，包罗经、史、子、集、天文、地理、阴阳、医卜、僧道、戏剧小说、技艺等内容，其规模为明以前官辑类书所未有。由于是书内容浩繁，编制时间又太短促，故而略显驳杂，但其中收入许多极为珍贵的元朝以前的佚文秘笈，保存了中国古代文化成果。书成后，成祖曾拟将其刻版印行，因工本费浩大而作罢。初藏南京文渊阁，迁都后移贮北京文楼。嘉靖、隆庆年间，又摹录副本一部。正本约毁于明亡时，入清以后，副本也渐散失。清乾隆修《四库全书》时，还存有残余的几千册，清代学人曾在这些残卷中辑出佚书 500 多种。再经英法联军、八国联军浩劫，使残余的大典更加残毁不堪，其中许多流出国门。1960 年，中华书局根据历年征集到的 730 卷影印出版。

［文献］　郭伯恭《永乐大典考·自序》："（《永乐大典》）囊括百家，统驭万类，卷帙之富，为明以前官书所未有。"《四库全书总目提要》卷一三七："《永乐大典》二万二千八百七十七卷、目录六十卷（翰林院藏本）：明永乐元年七月奉敕撰。二年十一月奏进，赐名《文献大成》。总其事者为翰林院学士兼右春坊大学士解缙，

与其事者凡一百四十七人。既而以所纂尚多未备,复命太子少保姚广孝、刑部侍郎刘季篪与缙同监修,……于永乐五年十一月奏进,改赐名曰《永乐大典》(案以上俱见《明实录》)并命复写一部,锓诸梓,以永乐七年十月讫工。后以工费浩繁而罢。定都北京以后,移贮文楼。嘉靖四十一年,选礼部儒士程道南等一百人重录正副二本,命高拱、张居正校理。至隆庆初告成,仍归原本于南京。其正本贮文渊阁,副本别贮皇史宬。明祚既倾,南京原本与皇史宬副本并毁。……故此书以《洪武正韵》为纲,全如《韵府》之体其每字之下详列各种书体,亦用颜真卿《韵海镜源》之例。惟其书割裂庞杂,漫无条理,或以一字一句分韵;或析取一篇,以篇名分韵,或全录一书,以书名分韵。与卷首凡例多不相应,殊乖编纂之体。……故参差无绪,至于如此。然元以前佚文秘典世所不传者,转赖其全部全篇收入,得以排纂校订,复见于世。"

[考辨] 关于《永乐大典》的卷数,《明太宗实录》卷五四载22211卷;《万历野获编·补遗》记作22900余卷;《明史·艺文志》记作22900卷;《明史纪事本末补编》卷一记作22211卷;《四库全书总目提要》卷一三七记作22877卷,又有目录60卷,共22937卷。一般认为,《四库全书总目提要》所记比较准确。

成祖永乐七年　己丑(公元1409年)

吴与弼潜心理学　是年,吴与弼19岁,从洗马杨溥学,得见《伊洛渊源录》,遂志于程朱理学,绝意科举,独处小楼数年,潜心于四书、五经及程朱学说。

[文献] 《明史》卷二八二:"与弼年十九,见《伊洛渊源图》,慨然向慕,遂罢举子业,尽读《四子》、《五经》、洛闽诸录,不下楼者数年。"李贽《续藏书》卷二一:"年十九岁,见《伊洛渊源图》,日夜玩读,至程伯淳,亦有猎心,喜曰:'审如是,吾亦可学为圣贤。'遂

去举业,谢人事,独处小楼,尽读《四书》、《五经》、洛闽诸录,收敛身心,沉潜义理,足不下楼者二年。"黄宗羲《明儒学案》卷一:"十九岁(永乐己丑),觐亲于京师。从洗马杨文定溥学,读《伊洛渊源录》,慨然有志于道,谓'程伯淳见猎心喜,乃知圣贤犹夫人也,孰云不可学而至哉!'遂弃去举子业,谢人事,独处小楼,玩《四书》、《五经》、诸儒《语录》,体贴于身心,不下楼者二年。"

黄教首寺——甘丹寺建成 甘丹寺是西藏黄教四大寺院中修建最早、宗教地位最高的寺院。黄教始祖宗喀巴在帕木竹巴王朝支持和资助下,于永乐七年在拉萨以东创建,作为格鲁派的根本道场,宗教上一切仪式,以此寺为标准,它象征着格鲁派的正式形成。格鲁派的产生,是对西藏佛教此前长期多元化发展的一次综合性改造,并奠定了"政教合一"的社会体制。此后,格鲁派遂成为西藏地区的执政教派,并在蒙藏一带广为流传,影响深远。

[文献] 释妙舟《蒙藏佛教史》:"至尊宗喀巴所建之噶勒丹寺,在拉萨东,计程一日。……甘丹寺,即噶勒丹寺,在拉萨东五十里之噶勒丹山。先是,至尊宗喀巴在大昭寺率喇嘛攒昭诵经燃灯,喇嘛日众,别求立寺,乃修建此寺以居之。……乃至尊宗喀巴坐床之所,为黄教之发源地。"(上海佛学书局,1935)蒋维乔《中国佛教史》:"宗喀巴所建有名之甘丹寺,在西藏'国都'拉萨东方三十里。宗喀巴既建甘丹寺后,势力增大,自是有所谓达赖、班禅二喇嘛者,渐开宗教政治之端绪。"(商务印书馆,1935)

成祖永乐九年　辛卯(公元1411年)

陈真晟生 陈真晟,明学者,字剩夫,初字晦夫,自号漳南布衣。福建漳州人。少曾入长泰山中,从进士唐泰治举子业,乡试辞归,后绝意科举,笃志践履之学。

[文献] 张惟骧《疑年录汇编》卷六:"陈剩夫六十四真晟,生

永乐九年辛卯,卒成化十年甲午。"黄宗羲《明儒学案》卷四六:"陈真晟字剩夫,初字晦夫,其后以布衣自号。福之镇海卫人。年十七八,即能自拔于俗。"何乔远《名山藏·儒林记》:"陈真晟,字剩夫,泉州人。入戎籍于漳之镇海卫,遂为漳人。弱冠入长泰山中从进士唐泰学举子业。业成荐于有司至省试,闻试防严,曰非所以待士,士不宜以此自待,遂弃归,一意圣贤之学。"

成祖永乐十二年　甲午(公元1414年)

十一月,三部《大全》开始纂修　明成祖命翰林学士胡广与侍讲杨荣、金幼孜等撰修《五经大全》、《四书大全》与《性理大全》,统谓之"三大全"。该书抄录先儒各家注说而成。

[文献]《明太宗实录》卷一五八:"(永乐十二年十一月)甲寅,上谕行在翰林院学士胡广、侍讲杨荣、金幼孜曰:《五经》、《四书》皆圣贤精义要道,其传注之外,诸儒议论,有发明余蕴者,尔等采其切当之言,增附于下。其周、程、张、朱诸君子性理之言,如《太极》、《通书》、《西铭》、《正蒙》之类,皆六经之羽翼,然各自为书,未有统会,尔等亦别类聚成编。二书务极精备,庶几以垂后世。命广等总其事,仍命举朝臣及在外教官有文学者同纂修。开馆东华门外,命光禄寺给朝夕馔。"《明鉴》卷二:"(甲午十二年)冬十一月,命翰林学士胡广等,修五经、四书,及宋儒性理诸书。书成,名曰《大全》,颁行天下。"另见《国榷》卷一六、《明会要》卷二六。

成祖永乐十三年　乙未(公元1415年)

正月,解缙卒　解缙(1369—1415),字大绅,江西吉水人。洪武进士,授中书庶吉士,上万言书,批评朱元璋政令屡改等事。后罢官八年,建文时再出仕。永乐初,任翰林学士,主持纂修《永乐大典》,颇受朱棣重视。以正直敢言著称,并为有明一代之文学家。永乐五年(1407)，以"泄禁中语"、"廷试读卷不公"，谪广西。永乐八年(1410)入京奏事，适朱棣不在京师，谒太子而还，仍以"无人臣礼罪"下狱，后在狱中被杀。著有《文毅集》、《春雨杂述》等。

[文献] 谈迁《国榷》卷一六："(永乐十三年正月)前交趾右参议解缙卒于狱。缙字大绅，吉水人，幼有凤慧。洪武戊辰进士，授中书舍人，尝从大庖西草封事。上数称奇才，诸大臣皆忌。改御史予告，上崩入临，劾其违养，谪河州卫吏，董伦荐之，入翰林待诏。上即位，擢侍读，直文渊阁，进翰林学士兼右春坊大学士。以阻汉王高煦及交趾事见忤，出参广西，再改交趾，征下狱。高煦使狱吏醉埋之雪中死。或曰：'上意也。'……缙才高志锐，诗文雄宕，称等咸后进。工文，相引重，遂被以轻薄名，悲夫。……袁衮曰：'以解公之才而受知于高帝'及文皇帝，不数年遂参钧轴，不可谓不遇矣。然卒以幽死，甚矣谗人之罔极也。……观解公所论奏，皆明切可施行当世，其所论群臣优劣，十不失一，何其知人之哲也。嗟乎！贾生之所谓轻薄，即缙之所谓狂也。语曰：高才不达，直木先伐。信矣哉，又何足怪乎？'"其事迹另见《明史》卷一四七。

九月，三部《大全》修成 是月，《五经大全》，《四书大全》和《性理大全》三部大型丛书修成，目的是用程朱理学统一士人的思想《五经大全》，154卷。全书沿袭程、朱，阐扬理学，明成祖亲为之序，颁行全国。其中《周易大全》24卷，用程颐、朱熹注，董楷、胡一桂、胡炳文、董真卿疏；《书经大全》10卷，用蔡沈注，陈栎、陈师凯疏；《诗经大全》20卷，用朱熹注，刘瑾疏；《礼记大全》30卷，用陈澔注，杂采诸家为疏；《春秋大全》70卷，用胡安国注，汪克宽疏。以上除《书经大全》"尚为差胜"之作外，其余皆为抄袭前人而略加点窜而成。对此，清代学者多有贬斥。《四库全书总目提要》亦罪之为"剽窃"、"无根柢"。若仅就其搜集、保存宋元理学重要资料而言,对后人的研究工作尚有一定参考价值。此书与《四书大全》颁行后,前贤注疏尽弃。此书作为明代科举取士的标准书,影响很大。有明殿刻本、明《五经大全》本、清《四库全书》本、高丽《五经四书大全》本。

《四书大全》,36卷。该书辑录明永乐之前为四书训释解说者计106家,全书征引自汉至明诸家说,而重在宋代理学,尤其突出二程和朱熹。其体例先列四书正文,次列朱熹《集注》及诸儒之说,分行小字排列。书成,明成祖亲为之序。颁行后遂成为官定教科书,并以此书取士,影响有明一代200余年,致事科举者专攻此书,宋儒之书亦不复过目。清顾炎武《日知录》、朱彝尊《经义考》及《四库》馆臣均谓此书乃就前儒成编,杂为抄录,而主要剽窃元人《四书辑释》而成,评价甚低。故自清以后,除专事科举者外,不再为学者重视。有明天顺二年刊本、高丽刊本。

《性理大全》,70卷。是宋代理学家著作和论议格言汇编,所采宋儒之说120家。其中自为卷帙者9种:周敦颐《太极图说》1卷、《通书》2卷,张载《西铭》1卷、《正蒙》2卷,邵雍《皇极经世书》7卷,朱熹《易学启蒙》4卷、《家礼》4卷,蔡元定《律吕新书》2卷,蔡沈《洪范皇极内篇》2卷,共25卷。25卷以下,捃拾宋儒言论,分门编纂为理气、鬼神、性理、道统、圣贤、诸儒、学、诸子、历代、君道、治道、诗、文等13类。该书编纂群言,内容极其庞杂,枝蔓冗长,有些割裂原著之意,积以成文。其主要价值在于为理学研究提供一大批资料,并具开性理著作汇编风气之先的作用。曾被指定为科举必读书,在社会上产生较大影响。有明景泰中书林魏氏仁宝堂刊本、万历中吴勉学刊本、嘉靖中张氏新贤堂刊本、明殿刊本、明刊巾箱本、近刊巾箱本、康熙中内府刊本,收入《四库全书》。

《五经大全》、《四书大全》、《性理大全》三书编撰的主要价值,在于方便当时士人应举,同时也显示了明政府决定将程朱理学定为国家统治思想的政治态度,标志着朱学统治地位的最终确立。此后,程朱理学逐渐成为官方哲学,处于独尊地位。

[文献] 谈迁《国榷》卷一六:"(乙未永乐十三年九月)己酉,《五经四书大全》及《性理大全》书成。……上亲序之。临海陈燧常曰:'始欲详,缓为之。后被诏促成。诸儒之言,间有不暇精择,未免牴牾。虚心观理,自当得之,不可泥也。'"祝允明《国朝典故·前闻记》卷六二:"太宗皇帝大崇文教,以《四书》、《五经》经宋儒发明之后,又诸说不一,命儒臣胡广、杨荣、金幼孜等会萃去取,并纂先儒论议有裨斯道者为《四书五经性理大全》书,通二百二十九卷,当时供赐甚渥。惟《礼记》先修,书成,最号精当。余帙闻日久催纂之故,或未协舆议云。"顾炎武《日知录》卷一八:"当日儒臣奉旨修《四书五经大全》,颁餐钱,给笔札。书成之日,赐金迁秩。所费于国家者,不知凡几。将谓此书既成,可以章一代教学之功,启百世儒林之绪。而仅取已成之书,抄誊一过,上欺朝廷,下诳士子。唐宋之时有是事乎?岂非骨鲠之臣已空于违文之代,而制义初行,一时士人尽弃宋、元以来所传之实学,上下相蒙,以饕禄利,而莫之问也。呜呼!经学之废,实自此始。"朱彝尊《经义考》卷四九:"止就前儒之成编,一加抄录而去其名。……于诸书外,全未寓目,所谓大全,乃至不全之书也。"《四库全书总目提要》卷九三:"(《性理大全》)大抵庞杂冗蔓,皆割裂檗积以成文,非能于道学渊源真有鉴别。"

成祖永乐十四年　丙申(公元 1416 年)

十二月,《历代名臣奏议》成书　《历代名臣奏议》,350 卷。由黄淮、杨士奇等奉敕编,辑商、周至宋、元约 2000 余位历代名臣的奏议,于宋尤详。内容按事类分 64 门,名目繁多,实集古今奏议之大成。该书所辑历代名臣奏议,自汉以后,历代典章制度沿革及政治得失,均可与《资治通鉴》、《通典》、《通志》及《文献通考》相考证,具有重要的社会历史价值和文献价值。有明成化三年王迪刻本、明成化七年南京承恩寺本及谕诰重刻本、1974年日本东京高桥写真株式会社据日本尊经阁藏本影印本等。

[文献] 《四库全书总目提要》卷五五:"《历代名臣奏议》三百五十卷(两淮盐政采进本):明永乐十四年黄淮、杨士奇等奉敕编。自商、周以迄宋、元,分六十四门。名目未免太繁,区分往往失当。……凡历代典制沿革之由,政治得失之故,实可与《通鉴》、《三通》互相考证。当时书成,刊印仅数百本,颁诸学宫。而藏版禁中,世颇希有。……固亦古今奏议之渊海也。"《历代名臣奏议》陈明卿序:"致治之道,千古之揆。君能纳善,臣能尽忠,天下未有不治。观是书,见人君之量、人臣之直,为君者以前贤所言作今日耳闻,为臣者以前贤事君之心为心,天下国家之福也。"

王恕生 王恕,明学者。字宗贯,号介庵,晚号石渠。陕西三原人。正统进士。卒谥端毅。正德三年(1508)卒,年93岁,推知其生于是年。

[文献] 《明史》卷一八二:"王恕,字宗贯,三原人。正统十三年进士。……正德三年四月卒,年九十三。……谥端毅。"张惟骧《疑年录汇编》卷六:"王宗贯九十三恕,生永乐十四年丙申,卒正德三年戊辰。"黄宗羲《明儒学案》卷九:"王恕字宗贯,号介庵,晚又号石渠,陕之三原人。"

成祖永乐十五年　丁酉(公元1417年)

四月,颁三部《大全》于天下 明成祖正式将《五经大全》、《四书大全》、《性理大全》颁行于两京六部、国子监及各府、州、县学,作为钦定教科书,科举考试也以此命题和作标准答案。此后,尽废古注疏不用。程朱的独尊地位,凭借政治权力被确立并得以巩固。

天下士子欲求显达,无不追踪程朱足迹,熟记朱熹对《四书》的阐释,而不敢越雷池一步。故有人认为,明儒经学之不敢放轶,其后之不免固陋,均与此三部大全颁行有关。

[文献]《明通鉴》卷一六:"(永乐十五年)夏,四月,丁巳,颁《五经、四书、性理大全》于两京六部、国子监及天下府、州、县学。"《明会要》卷二六:"十五年四月丁巳,颁《五经、四书、性理大全》于两京六部、国子监及天下府、州、县学。谕礼部曰:'此书,学者之根本,圣贤精蕴,悉具于是。其以朕意晓天下学者,令尽心讲明,无徒视为具文也。'于是古注疏遂不复用。"

成祖永乐十六年　戊戌(公元 1418 年)

三月,姚广孝卒　姚广孝(1335—1418),明苏州长洲(今江苏苏州)人,幼名天禧,字斯道。14 岁出家妙智庵,18 岁剃度为僧,法名道衍。习兵法,结名士,兼通佛、道、儒诸家之学。洪武中,以高僧从燕王至北平(今北京)。建文初,力促燕王起兵"靖难",参与策划军事。成祖即位,论功第一,授僧录司左善世、太子少师,复姓赐名,受命辅导太子、太孙,并先后主修《永乐大典》、《太祖实录》等。是年,因病卒于北京庆寿寺,赠太师、荣国公,谥恭靖。著有《逃虚类稿》、《逃虚集》、《逃虚子诗集》、《道余录》、《石城霞外集》等,其中《道余录》专诋程朱,其思想不合主流。

[文献]《明经世文编·姓氏爵里总目》:"姚广孝,初名天禧,长洲人。至正间为僧,改名道衍,字斯道。洪武四年诏取高僧,公至金陵,未几,从燕王之国。靖难兵起,军中进止皆公参赞悉中机宜,改为左善世,升少师,复姓改今名。上令蓄发,恳辞。十六年卒,赠太师、荣国公,谥恭靖。"《明鉴》卷二:"(戊戌十六年)三月,姚广孝死。"邓士龙《国朝典故》卷一九《建文皇帝遗迹》:"广孝博通内外典籍,亦工文辞,所著有《知虚子集》,皆浮诞无根之谈。别

有《道余录》,则专诋程朱。其友翰林修撰张洪曰:'少师于我厚,今惜其死矣。吾无以报之,且见《道余录》辄为焚弃。'呜呼!广孝本端不正,无父无君,不忠不孝,其为世之所弃亦明矣。况排斥正学,诽议先儒,得罪岂浅浅哉!"其事迹另见《明史》卷一四五、《国榷》卷一六等。

五月,胡广卒 胡广(1370—1418),明江西吉水人,字光大,号晃庵。建文进士,授翰林修撰,赐名靖。成祖即位,迎降,命入内阁,复名广。屡从北征,官至文渊阁大学士,兼左春坊大学士。主持编纂《五经、四书、性理大全》。卒赠礼部尚书,谥文穆。著作有《胡文穆公集》。

[文献] 《明太宗实录》卷二〇〇:"(永乐十六年五月)丁巳,文渊阁大学士兼左春坊大学士胡广卒。广,字光大,吉安吉水人。建文庚辰进士第一,赐名靖,永乐中,敕复旧名。初授翰林院修撰,升侍讲,迁侍读,进右春坊右庶子兼侍读,升翰林院学士兼左春坊大学士,改文渊阁大学士,仍兼左春坊大学士。广惇厚,慎操履,于事务持大体,存心以爱人为要,上雅重之,特见信任。……为文下笔数百言立就,必宿于理,一时制命典册多出其手。……卒,上深悼惜,赐祭者,再赠礼部尚书,谥文穆。"另见《明史》卷一四七、《国榷》卷一六、《国朝典故》卷二五之《革除遗事六》。

成祖永乐十七年 己亥(公元1419年)

十月,僧宗喀巴卒 宗喀巴(1357—1419),元明之际藏族佛教学者,黄教格鲁派创始人。明成祖永乐年间曾两次受召请进京,皆因故未赴。其针对当时西藏佛教戒律松弛,僧众生活堕落之状况,力倡宗教改革,并著书立说,收徒布道,举办大型法会。强调僧众要严格遵守佛教戒律,形成了以他为首的甘丹寺教派,简称格鲁派。为复兴戒律,宗喀巴倡导持律者冠戴黄帽,故又称黄帽派,亦称黄教。在学问修持各方面,皆有极高造诣。对于教理,他总结大小乘、显密二宗一切教诫理论,自成一家之言。一方面囊括大典,网罗众家,一方面严谨治学,慎于抉择。以印度龙树中观派为正宗,主张"缘起性空说",认为世间万物皆靠一定因缘才能产生,比如树,是由树种、日光、水分、土壤等因缘合和而生,这就是缘起;离开这些因缘,则别无所谓的树。因此,万物皆无自性,这就构成了因为自性空,才能缘起有的理论框架。在西藏讲解藏传佛教经论,培养了许多著名弟子,是藏传佛教史上一位划时代人物。宗喀巴所创立之黄教,是今天中国藏地第一大教派,藏系佛教徒多奉他为教主。著述极多,拉萨版的全集共18帙,160多种。其中最重要的有《密宗道次第》、《菩提道次第》、《中观论广释》和《缘起赞》等。

[文献] 贡噶坚赞《噶丹教法史》:"至尊宗喀巴大师诞生之年,是释迦佛世尊逝世后二千一百九十九年,藏历第六绕迥的火鸡年(元顺帝至正十七年丁酉,公元1357年)。"蒋维乔《中国佛教史》第十六章:"表中最堪注目之人,乃西藏佛教革新家宗喀巴,称为西藏之路德者是也。……博学而持律严肃,且颇活动之高僧也。自其学说上言,此人盖立于中论与密教之间而调和之,以防止其冲突者也。……且此时喇嘛教益盛,僧侣之行益堕落,欲匡正之,是非严肃之戒律派不可,世称宗喀巴为持律者,其主义可想见也。"(商务印书馆,1935)释妙舟《蒙藏佛教史》第四篇:"至尊宗喀巴,弘扬佛教,其传法及其事迹,均详载经中。……跌坐而逝,时在己亥年十月二十五日,即明永乐十七年也。……至尊圆寂后,其二弟子,一为达赖喇嘛,居西藏首府拉萨之布达拉,一为班禅额尔德尼,居拉萨之西扎什伦布,分掌黄教。"(佛学书局,民国24年版。)

域外 [日]幕府与明断绝交通。

成祖永乐十九年　辛丑（公元 1421 年）

丘浚生　丘浚（1418—1495），明学者。字仲深，广东琼山人。

[文献]　明谊、张岳崧《琼州府志》卷三三："丘浚字仲深，其先世家泉州晋江，元季有宦于琼者，遭乱不能归，遂占籍琼山。"《明史》卷一八一："丘浚，字仲深，琼山人。幼孤，母李氏教之读书，过目成诵。家贫无书，尝走数百里借书，必得乃已。"

[考辨]　关于丘浚的生年：张惟骧《疑年录汇编》卷六称"丘仲深七十八浚，生永乐十六年戊戌。"而丘浚的《先兄临高县医学训科公圹志》云其兄生于永乐十六年，"公永乐戊戌年十一月十四日未时生。"（《琼台诗文会稿》卷二三）考丘浚《可继堂记》曰："宣德丁未，先考学士公卒于家，时先祖年五十九，仅兄源甫九岁，浚七岁，……兄年十有九，浚少兄二岁，而先祖弃去。"（《琼台诗文会稿》卷一九）可知，其兄长丘浚二岁。另据丘浚《入阁辞行第二奏》："本年十月二十四日，钦蒙圣恩，命臣以本职兼文渊阁大学士，……臣闻人臣谒诚尽忠以报国，必于少壮之时，强力之日；其力既足以有为，其势又足以有待，然后能谋参赞，以成一代之治。苟或时过然后用之，则年既耄矣，力既衰矣，……今犬马之齿七十有一矣，年岁已去，病势日加，无能为之力，无可待之势。古人所谓日暮途穷、钟鸣漏尽之时也。"（《琼台诗文会稿》卷七）这一年，丘浚升文渊阁大学士参预机务，三疏乞休未允。"本年"，指的是弘治四年（1491）丘浚入内阁之岁，以此向前推，丘浚生年应为永乐十九年辛丑（1421）。另据张廷玉等撰《明史·丘浚传》："弘治四年（1491）书成，加太子太保，寻命兼文渊阁大学士参预机务，尚书入内阁者自浚始，时年七十一矣。"（《明史》卷一八一）由此观之，丘浚应生于永乐十九年辛丑（1421）。

成祖永乐二十年　壬寅(公元1422年)

娄谅生　娄谅,明学者。字克贞,号一斋。广信上饶(今江西上饶)人。师事吴与弼。门人私谥为"文肃先生"。是年生。

[文献]　张惟骧《疑年录汇编》卷六:"娄一斋七十谅,生永乐二十年壬寅,卒弘治四年辛亥。"黄宗羲《明儒学案》卷二:"娄谅字克贞,别号一斋,广信上饶人。少有志于圣学,尝求师于四方,夷然不屑曰:'率举子学,非身心学也。'闻康斋在临川,乃往从之。……时弘治辛亥五月二十七日也,年七十。门人私谥文肃先生。"其事迹亦见《明史》卷二八三。

宣宗宣德元年　丙午(公元1426年)

七月,始设内书堂教育宦官　明宣宗承前朝遗风,重用宦官,并于宫内设内书堂,命文学之士,教导宦官读书作文章。从此,一般宦官乃通文墨、晓古今,造成英宗后宦官弄权之祸。

[文献]　《明鉴》卷二:"(宣德元年)秋七月,始立内书堂。洪武中设内官监典簿、掌文籍,以通书算,小内使为之。又设尚宝监,掌玉宝图书,皆仅识字,不明其义。及永乐时,始令听选教官,入内教习。至是开书堂于内府,改刑部主事刘翀为翰林修撰,专授小内使书。其后大学士陈山、修撰朱祚,俱专是职,选内使年十岁上下者此外,二三百人,读书其中,后增至四五百人。翰林官四人教习,以为常。于是内官始通文墨,掌章奏照阁票批朱,与外庭交结往来矣。"

阎禹锡生　阎禹锡,明学者。字子与,洛阳人。博览群书,从师薛瑄。禹锡成化十二年(1476)卒,年51岁,逆推知其生于是年。

[文献]　《明史》卷二八二:"其(薛瑄)弟子阎禹锡,字子与,

洛阳人。……成化十二年卒,年五十一。"

域外 [意]威尼斯人彭非洛始在威尼斯设印刷店,用活字印书。

宣宗宣德三年　戊申(公元1428年)

十月,陈献章生　陈献章,明学者。广东新会人,字公甫,号石斋。居白沙里,学者称白沙先生。卒谥文恭。是年生。

[文献]　张诩《白沙先生行状》:"先生讳献章,字公甫,姓陈氏,系出太丘。……祖居都会村,至先生始徙居白沙村。白沙村在广东新会县北二十里。后天下人重先生之道,不敢斥其名字,因共称之曰白沙。先生以宣德三年戊申十月二十有一日生于都会村。"阮榕龄《编次陈白沙先生年谱》卷一:"宣宗宣德三年戊申,冬十月二十一日,白沙先生生于新会都会村。"(《陈献章集》,中华书局,1987年)《明史》卷二八三:"陈献章,字公甫,新会人。……弘治十三年卒,年七十三。"黄宗羲《明儒学案》卷五:"陈献章字公甫,新会之白沙里人。……因别号石斋。……万历十三年,诏从祀孔庙,称先儒陈子,谥文恭。"

宣宗宣德六年　辛亥(公元1431年)

十二月,金幼孜卒　金幼孜(1368—1431),明江西新淦(今江西新干)人,名善,以字行,号退庵。建文进士,授户科给事中。成祖即位,改翰林检讨,与解缙等同直文渊阁,迁侍讲。以文学为成祖所重,屡从北征,永乐十八年进文渊阁大学士。仁宗时升礼部侍郎,进尚书。宣德初充总裁官,修永乐、洪熙两朝《实录》。卒谥文靖。著有《北征录》、《金文靖集》等。

[文献]　《明史》卷一四七:"金幼孜,名善,以字行,新淦人。建文二年进士。授户科给事中。成祖即位,改翰林检讨,与解缙等

同直文渊阁,迁侍讲。……宣宗立,诏起复,修两朝实录,充总裁官。……宣德六年十二月卒。年六十四。赠少保,谥文靖。幼孜简易静默,宽裕有容。眷遇虽隆,而自处益谦。名其宴居之室曰'退庵'。"《明宣宗实录》卷八五:"(宣德六年十二月)太子少保、礼部尚书兼武英殿大学士金幼孜卒。……其学该博,文章和平宽厚,类其为人,不伐善,不骛名。"

罗伦生 罗伦,字彝正,号一峰,明吉安永丰(今江西吉水)人。卒谥文毅。是年生。

[文献] 张惟骧《疑年录汇编》卷六:"罗 峰四十八伦,宣德六年辛亥,卒成化十四年戊戌。"《明史》卷一七九:"罗伦,字彝正,吉安永丰人。……嘉靖初,从御史唐龙请,追赠左春坊谕德,谥文毅。学者称一峰先生。"另见《明儒学案》卷四五。

宣宗宣德九年　甲寅(公元 1434 年)

九月,曹端卒 曹端(1376—1434),永乐举人,授山西霍州学正,转蒲州学正。明初北方一大儒,其学术为明初理学之冠。他毕生专心性理,躬行践履,倡明儒学,排斥佛教与道教。其理学虽宗程朱,但不同意朱熹所谓理乘气如人之乘马的比喻,提出"理驭气"说,认为理气一体、浑融无间,理是万物之原,是万物的主宰。主张性即理,认为除流于形气的气质之性,没有别的性,这也与程朱论性即理不同。主张随处力行天理,道德修养的方法为"事心之学",认为"学圣之事,主于一心",事事都于心上作功夫,是入孔门底大路。为学强调"以力行为主",提倡"文无求奇,诗无求巧"、"平实简淡"的学风,反对以奇巧而为诗文和拘泥于《五经》、《四书》文句的时弊。著有《四书详说》、《儒宗统谱》、《存疑录》、《曹月川集》等。其思想基本沿袭程朱理学而有所发挥,其间一些新的议论对后来学者薛瑄、罗钦顺等影响很大。

[文献]《明史》卷二八二："曹端,字正夫,渑池人。永乐六年举人。五岁见《河图》、《洛书》,即画地以质之父。及长,专心性理。其学务躬行实践,而以静存为要。……为霍州学正,修明圣学。……服阕,改蒲州学正。霍、蒲两邑各上章争之,霍奏先得请。先后在霍十六载,宣德九年卒官,年五十九。……端尝言:'学欲至乎圣人之道,须从太极上立根脚。'又曰:'为人须从志士勇士不忘上参取。'又曰:'孔、颜之乐仁也,孔子安仁而乐在其中,颜渊不违仁而不改其乐,程子令人自得之。'又曰:'天下无性外之物,而性无不在焉。性即理也,理之别名曰太极,曰至诚,曰至善,曰大德,曰大中,名不同而道则一。'初,伊伦四十八,洛诸儒,自明道、伊川后,刘绚、李吁辈身及二程之门,至河南许衡、洛阳姚枢讲道苏门,北方之学者翕然宗之。洎明兴三十余载,而端起崤、渑间,倡明绝学,论者推为明初理学之冠。所著有《孝经述解》、《四书详说》、《周易·乾坤二卦解义》、《太极图说通书西铭》释文、《性理文集》、《儒学宗统谱》、《存疑录》诸书。"谈迁《国榷》卷二二："(宣德九年九月)是月,霍州学正曹端卒。端字正夫,渑池人也。笃尚理学,专静研究。……崔诜曰:'月川曹端之敦笃,介庵李锦之清固,学皆守朱氏,识或未逮,沿袭之近也。荒陋之中,卓然自兴。'……林之盛曰:'月川先生励志甚严,其穷理笃学,庶几得圣人之情,使之断然以圣为可学,真自先生启之。'"黄宗羲《明儒学案·师说》："先生门人彭大司马泽,尝称'我朝一代文明之盛,经济之学,莫盛于刘诚意、宋学士;至道统之传,则断自渑池曹先生始',上章请从祀孔子庙庭。愚谓方正学而后,斯道之绝而复续者,实赖有先生一人。薛文清亦闻先生之风而起者。"

胡居仁生 胡居仁,明学者。字叔心,号敬斋,上饶余干(今江西余干)人。学者称敬斋先生,卒后谥文敬。是年生。

[文献] 杨希闵、陈复互汇集《十五家年谱丛书》之《胡文敬

公年谱》:"明宣宗宣德九年甲寅公生。公姓胡,名居仁,字叔心,号敬斋,饶州余干人。"(民国补刊本)《明史》卷二八二:"胡居仁,字叔心,余干人。……卒年五十一。万历十三年从祀孔庙,复追谥文敬。"

英宗正统元年 丙辰(公元1436年)

二月,始开经筵 经筵是为封建帝王研究读经史、学习安邦治国之术而特为开设的御前讲席,于此时正式形成制度,规定在每年的二月至五月,八月至十月中的逢二(初二、十二、二十二)日举行,地点在宫内文华殿,由精通经史的官员向皇帝讲解。经筵制度是明代士大夫们在幼帝即位的背景下,以"循古"为名修复的一项重要的儒家礼制,并使之取得国家制度的崇高地位而终明一代。它的建立,最直接的原因与明初以来君权极度膨胀这一趋势有关。反映了明代士大夫竭力调整帝王与整个儒士阶层之间关系的要求,即通过经筵制度的确立宣布:在儒学政治体系中,只有儒士阶层才是全套封建理论的诠释者、阐发者,帝王是受教育、被辅导者。经筵制度之建立,是明代国家政治生活中的一件大事。此后,有明一代的政治格局、权力结构等,俱因此而发生一些重要变化。

[文献] 杨士奇《请开经筵疏》:"伏惟皇上肇登宝位,上以继承列圣,以下统御万邦,必明尧舜禹汤文武之道,以兴唐虞三代之治,则宗社永安,皇图永固,天下蒙福,永远太平。……早开经筵,以进圣学。"(《杨文贞公文集》卷一)孙承泽《春明梦余录》卷九:"英宗正统元年,始开经筵。先是,宣德以前诸帝,每视朝毕,无日不御文华殿或便殿,召大臣及儒臣讲读,时经筵未开也。至是年二月,从大学士杨士奇之请,始开经筵,命太师英国公张辅知经筵事,少傅杨士奇、杨荣同知经筵事,少詹王直、李时勉等兼经筵官,赐宴及金、帛有差。"《明会典》卷五二:"国初经筵无定日,或令文学侍

从之臣讲说,亦无定所。正统初始著为仪,常以月之二日,御文华殿进讲,月三次,寒暑暂免。"《明经世文编》卷一五五,《陈愚见以禅圣学事疏》:"国家经筵之设,其盛矣乎!天子自正朝御辇文华,公侯九卿大臣盛服侍列,羽林之士亦皆环列以听,经筵一开,天下欣欣焉,传之以为希阔之典,故曰其盛矣乎!"

章懋生 章懋,明学者。字德懋,浙江兰溪人。学者称枫山先生。卒谥文懿。懋正德十六年(1521)卒,年86岁,逆推知其生于是年。

[文献] 阮鹗《枫山章文懿公年谱》:"明正统元年生,正德十六年卒。"《明史》卷一七九:"章懋,字德懋,兰溪人。……世宗嗣位,即家进南京礼部尚书,致仕。其冬,遣行人存问,而懋已卒,年八十六。赠太子少保,谥文懿。"黄宗羲《明儒学案》卷四五:"章懋字德懋,金华兰溪人。……讲学枫木庵中,学者因曰枫山先生。"

英宗正统二年　丁巳(公元1437年)

贺钦生 贺钦,明学者。字克恭,号医闾,义州卫(今辽宁义县)人。是年生。

[文献] 张惟骧《疑年录汇编》卷六:"贺医闾七十四钦,生正统二年丁巳,卒正德五年庚午。"黄宗羲《明儒学案》卷六:"贺钦字克恭,别号医闾。世为定海人,以戎籍隶辽之义州卫。"

英宗正统三年　戊午(公元1438年)

僧克主杰卒 克主杰(1385—1438),藏传佛教噶丹寺法座第三代。宗喀巴的两位大弟子之一,法名善利吉祥贤。师从仁达瓦等大师,受学七部因明、大小对法、慈氏五论、中观理聚和毗奈耶等经论,通达无碍。复又学密宗诸论,以擅长辩论著称。后从宗喀巴学一切显密经论。宗喀巴圆寂后,入后藏弘扬宗喀巴的显密教法,被喜措杰迎回噶丹寺,承法位8年,成为噶丹寺第三代赤巴,1438年2月圆寂,为第一代班禅。其学说宗宗喀巴的显密教法,不糅杂其他学说。其著作颇丰,显教方面有《宗喀巴大师传》、《现观庄严论注疏》、《释量论大疏》、《显示甚深空真实义论》、《三律义建立论》等,密教方面的有集密各种修法,又有总贯诸部密教的《续部总建立论》等。

[文献] 中国佛教协会《中国佛教》(二):"克主杰,是宗喀巴的两位大弟子之一(另一是嘉曹杰),被称为宗喀巴心目中的唯一弟子,是噶登寺法座第三代。对于宗喀巴的不共教义,弘扬功劳极大。1385年,他生于后藏拉朵绛,……先从二师学沙弥律仪,后亲近惹达瓦童慧,受学七部因明,大小对法,《慈氏五论》,《中观理聚》和毗奈耶等,通达无碍。复从智祥受欢喜金刚的灌顶,并学道果等教授。再从福幢等广学显密教法,获得辨才,通达宗派深义。……1438年2月殁,寿五十四。据说转世的班禅,以他为第一代。"(知识出版社,1982年版,276-277页)。法尊法师《宗喀巴大师传》:"克主杰于大师圆寂后遂赴后藏等处,宏扬大师遗教,次为大阿阇黎迎归,传与法王之位,等同大阿阇黎而无异。……。尔时克主杰来前藏,立十部论宗,游诸辩场。当住彼修法时,兼为少数弟子讲《桑都》五种次第,并《胜乐轮》圆满次第。又因诸学者劝请,造《中观论广释》,抉择性宗一切极难之处。"(《宗喀巴大师集》卷五)

重建白鹿洞书院 正统元年(1436),翟溥福出任南康知府,遂考察白鹿洞书院,见洞学久废,故谋复兴。遂地方官员捐俸为倡,率三邑人士集资并筹划之。是年,重建白鹿洞书院,从而使得沉寂八十多年的"白鹿洞之名闻于天下",也奠定了明清以后白鹿洞书院的规模和基础。

[文献] 李梦阳《白鹿洞书院新志》卷一:"大明正统戊午,东

莞翟溥福为守,始剪荆棘,以复其制。成化间,按察司佥事提学潮州李龄增置之,于是洞学又一兴。"(《白鹿洞书院古志五种》,中华书局,1995,22页)胡俨《重建白鹿洞书院记》:"(翟溥福)率僚属捐俸入为倡,三邑尚义之士……闻风而起,或出资,或力役。划秽、除荒、取材、就工,先作大成殿、大成门、贯道桥,次作明伦堂、两庑、仪门、先贤祠以及燕息之所。"郑廷鹄《白鹿洞志》卷三:"翟溥福,东莞人。由进士历官刑部郎中,正统丙辰出知南康郡。为政知大体,不屑意于文法之末,惟以兴教善俗为务。时洞学久废,得其颓旨于荆棘中,谋兴复之。首捐俸以经其始,复谕士民之尚义者佐之,区划有方,曾未数月,而殿堂斋舍秩然咸备,至今赖之。"(同上,178页)

英宗正统六年　辛酉（公元1441年）

始编《文渊阁书目》　是年,由大学士杨士奇主持编纂,为明代最著名的官方藏书目录。该书以藏书的千字文排次为序,自天字至往字,分为20号,共50橱,每号下包括若干橱。号和橱下按图书内容划分类别,依类进行登录。该书打破了传统的四分法体系,自创分类体系,对其后目录的编纂影响甚大,在中国目录学史上有一定的价值和地位,但在著录上极为简略,既无大、小序,又大多不著撰人姓氏,更无撰人事迹,考订甚粗,草草成书,亦为清代学者所忌讳。《四库全书总目提要》将该书分为四卷,有《四库全书》(四库)本、清嘉庆四卷年(1799)《读画斋丛书》(二十卷)本、民国《丛书集成初编》(二十卷)本及《国学基本丛书》(二十卷)本。

[文献]　《四库全书总目提要》卷八五:"《文渊阁书目》四卷(内府藏本):明杨士奇编。……是编前有正统六年题本一通,称'各书自永乐十九年南京取来,一向于左顺门北廊收贮,未有完整书目。近奉旨移贮文渊阁东阁,臣等逐一打点清切,编置字号,写

完一本,总名《文渊阁书目》,请用广运之宝钤识备照,庶无遗失'。盖本当时阁中存记册籍。故所载书多不著撰人姓氏。又有册数而无卷数,惟略记若干部为一橱,若干橱为一号而已。考明自永乐间取南京藏书送北京,又命礼部尚书郑赐四出购求。所谓锓版十三,钞本十七者,正统时尚完善无阙。此书以千字文排次,自天字至往字,凡得二十号,五十橱。……士奇等承诏编录,不能考订撰次,勒为成书。而徒草率以塞责。较刘向之编《七略》、荀勖之叙《中经》,诚为有愧。……今阅百载,已散失无余,惟籍此编之存,尚得略见一代秘书之名数,则亦考古所不废也。旧本不分卷数,黄虞稷《千顷堂书目》作十四卷,不知所据何本,殆传写者以意分析?今厘定为四卷云。"《明史·艺文志》卷九六:"正统间,士奇等言:'文渊阁所贮书籍,有祖宗御制文集及古今经史子集之书,向贮左顺门北廊,今移于文渊阁东阁,臣等逐一点勘,编成书目,请用宝钤识,永久藏弆。'制曰'可'。"钱大昕《跋文渊阁书目》:"此目不过内阁之簿帐,初非勒为一书如《中经簿》、《崇文总目》之比,必以撰述之体责之,未免失之苛矣。"(《潜研堂文集》卷二九)

域外 葡萄牙人开始贩卖非洲黑人。

代宗景泰四年　癸酉(公元1453年)

蔡清生　蔡清,明代学者。字介夫,号虚斋,福建晋江人。少时聪明过人,曾携粮徒步走侯官(今福建福州),从林玭学《易》,深得《易》学大旨。万历中追谥文庄。是年生。

[文献]　张惟骧《疑年录汇编》卷六:"蔡虚斋五十六清,生景泰四年癸酉,卒正德三年戊辰。"黄宗羲《明儒学案》卷四六:"蔡清字介夫,号虚斋,福之晋江人。屦脆骨立,而警悟绝人,总发尽屈其师,裹粮数百里,从三山林玭学《易》,得其肯綮。"《明史》卷二八二:"蔡清,字介夫,晋江人。……清已卒,时正德三年也,年五十

六。……万历中追谥文庄,赠礼部右侍郎。"

代宗景泰五年　甲戌(公元1454年)

陈献章从吴与弼学　是年,陈献章27岁。吴与弼讲授的"伊洛之学"引不起陈献章的兴趣,但其思想中那些超出理学窠臼、带有心学色彩的观点,却使陈献章大受启发。半年后归家,闭门读书,又筑阳春台,静坐其中,数年不出户外。此间,陈献章思想发生了转机,即由读书穷理而转向求之本心,提出"惟在静坐,久之然后见吾心之体"的修养方法,开始显示出异于朱学的心学思想风貌。

[文献]　阮榕龄《编次陈白沙先生年谱》卷一:"景泰五年甲戌,先生年二十七岁。"张诩《白沙先生行状》:"闻江右吴聘君康斋先生讲伊洛之学于临川之上,遂弃其学从之游,时年二十有七也。康斋性严毅,来学者不与语,先令治田,独待先生有异,朝夕与之讲究。"陈献章《陈献章集》卷二《复赵提学佥宪》:"仆才不逮人,年二十七始发愤,从吴聘君学。其于古圣贤垂训之书,盖无所不讲,然未知入处。比归白沙,杜门不出,专求所以用力之方。既无师友指引,惟日靠书册寻之,忘寝忘食,如是者亦累年,而卒未得焉。所谓未得,谓吾心与此理未有凑泊吻合处也。于是舍彼之繁,求吾之约,惟在静坐,久之,然后见吾心之体隐然呈露,常若有物。日用间种种应酬,随吾所欲,如马之御衔勒也。体认物理,稽诸圣训,各有头绪来历,如水之有源委也。于是涣然自信曰:'作圣之功,其在兹乎!'有学于仆者,辄教之静坐,盖以吾之所经历,粗有实效者告之,非务为高虚以误人也。"(中华书局,1987)

代宗景泰六年　乙亥(公元1455年)

张诩生　张诩,明学者。字廷实,号东所。南海(今广东海南)人。陈献章学生。是年生。

［文献］　张惟骧《疑年录汇编》卷六："张东所六十谕,生景泰六年乙亥,卒正德九年甲戌。"黄宗羲《明儒学案》卷六："张诩字廷实,号东所,南海人,白沙弟子。"

英宗天顺元年　丁丑(公元1457年)

董沄生　董沄,明学者。字复宗,号萝石,晚号从吾道人。浙江海盐人。是年生。

［文献］　张惟骧《疑年录汇编》卷六："董萝石七十七沄,生天顺元年丁丑,卒嘉靖十二年癸巳。"黄宗羲《明儒学案》卷一四："董沄字复宗,号萝石,晚号从吾道人,海盐人。"

英宗天顺四年　庚辰(公元1460年)

祝允明生　祝允明(1460—1526),明代书法家、文学家,"吴中四才子"之一。字希哲,因生有枝指,自号枝山,又号枝指生、枝山老樵等。明苏州长洲(今江苏苏州)人。是年生。

［文献］　张惟骧《疑年录汇编》卷六："祝希哲六十七允明,生天顺四年庚辰,卒嘉靖五年丙戌。"《明史》卷二八六："(徐)祯卿少与祝允明、唐寅、文征明齐名,号'吴中四才子'。……祝允明,字希哲,长洲人。……嘉靖五年卒。允明生而枝指,故自号枝山,又号枝指生。"

英宗天顺八年　甲申(公元1464年)

六月,薛瑄卒　薛瑄(1389—1464),明理学家。永乐十九年(1421)进士,先后担任过监察御史,出监湖广银场,曾手录《性理大全》,将所得即便札记。历山东提学佥事、大理寺少卿,后罚戍边,又起南京大理寺卿。英宗复辟,任礼部右侍郎兼翰林学士,入内阁。同年乞归,居家讲学八年,从者甚众。卒谥文清。著有《读书录》20卷,《薛文清集》24卷,后收入《四库全书》。薛瑄的哲学思想宗于程朱,而有所修正和发展。关于理气关系,他认为"理只在气中,决不可分先后","无无气之理,亦无无理之气",修正了朱熹"理在气先"、"理在气上"之观点。关于太极与阴阳的关系,他提出"太极之理只在气中,非气之外悬空有太极"的观点,不同意朱熹所谓太极之理先于阴阳而生阴阳的说法。关于理、气的特点,他认为"气有聚散,理无聚散",并以日光飞鸟为喻:理如日光,气为飞鸟,理乘气机而动,如日光载鸟背而飞,鸟飞而日光虽离其背,实未尝与之俱往。这实质上又视理气为二物,与朱熹的观点基本一致。关于格物致知和知行关系,他重视耳目感官的认识作用,认为"耳目口鼻专一事而心则无不通"。并强调道德践履的作用,主张知行"兼尽",极力批判佛教以一身"擅造化之柄"的理论和陆九渊只主静坐而不向外求知的主张。在心性问题上,薛瑄继承宋儒"理具于心"和性即理的观点,认为物我内外同是一理,同是一性。由此,修己教人,主张"以性为宗"、"复性为要"。复性的方法,主要是居敬穷理,在日常接应中省察克己,这与朱熹"下学而上达"的修养方法并无二致。薛瑄之学对后世有相当影响,其门人阎禹锡、张鼎、张杰,私淑弟子段坚,传播师学,名重一时,形成了以薛瑄为代表的"河东学派"。隆庆五年(1571)诏从祀孔庙,称先儒"薛子"。著作有《读书录》、《读书续录》、《从政名言》、《薛文清公文集》等。其《读书录》显示了程朱理学在明代的发展状况,被后世程朱学派视为明代"正学"主要著作之一。

[文献] 黄宗羲《明儒学案》卷七:"天顺八年甲申六月十五日卒,年七十有六。留诗有'七十六年无一事,此心始觉性天通。'先生以复性为宗,濂、洛为鹄,所著《读书录》大概为《太极图说》、《西铭》、《正蒙》之义疏,然多重复杂出,未经删削,盖惟体验身心,

非欲成书也。其谓'理气无先后,无无气之理,亦无无理之气',不可易矣。又言:'气有聚散,理无聚散。以日光飞鸟喻之,理如日光,气如飞鸟,理乘气机而动,如日光载鸟背而飞,鸟飞而日光虽不离其背,实未尝与之俱往。而有间断之处,亦犹气动,而理虽未尝与之暂离,实未尝与之俱尽而有灭息之时。'"《明史》卷二八二:"瑄学一本程、朱,其修己教人,以复性为主,充养邃密,言动咸可法。尝曰:'自考亭以还,斯道已大明,无烦著作,直须躬行耳。'有《读书录》二十卷,平易简切,皆自言其所得,学者宗之。天顺八年六月卒,年七十有二。赠礼部尚书,谥文清。弘治中,给事中张九功请从祀文庙,诏祀于乡。给事中杨廉请颁《读书录》于国学,俾六馆诵习。且请祠名,诏名'正学'。隆庆六年,允廷臣请,从祀先圣庙庭。"《明宪宗实录》卷一〇:"瑄志学甚笃,趋向甚正,践履平实,不为伪言华貌,其事亲孝,其教人词气恳款,终日无惰容,出其门者颇众。"

宪宗成化元年　乙酉(公元 1465 年)

罗钦顺生　罗钦顺,明哲学家,字允升,号整庵,泰和(今江西泰和)人。钦顺于嘉靖二十六年(1547)卒,年 83 岁,推知其生于是年。

[文献]　张惟骧《疑年录汇编》卷七:"罗整庵八十三钦顺,生成化元年乙酉。"《明史》卷二八二:"罗钦顺,字允升,泰和人。……为著《困知记》,自号整庵。年八十三卒,赠太子保,谥文庄。"黄宗羲《明儒学案》卷四七:"罗钦顺字允升,号整庵,吉之泰和人。"《明世宗实录》卷三二二:"嘉靖二十六年四月……乙巳,致仕吏部尚书罗钦顺卒。"

余佑生　余佑,明学者。字子积,别号讱斋,鄱阳人。佑嘉靖七年(1528)卒,年 64 岁,推知其生于是年。

[文献] 《明史》卷二八二:"其(胡居仁)弟子余佑最著。佑字子积,鄱阳人。年十九,师事居仁,居仁以女妻之。"黄宗羲《明儒学案》卷三:"余佑,字子积,别号讱斋,鄱阳人。年十九,往师胡敬斋。敬斋以女妻之。……未离滇而卒,戊子岁也,年六十四。"张惟骧《疑年录汇编》卷七:"余讱斋六十四佑,生成化元年乙酉,卒嘉靖七年戊子。"

宪宗宠佛老 明宪宗登基后崇尚佛老,滥恩僧道。富商士贾欲以财求官者,纷纷假佛老以邀悻进,致使朝政败坏,文武官员中所封僧道逾千人。

[文献] 《明史》卷一八〇:"祈雨雪者得美官,进金宝者射厚利。方士献炼服之书,伶人奏曼延之戏,掾吏胥徒皆叨官禄,俳优僧道亦玷班资。"《明史》卷三〇七:"初,帝践位甫逾月,即命中官传旨,用工人为文思院副使。自后相继不绝,一传旨姓名至百十人,时谓之传奉官,文武、僧道滥恩泽者数千。"

白鹿洞书院恢复教学活动 白鹿洞书院在元朝至正十一年(1351)毁于战火,明正统元年(1436)初步修复,但书院仍未招收生徒,恢复教学活动。督学宪臣李龄发起募捐,增学田、祀器、书籍,召集在学诸生及俊秀向学的子弟来书院充当学生,并礼聘当时的名儒胡居仁为山长,使白鹿洞书院于是年重新恢复教学活动。

[文献] 《明史》卷二八二:"督学李龄、钟成相继聘(胡居仁)主白鹿书院。"王士性《广志绎》卷四:"白鹿洞书院在五老峰下,始自南唐,以李善道为洞主,建学置田,以给诸生,至宋而大盛,与嵩阳、石鼓、岳麓为四大书院,盖是晦翁过化之处,岩壁间多遗手泽,然其地偪塞蒸湿,无夷旷之致,惟是松风石溜与五老秀色幽寒动人云。白鹿者,唐李渤与兄涉俱隐洞中,养白鹿以自娱,至今间有见者。"李龄《重修白鹿洞书院记》:"南康府北行一十里,庐山五老峰之东,旧有白鹿洞书院。院后有崇山峻岭,骑驰云矗而来,结

为院基。群山环绕于左右,前有三小峰,峭拔奇伟,如拱如揖。西有泉水,泻出于岩谷之间,冲涛触石,悬为瀑布,涌而雪浪汇为清池。渊泓澄碧,洞鉴万汇折。流而东,经于院门而去。嘉葩茂树,修篁奇石,交布于其上。唐李渤先生爱其山水之胜,隐居读书于其地。尝养白鹿以自娱,因以名其洞。后经五季之乱,故址已废。……历宋及元,屡经兵燹,书院遂废。我朝正统丙辰,东莞翟君溥福继守是邦,仍其旧基,复构殿立像。殿前有大成门,左有先贤祠,中白鹿,左濂溪,右晦庵三先生像。前有二程、张横渠、陈了翁、陶靖节、刘西涧父子七先生神主在焉。殿右有明伦堂、东西齐、仪门。贯道门,堂右有文会堂,祠左有燕食房,总若干间。历岁滋久,梁栋朽腐。成化纪年乙酉,龄奉命督学至南康,翼日谒书院,仰瞻其陋,谋欲修之。适知府中州何君浚抵任,且在国学素有师弟之好,因以命之。……经始于是岁八月朔日,以明年二月讫工。"

宪宗成化二年 丙戌(公元1466年)

湛若水生 湛若水,字元明,号甘泉。初名露,字民泽,为避祖讳,先改名雨,后改为若水。广东增城人。因家居甘泉郡,后世学者称甘泉先生。是年生。

[文献] 张惟骧《疑年录汇编》卷七:"湛甘泉九十五若水,生成化二年丙戌,卒嘉靖三十九年庚申。"《明史》卷二八三:"湛若水,字元明,增城人。"黄宗羲《明儒学案》卷三七:"湛若水字元明,号甘泉,广东增城人。……庚申四月丁巳卒,年九十五。"

夏尚朴生 夏尚朴,字敦夫,别号东岩,江西永丰人。是年生。

[文献] 《明史》卷二八三:"门人夏尚朴,字敦夫,广信永丰人。"黄宗羲《明儒学案》卷四:"夏尚朴字敦夫,别号东严,永丰人。从学于娄一斋谅。"张惟骧《疑年录汇编》卷七:"夏敬夫七十三尚朴,生成化二年丙戌。"

陈献章游太学　陈献章此次重游太学,其心学思想受到京师名士的高度推崇,被誉为真儒复出,从之者甚众。

[文献]　《明史》卷二八三:"久之,(陈献章)复游太学。祭酒邢让试和杨时《此日不再得》诗一篇,惊曰:'龟山不如也。'扬言于朝,以为真儒复出。由是名震京师。给事中贺钦听其议论,即日抗疏解官,执弟子礼事献章。"黄宗羲《明儒学案》卷五:"成化二年,复游太学,祭酒邢让试和杨龟山《此日不再得》诗,见先生之作,惊曰:'即龟山不如也。'扬言于朝,以为真儒复出,由是名动京师。罗一峰、章枫山、庄定山、贺医闾皆恨相见之晚,医闾且禀学焉。"

宪宗成化四年　戊子(公元1468年)

宪宗宠番僧　明宪宗优遇西藏蕃僧。该年四月,宪宗加番僧封号为"大智慧佛"、"大国师"、"国师"等。其徒羽加号"真人"、"高士"者充塞都下,权势非常大。

[文献]　《明通鉴》卷三一:"(成化四年四月)是月,加番僧封号。是时番僧有扎巴置勒灿者,以秘密教得幸,封'万行庄严功德最胜智慧圆明能仁感应显国光教弘妙大悟法王西天至善金刚普济大智慧佛',扎实巴勒为'清修正觉妙慈普济护国衍教灌顶弘善西天佛子大国师',索诺木置勒灿为'静修弘善国师'。其徒加封锡诰命者,不可胜计。服食器用,僭拟王者。出入乘棕舆,卫卒执金吾仗前导。其他羽流加号'真人'、'高士'者,亦盈都下。佞倖由兹更进矣。"

域外　[希腊]哲学家根那第奥斯卒,著作有《驳普利托论亚里斯多德的缺点》。

宪宗成化五年　己丑(公元1469年)

吴与弼卒　吴与弼(1391—1469),明代著名理学家,与薛瑄号称南北两大儒。19岁赴南京省亲时拜杨溥为师。在其父亲任所,获读朱熹《伊洛渊源录》,读后心醉,自谓"睹道统一脉之传",遂有志于程朱理学,尽焚当时举子文章,一生不应科举。谢绝人事,独处小楼,专心以《四书》、《五经》及理学大师的语录为学。中年家益贫,与弟子并耕,在讲学之余,靠躬耕食力。虽生活清苦,然淡泊自乐,对理学笃志不改。曾多次为省郡所荐举,俱不出。天顺元年应诏赴京,被授左春坊左谕德职,辅导太子读书。三辞未允,称病笃不起,宪宗才准其返乡。离京前,向皇帝上"崇圣志"、"广圣学"等10事。返家后读书授徒,以布衣终乡里。其一生虽刻苦奋励,孜孜于理学,但其"节操"多遭物议。其原因有三,一是为权臣石亨跋族谱,自称"门下士",世谓其"自附于匪人之党";二是其弟私鬻祭田涉讼,时人讥其"褫冠蓬首,短衣束裙,跪讼府庭",有失道学体统,久窃虚名;三是"求名太急",不愿屈就太子师。其事在道学中,"一时名流尽哗","诟谇丛滋"。又由于他在理学上不固守朱说,卒后未被封谥,不得从祀孔庙。黄宗羲在为其所立崇仁学案中力辩其诬,称"即世俗妄人,无如此校量官爵之法,而况于先生乎?"赞其囚服以质,为名誉心净尽,绝无矫饰之意;为石亨年谱作序自称门下是为保性命,不得已而为之。吴与弼为学不轻著述,勤奋刻苦,多从五更枕上、汗流泪下得来。讲学授徒,多以禅语机锋的启发方式,促其自悟。其弟子中,著名的有娄谅、胡居仁、罗伦、陈献章、谢复、胡九韶等。门下弟子分成两派,陈献章开白沙之宗,胡居仁、娄谅等启余干之学。因其只求心得,故其著作不多,著有《日录》一卷,体裁近似于语录,但集中地反映了其理学思想,另外门人汇其诗词文字为《康斋文集》。他的理学思想主要是讲身心修养,并不重视天道自然,认为圣贤教人,就是修身,修身然后可以治国平天下,强调道重在涵养性情,以"敬义夹持,明诚两进"为特征。关于修养身心及治学方法,多得自朱学,但又不满宋儒的注疏之学,说它们流于"支离",故多所自有"体认"。强调"主静"以"涵养"本心,认为人心必经"洗涤"方可达到天人合一的圣贤境界。认为读书目的是"反求吾心",在谈到读书的具体方法和功夫时,总是强调要结合日用酬酢,要有不间断的长期刻苦功夫,要"勿忘勿助",自然而然,反对一读书、一瞑目即可通透的顿悟。提出"裁断日新"的主张,号召自强不息,作顶天立地的大丈夫。强调向内径求,主张在"思处"格物。正是这种"静观"、"夜思"的为学修道功夫,成为其理学思想的最大特色。其后,他的门人陈献章、胡居仁,正是从这里衍变为王守仁心学的发端。他的理学思想开启了明朝心学的滥觞,培育了大批心学的传承人,由此可见其学术影响之大。

[文献] 《明史》卷二八二:"与弼年十九,见《伊洛渊源图》,慨然向慕,遂罢举子业,尽读《四书》、《五经》、洛闽诸录,不下楼者数年。中岁家益贫,躬亲耕稼,非其义,一介不取。四方来学者,约己分少,饮食、教诲不倦。正统十一年,山西佥事何自学荐于朝,请授以文学高职。后御史涂谦、抚州知府王宇复荐之,俱不出。尝叹曰:'宦官、释氏不除,而欲天下治平,难矣。'景泰七年,御史陈述又请礼聘与弼,俾侍经筵,或用之成均,教育胄子。诏江西巡抚韩雍备礼敦遣,竟不至。天顺元年,石亨欲引贤者为己重,谋于大学士李贤,属草疏荐之。帝乃命贤草敕加束帛,遣行人曹隆赐玺书,赍礼币,征与弼赴阙。……遂授左春坊左谕德,与弼疏辞。贤请赐召问,且与馆次供具。……与弼留京师二月,以疾笃请。贤请曲从放还,始终恩礼,以光旷举。帝然之,赐敕慰劳,赍银币,复遣行人送还,命有司月给米二石。与弼归,上表谢,陈崇圣志、广圣学等十事。成化五年卒,年七十九。与弼始至京,贤推之上座,以宾师礼事之。编修尹直至,令坐于侧。直大愠,出即谤与弼。及与弼归,知府张瑄谒见不得,大恚。募人代其弟投牒讼与弼,立遣吏摄之,

大加侮慢，始遣还。与弼谅非弟意，友爱如初。编修张元祯不知其始末，遗书诮让，有'上告素王，正名讨罪，岂容先生久窃虚名'语。直复笔其中事于《琐缀录》。又言与弼跋亭族谱，自称门下士，士大夫用此訾与弼。后顾允成论之曰：'此好事者为之也。'与弼门人后皆从祀，而与弼竟不果。所著《日录》，悉自言生平所得。其门人最著者曰胡居仁、陈献章、娄谅，次曰胡九韶、谢复、郑伉。"黄宗羲《明儒学案》卷一："十九岁（永乐己丑）。觐亲于京师（金陵）。从洗马杨文定溥学，读《伊洛渊源录》，慨然有志于道，谓'程伯淳见猎心喜，乃知圣贤犹夫人也，孰云不可学而至哉！'遂弃去举子业，谢人事，独处小楼，玩《四书》、《五经》、诸儒《语录》，体贴于身心，不下楼者二年。……居乡，躬耕食力，弟子从游者甚众。……雨中被蓑笠，负耒耜，与诸生并耕，……归则解犁，饭粝蔬豆共食。……尝叹笺方之繁，无益有害，故不轻著述。省郡交荐之，不赴。太息曰：'宦官、释氏不除，而欲天下之治，难矣。吾庸出为！'……遂遣行人曹隆至崇仁聘之。先生应召将至，上喜甚。……先生三辞不得命，称病笃不起。……先生因上十事，上复召对，赐玺书银币，遣行人王惟善送归，命有司月廪之。盖先生知石亨必败，故洁然高蹈。其南还也，人问其故，第曰：'欲保性命而已。'己卯九月，遣门人进谢表。辛巳冬，适楚，拜杨文定之墓。壬午春，适闽，问考亭以申愿学之志。己丑十月十七日卒，年七十有九。先生上无所传，而闻道最早，身体力验，只在走趋语默之间，出作人息，刻刻不忘，久之自成片断，所谓'敬义夹持，诚明两进'者也。一切玄远之言，绝口不道，学者依之，真有途辙可循。临川章衮谓：'其《日录》为一人之史，皆自言己事，非若他人以己意附成说，以成说附己意，泛言广论者比。'顾泾阳言：'先生一团元气，可追太古之朴。'"《明儒学案·师说》："先生之学，刻苦奋励，多从五更枕上、汗流泪下得来。及夫得之而有以自乐，则又不知足之蹈之、手之舞之。盖七十年如一日,愤乐相生,可谓独得圣贤之心精者。至于学之之道,大要在涵养性情,而以克己安贫为实地。此正孔、颜寻向上工夫,故不事著述而契道真,言动之间,悉归平澹。晚年出处一节,卓然世道羽仪,而处之恬然,圭角不露,非有得于道,其能如是?《日记》云:'澹如秋水贫中味,和似春风静后功。'可为先生写照。"《四库全书总目提要》卷一七〇:"《康斋文集》十二卷,……然与弼之学,实能兼采朱、陆之长,而刻苦自立。其及门弟子陈献章得其静观涵养,遂开白沙之宗。胡居仁得其笃志力行,遂启余干之学。有明一代两派递传,皆自与弼倡之,其功未可以尽没。"

[考辨] 侯外庐、邱汉生、张岂之主编《宋明理学史》,谈吴与弼学行时指出吴遭人非议的缘由,"为权臣石亨作年谱序,颂其'盛德在天下',又自称'门下士',世谓其'自附匪党'。"查《明史》所载:"又言与弼跋亨族谱,自称门下士,士大夫用此訾与弼。"(下卷,人民出版社,1987,136页)《明儒学案》《师说》篇载:"若族谱之跋,自署门下士,亦或宜然。"由此可推知,《宋明理学史》所言似有误,非为石亨作年谱序,而为其跋族谱也。

域外 [意]政治哲学家马基雅弗利生,其著作有《君主论》、《罗马史论》、《佛罗伦萨史》等。

宪宗成化八年　壬辰(公元1472年)

王守仁生　王守仁,字伯安,浙江余姚人。因曾筑室会稽山阴明洞,自号阳明子、阳明山人,又曾创建阳明书院于越城,故世皆称其阳明先生,卒谥文成。

[文献] 张惟骧《疑年录汇编》卷七:"王阳明五十七守仁,生成化八年壬辰。"《明史》卷一九五:"王守仁,字伯安,余姚人。"……守仁已病甚,疏乞骸骨,举郧阳巡抚林富自代,不俟命竟归。行至南安卒,年五十七。黄宗羲《明儒学案》卷一〇:"王守仁字伯

安,学者称为阳明先生,余姚人也。父华,成化辛丑进士第一人,仕至南京吏部尚书。先生娠十四月而生,祖母岑夫人梦神人送儿自云中至,因命名为云。五岁,不能言,有异僧过之曰:'可惜道破',始改今名。……顷之而逝,七年戊子十一月二十九日也,年五十七。"

宪宗成化十年　甲午(公元 1474 年)

何瑭生　何瑭,明学者。字粹夫,号柏斋,怀庆武陟人。卒后谥文定。是年生。

［文献］《明史》卷二八二:"何瑭,字粹夫,武陟人。……两执亲丧,皆哀毁。后谥文定。所著《阴阳律吕》、《儒学管见》、《柏斋集》十二卷,皆行于世。"黄宗羲《明儒学案》卷四九:"何瑭字粹夫,号柏斋,怀庆武陟人。……癸卯九月卒,年七十。赠礼部尚书,谥文定。"张惟骧《疑年录汇编》卷七:"何柏斋七十瑭,生成化十年甲午,卒嘉靖二十二年癸卯。"

王廷相生　王廷相,明学者。字子衡,号浚川,河南仪封(今河南兰考)人。卒后赠少保,谥肃敏。是年生。

［文献］张惟骧《疑年录汇编》卷七:"王子衡七十一廷相,生成化十年甲午。"《明史》卷一九四:"王廷相,字子衡,仪封人。幼有文名,登弘治十五年进士,选庶吉士,授兵科给事中。以忧去。"黄宗羲《明儒学案》卷五〇:"王廷相字子衡,号浚川,河南仪封人。……辛丑罢,又三年而卒,年七十一。隆庆初,赠少保,谥肃敏。"

陈真晟卒　陈真晟(1411—1474),虽学无师承却卓有成就。年轻时即超拔脱俗,从进士唐泰学治举子业。学成后被荐于有司,听说有司防察过严,无待士礼,于是辞归,自此不再以科举为追求目标,而是笃志于圣贤践履之学。天顺二年(1458),献所著《程朱正学纂要》,该书首取程氏学制,次采朱子论说,又作二图,一著圣人之心与天地同运,一著学者之心法天之运,最后言立明师、辅皇储、隆教本数事,来彰显图说意义。书上奏后,交给礼部讨论,被侍郎邹干搁置起来。家居期间,采敕谕中要语,参以程氏学制,吕氏乡约,朱氏贡举私议,作《正教正考会通》,定考德为六等,考文为三等,希望当局采纳能使学校行正教,不料当局仍置若罔闻,不予采纳。访学吴与弼途中,路经南昌,与张元祯彻夜长谈。张元祯对其学问大为折服,赞许他自程、朱以来,独得其道真传。至于吴与弼,不可见,也不必再见。真晟遂返回家乡,晚年定居于漳州玉渊。是年去世,享年64岁。其学术思想以"主一"为宗,"一"即诚,"主一"即敬。认为能主于一,则静有所养,就不会产生妄念了。指出"主一"二字,是过《大学·诚意章》这一铁门关的玉钥匙。其唯恐别人不识慎独之义,因而以"主一"二字代替,专一教人静坐,其学术思想与吴与弼颇为相近。所著《程朱正学纂要》、《正教正考会通》均载入《陈剩夫集》。

[文献]《明史》卷二八二:"陈真晟,字晦德,漳州镇海卫人。初治举赴乡试,闻有司防察过严,无待士礼,耻之。弃去,由是笃志圣贤之学。读《大学或问》,见朱子重言主敬,知'敬'为《大学》始基。又得程子主一之说,专心克治,叹曰:'《大学》,诚意为铁门关,主一二字,乃其玉钥匙也。'天顺二年,诣阙上《程朱正学纂要》。其书首取程氏学制,次采朱子论说,次作二图,一著圣人心与天地同运,一著学者之心法天之运,终言立明师、辅皇储、隆教本数事,以毕图说之意。书奏,下礼部议,侍郎邹干寝其事。真晟归,闻临川吴与弼方讲学,欲就问之。过南昌,张元祯止之宿,与语,大推服曰:'斯道自程、朱以来,惟先生得其真。如康斋者,不可见,亦不必见也。'遂归闽,潜思静坐,自号漳南布衣。卒于成化十年,年六十有四。真晟学无师承,独得于遗经之中。自以僻处海滨,出而访求当世学者,虽未与与弼相证,要其学颇似近之。"黄宗羲《明

儒学案》卷四六："陈真晟字剩夫,初字晦夫,其后以布衣自号。福之镇海卫人。年十七八,即能自拔于俗。入长泰山中,从进士唐泰治举子业。业成,荐于有司。至福州,闻防察过严,无待士礼,乃辞归。自是不复以科举为事,务为圣贤践履之学。初读《中庸》,做存养省察工夫,学无头绪。继读《大学》,始知为学次第。以朱子所谓敬者,乃《大学》之基本也,乃求其所以为敬。见程子以主一释敬,以无适释一,始于敬字见得亲切,乃实下工夫,推寻此心之动静,而务主于一。静而主于一,则静有所养,而妄念不复作矣;动而主于一,则动有所持,而外诱不能夺矣。……凡先生学有所得者,至是皆无所遇。闻临川吴聘君名,欲往质之。……行至南昌,张东白止之宿,扣其所学,大加称许。……遂还镇海。先生生于镇海,迁于龙岩,晚定居于漳之玉渊。成化十年卒,年六十有四。先生学无师承,独得于遗经之中,自以僻处海滨,出而访求当世学者,百尺竿头,岂无进步?奈何东白以'得真'一言,遂为金椀,康斋、白沙终成欠事。然先生之学,于康斋似近,于白沙差远。而白沙言:'闻其学术,专一教人静坐,此寻向上人也。'子刘子曰:'一者诚也,主一敬也,主一即慎独之说,诚由敬入也。剩夫恐人不识慎独义,故以主一二字代之,此老学有本领,故立言谛当如此。'是故东白得真之言,亦定论也。"

僧成卒 僧成(1391—1474)为西藏佛教格鲁派宗喀巴的大弟子之一,达赖喇嘛的第一世。法名僧成祥,具名"僧成祥贤",简称僧成,生于萨嘉寺附近的一处牧场。15岁出家,师从成就慧,又从释迦祥学习梵文、藏文、胡文等各种文字。在拏塘寺长期教授徒众读诵和书写,遂称为僧成字师。25岁时与饶却巴结伴赴前藏,恰逢宗喀巴赴扎什朵喀讲经,僧成往见,深得宗喀巴嘉许,给以一件穿过的法衣作为将来弘扬律学的因缘,后仍从宗喀巴闻法。36岁时,随慧狮子回后藏,讲经、著书、抄经、铸佛等。是年圆寂于扎什伦布寺,享年84岁。僧成一生广事弘法,弟子很多,其讲经说论,多依据宗喀巴、嘉曹杰、克主杰等人的著述而讲。著作主要有《毗奈耶因缘大集》、《律经大疏》、《别解脱经注》、《释觉论疏》、《正理庄严论》、《中观论疏》、《入中论疏》,诸佛菩萨的赞颂、愿文等。

[文献] 中国佛教协会《中国佛教》(二):"僧成,是西藏佛教格鲁派宗喀巴的大弟子之一,是达赖喇嘛的第一世。僧成于1391年,生在萨嘉寺附近的一处牧场,父名滚波多杰,母名觉摩曩吉,幼年为人牧羊。七岁时丧父。他亲手写出《药师经》一部为亡父忏罪。并在拏塘寺从成就慧受五戒。又从释迦祥学习梵文、藏文、胡文等各种文字。出家后,在拏塘寺长期教授徒众读诵和书写,遂称为僧成字师。……僧成十五岁(1405)出家。是年三月,在拏塘寺,依成就慧为亲教师,罗敦巴为阿阇黎,受沙弥戒,起法名僧成祥,后在末后自添贤字,具名'僧成祥贤',简称僧成。……于1474年十二月,圆寂于扎什伦布寺,寿八十四岁。……僧成讲说经论,多依据宗喀巴、嘉曹杰和克主杰的流疏而讲,自己的著述有《毗奈耶因缘大集》、《律经大疏》、《别解脱经注》、《释觉论疏》、《正理庄严论》、《中观论疏》、《入中论疏》,诸佛菩萨的赞颂、愿文等,约数十种。"(知识出版社,1982,279—282页)

宪宗成化十一年　乙未(公元1475年)

《宋元通鉴纲目》修成　《宋元通鉴纲目》又名《通鉴纲目续编》,大学士商辂等奉敕修撰,是年修成,全书27卷。该书以陈桱《通鉴续编》和胡粹中《元史续编》为蓝本,补以宋元史事,撰成是书,专记宋、元两代之事。由于取材不广,叙事舛漏,不为学人重视。

[文献] 《明通鉴》卷三三:"(宪宗成化十一年夏四月)是月,《宋元通鉴纲目》成。诸总裁、纂修官皆升赏有差。"《四库全书

总目提要》卷八九:"《通鉴纲目续编》二十七卷。……至商辂等《通鉴纲目续编》,因朱子凡例,纪宋、元两代之事,颇多舛漏。"

宪宗成化十二年　丙申(公元 1476 年)

阎禹锡卒　阎禹锡(1426—1476),薛瑄之弟子,为河东学派的主要成员,深受薛瑄器重。9 岁父亡,长大后博览群书,正统九年(1444)乡试中举,任昌黎训导。因母丧归家丁忧,庐墓三年,皇帝下诏旌其闾表彰他的孝行。闻听河东薛瑄讲授程朱理学,遂前往受业。返乡后牢记薛瑄"为学之要,在居敬穷理"的嘱咐,以所学教授弟子。天顺初年,因大学士李贤荐举为国子学正,到任后严肃监规堵塞奔竞,复武学以讲备御。升任监承后,由于忤逆权贵,降职徽州府经历。旋又迁至南京国子监丞,掌管京卫武学,四次出任同考官,被超级提拔为监察御史。提督畿内学政期间,取周子《太极图》、《通书》为士子讲解,使士子皆知向学。其著作有《自信集》,此外搜辑薛瑄《读书录》、《读书续录》原版书稿,仿朱熹《近思录》的体裁,编为 24 卷,并亲作序文以广其传。同时撰写《文清公行状》,阐扬薛瑄的生平与思想。使薛文清之学不失其传,且扩大影响和流布的范围,多为他的努力。

[文献]　《明史》卷二八二:"长博涉群书,领正统九年乡荐,除昌黎训导。以母丧归,庐墓三年,诏以孝行旌其间。闻河津薛瑄讲濂、洛之学,遂罢公车,往受业。久之,将归,瑄送至里门,告之曰:'为学之要,居敬穷理而已。'禹锡归,得其大指,益务力行。天顺初,大学士李贤荐为国子学正。请严监规以塞奔竞,复武学以讲备御,帝皆从之。寻升监丞,忤贵幸,左迁徽州府经历。诸生伏阙乞留,不允。再迁至南京国子监丞,掌京卫武学,四为同考官,超拜监察御史。督畿内学,取周子《太极图》、《通书》为士子讲解,一时多士皆知向学。成化十二年卒,年五十一。"黄宗羲《明儒学案》卷

七:"阎禹锡字子兴,洛阳人。年十九,举正统甲子乡试。明年,授昌黎训导。母丧庐墓,诏旌其门。闻薛文清讲学,往从之游。补开州训导,遂以所受于文清者,授其弟子,人多化之。李文达荐为国子学正,转监丞。干谒不行,谪徽州府经历。寻复南京国子助教监丞,超升御史,提督畿内学政。励士以原本之学,讲明《太极图说》、《通书》,使文清之学不失其传者,先生之力也。成化丙申卒。所著有《自信集》。"

宪宗成化十三年　丁酉(公元1477年)

黄绾生　黄绾,字宗贤,一字叔贤,号久庵,又号石龙,浙江黄岩人。

[文献]《明史》卷一九七:"黄绾,字宗贤,黄岩人,侍郎孔昭孙也。承祖荫官后府都事。尝师谢铎、王守仁。"黄宗羲《明儒学案》卷一三:"黄绾字叔贤,号久庵,台之黄岩人。"

黄润玉卒　黄润玉(1389—1477),明学者,时人称为南山先生。幼时通晓礼仪,不拾遗金。13岁时,下诏迁徙江南富户到北京,以"父去日益老,儿去日益长"为由向有司力争,得以代父迁到北京。到京后虽以卖菜为生,但仍读书不辍。永乐十八年顺天乡试中举,授江西训导职。正德年间,由荐举升为交趾道御史,巡按湖广,弹劾罢斥不法官吏一百多人。景泰初年,改任广西提学佥事,丁忧起复后,任职湖广,因与巡抚李实不合,左迁含山知县。不久辞职归家,是年卒,享年89岁。其学谨守先儒绳墨,强调读书明理,谨慎行事。治学以知行为两轮,认为学得一分圣人,便进步一分。

[文献]《明史》卷一六一:"黄润玉,字孟清,鄞人。五岁,侍母疾,夜不就寝。十岁,道见遗金不拾。永乐初,徙南方富民实北京,润玉请代父行,官少之。对曰:'父去,日益老,儿去,日益长。'官异其言,许之。十八年举顺天乡试。授建昌府学训导。父丧除,

改官南昌。宣德中,用荐擢交趾道御史。出按湖广,斥两司以下不职者至百有二十人。正统初,诏推举提学官。以杨士奇荐,擢广西佥事,提督学政。……母忧归,起官湖广。论罢巡抚李实亲故二人。实愤,奏润玉不谙刑律,坐谪含山知县。以年老归。归二十年,年八十有九卒。学者称南山先生。"黄宗羲《明儒学案》卷四五:"黄润玉字孟清,号南山,浙之鄞县人。幼而端方,不拾遗金,郡守行乡饮酒礼,先生观之,归而书之于册,习礼者不能过也。诏徙江南富民实北京,其父当行。先生年十三,请代父往。有司少之,对曰:'父去日益老,儿去日益长。'有司不能夺而从之。至则筑室城外,卖菜以为生,作劳之余,读书不辍。……寻举京闱乡试,授江西训导,用荐召为交趾道御史,出按湖广。劾藩臬郡县之不职者,至百有二十人,风采凛然。景泰初,改广西提学佥事。……丁忧起复,移湖广,与巡抚李实不合,左迁含山知县。致仕。成化丁酉五月卒,年八十九。先生之学,以知行为两轮。尝曰:'学圣人一分,便是一分好人。'又曰:'明理务在读书,制行要当慎独。'盖守先儒之矩矱而不失者也。"

宪宗成化十四年　戊戌（公元1478年）

李中生　李中,字子庸,吉水人。是年生。

[文献]　张惟骧《疑年录汇编》卷七:"李谷平六十五中,生成化十四年戊戌,卒嘉靖二十一年壬寅。"《明史》卷二〇三:"李中,字子庸,吉水人。"黄宗羲《明儒学案》卷五三:"李中字子庸,吉水人。谷平其所居里名也。……嘉靖壬寅十一月卒官,年六十五。"

崔铣生　崔铣,字子钟,又字仲凫,号后渠,河南安阳人。卒后赠礼部尚书,谥文敏。是年卒。

[文献]　张惟骧《疑年录汇编》卷七:崔后渠六十四铣,生成化十四年戊戌,卒嘉靖二十年辛丑。"黄宗羲《明儒学案》卷四八:

"崔铣字子钟,一字仲凫,号后渠,河南安阳人。……登弘治乙丑进士第,……过家疾作而卒,辛丑岁也,年六十四。赠礼部尚书,谥文敏。"《明史》卷二八二:"崔铣,字子钟,安阳人。"

罗伦卒 罗伦(1431—1478),明学者。幼年家贫,以樵牧为生,读书不辍,有志于圣贤学问。宪宗成化二年(1466),廷试以万言长策对,引用程正公语,直斥时弊,一时名震京都,授翰林修撰。不久,即上疏皇帝,历陈起复之非,主张皇帝应以先王的礼法教导臣下,臣下应以先王的礼法事奉君上。奏疏上达后被贬为福建市舶司副提举。第二年,召还复职为南京翰林修撰。旋以疾病为由,辞职返乡,隐居于金牛山中,研习经学,著书讲授,四面八方来求学者众多。是年卒,年仅48岁。嘉靖初被追赠为左春坊谕德,谥号文毅,学者称他为一峰先生。其为学以经学为主,固守宋儒的途辙,提倡治己治心,行君子之道,视富贵名利如浮云,为人刚正,律己甚严。

[文献]《明史》卷一七九:"罗伦,字彝正,吉安永丰人。五岁尝随母入园,果落,众竞取,伦独赐而后受。家贫樵牧,挟书诵不辍。及为诸生,志圣贤学,尝曰:'举业非能坏人,人自坏之耳。'知府张瑄悯其贫,周之粟,谢不受。……成化二年,廷试,对策万余言。直斥时弊,名震都下。擢进士第一,授翰林修撰。逾二月,大学士李贤奔丧毕,奉诏还朝。伦诣贤沮之,不听。乃上疏……疏入,谪福建市舶司副提举。……明年以学士商辂言召复原职,改南京。居二年,引疾归,遂不复出。……伦为人刚正,严于律己。义所在,毅然必为,于富贵名利泊如也。……以金牛山人迹不至,筑室著书其中,四方从学者甚众。十四年卒,年四十八。嘉靖初,从御史唐龙请,追赠左春坊谕德,谥文毅,学者称一峰先生。"黄宗羲《明儒学案》卷四五:"举成化丙戌进士,对策大廷,引程正公语,……奏名第一。授翰林修撰。会李文达夺情,先生诣其私第,告以不可。待之数日,始上疏历陈起复之非,为君者当以先王之礼教其

臣,为臣者当据先王之礼事其君。疏奏遂落职,提举泉州市舶司。明年召还,复修撰,改南京,寻以疾辞归,隐于金牛山,注意经学。……戊戌九月二十四日卒,年四十八。正德十六年,赠左谕德,谥文毅。……先生与白沙称石交,白沙超悟神知,先生守宋人之途辙,学非白沙之学也,而嚁然尘垢之外,所见专而所守固耳。章枫山称:'先生方可谓之正君善俗,如我辈只修政立事而已。'其推重如此。"

域外 [英]社会思想家、空想社会主义者莫尔生,其著作《乌托邦》影响甚大。

宪宗成化十五年　己亥(公元1479年)

吕柟生　吕柟,河东学派著名学者,字仲木,高陵人,别号泾野,学者称泾野先生,赐谥文简。《明儒学案》谓其"壬寅七月朔卒,年六十四,"考壬寅为嘉靖二十一年(1542),逆推知其生于是年。

[文献]《明史》卷二八二:"吕柟,字仲木,高陵人,别号泾野,学者称泾野先生。……年六十四卒,高陵人为罢市者三日。"黄宗羲《明儒学案》卷八:"吕柟字仲木,号泾野,陕之高陵人。……壬寅七月朔卒,年六十四,赐谥文简。"

穆孔晖生　穆孔晖,北方王门派主要学者,字伯潜,号玄庵,山东堂邑人。卒后赐礼部右侍郎,谥文简。是年生。

[文献] 张惟骧《疑年录江编》卷七:"穆伯潜六十一孔晖,生成化十五年己亥。"黄宗羲《明儒学案》卷二九:"穆孔晖字伯潜,号玄庵,山东堂邑人。……嘉靖己亥八月卒,年六十一。赠礼部右侍郎,谥文简。"

宪宗成化十七年　辛丑（公元1481年）

宪宗崇信左道　宪宗任命方士顾玒为太常寺少卿，且违背旧例，予以顾玒母丧祭诰，佞幸之徒猝致荣显，致使朝政日益败坏。

［文献］《明通鉴》卷三四："（宪宗成化十七年春正月）以方士顾玒为太常寺少卿。玒以扶乩术得幸于上，遂由传奉为太常丞，至是复晋少卿。……（二月）方士顾玒以母丧乞祭诰。故事，四品官未满三载，无给诰赐祭者，上特予之。……上方崇信左道，故佞幸之徒猝致荣显如此。……（十月）是月，以道士邓常恩为太常寺卿。自李孜省进后，方伎僧道，无不夤缘中官以冀恩泽。一时取中旨授官者累数千人，名'传奉官'，有白衣躐至卿寺者。常恩因中官陈喜进，导上祀淫祠，上为之动。"

域外　［日］学者一休卒，其著作有《狂云集》。

宪宗成化十八年　壬寅（公元1482年）

御制《文华大训》修成　《文华大训》为明朝皇帝效仿古帝王，立言垂训子孙，俾使他们通晓修身治国的根本以及处理政事的要务，以便皇位永固，传之无穷。该书系参照了以往所出现的教法和类似的范本，精心编撰而成的豫教嘱望之书。

［文献］《明史》卷一四："十八年春正月壬午，大祀天地于南郊。……十二月庚午，御制《文华大训》成"。《明宪宗实录》卷二三五："庚午，御制《文华大训》成。序曰：'朕惟古昔帝王之有天下，必立言垂训以贻子孙，俾知修身出治之本，听言处事之要，以承基绪于无穷，其豫教属望之意，何所不用其极哉！稽其教法，若唐虞三代之具于书、咏于诗、见于礼，记最详且密，不可尚已。秦汉而下，寖以疏阔，如唐《帝范》之编、宋《承华要略》之集，或举一而遗十，或详末而忘本，视古豫教之意，有间矣。'"

域外 ［意］费西诺著《关于灵魂不灭的柏拉图神学》。［朝鲜］李朝哲学家赵光祖生,他提出了"理"一元论观点,著有《静庵集》。

宪宗成化十九年　癸卯(公元1483年)

魏校生　魏校,明学者。字子才,号庄渠,江苏昆山人。是年生。

［文献］张惟骧《疑年录汇编》卷七:"魏庄渠六十一校,生成化十九年癸卯,卒嘉靖二十二年癸卯。"《明史》卷二八二:"魏校,字子才,昆山人。其先本李姓,居苏州葑门之庄渠,因自号'庄渠'。"黄宗羲《明儒学案》卷三:"魏校字子才,别号庄渠,昆山人。"

王艮生　王艮,王阳明最重要的弟子之一,为泰州学派的创始人。字汝止,号心斋,初名银,王阳明为其改名为艮。泰州安丰场(今江苏东台)人。是年生。

［文献］张惟骧《疑年录汇编》卷七:"王心斋五十八艮,生成化十九年癸卯,卒嘉靖十九年庚子。"《明史》卷二八三:"艮,字汝止。初名银,王守仁为更名。七岁受书乡塾,贫不能竟学。"黄宗羲《明儒学案》卷三二:"王艮字汝止,号心斋,泰州之安丰场人。七岁受书乡塾,贫不能竟学。……嘉靖十九年十二月八日卒,年五十八。"

蒋信生　蒋信,王守仁弟子,学者称其为正学先生。字卿实,号道林,湖南常德人。

［文献］张惟骧《疑年录汇编》卷七:"蒋道林七十七信,生成化十九年癸卯,卒嘉靖三十八年己未。"《明史》卷二八三:"蒋信,字卿实,常德人。年十四,居丧毁瘠。……湖南学者宗其教,称之曰正学先生。"黄宗羲《明儒学案》卷二八:"蒋信字卿实,号道林,楚之常德人。……三十八年十二月庚子卒,年七十七。"

顾应祥生　顾应祥,浙江王学传人。字惟贤,号箬溪,浙江长兴人。著述甚多,尤精算学。是年生。

[文献] 张惟骧《疑年录汇编》卷七:"顾箬溪八十三应祥,生成化十九年癸卯,卒嘉靖四十四年乙丑。"黄宗羲《明儒学案》卷一四:"顾应祥字惟贤,号箬溪,湖之长兴人。……癸丑致仕,又十二年卒,年八十三。"《明世宗实录》卷五五〇:"应祥,浙江长兴人。弘治乙丑进士。"

封江夏僧继晓为国师 继晓通过中官梁芳进用,以秘术封为国师,并得请旌表其门。

[文献]《明通鉴》卷三四:"(宪宗成化十九年九月)江夏僧继晓,以秘术因中官梁芳进,封国师,至是为其母朱氏乞旌,许之。朱本娼家女也,诏不必勘核,遂旌其门。"

域外 [德]宗教改革家马丁·路德生。他是欧洲宗教革新运动的发起人,基督教(新教)路德宗的创始人,威登堡大学神学教授。

宪宗成化二十年 甲辰(公元1484年)

胡居仁卒 胡居仁(1434—1484),幼习词章,尤好圣贤之学。闻听名儒吴与弼在家讲学,遂前往听讲,拜为弟子,自此绝意科举。返乡后在梅溪山中筑室讲学,告诫四方来学者要为己而学,而不是为求人知而学。为扩大见闻,外出四处游历。经过浙江,到达福建,最后从彭蠡返回。所到之处拜访问询有学问的读书人,互相切磋治学心得。与同乡娄一斋、罗一峰、张东白在弋阳的龟峰、余干的应天寺相会,共同切磋学问。先后被聘为白鹿洞书院和贵溪桐源书院主讲。经过饶城时,允淮王请求,在府中讲解《易传》,待以上宾之礼。其生活严毅清苦,鹑衣箪食,甘之若饴。每天都详记自己得失,用心警戒自省。不从流俗,居身行事皆以古礼。其学以主忠信为先,以求放心为要。提倡儒者进学应当穷究事物,指斥释老逆天背理。认为静中之涵养，尤为学者津梁，与陈白沙"静中养出端倪来"，颇为相近。反对寺院僧侣和宦官政治，主张用井田之法抵制土地兼并，用宾兴与荐举之法代替科考取士，实行屯田以至恢复寓兵的办法，减轻兵役和军费负担。著作有《居业录》，后由其弟子余祐整理刊行。以布衣终乡里，万历十三年（1585）从祀孔庙，追谥文敬。

[文献]《明史》卷二八二："胡居仁，字叔心，余干人。闻吴与弼讲学崇仁，往从之游，绝意仕进。其学以主忠信为先，以求放心为要，操而勿失，莫大乎敬，因以敬名其斋。……鹑衣箪食，晏如也。筑室山中，四方来学者甚众。皆告之曰：'学以为己，勿求人知。'语治世，则曰：'惟王道能使万物各得其所。'所著有《居业录》，盖取修辞立诚之义。……尝作《进学箴》曰：'诚敬既立，本心自存。力行既久，全体皆仁。举而措之，家齐国治，圣人能事毕矣。'居仁性行淳笃，居丧骨立，非杖不能起，三年不入寝门。与人语，终日不及利禄。与罗伦、张元祯友善，数会于弋阳龟峰。……督学李龄、钟成相继聘主白鹿书院。过饶城，淮王请讲《易传》，待以宾师之礼。是时吴以弼以学名于世，受知朝廷，然学者或有间言。居仁暗修自守，布衣终其身，人以为薛瑄之后，粹然一出于正，居仁一人而已。卒年五十一。万历十三年从祀孔庙，复追谥文敬。"黄宗羲《明儒学案》卷二："胡居仁字叔心，饶之余干人也。学者称为敬斋先生。弱冠时，奋志圣贤之学，往游康斋吴先生之门，遂绝意科举，筑室于梅溪山中，事亲讲学之外，不干人事。久之，欲广闻见，适闽，历浙，入金陵，从彭蠡而返。所至访求问学之士，归而与乡人娄一斋、罗一峰、张东白为会于弋阳之龟峰，余干之应天寺。提学李龄、钟城相继请主白鹿书院。诸生又请讲学贵溪桐源书院。淮王闻之，请讲《易》于其府。……先生严毅清苦，左绳右矩，每日必立课程，详书得失以自考，虽器物之微，区别精审，没齿

不乱。……家世为农,至先生而窭甚,鹑衣脱粟,萧然有自得之色,……成化甲辰三月十二日卒,年五十一。万历乙酉从祀孔庙。先生一生得力于敬,故其持守可观。……其以有主言静中之涵养,尤为学者津梁。……先生之辩释氏尤力,谓其'想像道理,所见非真',又谓'是空其心、死其心、制其心'。……先生言治法,寓兵未复,且先行屯田,宾兴不行,且先荐举。井田之法,当以田为母,区画有定数,以人为子,增减以授之。设官之法,正官命于朝廷,僚属大者荐闻,小者自辟。皆非迂儒所言。后有王者,所当取法者也。"

宪宗宠僧道益甚 九月,明政府度天下僧道六万人,采取输粟给牒的办法,救济饥荒。不顾天下饥疲,耗费钱财数十万,兴建大永昌寺。南京兵部尚书王恕等人上疏,请求不要大兴佛寺,疏入不予采纳。

[文献] 《明通鉴》卷三五:"(宪宗成化二十年九月)是年夏秋间,山东、湖广、河南及畿南、江北各省灾伤叠告,遣大臣分道振之,并免税粮。不足,又预度天下僧道六万人,令输粟给牒,济山、陕饥。……时岁大饥,僧继晓方以左道擅宠,先后赐美姝十余人,金宝不可胜纪。又请建大永昌寺于西市,逼(徙)居民数百家,靡币数十万。……十一月,南京兵部尚书王恕,闻林俊、张黻先后得罪,复上言:'天地止一坛,祖宗止一庙,而佛至千余寺。一寺立而移民居且数百家。费内币且数十万,此舛也。人皆知此事之非而不言,独林俊言之;人皆知林俊之是而不言,独张黻言之;今悉置之于法,人皆以言为讳。设再有奸邪误国,陛下何由知之?'疏入,留中。"

域外 [希腊]哲学家盖奥尔吉斯卒,著有《论辨证法》。

宪宗成化二十一年　乙巳(公元 1485 年)

季本生 季本,明代心学家。字明德,号彭山,浙江会稽(今浙江绍兴)人。是年生。

[文献] 张惟骧《疑年录汇编》卷七:"季彭山七十九本,生成化二十一年乙巳,卒嘉靖四十二年癸亥。"黄宗羲《明儒学家》卷十三:"季本字明德,号彭山,越之会稽人。……嘉靖四十二年卒,年七十九。"

宪宗因灾变求直言 因遇天变,宪宗方知警惧,求臣下直言。诸大臣上疏请求爵赏勿太滥,工役勿过烦,进献勿过厌。应远离方士、伶人、僧道,使宦官不再干政,大臣不再渎职,尽罢传奉官,不再兴修佛事,用国家的租税赈济饥民,使流民能得以安复。宪宗采纳,革国师,罢传奉官,一时朝野称快。

[文献]《明通鉴》卷三五:"(宪宗成化二十一年春正月)吏科给事中李俊率同官上疏曰:'今之弊政,最大且急者,曰近幸干纪也,大臣不职也,爵赏太滥也,工役过烦也,进献无厌也,流亡未复也。天变之来,率由于此。……爵以待有德,赏以待有功,今或无故而爵一庸流,或无功而赏以贵幸;方士献炼服之书,伶人奏曼延之戏;椽吏胥徒,皆叨宫禄;俳优僧道,亦沾班资。一岁而传奉或至千人,数岁而数千人矣;数千人之禄,岁以数十万计,是皆国之租税,民之脂膏,不以养贤才,乃以饱奸蠹,诚可惜也!……陕西、河南、山西,赤地千里,尸骸枕藉,流亡日多,崔苻可虑。愿陛下体天心之仁爱,悯生民之困穷,追录贵幸盐课,暂假造寺货财,移振饥民,俾苟存活,则流亡复而天意可回矣。'……上时遇天变,方惧,乃降孜省上林丞。继晓先为林俊所论,自知清议不容,乞空名度牒五百道归养其母,许之,至是亦革国师,黜为民。传奉官以次斥罢。而林俊、张敝得免谪,授南京散官。一时朝野称快。"

宪宗成化二十二年 丙午(公元1486年)

四月,封二真君为上帝 金阙、玉阙真人在明代是倍受宫廷和民间崇敬之神,当时的人认为此二真君可救病除患、禳灾去疫,保佑世人平安生活等等。表明此时宗教活动极为兴盛。

[文献] 《明通鉴》卷三五:"(四月)是月,封金阙、玉阙二真君为上帝,命大学士万安祭于灵济宫。"

何廷仁生 何廷仁,王阳明弟子,字性之,号善山,初名秦,以字行。江西雩县人。是年生。

[文献] 张惟骧《疑年录汇编》卷七:"何善山六十六廷仁,生成化二十二年丙午,卒嘉靖三十年辛亥。"《明史》卷二八三:"何廷仁,初名秦,以字行,改字性之。……雩都人。"黄宗羲《明儒学案》卷一九:"何廷仁字性之,号善山,初名秦,江西雩县人。……三十年卒,年六十六。"

宪宗成化二十三年 丁未(公元 1487 年)

十月,孝宗裁撤、整顿佛道职官 宪宗于是年八月驾崩,孝宗九月壬寅即皇帝位,于十月下令革去禅师、真人、高士封号,降禅师为左善世,真人为左正一,高士为左演法。僧录司留官九员,道录司留官八员,其余僧、道官皆带衔闲住,原赐玉冠、玉带、玉圭及银印全部收回。不久又第二次下令禁止佛寺接纳僧众,将法王、佛子降为国师,国师降为禅师,禅师降为都纲。其余讲经以下皆为普通僧人。并且规定要回本土本寺或边境居住,追夺其所有诰敕、印信、仪仗及应还官的物品。大慈恩寺只许留住持五人,随住者十人,学习番教的汉人全部发回原衙有司当差。经此次整肃,社会风气有较大改变,对于节约縻财起到了良好效果,天下民心为之一振。

[文献] 《明史》卷一五:"二十三年八月,宪宗崩。九月壬寅,即皇帝位。大赦天下,以明年为弘治元年。丁未,斥诸佞幸,侍郎李孜省、太监梁芳、外戚万喜及其党谪戍有差。冬十月丁卯,汰传奉官,罢右通政任杰、侍郎蒯钢等千余人,论罪戍斥。革法王、佛子、国师、真人封号。"《明孝宗实录》卷四:"(成化二十三年)礼部

疏上。传升僧录司禅师兼左善世等官一百二十员,道录司真人、高士并左演法等官一百三十三员,命革去禅师、真人、高士封号。禅师降左善世,真人改左正一,高士改左演法。僧录司止留左善世等官九员金书,道录司留左正一等官八员金书,余僧官一百一十余员,道官一百二十余员,俱带衔闲住,其真人原赐玉冠、玉带、玉圭及银印之类俱夺之。礼部疏上。传升大慈恩等寺法王、佛子、国师等职四百三十七人及剌麻人等共七百八十九人。光禄寺日供应下程并月米及随从馆夫军校动以千计,多诱中国军民子弟收以为徒,请一切禁革。命法王、佛子降国师,国师降禅师,禅师降都纲,自讲经以下革职为僧。各遣回本土、本寺或边境居住,仍追夺诰敕、印信、仪仗并应还官物件。内降职留为大慈恩等寺住持者五人,革职留随住者十人,其汉人习学番教者不拘有无官职度牒,俱发回原卫有司当差。如隐冒乡贯,自首改正者许换与度牒。"

聂豹生 聂豹,王阳明弟子,字文蔚,号双江,吉安永丰人。卒后赐少保,谥贞襄。是年生。

[文献] 张惟骧《疑年录汇编》:"聂双江七十七豹,生成化二十三年丁未,卒嘉靖四十二年癸亥。"《明史》卷二〇二:"聂豹,字文蔚,吉安永丰人。正德十二年进士。……归数年卒,年七十七。隆庆初,赠少保,谥贞襄。"黄宗羲《明儒学案》卷一七:"聂豹字文蔚,号双江,永丰人也。……四十二年十一月四日卒,年七十七。隆庆元年,赠少保,谥贞襄。"

徐爱生 徐爱,王阳明弟子,字曰仁,号横山。浙江余姚人。是年生。

[文献] 张惟骧《疑年录汇编》卷七:"徐横山三十一爱,生成化二十三年丁未,卒正德十二年丁丑。"《明史》卷二八三:"爱,字曰仁,守仁女弟夫也。"黄宗羲《明儒学案》卷一一:"徐爱字曰仁,号横山,余姚之马堰人。……十一年归而省亲,明年五月十七日

卒,年三十一。先生为海日公之婿,于阳明,内兄弟也。阳明出狱而归,先生即北面称弟子,及门莫有先之者。其后与阳明同官南中,朝夕不离。"

王道生 王道,明学者。字纯甫,号顺渠。山东武城人。

[文献] 黄宗羲《明儒学案》卷四二:"王道字纯甫,号顺渠,山东之武城人。"

陈选卒 陈选(1430—1487),字士贤,号克庵,浙江临海县人。天顺四年(1460)中进士,授监察御史,巡按江西,尽逐贪官污吏。成化时,弹劾马昂,申救罗伦,一时名声大著。不久为南直隶提学官,又改督学河南,颇有作为,其为人正直,学问博洽。为朱熹所著《小学》一书作注,题名为《小学集注》,并以该书教育生徒,以培养生徒德行、实学为目的,克服生徒忽视实学之弊病。使生徒以德行为本,一时人才称盛。

[文献] 张惟骧《疑年录汇编》卷六:"陈士贤五十八选,生宣德五年庚戌,卒成化二十三年丁未。"《明武宗实录》卷一三七:"选,浙江临海人。……所至止宿学斋,与诸士讲论,更数旬乃去,士感其诚,翕然丕变。……至今称提学之贤者,以选为最。……因被诬置狱,勘讯无所得,……犹械系送京,至南昌暴卒。天下闻而惜之。选,性刚正。其学期见诸实用,守义奉公,不知有利害祸福。历官所至,人莫不敬信。"

丘浚献《大学衍义补》 《大学衍义补》是丘浚为南宋真德秀《大学衍义》补阙的理学著作,全书共160卷。此书完成后,正值孝宗登基,丘浚便将《大学衍义补》连同《进大学衍义补奏》呈献刚即位的孝宗。他在奏中指出《大学衍义》于《大学》八条目中有格物、致知、诚意、正心、修身、齐家,而缺治国、平天下的内容,因而仿德秀凡例,采辑五经诸史中的治平事迹,补其阙略,附以己见,撰成此书,故名为《大学衍义补》。在编纂过程中,丘浚凭借其广博学识及实际从政经验,广泛讨论当时行政及制度上的问题,使这本补篇成为一本全面的公共行政指南。全书以"治国平天下"为纲,共分正朝廷、正百官、固邦本、制国用、明礼乐、秩祭祀、崇教化、备规制、慎刑宪、严武备、驭夷狄、成功化等12目,以下又分为119条。每条先总论,次引书史,缀以前人议论及史实,末附按语。上自唐虞,下迄五代,列治国之要义,陈平天下之宏论,意在供朝廷治国之用,以求正本清源,矫正时弊。作者学识渊博,阅历丰富,尤熟国家掌故,故因事发议,自成理论。该书广泛征引儒家经典、史籍及前朝儒家学者的评论,最后在自己的按语里,又深入探讨明建国百多年来政治、社会、经济等方面的问题,提出了改革意见。该书将国家和天下的各式问题综合在一起,表明作者希望补儒家在帝王教育方面的偏失和不足。因而此书献上后,得到孝宗嘉许,并诏付内阁,择其要而议行。至神宗时又亲为作序。然而此书亦有明显缺陷,如明代中叶宦官专权,政治腐败,对此弊政却避而不书,表现出作者"矫正时弊"的局限性。再者,作者刻意离奇,致使一些议论不免失之偏颇,如讥讽北宋名臣范仲淹为多事,秦桧有再造之功等,皆属乖谬。该书有明弘治元年(1488)及万历二十三年(1625)刻本,清代《四库全书》本。

[文献] 《明史纪事本末》卷四二:"(宪宗成化二十三年十一月)礼部右侍郎丘浚进所著《大学衍义补》,擢礼部尚书。先是,浚以真西山《大学衍义》有资治道,而治国平天下之事缺焉。乃采经、传、子、史有关治国平天下者,分类汇集,附以己意,名曰《大学衍义补》。至是书成,进之。上览之,甚喜,批答曰:'卿所纂书,考据精详,论述该博,有辅政治,朕甚嘉之。'赐金币,遂进尚书。仍命礼部刊行。"《四库全书总目提要》卷九三:"《大学衍义补》一百六十卷(兵部侍郎纪昀家藏本):明丘浚撰。浚有《家礼仪节》,已著录。浚以宋真德秀《大学衍义》止于格、致、诚、正、修、齐,而阙

治国、平天下之事,虽所著《读书乙记》,采录史事,称为是书之下编。然多录名臣事迹,无与政典,又草创未完。乃采经、传、子、史,辑成是书,附以己见,分为十有二目,于孝宗初奏上之。有诏嘉奖,命录副本付书坊刊行。浚又自言:《衍义补》所载,皆可见之行事,请摘其要者下内阁议行。帝亦报可。至神宗复命梓行,亲为制序。盖皆甚重其书也。特浚闻见甚富,议论不能甚醇。故王鏊《震泽纪闻》称'其学问该洽,尤熟于国家掌故。议论高奇,务于矫俗,能以辨博济其说。如讥范仲淹多事,秦桧有再造功,评骘皆乖正理。又力主举行海运,平时屡以为言。'此书更力申其说。……又明之中叶,正阉竖恣肆之时,浚既欲陈诲纳忠,则此条尤属书中要旨,乃独无一语及宦寺。张志淳《南园漫录》诋其有所避而不书,殆亦深窥其隐。以视真氏原书,殊未免瑕瑜互见。然治平之道,其理虽具于修齐,其事则各有制置。……真氏原本实属阙遗,浚博综旁搜,以补所未备,兼资体用,实足以羽翼而行。且浚学本淹通,又习知旧典。故所条列,元元本本,贯串古今,亦复具有根柢。其人虽不足重,其书要不为无用也。"

孝宗弘治元年　戊申(公元1488年)

杨慎生　杨慎,字用修,号升庵,四川新都人,明学者。是年生。

[文献]　张惟骧《疑年录汇编》卷七:"杨用修七十二(慎),生弘治元年戊申。"《明史》卷一九二:"杨慎,字用修,新都人。少师廷和子也。年二十四,举正德六年殿试第一,授翰林修撰……嘉靖三十八年七月卒年七十有二。"

孝宗弘治二年　己酉(公元1489年)

《薛文清集》刊行　《薛文清集》又名《薛敬轩先生文集》、《薛文清公文集》，共24卷，明代大儒薛瑄著。门人张鼎校正、编定，是年印行。该文集为薛瑄著述汇编，除一般应酬文章外，其内容主要讲治心、修德、慎行，以此自勉且勉人。他在书中提出，士人求学当如农夫辛勤耕地种庄稼，要"耕其义理之田"，即治心说。书中主要论述了为政治民要以正己为本，个人精神修养要笃敬，为道献身的思想。劝导人们在日常生活中要淡泊寡欲，重义轻利；提倡颐神养性，变化气质。主张读经，要由《四书》而达《五经》之精义；维护儒家道统，推崇程朱发展儒学理论之功。

［文献］ 黄宗羲《明儒学案》卷七："张鼎字大器，陕之咸宁人。……先生少从父之任蒲州，得及薛文清之门。终身恪守师说，不敢少有逾越。文清殁后，其《文集》散漫不传，先生搜辑较正，凡数年，始得成书。"《四库全书总目提要》卷一七〇："《薛文清集》二十四卷（大学士于敏中家藏本）：明薛瑄撰。瑄有《读书录》，已著录。是集为其门人关西张鼎所编。初，瑄集未有刊本，瑄孙刑部员外郎襫以稿付常州同知谢庭桂，雕版未竟而罢。弘治己酉，监察御史杨亨得其稿于毗陵朱氏，鼎又从亨得之。字句舛讹，多非其旧，因重为校正，凡三易稿而成书。共得诗文一千七百篇，厘为二十四卷。鼎自为序，引朱子赞程子'布帛之文，菽粟之味'二语为比，殆无愧词。考自北宋以来，儒者率不留意于文章。……明代醇儒，瑄为第一，而其文章雅正，具有典型，绝不以俚词破格。其诗如《玩一斋》之类，亦间涉理路。而大致冲澹高秀，吐言天拔，往往有陶、韦之风。盖有德有言，瑄足当之。然后知徒以明理载道为词，常谈鄙语无不可以入文者，究为以大言文固陋，非笃论也。"

王守仁谒见娄谅 是年，王守仁18岁，携夫人回余姚，路经广信，顺便拜会了吴与弼弟子、江西大儒娄谅。娄谅为他讲程朱格物之学，告诉他可以通过学习修养达至圣人，给王守仁留下很深印象。

［文献］《明史》卷二八三："王守仁少时，亦尝受业于谅。"

黄宗羲《明儒学案》卷一〇："王守仁字伯安,学者称为阳明先生,余姚人也。…十八岁,过广信,谒娄一斋,慨然以圣人可学而至。"

[考辨] 黄宗羲《明儒学案》卷二之《崇仁学案二》载："文成年十七,亲迎过信,从先生问学,相深契也。"同书卷一〇《姚江学案》所记为："十八岁,过广信,谒娄一斋,慨然以圣人可学而至。"《王阳明全集》卷四《顺生录八·年谱一》载："二年己酉,先生十八岁,寓江西。十二月,夫人诸氏归余姚。是年先生始慕圣学。先生以诸夫人归,舟至广信,谒娄一斋谅,语宋儒格物之学,谓'圣人必可学而至',遂深契之。"由以上引述可推知,《明儒学案》卷二所载有误,应为王守仁18岁时,谒见娄一斋。《明史》卷一九五《王阳明传》载"守仁天姿异敏,年十七谒上饶娄谅,与论朱子格物大指",亦有误。

域外 [意]哲学家皮科著《辩明》。

[朝鲜]李朝哲学家徐敬德生,其首创"气不灭"之说,著有《花潭集》。

孝宗弘治三年　庚戌(公元1490年)

刘文敏生　刘文敏,王阳明弟子,字宜充,号两峰,江西安福人。是年生。

[文献] 张惟骧《疑年录汇编》卷七："刘两峰八十三文敏,生弘治三年庚戌,卒隆庆六年壬申。"《明史》卷二八三："文敏,字宜充。父丧除,绝意科举。"黄宗羲《明儒学案》卷一九："刘文敏字宜充,号两峰,吉之安福人。自幼朴实,不知世有机械事。……隆庆六年五月卒,年八十有三。"

黄佐生　黄佐,明学者,字才伯,号泰泉,香山(今广东中山)人,其父为理学家黄畿。

[文献] 张惟骧《疑年录汇编》卷七"黄才伯七十七佐,生弘治三年庚戌,卒嘉靖四十五年丙寅。"郭棐《粤大记》卷二五:"黄

佐,字才伯,号泰泉,一号太霞子。祖瑜号双槐,为长乐令。父畿,邃于理学,称为'粤洲先生'。弘治庚戌生公,是夕,双槐梦有紫绶金章者入室,喜谓'必亢厥宗'。幼颖悟,五岁观周程六君子遗像,自誓必如此而后为人。"

孝宗弘治四年　辛亥(公元 1491 年)

娄谅卒　娄谅(1422—1491),崇仁学派吴与弼的重要弟子。自小就有志于圣贤学问,四处拜师问学,鄙弃举子业,以为此非有关身心修养之学。得知临川吴与弼授徒讲学,前往拜为弟子。与弼告诫他:"学者须亲细务。"因他性格豪迈,由此折节,凡扫除之类的事情,都亲自去做,于是成为吴与弼的入室弟子,没有传授给其他门人的知识,与弼对他讲授无遗。景泰癸酉,参加乡试后,返家读书十余年。天顺甲申(1464),乡试中乙榜,被选任为成都训导。不久告归,回乡以读书培养后学为己任。是年五月卒于乡,享年 70 岁,门人私谥其为文肃先生。因其孙女嫁为宁王妃,宁王反后,其子孙被系捕,遗文散佚。其著作有《日录》40 卷,词朴理纯,不苟悦人;《三礼订讹》40 卷,以《周礼》为天子之礼,皆国礼,《仪礼》皆公卿、大夫、士、庶人之礼为家礼;《诸儒附会》13 篇,以程、朱意论黜取舍;《春秋本意》12 篇,用经文训释,不用三传事实。其学说以收放心为居敬之门,以何思何虑、勿忘勿助为居敬要旨。王守仁年轻时,曾受其学术思想影响,故此,他开启了姚江之学的端绪。

[文献]　张惟骧《疑年录汇编》卷六:"娄一斋七十谅,生永乐二十年壬寅,卒弘治四年辛亥。"《明史》卷二八三:"娄谅,字克贞,上饶人。少有志绝学。闻吴与弼在临川,往从之。一日,与弼治地,召谅往视,云学者须亲细务。谅素豪迈,由此折节。虽扫除之事,必身亲之。景泰四年举于乡。天顺末,选为成都训导。寻告归,闭门著书,成《日录》四十卷、《三礼订讹》四十卷。谓《周礼》

皆天子之礼,为国礼。《仪礼》皆公卿大夫士庶人之礼,为家礼。以《礼记》为二经之传,分附各篇,如《冠礼》附《冠义》之类。不可附各篇者,各附一经之后。不可附一经者,总附二经之后。其为诸儒附会者,以程子论黜之。著《春秋本意》十二篇,不采三传事实,言:'是非必待三传而后明,是《春秋》为弃书矣。'其学以收放心为居敬之门,以何思何虑、勿忘勿助为居敬要旨。然其时胡居仁颇讥其近陆子,后罗钦顺亦谓其似禅学云。……王守仁少时,亦尝受业于谅。"黄宗羲《明儒学案》卷二:"少有志于圣学,尝求师于四方,夷然不屑曰:'率举子学,非身心学也。'闻康斋在临川,乃往从之。康斋一见喜之,云:'老夫聪明性紧,贤也聪明性紧。'一日,康斋治地,召先生往视,云:'学者须亲细务。'先生素豪迈,由此折节,虽扫除之事,必躬自为之,不责僮仆,遂为康斋入室,凡康斋不以语门人者,于先生无所不尽。……景泰癸酉,举于乡,退而读书十余年,始上春官,至杭复返。明年天顺甲申再上,登乙榜,分教成都。寻告归,以著书造就后学为事。所著《日录》四十卷,词朴理纯,不苟悦人。《三礼订讹》四十卷,以《周礼》皆天子之礼为国礼,《仪礼》皆公卿、大夫、士、庶人之礼为家礼;……《诸儒附会》十三篇,以程、朱论黜之。《春秋本意》十二篇,惟用经文训释,而意自见,不用三传事实,曰:'《春秋》必待三传而后明,是《春秋》为无用书矣。'先生以收放心为居敬之门,以何思何虑、勿助勿忘为居敬要指。……时弘治辛亥五月二十七日也,年七十。门人私谥文肃先生。子兵部郎中性。其女嫁为宁庶人妃,庶人反,先生子姓皆逮系,遗文散失,而宗先生者,绌于石斋、敬斋矣。文成年十七,亲迎过信,从先生问学,相深契也。则姚江之学,先生为发端也。"

邹守益生　邹守益,王阳明弟子,字谦之,号东廓,江西安福人。卒后赠南京礼部右侍郎,谥文庄。是年生。

[文献]　张惟骧《疑年录汇编》卷七:"邹东郭七十二守益,生

弘治四年辛亥,卒嘉靖四十一年壬戌。"《明史》卷二八三:"邹守益,字谦之,安福人。父贤,字恢才,弘治九年进士。……守益举正德六年会试第一,出王守仁门。……居家二十余年卒。隆庆初,赠南京礼部右侍郎,谥文庄。"黄宗羲《明儒学案》卷一六:"邹守益字谦之,号东廓,江西安福人。……四十一年卒,年七十二。隆庆元年,赠礼部右侍郎,谥文庄。"

吴廷翰生　吴廷翰,明代著名学者。字崧柏,别号苏原。吴廷翰卒于嘉靖己未(1559),享年六十九岁,逆推知其生于是年。

[文献]　《濡须吴氏宗谱·世系表》:"朝列大夫,字崧柏,号苏原。……公享寿六十九,卒于嘉靖己未(1559)十月初八日巳时。"生平事迹亦可见于《江南通志》、《续修庐江府志》和清人陈田的《明涛纪事》。

域外　[朝鲜]李朝哲学家李彦迪生,其主张"有理而后有气",著有《晦斋集》。

孝宗弘治五年　壬子(公元1492年)

五月,诏求遗书　大学士丘浚上书,建议搜求天下遗书,皇帝令天下提学官购访,然后钞录呈送,一书分藏数处,并在每岁三伏时曝书,需查阅时要奏请方可,使之成为常规,以有助于天下文治。

[文献]　《明通鉴》卷三七:"(孝宗弘治五年五月)是月,诏求遗书,从大学士邱浚之请也。浚言:'高皇帝当至正丙午之岁,始肇帝业,首求遗书。……今请敕内阁所藏书籍,令学士以下督典籍官,汇若干册,册若干卷,检其有副本者,分贮一册于两京国子监。若内阁所无或不备者,乞敕礼部行天下提学官榜示购访,俾所在有司校录呈送。其藏书之所,二在京师,曰内阁,曰国子监;一在南京,曰国子监;使一书而存数本,一本而藏三所。每岁三伏时,令翰林院僚属同赴阁、监曝书,毕事扃鐍。廷臣有因事欲稽考者,奏请

诣阅,以为常规,则于文治有裨焉。'疏入,上嘉纳之,故有是命。"

黄弘纲生 黄弘纲,王阳明弟子,字正之,号洛村,江西雩县人。是年生。

[文献] 张惟骧《疑年录汇编》卷七:"黄洛村七十宏纲,生弘治五年壬子。"黄宗羲《明儒学案》卷一九:"黄弘纲,字正之,号洛村,江西雩县人。"……四十年五月二十八日卒,年七十。

王守仁格竹得疾 王守仁是年学习宋儒格物之学,陪父亲住在北京,读朱熹著作。一日为验证"每物皆涵至理",遂格父亲官署中的竹子,格了七天七夜,不但毫无所获,反而生了病,觉得自己无缘做圣人。

[文献] 《王阳明全集》卷四《顺生录八·年谱一》:"五年壬子,先生二十一岁,在越。……是年为宋儒格物之学。先生始待龙山公于京师,遍求考亭遗书读之。一日思先儒谓'众物必有表里精粗,一草一木,皆涵至理',官署中多竹,即取竹格之;沉思其理不得,遂遇疾。先生自委圣贤有分,乃随世就辞章之学。"

域外 [德]地理学家马丁·伯哈姆制作地球仪。

[意]哥伦布发现新大陆。

孝宗弘治七年　甲寅(公元 1494 年)

陈九川生 陈九川,字惟濬,号明水,临川人。明代心学家。是年生。

[文献] 张惟骧《疑年录汇编》卷七:"陈明水六十九九川,生弘治七年甲寅。"黄宗羲《明儒学案》卷一九:"陈九川字惟濬,号明水,临川人也。……嘉靖四十一年八月卒,年六十九。"

《康斋文集》刊印 《康斋文集》又称《吴康斋先生集》,12 卷,明大儒吴与弼著。由吴泰刊印,后多次重版,有《四库全书》本。《康斋文集》卷一至卷七为诗,卷八为奏疏、书信,卷九为序,卷十为记,卷十一为《日录》,卷十二为跋、赞、铭、启、墓志铭。该文集全面反映吴与弼的哲学思想,是研究明代理学的重要资料。吴与弼在文集中发挥朱熹的心体说,将它引向心学方向。虽不否定客观本体的存在,但竭力把心体说成权度万物的标准,是天地万物的最高主宰。认为心体至虚至灵,神妙不测;心体莹澈昭融,如明镜一般,理具于中而为万事根本。人之心即天地之心,满心而发,即可充塞宇宙。为保持心体的虚灵莹澈,他主张涵养本心,以去除心体上的尘垢。书中论述涵养本心为万事根本的方法有多种,如慎独、克己复礼、养气、思、固守清贫、读圣贤书等。

[文献]《四库全书总目提要》卷一七〇:"《康斋文集》十二卷(江苏周厚堉家藏本):明吴与弼撰。与弼字子傅,临川人。……其集初刻于抚州,凡四卷。岁久漫漶。此本乃崇祯壬申江南提学副使陈维新所刻。分为诗七卷,奏疏、书、杂著一卷,序一卷,记一卷,目录一卷,跋、赞、铭、启、墓志、墓表、祭文一卷。……其讲学之功,备见于《日录》第一条。……然与弼之学,实能兼采朱、陆之长。而刻苦自立。其及门弟子陈献章得其静观涵养,遂开白沙之宗。胡居仁得其笃志力行,遂启余干之学。有明一代两派递传,皆自与弼倡之。其功未可以尽没。其诗文亦皆淳实近理,无后来滉漾恣肆之谈。又不得以其急于行道,躁于求名,遂并其书而訛之也。"

孝宗弘治八年　乙卯(公元1495年)

丘浚卒　丘浚(1421—1495),字仲深,号琼台,谥文庄。海南琼山人,明代中期理学名臣。明景泰五年(1454)被选二甲第一名,成为翰林院庶吉士。明天顺年间兵乱,因向大学士李贤献用兵之策,被英宗皇帝嘉奖,成化初年(1465)任侍讲,参加编纂英宗皇帝实录,后升侍讲学士,又任翰林院学士、国子监祭酒、礼部侍郎、礼部尚书。弘治四年(1491),《明宪宗实录》编成,时年71岁,请求致仕不允,加封太子太保,以礼部尚书兼任文渊阁大学士,参预国家机要。弘治七年(1494),皇帝加封丘浚为少保,改任户部尚书、武英殿大学士。是年病逝,朝廷派官员护丧南归。其主要著述有《大学衍义补》、《家礼仪节》、《世史正纲》、《朱子学的》、《重编琼台会稿》等。

[文献]《琼台诗稿序》:"先生官礼部右侍郎,掌国子监事,天下之士不称其官而称为琼台先生。"《明史》卷一五:"(弘治四年冬十月)乙丑,礼部尚书丘浚兼文渊阁大学士预机务。……八年春正月乙未,大祀天地于南郊,以太皇太后不豫,免庆成宴。壬子,甘肃总兵官刘宁败小王子于凉州。二月乙卯朔,日有食之。戊午,丘浚卒。"《明孝宗实录》卷九七:"弘治八年二月乙卯朔日食。……少保兼太子太保户部尚书武英殿大学士丘浚卒。浚字仲深,广东琼山县人。正统九年乡贡第一,景泰五年进士,改翰林院庶吉士,与修《寰宇通志》,成擢编修。宪庙初开经筵充讲官,秩满升侍讲,修《英庙实录》成,升侍讲学士,修《续通鉴纲目》成,升国子监祭酒加礼部右侍郎。上即位,以所著《太学衍义补》进,升礼部尚书,掌詹事府事,修《宪庙实录》充副总裁,笔削褒贬多其手出,实录成,加太子太保。未几,命兼文渊阁大学士入内阁,参预机务。"《文庄公丘浚年谱》:"明成祖永乐十九年(1421),一岁,是年十一月十七日父丘傅学士公,母李太夫人生公于琼山县下田村,即今之金花村。由祖父丘普思贻公命名浚。……弘治四年(1491),七十一岁,是年三疏乞休未允,十月升文渊阁大学士参预机密,疏辞未许。弘治七年(1494),七十四岁,是年转户部尚书升少保兼武英殿大学士,三辞不许,乃拜命,公是年已感视力渐衰,准风雪免朝。弘治八年(1495),七十五岁,是年春二月初四日卒于位,上闻讣震悼辍朝赐祭,赠特进左柱国太傅谥文庄。遣行人宋恺衬归葬于琼山故里之九龙塘。"钱谦益《列朝诗集》:"(丘浚)七八岁能诗,敏

捷惊人。……生平作诗几万首,口占信笔,不经持择,亦多。"焦竑《玉堂丛语》卷一:"丘浚文章雄浑壮丽,四方求者沓至。碑、铭、志、序、记、词、赋之作,流布远迩。然非其人,虽以厚币请之不与。"焦映汉《丘文庄公传》:"浚生有颖质,读书过目成诵。甫六岁,能作《五指山》诗,矢口成章,优异绝伦,识者知其国器。"(《丘文庄公文集》卷首)

孝宗弘治九年　丙辰(公元1496年)

钱德洪生　钱德洪,王阳明弟子,名宽,字德洪,后以字行,改字洪甫,号绪山。浙江余姚人。是年生。

[文献]　张惟骧《疑年录汇编》卷七:"钱绪山七十九德洪,生弘治九年丙辰,卒万历二年甲戌。"《明史》卷二八三:"钱德洪,名宽,字德洪,后以字行,改字洪甫,余姚人。王守仁自尚书归里,德洪偕数十人共学焉。四方士踵至,德洪与王畿先为疏通其大旨,而后卒业于守仁。"黄宗羲《明儒学案》卷一一:"钱德洪字洪甫,号绪山,浙之余姚人。……二年十月二十六日卒,年七十九。"

欧阳德生　欧阳德,字崇一,号南野,江西泰和人。卒谥文庄。是年生。

[文献]　张惟骧《疑年录汇编》卷七:"欧阳南野五十九德,生弘治九年丙辰。"《明史》卷二八三:"欧阳德,字崇一,泰和人。甫冠举乡试。"黄宗羲《明儒学案》卷一七:"欧阳德字崇一,号南野,江西泰和人。……三十三年三月二十一日卒于官,年五十九。赠太子少保,谥文庄。"《明世宗实录》卷四〇八:"(嘉靖三十三年三月)癸亥,礼部尚书兼翰林院学士欧阳德卒。德,江西泰和人。"

孝宗弘治十年　丁巳(公元1497年)

三月,始修《大明会典》　明孝宗以累朝典制散见于简册卷牍之间，百司难以查阅，民间亦无法悉知，故是年敕儒臣分馆编辑，弘治十五年(1502)书成，称《大明会典》，亦称《明会典》。

[文献] 《明通鉴》卷三八："(孝宗弘治十年三月)是月，命内阁及翰林儒臣纂修《大明会典》。上以累朝典制散见叠出，宜会于一，乃命溥等条次。'以本朝官职、制度为纲，事物、名数、仪文等级为目，类以颁降群书，附以历年事例，使官领其属，事职于官，以成一代之制。'"

域外 [德]宗教改革家梅兰希顿生。其曾任威登堡、莱比锡大学教授，参与莱比锡宗教会议，为马丁·路德的得力助手。著有《辩证法》、《自然科学》、《伦理学》等书。

[意]哲学家萨服那洛拉著《逻辑学纲要》。

孝宗弘治十一年 戊午(公元1498年)

王守仁转学道养生 是年，王守仁偶读朱熹论读书的文章，认为以前格物的缺点是没有循序致精，于是重又循序渐进地思考，虽然有一定收获，但总觉得理和人心不能统一是个大问题，思来想去没有结果，时间一长旧病复发，更觉得圣人难做，因此心思转向道学与生。

[文献] 《王阳明全集》卷四《顺生录八·年谱一》："十一年戊午，先生二十七岁，寓京师。是年先生谈养生。先生自念辞章艺能不足以通至道，求师友于天下又不数遇，心持惶惑。一日读晦翁上宋光宗疏，有曰：'居敬持志，为读书之本，循序致精，为读书之法。'乃悔前日探讨虽博，而未尝循序以致精，宜无所得；又循其序，思得渐渍洽浃，然物理吾心终若判而为二也。沉郁既久，旧疾复作，益委圣贤有分。偶闻道士谈养生，遂有遗世入山之意。"

王畿生 王畿，王阳明重要弟子，字汝中，别号龙溪，学者称为龙溪先生。浙江山阴人。是年生。

[文献] 张惟骧《疑年录汇编》卷七:"王汝中八十六畿,生弘治十一年戊午,卒万历十一年癸未。"《明史》卷二八三:"王畿,字汝中,山阴人。弱冠举于乡,跌宕自喜。后受业王守仁,闻其言,无底滞,守仁大喜。"黄宗羲《明儒学案》卷一二:"王畿字汝中,别号龙溪,浙之山阴人。……万历癸未六月七日卒,年八十六。"

林春生 林春,字子仁,号东城。江苏泰州人。是年生。

[文献] 张惟骧《疑年录汇编》卷七:"林东城四十四春,生弘治十一年戊午,卒嘉靖二十年辛丑。"《明史》卷二八三:"春,字子仁,泰州人。闻良知之学,日以朱墨笔识臧否自考,动有绳检,尺寸不逾。"黄宗羲《明儒学案》卷三二:"林春字子仁,号东城,扬之泰州人。……辛丑卒官,年四十四。""

域外 [意]宗教改革者萨服那洛拉被焚死,其著作有《全哲学纲要》、《关于真理的对话》。

孝宗弘治十三年 庚申(公元1500年)

陈献章卒 陈献章(1428—1500),明代著名思想家,心学的重要代表人物,世称白沙先生,死后谥文恭。著作有《白沙集》传世。早年致力科举,正统十二年(1447)参加广东乡试,落第后入国子监读书。不久即到江西临川,受学于名儒吴与弼,一年后返家,绝意科举,筑春阳台,静坐其中,连续数年足不出户。在此期间,其完成了从程朱理学到心学的思想转变。成化二年(1466),北游京师,极受推崇,被誉为真儒复出,京师名士皆乐与之交游。成化五年(1469),再次参加会试又不中,遂绝意功名,归广东讲学。地方大员致礼于门,四方学者慕名前来求学。成化十七年(1481),江西观察使修复白鹿洞书院,派人请为主持,被婉言谢绝。次年,宪宗下诏征聘。其应聘赴京后却遭冷遇,于是托疾上疏乞归。此后,一直隐居故里,讲学授徒,屡荐不起。是年二月十日去世,享年 73 岁。其学术思想有一个从宗朱转而宗陆的变化过程,受学于吴与弼后,观点发生变化,逐步走上心学道路,最后形成"以虚为基本,以静为门户,以四方上下、往古来今穿纽凑合为匡郭,以日用、常行、分殊为功用,以勿忘、勿助之间为体认之则,以未尝致力而应用不遗为实得"的思想体系。其心学保留了程朱学派的一些思想因素,如认为"道"乃最高之存在,是充塞宇宙的"生生之机",而性则是天道或天理在人者。但在心、性关系上则与程朱判然有别,认为心即理,心之所知不但自然合乎社会规范,且可以赞天地万物之化育。虽不认为心创造天地万物,也不认为心包含宇宙,但他坚信与理为一、真实无妄之心,会使人做出惊天动地,化成天下的业绩。此外,他还指出,心若要与理为一,必须不着一物。如何恢复心理为一,亦即使"吾心与此理"重新"吻合凑泊",是成德作圣的根本。在这一问题上,他认为格物穷理,只能使人"脚劳手攘"、"以识为累";而要想恢复心理为一,必须首先去除造成心、理间隔的物欲,使心不着一物。据此提出"去私"、"绝欲",即心与理合一的根本途径是反复洗心,并指出静坐是"去私"、"绝欲"的最好方式:"学劳扰,则无由见道。故观书博识,不如静坐。"他认为,静坐久了,"心之体",即理,就会"隐然呈露",从而达到心理为一。倘达到心理为一的境界,人也就获得了"随吾所欲"的自由;体认物理,稽诸圣训,也自然分明。其学术思想上承宋儒理学的影响,下开明儒心学的先河,在明代儒学思想发展史上具有重要地位,也表明他在宋明理学史上是一位承前启后、转变风气的重要人物。如其弟子湛若水所说,陈献章学术思想"为我明正学之宗",黄宗羲也认为"有明之学至白沙始入精微"。其思想影响了弟子湛若水,而湛若水又启发了阳明心学。以他为界,整个宋明理学可分为以程朱理学为主流和以心学为主流的两个阶段。陈的江门心学开启了明代学术局面的新风貌,至王阳明时,则形成了心学思想的大潮。著有《白沙子全集》。

[文献] 《明史》卷二八三:"陈献章,字公甫,新会人。举正统十二年乡试,再上礼部,不第。从吴与弼讲学。居半载归,读书穷日夜不辍。筑阳春台,静坐其中,数年无户外迹。久之,复游太学。祭酒邢让试和杨时《此日不再得》诗一篇,惊曰:'龟山不如也。'扬言于朝,以为真儒复出。由是名震京师。……召至京,令就试吏部。屡辞疾不赴,疏乞终养,授翰林院检讨以归。……自是屡荐,卒不起。献章之学,以静为主。其教学者,但令端坐澄心,于静中养出端倪。或劝之著述,不答。尝自言曰:'吾年二十七,始从吴聘君学,于古圣贤之书无所不讲,然未知入处,比归白沙,专求用力之方,亦卒未有得。于是舍繁求约,静坐久之,然后见吾心之体隐然呈露,日用应酬随吾所欲,如马之卸勒也。'其学洒然独得,论者谓有鸢飞鱼跃之乐,而兰溪姜麟至以为'活孟子'云。……弘治十三年卒,年七十三。万历初,从祀孔庙,追谥文恭。"黄宗羲《明儒学案》卷五:"有明之学,至白沙始入精微。……正统十二年举广东乡试,明年会试中乙榜,入国子监读书。已至崇仁,受学于康斋先生,归即绝意科举,筑春阳台,静坐其中,不出阃外者数年。寻遭家难。成化二年,复游太学,祭酒邢让试和杨龟山《此日不再得》诗,见先生之作,惊曰:'即龟山不如也。'飏言于朝,以为真儒复出,由是名动京师。……召至京,政府或尼之,令就试吏部。辞疾不赴,疏乞终养,授翰林院检讨而归。……自后屡荐不起。弘治十三年二月十日卒,年七十有三。……先生之学,以虚为基本,以静为门户,以四方上下、往古来今穿纽凑合为匡郭,以日用、常行、分殊为功用,以勿忘、勿助之间为体认之则,以未尝致力而应用不遗为实得。……故有明儒者,不失其矩矱者亦多有之,而作圣之功,至先生而始明,至文成而始大。……或者谓其近禅,盖亦有二,圣学久湮,共趋事为之末,有动察而无静存,一及人生而静以上,便

邻于外氏,此庸人之论,不足辩也。罗文庄言:近世道学之昌,白沙不为无力,而学术之误,亦恐自白沙始。至无而动,至近而神,此白沙自得之妙也。……先生之学,自博而约,由粗入细,其于禅学不同如此。……万历十三年,诏从祀孔庙,称先儒陈子,谥文恭。"

孝宗弘治十四年　辛酉(公元1501年)

何迁生　何迁,字益之,号吉阳,江西德安人,为湛甘泉弟子。是年生。

[文献]　张惟骧《疑年录汇编》卷七:"何吉阳七十四迁,生弘治十四年辛酉,卒万历二年甲戌。"黄宗羲《明儒学案》卷三八:"何迁字益之,号吉阳,江西德安人。……万历甲戌卒,年七十四。先生从学于甘泉。"

域外　[意]自然哲学家、数学家卡尔丹生,著有《物体阐微》、《万物变化论》等书。

[朝鲜]李朝哲学家、诗人李滉生,著有《退溪集》、《朱子节要》、《朱子书节要记疑》等书。

孝宗弘治十五年　壬戌(公元1502年)

十二月,《大明会典》修成　《大明会典》从宋元时期的会要体发展而来,系明官修典章制度大全。孝宗弘治十年三月,命大学士徐溥等纂修会典,是修成。正德初年,由李东阳重校刊行,共180卷,是为正德本。万历四年至十五年,大学士申时行等奉敕重修《会典》,除校订补辑前两朝《会典》外,又增入嘉靖以后所行事例,卷数亦增至228卷,于万历十五年刊行,是为万历本。

[文献]　《明通鉴》卷三九:"(孝宗弘治十五年)十二月,己酉,《大明会典》成,凡一百八十卷,大学士刘健等表上之。"《明会典·御制明会典序》:"而累朝典制,散见叠出,未会于一,乃敕儒臣,发中秘

所藏诸司职掌等诸书,参以有司之籍册,凡事关礼度者,悉分馆编辑之。百司庶府,以序而列,官各领其属,而事皆归于职,名曰《大明会典》。辑成来进,总一百八十卷。朕间阅之,提纲挈领,分条析目,如日月之丽天,而群星随布。我圣宗神宗百有余年之典制,斟酌古今,足法万世者。会粹无遗失。特命工锓梓,以颁示中外。俾自是而世守之,不迁于异说,不急于近利。由朝廷以及天下,诸凡举措,无巨细精粗,咸当乎理而得其宜。积之既深,持之既久,则我国家博厚高明之业,雍熙泰和之治,可以并唐虞、轶三代而垂之无穷,必将有赖于是焉。遂书以为序。弘治十五年十二月十一日"。

王守仁渐悟佛道之非 是年,王守仁在绍兴城外阳明洞中行导引术,后又习静,想离世远去。在最后选择生活道路的关键时刻,经过长时间思想斗争,他终于认识到了佛道的出世,根本违反儒家生活准则,于是中止对佛道理想的追求,重新回到做圣贤的轨道上来。

[文献]《王阳明全集》《顺生录八·年谱一》:"十有五年壬戌,先生三十一岁,在京师。八月,疏请告。是年先生渐悟仙、释二氏之非。先是五月复命,京中旧游俱以才名相驰骋,学古诗文。先生叹曰:'吾焉能以有限精神为无用之虚文也!'遂告病归越,筑室阳明洞中,行导引术。久之,遂先知。……已而静久,思离世远去,惟祖母岑与龙山公在念,因循未决。久之,又忽悟曰:'此念生于孩提。此念可去,是断灭种性矣。'明年遂移疾钱塘西湖,复思用世。"

孝宗弘治十六年 癸亥(公元1503年)

尤时熙生 尤时熙,字季美,号西川,学者称其为西川先生。河南洛阳人。是年生。

[文献] 张惟骧《疑年录汇编》卷七:"尤西川七十八时熙,生弘治十六年癸亥,卒万历八年庚辰。"《明史》卷二八三:"尤时熙,

字季美,洛阳人。……卒于万历八年,年七十有八,学者称西川先生。"黄宗羲《明儒学案》卷二九:"尤时熙字季美,号西川,河南洛阳人。……万历庚辰九月卒,年七十八。"

张后觉生 张后觉,字志仁,号弘山,学者称为弘山先生。山东茌平人。是年生。

[文献] 张惟骧《疑年录汇编》卷七:"张志仁七十六后觉,生弘治十六年癸亥,卒万历六年戊寅。"《明史》卷二八三:"张后觉,字志仁,茌平人。……平生不作诗,不谈禅,不事著述,行乎远近,学者称之为弘山先生。年七十六,以万历六年卒。"黄宗羲《明儒学案》卷二九:"张后觉字志仁,号弘山,山东茌平人。……万历戊寅七月卒,年七十六。"

王栋生 王栋,泰州学派学者,字隆吉,号一庵,泰州人。是年生。

[文献] 黄宗羲《明儒学案》卷三二:"王栋字隆吉,号一庵,泰州人。"《王一庵先生遗集》卷首《年谱纪略》:"弘治十六年癸亥,一岁。"

孝宗弘治十七年 甲子(公元1504年)

四月,派李东阳祭告曲阜先师庙

[文献] 《明史》卷一五:"(弘治十七年)夏四月己酉,葬孝肃皇太后。闰月辛酉,阙里先师庙成,遣大学士李东阳祭告。"《明孝宗实录》卷二一一:"弘治十七年闰四月辛酉朔,先是重修阙里孔庙成,有旨以三月十七日传制,遣太子太保、户部尚书兼谨身殿大学士李东阳往祭告,并立御制碑文会。"

罗洪先生 罗洪先,字达夫,别号念庵,吉水人。卒后赠光禄少卿,谥文庄。是年生。

[文献] 张惟骧《疑年录汇编》卷七:"罗念庵六十一洪先,生

弘治十七年甲子。"《明史》卷二八三:"罗洪先,字达夫,吉水人。……隆庆初卒,赐光禄少卿,谥文庄。"黄宗羲《明儒学案》卷一八:"罗洪先字达夫,别号念庵,吉水人。……四十三年卒,年六十一。隆庆改元,赠光禄少卿,谥文恭。"

余佑整理刊行《居业录》　《居业录》是明代大儒胡居仁语录体裁的理学著作,共8卷。卷首为余佑撰写的《居业录原序》,卷末有陈文衡的《居业录序》。该书为胡居仁弟子余佑所编,辑录其讲学语录1190余条,凡分12类:道体、为学、主敬、致知、力行、出处、治体、治法、教人、警戒、辨异端、观圣贤。内容大都为发挥程朱性理之学,品评历史人物,批判佛道谬误。胡居仁在书中以王道、仁义为标准,对历史人物进行褒贬,其特点是联系当时的政事品评人物,总结历史经验教训。主要是为了告诫明代君主要行王道,以仁义治天下。该书力排释老谬误,对释老的理论核心进行批评,同时对释老流行的原因和危害也作了论述,其目的是以辟佛老来弘扬宋明理学。后世学者称其学"粹然一出于正",并将其人与薛瑄并列,其书与薛瑄并列,其书与薛瑄《读书录》并提,视为阐扬程朱理学的重要著述。明正德年间张吉曾选辑其中语录编为《居业录要语》,明万历年间吴廷举又删去部分言论辑为《居业录粹言》传于世,该书有清康熙中正谊堂刊本、《四库全书》本。

[文献]　《四库全书总目提要》卷九三:"《居业录》八卷(江西巡抚采进本):明胡居仁撰。居仁有《易象钞》,已著录。是书皆其讲学语录,分十二类。曰'道体',曰'为学',曰'主敬',曰'致知',曰'力行',曰'出处',曰'治体',曰'治法',曰'教人',曰'警戒',曰'辨异端',曰'观圣贤',共一千一百九十九条。居仁与陈献章皆出吴与弼之门。与弼之学介乎朱、陆之间,二人各得其所近。献章上继金溪,下启姚江。居仁则恪守新安,不逾尺寸,故以'敬'名其斋。而是书之中,辨献章之近禅,不啻再三。盖其人

品端谨,学问笃实,与河津薛瑄相类,而是书亦与瑄《读书录》并为学者所推。黄宗羲《明儒学案》乃谓其主言静中之涵养,与献章之'静中养出端倪',同门冥契。特牵引附合之言,非笃论也。正德中有张吉者,尝删其书为《要语》。又有吴廷举者,删其书为《粹言》。此本为弘治甲子余佑所编,犹为原帙。"

孝宗弘治十八年　乙丑(公元 1505 年)

王守仁始讲学授徒　是年,王守仁在京开始讲学。他首先教导学生树立必为圣人之志,显示其与朱子学不同的心学倾向。此时他与翰林院庶吉士湛若水一见定交,决心一起倡明圣学。湛若水为明代早期心学代表人物陈献章的门生,在与之交往中,王守仁受到陈、湛的影响,哲学观念开始形成,坚定了走心学之路的信念。

[文献]《王阳明全集》卷四《顺生录八·年谱一》:"十有八年乙丑,先生三十四岁,在京师。是年先生门人始进。学者溺于词章记诵,不复知有身心之学。先生首倡言之,使人先立必为圣人之志。闻者渐觉兴起,有愿执贽及门者。至是专志授徒讲学。然师友之道久废,咸目以为立异好名,惟甘泉湛先生若水时为翰林庶吉士,一见定交,共以倡明圣学为事。"

新会县令罗侨汇编《白沙先生全集》刊刻　《白沙先生全集》系明代大儒陈献章诗文集。他生前,诗作已有刻本流传于世,然文章书信未曾刻版流行。他去世后,新会县令罗侨于是年汇集其诗文书信,成 20 卷,刊印出版。此后,以罗本为基础,递相增补,出现了各种版本,书名与卷数皆不相同。《四库全书》所收系万历四十年何熊祥刻本,由陈门高弟湛若水校定,为研究陈献章思想的较为准确之资料。中华书局 1987 年整理出版了《陈献章集》。

[文献]　张诩《白沙先生全集序》:"言存矣,麟不死也,况有嗣之者乎? 吾知是集一出,天下后世不徒争先拭目之不暇矣。弘

治十八年乙丑春,正月人日,门人张诩谨书。"(《陈献章集》,中华书局,1987,890 页)罗侨《书白沙先生全集后》:"公甫陈先生生于新会白沙里。数十年来岭南士风一变者,先生启之也。凡今天下莫不知有白沙先生,得其片纸只字诧以为荣。呜呼,先生岂但风一方而已哉!实足风天下风后世也。其文乌得而不传哉!侨惧其久而散失,馆其门人容贯采而辑之,遂授梓而传焉。噫,先生岂待文而传哉?文之传非先生之意也,侨之责也。不然,天下后世将訾侨以不知道,不知先生,徒知是邑一俗吏焉耳已矣。是故传之。弘治乙丑春三月朔,后学吉水罗侨谨书。"(《陈献章集》,中华书局,1987,890—891 页)

武宗正德二年　丁卯(公元 1507 年)

唐顺之生　唐顺之,字应德,号荆川,江苏武进人。明代心学家。是年生。

[文献]　张惟骧《疑年录汇编》卷七:"唐应德五十四顺之,生正德二年丁卯,卒嘉靖三十九年庚申。"黄宗羲《明儒学案》卷二六:"唐顺之字应德,号荆川,武进人也。……行部至泰州,卒于舟中,庚申四月一日也。年五十四。"

十二月,徐爱拜王守仁为师　徐爱,字曰仁,号横山,浙江余姚人,王守仁的妹夫,自此年跟随不辍,终生十余年。徐爱与钱德洪等曾编《传习录》,为王守仁哲学思想的代表作。

[文献]　《传习录·附王阳明先生年谱》:"(正德)二年丁卯,先生三十六岁。……十二月返钱塘,赴龙场驿。是时先生与学者讲授,虽随地兴起,未有出身承当,以圣学为己任者。徐爱,先生妹婿也,因先生将赴龙场,遂纳贽北面,奋然有志于学。"(宏文图书社印行本)钱穆《王守仁·阳明年谱》:"(正德)二年丁卯,先生三十六岁,在越。夏赴谪至钱塘。因由武夷至广信,历沅湘至龙场

驿。徐爱纳贽北面。"黄宗羲《明儒学案》卷一一:"徐爱字曰仁,号横山,余姚之马堰人。……先生为海日公之婿,于阳明,内兄弟也。阳明出狱而归,先生即北面称弟子,及门莫有先之者。其后与阳明同官南中,朝夕不离。……阳明曰:'曰仁,吾之颜渊也。'先生尝遊衡山,梦老僧抚其背而叹曰:'子与颜子同德,亦与颜子同寿。'觉而异之。阳明在赣州闻讣,哭之恸。先生虽死,阳明每在讲席,未尝不念之。……先生记《传习》初卷,皆是南中所闻,其于'致良知'之说,固未之知也。"

武宗正德三年　戊辰(公元1508年)

春,王守仁"龙场悟道"　是年春,王守仁到达被谪之地龙场,苦于无书可读,亦无物可格,冥思苦虑,遂悟物理即在吾心中,不假外求,遂以"心学"为宗。

[文献]《明史》卷一九五:"守仁天姿异敏,……谪龙场,穷荒无书,日绎旧闻,忽悟格物致知当自求诸心,不当求诸事物,喟然曰:'道在是矣。'遂笃信不疑。"《传习录·附王阳明先生年谱》:"三年戊辰,先生三十七岁。是年春至龙场,龙场在贵州西北万山中。夷人鴂舌难语,可通语者,皆中土亡命及军夫余丁耳。时瑾憾犹未已,自计得失荣辱颇能超脱,独生死一念未忘,乃为石椁,自誓曰:'吾惟俟命而已!'从者皆病,自析薪取水作糜饲之,恐其中怀抑郁,又与歌诗及越曲杂以诙笑。因念:'圣人处此,更有何道?',忽中夜大悟格物致知之旨,寤寐中若有人语之者,不觉呼跃,从者皆惊。始知圣人之道,吾性自足,向之求理于事物者误也。乃以默记《五经》之言证之,莫不吻合,因著《五经臆说》,夷人亦日来亲狎。以所居湫湿,伐木构龙冈书院及寅宾堂、何陋轩、君子亭、玩易窝以居先生。"(宏文图书社印行本)黄宗羲《明儒学案》卷一○:"先生之学,始泛滥于词章,继而遍读考亭之书,循序格物,顾物理

吾心终判为二,无所得入。于是出入于佛、老久之。及至居夷处困,动心忍性,因念圣人处此更有何道?忽悟格物致知之旨,圣人之道,吾性自足,不假外求。其学凡三变而始得其门。"

赵贞吉生 赵贞吉,明学者。字孟静,号大洲,四川内江人。是年生。

[文献] 张惟骧《疑年录汇编》卷七:"赵大洲六十九贞吉,生正德三年戊辰,卒万历四年丙子。"黄宗羲《明儒学案》卷三三:"赵贞吉字孟静,号大洲,蜀之内江人。……万历四年三月十五日卒,年六十九,赠少保,谥文肃。"

王恕卒 王恕(1416—1508),明代著名学者,因与其门人多为陕西三原一带之人,故以其为代表的学派称三原学派。正统进士,历官扬州知府、南京刑部侍郎、南京兵部尚书加太子少保。孝宗时,召为吏部尚书加太子太保。晚年居家编著。卒谥端毅。为学重事为之际,求得其心安。认为"理"与"欲"不相容,二者互为消长,提出"天理人欲,相为消长。有天理即无人欲,有人欲即无天理",主张"遏人欲于将萌"。其论性,赞同孟子尽心知性知天说,认为"人能竭尽其心思而穷究之,则能知其性之理"。主张"中和",指出"中为天下处事之大体","和为天下行事之达道"。论鬼神,以为"鬼神以物为体,而无物不有","其有感必应,是以使人敬畏而致祭祀。"他看到社会的变化,反对复井田制。这一派重气节和风土,曾促使三原士风民俗为之一变。著有《王端毅奏议》、《石渠意见》、《历代名臣谏议录》等。

[文献] 张惟骧《疑年录汇编》卷六:"王宗贯九十三恕,生永乐十四年丙申,卒正德三年戊辰。"黄宗羲《明儒学案》卷九:"王恕字宗贯,号介庵,晚又号石渠,陕之三原人。正统戊辰进士,选庶吉士,而先生志在经济。出为左评事,迁左寺副,擢知扬州府。……母忧归。起复巡抚河南,转南京刑部左侍郎。……迁南京兵部尚

书,参赞守备。寻以部衔兼左副都御史,巡抚南畿,兴利除害。……加太子少保。……孝宗即位,召用为吏部尚书,加太子太保。……先生崇礼风义之士,故一时后进在朝者,如庶吉士邹智、御史汤鼐、主事李文祥十余人,皆慷慨喜事,以先生为宗主。……先生家居,编集《历代名臣谏议录》一百二十四卷。又取经书传注,有所疑滞,再三体认,行不去者,以己意推之,名曰《石渠意见》。意见者,乃意度之见耳,未敢自以为是也。盖年八十四而著《意见》,八十六为《拾遗》,八十八为《补缺》,其耄而好学如此。先生之学,大抵推之事为之际,以得其心安者,故随地可以自见。至于大本之所在,或未之及也。九十岁,天子遣行人存问。又三年卒,赠特进左柱国太师,谥端毅。"《明武宗实录》卷三七:"(正德三年夏四月)己卯,致仕太子太保、吏部尚书王恕卒。"

蔡清卒 蔡清(1453—1508),明代思想家。成化十三年(1477)乡试第一,十六年(1480)登进士第,授礼部主事,调吏部考功主事,后改为南京文选郎中。父卒后,居家授徒不出。明武宗正德改元(1506),授江西提学副使,官至南京国子监祭酒。是年卒。其自幼深沉而善思,曾从林玭处学《易》,并深得《易》学大旨。人品端正,学术思想也较纯正。其哲学思想渊源于程朱理学,因而尤为笃守朱子之说,以穷理为主。其学先主静,后渐转入道家,又主虚,并以"虚"字名其斋。治学,态度严谨,考证详细,堪称一代名儒。著作有《易经蒙引》、《四书蒙引》、《虚斋集》。

[文献]《明史》卷二八二:"蔡清,字介夫,晋江人。少走侯官,从林玭学《易》,尽得其肯綮。举成化十三年乡试第一。二十年成进士,即气假归讲学。已,谒选,得礼部祠祭主事。……寻以母忧归,服阕,复除祠祭员外郎。乞便养,改南京文选郎中。一日心动,急乞假养父,归甫两月而父卒,自是家居授徒不出。……命甫下而清已卒,时正德三年也,年五十六。清之学,初主静,后主

虚,故以虚名斋。平生饬躬砥行,贫而乐施,为族党依赖。以善《易》名。嘉靖八年,其子推官存远以所著《〈易经〉、〈四书〉蒙引》进于朝,诏为刊布。万历中追谥文庄,赠礼部右侍郎。"《四库全书总目提要》卷五:"《易经蒙引》十二卷(江苏巡抚采进本):明蔡清撰。清字介夫,号虚斋,晋江人。成化甲辰进士。官至南京国子监祭酒。"《四库全书总目提要》卷三六:"《四书蒙引》十五卷,《别附》一卷(江苏巡抚采进本):明蔡清撰。……清人品端粹,学术亦醇。"《四库全书总目提要》卷一七一:"《虚斋集》五卷(江苏巡抚采进本):明蔡清撰。……清学以穷理为主,笃守朱子之说,其《读蜀阜存稿私记》中谓:'朱、陆俱祖孔、孟,而门户不同'"《明武宗实录》卷五〇:"(正德四年五月乙巳),南京国子监祭酒蔡清卒。……清,天资沉潜,深探理学,所养纯粹,内外一致。……其学术德器为一时名儒,盖于模范堪称。"黄宗羲《明儒学案》卷四六:"(蔡清)裹粮数百里,从三山林玭学《易》,得其肯綮。成化丁酉乡试第一。又三年,登进士第。授礼部主事。……转南京文选司郎中,以终养归。……逆瑾乱政,仿蔡京召龟山故事,起南京祭酒,而先生已卒,正德三年十二月也。年五十六。先生平生精力,尽用之《易》、《四书蒙引》,蚕丝牛毛,不足喻其细也。盖从训诂而窥见大体。其言曰:'反覆体验,止是虚而已。盖居常一念及静字,犹觉有待于扫去烦嚣之意。唯念个虚字,则自觉安,……。'观于此言,知不为训诂支离所域矣。"

薛敬之卒 薛敬之(1435—1508),明代学者。成化丙戌(1466)以岁贡生入国学。时陈献章亦在国学,与薛敬之同舍,两人一时并享盛名。丙午(1486),谒选为山西应州知州,因课绩为全国官吏第一名,遂升任金华府同知,二年后辞官归里。是年卒。其在学术上尤详于理气,并认为理气为二,理对于气具有管摄、驾驭之作用。同时,也强调理与气之间相互联系,以为理、气不能分离。著作有《道学基统》、《洙泗言学录》、《尔雅便音》、《思庵野录》等。

[文献] 黄宗羲《明儒学案》卷七:"薛敬之字显思,号思庵,陕之渭南人。……成化丙戌贡入太学,时白沙亦在太学,一时相与并称。丙午,谒选山西应州知州,……奏课为天下第一,升金华府同知,居二年致仕。正德戊辰卒,年七十四。……先生之论,特详于理气。其言'未有无气质之性'是矣。而云'一身皆是气,惟心无气','气中灵底便是心',则又歧理气而二之也。"《明史》卷二八二:"敬之,字显思,渭南人。……宪宗初,以岁贡生入国学,与同舍陈献章并有盛名。……成化末,选应州知州,课绩为天下第一。弘治九年迁金华同知。居二年,致仕,卒年七十四。所著有《道学基统》、《洙泗言学录》、《尔雅便音》、《思庵野录》诸书。思庵者,敬之自号也。"

武宗正德四年　己巳(公元1509年)

四月,《孝宗实录》成　是年四月,以焦芳和李东阳等为总裁,编修成《孝宗实录》。

[文献]《明武宗实录》卷四九:"(正德四年四月)壬午,上御奉天殿,监修官后军都督府掌府事特进光禄大夫左柱国、太师兼太子太师英国公懋、总裁官光禄大夫柱国少师兼太子太师吏部尚书华盖殿大学士李东阳等率纂修官上表进《孝宗敬皇帝实录》,上起立受之。"吴晗《记明实录》:"正德元年十二月敕修《孝宗实录》,命英国公张懋为监修官。大学士刘健、李东阳、谢迁等为总裁官。……至正德四年四月二十一日书成表进。"(《读史札记》,北京,三联书店,1956,204页)

《明会典》刊行　《明会典》原名《大明会典》,共180卷。明代曾三次官修,增至228卷。书首有孝宗、武宗两序。其体例以六部为纲,分述各行政机构的职掌和事例。其中与吏、礼、兵、工四部有关事例按其下属机构即"司"来划分,户、刑二部各司因是分省而治,则以科分。《明会典》主要内容包括宗人府、六部掌故、诸文职、诸武职等。该书对于典章制度的论述比较完备,考证亦很详实,是研究明代典章制度的重要资料,具有较高的史学研究价值。有《万有文库》本通行,另外,北京图书馆藏有万历刻本。

[文献] 《四库全书总目提要》卷八一:"《明会典》一百八十卷(江苏巡抚采进本):明弘治十年奉敕撰,十五年书成,正德四年重校刊行。故卷端有孝宗、武宗两序。……其体例以六部为纲,吏、礼、兵、工四部诸司,各有事例者,则以司分。户、刑二部诸司但分省而治。共一事例者,则以科分。故一百八十卷中,宗人府自为一卷弁首外,余第二卷至一百六十三卷,皆六部之掌故。一百六十四卷至一百七十八卷,为诸文职。末二卷,为诸武职,特附见其职守沿革而已。……于一代典章,最为赅备。凡史志之所未详,此皆具有始末,足以备后来之考证。"

[考辨] 《四库全书总目提要》卷八一:"《明会典》一百八十卷。明弘治十年奉敕撰,十五年书成。正德四年重校刊行。"正德四年即公元 1509 年,故志于此年。

王守仁始论"知行合一" 是年,王守仁受聘主贵阳书院,论知行合一说。其所谓知行合一,涵义复杂而含混,既含知行相互依存之意义,又有混淆知行界限之倾向。而所谓行主要是道德履践,于是,所谓知也就主要是道德认识,因而比较忽视对于自然界的探索。王守仁之所以提出此说,目的在为其道德修养或致良知的功夫建立理论基础。

[文献] 《传习录·王阳明先生年谱》:"四年己巳,先生三十八岁,在贵阳。提学副使席书聘先生主贵阳书院,因修葺书院而身率诸生事先生以师礼。先生论知行合一之功始于是时"。(宏文

图书社印行本)钱穆《王守仁·阳明年谱》:"四年己巳,先生三十八岁,主贵阳书院。始论知行合一。"

武宗正德五年　庚午(公元1510年)

六月,武宗崇佛事　六月,武宗崇信佛事,自称"大庆法王"。于是佛教影响又有回升。

[文献]《明史》卷一六:"(正德二年)夏五月戊午,度僧道四万人。……(正德五年)六月庚子,帝自号大庆法王,所司铸印以进。"

黄绾与王守仁、湛若水交游　是年,黄绾任后军都事,在北京与王阳明相见。从此,他和王阳明及湛若水遂成为挚友。这也是黄绾由程朱之学转而信仰王阳明学说的开端。

[文献]《王阳明全集》卷四《顺生录八·年谱一》:"五年庚午,先生三十九岁,在吉。……冬十有一月,入觐。先生入京,馆于大兴隆寺,时黄宗贤绾为后军都督府都事,因储柴墟罐请见。先生与之语,喜曰:'此学久绝,子何所闻?'对曰:'虽粗有志,实未用功。'先生曰:'人惟患无志,不患无功。'明日引见甘泉,订与终日共学。黄绾《阳明先生行状》:"三人者,自职事之外,稍暇必会讲,饮食起居日共之,各相砥砺。"(《王文成公全书》卷三七)

贺钦卒　贺钦(1437—1510),明代学者。成化丙戌进士,授户科给事中,抗旱上章极谏如灾自劾,寻即告病归。是年十二月卒,年七十四。师从陈献章,笃信不疑,淡泊名利,建小斋读书其中,随事体验。如此十有余年,遂得"实理充塞无间,化机显行,莫非道体。事事物物各具本然实理。吾人之学不必求之高远,在主敬以收放心,勿忘勿助,循其所谓本然者而已。"将其心行与生活日用联系起来,躬身实践,遂至诚感人,由此而知名天下。著作有《言行录》。

[文献] 黄宗羲《明儒学案》卷六："贺钦字克恭,别号医间。世为定海人,以戎籍隶辽之义州卫。少习举子业,……登成化丙戌进士第,授户科给事中。……复以言官旷职,召灾自劾。寻即告病归。白沙在太学,先生闻其为己端默之旨,笃信不疑,从而禀学,遂澹然于富贵。……构小斋读书其中,随事体验,未得其要,潜心玩味,杜门不出者十余年,乃见'实现充塞无间,化机显行,莫非道体。事事物物各具本然实理,吾人之学不必求之高远,在主敬以收放心,勿忘勿助,循其所谓本然者而已。'故推之家庭里闬间,冠婚丧祭,服食起居,必求本然之理而力行之,久久纯熟,心迹相应,不期信于人而人自信。……正德庚午十二月卒,年七十四。"《明史》卷二八三："钦学不务博涉,专读《四书》、《六经》、《小学》,期于反身实践。谓为学不必求之高远,在主敬以收放心而已。卒年七十四。"

武宗正德六年　辛未(公元1511年)

王艮按《礼经》制衣冠,服之　王艮,字汝止,号心斋,泰州学派创始人。幼时自诵儒经,后从学于王守仁。是年,王艮按《礼经》制衣冠并服之。

[文献]《心斋先生学谱·传纂》："一日先生喟然叹曰:'孟轲有言,言尧之言,行尧之行,而不服尧之服,可乎?'即按《礼经》制五常冠、深衣、绦绖、笏板。行则规圆矩方,坐则焚香默识,每默坐体道,闭关静思,夜以继日。"黄宗羲《明儒学案》卷三二："一夕梦天堕压身,万人奔号求救,先生举臂起之,视其日月星辰失次,复手整之。觉而汗溢如雨,心体洞澈。记曰:'正德六年间,居仁三月半。',自此行住语默,皆在觉中。乃按《礼经》制五常冠、深衣、大带、笏板,服之。曰:'言尧之言,行尧之行,而不服尧之服,可乎?'"

王襞生 王襞,明学者,字宗顺,号东崖,晚号天南逸叟。泰州安丰场(今江苏东台)人。是年生。

[文献] 张惟骧《疑年录汇编》卷七:"王东有崖七十七襞,生正德六年辛未,卒万历十五丁亥。"《心斋先生学谱·东崖学述》:"东崖先生讳襞,字宗顺,晚号天南逸叟,生正德六年。"黄宗羲《明儒学案》卷三二:"王襞字宗顺,号东崖,心斋仲子也。……万历十五年十月十一日卒,年七十七。"

武宗正德七年 壬申(公元1512年)

高拱生 高拱,明学者。字肃卿,号中玄。河南新郑人。

[文献] 张惟骧《疑年录汇编》卷七:"高肃卿六十七拱,生正德七年壬申。"《明经世文编·姓氏爵里》:"高拱字肃卿,新郑人。"《四库全书总目提要》卷二八:"拱字肃卿,新郑人。"

域外 [波兰]天文学家哥白尼著成《试论天体运行的假设》,称地球和其他行星围绕太阳运转。

武宗正德九年 甲戌(公元1514年)

张诩卒 张诩(1455—1514),明学者。早年曾师事于陈献章,深得器重。成化甲辰(1484)进士,授户部主事。是年,拜南京通政司左参议,不任而归,同年去世,享年60岁。其思想受佛学禅宗影响极深,甚至受到陈献章的斥责。在哲学上认为人应该以自然为宗旨,以忘我和灭欲为最高精神境界。指出世界本体为理,理即心。强调认识世界不需要借助外部事物,只要通过"静坐",就可以求之于内心。著作有《白沙遗言纂要》、《东所文集》。

[文献]《明史》卷二八三:"张诩,字廷实,南海人,亦师事献章。成化二十年举进士,授户部主事。……献章谓其学以自然为宗,以忘己为大,以无欲为至。卒年六十。"黄宗羲《明儒学案》卷

六:"张诩字廷实,号东所,南海人,白沙弟子。登成化甲辰进士第。养病归,六年不出,部檄起之,授户部主事。寻丁忧,累荐不起。正德甲戌,拜南京通政司左参议,又辞,一谒孝陵而归。卒年六十。白沙以'廷实之学,以自然为宗,以忘己为大,以无欲为至,即心观妙,以揆圣人之用。其观于天地,日月晦明,山川流峙,四时所以运行,万物所以化生,无非在我之极,而思握其枢机,端其衔绥,行乎日用事物之中,以与之无穷。'"《东所文集·柳塘记》:"理与心会,不必境之在目,情与神融,不必诗之出口。所谓至乐与至妙者,皆不假外求而得矣。"《四库全书总目提要》卷九五:"《白沙遗言纂要》十卷(衍圣公孔昭焕家藏本):明张诩编。诩字廷实,南海人。成化甲辰进士,官至南京通政司左参议。尝受业于陈献章。……献章之学,当时胡居仁、张懋等皆以为禅。诩溺禅尤深,即献章亦颇訾之。"

武宗正德十年　乙亥(公元1515年)

罗汝芳生　罗汝芳,明代泰州学派思想家。字惟德,号近溪。江西南城人。是年生。

[文献]《明史》卷二八三:"汝芳,字维德,南城人。"《四库全书总目提要》卷三二:"汝芳字维德,南城人。"黄宗羲《明儒学案》卷三四:"罗汝芳字惟德,号近溪,江西南城人。……十六年,从姑山崩,大风拔木,刻期以九月朔观化。诸生请留一日,明日午刻乃卒,年七十四。"

武宗正德十二年　丁丑(公元1517年)

五月,徐爱卒　徐爱(1487—1517),明学者。正德三年(1508)进士。出知祁州,升南京兵部员外郎,转南京工部郎中。徐爱是王守仁的高足,对王学相当熟悉,且反身实践,因此,王守仁把他比作颜渊。徐爱认为王守仁的学说是孔子学说的嫡传。他继承了王守仁"心有体有用"的学说,批评吴与弼、陈献章"体用始终歧为二"的观点。强调为学关键在于"收放心",主张治学者须辨义理之分,去除"好名"之大患,力主存养省察克治去私。对于人的本性,持"善"的观点。著作有《徐横山文集》。

[文献]《明史》卷二八三:"爱,字曰仁,守仁女弟夫也。正德三年进士,官至南京工部郎中。良知之说,学者初多未信,爱为疏通辨析,畅其指要。守仁言:'徐生之温恭,叶生之沉潜,朱生之明敏,皆我所不逮。'爱卒,年三十一,守仁哭之恸。"黄宗羲《明儒学案》卷一一:"徐爱字曰仁,号横山,余姚之马堰人。正德三年进士。出知祁州,升南京兵部员外郎,转南京工部郎中。十一年归而省亲,明年五月十七日卒,年三十一。先生为海日公之婿,于阳明,内兄弟也。……先生始闻阳明之教,与先儒相出入,骇愕不定,无入头处。闻之既熟,反身实践,始信为孔门嫡传,舍是皆旁蹊小径,断港绝河矣。……是故阳明之学,先生为得其真。《徐横山文集·答王承吉、赠薛尚谦》:"人性本善也,而邪恶者在于客感也,感之在于一念,无难事,无多术。"

何心隐生 何心隐,明朝末期哲学家,泰州学派代表人物之一。原名梁汝元,字柱乾,号夫山,永丰(今属江西)人。因与蓝道行以计使严嵩罢相,得罪当道,故易姓改名。

[文献] 黄宗羲:《明儒学案》卷三二:"梁汝元字夫山,其后改姓名为何心隐,吉州永丰人。"《何心隐集》附录《永丰县志·梁汝元传》:"梁汝元字柱乾,号夫山,瑶田梁坊人,少补县学生,有异才,闻王心斋讲学,力以道自任。……以平倭之谋,为严嵩所忌,阴使人罗织焉。乃变姓字为何心隐,历游江南北,所至聚徒讲学。"解文炯《梁夫山先生遗集序》:"先生避严相之害,更姓名为何心隐,自是游学所至,悉从此称。"

胡直生 胡直，明代心学家。字正甫，号庐山，江西泰和人。《明儒学案》谓其"万历乙酉五月卒官，年六十九。"考万历乙酉为万历十三年(1585)，逆推知其生于是年。

［文献］ 张惟骧《疑年录汇编》卷七："胡庐山六十九直，生正德十二年丁丑，卒万历十三年乙酉。"黄宗羲《明儒学案》卷二二："胡直字正甫，号庐山，吉之泰和人。……万历乙酉五月卒官，年六十九。"

域外 ［德］马丁·路德领导的德国宗教改革开始。

武宗正德十三年　戊寅（公元1518年）

七月，古本《大学》和《朱子晚年定论》刊刻 王守仁曾怀疑朱熹所注《大学》章句并非古圣贤本意，便亲手抄录古本，并为之序，于是年刊刻。《朱子晚年定论》是王守仁所纂，首冠以《序》，中录朱熹《答黄直卿》等三十四书，末附吴澄《说》及袁庆麟《跋》。王守仁认为世所流传朱熹之《论语集注》、《孟子集注》及其《或问》诸书，乃朱熹中年未定之说，而其晚年已大悟旧说之非，思谋改正却未及。遂从朱熹书信中选编此书，以为其晚年定论，借以指斥当世学者徒守未定之说而不求既悟之论，"竞相呶呶以乱正学"。是书出，罗钦顺、陈建辈先后诘难，指斥其颠倒年次，厚诬朱熹。王守仁虽亦承认所选朱熹信件年岁早晚有未考之处，然对其说仍坚持甚笃。

［文献］《传习录·附王阳明先生年谱》："十有三年戊寅，先生四十七岁。……七月，刻古本《大学》。……先生在龙场时，疑朱子《大学章句》非圣门本旨，手录古本，伏读精思，始信圣人之学本简易明白。其书止为一篇，原无经传之分。格致本于诚意，原无缺传可补。以诚意为主，而为致知格物之功，故不必增一敬字。以良知指示至善之本体，故不必假于见闻。至是录刻成书，傍为之

释,而引以叙。又刻《朱子晚年定论》序之。"《王阳明全集·朱子晚年定论阳明子序》:"及官留都,复取朱子之书而检求之,然后知其晚岁固已大悟旧说之非,痛悔极艾,至以为自诳诳人之罪,不可胜赎。世之所传《集注》、《或问》之类,乃其中年未定之说,自咎以为旧本之误,思改正而未及。而其诸《语类》之属,又其门人挟胜心以附己见,固于朱子平日之说犹有大相缪戾者。而世之学者,局于见闻,不过持循讲习于此,其于悟后之论,概乎其未有闻。则亦何怪乎予言之不信,而朱子之心无以自暴于后世也乎?予既自幸其说之不缪于朱子,又喜朱子之先得我心之同然,且慨夫世之学者,徒守朱子中年未定之说,而不复知求其晚岁既悟之论,竞相呶呶,以乱正学,不自知其已入于异端;辄采录而裒集之,私以示夫同志。庶几无疑于吾说,而圣学之明可冀矣!正德乙亥冬十一月朔,后学余姚王守仁序。"(上海古籍出版社,1992,128页)

八月,王守仁门人薛侃刻《传习录》《传习录》系王守仁的主要哲学著作,分上、中、下三卷,由弟子徐爱、钱德洪等根据平时记录师说而辑成,编入《王文成公全书》一至三卷。上卷为王守仁弟子徐爱、陆澄、薛侃等人与其师论学问答之语;中卷为王守仁论学书信七篇;下卷为弟子陈九川、黄以方、黄省曾、钱德洪等所记师说语录及《朱子晚年定论》等。该书囊括了王守仁心学的主要观点,是探讨其思想的重要资料。

首先在本体论上,《传习录》从陆九渊"心即理"的思想出发,阐明"心外无物"、"心外无理"的世界观。在人性论上,认为人都具有良知,良知能分别善恶,使人推致善端、除去恶念。良知是人的本能,是衡量是非善恶的惟一标准,不必求之于圣人、典籍等外物。由此在知识论上,反对向外探求,否定耳目见闻之知,认为"吾心良知"是认识的对象和源泉,为学就是体认"良知",认识的目的就是"求此心"。进而推演到个人道德修养上,倡导"致良知",即以"格物致知"之法,克除私欲,对人心固有之道德本性进行扩充,从而恢复心体无善无恶的本来面目。而致良知的根本目的,就是追求"去人欲,存天理",达到圣人的理想境界。在方法论上,《传习录》批评朱熹"知先行后"的观点,从"心理合一"出发,阐发"知行合一"说。他反对将知行分为两截,强调知行无先后,是认识和修养功夫的两个方面,即道德意识的内在自觉性和道德实践性的统一。在文化史观上,他明确提出"《春秋》亦经、五经皆史"的命题,并认定"六经者,吾心之记籍也",把经、史与心学结合在一起。另外,他还认为时势是变异的,道理也就没有"死格",体现出"世变所宜"、"因时致治"的文化史观。在《朱子晚年定论》中,他搜集了朱熹某些与自己观点相类似的文字材料,说明并论证朱熹晚年的成熟观点与自己完全一致,为自己的学说辩护。《传习录》的核心内容即"良知说",将本体、认识、道德修养三者融为一体,形成系统的理论学说。在本体论中所谓的"理",主要不指事事物物之理,而首先是指古代社会的伦理道德原理,是典型的主观唯心论的宇宙观。后来,他又用"良知"代替"心",作为事物本体的最高本原。这种主观并吞客观的"万物一体"论,实际上是企图以传统伦理道德观念作为统一天地万物的基础,为专制君主治国平天下作哲学上的论证。但在客观上,他的一切从"吾心"出发,以"吾心"为标准的观点,却起到破除传统观念,解放人们思想的作用。在当时的历史条件下,这样尖锐地提出不能以孔子之是非为是非,反对孔学、朱学的垄断地位,不能不视为一种勇敢的行为,对于活跃人们思想和学术空气,显然有积极意义。"致良知"说把"良知"这个主体的道德意识作为判别是非善恶的标准,是一种完全否认客观认识对象的唯心论的先验论,目的是要人人保持良知,实现封建道德原则。但也应当看到,承认良知人人皆有,确实可以推导出平等观念来,特别是强调实现"良知"过程中的主动性和灵活性,这在我国伦理思想发展史中具有极重要的意义。在"知行合一"上,认为知行天生合一,是"一个工夫",这就抹煞了主观与客观、思维活动与实践活动的界限,尽管在主观愿望上企图强调"行"的重要性,而实际上却有以思维活动取代或排斥实践活动的可能。然而,王守仁的"知行合一"论,在认识论和道德修养方法上具有某些合理成分,在论述知行不可分时,确实提出一些独到见解。《传习录》中所反映王守仁的哲学思想,标志着其思想体系形成,在中国思想史和哲学史上都占有重要地位,对后学者产生了颇大影响。阳明学派形成以后,在明末盛行达一百五十年之久。该学说中包含对人的主体价值的肯定和对正统权威的怀疑精神等合理因素,受到后来康有为、梁启超、熊十力等思想家的关注和推崇,并传播到日本,影响明治维新时期的日本思想界,在某些方面起到一定积极作用。《传习录》的版本较多,主要有清代《学海类编》本、《国粹丛书》本、上海商务印书馆影印《王文成公全书》四部丛刊本和1927年叶绍钧校注本等。另有日本正德二年(1712)冈田群玉堂刻本,伪康德三年(1936)安东宏道书局排印本。

[文献]《王阳明全集》卷四《顺生录八·年谱一》:"十有三年戊寅,先生四十七岁,在赣。……八月,门人薛侃刻《传习录》。侃得徐爱所遗《传习录》一卷,序二篇,与陆澄各录一卷,刻于虔。"《传习录·徐爱序》:"今备录先生之语,固非先生之所欲,使吾侪常在先生之门,亦何事于此,惟或有时而去侧,同门之友又皆离群索居。当是之时,仪刑既远而规切无闻,如爱之驽劣,非得先生之言时时对越警发之,其不摧堕靡废者几希矣。……录成,因复识此于首篇以告同志。门人徐爱序。"

武宗正德十六年　辛巳(公元 1521 年)

章懋卒　章懋(1436—1521),字德懋,浙江兰溪人。宪宗成化年会试第一,举进士,授编修。累迁福建按察司佥事,起为南京国子监祭酒、礼部尚书。曾讲学枫木庵,世称枫山先生。其为学质约淳雅,潜修默成,为时所重,后人称为明代醇儒。著有《枫山集》、《枫山语录》。

[文献] 黄宗羲《明儒学案》卷四五:"章懋字德懋,金华兰溪人。成化丙戌会试第一。选庶吉士,授编修。……林居二十年,弟子日进,讲学枫木庵中,学者因曰枫山先生。……嘉靖初,以南京礼部尚书致仕。是岁辛巳除夕卒,年八十六。赠太子太保,谥文懿。其学墨守宋儒,本之自得,非有传授,故表里洞澈,望之庞朴,即之和厚,听其言,开心见诚,初若不甚深切,久之烛照数计,无不验也。……(《语要》)或劝以著述,曰:'经自程、朱后不必再注,只遵闻行知,于其门人语录,芟繁去芜可也。'"《明史》卷一七九:"章懋,字德懋,兰溪人。成化二年会试第一,成进士,改庶吉士。明年冬,授编修。……嗣世宗位,即家进南京礼部尚书,致仕。其冬,遣行人存问,而懋已卒,年八十六。懋为学,恪守先儒训。或讽为文章,曰:'小技耳,予弗暇。'有劝以著述者,曰:'先儒之言至矣,芟其繁可也。'通籍五十余年,历俸仅满三考。难进易退,世皆高之。"章懋《枫山语录》卷一:"人得天地之气以成形,得天地之理以为性,……格物穷理须是物物格,事事通,……为学之方当依程子,涵养须用敬,进学在致知。……白沙不免流于作诗写字之间。(胡居仁)持敬有功夫,但亦是死敬,适于用处不通,欠明义工夫。……(吴与弼)出处第一着,白沙第二着,一峰第三着,我辈又是第四五着了"。《四库全书总目提要》卷九三:"《枫山语录》一卷(浙江范懋柱家天一阁藏本):明章懋撰。懋字德懋,别号暗然子,兰溪人,成化丙戌,会试第一,改庶吉士,授编修,会上元内宴,命作鳌山灯诗,不奉诏,且以疏谏,黜为临武知县。弘治正德间,累官南京礼部尚书,致仕,事迹具明史本传。崔铣《明臣十节》曰:'成化中

白沙陈献章,学禅而疏,一峰罗伦,尚直而率,定山庄㫤,好名而无实;皆负巨望焉。枫山章公懋,质约淳雅,潜修默成,年甫四十,弃官还郡。贺谏议钦,郑御史己,皆责公交疏于陈、庄。公逊谢之。后白沙受清秩而交泛,一峰行乡约而戮族人,庄晚年又仕而败。惟章公德行无瑕,云云。其在明代,可云不愧醇儒。是编卷帙不多,分为五类,曰学术,曰政治,曰艺文,曰人物,曰拾遗,其学术、政治,虽人人习见之理,而明白醇正,不失为儒者之言。艺文诸条,持论亦极平允。不似讲学家动以载道为词。其评骘人物,于陈献章独有微词,则懋之学主笃实,而献章或入玄虚也。然献章出处之间,稍有遗议。而懋人品高洁,始终负一代重望。则笃实鲜失之明验矣。又谓胡居仁不适于用,似亦有见,惟推尊吴与弼太过,则颇有所不可解耳。"

世宗嘉靖元年　壬午(公元1522年)

王时槐生　王时槐,明代心学家。字子植,号塘南,江西安福人。是年生。

[文献]　张惟骧《疑年录汇编》卷七:"王塘南八十四时槐,生嘉靖元年壬午,卒万历三十三年乙巳。"黄宗羲《明儒学家》卷二〇:"王时槐字子植,号塘南,吉之安福人。……乙巳十月八日卒,年八十四。"

王艮游至京师传"阳明学"受挫　是年,王艮师从王阳明,见来学者日众,因叹其师之学当传遍天下,于是自制蒲轮车,云游至京师。然因其行事太奇,时阳明之学又遭谤议,此行受挫。

[文献]　《心斋先生学谱·传纂》:"嘉靖元年壬午,阳明以外艰家居,四方学者日居其门,先生为构书院,调度馆谷以居,而鼓舞开导多委曲其间。已而叹曰:'千载绝学,天启吾师,可使天下有不及闻者乎?'因问阳明以孔子辙环车制,阳明笑而不答。归家遂

自创蒲轮,招摇道路。当是时,阳明之学,谤议蜂起,而先生冠服言动不与人同,都人以怪魁目之。同门之在京者劝之归,阳明亦移书责之,先生始还会稽。阳明以先生意气太高,行事太奇,痛加裁抑。及门三日,不得见阳明。"《王心斋全集》卷一《王艮年谱》:"壬年,世宗嘉靖元年,四十岁。文成遭父丧,家居。先生往会稽,曰:'千载绝学,天启吾师倡之,可使天下有不及闻乎?'辞归。作《鳅鳝赋》。制蒲轮车游京师。"此事又见于《明儒学案》卷三二和《明史》卷二八三。

［考辨］ 关于此事发生的时间,王艮后人所记《心斋先生学谱》及《王艮年谱》均为嘉靖元年壬午(1522),但时人的一些记述多为次年癸未(1523)春。笔者仍志于1522年,是因为在黄直、王臣的奠文中均提到"癸未之春"时王艮到达京师,而王艮此行的出发地是越,路途遥远,而且王艮在途中不时讲演,广为传道,代步工具是自制蒲轮车,"二仆自随"。由此可知王艮于嘉靖元年始行,次年春天才抵达京师,故志于此年。

世宗嘉靖二年　癸未(公元1523年)

四月,世宗倡道教遭臣谏　世宗听太监崔文之言,建斋醮于宫中,道教始盛。杨廷和等上疏,力谏斋醮之事。闰四月,世宗以饥荒严重,暂止斋祀。

［文献］ 《明史纪事本末》卷五二:"(嘉靖)二年夏四月,暖殿太监崔文以祷祀诱帝,乾清诸处各建醮,连日夜不绝。又命内监十余人习经教于宫中,赏赉不赀。大学士杨廷和、九卿乔宇等疏'请斥远僧道,停罢斋醮'。给事中周琅、张嵩、张汝、安盘等交章劾文,乞置重典。俱不报。闰四月,停斋祀。时给事中郑一鹏上言,……帝曰:'天时饥馑,斋祀暂且停止。'"孙承泽《春明梦余录》卷三九:"内阁杨廷和《请停斋醮疏》:夫斋醮之事,乃异端邪说,诳

惑时俗,假此名目,以为衣食之计。佛教三宝,道家三清,名虽不同,其实同一。虚诞诬罔,圣王之所必禁。……况陛下亲莅坛场,行香拜箓,亦甚劳矣,何不移之以御讲筵?修设斋醮,縻废钱粮,亦甚多矣,何不移之以赈穷困?"《明世宗实录》卷二五:"(嘉靖二年四月)太监崔文等于钦安殿修设醮供请,圣驾拜奏青词。是以左道惑,陛下请火其书,斥其人,惟日临讲读,亲近儒臣。"

世宗嘉靖三年　甲申(公元1524年)

《大学问》问世　《大学问》是王守仁在稽山书院讲授《大学》时的记录,由其门人钱德洪辑录,编入《王文成公全书》第二十六卷。该书是代表其晚年成熟的政治见解和哲学思想的纲要。他直接继承和发挥陆九渊的思想,开宗明义,提出"达其天地万物一体之仁"之"明明德"的一整套政治伦理哲学。认为大人(指统治者)与小人的不同之处,就在于大人能够视天下犹一家,中国犹一人,而小人则拘泥于形骸,固分你我。大人之所以能够以天地万物为一体,是因为其心中具有"仁本",并能将己具之"仁"推广到天下每一个人,不使一人一物失其所。将"万物一体"论和《大学》中"明明德"、"亲民"的思想相结合,他将哲学上的"致良知"称为"明明德",把"格物"或在事上磨炼又称为"亲民",以体用范畴来论证和说明二者之间的关系。认为"明明德"是天地万物一体之"体",而"亲民"则是天地万物一体之"用","明明德"的目的在于"亲民",而"亲民"是"明明德"的手段和体现。表现在政治思想上,就是要在社会政治生活的事务上磨炼,而这种磨炼正可以完成自我,致吾本心之良知。在他看来,只要人人做到父慈子孝、兄友弟恭、君臣有义,就不会发生违背封建伦理教条的行为,如此,也就能实现儒家所倡导的齐家、治国、平天下的社会理想。王守仁以"致良知"解说《大学》"格物"、"致知"、"正心"、"诚意"诸范畴,反对程朱学派的"格物致知"说。其一大发明即把"格"训为"正",即去恶为善,所谓"物",即事也。而把"致良知"的过程,归结为"正心"的途径,在"正物"的过程中达到"正心"的目的。从而使他的"致良知"说不流于空疏,要求人们无论是在修身养性上,还是在社会政治和日常生活的为人处事上,都自觉地贯彻封建道德准则。《大学问》是王守仁按照自己的观点,对《大学》所作的新解说,也是其晚年对自己"致良知"说的系统发挥。他以"正心"作为出发点,由正心、诚意、格物以致良知而复心体,达到修、齐、治、平,即"明明德"。这种集个人修养、社会政治伦理为一体的认识论,仍然是一种内省直观的路线,其主旨是为"破心中贼",挽救明朝的社会危机,在中国哲学史上产生了很大影响。

[文献] 《王阳明集补编》卷四《年谱三》:"三年甲申,先生五十三岁,在越。正月,门人日进。……盖环坐而听者三百余人。先生临之,只发《大学》万物同体之旨,使人各求本性,致极良知以至于至善,功夫有得,则因方设教。故人人悦其易从。"《王阳明集》卷二六续编一:"吾师接初见之士,必借《学》、《庸》首章以指示圣学之全功,使知从入之路。师征思、田将发,先授《大学问》,德洪受而录之。"

耿定向生 耿定向,字在伦,号楚侗、天台,黄安(今湖北红安)人。明泰州学派的代表人物之一。耿定向卒于万历二十四年(1596),享年73岁,逆推知其生于是年。

[文献] 黄宗羲《明儒学案》卷三五:"耿定向字在伦,号天台,楚之黄安人。……以户部尚书总督仓场事。告归,家居七年,卒年七十三。"《明神宗实录》卷三〇〇:"(万历二十四年)原任户部尚书耿定向卒。"另可参见《明史》卷二二一。

世宗嘉靖四年　乙酉(公元 1525 年)

张居正生　张居正,字叔大,号太岳。湖广江陵(今属湖北)人。明代政治家、思想家。是年生。

[文献]　张惟骧《疑年录汇编》卷七:"张太岳五十八居正,生嘉靖四年乙酉。"《明史》卷二一三:"张居正,字叔大,江陵人。少颖敏绝伦,十五岁为诸生。巡抚顾璘奇其文,曰:'国器也。'"

世宗嘉靖五年　丙戌(公元 1526 年)

王世贞生　王世贞,明代著名文学家和史学家。字元美,号凤洲,又号弇州山人,江苏太仓人。

[文献]　张惟骧:《疑年录汇编》卷七:"王元美六十五世贞,生嘉靖五年丙戌。"《明史》卷二八七:"王世贞,字元美,太仓人,右都御史忬子也。……世贞自号凤洲,又号弇州山人。"钱谦益《王尚书世贞》:"世贞,字元美,太仓人。嘉靖丁未进士,除刑部主事,历郎中,出为青州兵备副使。"(《列朝诗集小传》下册丁集上,上海古籍出版社,1983)

世宗嘉靖六年　丁亥(公元 1527 年)

九月八日,"天泉证道"　是年,王守仁往广西前夕,钱德洪王畿二弟子侍坐天泉桥畔,向老师请教"四句教",此事称"天泉证道"。王守仁曾把其学术宗旨概括成"无善无恶是心之体,有善有恶是意之动,知善知恶是良知,为善去恶是格物"这四句话,也就是所谓王门"四句教"。他的大弟子王畿和钱德洪为这"四句教"而发生争论,遂一起向老师请教。王阳明一方面肯定两人都是正确的,要他们相资为用;另一方面又认为王畿之说只适于心体"明莹无滞"的"利根之人",钱宽之说则适用"有习心在"的"其次之人"。其实,这并没有解决两人的争端,说明王守仁在理论上的无力和其哲学的内在矛盾,也就决定王学必然分化的趋势。

[文献]《传习录·附王阳明先生年谱》:"六年丁亥,先生五十六岁,在越。……九月壬午,发越中。是月八日,德洪与畿侍坐天泉桥,因论'无善无恶、有善有恶、知善知恶、为善去恶'之旨。"(宏文图书社印行本)钱德洪编《阳明先生年谱》:"六年丁亥,先生五十六岁,在越。……九月壬午,发越中。是月初八日,德洪与畿访张元冲舟中,因论为学宗旨。畿曰:'先生说知善知恶是良知,为善去恶是格物,此恐未是究竟话头。'德洪曰:'何如?'畿曰:'心体既是无善无恶,意亦未是无善无恶,知亦是无善无恶,物亦是无善无恶。若说意有善有恶,毕竟心亦是无善无恶。'德洪曰:'心体原来无善无恶,今习染既久,觉心体上见有善恶在,为善去恶,正是复那本体功夫。若见得本体如此,只说无功夫可用,恐只是见耳。'畿曰:'明日先生启行,晚可同进请问。'是日夜分,客始散,先生将入内,闻洪与畿候立庭下,先生复出,使移席天泉桥上。德洪举与畿论辩请问。先生喜曰:'正要二君有此一问!我今将行,朋友中更无有论证及此者,二君之见正好相取,不可相病。汝中须用德洪功夫,德洪须透汝中本体。二君相取为益,吾学更无遗念矣。'德洪请问。先生曰:'有只是你自有,良知本体原来无有,本体只是太虚。太虚之中,日月星辰,风雨露雷,阴霾饐气,何物不有?而又何一物得为太虚之障?人心本体亦复如是。太虚无形,一过而化,亦何费纤毫气力?德洪功夫须要如此,便是合得本体功夫。'畿请问。先生曰:'汝中见得此意,只好默默自修,不可执以接人。上根之人,世亦难遇。一悟本体,即见功夫,物我内外,一齐尽透,此颜子、明道不敢承当,岂可轻易望人?二君已后与学者言,务要依我四句宗旨:无善无恶是心之体,有善有恶是意之动,知善知恶是良知,为善去恶是格物。以此自修,直跻圣位;以此接人,更

无差失。'畿曰:'本体透后,于此四句宗旨何如?'先生曰:'此是彻上彻下语,自初学以至圣人,只此功夫。初学用此,循循有入,虽至圣人,穷究无尽。尧、舜精一功夫,亦只如此。'先生又重嘱付曰:'二君以后再不可更此四句宗旨。此四句中人上下无不接着。我年来立教,亦更几番,今始立此四句。人心自有知识以来,已为习俗所染,今不教他在良知上实用为善去恶功夫,只去悬空想个本体,一切事为,俱不著实。此病痛不是小小,不可不早说破。'是日洪、畿俱有省。"(《王阳明全集》卷四《顺生录十·年谱三》)

十二月,《慎言》成书 此书系王廷相的第一部哲学著作,也是继张载《正蒙》后针对程朱、陆王的一部最有分量的气学著作。《慎言》在净化孔子之道旗号下,批评佛、老和程朱理学、陆王心学。全书分为13篇,凡407章。在本体论上,否定佛道两家"有"生于"空"、"无"的说法,扬弃宋明理学以"理"、"道"、"心"、"太极"为本体的观点,继承和发展了张载"气"一元论。主张"离气无道","理载于气",揭露理学与老子的思想渊源。发展观上,提出天地之始,"气化行焉",具有辩证法思想。认为一切都在变化,法也在变化,但所承认的变化只是渐变,从而又陷入形而上学。批评"天人感应论",认为后世矫天假神以求福祐是"非愚则诬"。宣扬"息邪说"、"重人事"的主张,提出"人定亦能胜天"的无神论命题。认识论上,既反对程朱的"格物穷理"说,也反对陆王的"发明本心"和"致良知"说,主张"知行兼举",并强调实践在认识中的决定作用。由于时代的局限,仍然不能完全摆脱唯心主义束缚。在人性论上,他极力反对程朱的"本然之性",认为人性赖于人体,是"气"在人身方面的表现。该书的问世引起了极大反响,赞扬者不乏其人,反对者更是蜂拥而至。一场围绕《慎言》的哲学辩论,终于在明中叶的哲学论坛上展开。《慎言》正式刊行于明嘉靖十二年(1533),收入《王氏家藏集》和《王浚川所著书》中,侯外庐编辑的《王廷相哲学选集》也予以收录。

[文献] 王廷相《慎言》序:"仲尼没而微言绝,异端起而正义凿,斯道以之芜杂,其所由来渐矣。非异端能杂之,诸儒自杂之也。故拟议过贪,则援取必广;性灵弗神,则诠释失精。由是旁涉九流,淫及纬术,卒使牵合传会之妄,以迷乎圣人中庸之轨。故曰非异端能杂之,诸儒自杂之也。予自知道以来,仰观俯察,验幽核明,有会于心,即记于册,三十余年,言积数万。信阳无涯孟君见之曰:'义守中正,不惑非道,此非"慎言其余"乎!'遂以《慎言》名之。类分为十三篇,附诸集,以藏于家。……时嘉靖丁亥冬十二望日,浚川王廷相序。"罗钦顺《整庵续稿》卷七:"近世诸儒著述不动声色,而真得受用者,无如王氏《慎言》……闳深通达,超诣玄精。"《顾华玉集·大司马王公〈慎言〉序》卷三〇:"不束曲教而成一家者……其于来学发蒙脱梏,不犹揭日月以烛冥涂,孰不尽于解乎!"

章潢生 章潢,明代哲学家、经学家。字本清,南昌(今属江西)人。是年生。

[文献] 张惟骧《疑年录汇编》卷七:"章本清八十二潢,生嘉靖六年丁亥。"《明史》卷二八三:"章潢,字本清,南昌人。……卒于万历三十六年,年八十二。"《四库全书总目提要》卷八:"潢字本清,南昌人。"

李贽生 李贽,明代著名思想家、文学评论家。本姓林,中举后改姓李,名载贽,字宏甫、号卓吾(笃吾),别号温陵居士,晚年又自称龙湖叟、秃翁等。泉州晋江(今福建晋江)人。祖籍河南光州固始县,明初迁居晋江,回族。是年生。

[文献] 袁中道《李温陵传》:"李温陵者,名载贽。少举孝廉,以道远不再上公车,为校官,徘徊郎署,间后为姚安大守。"(珂雪斋近集》卷三)滇中作《卓吾论略》:"居士别号非一,卓号特其一号耳。卓又不一,居士自称曰卓,载在仕籍者曰笃,虽其乡之人,亦

或言笃,或言卓,不一也。……居士生大明嘉靖丁亥之岁,时维阳月,得全数焉……居士生于泉,泉为温陵禅师福地。居士谓'吾温陵人,当号温陵居士。'"(《焚书》卷三《杂述》)查继佐《罪惟录》卷一八:"李贽初名载贽,号卓吾。神庙中贤书,福建温陵人。"钱谦益《卓吾先生李贽》:"贽字宏甫,晋江人。"

邓元锡生 邓元锡,明代心学家。字汝极,号潜谷,乡人私谥文统先生。江西南城人。是年生。

[文献] 张惟骧《疑年录汇编》卷七:"邓潜谷六十六元锡,生嘉靖六年丁亥,卒万历二十年壬辰。"《明史》卷二八三:"邓元锡,字汝极,南城人。……学者称潜谷先生。……乡人私谥文统先生。"黄宗羲《明儒学案》卷二四:"邓元锡字汝极,号潜谷,江西南城人。"

世宗嘉靖七年 戊子(公元1528年)

三月,诏令重修《明会典》 是年三月,明世宗诏令重修《明会典》,以校误补缺。

[文献]《明会要》卷二六:"(嘉靖)七年三月己卯,诏儒臣重校《大明会典》,订正讹谬,增入续定事例。……上以谬误显然,乃有重校之举。"

十一月,王守仁卒 王守仁(1472—1528),明代著名学者,陆王心学的集大成者。弘治进士。他曾拜访程朱派学者娄谅,受朱熹的"格物说"和"圣人可学而至"思想启发,遍览朱熹著作。因科举屡试不第,一度出入佛老。28岁登科进士及第,曾任兵部主事、考功郎中、南京太仆寺少卿、左佥都御史、南京兵部尚书等职。镇压江西等地农民起义,平定宸濠的反叛,因功封特进光禄大夫、柱国、新建伯,卒谥文成。一度因宦官弄权被谪贵州龙场驿丞,弃程朱理学,承继象山陆九渊之说,致力于心学研究,发挥而成"阳明学",在当时影响很大。应贵州提学副使聘请,主讲贵阳书院,授"知行合一"说。提出"破山中贼易,破心中贼难"的思想,总结出了"致良知"的学术宗旨。后借服父丧,疏乞归省,从此隐居家乡,与钱德洪等众弟子讲学不辍,修稽山书院,创建阳明书院。其长期为官,但勤于讲学,从学者甚多。著作主要有《大学问》,门人编有《传习录》,后人辑《王文成公全书》38卷(亦称《阳明全书》)。王守仁哲学思想主要体现于《传习录》和《大学问》中,前已介绍,此不再述。《王文成公全书》为其政治思想之代表作。提出理论上所谓"明明德"的主要内容,便在修明"三纲五常";所谓"亲民"是要求统治者以"知行合一"的精神领率人民。所谓"天下犹一家,中国犹一人",就是在"三纲五常"的秩序下,把"天下"和"中国"统一起来,以达到"天地万物一体之体",即绝对精神的统一。由于当时朝政腐败,国内多次爆发起义,北方蒙古族也经常南侵骚扰。为挽救明王朝地主阶级日趋没落的命运,王守仁主张对外实行民族抵抗主义政策,对内实行宽猛相济的统治政策。另一方面,他又主张协调地主阶级内部诸阶层之利益,限制寺院地主,使之从属于世俗大地主的权利之下,要求减免小地主、小所有者以至农民的负担。阳明心学作为一种学术流派和社会思潮,不仅风靡一时,而且影响后世,波扬东瀛,至当代仍是海内外学术界研究的一个热点。在过去很长一段时间内,学术界对阳明学多采取否定态度。20世纪80年代以后,学术界以实事求是的科学态度评价王学,取得可喜成果。

[文献] 黄宗羲《明儒学案》卷一〇:"王守仁字伯安,学者称为阳明先生,余姚人也。……十八岁,过广信,谒娄一斋,慨然以圣人可学而至。登弘治己未进士第,授刑部主事,改兵部。逆瑾矫旨逮南京科道官,先生抗疏救之,下诏狱,廷杖四十,谪贵州龙场驿丞。……瑾诛,知庐陵县,历吏部主事、员外郎、郎中,升南京太仆

寺少卿、鸿胪寺卿。时虔、闽不靖,兵部尚书王琼特举先生以左佥都御史巡抚南、赣。未几,遂平漳南、横水、桶冈、大帽、浰头诸寇。己卯六月,奉敕勘处福建叛军。至丰城而闻宸濠反,遂反吉安,起兵讨之。……三战,俘濠。……命兼江西巡抚。又明年,升南京兵部尚书,封新建伯。……时先生已病,疏请告。至南安,门人周积侍疾,问遗言,先生曰:'此心光明,亦复何言?'顷之而逝,七年戊子十一月二十九日也,年五十七。先生之学,始泛滥于词章,继而徧读考亭之书,循序格物,顾物理吾心终判为二,无所得入。于是出入于佛、老者久之。及至居夷处困,动心忍性,因念圣人处此更有何道?忽悟格物致知之旨,圣人之道,吾性自足,不假外求。其学凡三变而始得其门。自此以后,尽去枝叶,一意本原,以默坐澄心为学的。"《明史》卷一九五:"守仁已病甚,疏乞骸骨,举郧阳巡抚林富自代,不俟命竟归。行至南安卒,年五十七。丧过江西,军民无不缟素哭送者。守仁天姿异敏。年十七谒上饶娄谅,与论朱子格物大指。还家,日端坐,讲读《五经》,不苟言笑。游九华归,筑室阳明洞中,泛滥二氏学,数年无所得。谪龙场,穷荒无书,日绎旧闻。忽悟格物致知当自求诸心,不当求诸事物,喟然曰:'道在是矣。'遂笃信不疑。其为教,专以致良知为主。谓宋周、程二子后,惟象山陆氏简易直捷,有以接孟氏之传。而朱子《集注》、《或问》之类,乃中年未定之说。学者翕然从之,世遂有'阳明学'云。……隆庆初,迁臣多颂其功。诏赠新建侯,谥文成。……终明之世,从祀者,止守仁等四人。"钱德洪《阳明先生年谱序》:"吾师阳明先生出,少有志于圣人之学,求之宋儒不得,穷思物理,卒遇危疾,乃筑室阳明洞天,为养生之术,静摄既久,恍若有悟,……始教学者悟从静入,恐其或病于枯也,揭明德亲民之旨,使加诚意格物之功,至是,而特揭'致良知'三字,一语之下,洞见全体,使人各得其中,由是,以昧入者以明出,以塞入者以通出,以忧愤入者以自得出,四方学者翕然来宗之,噫,亦云兆矣。"王畿《刻阳明先生年谱序》:"我阳明先师崛起绝学之后,生而颖异神灵,自幼即有志于圣人之学,盖尝泛滥于辞章,驰骋于才能,渐渍于老释。已乃折衷群儒之言,参互渲绎,求之有年,而未得其要。及居夷三载,动忍增益,始超然有悟于良知之旨,无内外、无精粗,一体浑然,是即所谓未发之中也。其说虽出于孟某氏,而端绪实原孔子。"

[考辨] 关于《传习录》与佛教的关系,学术界有不同看法。因王守仁曾一度出入佛老,故有学者认为《传习录》与禅宗密切相关。如赵书廉在《中国人思想之源》(吉林文史出版社,1992,206~207页)中说:"《传习录》对佛教的批判,只是对一般佛教的批判,而不是对禅学的批判,因为禅宗不主张用逃世的办法来解脱家国之累,而是要在积极处世之中证成妙道。禅宗是'运水搬柴莫非妙道',王阳明只需换成'事父事君莫非妙道'就成了。王阳明认为觉悟之人而行君臣、父子、夫妇之事,这正是对禅宗思想有深刻领悟的表现。"而有的学者认为阳明心学与佛教有明显界限。黄宗羲说:"而或者以释氏本心之说,颇近于心学,不知儒释界限只一理字。释氏于天地万物之理,一切置之度外,更不复讲,而止守此明觉;世儒则不恃此明觉,而求理于天地万物之间,所为绝异。……先生(指王守仁)点出心之所以为心,不在明觉而在天理,金镜已坠而复收,遂使儒释疆界渺若山河,此有目者所共睹也。"有学者认为:"阳明与佛教之融合,不止修持功夫一端,抉其大者有五:(1)明觉自然义;(2)无所住义;(3)无善无恶义;(4)万物一体义;(5)破生死义。"(柳存仁:《王阳明与佛道二教》,《和风堂文集》,上海古籍出版社,1991,900页)佛教的万象皆幻,唯心为真思想,不能不对出入于佛、老者久之的王阳明思想产生影响。王阳明以开放的胸怀,消融佛教(特别是禅宗)。禅圣二学有其所同,既有所同,便可融合;既可融合,便可超越佛教。阳明融佛,为其建构

心学理论体系之需要。

湛若水《格物通》一书行世 是年,湛若水在南京任礼部侍郎,仿照宋代真德秀的《大学衍义》和明代邱浚的《大学衍义补》,将经书、诸子、史书中有关帝王道德和理政的内容摘录下来,加上明圣祖圣宗的格言大训,合而为一,并加以疏解,编成《格物通》100卷,进于皇帝,以让其逐日阅览。该书大致与邱浚的《大学衍义补》相近,但邱浚的书较多地引用旧事,而《格物通》则多引用前人之言,尤其是诸儒和明代祖训,并能予以发挥,以作为讲解之用。两本书相互弥补不足,对治理国家有所裨益。通行本有清乾隆三十年(1765)《四库全书》本、同治五年(1866)资政堂本。

[文献]《四库全书总目提要》卷九三:"《格物通》一百卷(广东巡抚采进本):明湛若水撰。……是编用嘉靖七年若水任南京礼部侍郎时所进。体例略仿《大学衍义》,以致知并于格物,而以格物统贯诚意、正心、修身、齐家、治国、平天下六条。……皆杂引诸儒之言,参以明之祖训,而各以己意发明之。大致与邱浚《大学衍义补》相近。而浚书多征旧事以为法戒之资,此书多引前言以为讲习之助。二书相辅而行,均于治道有裨者也。"《明史》卷二八三:"湛若水,……仿《大学衍义补》,作《格物通》,上于朝。"

余佑卒 余佑(1465—1528),明代学者。登弘治己未进士第,授南京刑部主事。因忤刘瑾落职,后起福州知府,历山东副使、河南按察使、云南左布政等。是年卒,享年64岁。19岁师从胡居仁,潜心求学。其学墨守敬斋。认为为学应以诚敬入门,"使心地光明笃实,邪僻诡谲之意勿留其间",这样便"不患不至于古人矣"。时《朱子晚年定论》初出,声称朱子之学归于存养,余佑反对此说,谓朱子论心学凡三变。存养仅为朱子少年时的见地。著作有《性书》。《明儒学案》谓该书兼理气,论性深辟"性即理也"之言,如此理是理,气是气,截然为二,并朱子之意而失之。

[文献] 黄宗羲《明儒学案》卷三:"余佑,字子积,别号讱斋,鄱阳人。年十九,往师胡敬斋。敬斋以女妻之。登弘治己未进士第,授南京刑部主事。忤逆瑾,落职。瑾诛,起知福州,晋山东副使,兵备徐州,……嘉靖改元,起河南按察使,调广西,两迁至云南左布政。以太仆卿召转吏部右侍郎,未离滇而卒,戊子岁也,年六十四。先生之学,墨守敬斋。在狱中著《性书》三卷,其言程、朱教人,拳拳以诚敬为入门,……时文成《朱子晚年定论》初出,以朱子到底归于存养,先生谓:'文公论心学凡三变。如存斋记所言,心之为物,不可以形体求,不可以闻见得,惟存之久,则日用之间,若有见焉。此则少年学禅,见得昭昭灵灵意思。及见延平,尽悟其失。复会南轩,始闻五峰之学,以察识端倪,为最初下手处,未免缺却平时涵养一节工夫。……后来自悟其失,改定已发未发之论,然后体用不偏,动静交致其力,工夫方得浑全。此其终身定见也,安得以其入门工夫谓之晚年哉!'……其《性书》之作,兼理气,论性深辟'性即理也'之言,盖分理是理,气是气,截然为二,并朱子之意而失之。"另可见《明史》卷二八二。

世宗嘉靖八年　己丑(公元1529年)

《易经蒙引》刊行　《易经蒙引》,是明代思想家蔡清的著作。主要内容是解说朱熹的《周易本义》。共12卷。蔡清早年学《易》,深得《易》学大旨。其治《易》以朱熹为尊,《易经蒙引》专以发挥朱熹的《周易本义》为主。但其见解并不拘于《周易本义》,而是有自己的新观点。在书中,蔡清反对朱熹把《易经》分为上、下二篇,认为上经与下经概括天地人物之始终,故不能给予随意划分。他也不同意朱熹把《易经》说成是"穷理尽性至命"之书,认为卦爻辞只是说明有形而下之器,便有形而上之道;有至著之象,便有至微之理;道不离器,理依象而著的道理。关于太极、阴阳、道

（理）者的关系，蔡清认为，太极即气之全体，气分而为阴阳；太极的流行，即一阴一阳的变化就是道（理）；太极无所不在，道（理）亦无物不有。《该书》不随意附会于权威之说，有独到的见解。其文风淳厚朴实，言之有物。因此，它对后世务实的治学态度有一定影响。

[文献]《四库全书总目提要》卷五："《易经蒙引》十二卷（江苏巡抚采进本）：明蔡清撰。清字介夫，号虚斋，晋江人。成化甲辰进士。官至南京国子监祭酒。事迹具《明史·儒林传》。是书专以发明朱子《本义》为主，故其体例，以《本义》与经文并书，但于《本义》每条之首，加一圈以示别，盖尊之亚于经也。然实多与《本义》异同，如经分上、下，朱子云：'以其简帙重大，故分为上、下二篇。'清则云：'六十四卦何以不三十二卦为上经，三十二卦为下经，而乃上经三十卦，下经三十四卦为？'……朱子不全从程《传》，而能发明程《传》者莫若朱子，清不全从《本义》，而能发明《本义》者莫若清。'"《四库全书总目提要》卷一七一"《虚斋集》五卷……然其《易经蒙引》于朱子之解，意有未安者，亦多所驳正，不为苟合。是其识解通达，与诸儒之党同伐异者有殊。故其文章亦淳厚朴直，言皆有物，虽不以藻采见长，而布帛菽粟之言，殊非雕文刻镂者所可几也。"

《四书蒙引》刊行　《四书蒙引》，为明代思想家蔡清的另一部重要著作。主要内容是讲解《四书》义理。全书共15卷，包括《大学》2卷，《中庸》2卷，《论语》4卷，《孟子》7卷。另末尾附加《别录》1卷。蔡清对四书的解析，虽大体遵从朱熹《四书集注》，但也多有独到发挥之处，并能探幽发微，且旨义鲜明精深，为读者阅读《四书》开辟了获取知识的捷径。后来学者认为讲解《四书》之作不下百种，但未有过于此书者，故得后世学者的高度重视。

[文献]《四库全书总目提要》卷三六："《四书蒙引》十五卷，《别附》一卷（浙江巡抚采进本）明蔡清撰。清有《易经蒙引》，

已著录。其作此书，初已有稿本而遗失，乃追忆旧文，更加缀录。久而复得原稿，以两本相校，重复过半，又有前后异同未归画一者，欲删正而未暇，乃题为《蒙引初稿》，以明其非定说。《虚斋集》有是书序，述其始末颇详。嘉靖中武进庄煦参校二稿，刊削冗复，十去三四，辑成一书而刊之。书末又《别附》一册，则煦与学录王升商榷订定之语也。清人品端粹，学术亦醇。此书虽为科举而作，特以明代崇尚时文，不得不尔。至其体认真切，阐发深至，犹有宋人讲经讲学之遗。未可以体近讲章，遂视为揣摩弋获之书也。"

世宗嘉靖九年　庚寅（公元1530年）

十一月，更孔庙祀典　是年，世宗正孔子祀典并厘正从祀诸贤，主要内容是：孔子改称至圣先师，其王号及"大成"、"文宣"一概不用；改大成殿为先师庙；尽撤塑像，改成木制牌位；春秋二祀，祭品为十笾十豆，乐舞用六佾；四配是：复圣颜子、宗圣曾子、述圣子思子、亚圣孟子，以下十哲、七十二贤皆称先贤、先儒某子。上述这些人都去掉公、侯、伯之称。将荀况等十余人罢祀，复增司马光、陆九渊等，从祀者达九十一人；孔子的父亲叔梁纥则另建庙宇，单独供奉。

〔文献〕《明史纪事本末》卷五一《更定祀典》："世宗嘉靖九年……冬十月，正孔子祀典，易木主及厘正从祀诸贤。……帝乃自著《正孔子祀典说》，颁赐群臣。璁复为《孔子祀典或问》上之，上嘉焉，众议乃定。于是改大成至圣文宣王为至圣先师孔子。其配享四子，仍称复圣、宗圣、述圣、亚圣。从祀弟子称先贤，左丘明以下称先儒，俱罢公、侯、伯爵，撤像题主祀之。申枨、申党二人，存枨去党。罢公伯寮……荀况……十三人。林放……祀于其乡。进后苍、王通、胡瑗、欧阳修。又以行人薛侃议，并进陆九渊从祀，而别祀启圣公叔梁纥，以颜无繇、曾点、孔鲤、孟孙氏、程珦、朱松、蔡元定从祀焉。改称大成殿为先师庙。"《明史》卷一七:"(嘉靖九年)冬十一月辛丑,更正孔庙祀典,定孔子谥号曰至圣先师孔子。"《明史》卷五〇:"嘉靖九年,大学士张璁言:'先师祀典,有当更正者。……'帝以为然。……于是礼部会诸臣议:'……其塑像,即令屏撤。春秋祭祀,遵国初旧制,十笾十豆。天下各学,八笾八豆。乐舞止六佾。……'命悉如议行。"《明会要》卷一一:"嘉靖九年十一月癸巳,大学士张璁请更正孔庙祀典,命礼臣会之者臣议,改题孔子神位'至圣先师',去'王'号及'大成文宣'之称。改大成殿为先师庙,大成门为庙门。"

[考辨] 关于更祀之时,《明史纪事本末》记为十月,而《明史》、《明会要》均为十一月,因《明史》是正史中较好的一部,且详细至日,故此处采此说法。

王圻生 王圻,明代学者、史学家。字元翰,号洪洲,上海人。是年生。

[文献]《王侍御类稿》末附《明故朝列大夫陕西布政使司右参议洪洲王公暨诰封宜人陈氏合葬墓志铭》:"万历乙卯之闰八月十有四日,致仕陕西右参议、前监察御史洪洲王公无疾卒,年八十六矣。……卒之日距其生嘉靖庚寅正月之二十有一日,享年八十有六,公寿也。"

域外 [法]政治哲学家博丹生,著有《国家论》、《共和国论》等书。

世宗嘉靖十年　辛卯(公元1531年)

罗钦顺写成《困知记》一书　《困知记》是罗钦顺的主要著作。全书包括前记和续记两部分。前记2卷,共156章。续记2卷,共113章。另有附录1卷,收入与人论学书信6篇。该书仿张载《正蒙》的方式写成,书名取自《论语》"困而知之"一语,意为苦心钻研所得。此书是作者哲学思想的总结,写作目的是继承发扬儒学传统,批判各种似是而非之论。书中包含的主要内容有:精确地论述理气关系,提出"理在气中"、"理不离气"的重要思想,批评朱熹"理在气先"、"理气为二"的观点;论述心性问题,批评陆王心学心外无物、心外无理的思想和佛学"心生万法"、"一切皆空"之论;强调亲身体验和躬行实践在"致知"中的作用,斥责王阳明的良知说。该书在中国哲学史上第一次系统论述理气关系,并在很多问题上给予精当解释,对于明清之际进步社会思潮的兴起起了重要作用。版本有明嘉靖刻本、清正谊堂刻本和丛书集成本等。

[文献]《四库全书总目提要》卷九三:"《困知记》二卷,《续记》二卷,《附录》一卷(左都御史张若溎家藏本):明罗钦顺撰。……是书皆其晚年所作。前记成于嘉靖戊子,凡一百五十六章。续记成于嘉靖辛卯,凡一百一十三章。附录一卷,皆与人论学之书,凡六首。钦顺自称:'初官京师,与一老僧论佛,漫举禅语为答,意其必有所得,为之精思达旦,恍然而悟。既而官南雍,取圣贤之书潜玩,久之渐觉就实。始知所见者,乃此心虚灵之妙,而非性之理。自此研磨体认,积数十年始确然有以自信。'盖其学由积渐体验而得,故专以躬行实践为务,而深斥姚江'良知'之非。……此书明白笃实,亦深有裨于后学。盖其学初从禅入,久而尽知其利弊,故于疑似之介,剖析尤精,非泛相诃斥、不中窾要者比。高攀龙尝称'自来排斥佛氏,未有若是之明且悉者',可谓知言矣。"

世宗嘉靖十二年　癸巳(公元1533年)

董沄卒　董沄(1457—1533),明学者、思想家。以能诗闻名。嘉靖三年(1524),他以68岁高龄拜52岁的王守仁为师,并说当他听到王守仁的良知说时,似是大梦初醒,从此便可远离苦海了。在哲学上,他前期信奉佛学思想,认为从佛学的虚空做起,便可认识与了解事物。后期拜王守仁为师后,转入王学,肯定"良知"的作用。认为只要依据良知之学,就可以懂得事物的理。反对"性有异同"的说法,强调"改过"自新,认为人只要知错就是良知,改过就是"致知"了。著作有《求心录》、《日省录》等。

[文献] 张惟骧《疑年录汇编》卷六:"董萝石七十七沄,生天顺元年丁丑,卒嘉靖十二年癸巳。"《明史》卷二八三:"董沄,字子寿,海宁人。年六十八矣,游会稽,肩瓢笠诗卷谒守仁,卒请为弟子。"黄宗羲《明儒学案》卷一四:"董沄字复宗,号萝石,晚号从吾道人,海盐人。以能诗闻江、湖间。嘉靖甲申年六十八,游会稽,闻阳明讲学山中,往听之。阳明与之语连日夜,先生喟然叹曰:'……今闻夫子良知之说,若大梦之得醒,吾非至于夫子之门,则虚此生也。'……至七十七而卒。先生晚而始学,卒能闻道。其悟道器无两,费隐一致,从佛氏空有而入,然佛氏终沉于空,此毫厘之异,未知先生辨之否耶?"董沄《求心录》卷二一:"心无体也,纲常伦物、形质器用与心为体,舍万象无太虚,舍万事无心矣。分之则为物,合之则为心,见物便见心,离物见心亦是见鬼。……但依得良知,礼法自在其中矣。知过即是良知,改过即是致知。"

世宗嘉靖十三年　甲午(公元1534年)

五月,许诰卒　许诰(1471—1534),明学者、史学家。其父许进曾任吏部尚书。弘治十二年进士,授户部给事中,转刑科右给事中。刘瑾专权时,被贬为广西全州判官。嘉靖十一年,擢吏部右侍郎。此年冬,升南京户部尚书。是年卒于官,赠太子太保,谥庄敏。其早年志向高远,品行端正。出任官职后,能勇于担当大任,一心为社稷百姓着想,且勤奋好学,在史学方面有一定成就。著作有《通鉴纲目前编》。

[文献]《明史》卷一八六:"诰,字廷纶,进次子也。弘治十

二年进士。授户科给事中。……进刑科右给事中。……及进忤刘瑾削籍,并谪诰全州判官。……嘉靖初,起南京通政参议,改侍讲学士,……十一年擢吏部右侍郎。其冬,拜南京户部尚书。……卒官,赠太子太保,谥庄敏。"《明世宗实录》卷一六三:"(嘉靖十三年五月癸未)南京户部尚书许诰卒,赐祭葬如例,赠太子太保,谥庄敏。诰,河南灵宝县人。前吏部尚书进之子也。弘治十二年进士,授户科给事中。……逆瑾用事,调广西全州判官。……嘉靖四年,召为南京通政司参议。六年,升翰林院侍读学士,充经筵讲官。因进所著《图鉴前编》、《图书管见》、《大极论》、《道统源流录》,八年升太常寺卿,管国子监祭酒事。寻迁吏部右侍郎、南京吏部尚书,至是卒于官。诰,志气豪迈,行谊修洁,其所著述虽未臻理要,而人称其笃志好学,能益振其家声云。"

世宗嘉靖十四年　乙未(公元1535年)

许孚远生　许孚远,字孟仲,号敬庵。德清(今属浙江)人。是年生。

[文献]　张惟骧《疑年录汇编》卷七:"许敬安七十孚远,生嘉靖十四年乙未,卒万历三十二年甲辰。"《明经世文编·姓氏爵里》"许孚远,字孟仲,德清人。"黄宗羲《明儒学案》卷四一:"许孚远字孟仲,号敬庵,浙之德清人。"又见《明史》卷二八三。

僧莲池生　莲池,明代四大高僧之一。俗名袾宏,杭州人。是年生。31岁出家受戒,自号莲池。晚年又居云栖寺,所以世称莲池大师或云栖大师。

[文献]　憨山德清《憨山梦游集》卷二七:"师讳袾宏,字佛慧,别号莲池,……俗姓沈氏,古杭仁和人。……言讫面西念佛,端然而逝,万历四十三年,七月初四日午时也,师生于嘉靖乙未,世寿八十有一。"中国佛教协会《中国佛教》卷八三:"袾宏,杭州人,俗

姓沈。他十七岁时补诸生。二十七岁以后,在四年之间,连遭丧父、失儿、悼亡和丧母的刺激,即作《七笔勾》而出家受具,自号莲池。晚年居云栖寺,所以世称莲池大师或云栖大师。他提倡念佛风化被于一代,被推为莲宗第八祖;他又和紫柏真可、憨山德清、蕅益智旭,并称为明代四高僧。"(知识出版社,1982,283 页)

世宗嘉靖十五年　丙申(公元 1536 年)

五月,世宗令焚毁宫中佛像、佛骨及佛牙等物　是年五月,世宗命朝臣集议拆除皇宫中的大善佛殿及在其地建造皇太后宫室之事,并召武定侯郭勋、大学士李时、礼部尚书夏言等人入视佛殿。夏言上疏请将殿中佛像、佛骨等掩埋于荒野,世宗认为此非长久之计,要求永远根除,于是焚毁 169 尊佛像和约 13000 斤佛骨、佛牙等物。经过此次清理,佛教势力大为削弱,已无法与道教抗衡。

[文献]　沈德符《万历野获编》补遗卷四:"本朝嘉靖十五年,上既敕废禁中大善佛殿建太后宫矣,礼部尚书夏言。以殿中有佛像及佛骨、佛头、佛牙等,乃建议请敕有司俱瘗之中野,以杜愚冥之惑。上曰:'今虽埋之,岂无窃发以惑民者,可议所以永除之。'于是言复议投之火,上从之,凡毁金银佛像一百六十九座,金银函贮佛头牙等一万三千余斤,燔之通衢。"孙承泽《春明梦余录》卷三九:"宗伯夏言《议瘗佛疏》:比者,恭遇皇上咨及群臣,欲除去禁中释殿,奉建两宫,以备一代之制。……已今月十一日,伏奉圣旨,命大学士李时同臣言入看即所谓大善殿者。臣等看得殿内有金银铸像,钜细不下千百,且多邪鬼淫亵之状。遂命礼部俱于城外焚之。"《明史纪事本末》卷五二:"十五年……五月,除禁中佛殿,建慈庆、慈宁宫。……于是禁中邪秽进斥殆尽。"

吕坤生　吕坤,字叔简,宁陵人。明代反理学的代表人物。是年生。

[文献] 张惟骧《疑年录汇编》卷七:"吕叔简八十三坤,生嘉靖十五年丙申,卒万历四十六年戊午。"《明史》卷二二六:"吕坤,字叔简,宁陵人。……卒,天启初,赠刑部尚书。"黄宗羲《明儒学案》卷五。四:"年八十三卒,赠刑部尚书。"

管志道生 管志道,字登之,号东溟,太仓人。《明儒学案》谓其"万历戊申卒,年七十三。"万历戊申为万历三十六年(1608),逆推知其生于是年。

[文献] 黄宗《明儒学案》卷三二:"管志道字登之,号东溟,苏之太仓人。……万历戊申卒,年七十三。"

域外 [朝鲜]李朝哲学家、诗人李珥生。其在哲学上持"理气兼发"之说,著有《栗谷全书》。

世宗嘉靖十六年 丁酉(公元1537年)

四月,罢各地私创书院 是年四月,全国各地的私立书院被勒令停办。御史游居敬上书弹劾王守仁、湛若水之学为伪学,并请拆毁各地两人所办书院,得到明世宗许可。这一措施体现了统治集团不断加强文化专制思想,在一定程度上限制了学术思想的正常交流。

[文献]《明会要》卷二六:"(嘉靖)十六年四月壬申,罢各处私创书院。以御史游居敬论劾王守仁、湛若水伪学,乞毁其书院。从之。"

世宗嘉靖十七年 戊戌(公元1538年)

十月,《雅述》付刻 《雅述》,作者系著名哲学家、学者王廷相。此年四月成书,十月由后学谢锱刻印,后被编入《王浚川所著书》。侯外庐等编辑的《王廷相哲学选集》(北京科学出版社,1959)一书也收入此书。《雅述》是王廷相的主要哲学著作,分上下两卷,反映其继承和发展了张载的"气"一元论。在宇宙观上,他认为"元气"为天地万物的本原,元气之所以产生万物,在于阴阳二气相互感应,故元气乃实体之物。自然、社会、人生的各种规律和道理,皆随元气而具有。并从气本体的统一性和多样性出发,批评程朱理学"理生气"、"理一分殊"的观点。针对程朱理学"理独不朽"之说,提出从宇宙本原的元气到自然、社会的各种事物,无不处于变化之中。在人性论上,也与程朱学派的"形性二本"相对立,主张人性依赖于人体,是气在人身的表现。否定性善说,认为人性可善可恶,而成善去恶之途径在于后天的努力和教育。在认识论上,批评宋儒所谓"德性之知"与王阳明"致良知"说,强调知识是理性思考与感性见闻的结合,指出认识是一个由感性到理性、由表面到本质的发展过程。至于学习的内容,他谴责理学家空谈义理心性,注意对人事、政治、经济等"实学"的学习。总之,该书所反映王廷相的哲学思想虽然有一定的时代局限,但吸取了以张载为代表的古代哲学家的思想,高扬"气一元论"的旗帜,对程朱、陆王理学进行了比较系统地揭露和批评,在理气、道器、知行等哲学问题上坚持和发展朴素自然观,在明代学坛上闪耀着智慧的光辉。

[文献] 《雅述·自序》:"然世逖风漓,异端窃起,而老、佛清净无为之论出,世乃为之大惑;由是百氏九流,纷纭杂沓,各竞所长,而六经中正淳雅之道荒矣。虽宋儒极力诋辩,以挽返洙、泗之风,而才性有限,不能拔出流俗,亦未免沾带泥苴,使人不得清澄宣朗,以睹孔门之景,良可恨矣!余不自量,每于读书之暇,其于天道人事,变化,几宜,诸所拟议,有不符于圣者时,时置一论,以求合道真。积久成卷,分为上下二篇,名曰《雅述》,谓述其中正经常足以治世者云尔。……嘉靖十七年四月朔日,仪封王廷相子衡父自序。"《雅述·刻雅述篇叙》:"而翁之教不独衣被一隅一世而已矣。

噫,此固刻《雅述》意也。若夫勋庸节概策诸太史氏可稽也,岂口耳见闻者而可以述乎哉!嘉靖戊戌冬十月朔日新安后学谢镒谨拜手志。"

唐鹤征生 唐鹤征,字元卿,号凝庵。江苏武进人。是年生。

[文献] 张惟骧《疑年录汇编》卷七:"唐凝庵八十二鹤征,生嘉靖十七年戊戌,卒万历四十七年己未。"黄宗羲《明儒学案》卷二六:"唐鹤征字元卿,号凝庵,荆川之子也。……万历己未,年八十二卒。"《四库全书总目提要》卷七:"鹤征号凝庵,武进人。……盖右都御史顺之(号荆川)之子也。"

张元忭生 张元忭字子荩,别号阳和,浙江绍兴人。是年生。

[文献] 张惟骧《疑年录汇编》卷七:"张阳和五十一元忭,生嘉靖十七戊戌,卒万历十六年戊子。"黄宗羲《明儒学案》卷一五:"张元忭字子荩,别号阳和,越之山阴人。……丁亥升右春坊,左谕德,兼翰林侍读。明年三月卒官,年五十一。"

夏尚朴卒 夏尚朴(1466—1538),明学者。正德辛未进士。历部属、守惠州、山东提学道,至南京太仆少卿,时刘瑾擅政,遂归。早年初师吴与弼,再师娄谅。传主敬之学,谓"才提起便是天理,才放下便是人欲"。认为心理为二,心所以穷理,却不足以尽理。著作《夏东严文集》、《中庸语录》。是年卒,享年73岁。

[文献] 张惟骧辑《疑年录汇编》卷七:"夏敬夫七十三尚朴,生成化二年丙戌,卒嘉靖十七戊戌。"黄宗羲《明儒学案》卷四:"夏尚朴字敦夫,别号东岩,永丰人。从学于娄一斋谅。登正德辛未进士第。历部属、守惠州、山东提学道,至南京太仆少卿。逆瑾擅政,遂归。……先生传主敬之学,谓'才提起便是天理,才放下便是人欲。'魏庄渠叹为至言。然而訾'象山之学,以收敛精神为主。吾儒收敛精神,要照管许多道理,不是徒收敛也',信如兹言,则总然提起,亦未必便是天理,无乃自背其说乎!盖先生认心与理为二,

谓心所以穷理,不足以尽理。"

世宗嘉靖十八年　己亥（公元1539年）

钱一本生　钱一本,字国瑞,别号启新。常州武进(今属江苏)人。

[文献]　《明史》卷二三一:"钱一本,字国瑞,武进人。"《四库全书总目提要》卷五:"一本字国瑞,武进人。"《四库全书学典·辞典》:"钱一本,明武进人。字国瑞。……学者称启新先生。"黄宗羲《明儒学案》卷五九:"钱一本字国端,别号启新,常州武进人。"

[考辨]　关于钱一本的字,《明史》和《四库全书总目提要》等均载为"国瑞",而《明儒学案》却载为"国端"。《明史》为二十六史之一,其记载的准确性相对较高。故在此暂以"端"字作笔误而采用"瑞"字。

穆孔晖卒　穆孔晖(1479—1539),明代心学家。字伯潜,号玄庵,山东堂邑人。弘治乙丑进士。由庶吉士除检讨,为刘瑾所恶,转南京礼部主事,后历司业、侍讲、春坊庶子、学士,太常寺卿。是年卒,享年61岁。赠礼部右侍郎,谥文简。其初习古文词,已而潜心理学。为学守阳明心学,认为"古人究理尽性以至于命,今于性命之原,习其读而未始自得之也。"由于过分潜心心学,以至于其学流于禅,曾谓:"性中无分,别想何佛何老。"著作有《文集》、《大学千虑》等。

[文献]　黄宗羲《明儒学案》卷二九:"穆孔晖字伯潜,号玄庵,山东堂邑人。弘治乙丑进士。由庶吉士除简讨,为刘瑾所恶,调南京礼部主事。瑾败,复官。历司业、侍讲、春坊庶子、学士、太常寺卿。嘉靖己亥八月卒,年六十一。赠礼部右侍郎,谥文简。阳明主试山东,取先生为第一。初习古文词,已而潜心理学。其论学

云:'古人穷理尽性以至于命,今于性命之原,习其读而未始自得之也。顾谓有见,安知非汩虑于俗思耶!'又云:'鉴照妍媸,而妍媸不着于鉴,心应事物,而事物不着于心,自来自去,随应随寂,如鸟过空,空体弗碍。'又云:'性中无分,别想何佛何老。'临卒时,有'到此方为了事人'之偈。盖先生学阳明而流于禅,未尝经师门之锻炼,故《阳明集》中未有问答。"《明史》卷二八三:"孔晖端雅好学,初不肯宗守仁说,久乃笃信之,自名王氏学,浸淫入于释氏。"

世宗嘉靖十九年　庚子(公元1540年)

十二月,王艮卒　王艮(1483—1540),明代著名哲学家,泰州学派的创始人。出身盐户,少时为灶丁。曾商贩山东,瞻拜孔庙,遂发愤自学儒家经典。常置《孝经》、《论语》、《大学》于袖中,逢人质义。师事王守仁,但又时时不满师说,往往驾师说之上。守仁死,始开门授徒,以讲学终身。学生主要是樵夫、陶匠、农夫等。著作编为《心斋王先生全集》,后又编有《王心斋先生遗集》。王艮并未因循师说,而是开创了别树一帜的泰州学派。其思想最特别之处,主要是所倡"百姓日用即道",认为"道"不仅有道德精神的内涵,而且包含人最起码的物质生活要求。强调只有合乎百姓日用的思想学说,才是圣人之道,否则便是异端。所指"圣人之道",虽仍包含封建伦理道德,但已与"百姓日用"相等同,否定了"道"的神圣性,力图填平圣、凡间之鸿沟,是对封建等级制的冲击。提出"身也者,天地万物之本也。天地万物,末也。""格物,知本也;立本,安身也。"所谓"安身",主要是生活上的安,能吃饱穿暖,否则即是"失本"。强调"身与道原是一体,至尊者此道,至尊者此身"。以"安身立本"作为道德修养的出发点,蕴含了争取人生存权利和维护人尊严的思想。进而从立身论推度出人己平等和爱人的思想,试图通过正己正物、爱人敬人来调整人和人之间的关系,实现

"人人君子,比屋可封"的社会理想。他重视教育,认为"人之天分不同,论学则不必论天分",提倡"愚夫愚妇皆知以为学",包含发展平民文化教育的要求。经济上主张"务本而节用",提倡节省开支。认为土地制度的不合理造成劳动者流离失所。总之,其发挥王守仁的学说,并推向下层,使王学"风行天下"。

[文献] 黄宗羲:《明儒学案》卷三二:"王艮字汝止,号心斋,泰州之安丰场人。七岁受书乡塾,贫不能竟学。从父商于山东,常衔《孝经》、《论语》、《大学》袖中,逢人质难,久而信口谈解,如或启之。……时阳明巡抚江西,讲良知之学,……(先生)以古服进见,至中门举笏而立,阳明出迎于门外。……论毕,乃叹曰:'简易直截,艮不及也。'下拜自称弟子。……阳明卒于师,先生迎哭至桐庐,经纪其家而后返。开门授徒,远近皆至。……嘉靖十九年十二月八日卒,年五十八。"《明史》卷二八三:"艮读书,止《孝经》、《论语》、《大学》,信口谈说,中理解。……王氏弟子遍天下,率都爵位有气势。艮以布衣抗其间,声名反出诸弟子上。然艮本狂士,往往驾师说之上,持论益高远,出入于二氏。"《心斋先生学谱·传纂》:"先生不喜著述,或酬应之作皆令门人儿子把笔,口占授之,能道其意所欲言而止。先生卒后,门弟子编辑年谱、语录,有《心斋先生全集》行于世。"另可据《泰州府志》、《王心斋传》(耿定向撰)等文献。

方学渐生 方学渐,字达卿,号本庵。安徽桐城人。明代学者、心学家。

[文献] 黄宗羲《明儒学案》卷三五:"方学渐字达卿,号本庵,桐城人也。"《四库全书学典·辞典》:"方学渐,明桐城人。字达卿。"

世宗嘉靖二十年　辛丑（公元1541年）

五月，崔铣卒　崔铣（1478—1541），明代思想家。弘治十八年（1505）进士，授翰林编修官。后由于反对宦官刘瑾，被降为南京吏部主事。刘瑾被诛后，升为南京国子监祭酒、南京礼部右侍郎。卒后赠礼部尚书，谥文敏。其为人率直正派，为官时关心人民疾苦与国家安定。在哲学思想上有实学倾向，提倡重视实事、实地、实学的风气，把批评矛头指向程朱、陆王、佛老，认为那些学问崇尚清淡，危害很大。由此看来，他是一位具有独立见解的实学思想家。持气本论的哲学思想，认为一阴一阳的变化即是道，是事物发展的根本原因。这一认识体现了矛盾论的观点，具有简单的辩证法思想。其著作有《士翼》、《读易余言》、《易大象说》、《漳德府志》、《洹词》。《士翼》是崔铣的哲学代表著作之一，共4卷。前三卷被称作"述言"，内容大多是语录之类。后一卷是"说象"，专门论述阐释六十四卦象义。该书是在作者退出官场后十年左右的时间内所写。在此期间，作者自序谓立志高远，且专读翼经类文章，经过艰辛努力，终成《士翼》一书。该书的主要内容有：指出儒学发展中的一些不当之处，如由宋时而传下来的"空"和"滋蔓"的学风，提倡做事尤其是做学问要讲求实际；对佛学进行猛烈批评，认为它崇尚清淡、终入虚空，对社会造成很坏的影响。在书中，作者认为阴与阳是事物所包含的两个方面，是事物发展变化的根本原因。

［文献］《明世宗实录》卷二四九："（嘉靖二十年五月戊申）致仕南京礼部右侍郎崔铣卒。赐祭葬如例，赠礼部尚书，谥文敏。……铣，博学好古，行履修洁，所著书甚多。"《明史》卷二八二："铣举弘治十八年进士，选庶吉士，授编修。……卒，赠礼部尚书，谥文敏。铣少轻俊，好饮酒，尽数斗不乱。中岁自厉于学，言动皆有则。

尝曰：'学在治心，功在慎动。'又曰：'孟子所谓良知良能者，心之用也。爱亲敬长，性之本也。若去良能，而独挈良知，是霸儒也。'"黄宗羲《明儒学案》卷四八："（崔铣）弱冠举乡试，入太学，与四方名士马理、吕柟、寇天叙辈相期许。登弘治乙丑进士第，改庶吉士，授编修。逆瑾窃政，……终出为南京稽勋主事。瑾诛，召还翰林。……大礼议起，上疏：'勤圣学，辨忠邪，以回天变'。上以为刺己也，勒令致仕。家居十六年，以皇太子立，选宫僚，起少詹事兼侍读学士，转南礼部右侍郎，入贺圣节，过家疾作而卒，辛丑岁也，年六十四。赠礼部尚书，谥文敏。先生之学，以程、朱为的，然于程子之言心学者，则又删之，以为涉于高虚。……至其言理气无缝合处，先生自有真得，不随朱子脚下转是也。其诋阳明不遗余力，称之为霸儒。"《四库全书总目提要》卷九三"《士翼》"条："是书前三卷曰《述言》，皆语录之类，后一卷曰《说象》，则专论六十四卦象义。自序谓'退居相台十祀，非圣人之志不存，非翼经之文不阅，乃札记所明，稍修章句，名曰《士翼》'，盖以辅彝典也。其中如论高宗梦傅说事，涉于怪诞，韩子《原道》，盖先乎养二氏之徒之繁，由君无以养而安之也。又云：'谈理至宋人而精，然而滋蔓，讲学至宋人而切，然而即空。'又云：'汉唐之小人易见，宋之小人难知。汉唐之君子可信，宋之君子当考。又曰：'去《序》而言《诗》，背《左氏》而言《春秋》，必荒谬矣。'盖道可以智穷，事必以实著，况千载之下乎！'"其言皆讲学家之所深讳，而侃侃凿凿直抒无隐，可谓皎然不自诬其心矣。

焦竑生　焦竑，字弱侯，号漪园，又号澹园，南京旗手卫人，生于山东日照。明代学者、思想家。竑万历四十八年（1620）卒，年80岁，逆推知其生于是年。

[文献]　张惟骧《疑年录汇编》卷七："焦弱侯八十竑，生嘉靖二十年辛丑，卒万历四十八庚申。"黄宗羲《明儒学案》卷三五："焦

竑字弱侯,号澹园。南京旗手卫人。"《明史》卷二八八:"焦竑,字弱侯,江宁人。……万历四十八年卒,年八十。"《四库全书总目提要》卷七:"竑字弱侯。应天旗手卫籍,山东日照人。"《明经世文编·姓氏爵里》:"焦竑字弱侯。日照人。"

林春卒 林春(1498—1541),明泰州学派学者。幼家贫,曾作王氏僮子,刻苦自励,登嘉靖壬辰进士第,官户部主事、员外郎、郎中。是年卒于官,享年44岁。其师从王艮,致良知之学,躬身实践勤耕不辍,兢兢业业,一生讲学不断,直至卒年。黄宗羲认为他虽也出自泰州学派,却无泰州学派之流弊。著有《东城集》二卷。

[文献] 黄宗羲《明儒学案》卷三二:"林春字子仁,号东城,扬之泰州人。家贫,佣王氏为僮子。王氏见其慧,因使与子共学。先生亦刻苦自励。嘉靖壬辰,举会试第一,登进士第。除户部主事,改礼部,又改吏部。久之,转员外郎。请告归,起补郎中。辛丑卒官,年四十四。先生师心斋,而友龙溪,始闻致良知之说,遂欲以躬践之。日以朱墨笔点记其意向臧否醇杂,以自考镜。久之,乃悟曰:'此治病于标者也,盍反其本乎?'自束发至盖棺,未尝一日不讲学。……荆川曰:'君问学几二十年,其胶解冻释,未知其何如也。然自同志中语,质行者必归之。'由此言之,先生未必为泰州之入室,盖亦无泰州之流弊矣。"又见《明史》卷九九。

世宗嘉靖二十一年　壬寅(公元1542年)

七月,吕柟卒 吕柟(1479—1542),明代学者、哲学家。正德三年进士,授翰林修撰,降解州判官。官至国子监祭酒、南京礼部右侍郎。曾师事于薛敬之。先后讲学于宝邛寺、东郭别墅、东林书屋、解州书院。其学说为河东薛瑄之嫡传,故大体上继承薛瑄纯正朴实学风。为学主格物以穷理,而穷理则要从切身做起。认为凡身之所到,事之所接,念虑之所起,皆是物,皆是要格的。这种"践履"即亲身实践的观点,体现了其笃实精神。因此,可以说,吕柟是这种治学精神和学风的集大成者。在知与行的关系上,他主张先知而后行,但更强调行。对于王阳明的"致良知"观点,持批评态度。认为这种不理会事物而能知之的思想形同于佛教的禅学思想。总的来说,其学说具有明显的实学倾向,此注重实际的功夫,不尚空谈之学风对后代学者有一定影响。著作有《泾野子内篇》、《周易说翼》、《尚书说要》、《礼问》、《四书因问》、《泾野集》等。《泾野子内篇》是吕柟的门人搜集的吕柟语录汇编。按照讲习地点分类,全书27卷的内容分为:《云槐精舍语》2卷,《东林书屋语》1卷,《端溪问答》1卷,《解梁书院语》1卷,《柳湾精舍语》共2卷,《鹫峰东所语》12卷,《太常南所附邵伯舟中语》3卷,《太学语》2卷,《春官外署语》2卷,《礼部北所语》1卷。全书主要内容有:批评王阳明的"致良知"说,以为这种思想与佛禅思想大同小异;强调格物以穷理,认为只有这样才能致知;在格物的过程中,提倡扎实的学风;在知与行的关系上,强调先知而后行,但同时又认为二者的关系不可分割;在思想修养方面,强调学问思辩的工夫和戒慎恐惧的功夫。该书体现吕柟注重实践,其不尚空谈的思想对后来学者产生一定影响。另外,该书在知行关系的认识上也有一些新见解。

[文献]《明史》卷二八二:"吕柟,字仲木,高陵人,别号泾野,学者称泾野先生。正德三年登进士第一,授修撰。……柟受业渭南薛敬之,接河东薛瑄之传,学以穷理实践为主。……时天下言学者,不归王守仁,则归湛若水,独守程、朱不变者,惟柟与罗钦顺云。所著有《四书因问》、《易说翼》、《书说要》、《诗说序》、《春秋说志》、《礼问内外篇》、《史约》、《小学释》、《寒暑经图解》、《史馆献纳》、《宋四子抄释》、《南省奏稿》、《泾野诗文集》。"黄宗羲《明儒学案》卷八:"吕柟字仲木,号泾野,陕之高陵人。正德戊辰举进

士第一,授翰林修撰。逆瑾以乡人致贺,却之,瑾不悦。已请上还宫中,御经筵,亲政事,益不为瑾所容,遂引去。瑾败,起原官。上疏劝学,危言以动之。……不听,复引去。世庙即位,起原官。甲申以修省自劾,语涉大礼,下诏狱。降解州判官。……入为国子祭酒,转南礼部右侍郎。……壬寅七月朔卒,年六十四,赐谥文简。黄宗羲《明儒学案》之《师说》:"关学世有渊源,皆以躬行礼教为本,而泾野先生实集其大成。"《明世宗实录》卷二六四:"(嘉靖二十一年七月己酉朔)致仕礼部右侍郎吕柟卒。……卒之日,高陵人哭为罢市,远近吊者以千计。所著述甚多,盖儒林之冠冕也。"《四库全书学典·辞典》:"(吕柟)累官礼部侍郎,立朝持正敢言。学守程朱,与湛若水、邹守益共主讲席三十余年。家无长物,终身未尝有惰容。及卒,高陵人为罢市三日,四方学者咸设位持心丧。谥文简。"《四库全书总目提要》卷九三:"是书乃其门人所编语录,凡《云槐精舍语》二卷,《东林书屋语》一卷,《端溪问答》一卷,《解梁书院语》,《柳湾精舍语》二卷,《鹫峰东所语》十二卷,《太常南所附邵伯舟中语》三卷,《太学语》二卷,《春官外署语》二卷,《礼部北所语》一卷,其子昀等类而刻之。柟为学在格物以穷理,先知而后行。其所谓穷理不是泛常不切于身,只在语默、作止处验之,所谓知者即从闻见之知以通德性之知,但事事不肯放过。其践履最为笃实。尝斥王守仁言良知之非,以为圣人教人未尝规规一方,今不论资禀造诣,刻数字以必人之从,不亦偏乎'!观于所言,可谓不失河津之渊源矣。"

李中卒 李中(1478—1542),明代学者。字子庸,吉水(今江西)人,享年65岁。所居里名谷平,学者称谷平先生。正德甲戌进士,授刑部主事,历任广东佥事、浙江右参政、广东按察使、右布政史、右副都御史等。其为官清廉,生活清苦。为学主张"理"与"心"合一,达到"心即理,理即心"的境界,主张"理一是分殊",并

"欲其事事从源头而出,以救零星装合之非"。这样才可以"廓然大公,公则理一无间矣"。著作有门人所辑《谷平日录》。

[文献] 黄宗羲《明儒学案》卷五三:"李中字庸,吉水人。谷平其所居里名也。正德甲戌进士。授刑部主事。……擢广东佥事,转广西左参议,寻以副使提督其省学校。丁内艰。再任升浙江右参政,广东按察使。外艰。起复,转右布政使,……以右佥都御使巡抚山东,……晋右副都御史,总督南京粮储。嘉靖壬寅十一月卒官,年六十五。……先生资质清苦,入仕十余年,俸入不足以供朝夕。……以为'学只有存养,省察是存养内一件。儒者之学,理一而分殊,分不患其不殊,所难者理一耳。'若非工夫亲切,不敢如此道也。夫理不患其不一,而难者分殊耳。此李延平之言也。盖延平以救侊侗之失,而先生反之者,欲其事事从源头而出,以救零星装合之非。"《谷平日录》:"圣人之道,理一而分殊,分不患其不殊,所难者理一耳。"《明史》卷二〇三:"中守官廉。……少学于同里杨珠,既而扩充之,沉潜邃密,学者称谷平先生。门人罗洪先、王龟年、周子恭皆能传其学。"

世宗嘉靖二十二年 癸卯(公元 1543 年)

九月,何瑭卒 何瑭(1474—1543),明代哲学家。弘治壬戌(1502)进士,选庶吉士,历任翰林院修撰、开州同知、东昌府同知、山西提学副使、南京太常少卿及工、礼、户三部侍郎,官至南京右都御史。期间曾因得罪宦官刘瑾,辞病而归。卒谥文定。其学力主在心为知觉,在物为理之说,并强调以格致为宗,以格物致知为先。在学业上笃行励志,以躬行为本。坚持儒家"内圣外王"说,反对空谈心性,强调儒者之学的当务之急不在本原性命,而在于修身、齐家、治国、平天下,并认为格物致知即是格"修齐治平"之道。他批评陆学具有仁义之表的禅宗思想,认为其空谈三代仅仅是迂疏无用之言。他重视实际问题，究心于世务，对于经济、军事等方面的见解均能切中时弊。著有《医学管见》、《柏斋三书》、《柏斋集》。

[文献] 《明史》卷二八二："何瑭，字粹夫，武陟人。年七岁，见家有佛像，抗言请去之。十九读许衡、薛瑄遗书，辄欣然忘寝食。弘治十五年成进士，选庶吉士。……嘉靖初，起山西提学副使，以父忧不赴。服阕，起提学浙江。敦本尚实，士气丕变。未几，晋南京太常少卿，与湛若水等修明古太学之法，学者翕然宗之。历工、户、礼三部侍郎，晋南京右都御史，未几致仕。是时，王守仁以道学名于时，瑭独默如。尝言陆九渊、杨简之学，流入禅宗，充塞仁义。后学未得游、夏十一，而议论即过颜、曾，此吾道大害也。里居十余年，教子姓以孝弟忠信，一介必严。两执亲丧，皆哀毁。后谥文定。所著《阴阳律吕》、《儒学管见》、《柏斋集》十二卷，皆行于世。"黄宗羲《明儒学案》卷四九："何瑭字粹夫，号柏斋，怀庆武陟人。生而端重，不事嬉戏，人以为呆。七岁时，入郡城见弥勒像，抗言请去之，人皆大骇。及为诸生，慨然慕许文正、薛文清之为人，索其遗书读之。登弘治壬戌进士第，改庶吉士，历编修修撰。……知不为瑾所容，累疏谢病，致仕归。……嘉靖初，起山西提学副使，丁忧。改浙江，进南京太常少卿、本寺正卿，历工、户、礼三部侍郎，谢病。升右都御史，掌留台，不就。家居十余年，癸卯九月卒，年七十。赠礼部尚书，谥文定。……盖力主在心为知觉，在物为理之说，固无足怪，独是以本原性命，非当务之急，若无与乎修齐之事者，则与清谈何异？"《四库全书总目提要》卷一七一："《柏斋集》十一卷（河南巡抚采进本）：……瑭笃行励志，其论学一以格致为宗，集中《送湛若水序》谓'甘泉以存心为主，予以格物、致知为先，非存心固无以为格致之本，物格知至则心之体用益备。'其生平得力在此，故当时东南学者多宗王守仁良知之说，而瑭独以躬行为本，不以讲学自名，然论其笃实乃在讲学诸家上。至如《均徭》、《均粮》、《论

兵》诸篇,究心世务,皆能深中时弊,尤非空谈三代迂疏无用者比。"

僧真可生 真可,明末四大高僧之一。字达观,号紫柏,俗姓沈,江苏吴江人。世称紫柏尊者或紫柏真可。

[文献] 中国佛教协会《中国佛教》卷八四:"真可,字达观,号紫柏,世称紫柏尊者,是明末四大师之一。俗姓沈,江苏吴江人。十七岁时,辞亲远游,欲立功塞上。行至苏州,宿虎丘云岩寺,闻寺僧诵八十八佛名号,内心欢喜;次日晨,即解腰缠十余金设斋供佛,从寺僧明觉出家。"(知识出版社,1982,286 页)《紫柏老人集》卷首:"师讳真可,字达观,唤号紫柏。门人称尊者,重法故也。……端坐安然而逝。……时癸卯十二月十七日也。师生于癸卯六月十二日,世寿六十有一。"

魏校卒 魏校(1483—1543),明代学者、哲学家。弘治乙丑(1505)进士。历任南京刑部主事、员外郎、郎中、广东提学副使、河南提学、太常寺少卿、大理寺少卿、太常寺祭酒等职。曾私淑于胡居仁。为学主"静",强调以"静"来培养为学的根基。在哲学上,他主张理"主宰"说。认为"气"是构成宇宙万物的基本成分,但理气为一,理就是气,气就是理,理是气的"主宰"。在认识论上,他认为知与行在本质上是一致的,在顺序上也不存在先与后的问题。强调认识实际上就是主观与客观的接触。其学说大体上介于朱熹与王阳明之间,且能博采众儒之长而自成一体。其思想中的主"静"说为以后聂豹"归寂"说的产生打下基础。但其社会改革思想中有复古倾向。著有《大学指归》、《六书精蕴》、《周礼沿革传》、《春秋经世》、《官职会通》、《经世策》、《庄渠遗书》。

[文献] 张惟骧《疑年录汇编》卷七:"魏庄渠六十一校,生成化十九年癸卯,卒嘉靖二十二年癸卯。"《明史》卷二八二:"魏校字子才,昆山人。其先本李姓,居苏州葑门之庄渠,因自号'庄渠'。

弘治十八年成进士。历南京刑部郎中。……累迁国子祭酒、太常卿,寻致仕。校私淑胡居仁主敬之学,而贯通诸儒之说,择执尤精。……所著有《大学指归》、《六书精蕴》。卒,谥恭简。"黄宗羲《明儒学案》卷三:"先生私淑于胡敬斋。其宗旨为天根之学,从人生而静,培养根基,若是孩提,知识后起,则未免夹杂矣。……聂双江归寂之旨,当是发端于先生者也。先生言:'理自然无为,岂有灵也?气形而下,莫能自主宰,心则虚灵而能主宰。'理也,气也,心也,歧而为三,不知天地间只有一气,其升降往来即理也。"《明世宗实录》卷三〇五:"校幼有异质,能通诸家言,折衷于《六经》醇如也。貌朴讷简,重言动以礼,近世称为儒宗。所著有《大学指归》、《六书精蕴》等书行于世。"《四库全书总目提要》卷二三"《周礼沿革传》条":"校字子才,号庄渠,昆山人。弘治乙丑进士。官至太常寺卿,迁国子监祭酒,未上,卒。谥恭简。"《四库全书总目提要》卷三七"《大学指归》条":"其辨'致知在格物'云:'致知不可悬空,就格物上用功则着实,知'诱乎外物引之也。何故反求诸物?……其说介于朱、王二本之间,而更巧于附会。其他所论,亦往往重守约而轻博文,仍未免失之偏枯。"

域外 [波兰]天文学家哥白尼卒,其所著《论天体的回转运动》公布。

世宗嘉靖二十三年 乙巳(公元1544年)

王廷相卒 王廷相(1474—1544),明中叶著名政治家、文学家、哲学家,在自然科学和音律学方面也有相当研究。一生历宪宗、孝宗、武宗、世宗四朝。明孝宗弘治十五年中进士,被选为翰林庶吉士,后历任监察御使、湖广按察使、山东布政使、副都御使、兵部左、右侍郎、南京兵部尚书、都察院左都御史等职,后加太子少保、太子太保。武宗正德年间,曾先后受权宦刘瑾和廖鹏迫害。世兵》诸篇,究心世务,皆能深中时弊,尤非空谈三代迂疏无用者比。"

僧真可生 真可,明末四大高僧之一。字达观,号紫柏,俗姓沈,江苏吴江人。世称紫柏尊者或紫柏真可。

[文献] 中国佛教协会《中国佛教》卷八四:"真可,字达观,号紫柏,世称紫柏尊者,是明末四大师之一。俗姓沈,江苏吴江人。十七岁时,辞亲远游,欲立功塞上。行至苏州,宿虎丘云岩寺,闻寺僧诵八十八佛名号,内心欢喜;次日晨,即解腰缠十余金设斋供佛,从寺僧明觉出家。"(知识出版社,1982,286页)《紫柏老人集》卷首:"师讳真可,字达观,唤号紫柏。门人称尊者,重法故也。……端坐安然而逝。……时癸卯十二月十七日也。师生于癸卯六月十二日,世寿六十有一。"

魏校卒 魏校(1483—1543),明代学者、哲学家。弘治乙丑(1505)进士。历任南京刑部主事、员外郎、郎中、广东提学副使、河南提学、太常寺少卿、大理寺少卿、太常寺祭酒等职。曾私淑于胡居仁。为学主"静",强调以"静"来培养为学的根基。在哲学上,他主张理"主宰"说。认为"气"是构成宇宙万物的基本成分,但理气为一,理就是气,气就是理,理是气的"主宰"。在认识论上,他认为知与行在本质上是一致的,在顺序上也不存在先与后的问题。强调认识实际上就是主观与客观的接触。其学说大体上介于朱熹与王阳明之间,且能博采众儒之长而自成一体。其思想中的主"静"说为以后聂豹"归寂"说的产生打下基础。但其社会改革思想中有复古倾向。著有《大学指归》、《六书精蕴》、《周礼沿革传》、《春秋经世》、《官职会通》、《经世策》、《庄渠遗书》。

[文献] 张惟骧《疑年录汇编》卷七:"魏庄渠六十一校,生成化十九年癸卯,卒嘉靖二十二年癸卯。"《明史》卷二八二:"魏校字子才,昆山人。其先本李姓,居苏州葑门之庄渠,因自号'庄渠'。

弘治十八年成进士。历南京刑部郎中。……累迁国子祭酒、太常卿,寻致仕。校私淑胡居仁主敬之学,而贯通诸儒之说,择执尤精。……所著有《大学指归》、《六书精蕴》。卒,谥恭简。"黄宗羲《明儒学案》卷三:"先生私淑于胡敬斋。其宗旨为天根之学,从人生而静,培养根基,若是孩提,知识后起,则未免夹杂矣。……聂双江归寂之旨,当是发端于先生者也。先生言:'理自然无为,岂有灵也?气形而下,莫能自主宰,心则虚灵而能主宰。'理也,气也,心也,岐而为三,不知天地间只有一气,其升降往来即理也。"《明世宗实录》卷三〇五:"校幼有异质,能通诸家言,折衷于《六经》醇如也。貌朴讷简,重言动以礼,近世称为儒宗。所著有《大学指归》、《六书精蕴》等书行于世。"《四库全书总目提要》卷二三"《周礼沿革传》条":"校字子才,号庄渠,昆山人。弘治乙丑进士。官至太常寺卿,迁国子监祭酒,未上,卒。谥恭简。"《四库全书总目提要》卷三七"《大学指归》条":"其辨'致知在格物'云:'致知不可悬空,就格物上用功则着实,知'诱乎外物引之也。何故反求诸物?……其说介于朱、王二本之间,而更巧于附会。其他所论,亦往往重守约而轻博文,仍未免失之偏枯。"

域外 [波兰]天文学家哥白尼卒,其所著《论天体的回转运动》公布。

世宗嘉靖二十三年 乙巳(公元1544年)

王廷相卒 王廷相(1474—1544),明中叶著名政治家、文学家、哲学家,在自然科学和音律学方面也有相当研究。一生历宪宗、孝宗、武宗、世宗四朝。明孝宗弘治十五年中进士,被选为翰林庶吉士,后历任监察御使、湖广按察使、山东布政使、副都御使、兵部左、右侍郎、南京兵部尚书、都察院左都御史等职,后加太子少保、太子太保。武宗正德年间,曾先后受权宦刘瑾和廖鹏迫害。世宗二十年因受牵连被斥为民,是年病,卒于家,享年71岁。明穆宗隆庆初年,诏复原官,赠少保,谥肃敏。著作颇丰,大都编入《王氏家藏集》、《王浚川所著书》中。现有《王廷相集》。其哲学思想体系是在对程朱理学进行批评中展开的,他反对程朱"理在气先"的本体论,继承张载的气本论思想,认为天地万物均以气为本原,"道"只能以元气为本,根本不存在先于万物的"理"。进而指出"气有变化,是道有变化。气即道,道即气,不得以离合论者。"不但反驳朱熹认为理是不变的错误观点,还阐明理和气互相依存、不得离合的辩证关系。在人性论上,批评程朱"性即理"思想,恢复和发展了张载的"以气释性"的观点,提出"以生之理释性",即人在生理活动基础上,通过人的认识活动,而获得道德情操——仁义礼智。反对程朱学派把人性分为本然之性和气质之性,主张性是气质所为,只有气质之性。同时,因"气有清浊粹驳",故性亦有善有不善。由此,这种论点也有值得商榷之处。在认识论上,继承和改造张载从外物到感觉的认识路线,把认识过程概括为"思与见闻之会",并从感性认识和理性认识结合的高度说明认识的发生,同时十分重视实践在认识中的作用,据此提出"知行兼举"的知行观。批评程朱"知先行后"和陆王"虚静以养心"的知行观,认为他们因割裂了知行关系,而无法获得对实践起指导作用的"有用之学"。不过,他所讲的行和实践,虽然在范围上比较广泛,但所侧重的还是道德实践,要求人们去笃行、践履封建道德。与此相联系,他又把儒家经典作为道德行为的最高标准,这有损于其认识论思想的彻底性。其道德观,建立在其人性论基础上。认为"圣人"是道德理想的最高人格;"存天理去人欲"是通过道德教育达到"圣人"境界的根本途径;而"动静相交"又是"存天理去人欲"的修养方法,三者构成了其完整道德学说。在天理和人欲上,他把天理和人欲对立起来,未能摆脱理学家的说教。但是,他的"动静交养"说,是从周敦颐的主静说到王夫之、颜习斋的主动说的重要环节,所以应加以肯定。在历史观上,他把"气化"的宇宙观运用到人类社会领域,提出"道无定在"和"理势必至"的进化历史观。他之所以提倡"道无定在"的辩证法,批评复古派的历史退化论,其目的是为推行他的变法主张。认为只有变法,才能拯救社会危机,这一主张在当时有其进步意义。在文学上,作为明中叶"前七子"的重要成员,他不仅撰有许多诗文,而且有系统的文学理论。他继承和发展了唐代韩愈、柳宗元的思想,提出"文以载道"。这里的"道",指孔子的"帝王仁义礼乐之道",所以他十分强调作家的主观道德修养。这就抨击了明初歌功颂德、词藻华丽的"台阁体",具有现实意义。同时,他并不否定文艺的相对独立性和文章的艺术表现形式,只是重新摆正了道与文的本末关系。在模古和创新问题上,他虽然主张复古,但反对刻意模古,主张把模古和创新结合起来,指出文艺创作的根本任务和目的在于反映"时宜",这较之李梦阳的模拟形式主义,是具有进步意义的。其诗论,吸收了司空图、严羽的意境说,力倡诗歌创作的比兴手法,强调意象要富有暗示性和象征性。这些是正确的,但从而否定"赋"这一重要表现手法,则不免失之偏颇,这一点较南朝钟嵘倒退了一步。他提倡意象论,用来批评宋明道学家的"以文为诗"和"诗以明道"的诗论。在诗歌复古问题上,力倡近体法盛唐,古诗创作则力倡法汉魏两晋六朝。"前七子"的"诗必盛唐"主张,肯定诗的形象思维是有合理成分的,但是全盘否定宋元诗歌,则不可取。他虽重视诗歌的形象思维,但并未由此而陷入纯艺术的泥潭,他继承和发扬孔子诗教的优良传统,对诗歌的社会作用也是肯定的。其乐论,从维护明王朝封建统治出发,提出"以礼乐教化天下"的主张。这里,虽然过分夸大了音乐的社会教育作用,但他肯定音乐与政治、道德的内在联系,无疑是正确的。他着重研究五音问题,认为五音乃人声自然之妙用,非人力强而能为者,批评何瑭的"五音皆从诗章之音节"的说法,同时还批评邹衍、京房和明代韩邦奇等人的"候气之说"。关于五音相生之序,他依据"声色自然之机理"原则,认为宫商角徵羽"论清浊多寡之次序可也,谓乐曲音节之次序,恐非其本然之妙焉",批评李文利的"以宫为清"之说。在《律尺考》一文中,他针对复古主义,提出"尺随代更,律随尺异"的著名论点,批评蔡元定"以十分为寸"的说法。可以说,王廷相是有明一代著名乐律专家,在中国音乐史上作出了重要贡献,具有一定的历史地位。作为一位进步的社会改革家,基于当时的社会矛盾和社会弊病,他提出的政治思想主要包括:以"仁义刑法并用"解决地主阶级和农民阶级的矛盾;用"以夷治夷"解决明王朝和少数民族的矛盾;以"备边御戎"解决明王朝和北方蒙古贵族等的矛盾;以"居重驭轻"解决中央和地方的矛盾。而这一切矛盾,归根到底是通过"任贤使能"来实现。其经济思想的核心是"藏富于民",如此,才能国富兵强,长治久安。要民富,首先要提倡"抑豪、稽籍、正租之法","重农本","劝耕桑",发展生产;其次要"轻徭薄赋","崇俭禁奢",节省开支;最后还要做好"救荒"和"备荒"工作。这些主张是在不触动封建土地所有制的前提下,地主阶级改革派用来缓和阶级矛盾的措施。综上所述,王廷相哲学思想,虽然具有重要理论价值,为反宋明理学的斗争和中国古代哲学的发展作出了新贡献,但他毕竟是一个封建社会的旧唯物论者,也还残存有不少唯心论和形而上学思想。他的"文以阐道"和"诗贵意象"的文艺思想,对批评当时的"台阁体"具有改革意义。他的"藏富于民"的经济思想和"厘革积弊"的政治思想,虽具有抑制豪强、减轻人民负担、促进社会生产、拯救社会危机的进步作用,但对王廷相学术思想的研究,明代以来少有成就,直到20世纪30年代由张岱年首倡,才逐渐确立其在学术思想史上的较高地位。

[文献] 黄宗羲《明儒学案》卷五〇："王廷相字子衡,字浚川,河南仪封人。弘治壬戌进士。改庶吉士,授兵科给事中。正德戊辰谪为州判,稍迁知县,复召为御史,出按陕西镇守。奄人廖鹏虐民,先生绳之以法,鹏大恨。已而视学北畿,有两奄干请,先生焚其书,两奄亦恨,未有以发也。鹏因上书搆之,两奄从中主其奏,逮入诏狱。又谪为县丞,稍迁知县同知,擢四川佥事、山东副使,皆视学政。嘉靖初,历湖广按察使,山东左、右布政使,以右副都御史巡抚四川,入为兵部左、右侍郎,转南京兵部尚书,召为左都御史,进兵部尚书兼掌院事,加太子太保。辛丑罢,又三年而卒。年七十一。隆庆初,赠少保,谥肃敏。先生主张横渠之论理气,以为'气外无性',此定论也。但因此而遂言'性有善有不善',并不信孟子之性善,则先生仍未知性也。"《明史》卷一九四："廷相博学好议论,以经术称。于星历、舆图、乐律、河图、雒书及周、邵、程、张之书,皆有所论驳,然其说颇乖僻。"张卤《少保王肃敏公传》："自世儒转相传袭为致良知之说,而或几以禅定乱德,公乃力辩之。……最公平生所著。……其渊源乎道德性命之微言,而研精于礼乐制度之卓轨,实有以总迈代诸家之大成,……隆庆初,诏台谏举先朝应得恤典诸臣,舆论皆以公为最。诏复原官,赠少保,谥肃敏;诸余葬祭,皆视他有加数云。"(《王氏家藏集》附)高拱《前荣禄大夫太子太保兵部尚书兼都察院左都御史掌院事浚川王公行状》："公德器弘粹,气禀刚大,修身力学,以圣贤自期,不事浮藻,旁搜远揽,上下古今,惟求自得,无所循泥。灼见其是,虽古人所非者不拘;灼见其非,虽古人所是者不执。立言垂训,根极理要,多发前贤所未发焉。……好著述,老而不倦。……总括之为《王氏家藏集》云,又有《王氏慎言》、《雅述》、……咸刻行于世。"(《高文襄公文集》卷四)

世宗嘉靖二十五年　丙午（公元1546年）

僧憨山生　憨山，明代高僧。俗姓蔡，名德清，字澄印，号憨山。全椒（今属安徽）人。

［文献］《憨山老人自序年谱》卷上："嘉靖二十五年丙午，予姓蔡氏，父彦高，母洪氏，生平爱奉观音大士。初梦大士，携童子入门，母接而抱之，遂有娠。及诞，白衣重胞。是年十月己亥，十二日丙申，己丑时生也。"中国佛教协会《中国佛教》卷八五："德清，是明末四大师之一。俗姓蔡，安徽全椒人。年二十，投南京报恩寺出家，住持西林命法孙俊公教他读《法华经》，四月即能背诵。……嘉靖四十三年（1564），……决意学禅。"（知织出版社，1982，289页）

世宗嘉靖二十六年　丁未（公元1547年）

四月，罗钦顺卒　罗钦顺（1465—1547），明代著名哲学家。弘治五年（1492）乡试第一，六年进士及第，授翰林院编修，擢南京国子监司业。后被宦官刘瑾夺职为民。刘瑾被除后，复原官，升南京太常少卿，又升南京礼部右侍郎，转吏部右侍郎。嘉靖初，转左侍郎，升南京吏部尚书，改礼部。父卒后，辞官居家二十余年，潜心著述。是年卒，赐太子太保，谥文庄。罗钦顺有独特的哲学思想，其基本倾向为唯物主义。他的思想主要包括以下几个方面：继承和发挥中国古代朴素唯物主义者的气一元论，提出了理气为一的观点。他认为从古至今、从天到地，无非是气，气就是世界的本原，永恒存在，永恒运动。理是"气之理"，是气往来变化的结果；坚持朴素的反映论，批判地改造了朱、陆的格物致知说，强调格物是格天下之物，不是"格心"；穷理是穷天下之理，不是穷心中之理；在为学中强调体验、经验，以躬行实践为主，同时反对陆王心学，驳斥和批评王守仁的"良知说",认为"良知"和"知觉"是两个不同的概念;对佛学进行猛烈抨击。其早年学习和钻研佛学,但后来感到佛学的虚空和欺骗性,便极力排斥和反对佛学;肯定人欲的合理性,主张"足民"、"裕民"。可以说,他是从程朱理学学派中分化出来的哲学家,在理学史上处于重要地位。他是明代第一个提出气一元论的思想家,是唯物主义发展史上的中间环节,为明末清初王夫之等人的唯物主义哲学做了必要的理论准备。对于佛学,他也给予一定的探讨并加以深刻批评,这对后世也有极大影响。其哲学思想在天理和心性问题上也包含着唯心主义因素,这是他的不足之处。虽然,他看出王守仁良知说的弊病,但他也没有得出正确结论,而同程朱走了同一条道路,提出"理具于心"的客观唯心主义先验人性论。著有《困知记》、《整庵存稿》。

[文献]《明史》卷二八二:"罗钦顺,字允升,泰和人。弘治六年进士及第,授编修。迁南京国子监司业,与祭酒章懋以实行教士。未几,奉亲归,因乞终养。刘瑾怒,夺职为民。瑾诛,复官,迁南京太常少卿,再迁南京吏部右侍郎,入为吏部左侍郎。……改礼部尚书,会居忧未及拜。再起礼部尚书,辞。又改吏部尚书,下诏敦促,再辞。……里居二十余年,足不入城市,潜心格物致知之学。……钦顺为学,专力于穷理、存心、知性。初由释氏入,既悟其非,乃力排之,谓:'释氏之明心见性,与吾儒之尽心知性相似,而实不同。释氏之学,大抵有见于心,无见于性。令人明心之说,混于禅学,而不知有千里毫厘之谬。道之不明,将由于此,钦顺有忧焉。'为著《困知记》,自号整庵。年八十三卒,赠太子太保,谥文庄。"《明世宗实录》卷三二二:"(嘉靖二十六年四月)乙巳,致仕吏部尚书罗钦顺卒。赐祭葬如例,赠太子太保,谥文庄。……钦顺学术纯正,操履端方。是时有倡为师心顿悟之学者,钦顺为之反复辩正,其说甚具究所造诣,可谓信道不惑者也。"黄宗羲《明儒学案》卷四

七:"罗钦顺字允升,号整庵,吉之泰和人。弘治壬子乡试第一,明年进士及第。授翰林编修,擢南京国子司业。时章枫山先生为祭酒,皆正己率物,太学一时之盛。奉亲归家,因疏乞终养。逆瑾怒,夺职为民。瑾诛复职,由南京太常少卿升南京礼部右侍郎,改吏部右侍郎。嘉靖初,转左侍郎,拜南京吏部尚书,改入礼部。……丁未四月二十四日卒,年八十有三。诏赐祭葬,赐太子太保,谥文庄。……盖先生之论理气最为精确,谓通天地,亘古今,无非一气而已。气本一也,而一动一静,一往一来,一阖一辟,一升一降,循环无已。……先生之言理气不同于朱子,而言心性则与朱子同,故不能自一其说耳。……高景逸先生曰:'先生于禅学尤极探讨,发其所以不同之故。自唐以来,排斥佛氏,未有若是之明且悉者。'呜呼!先生之功伟矣!"

王道卒 王道(1487-1547),明代学者。正德进士。选庶吉士,官历应天教授、吏部主事、文选郎中、春坊左谕德、南京祭酒、南京太常寺卿、南京礼部与吏部右侍郎。先后师事于王守仁和湛若水。哲学上主气论,认为理气实质上就是气。气本身又分为阴、阳两部分。认为人具有性情,而性情正是由气的流行所形成。在人性问题上持性善论观点。此外,他还指责王守仁的"致良知"说忽略了达到学问之功的最可能途径,主张学问之功贵在于领会贯通日常应酬与人情事理。著有《顺渠先生文录》、《次阳明咏良知》。

[文献]《明世宗实录》卷三二五:"(嘉靖二十六年七月)庚午,吏部右侍郎王道卒。道,山东武城人。正德辛未进士,改庶吉士,授应天府儒学教授。升南京礼部主事,改吏部历员外郎、郎中。以辅臣方献夫荐,升左春坊左谕德。引疾辞归。寻起南京国子监祭酒。未几,又归。廷臣交荐,起南京太常寺卿,迁南京户部侍郎,改礼部,掌国子监事,寻改吏部,甫阅月卒。赐祭葬如例。道潜心理学,其持论不苟同于俗,多所著述,士林重之。"黄宗羲《明儒学

案》卷四二:"王道字纯甫,号顺渠,山东之武城人。正德辛未进士,选庶吉士。……改应天教授,召为吏部主事,历考功文选郎中。……(嘉靖)二十五年,起南太常寺卿,寻升南户部右侍郎,改礼部,掌国子监事,又改吏部而卒。赠礼部尚书,谥文定。先生所论理气心性,无不谛当。又论人物之别,皆不锢于先儒之成说,其识见之高明可知。"

聂豹作《困辨录》一书　《困辨录》,是聂豹的哲学代表著作之一,也是一部论述精神修养的书。全书分辨中、辨易、辨心、辨素、辨过、辨仁、辨神、辨诚八类,基本包含了他的主要哲学思想。认为"中"是道心之本体,"未发之中,太极也";从魏校主静说,提出归寂说;指出道心之发不可杂以人为。

[文献]　《四库全书总目提要》卷九六:"《困辨录》八卷(浙江巡抚采进本):明聂豹撰。豹字文蔚,永丰人。正德丁丑进士,官至兵部尚书,谥贞襄。……豹之学出于姚江。是编乃其嘉靖丁未系诏狱时所札记,分辨中、辨易、辨心、辨素、辨过、辨仁、辨神、辨诚八类。罗洪先为之批注。"

《明道编》刊刻　《明道编》,是浙中王门学者黄绾的哲学著作。是年,其子黄承德将其所著《久庵日录》及学生听课所记的《习业录》4卷合并,刻成《明道编》12卷,现仅存6卷。黄绾一生的学术思想经历了两次转变,一次是由相信宋儒到信仰王阳明,再一次是他晚年背叛王学而对"致良知"说展开批评。《明道编》即是他晚年与王阳明学说决裂的代表著作。王阳明的《大学问》是其主观唯心主义哲学思想的纲要,黄绾在批评王学时,便从解释《大学》入手,与王阳明的解释形成对立。在道德修养论上,认为王阳明及其弟子的"去欲"与"天性人情之真"是不相容的,宣布不能去"情"与"欲",带有明显的人文主义色彩。在义利关系上,认为两者应该并重,不可重义而轻利。在认识论上,称王学为"禅定之学",强调学问和实践二者关系的重要性。把博学、审问、慎思、明辨、笃行作为"致知之方",认为这五者不可缺一,尤其重视"笃行"的作用。他把技艺之学看作民生日用不可少之事,学者亦不可不学。赞同"志于道,据于德,依于仁,游于艺"的古训。他否认宋明理学的道统说,批判禅化了的王学以及他借孔子之言对认识论的贡献,是他思想中的积极部分。这些唯物主义观点与早期启蒙思想家的思想有相通之处。

[文献] 黄承德《明道编·跋》:"《久庵日录》者,录家君平日用功体践之言也。……录凡八卷:以晚年所记六卷置诸卷首,以见家君发明正学精深,无入不自得也;以旧日所记二卷,置诸卷末,以见平生功夫真切,无一时之间怠也。乃并诸门人原所记《习业录》四卷,共为十二卷,总名为《明道编》,谋诸梓人,以告诸同志共勉焉。嘉靖二十六年五月吉旦,男承德百拜谨书。"林文相《明道编林文相序》:"夫子之学,超然独悟,以知止为圣学之要诀,以精思为致知之功夫,以格物为致知之功效,志必于道,据必于德,依必于仁,游必于艺。体用有内外,知行有先后,有动有静,有始有终。"(中华书局,1959)

世宗嘉靖二十七年 戊申(公元 1548 年)

杨东明生 杨东明,明代学者、哲学家。字启修,号晋庵。河南虞城人。

[文献] 张惟骧《疑年录汇编》卷七:"杨晋庵七十七东明,生嘉靖二十七年戊申,卒天启四年甲子。"《明史》卷二四一:"杨东明,字启修,虞城人。"黄宗羲《明儒学案》卷二九:"杨东明号晋庵,河南虞城人。……天启甲子卒,年七十七。"

《学蔀通辨》刊行　《学蔀通辨》,是明代理学家陈建的代表作。全书共12卷,分为前、后、续、终四大编。陈建在书的序首指出,学术之患莫大于"蔀障",故致力于"究心通辨","以抉三蔀(佛、陆、王)",遂作此书,其目的在于捍卫朱学,批评王学。前编阐述朱、陆为"早同晚异",而并非是王守仁所说的"早异晚同";后编指责陆、王心学披着儒学外衣到处宣扬佛学思想,指出陆、王心学的"心"与佛教所言的"本性"是相同的,这就把陆、王心学等同于佛学;续编揭示佛学迷惑众生,指出其危害性能令人失去本心而灭天理,告诫学者不要为其所蒙骗而遭害;终编论证朱学为儒学正宗,不可对之妄加议论和随意歪曲。该书在维护朱学正统地位的同时,也使理学内部朱、陆异同的争论再次掀起高潮。但书中对陆、王心学的诋毁又不免有偏颇之词。

[文献]　《四库全书总目提要》卷九六:"《学蔀通辨》十二卷(内府藏本):明陈建撰。大旨以佛与陆、王为学之三蔀。分前编、后编、续编、终编。每编又自分上、中、下,而采取《朱子文集》、《语类》、《年谱》诸书以辨之。前有嘉靖戊申自序,云:'专明一实,以抉三蔀。《前编》明朱、陆早同晚异之实。《后编》明象山阳儒阴释之实。《续编》明佛学近似惑人之实。而以圣贤正学不可妄议之实终焉。'……然建此书痛诋陆氏,至以病狂失心目之,亦未能平允。"

[考辨]　关于《学蔀通辨》的行世时间的考证,可据该书前序获知。《四库全书总目提要》卷九六有"前有嘉靖戊申自序"一句,可由此知《学蔀通辨》行世于是年。

域外　[意]自然哲学家布鲁诺生。其反对经院哲学,主张人们有怀疑宗教教义的自由,后被宗教裁判所判处死刑,烧死在罗马。

世宗嘉靖二十八年　己酉（公元 1549 年）

重修《大明会典》成　《大明会典》，又名《明会典》，又称《正德会典》。李东阳等奉敕撰。该书修于弘治十五年（1502），未刊。正德四年（1509）重校后始予刊行。嘉靖八年（1529）续修，是年成书，53 卷，未刊行。

［文献］《明会要》卷二六："万历四年，诏复修《大明会典》。是书重修于嘉靖二十八年，进呈，未刊。"《四库全书总目提要》卷八一："《明会典》一百八十卷（江苏巡抚采进本）：明弘治十年奉敕撰，十五年书成，正德四年重校刊行，故卷端有孝宗、武宗两序。其总裁官为大学士李东阳……。其后嘉靖八年复命阁臣续修《会典》五十三卷。"

《柏斋集》问世　《柏斋集》，是明代哲学家何瑭的文集。共 11 卷。卷一是讲章、奏议、疏、表；卷二至卷七是序；卷八是记与论；卷九是说、跋、策问、杂著、传；卷十是碑铭、墓铭、墓表、祭文；卷十一是自序及诗。该书包含的主要哲学思想有：学问应以格物致知为先，学者首先要学习和掌握一切于治理社会有用的知识；学者的当务之急在于修齐治平，认为士人读书穷理知圣贤之道者不少，但是知而行者"百无一二"，故应将圣贤之道用于实际，即行之于家、国、天下；反对舍利而言义，注重理财。他认为利是行道的基础和前提，要使国家财用充裕必须改变政府的种种财政弊端。总之，该书注重学问的实际性，对现实生活中的许多问题都提出了中肯、有益的建议。

［文献］文渊阁《四库全书》卷四二二："臣等谨案《柏斋集》十一卷，明何瑭撰，瑭字粹夫，号柏斋，武陟人，弘治壬戌进士，官至南京右都御史，谥文定。瑭笃行励志，其论学一格致为宗。……当时东南学者多宗王守仁良知之说，而瑭独以躬行为主，不以道学自

名,复留心世务。"

世宗嘉靖二十九年　庚戌(公元1550年)

顾宪成生　顾宪成,字叔地,别号泾阳先生,江苏无锡人。东林学派的主要领导者,时人称之为东林先生。

[文献]　张惟骧《疑年录汇编》卷七:"顾叔时六十三宪成,生嘉靖二十九年庚戌,卒万历四十年壬子。"《明史》卷二三一:"顾宪成,字叔时,无锡人。……四十年卒于家。"黄宗羲《明儒学案》卷五八:"顾宪成字叔时,别号泾阳,常之无锡人。父学,四子。先生次三,其季允成也。……壬子五月,先生卒,年六十三。"

世宗嘉靖三十年　辛亥(公元1551年)

黄绾卒　黄绾(1477—1551),明代著名学者。以父荫入官,授后军都事。告病归。后荐起南京都察院经历,升南京刑部员外郎。纂修《明伦大典》,召光禄寺少卿,转大理寺左少卿,改少詹事,兼侍讲学士。《明伦大典》成,进詹事,后出任南京礼部侍郎。官至礼部尚书兼翰林院学士。曾师事王守仁,后在大礼议中受世宗知遇,乃为王守仁讼冤。其学说初宗程朱,后转师王守仁,晚年又主张"良知"来源于日常生活,批评王守仁之说空虚误人。著述丰富,尚存世的有《石龙集》、《久庵先生文集》、《明道编》等。是年卒,享年75岁。他认为儒学道统是"艮止"。他在以"艮止"论证心体的绝对性时指出,"止"本于"艮",而"艮"出于《艮卦》,用来论说八卦的变化达到应该所止的地步,表示绝对极限之意。心即"止",能够"知止",把握住绝对的心体,就可以"常静而常明",向外发露行用,就能"行止皆当"、"用之自然中道"。依据"艮止之学",进而批评二程的"无心"、"无情"之说,认为其实际上本于禅宗,在政治上属于无思无为的立场,这在奉理学为正宗的明代学术界,是颇有胆识的。在人性论上,认为理在有形体的心中即为性,颇类程朱之说,但又认为人心、道心皆来源于"气禀"。他虽然承认天理与人欲的对立,但又有统一,"人欲"只能"节"而不能"去",只能"寡欲"而不能"无欲"。由此主张义利并重,把"志于道,据于德,依于仁,游于艺"的古训,作为"圣人之道"的基本内容。在认识论上,强调"慎独以致其知"的功夫和过程,即《中庸》所谓"博学、审问、慎思、明辨、笃行"。称"致知"与"格物"二者是"克己"与"复礼"的关系,这两者又以"致知"功夫为最基本的方面。由此主张先知后行,不同意知行合一论。

[文献] 黄宗羲《明儒学案》卷一三:"黄绾字叔贤,号久庵,台之黄岩人。以祖荫入官,授后军都事。告病归,家居十年。以荐起南京都察院经历。……升南京工部员外郎,累疏乞休。尚书席书纂修《明伦大典》,荐先生与之同事。起光禄寺少卿,转大理寺,改少詹事兼侍讲学士,充讲官。《大典》成,升詹事,兼侍读学士。出为南京礼部右侍郎,转礼部左侍郎。……起礼部尚书,兼翰林院学士,充安南正使,以迟缓不行。闲住,迁家翠屏山中。寒暑未尝释卷,享年七十有五。先生初师谢文肃,……阳明归越,先生过之,闻致良知之教,曰:'简易直截,圣学无疑。先生真吾师也,尚可自处于友乎?'乃称门弟子。"另可见《明史》卷一九七。

何廷仁卒 何廷仁(1486—1551),明代心学家。举嘉靖元年乡试,谒选任新会知县,后迁南京工部主事,是年卒,享年66岁。初慕陈献章,后师从王阳明治学,其学术与钱德洪、王畿、黄弘纲齐名。主良知之说,谓"知过即是良知,改过即是本体",认为"良知在人为易晓,诚不在于过求也。如知无所得,无所定夺,即良知也"。为学尚阳明四有而非难四无之说。黄宗羲认为他心为至善,意本诚然无动,意之灵即是知,意之照即是物,为善去恶,只是意上功夫。著有《格物说》。

[文献]《明史》卷二八三:"何廷仁,初名秦,以字行,改字性之。黄弘纲,字正之。皆雩都人。廷仁和厚,与人接,诚意盎溢。……廷仁初慕陈献章,后闻王守仁之学于弘纲。守仁征桶冈,诣军门谒,遂师事焉。嘉靖元年举于乡,复从守仁浙东。廷仁立论尚平实,守仁殁后,有为过高之论者,辄曰:'此非吾师言也。'除新会知县,释菜献章祠,而后视事。政尚简易,士民爱之。迁南京工部主事,分司仪真,榷芜湖税,不私一钱。……守仁之门,从游者恒数百,浙东、江西尤众,善推演师说者称弘纲、廷仁及钱德洪、王畿。时人语曰:'江有何、黄,浙有钱、王。"黄宗羲《明儒学案》卷一九:"何廷仁字性之,号善山,初名秦,江西雩县人。……三十年卒,年六十六。……先生论学,务为平实,使学者有所持循。尝曰:'吾人须从起端发念处察识,于此有得,思过半矣。'又曰:'知过即是良知,改过即是本体。'又曰:'圣人所谓无意无情者,非真无也,不起私意,自无留意留情耳。若果无意,孰从而诚?若果无情,孰从而精?'或谓:'求之于心,全无所得,日用云为,茫无定夺。'……乃作《格物说》,以示来学,使之为善去恶,实地用功,斯之谓致良知也。细详先生之言,盖难四无而伸四有也。"何廷仁《善山语录》:"天下之事,原无善恶,学者不可拣择去取,只要自审主意。若主意是个真心,随所处皆是矣;若主意是个私心,纵拣好事为之,却皆非矣。譬如戏谑是不好事,但本根是个与人为善之心,虽说几句笑话,动人机括,自揣也是真心。但本根是个好名之心,则虽孝亲敬长,温情定省,自揣还是欺心。"

世宗嘉靖三十二年　癸丑(公元 1553 年)

灵济宫之会开始　1553 年到 1554 年之间,以欧阳德、徐阶、聂豹、程文德为主盟,在北京组织灵济宫之会。是时,四方学者云集达 5000 人之多,讨论王阳明的良知说。其盛况为数百年来所未见。

[文献] 黄宗羲《明儒学案》卷一七:"癸丑甲寅间,京师灵济宫之会,先生(指欧阳德)与徐少湖、聂双江、程松溪为主盟,学徒云集至千人,其盛为数百年所未有。"李煜瀛、杨家骆《四库全书学典》:"(欧阳德)与徐阶、聂豹、程文德并以宿学居显位,集四方名士于灵济宫,与论良知之学,赴者五千人。"(上海世界书局,1946)

世宗嘉靖三十三年　甲寅(公元1554年)

三月,欧阳德卒　欧阳德(1496—1554),明代学者、思想家。早年从学于王守仁,嘉靖癸未登进士第,任六安州知府,迁刑部员外郎,改翰林院编修。后历任南京尚宝司卿,太仆寺少卿、鸿胪,太常寺卿,礼部左侍郎,吏部左侍郎兼翰林院学士,掌詹事府事,并任《明会典》副总裁。官至礼部尚书。卒后谥文庄。其为人秉直不阿,敢于直谏。为官致力于讲学,弟子很多。曾与聂豹等召集四方学者会于灵济宫,讨论良知之学。在哲学思想上,宗法王守仁,崇敬信服他的良知之说,但对王守仁的良知之学又有所发挥。他认为"良知"产生万物,驳斥罗钦顺指责陆、王以知觉为性的观点,认为"知觉"与"良知"是根本不同的两个概念。但他同时又强调良知离不开知觉。在格物致知问题上,认为"致知"就是致良知,而"格物"仍是致良知,良知是天理和事物的本源,要求人们只在良知上下功夫。在学术上,不尚空虚,力主真知实践。著作有《欧阳南野集》、《南野论学书》、《南野文选》。

[文献]《明世宗实录》卷四〇八:"(嘉靖三十三年三月)癸亥,礼部尚书兼翰林院学士欧阳德卒。德,江西泰和人。嘉靖癸未进士。初知六安州,迁南京刑部员外郎。会上择诸臣有文行者列侍从,改翰林院编修,充经筵官。稍迁南京国子监司业。历南京尚宝司卿,太仆寺少卿、鸿胪、太常寺卿,寻以太常寺卿掌国子监事,

数月,擢礼部左侍郎,改吏部左侍郎兼翰林院学士,掌詹事府事,充《会典》副总裁,教庶吉士。……讲学务以真知实践为主,接引后进如恐不及,其才具敏赡,施于有政,率当事理协人情。……海内士大夫方想望其风采,会病卒,士论甚惜之。诏赠太子少保,谥文庄,赐祭葬如例。"《明史》卷二八三:"欧阳德,字崇一,泰和人。甫冠举乡试。之赣州,从王守仁学。……当是时,德与徐阶、聂豹、程文德并以宿学都显位。于是集四方名士于灵济宫,与论良知之学。赴者五千人。都城讲学之会,于斯为盛。德器宇温粹,学务实践,不尚空虚。"黄宗羲《明儒学案》卷一七:"欧阳德字崇一,号南野,江西泰和人。三十三年三月二十一日卒于官,年五十九。赠太子少保,谥文庄。……盖不从良知用功,只在动静上用功,而又只在动上用功,于阳明所言分明倒却一旁矣。……先生之格物,不堕支离,发明阳明宗旨,始无遗憾,两不相妨也。"《四库全书总目提要》卷一七七:"《欧阳南野集》三十卷(江苏巡抚采进本):明欧阳德撰。德字崇一,泰和人。嘉靖癸未进士。官至礼部尚书。卒谥文庄。……德之学,宗法姚江,故惟以提唱良知者为内,而余则外之、别之云。"

顾允成生 顾允成,字季时,别号泾凡,江苏无锡人。明代清议派的代表人物之一。顾宪成之弟。

[文献] 张惟骧《疑年录汇编》卷七:"顾泾凡五十七允成,生嘉靖三十三年甲寅,卒万历三十五年丁未。"黄宗羲《明儒学案》卷六○:"顾允成字季时,别号泾凡,兄则泾阳先生也。……丁未五月卒,年五十四。"

世宗嘉靖三十七年 戊午(公元1558年)

郝敬生 郝敬,明代学者、经学家。字仲舆,号楚望。京山(今属湖北)人。

［文献］　张惟骧《疑年录汇编》卷七："郝仲舆八十二敬,生嘉靖三十七年戊午。"黄宗羲《明儒学案》卷五五："郝敬字仲舆,号楚望,楚之京山人。"

世宗嘉靖三十八年　己未（公元 1559 年）

十月,吴廷翰卒　吴廷翰（1491—1559）,明代学者。字嵩柏,别号苏原。武宗正德间进士。历兵、户部主事,转吏部文选。后官广东佥事,继迁浙江参议。是年卒,享年 69 岁。平生总览博洽,因思儒学之支离,故曾致书王守仁,并与其弟子往复辩论。晚年勤于著述,著作有《吉斋漫录》、《丛言》、《苏原全集》等。哲学上坚持气一元论,认为气为"天地万物之祖",是真实无妄的存在,动静变化是其属性。理气关系上,提出"理即气之条理,用即气之妙用",认为理是第二性的。批判天是有喜怒哀乐的人格的神的观点,"先儒以雷为天之怒气,殆不然",认为天是无主宰意志的自然的天,"古今言天者皆以为积气,此乃至理。"在形神关系上,提出人死神灭,认为"人死精神散"。其无神论述表现在对阴阳五行、佛教及其轮回说和世俗鬼神迷信思想的批判。在人性论上,主张人性即气即生,"生者,人之性也,性者,人之所以生也。盖人之有生,一气而已。"不仅不承认有先天的人性,而且也与"性即理"对立起来。但主张性善论,又以气禀之偏全、厚薄、多寡来解释人之圣凡、智慧,"气有清浊美恶,即仁义之多寡厚薄",实际上又承认了程朱的"天地之性",否认后天的作用。由于其论性是建立在气一元论基础上,故主张性一不二,反对绝对划分道心人心,进而反对天理人欲对立论,用"不偏不倚,无过不及"即"中"把二者统一起来,在作义利之辨时,也认为"义利原是一物,更无分别"。在知行论上,提出"物上见理"、"物上体察"的命题,即认为认识对象是客观外界之物,格物就是接触事物认识的目的是求得主观与客观的统一。他重视闻见之知，又认为在此基础上的心知才为"真知"，避免由于强调闻见而陷入经验论。在知行关系上，既承认知行是二，又主张知行不离，具有辩证统一性。为学主张"不疑乎心，不戾乎圣人"，即不人云亦云，也不与孔子的言论相背。在当时提倡实际是独立思考的"不疑乎心"，是十分珍贵的。17世纪时，其著作和思想在日本学术界得到传播，产生较大影响，成为日本有重要地位的堀河学派的理论渊源。

［文献］《濡须吴氏宗谱·世系表》："朝列大夫，字嵩柏，号苏原。正德辛巳科进士，历官户部主事，巡漕浙江，吏部文选清吏司主事，广东按察使副使、海北雷、廉兵备道，山西布政司左参议……公享寿六十九，卒于嘉靖己未十月初八日巳时。"《无为州志·吴廷翰传》："吴廷翰……正德己卯举应天第五。明年登进士，历兵、户二部主事，转吏部文选司。与当事争执选簿，忤其意，外补广东佥事。……更巡岭南，兼督学政。……旋迁浙江参议，……调山西……年四十余，遂致仕。家居三十年，徜徉湖山之胜，……平生综览博洽，恶俗儒之支离。尝上书王阳明公，又与欧阳南野、余玉崖诸公往复辩论。与人无贵贱大小，一于敬。晚年手不释卷，所著《漫录》、《丛言》、《椟记》、《瓮记》、《志略考》、《湖山小稿》、《苏原全集》若干卷。"《吴廷翰行实》(自撰)："凡人行实，岂可自撰。儿欲我言，亦是一说，……近世讲学太多，言语太支离，门户太分析，益生浮靡，或薄而入异端，尤所不喜。《漫录》所述，尽之矣。至其间要领，则以'气即是理'、'性大于心'，……《丛言》乃发明《漫录》之未尽者，而兼有用世之所未究者。"吴国寅《先考参议府君墓志》："府君讳廷翰……少慷慨有大志，动以古人自期。又善接纳，所交多名流，顾性与时格，乃退而委志于学。生平综览，虽极博洽，然一以伦理为主。厌世儒支离好名，尝上书王阳明公。又尝与欧南野、余玉崖、何省斋、王顺渠诸公往复论辩。……吴国寅泣

血稽颡拜撰。"生平事迹亦可见于《江南通志》、《续修庐江府志》和清人陈田的《明涛纪事》。

杨慎卒 杨慎(1488—1559),明代学者、思想家。正德六年进士第一,授翰林院修撰。嘉靖初年,任经筵讲官。嘉靖三年因议大礼而跪门哭谏,激怒明世宗,廷杖后谪戍云南永昌卫(今云南保山),谪居近四十年而卒。隆庆元年(1567)赠光禄寺少卿。天启年间,追谥文宪。博览群书,博学多才,其著作之繁富,居明代之首。他是一位独具风格的思想家,既反对程朱理学,又反对陆王心学,斥责理学、心学不分黑白,在人伦事理上好发奇谈怪论,不仅使人无可琢磨,且导致不务实际的空疏学风的产生和蔓延。在形与气的关系问题上,他发挥王廷相的观点,主张元气是宇宙万物的本原,承认形与气是互相转化的,即承认事物的矛盾和变化。在对理学和心学进行批判时,推崇汉学,反对宋学,大力主张恢复两汉经学的考证方法,提倡多闻、多见、尚博、尚实的新学风。总之,杨慎钻研学问的领域非常广阔,尤其是他发起了明代研究历史、考订名物制度、社会经济和风俗的学风,倡导训诂考证,开了清代考据学之先声。他对宋明理学的批评,为后来明清之际反理学思潮的兴起开辟了道路。其强调实用、反对空谈的思想把当时的学者从僵化的、腐朽的学风中解放出来,对于促进学术发展起到重要作用。其著述丰富,主要著作有《升庵集》、《升庵经说》、《升庵外集》、《太史升庵遗集》、《丹铅总录》等。

[文献] 张惟骧《疑年录汇编》卷七:"杨用修七十二慎,生弘治元年戊申,卒嘉靖三十八年己未。"《明史》卷一九二:"杨慎,字用修,新都人。少师廷和子也。年二十四,举正德六年殿试第一,授翰林修撰。……嘉靖三十八年七月卒,年七十有二。慎幼警敏,十一岁能诗,十二拟作《古战场文》、《过秦论》,长老惊异。入京赋《黄叶诗》,李东阳见而嗟赏,令受业门下。……明世记诵之博,著

作之富,推慎为第一,诗文外,杂著至一百余种,并行于世。隆庆初,赠光禄少卿。天启中,追谥文宪。"《明经世文编·姓氏爵里》:"杨慎字用修,新都人。正德六年进士第一,授修撰。嘉靖初为经筵讲官。寻以议礼跪门哭谏,下狱,廷杖谪戍云南永昌卫。卒,隆庆元年赠光禄寺少卿。"《四库全书总目提要》卷一七二:"《升庵集》八十一卷(副都御史黄登贤家藏本):明杨慎撰。……慎以博洽冠一时,……至于论说考证,往往恃其强识,不及检核原书,致多疏舛。又恃气求胜,每说有窒碍,辄造'古书'以实之。"《升庵集》卷七一:"宋儒之失,在废汉儒,而自用己见。"《升庵集》卷七五:"以六经为注脚,以空索为一贯。……所谓其高过于大,学而无实,世之禅学以之。考索之弊其究也,……以杂博相高,……以华靡相胜,……所谓其功倍于小,学而无用,世之俗学以之。"

程文德卒　程文德(1497—1559),明代心学家。嘉靖己丑进士第二。授翰林院编修。因杨案牵连,贬为信宜典使,总督苍梧书院。后历南京兵部主事、礼部郎中、都御史、礼部右侍郎、左侍郎等,因为人寓意讽谏,落职归。是年卒,享年63岁。万历赠礼部尚书,谥文恭。其初学于章懋,后师从王阳明,以真心为学之要。认为"大抵学问只是一个,天之生人,其理本真,有不真者,人杂之耳",所以得出:"若信得此过,即是致知,即是慎独,即是求放心。"

[文献]　黄宗羲《明儒学案》卷一四:"程文德字舜敷,号松溪,婺之永康人。嘉靖己丑进士第二,授翰林院编修。……黜为信宜典史,总督陶谐延主苍梧书院。移安福知县。升南京兵部主事,转礼部郎中。……转南京国子祭酒,擢都御史。丁内艰,起为礼部右侍郎,移吏部左侍郎,兼翰林院学士,掌詹事府事。……以先生辞疏为谤讪,落职归。三十八年十一月卒,年六十三。万历间赠礼部尚书,谥文恭。先生初学于枫山,其后卒业于阳明。以真心为学之要,虽所得浅深不可知,然用功有实地也。……(《论学书》)大

抵学问只是一真。天之生人,其理本真,有不真者,人杂之耳。今只全真以反其初,日用间视听言动,都如穿衣吃饭,要饱要暖,真心略无文饰。但求是当,才不是说影,才不是弄精,才不是见闻,乃为解悟合一。若信得此过,即是致知,即是慎独,即是求放心。"另可参见《明史》卷二八三。

蒋信卒 蒋信(1483—1559),明代心学家。嘉靖十一年进士,授户部主事,转兵部员外郎,后为四川佥事,兴利除害,升贵州提学副使,建正学、文明二书院,寻告病归。筑精舍于桃花冈,学徒云集,其或居其中,或出游讲学。初与冀元亨考索于书本之间,后与冀元亨同拜王守仁为师,入京后师从湛若水。其学得自湛若水的为多。初看《论语》和《定性西铭》,即悟:"万物一体,是圣学立根处"。后得肺病,静坐忽悟得:"廓然大公无内外","自身与万物平等看","向来领会,元是思索,去默识尚远;向来静坐,虽有湛然时节,亦只是光景。"其学以念起处为机。《明儒学案》认为他论理气心性,独得其要。著有《桃冈目录》。

[文献] 《明史》卷二八三:"蒋信,字卿实,常德人。……与同郡冀元亨善,王守仁谪龙场,过其地,偕元亨事焉。嘉靖初,贡入京师,复师湛若水。……信初从守仁游时,未以良知教。后从若水游最久,学得之湛氏为多。信践履笃实,不事虚谈。湖南学者宗其教,称之曰正学先生。"黄宗羲《明儒学案》卷二八:"蒋信字卿实,号道林,楚之常德人。少而端严,盛暑未尝袒裼。……登嘉靖十一年进士第。授户部主事,转兵部员外郎。出为四川佥事,兴利除害若嗜欲。……升贵州提学副使。建书院二所,曰正学,曰文明,……先生筑精舍于桃花冈,学徒云集,……(嘉靖)三十八年十二月庚子卒,年七十七。……先生初无所师授,与冀暗斋考索于书本之间。……已应贡入京师,师事甘泉。……是故先生之学,得于甘泉者为多也。先生初看《论语》与《定性》、《西铭》,领得'万物一

体,是圣学立根处'。三十二、三时病肺,至道林寺静坐,久之,并怕死与念母之心俱断。一日,忽觉洞然宇宙,浑属一身,乃信明道'廓然大公无内外'是如此,'自身与万物平等看'是如此,始知向来领会,元是思索,去默识尚远;向来静坐,虽有湛然时节,亦只是光景。先生自此一悟,于理气心性人我,贯通无二,以为'《六经》俱在,何尝言有个气,又有个理?凡言命、言道、言诚、言太极、言仁,皆是指气而言。宇宙浑是一块气,气自于穆,自无妄,自中正纯粹精,自生生不息,只就自心体认。心是气,生生之心,便是所言天命之性,岂有个心,又有个性?此气充塞,无丝毫空缺,一寒一暑,风雨露雷,凡人物耳目口鼻四肢百骸,与一片精灵知觉,总是此生生变化,如何分得人我?'……先生之论理气心性,可谓独得其要,而工夫下手反远之,何也?"

世宗嘉靖三十九年　庚申(公元1560年)

四月,湛若水卒　湛若水(1466—1560),明代著名思想家。弘治五年(1492)中举后,从师于陈献章,不乐仕进。弘治十八年(1505)登进士第。后选庶吉士,擢编修。官历南京祭酒、礼部侍郎、南京礼、吏、兵三部尚书。是年卒,享年95岁。其一生继承和发挥陈献章的思想,每到一处都要创设书院以纪念陈献章。其思想介于朱学和王学之间,既吸收了朱学的格物致知思想,又吸收了王学的心学思想。其学宗旨是"随处体认天理"。具体思想包括:指出"天理"表现于日用事物之间,格物致知就是体认天理,所谓"体认",就是指在为学的方法上要注意使"涵养"与"问学"并举,提倡学者要在"勿忘勿助"上用功,以达到"人心与天地万物为一体"的境界,全身心地治理家、国、天下;认为整个宇宙天地万物都是由气构成的,气是万物的本体,理和道则是气的一种属性,不能脱离气而独立存在;主张"心学",认为"心"贯穿于万事万物之中,将"心"、"性"、"情"与万事万物沟通起来。他认为道即性对物而言者,性即道之对人而言者。道的具体内涵是"生生之理",性则是此天地之生理赋予人者。这就以气的概念为起点构造了理气合一、心性合一、心气合一、心理合一的新体系,完成了明学对宋学的反思和超越的任务。著有《格物通》、《春秋正传》、《心性图说》等。

[文献]《明史》卷二八三:"湛若水,字元明,增城人。弘治五年举于乡,从陈献章游,不乐仕进。……十八年会试,……置第二。赐进士,选庶吉士,授翰林院编修。时王守仁在吏部讲学,若水与相应和。……历南京吏、礼、兵三部尚书。……年九十五卒。若水生平所至,必建书院以祀献章。……若水初与守仁同讲学,后各立宗旨,守仁以致良知为宗,若水以随处体验天理为宗。守仁言若水之学为求之于外,若水亦谓守仁格物之说不可信者四。……一时学者遂分王、湛之学。"黄宗羲《明儒学案》卷三七:"湛若水字元明,号甘泉,广东增城人。从学于白沙,……登弘治乙丑进士第。……历南京礼、吏、兵三部尚书,致仕。平生足迹所至,必建书院以祀白沙。……庚申四月丁巳卒,年九十五。先生与阳明分主教事,阳明宗旨致良知,先生宗旨随处体认天理。学者遂以良知之学,各立门户。其间为之调人者,谓:'天理即良知也,体认即致也,何异?何同?'然先生论格物,条阳明之说四不可。阳明亦言随处体认天理为求之于外,是终不可强之使合也。"《四库全书总目提要》卷九六:"《遵道录》八卷。……若水得力于献章,每教人静坐,其学洒然独得。故于宋儒中独推尊明道,所谓学焉而得其性之所近也。……《甘泉新论》一卷(编修程晋芳家藏本):明湛若水撰。若水之学以虚明为宗,故其论心则以为主一而无物,其论性则以宋儒理气对举为非。视程、朱所论颇殊。"《甘泉先生文录》卷一八:"甘泉之宗旨则为随处体认天理。所谓体认,乃致知涵养,察见天理而

存亡。……阳明又与湛甘泉辨格物。甘泉以'格物者,即至其理也',意心身于家国天下,随处体认天理也。"

甘泉学派形成 甘泉学派即"湛学"。是以湛若水为创始人和主要代表人物的明代心学流派。因创始人湛若水世居增城甘泉郡,学者称他为甘泉先生,故名。这一学派产生于明代中期。湛若水继承和发挥了陈献章江门心学关于"天地我立,万化我出,宇宙在我"的思想。但在形成自己思想体系的过程中,湛学介于王学和朱学之间,并受两方面的夹击和影响。一方面,湛若水吸收朱熹的格物致知思想,使湛学明显地偏向程朱。但如从整体上看,湛学却是王守仁姚江心学的盟友,在与朱子学的论争中,湛与王并肩作战;另一方面,湛学与王学在一些重要问题上又有重大分歧。这样,湛学很快便失去传人,融入王学之中。

〔文献〕 黄宗羲《明儒学案》卷三七:"王、湛两家,各立宗旨,湛氏门人,虽不及王氏之盛,然当时学于湛者,或卒业于王,学于王者,或卒业于湛,亦犹朱、陆之门下,递相出入也。其后源远流长,王氏之外,名湛氏学者,至今不绝,即未必仍其宗旨,而渊源不可没也。"

唐顺之卒 唐顺之(1507—1560),明代心学家。嘉靖己丑会试第一,授武选主事,后因校对《实录》,改翰林编修。皇太子立,起为春坊司谏,因谏激怒皇帝,削职为民。时东南倭匪患起,其痛愤时艰,举荐,至京授为本司郎中,查勘边务,巡视边防,后又历金都御史、淮、扬巡抚等职,剿平东南倭寇,赈饥民数十万人。是年卒,享年54岁。其初喜诗文,篇篇成诵,后潜心写作,著述大体有五编:《儒编》、《左编》、《右编》、《文编》、《稗编》等。其学得之王畿者为多,以天机为宗,无欲为功夫。辨儒释,认为二者分途,"只在天机之顺逆耳"。著作还有《荆川论学语》。

〔文献〕 黄宗羲《明儒学案》卷二六:"唐顺之字应德,号荆川,武进人也。嘉靖己丑会试第一。授武选主事。丁内艰。起补稽勋,调考功,以校对《实录》,改翰林编修。不欲与罗峰为缘,告归。……先生至京,即升本司郎中,……擢佥都御史,巡抚淮、扬。……贼渐平。会淮、扬大浸,赈饥民数十万。行部至泰州,卒于舟中,庚申四月一日也。年五十四。……初喜空同诗文,篇篇成诵,下笔即刻画之。……其著述之大者为五编:《儒编》、《左编》、《右编》、《文编》、《稗编》是也。先生之学,得之龙溪者为多,故言于龙溪,只少一拜。以天机为宗,无欲为工夫。谓'此心天机活泼,自寂自感,不容人力,吾惟顺此天机而已。障天机者莫如欲,欲极洗净,机不握而自运矣。……'先生之辨儒释,言'儒者于喜怒哀乐之发,未尝不欲其顺而达之,其顺而达之也,至于天地万物,皆吾喜怒哀乐之所融贯。佛者于喜怒哀乐之发,未尝不欲其逆而销之,其逆而销之也,至于天地万物澹然无一喜怒哀乐之交。故儒佛分途,只在天机之顺逆耳。夫所谓天机者,即心体之流行不息者是也。……'崇祯初,谥襄文。"《明史》卷二〇五:"唐顺之,字应德,武进人。祖贵,户科给事中。父宝,永州知府。顺之生有异禀。稍长,洽贯群籍。年二十三,举嘉靖八年会试第一,改庶吉士。座主张璁疾翰林,出诸吉士为他曹,独欲留顺之。固辞,乃调兵部主事。引疾归。久之,除吏部。十二年秋,诏选朝官为翰林,乃改顺之编修,校累朝《实录》。……三十九年春,汛期至。力疾泛海,渡焦山,至通州卒,年五十四。"

世宗嘉靖四十年　辛酉(公元1561年)

黄弘纲卒　黄弘纲(1492—1561),明代学者,江右王门学派的代表人物之一。字正之,号洛村,江西雩县人,举正德十一年乡试。师从王守仁,很受器重。阳明逝后,居家三年,闭门不出。嘉靖二十三年,始任汀州府推官,升刑部主事,执法不徇私情,不轻上下,故招多方谗毁中伤,卸职归乡。与邹守益、聂豹、罗洪先等一道讲学。以"不致纤毫之力,一顺自然"为其教学宗旨,善于推演师说,崇尚实践。是年卒,享年70岁。其学始究心于致良知,后再变,"一顺自然为主"。认为"以意念之善为良知",则"胎骨未净",最终"一世合不上本体矣"。其著作有《黄洛村集》。

[文献] 黄宗羲《明儒学案》卷一九:"黄弘纲字正之,号洛村,江西雩县人。举正德十一年乡试。从阳明于虔台。阳明教法,士子初至者,先令高第弟子教之,而后与之语。先生列于高第。阳明归越,先生不离者四五年。阳明卒,居守其家,又三年。嘉靖二十三年,始任为汀州府推官,升刑部主事。时塞上多故,将校下狱者,吏率刻深以逢上意。先生按法不轻上下,以故不为人所喜,遂请致仕。归与东廓、双江、念庵讲学,流连旬月。……四十年五月二十八日卒,年七十。先生之学再变,始者持守甚坚,其后以不致纤毫之力,一顺自然为主。……先生曰:'以意念之善为良知,终非天然自有之良。知为有意之知,觉为有意之觉,胎骨未净,卒成凡体。于是而知阳明有善有恶之意,知善知恶之知,皆非定本。意既有善有恶,则知不得不逐于善恶,只在念起念灭上工夫,一世合不上本体矣。'四句教法,先生所不用也。双江'归寂',先生曰:'寂与感不可一例观也,有得其本体者,有失其本体者。……未尝有,则感也寂在其中矣;未尝无,则寂也感在其中矣。不睹不闻其体也,戒慎恐惧其功也,皆合寂感而言之者也。'"

域外 [英]哲学家、现代实验科学的创始人弗兰西斯·培根生。其反对经院哲学和唯心主义,提出"知识就是力量"的口号。

世宗嘉靖四十一年　壬戌(公元1562年)

八月,重录《永乐大典》开始　是年八月,因藏有《永乐大典》

的文楼失火,世宗便令徐阶等人负责重录《永乐大典》副本,以备意外。

[文献] 《明世宗实录》卷五一二:"(嘉靖四十一年八月)乙丑,诏重录《永乐大典》。"《四库全书总目提要》卷一三七:"《永乐大典》……嘉靖四十一年,选礼部儒士程道南等一百人重录正副二本。"《明史》卷九八:"《永乐大典》二万二千九百卷。永乐初,解缙等奉敕编《文献大成》既竣,帝以为未备,复敕姚广孝等重修,四历寒暑而成,更定是名。成祖制序。后以卷帙太繁,不及刊布,嘉靖中,复加缮写。"朱国祯《涌幢小品》卷二:"《永乐大典》……三殿灾,命左右趣登文楼出之,夜中传谕三四次,遂得不毁。"

高攀龙生 高攀龙,字存之,又字云从,别号景逸,东林学派著名学者,常州无锡(今属江苏)人。

[文献] 张惟骧《疑年录汇编》卷七:"高存之六十五攀龙,生嘉靖四十一年壬戌,卒天启六年丙寅。"《东林书院志·高景逸先生行状》:"先生讳攀龙,存之其字,世称景逸先生。"黄宗羲《明儒学案》卷五八:"高攀龙字存之,别号景逸,常州之无锡人。……丙寅,又以东林邪党逮先生及忠端公七人。缇帅将至,先生夜半书遗疏,自沉止水,三月十七日也。年六十有五。"

徐光启生 徐光启,字子先,号玄扈,上海人。精通数学、天文、历法,对农业、军事也很有研究,是我国近代科学的先驱者。

[文献] 梁家勉《徐光启年谱》:"(谱主大事记)生,1562年(一岁)。"(上海古籍出版社,1981)《明史》卷二五一:"徐光启,字子先,上海人。万历二十五年举乡试第一,又七年成进士。由庶吉士历赞善。从西洋人利玛窦学天文、历算、火器,尽其术。遂遍习兵机、屯田、盐筴、水利诸书。"

邹守益卒 邹守益(1491—1562),明代思想家。正德六年进士,授翰林院编修。历任南京礼部郎中、吏部郎中、太常少卿兼侍读学士,官至南京国子监祭酒。师事王守仁,曾随王守仁平定叛乱,后因谏而被免职,居家讲学20余年。是年卒,享年72岁。卒后谥文庄。在学术上,早年曾为学于程朱理学,后才师事王守仁,由此又致力于王学并有所发挥。其学说以"敬"即"戒惧"说为宗旨,以为只有"戒慎恐惧"才能理清私欲的昏蔽而恢复良知本体的"常精常明",才能自强不息、积极进取。后来罗洪先的"收摄保任"说就是对"戒慎恐惧"说的继承和发挥。在性与气质的问题上,认为天性与气质本来就是一回事,气质就是天地间唯一的天性。其观点旨在护卫和弘扬王守仁的学说,被认为是王学的正传。著有《东廓集》。

[文献] 黄宗羲《明儒学案》卷一六:"邹守益字谦之,号东廓,江西安福人。……正德六年会试第一,廷试第三,授翰林编修。……上疏忤旨,下诏狱,谪判广德州。……迁太常少卿,兼侍读学士,掌南院。升南京国子祭酒。九庙灾,有旨大臣自陈。大臣皆惶恐引罪,先生上疏独言君臣交儆之义,遂落职闲住。四十一年卒,年七十二。隆庆元年,赠礼部右侍郎,谥文庄。……先生之学,得力于敬。……离却戒慎恐惧,无从觅性;离却性,亦无从觅日用伦物也。故其言'道器无二,性在气质',皆是此意。"《明史》卷二八三:"守益天姿纯粹。守仁尝曰:'有若无,实若虚,犯而不校,谦之近之矣。'里居,日事讲学,四方从游者踵至,学者称东廓先生。居家二十余年卒。隆庆初,赠南京礼部右侍郎,谥文庄。……守益于戒惧慎独,盖兢兢焉。"《四库全书总目提要》卷一七六:"《东廓集》十二卷(江西巡抚采进本):明邹守益撰。守益字谦之,安福人。正德辛未进士,官至南京国子监祭酒。隆庆初追谥文庄。……守益传王守仁之学,诗文皆阐发心性之语。"

陈九川卒 陈九川(1494—1562),明代心学家。正德甲戌进士,三年后授太常博士。一生坎坷起伏,仕途多变。周游天下,所到之处以讲学为务，晚年双耳失聪，伏案著作不休。是年八月卒，享年69岁。师从王守仁，本良知之说，自谓"三起意见，三易功夫"，未得其宗。后"从念虑上长善消恶"，才知道"意无不诚，发无不中，才是无善无恶实功"。认为"良知体物而不可遗，格物是致知之实"，故罗洪先在其墓志铭上概括其学术特色为"良知即未发之中，无分于动静者也。"

[文献] 黄宗羲《明儒学案》卷一九："陈九川字惟濬，号明水，临川人也。……正德甲戌进士。请告三年，授太常博士。……进礼部员外郎、郎中，以主客裁革妄费，群小恨之。……周流讲学名山，如台宕、罗浮、九华、匡庐，无不至也。晚而失听，书札。论学不休。一时讲学诸公，谓明水辩驳甚严，令人无躲避处。嘉靖四十一年八月卒，年六十九。……先生自叙谓：'自服先师致知之训，中间凡三起意见，三易工夫，而莫得其宗。始从念虑上长善消恶，以视求之于事物者要矣。久之自谓沦注支流，轮回善恶，复从无善无恶处认取本性，以为不落念虑直悟本体矣。……若得个真几，即迁善改过，俱入精微，方见得良知体物而不可遗，格物是致知之实，日用之间都是此体，充塞贯通，无有间碍。致字工夫，尽无穷尽，即无善无恶非虚也，迁善改过非粗也。始信致知二字，即此立本，即此达用，即此川流，即此敦化，即此成务，即此入神，更无本末精粗内外先后之间。证之古本序中，句句吻合，而今而后，庶几可以弗畔矣'。"《明史》卷一八九："陈九川，字惟濬，临川人。正德九年进士。从王守仁游。寻授太常博士。既削籍，复从守仁卒业。世宗嗣位，召复故官。再迁主客郎中。……狱成，九川戍镇海卫，邦称等削籍有差。久之，遇赦放还，卒。"

世宗嘉靖四十二年　癸亥（公元1563年）

十一月，聂豹卒　聂豹（1487—1563），明代思想家。正德十二年(1517)进士,任华亭知县,后又历任苏州知府、御史、福建巡抚、陕西按察司副使、兵部尚书等职。是年卒,年 77 岁。卒谥贞襄。曾因信服王守仁的良知之说而以王守仁的弟子自称。其思想可大致归于姚江之学,但对王守仁的"致良知"说又有所修正,提出不同于王学的"归寂"说,即在推崇王守仁"良知是未发之中,廓然大公的本体"时,又提出了"良知"本是静默的"寂体",以为"心"的主宰作用只有在"静"中才能保存和发现,主张舍动求静以达到"归寂"即"求寂于心"的目的,从而在"静"中体认出良知。聂豹学说不但与王守仁有相违背的地方,而且与姚江学派其他学者的思想也有某些不契合之处,故遭同门学者指责,只有罗洪先赞同他的观点。著有《困辨录》、《双江论学书》。

[文献]《明经世文编·姓氏爵里》:"聂豹,字文蔚,永丰人。正德十二年进士。由华亭知县历升金都御史巡抚顺天。嘉靖三十一年升兵部尚书,寻致仕,卒。隆庆元年赠少保,谥贞襄。"《明史》卷二〇二:"聂豹,字文蔚,吉安永丰人。……归数年卒,年七十七。隆庆初,赠少保,谥贞襄。豹初好王守仁良知之说,与辨难,心益服。后闻守仁殁,为位哭,以弟子自处。及系狱,著《困辨录》,于王守仁说颇有异同云。"黄宗羲《明儒学案》卷一七:"聂豹字文蔚,号双江,永丰人也。正德十二年进士。知华亭县。……知平阳府,修关练卒先事以待,寇至不敢入。世宗闻之,顾谓侍臣曰:'豹何状乃能尔?'升陕西按察司副使,为辅臣夏贵溪所恶,罢归。……嘉靖二十九年,……召为巡抚蓟州右金都御史,转兵部侍郎,协理京营戎政。……寻升尚书,累以边功加至太子少傅。……四十二年十一月四日卒,年七十七。隆庆元年,赠少保,谥贞襄。……先生之学,狱中闲久静极,忽见此心真体,光明莹彻,万物皆备。……及出,与来学立静坐法,使之归寂以通感,执体以应用。……其疑先生(指王守仁)之说者有三:其一谓'道不可须臾离

也',今曰'动处无功',是离之也。其一谓'道无分于动静也',今曰'功夫只是主静',是二之也。其一谓'心事合一,心体事而无不在',今曰'感应流行,著不得力',是脱略事为,类于禅悟也。……惟罗念庵深相契合,谓'双江所言,真是霹雳手段,许多英雄瞒昧,被他一口道著,如康庄大道,更无可疑。'"

季本卒 季本(1485—1563),明代心学家。正德十二年进士。授建宁府推官。后转苏州同知,升南京礼部郎中、长沙知府,因铲除豪强过当,遂罢归。是年卒,享年79岁。少师王文辕,王守仁升南京鸿胪寺卿时拜其门下。其学趋于实,不喜空谈性理,曾实地考察黄河故道、海运旧迹、故国疆域等。著书120多卷。除五经四书疏释外,在庙制、乐律、蓍法诸书方面,考释颇繁细。贵主宰而恶自然,反对王畿的任凭自然思想。认为变化即是流行,警惕即是主宰。张学智在《明代哲学史》中认为:"季本的学术,对于遏止阳明学向狂荡的方向发展,使之返回实地,是有一定的导向作用的。"(北京大学出版社,2000,159页)。著有《易学四同》、《诗说解颐》、《春秋私考》、《四书私存》、《说理会编》、《读礼疑图》、《孔孟图谱》、《庙制考义》、《乐律纂要》、《律吕别书》、《蓍法别传》等。

[文献] 黄宗羲《明儒学案》卷一三:"季本字明德,号彭山,越之会稽人。正德十二年进士,授建宁府推官。……转苏州同知,升南京礼部郎中。时邹东廓官主客,相聚讲学,东廓被黜,连及先生,谪判辰州。寻同知吉安。升长沙知府,锄击豪强过当,乃罢归。嘉靖四十二年卒,年七十九。少师王司舆(名文辕),其后师事阳明。先生之学,贵主宰而恶自然,以为'理者阳之主宰,乾道也;气者阴之流行,坤道也。流行则往而不返,非有主于内,则动静皆失其则矣'。其议论大抵以此为指归。……先生于理气非明睿所照,从考索而得者,言之终是鹘突。……故先生最著者为《龙惕》一书,谓'今之论心者,当以龙而不以镜,龙之为物,以警惕而主变

化者也。理自内出,镜之照自外来,无所裁制,一归自然。自然是主宰之无滞,曷常以此为先哉?'……先生闵学者之空疏,只以讲说为事,故苦力穷经。罢官以后,载书寓居禅寺,迄昼夜寒暑无间者二十余年。而又穷九边,考黄河故道,索海运之旧迹,别三代、春秋列国之疆土、川原,涉淮、泗,历齐、鲁,登泰山,逾江入闽而后归。凡欲以为致君有用之学,所著有《易学四同》、《诗说解颐》、《春秋私考》、《四书私存》、《说理会编》、《读礼疑图》、《孔孟图谱》、《庙制考义》、《乐律纂要》、《律吕别书》、《蓍法别传》,总百二十卷。"

世宗嘉靖四十三年 甲子(公元 1564 年)

罗洪先卒 罗洪先(1504—1564),明代学者、思想家。嘉靖八年(1529)进士。官至翰林院修撰,后除名归家,于石莲洞讲学,故学者称石莲居士。是年卒,享年 61 岁。隆庆元年,谥文恭,赐光禄少卿。除哲学外,他悉心研究天文、地志、礼乐、典章、河渠、边塞、算数等。在历年出游中,注重考察,精研舆地,对元人朱思本的《舆地图》进行增补修正,并费时十年之久撰《广舆图》。此外,他还订正钱德洪所编王守仁《年谱》,对传播王学起过一定作用。其哲学思想大体仍以良知为宗旨,但也有所修正和发挥,提出"良知者,至善之谓也",以区别于"知善知恶,即是良知,依次行之,即是致知"的王学传统思想,是明代江右王学的主要传人。在阐发王守仁的心学思想方面,颇有特点。他认为,"良知"不能自发起到作用,必须经过"主静"工夫,达到无欲境界。因此,被后来学者归入江右王门中的"主静"派,与聂豹齐名。其理学思想变化较大,但总的趋向是由虚而实,认为儒者为学的最终目的在于"经世"即治理天下。其学术初期致力于践履,中期主张寂静,后期则悟于仁体。著有《念庵集》。

[文献] 《明史》卷二八三:"罗洪先,字达夫,吉水人。……嘉靖八年举进士第一,授修撰,即请告归。……洪先归,益寻求守仁学。甘淡泊,炼寒暑,跃马挽强,考图观史,自天文、地志、礼乐、典章、河渠、边塞、战阵攻守,下逮阴阳、算数,靡不精究。至人才、吏事、国计、民情,悉加意咨访。……洪先虽宗良知学,然未尝及守仁门,恒举《易大传》'寂然不动'、周子'无欲故静'之旨以告学人。又曰:'儒者学在经世,而以无欲为本。惟无欲,然后出而经世,识精而力钜。'……隆庆初卒,赠光禄少卿,谥文庄。"黄宗羲《明儒学案》卷一八:"罗洪先字达夫,别号念庵,吉水人。……嘉靖八年,举进士第一。……(嘉靖)四十三年卒,年六十一。隆庆改元,赐光禄少卿,谥文恭。先生之学,始致力于践履,中归摄于寂静,晚彻悟于仁体。……先生谓:'良知者,至善之谓也。吾心之善,吾知之,吾心之恶,吾知之,不可谓非知也。善恶交杂,岂有为主于中者乎?……'邓定宇曰:'阳明必为圣学无疑,然及门之士,概多矛盾。其私淑而有得者,莫如念庵。'此定论也。"

域外 [意]物理学家、天文学家伽利略生,著有《两种世界体系的对话》等书。

世宗嘉靖四十四年 乙丑(公元 1565 年)

孙慎行生 孙慎行,字闻斯,号淇澳。武进(今江苏常州)人。明末儒学家,东林人士。

[文献] 《明经世文编·姓氏爵里》"孙慎行字闻斯,武进人。"张惟骧《疑年录汇编》卷七:"孙淇澳七十一慎行,生嘉靖四十四年乙丑。"

顾应祥卒 顾应祥(1483—1565),明代心学家。弘治乙丑进士,授饶州府推官。其胆识过人,一生戎马倥偬,战功赫赫。嘉靖庚戌,升刑部尚书,细化刑治条例,并命定为永例,"引之者得意为出入"，由是而知名天下。癸丑辞官，是年卒，享年83岁。其好读书，百家九流皆能道出原委，尤精于算学，算学遗著颇多。少受业于王守仁，王守仁卒后，顾应祥谓《传习续录》中王学门人问答多有未当于心者，遂著《传习录疑》，认为："良知者，性之所发也，日用之间，念虑初发。"并认为这些都是自知的，"知之非难，而行之为难。"黄宗羲在《明儒学案》中认为，顾应祥为学是以王阳明的"知善知恶是良知，为善去恶是格物"为准的。著有《测渊海镜》、《弧矢算术》、《授时历撮要》、《传习录疑》等。

[文献]《明世宗实录》卷五五〇："（嘉靖四十四年九月戊申）致仕南京刑部尚书顾应祥卒。"黄宗羲《明儒学案》卷一四："顾应祥字惟贤，号箬溪，湖之长兴人。弘治乙丑进士。授饶州府推官。……入为锦衣卫经历，出金广东岭东道事，……移江西副使，分巡南昌，抚循疮痍，招集流亡，皆善后事宜。历苑马寺卿。……嘉靖庚戌，升刑部尚书。先生以例繁，引之者得意为出入，命郎官吴维岳、陆稳定为永例，……由是知名天下。……癸丑致仕，又十二年卒，年八十三。先生好读书，九流百家皆识其首尾，而尤精于算学。今所传《测渊海镜》、《弧矢算术》、《授时历撮要》，皆其所著也。少受业于阳明。阳明殁，先生见《传习续录》，门人问答多有未当于心者，作《传习录疑》。……大抵谓：'良知者，性之所发也，日用之间，念虑初发，或善或恶，或公或私，岂不自知之？知其不当为而犹为之者，私欲之心重而愧己之心昏也。苟能于一起之时，察其为恶也，则猛省而力去之，去一恶念，则生一善念矣。念念去恶为善，则意之所发，心之所存，皆天理，是之谓知行合一。知之非难，而行之为难。今曰'圣人之学，致良知而已矣。人人皆圣人也，吾心中自有一圣人，自能孝，自能弟'。……其视知行终判两样，皆非师门之旨也。"

世宗嘉靖四十五年　丙寅（公元 1566 年）

明世宗卒　明世宗崇尚道教，登位后即沉溺于方术祈祷，宠幸道人，荒于朝政。嘉靖初年征邵元节入京，封真人，班二品。元节死，又宠信道士陶仲文，赐名忠孝秉一真人，给予高官厚禄。太仆卿杨最谏禁用丹药，被施杖刑而死。加封第四十八代天师张谚颋为正一嗣教真人，其死后，赐侯爵例祭葬。嘉靖三十五年，世宗自称为灵霄上清统雷元阳妙一飞玄真君。并授考烈皇后元君称号，追赠生父母道号。晚年更在齐云山、三茅山、王屋山等处设万寿醮典，致送各地道士香帛，祭祀诸路镇海河川名山神祠。命御史姜儆、王大任于天下访求方士及符箓秘书。世宗朝几乎举国奉玄，致使释与儒皆不敢各立门户，加之国有事则祈神祐，事平则谢玄恩，朝臣之黜陟以青词为依据，使道教成为朝廷政治的一部分。由于帝王之信奉，致使民间也愈加流行祈祷和方术，宗教生活成为人们社会生活的重要部分。

〔文献〕　谷应泰《明史纪事本末》卷五二："（嘉靖）十五年春正月，加致一真人邵元节道号，赐玉带冠服。……班二品，并封其师为真人。……岁给禄一百石，遣缇骑四十人充扫除役，赠田三十顷，蠲其租徭。至是宠待益隆。三十五年，……上睿皇帝道号三天金阙无上玉堂都仙法主玄元道德哲慧圣尊开真仁化大帝，献皇后号……，孝烈皇后号……。上自号灵霄上清统雷元阳妙一飞玄真君，后加号。……四十年二月，分遣御史王大任、姜儆、奚凤等往天下访求仙术异人及符箓秘方诸书。……四十四年春正月，帝不豫，帝注意玄修。……八月，御几及褥名得药丸一，躬谢太极殿，告宫庙。冬十月，户部主事海瑞上言……疏上，帝大怒，命逮系瑞下镇抚。……四十五年春正月，上久病不痊，谕大学士徐阶，欲幸承天，拜显陵，取药服气。阶奏止之。是年冬，帝崩于乾清宫，……

穆宗践祚,释户部主事海瑞于狱中,逮方士王金……下诏狱,论死。"

黄佐卒 黄佐(1490—1566),明代学者、思想家。正德十五年(1520)会试第一。嘉靖进士,由庶吉士授编修。后为江西提学佥事,改督广西学政。官至南京翰林院少詹事。后与大学士夏言因议论河套之事产生矛盾,不久便辞官归里,一心研究学问。卒谥文裕。其学术上以"博"为宗旨,对于典礼、词章、乐律等都有一定造诣,并以此为教。认为学者从事于学问的前提条件是读书,"学必读书,然后为学"。在哲学思想上,以程朱为宗,但在理与气的关系上却持有新论,认为气在理之先,反对程朱理气论中理先气后的主张。同时,在学术上重于实际,不喜欢像程朱理学那样泛泛空谈,一味聚徒讲学。他写的《泰泉乡礼》一书在明代就是一部很实用的书,由此可见一斑。在知与行的关系问题上,他曾多次与王守仁辩论,认为行先知后,主张人只有在实践中不断接触和认识事物,才能最终达到认识事物的目的。著有《泰泉乡礼》、《乐典》、《革除遗世节本》、《广州人物传》、《嘉靖广西通志》、《庸言》、《泰泉楼》、《六艺流别》、《南雍志》、《论学书》。

[文献] 张惟骧《疑年录汇编》卷七:"黄才伯七十七佐,生弘治三年庚戌,卒嘉靖四十五年丙寅。"《明史》卷二八七:"黄佐,字才伯,香山人。……正德中,佐举乡试第一。世宗嗣位,始成进士,选庶吉士。嘉靖初,授编修,陈初政要务,又请修举新政,疏皆留中。寻省亲归,便道谒王守仁,与论知行合一之旨,数相辨难,守仁亦称其直谅。……佐学以程、朱为宗,惟理气之说,独持一论。平生撰述至二百六十余卷。所著《乐典》,自谓洩造化之秘。年七十七卒。穆宗诏赠礼部右侍郎,谥文裕。"黄宗羲《明儒学案》卷五一:"黄佐字才伯,号泰泉,广之香山人。正德庚辰进士。改庶吉士,授编修,出为江西提学佥事。弃官归养,久之起右春坊,右谕

德,擢侍读学士,掌南京翰林院事。卒,赠礼部右侍郎,谥文裕。先生以博约为宗旨,博学于文,知其根而溉之者也。约之以礼,归其根则千枝万叶,受泽而结实者也。博而反约于心,则视听言动之中礼,喜怒哀乐之中节,彝伦经权之中道,一以贯之而无遗矣。"《四库全书学典·辞典》:"黄佐,明香山人。字才伯。嘉靖进士,选庶吉士,授编修。累擢少詹事。与大学士夏言论河套事不合,寻罢归。日与诸生论道,其学以程朱为宗,学者称泰泉先生。"《论学书·与何燕泉书》:"未尝读书而索之空寂杳冥,无由贯彻物理而徒曰致知。"《论学书·与林兆泉上元书》:"岂有理在天地之先而乘气以行,如人乘马车者哉。"《四库全书总目提要》卷二二:"《泰泉乡礼》七卷(两淮盐政采进本):明黄佐撰。佐字才伯,泰泉其号也,香山人。正德辛巳进士,官至少詹事。事迹具《明史·文苑传》。佐之学虽恪守程朱,然不以聚徒讲学名,故所论述,多切实际。……大抵皆简明切要,可见施行,在明人著述中,犹为有用之书。"郭棐《粤大记》卷二四:"黄佐,字才伯,号泰泉,一号太霞子。……丙寅七月疾革,犹作诗,有'气完光岳,身在云霄'及'贻谋无厚业,忠孝种心田'之语,敛襟拊带曰:'弘毅当如是也。'年七十有七。……公问学该博,与廖洞野齐名。所著文集六十卷、《乐典》三十六卷、《庸言》十三卷、《革除遗事》十六卷、《翰林志》二十卷、《广州通志》七十卷、《广西卷》六十卷、《南雍志》二十四卷、《诗经通解》、《春秋传意》、《明音类选》各若干卷,传于世。学者称'泰泉先生'"。

穆宗隆庆元年　丁卯(公元1567年)

重录《永乐大典》成　因嘉靖四十一年(1562)三殿失火,世宗令重录《永乐大典》,以备不测。是年,重录成。

[文献]　《明穆宗实录》卷七:"(隆庆元年四月)以重录永乐

大典成。"《四库全书总目提要》卷一三七:"《永乐大典》……嘉靖四十一年,选礼部儒士程道南等一百人重录正副二本,命高拱、张居正校理,至隆庆初告成,仍归原本于南京,其正本贮文渊阁,副本别贮皇史宬"。

陈建卒 陈建(1497—1567),明代理学家。嘉靖七年(1528)举人。先后任福建侯官县教谕、江西临江府学教授、山东信阳县知县等职。母亲去世后告归隐居,潜心著述。开创"东莞学",与陈献章"新会之学"、湛若水"甘泉之学"齐名。思想上继承朱熹的观点,认为"心"为人心、道心两方面,而"性"即是道心,知觉即是人心。他从维护程朱理学出发,在当时王学还处于盛行之时,尊朱(熹)诋陆(九渊),指摘王学剽窃佛教禅宗思想,即把"心学"等同于佛学。同时,又揭示佛学惑人之害,告诫学者切勿为其所欺误。在学术方面,其将朱熹著作的先后次序给以清楚考辨,修正了王守仁等人的错误,对于了解和研究朱熹学术思想演变的情况有一定帮助。但其诋毁陆王心学为佛学,又不免有偏颇之词。著述较多,主要有《学蔀通辨》、《治安要议》、《西洹乐府通考》、《滥竽录》、《皇明通纪》等五部。

[文献] 《四库全书学典·辞典》:"陈建,明东莞人。字廷肇,号清澜。嘉靖举人。知信阳县,以老母辞归,专精著述,尤邃于理学。当正嘉之际,王守仁致良知之学,盈满天下。建著《学蔀通辨》以避之。又有《皇明通记》、《治安要议》、《滥竽录》、《乐府通考》。"《学蔀通辨·后编》:"性,即道心也。知觉即人心也。……析而言之则仁义礼智为性,虚灵知觉为心。统而言之,则二者皆心也,亦皆性也。虽然皆心,而有道心人心之别;虽皆性,而有义理之性气质之性之殊。"(《学蔀通辨·前编》)"只说涵养,不说省察,陷于一偏,流于空寂,全非圣贤之旨。"《四库全书总目提要》卷九六:"《学蔀通辨》十二卷(内府藏本):明陈建撰。大旨以佛与陆、

王为学之三部,为前编、后编、续编、终编。每编又自分上、中、下,而采取《朱子文集》、《语类》、《年谱》诸书以辨之。……然建此书痛诋陆氏,至以病狂失心目之,亦未能平允。"

穆宗隆庆五年　辛未(公元1571年)

四月,王徵生　王徵,明末著名学者、翻译家。字葵心、又字良甫,自号了一道人、了一子、支离叟,教名斐里伯,陕西泾阳人。

[文献]《罪惟录·列传》卷一二:"王徵,字良甫,号葵心,晚自号了一道人,陕西泾阳人。"《宝田堂王氏家乘》卷二:"王徵,号葵心,泾阳人。"屈大均《翁山佚文辑·泾阳三原死节二臣传》:"王徵字良甫,一字葵心。"张炳璇《明进士奉政大夫山东按察司佥事奉敕力监辽海军务端节先生葵心王公传》:"以隆庆辛未四月十九日生先生,讳徵,字良甫,道号了一道人,葵心其别号也。"

穆宗隆庆六年　壬申(公元1572年)

刘文敏卒　刘文敏(1490—1572),明代心学家。字宜充,号两峰,吉之安福(今江西安福县)人。自幼聪明好学,与刘邦采共学,二人"思所以立于天地间者",每每至夜分不能入寝。正德十六年至嘉靖六年,王守仁居越六年,在稽山书院龙泉寺中天阁讲学,其与刘邦采一同拜见,从此成为受业弟子。为学守阳明致良知,操存克治,瞬息不少懈。主"心事合一",认为"发与未发本无二致,戒惧慎独本无二事","涵养本源愈精愈一,愈一愈精",这样才是"心事合一"。其学以虚为宗,认为"虚乃生生,虚者天地万物之原也。"是年五月卒,年83岁。

[文献]　黄宗羲《明儒学案》卷一九:"刘文敏字宜充,号两峰,吉之安福人。自幼朴实,不知世有机械事。年二十三,与师泉共学,思所以自立于天地间者,每至夜分不能就寝。……已读《传

习录》而好之,反躬实践,唯觉动静未融,曰:'此非师承不可。'乃入越而禀学焉。自此一以致良知为鹄,操存克治,瞬息不少懈。……不应科目。华亭为学使,以贡士征之,不起。双江主于归寂,同门辨说,动盈卷轴,而先生言:'发与未发本无二致,戒惧慎独本无二事。若云未发不足以兼已发,致中之外,别有一段致和之功,是不知顺其自然之体而加损焉,以学而能,以虑而知者也。'又言:'事上用功,虽愈于事上讲求道理,均之无益于得也。涵养本原愈精愈一,愈一愈精,始是心事合一。'……先生谓:'吾性本自常生,本自常止。往来起伏,非常生也,专寂凝固,非常止也。生而不逐,是谓常止;止而不住,是谓常生。主宰即流行之主宰,流行即主宰之流行。'其于师门之旨,未必尽同于双江,……谓其门人王时愧、陈嘉谟、贺泾曰:'知体本虚,虚乃生生,虚者天地万物之原也。吾道以虚为宗,汝曹念哉,与后学言,即涂辙不一,慎勿违吾宗可耳。'隆庆六年五月卒,年八十有三。……故言虚同而为虚实异,依然张子之学也。"《明史》卷二八三:"文敏,字宜充。父丧除,绝意科举,尝曰:'学者当循本心之明,时见已过,刮磨砥砺,以融气禀,绝外诱,征诸伦理、事物之实,无一不慊于心,而后为圣门正学,非困勉不可得入也。高谈虚悟,炫末离本,非德之贼乎?'"

神宗万历元年　癸酉(公元 1573 年)

张居正上《帝鉴图说》　是年,吏部尚书张居正向神宗上《帝鉴图说》,大意说前史所载兴亡治乱之迹。为教育皇帝听言纳谏,节用爱人,张居正嘱讲官稽古代天下之君撮其善可法者八十一事,恶可戒者三十六事,每一事前绘一图,取唐太宗"以古为鉴"之意名之。

　　[文献]　《明史记事本末》补编卷一:"万历元年,《帝鉴图说》成。"《明史》卷二一三:"帝(明神宗)初政,居正尝纂古治乱事

百余条,绘图,以俗语解之,使帝易晓。"《四库全书总目提要》卷九〇:"《帝鉴图说》无卷数(内府藏本):明张居正、吕调阳同撰。……是编乃二人奏御之书,取尧、舜以来善可为法者八十一事,恶可为戒者三十六事,每事前绘一图,后录传记本文,而为之直解。……神宗方在冲龄,语取易晓,不免于俚俗。"

神宗万历二年　甲戌(公元1574年)

钱德洪卒　钱德洪(1496—1574),明代心学家。王守仁门生。嘉靖进士,历国子监丞、刑部主事、员外郎、陕西司事等职。因坐论郭勋死罪,被斥为民。在野三十年,无日不讲学,游学遍及江西、浙江、南直隶、湖广等地。是年十月卒,享年79岁。其为学主"知",认为"充塞天地间,只有此知(良知),天只此知之虚明,地只此知之凝聚,反馈神只此知之妙用,四时日月只此知之流行,人与万物只此知之合散,而人只此知之精粹"。其为学严守"儒者之矩矱",在修持方面胜过王畿,在心、意、知、物"四有"方面,学凡数变,而终以"无动常一"为指归。著有《阳明夫子年谱》(收入《阳明全书》)、《濠园记》、《言行逸稿》等。

[文献]　黄宗羲《明儒学案》卷一一:"钱德洪字洪甫,号绪山,浙之余姚人。……时四方之士来学于越者甚众,先生与龙溪疏通其大旨,而后卒业于文成,一时称为教授师。嘉靖五年举于南宫,不廷试而归。文成征思、田,先生与龙溪居守越中书院。七年,奔文成之丧,至于贵溪,……十一年,始赴廷试,出为苏学教授。丁内艰。服阕,补国子监丞,寻升刑部主事,稍迁员外郎,署陕西司事。……穆宗朝,进阶朝列大夫,致仕。万历初,复进阶一级。在野三十年,无日不讲学。江、浙、宣、歙、楚、广名区奥地,皆有讲舍。……年七十,作《颐闲疏》告四方,始不出游。二年十月二十六日卒,年七十九。……龙溪从见在悟其变动不居之体,先生只于事物

上实心磨炼,故先生之彻悟不如龙溪,龙溪之修持不如先生。乃龙溪竟入于禅,而先生不失儒者之矩矱,何也?……念庵曰:'绪山之学数变,其始也,有见于为善去恶者,以为致良知也。……'《会语》……此知运行万古有定体,故曰太极。原无声臭可即,故曰无极。太极之运无迹,而阴阳之行有渐,故自一生二,生四,生八,以至庶物露生,极其万而无穷焉。……戒惧即是良知,觉得多此戒惧,只是工夫生;久则本体工夫自能相忘,不思而得,不勉而中,亦只一熟耳。"《明史》卷二八三:"钱德洪,名宽,字德洪,后以字行,改字洪甫,余姚人。王守仁自尚书归里,德洪偕数十人共学焉。四方士踵至,德洪与王畿先为疏通其大旨,而后卒业于守仁。……德洪既废,遂周游四方,讲良知学。时士大夫率务讲学为名高,而德洪、畿以守仁高第弟子,尤为人所宗。……穆宗立,复官,进阶朝列大夫,致仕。神宗嗣位,复进一阶。卒年七十九。学者称绪山先生。"

何迁卒 何迁(1501—1574),明代学者。嘉靖辛丑中进士,除户部主事,历官至南京刑部侍郎。从学于湛若水,为学以知止为要。认为"止者,此心感应之几,其明不假思,而其则不可乱。非止,则退藏不密,藏不密,则真几不生,天则不见。"黄宗羲谓其学与聂双江归寂之学大旨相当。是年卒,享年74岁。

[文献] 黄宗羲《明儒学案》卷三八:"何迁字益之,号吉阳,江西德安人。嘉靖辛丑进士,除户部主事,历官至南刑部侍郎。万历甲戌卒,年七十四。先生从学于甘泉。京师灵济之会久虚,先生入,倡同志复之。先生之学,以知止为要。止者,此心感应之几,其明不假思,而其则不可乱。非止,则退藏不密,藏不密,则真几不生,天则不见。此与江右主静归寂之旨,大略相同。湛门多讲研几,而先生以止为几,更无走作也。其疏通阳明之学,谓'舍言行而别求一心,外功力而专任本体,皆非王门种子。'亦中流之一壶

也。"

神宗万历三年　乙亥(公元 1575 年)

熊三拔生　熊三拔(Sabbatino de Ursis),字有纲,意大利耶稣会传教士。明万历三十四年(1606)来华,受利玛窦器重,利玛窦卒后,由其负责北京耶稣会内部事务。协助明政府修订历法,测量京城地理,并著书介绍简平仪用法,根据天文学原理说明立表测日影以定时之法。四十五年(1617)被逐,卒于澳门。著有《简平仪说》、《表度说》、《泰西水法》等。

[文献]　徐宗泽《明清间耶稣会士译著提要》卷九:"熊公三拔,字有纲,意人,生于一五七五年,一六〇六年来华传教。……一六一六年,南京教难起,公与其他教士被解至澳门,一六二〇年卒于该地。"(中华书局,1989)阮元《畴人传》卷四四:"熊三拔明万历壬子入中国,著《简平仪说》一卷,言简平仪用二盘,……又《表度说》一卷,言术家有浑天仪,有平仪,有正方案以测七政星辰高下之分,以察日之景。……又《泰西水法》六卷,有制龙尾恒升玉衡车诸法,一皆本于勾股。西洋之学有关民用者,莫切于此。论曰,揆日为推步之要务,简平仪表度之用于测日为特详,……水法龙尾恒升玉衡车诸制,非究极算理者不能作,而龙尾一车,尤于水旱有补裨之功。"

神宗万历四年　丙子(公元 1576 年)

续修《明会典》　《明会典》始撰于弘治十年,成于弘治十五年。初有 180 卷,是年又增补为 228 卷。

[文献]　龙文彬《明会要》卷二六:"万历四年,诏复修《大明会典》。是书重修于嘉靖二十八年,进呈,未刊。至是礼部题请,从之。书成,凡二百二十八卷。"《四库全书总目提要》卷八一:

"《明会典》一百八十卷(江苏巡抚采进本):明弘治十年奉敕撰,十五年书成,正德四年重校刊行,故卷端有孝宗,武宗两序。……其后嘉靖八年复命阁臣续修《会典》五十三卷,万历四年又续修《会典》二百二十八卷。今皆未见其本,莫知存佚。殆以嘉靖时祀典太滥,万历时秕政孔多,不足为训,故世不甚传欤?"

赵贞吉卒 赵贞吉(1508—1576),明代学者。字孟静,号大洲。四川内江人。其生而神颖,登嘉靖十一年进士,选庶吉士,授编修。历任户部右侍郎、史部侍郎、翰林院学士。李贽谓其师从徐樾,黄宗羲亦证之,其为学虽承王艮之传,却近于禅,并谓禅不足以害人。批评世儒论"中",只徒知其名,而不知其为物,认为不可离器物而言"中"。著有《文肃集》等。

[文献] 李贽《续藏书》卷一二:"赵贞吉,字孟静,号大洲,蜀之内江人。生而神颖,六岁诵书,日尽数卷。……丙子三月卒,春秋六十有九。讣闻,上辍朝谕祭。诰赠少保,谥曰文肃。"黄宗羲《明儒学案》卷三三:"赵贞吉字孟静,号大洲,蜀之内江人。生而神颖,六岁诵书,日尽数卷。登嘉靖十一年进士第。选庶吉士,授编修。……上即升先生左春坊左谕德,兼河南道监察御史,……四十年始入为户部右侍郎,又以忤嵩罢。隆庆改元,起吏部侍郎,兼翰林院学士,掌詹事府事。……寻拜文渊阁大学士。……使先生兼掌都察院事。……万历四年三月十五日卒,年六十九。赠少保,谥文肃。先生之学,李贽谓其得之徐波石。……先生之所谓'不足以害人'者,亦从弥近理而大乱真者学之。"《明史》卷一九三:"赵贞吉,字孟静,内江人。六岁日诵书一卷。及长,以博洽名。最善王守仁学。"

域外 [意]自然哲学家、数学家卡尔丹卒,著有《永远之迷》。

神宗万历五年　丁丑（公元1577年）

章潢著成《图书编》　《图书编》是明代有影响的一部类书。凡历代有图可考的书籍均在《图书编》收录范围之内。书为左图右文。全书共127卷，包括经义、象纬历算、地理、人道、易象类编、学诗多识六大部分。该书收录书籍十分繁多，而条理颇为清晰，尽取群书之精华，有较高实用价值和学术价值。

［文献］《四库全书总目提要》卷一三六："《图书编》一百二十七卷（河南巡抚采进本）：明章潢撰。潢有《周易象义》，已著录。是编取左图右书之意，凡诸书有图可考者，皆汇辑而为之说。一卷至十五卷为经义，十六卷至二十八卷为象纬历算，二十九卷至六十七卷为地理，六十八卷至一百二十五卷为人道，一百二十六卷为易象类编，一百二十七卷为学诗多识，……明人图谱之学，惟此编与王圻《三才图会》号为巨帙。然圻书门目琐屑，排纂冗杂，下至弈棋牙牌之类，无所不收，不及潢书之体要。……亦不及潢书之引据古今，详赅本末。虽儒生之见，持论或涉迂拘，然采摭繁富，条理分明，浩博之中取其精粹。于博物之资，经世之用，亦未尝无百一之裨焉。"

［考辨］《四库全书总目提要》卷一三六："其门人万尚前序称，是编肇于嘉靖壬戌，成于万历丁丑。考潢年谱，乃称万历五年丁丑《论世编》成，又称万历十三年乙酉出《图书编》，与邓元锡《函史》相证。然则初名《论世编》，后乃改此名矣。"故将《图书编》一书志于此年。

神宗万历六年　戊寅（公元1578年）

刘宗周生　刘宗周，明末著名儒学大师，蕺山学派的创始人。字起东，号念台，浙江山阴（今浙江绍兴）人，世称蕺山先生。

[文献] 张惟骧《疑年录汇编》卷八:"刘念台六十八宗周,生明万历六年戊寅。"黄宗羲《明儒学案》卷六二:"刘讳宗周,字起东,号念台,越之山阴人。……绝食二十日而卒,闰六月八日,戊子也,年六十八。"

高拱卒 高拱(1512—1578),明代哲学家、政治家。嘉靖二十年(1541)进士。嘉靖末,经徐阶引荐任礼部尚书兼文渊阁大学士。明穆宗即位后,因与徐阶争权而以病辞官去职。隆庆三年(1569)冬,因徐阶去官,又出任首辅。穆宗死后,因与张居正在学术上、政治上意见相左,加之权宦冯保的逸毁,再次被排挤去官。此后,居家专心著述。是年卒,谥号文襄,赠太师。其在政治上主张修举务实,反对偷安自便,在当时有一定影响。在思想上,倡导务实之风,强调救时致用,注重实践经验,反对不切实际的空谈。对于"理",他认为,理是事物本身的理,如果抛弃事物本身而去抽象空洞地谈理,是不可能的。因此,他反对朱熹"性即理"的观点。在义与利的关系上,指责宋儒们借儒学名为个人谋私利,又反对把利与义完全对立起来。继承王廷相等人对"五行"说的批判思想,指出程朱宣扬的"天人感应"、"五德始终"等观点完全错误。此外,在学术上还指出自宋代以来许多学者、儒生对《春秋》一书穿凿附会的理解和注释,并推出《春秋》原意,订正了一些传注中的错误。著述较多,主要有《问辨录》、《春秋正旨》、《日进直讲》、《边防纪事》、《绥广纪事》、《献忱集》、《本语》、《玉堂公草》、《高文襄公集》等。

[文献] 《明经世文编·姓氏爵里》:"高拱字肃卿,新郑人。嘉靖二十年进士,选庶吉士,授编修。穆宗为裕王公,为讲官。累迁至礼部尚书。隆庆元年召入内阁加少傅,寻养病归,三年复以原官起。……隆庆六年罢归,卒,谥文襄。"《四库全书总目提要》卷二八:"《春秋正旨》一卷(安徽巡抚采进本):明高拱撰。拱字肃

卿,新郑人。嘉靖辛丑进士。官至吏部尚书、中极殿大学士,谥文襄。……是编之作,盖以宋以来说《春秋》者穿凿附会,欲尊圣人而不知所以尊,欲明书法而不知所以明,乃推原经意,以订其谬。……其言皆明白正大,足破说《春秋》者之痼疾。卷帙虽少,要其大义凛然,多得经意,固迥出诸儒之上矣。"《四库全书总目提要》卷一一七:"《本语》六卷(副都御史黄登贤家藏本):明高拱撰。……其他辨诘先儒之失,抉摘传注之误,词气纵横,亦其刚很之余习。然颇有剖析,精当之处亦不可磨。"《四库全书学典·辞典》:"(高拱)嘉靖进士,选庶吉士,《本语》六卷。明高拱撰。累官文渊阁大学士。……乞归。隆庆中复召为大学士,益专横,专与阶修却。然练习政体,负经济才,所建白皆可行,累进柱国中极殿大学士。神宗即位,为张居正、冯保所排。……居家数年卒,谥文襄。"

张后觉卒 张后觉(1503—1578),明代心学家。字志仁,号弘山,山东茌平人。仕终华阴教谕。早年师从颜钥、徐樾,深思力践,广交四方学者。是年卒,享年76岁。其为学主王守仁良知之学,谓良知不可分,"良即是知,知即是良,良外无知,知外无良。"(《明儒学案》卷二九)。此即其良知之独得之处。

[文献] 黄宗羲《明儒学案》卷二九:"张后觉字志仁,号弘山,山东茌平人。仕终华阴教谕。早岁受业于颜中溪、徐波石,深思力践,洞朗无碍。……近溪、颖泉官东郡,为先生两建书院,曰愿学,曰见大。先生闻水西讲席之盛,就而证其所学。万历戊寅七月卒,年七十六。其论学曰:'耳本天聪,目本天明,顺帝之则,何虑何营。'曰:'良即是知,知即是良,良外无知,知外无良。'曰:'人心不死,无不动时,动而无动,是名主静。'"《明史》卷二八三:"张后觉,字志仁,茌平人。……后觉生有异质,事亲孝,居丧哀毁,三年不御内。早岁,闻良知之说于县教谕颜钥,遂精思力践,偕同志讲习。已而贵溪徐樾以王守仁再传弟子来为参政,后觉率同志往师之,学益有闻。……平生不作诗,不谈

禅,不事著述,行乎远近,学者称之为弘山先生。年七十六,以万历六年卒。"

域外 [英]医学者、生理学者、血液循环说的首倡者、实验生理学的创始人之一哈维生。

神宗万历七年　己卯(公元1579年)

正月,张居正反对聚众讲学,毁天下书院　正月,张居正请废书院,全国凡毁64处。是时,士大夫竞讲学,张恶之,尽改天下书院为公廨衙门。

[文献]《明通鉴》卷六七:"七年春正月,诏毁天下书院。"沈德符《万历野获编》卷八:"江陵最憎讲学,言之切齿。"《明史》卷二〇:"(万历)七年春正月戊辰,诏毁天下书院。"《明会要》卷二六:"万历七年正月,毁天下书院。时士大夫竞讲学,张居正恶之,尽改各省书院为公廨。凡先后毁应天等府书院六十四处。"张居正《请申旧章饬学政,以振兴人才疏》:"圣贤以经术善训,国家以经术作人,若能体认经书,便是讲明学问。……教官生儒务将平日所习经书义理着实讲求,躬行实践,以需他日之用,不许别创书院,群聚徒党及招他方游食无行之徒,空谈废业,因而启奔竞之门,开请托之路。"(《张文忠公全集·奏疏》卷四)

何心隐卒　何心隐(1517—1579),明末哲学家,泰州学派重要代表人物。早年以"有异才"闻名,后从师于王艮弟子颜钧,开始聚徒讲学。其原名梁汝元,因伙同蓝道行计除严嵩未成,遭严党妒恨,便更名何心隐,逃匿四方,并继续聚徒讲学。后又因反对宰相张居正毁书院、禁讲学,被张居正逮捕后杖杀于狱中。他把平治天下之道始于齐家,首先捐献家财,率同族建"聚和堂",以实现他平等、互济、和睦的"理想"社会,这一实验由于他的被捕而告终。他反对理学的禁欲主义,认为"欲"是人性的自然要求,人不应无欲而应该"寡欲"。其思想在明末资本主义萌芽时期一定程度上反映了市民阶层的要求,对封建名教有所突破,对后世学者也有很大影响。其著作留传下来的仅存《爨桐集》。

[文献]《明神宗实录》卷九五:"(万历八年正月)己未,先是江西永丰人梁汝元聚徒讲学,讥议朝政。……共谋不轨,汝元已先死。"邹元标《梁夫山传》:"幼时颖异拔群,潜心经史,辄以远大自期,凡耳而目之,皆知其为伟器也。嘉靖丙午,督学蔡公拔首冠郡。时本邑右渠张公勉学署邑,校士,得公卷,抚掌叹曰:'天下奇才'。"黄宗羲《明儒学案》卷三二:"梁汝元字夫山,其后改姓名为何心隐,吉州永丰人。少补诸生,从学于山农,与闻心斋立本之旨。时吉州三四大老,方以学显,心隐恃其知见,辄狎侮之。谓《大学》先齐家,乃搆'萃和堂'以合族,身理一族之政,冠婚丧祭赋役,一切通其有无,行之有成。……而心隐故尝以术去宰相,……(朝廷)遂令楚抚陈瑞捕之,未获而瑞去。王之垣代之,卒致之。心隐曰:'公安敢杀我?亦安能杀我?杀我者,张居正也。'遂死狱中。心隐之学,不堕影响,有是理则实有是事,无声无臭,事藏于理,有象有形,理显于事,……盖一变而为仪、秦之学矣。"李贽《与焦漪园太史》:"何心隐老英雄莫比,观其羁绊缧绁之人所上当道书,千言万语,滚滚立就,略无一毫乞怜之态,如诉如戏,若等闲日子。今读其文想见其为人。其为文章高妙,略无一定袭前人,亦未见从前有此文字,但见其一泻千里,委曲详尽,观者不知感动,吾不知之矣。"(《续焚书》卷一)

潘季驯始著《河防一览》 该书是关于明代治河史的代表性著作。潘季驯撰。潘季驯(1521—1595),字时良。自嘉靖末年至万历年间,四奉治河之命,首尾27年,成绩卓著。是年,汇集治河前后章奏及诸人赠言,辑为《塞断大工录》10卷,后对此进行增删,撰成该书。包括《敕谕图说》、《河议辨惑》、《河防险要》、《修守事宜》、《河源河决考》各 1 卷,前人关于治河的议论和经验共 9 卷。潘氏治河,采取综合治理的方法,通漕于河,会河以淮,合河、淮入海。故生平规划,总以"束水攻沙"为基本治河方针。该书总结了历代河决的情况和治河的经验,也反映出明代治河的新成就,以后治河者,皆以此书为参考。

[文献] 《四库全书总目提要》卷六九:"《河防一览》十四卷,明潘季驯撰。季驯有《司空奏议》,已著录。季驯在嘉靖、万历间,凡四奉治河之命,在事二十七年,著有成绩。尝于万历七年工成时,汇集前后章奏及诸人赠言,纂成一书,名《塞断大工录》。既而以其犹未赅备,复加增削,辑为是编。首《敕谕图说》一卷,《次河议辨惑》一卷,《次河防险要》一卷,《次修守事宜》一卷,《次河源河决考》一卷,次前人文章之关系河务及诸臣奏议凡八十余篇,分为九卷。……故生平规画,总以束水攻沙为第一义。……后来虽时有变通,而言治河者终以是书为准的。"《明史》卷二二三:"潘季驯,字时良,乌程人。……季驯凡四奉治河命,前后二十七年,习知地形险易。"

神宗万历八年　庚辰(公元 1580 年)

尤时熙卒　尤时熙(1503—1580),明代心学家,字季美,号西川,河南洛阳人。举嘉靖壬午乡试,历元氏及章丘学谕、国子学正、户部主事,终养归。是年九月卒,享年 78 岁。他因读《传习录》,始信圣人之学,遂师从刘晴川、朱近斋、周讷溪、黄德良(名骥)等人,考究阳明之言行。认为道理于发出处始可现,而学者们却只在发动处用动,所以功夫即是本体,不当求其起处,反对当时学者所谓的良知上还有一层。著有《拟学小记》。

[文献]　黄宗羲《明儒学案》卷二九:"尤时熙字季美,号西川,河南洛阳人。举嘉靖壬午乡试,历元氏、章丘学谕,国子学正,

户部主事，终养归。归三十余年，万历庚辰九月卒，年七十八。先生因读《传习录》，始信圣人可学而至，然学无师，终不能有成，于是师事刘晴川。……又从朱近斋、周讷溪、黄德良（名骥）。考究阳明之言行，……先生以道理于发见处始可见，学者只于发动处用功，故工夫即是本体，不当求其起处。……静中养出端倪，亦是方便法门，所谓观喜怒哀乐未发以前气象，总是存养名目。先生既扫养出端倪，则不得不就察识端倪一路，此是晦翁晚年自悔'缺却平时涵养一节工夫'者也，安可据此以为学的？先生言'近谈学者多说良知上还有一层'为非，此说固非，然亦由当时学者以情识为良知，失却阳明之旨，盖言情识上还有一层耳。"《明史》卷二八三："晚年，病学者凭虚见而忽躬行，甚且越绳墨自恣，故其论议切于日用，不为空虚隐怪之谈。卒于万历八年，年七十有八，学者称西川先生。"

神宗万历九年　辛巳（公元 1581 年）

王栋卒　王栋（1503—1581），泰州学派学者，王艮族弟，嘉靖三十七年，由岁贡授江西建昌府南城县训导，后升南丰教谕、深州学正等职。所到之处，以讲学为主。致仕归乡后，被聘主持海陵安定书院。师从王艮受格物之旨，其学重在发挥王艮"百姓日用"之学，反对克欲，认为"察私防欲，圣门从来无此教法"，孔子所言"克己"，"己即谓身也，而非身之私欲也"，"克者，力胜之辞"，有"自强不息"之意。不以"意"为"以"之所发。又倡平民教育，要求建立"人人共同共明之学，反对学术为文士终生所独占。颇得王艮学说之精义，著有《王一庵遗集》二卷，卷首有《年谱纪略》，卷一有《会语》正续集，卷二有《论学杂吟》、《乡约六歌》诸诗。据孙之益于明天启年间所作序，该书为其裔孙汇集编定刊行。清嘉庆间，王氏后人将一庵集与心斋集、东厓集合印成《淮南王氏三贤全书》，清末民初,经袁承业重校,附入《明儒王心斋先生遗集》。

[文献] 黄宗羲《明儒学案》卷三二:"王栋字隆吉,号一庵,泰州人。从事心斋。嘉靖戊午,由岁贡授南城训导,转泰安,升南丰教谕。所至以讲学为事。先生之学,其大端有二:一则禀师门格物之旨而洗发之。……故致知格物,不可分析。一则不以意为心之所发。……故以意为心之所发为非是,而门下亦且断断而不信。……岂知一庵先生所论,若合符节。先生曰:'不以意为心之所发,虽自家体验见得如此,然颇自信心同理同,可以质诸千古而不惑。'"《四库全书总目提要》卷九六:"《一庵遗集》二卷(两江总督采进本):明王栋撰。栋字隆吉,号一庵,泰州人。嘉靖中由岁贡生补江西南城训导,迁深州学正。初,王守仁良知之学有泰州一派,始于王艮。栋为艮从弟,故独得其传。所至皆以讲学为事。集分二卷,上卷曰《会语正集》、《续集》。下卷曰《论学杂吟》及各体诗文,并其门人李梴所记诚意问答之语。黄宗羲《明儒学案》尝称栋'意非心之所发'一语,为独得宗旨。而又谓'泰州之学时时不满师说,益启瞿昙之秘,致跻阳明而为禅'云。"《王一庵先生遗集》卷一:"(《会语正集》)圣门诚意之学,先天易简之决,安有此作用哉!诚意功夫在慎独,独即意之别名,慎即诚之用力者耳。知诚意之为慎独,则知用力于动念之后,悉无及矣。故慎本严敬而不懈怠之谓,非察私而防欲者也。"《一庵王先生遗集》卷上《年谱纪略》:"学古之道,守阳明高第弟也。……受格物之旨,躬行实践,得家学之传。……(万历九年辛巳卒后)里中咸称之曰:'越中、淮南生三王夫子。'"

神宗万历十年 壬午(公元1582年)

八月,利玛窦来华 利玛窦(Mathew Ricci)于1552年(明嘉靖三十一年)生于意大利安柯那(Ancone)省的马塞拉塔(Macerata)城。1571 年加入耶稣会。后自愿到远东传教,于是年 4 月从印度果阿出发,同年 8 月到达中国澳门。

［文献］ 《利玛窦文集》"1582 年,……他(指利玛窦)同其他七名耶稣会士一起开始漂洋过海了……8 月 7 日他于病中抵达澳门。"(第一卷 90 页、第二卷 408 页)利玛窦、金尼阁《利玛窦中国札记》中译者序言:"利玛窦于 1552 年 10 月 6 日出生在意大利的中部教皇邦安柯那(Ancone)省的马塞拉塔(Macerata)城,……1578 年 3 月 24 日,他从里斯本乘船往东方,于同年 9 月 13 日到达葡萄牙在东方殖民活动的重要据点,印度的果阿。在果阿居留四年后,耶稣会负责东方教务的视察员派他随赴中国的传教团到中国来传教。1582 年 4 月他自果阿启行,同年 8 月抵达澳门。"(《利玛窦中国札记》,中华书局,1983,1－2 页)艾儒略《大西利先生行迹》:"利玛窦字西泰,一千五百五十二年生于意大利之马塞拉塔城,年十九入耶稣显修会。一千五百七十七年,阅数国,乃至大西海滨召邦波尔都瓦尔。利子入见其王,王款甚厚。航海东来,历怒涛狂沙掠人咙人之国,不灾不害,次年泊小西洋,易舟而东。又次年,为万历九年,辛巳,始抵广东香山墺。明年,癸未,利子入端州,居端州几十载。……利子住京师十年,交游益广,著述益多。"

［考辨］ 关于利玛窦到达中国的时间,《明史》卷三二六及《大西泰利先生行迹》均为万历九年(1581),《利玛窦中国札记》与裴化行的《利玛窦评传》均记载为万历十年七月。因《札记》与《评传》所引资料大都出于利玛窦之手,故此说较为可信。

杨慎《升庵集》刊行 《升庵集》是明代思想家杨慎的主要著作之一,又称《太史升庵文集》。共 81 卷,包括赋及杂文 11 卷,诗 29 卷,杂记 41 卷。该书实际上是对杨慎的诗文及《丹铅录》、《谭苑》、《醒醐》等书整理后形成的。书中包含的主要学术思想有:批评宋明理学高谈阔论、不务实际的空疏之风,主张实践和身体力行;在经学上力排宋学,倡导汉学;在人性上,不赞成理学家"灭情以复性"的说法,认为性与情二者相辅相成,缺一不可,因此主张性情统一,不能存天理灭人欲,也不能灭天理而穷人欲。

[文献] 《四库全书总目提要》卷一七二:"《升庵集》八十一卷(副都御史黄登贤家藏本):明杨慎撰。……此集为万历中四川巡抚张士佩所订,凡赋及杂文十一卷,诗二十九卷,又杂记四十一卷,盖士佩取慎《丹铅录》、《谭苑》、《醍醐》诸书,删除重复,分类编次,附其诗文之后者也。"杨慎《升庵集》卷五:"《性情说》:性犹水也,情波也,波兴则水垫,情炽则性乱。合之则双美,离之则两伤。"杨慎《升庵集》卷七一:"《先郑后郑》:专守一艺而不复旁通他书,掇拾腐说而不能自遣一辞。……今之学者吾惑之,撼拾宋人之绪言,不究古音之妙论,尽扫百家,而归之宋人;又尽扫宋人,而归之朱子。"《升庵集》卷七五:"《蒋兆潭戏语》宋儒'格物致知'之说久厌听闻,'良知'及'知行合一'之说一出,新人耳目。如时鱼鲜笋,肥美爽口,盘肴陈前,味如嚼冰,若久而厌饫,依旧是真旦、北《西厢出》也。公勿与辩但徐徐俟之。"

钱谦益生 钱谦益,明末清初诗人,主盟文坛数十年。字受之,号牧斋,又号尚湖,晚号蒙叟,又称东涧遗老,常熟(今属江苏)人。

[文献] 张惟骧《疑年录汇编》卷八:"钱受之八十三谦益,生明万历十年壬午。"《清史稿》卷四八四:"钱谦益,字受之,常熟人。……谦益为文博赡,谙悉朝典,诗尤擅其胜。"

张居正卒 张居正(1525—1582),明代后期思想家和著名政治家。嘉靖二十六年(1547)进士,选庶吉士,授翰林编修。历官右中允、礼部右侍郎兼翰林院学士、吏部左侍郎兼东阁大学士、礼部尚书兼武英殿大学士,官至太师兼吏部尚书、中极殿大学士。当政十年内,曾进行多方面改革:推行"一条鞭法",清查大地主隐瞒的庄田,增加国家的田赋收入;任用名将戚继光等加强边防,尤其对东南沿海的倭寇予以致命打击;荐用潘季驯对黄河和淮河水患进行有效治理。在此时期,国家经济状况和社会治安情况都较好。其敢做敢为,勇于承担大事,但为人城府极深,加之他实施比较严苛的律令,得罪了不少人。由于受宦吏张诚等的攻击,他死后不久就被抄家,至崇祯时始恢复名誉。其学术思想以儒学的经世致用之学为核心,提倡做学问要结合实际,讲求实用、实效、实政。著作有《书牍》、《书经直解》、《帝鉴图说》、《女诫真解》等。

[文献]《明史》卷二一三:"张居正,字叔大,江陵人。少颖敏绝伦,十五为诸生。巡抚顾璘奇其文,曰:'国器也。'未几,居正举于乡,……嘉靖二十六年,居正成进士,选庶吉士。……授编修,……居正为人,颀面秀眉目,须长至腹。勇敢任事,豪杰自许。然沉深有城府,莫能测也。严嵩为首辅,忌阶,善阶者皆避匿。居正自如,嵩亦器居正。迁右中允,领国子司业事。……阶代嵩首辅,倾心委居正。世宗崩,阶草遗诏,引与其谋。寻迁礼部右侍郎兼翰林院学士。月余,与裕邸故讲官陈以勤俱入阁,而居正为吏部左侍郎兼东阁大学士。寻充《世宗实录》总裁,进礼部尚书兼武英殿大学士,加少保兼太子太保。去学士五品仅岁余。"《明经世文编·姓氏爵里》:"(张居正)嘉靖二十六年进士,选庶吉士,授翰林编修。……任辅政数年,海内称其功,累加至太师。卒,赠上柱国,谥文忠。"《明神宗实录》卷一二五:"(万历十年六月)丙午,太师兼太子太师、吏部尚书、中极殿大学士张居正卒。……识者谓居正功在社稷,过在身家。"《四库全书学典·辞典》:"为相十年,海内称治。……后为张诚所谗,家籍没。"《四库全书总目提要》卷一三:"《书经直解》十三卷(内府藏本):明张居正撰。居正字叔大,江陵人。嘉靖丁未进士。官至太师、吏部尚书、中极殿大学士,卒谥文忠。"《四库全书总目提要》卷一七七:"《太岳集》四十六卷(浙江

巡抚采进本)：明张居正撰。神宗初年居正独持国柄，后毁誉不一，迄无定评。要其振作有为之功，与威福自擅之罪，俱不能相掩。"《书牍·答罗近溪宛陵尹》："学问既知头脑，须窥实际，……人情物理不悉，便是学问不透。"

神宗万历十一年　癸未(公元1583年)

六月，王畿卒　王畿(1498—1583)，王学江右派的代表人物，与王艮并称"王门二王"。年轻时豪迈不羁，闻王守仁讲学，不顾当时舆论，拜王为师。嘉靖五年会试考中后，不求仕进，未参加廷试而归，与钱德洪共同协助王守仁指导后学。嘉靖八年赴京殿试，途中闻王守仁卒，南归奔丧。十一年中进士，官至南京武选郎中，因其学术思想为当时首辅夏言所恶而罢归。此后往来各地讲学40余年，江苏、湖北、福建、浙江皆有讲舍。著有《王龙溪全集》20卷。认为良知原是当下现成，不假功夫修证，致良知是未悟者的事。提倡"四无"说，认为王守仁所提"四句教"不是定本，主张心意知物，只是一事，若悟得心是无善无恶之心，则意、知、物皆无善无恶。故主张在心体上立根，自称这是先天之学，而诚意功夫在动意之后用功，那是后天之学。强调知识和良知的区别，认为如果变知识为良知，知识是良知的作用，如果认为知识为良知，则知识有害于良知。其认本体为无，为虚寂，是明显的禅学观点。本体既是无，既是虚寂，自然无所用其功夫。因而撤去一切规矩藩篱，放手流去。这种本体即是功夫的学说，比王守仁的致良知走得更远。

[文献]　黄宗羲《明儒学案》卷一二："王畿字汝中，别号龙溪，浙之山阴人。弱冠举于乡，嘉靖癸未下第归而受业于文成。丙戌试期，遂不欲往。……中是年会试。时当国者不说学，先生谓钱绪山曰：'此岂吾与子仕之时也？'皆不廷试而归。文成门人益进，不能遍授，多使之见先生与绪山。……文成卒于南安。先生方赴

廷试,闻之,奔丧至广信,斩衰以毕葬事,而后心丧。壬辰,始廷对。授南京职方主事,寻以病归。起原官,稍迁至武选郎中。时相夏贵溪恶之。……先生因再疏乞休而归。……先生林下四十余年,无日不讲学,自两都及吴、楚、闽、越、江、浙,皆有讲舍,莫不以先生为宗盟。年八十,犹周流不倦。万历癸未六月七日卒,年八十六。"《明史》卷二八三:"善谈说,能动人,所至听者云集。每讲,杂以禅机,亦不自讳也。学者称龙溪先生。……而泰州王艮亦受业守仁,门徒之盛,与畿相埒,学者称心斋先生。阳明学派,以龙溪、心斋为得其宗。"另可见徐阶的《龙溪王先生传》。

[考辨] 关于王畿思想的评价及其与泰州王艮、"异端之尤"李贽的关系,学术界有不同观点。例如,侯外庐、邱汉生、张岂之主编的《宋明理学史》(下卷):"如果我们不囿于道统的门户之见,则所谓'跻阳明于禅'的责任原不在王畿,守仁本来就有禅学的若干思想特色。所谓'流于空疏'也不能一概而论,因为后来李贽等正是在'狂禅'的形式之下进行反封建、反传统而被诬为'异端'(之尤)的。","王畿的理学具有这样的二重性:它使王学因翻新而加固,又使王学固有的藩篱因突破而崩溃。……李贽的异端思想使人有耳目一新之感,显然是受到王畿的启迪。","王守仁的'致良知',王畿企图把它改造成'良知致',借以自立体系。'良知致'后来被王艮(心斋)以'淮南格物'发挥成'百姓日用之学',而王畿仅以禅理证之。"(人民出版社,1987,273、274~275、281页)吕振羽著《中国政治思想史》认为:王畿把王阳明的'良知'释为所谓'造化之精灵'天、地、万物都由这种'精灵'所派生,百那在实际上又都是不存在的。这在根本上,虽还根据王阳明,但比较更庸俗更神学化了。……这不但死硬地反对唯物主义,而又反对客观主义。……而他这种思想方法,却有着阶级内容的,……这不独表现其反对农民阶级,而且是企图拿地主阶级的思想方法去教育他们。因

此，王畿比王阳明更蹈空、更保守、更反动了。"(三联书店,1955,565～566页)侯外庐等人的观点侧重于从学术上评价王畿学说的价值,可取。

恢复全国书院 给事中邹元标上折奏明皇帝,请求恢复天下书院,得准。九江巡道遂请复白鹿洞书院,在巡抚曹大埜的支持下,白鹿洞书院很快得以恢复,并进行了大规模的修整,赎回书院田产,邀请著名学者章潢等来书院讲学,书院又得以振兴。

［文献］ 李才栋《白鹿洞书院史略》:"废书院不久,张居正死。万历十一年(公元1583年),给事中邹元标请求恢复全国书院,得到皇帝批准。九江巡道王桥随即请复白鹿洞书院,在巡抚曹大埜支持下,不到一年时间,白鹿洞书院即得到恢复。万历十三年又赎回了原有田亩。……万历十三年后白鹿洞书院重兴。"(教育科学出版社,1989,121、122页)《白鹿洞书院志》卷一:"岁癸未,给事中邹元标题复,参政程拱宸檄知府潘志伊修祠宇、赎田亩,规制粗定,经画尚缺。至己丑,知府延平田琯经理书院,遂申请提学朱廷益礼聘南昌布衣章潢来洞,讲学理学,提示洞规。于是修葺殿宇、号舍,改建桥梁、门路,改三贤祠于殿左,移文会堂于殿右;立仓厫储租,以赡生徒职者谓洞学再兴,斯文复振云。"(载李梦阳等编《白鹿洞书院古志五种》,中华书局,1995,485页)

域外 ［意］伽利略发现摆振动的等时性。

神宗万历十二年　甲申(公元1584年)

孙奇逢生 孙奇逢,明清之际直隶容城(今属河北)人,字启泰,号钟元,晚年自号岁寒老人,曾讲学于夏峰(今河南辉县),学者尊为夏峰先生。

［文献］ 张惟骧《疑年录汇编》卷八:"孙奇逢九十二钟元,生明万历十二年甲申,卒清康熙十四年乙卯。"《清史稿》卷四八〇:

"孙奇逢,字启泰,又字钟元,容城人。……康熙十四年,卒,年九十二。"蔡冠洛《清代七百名人传》:"孙奇逢,字启泰,一字钟元,直隶容城人。"《孙夏峰学谱》:"生于明万历十二年,卒于清康熙十四年。……夏峰姓孙氏,名奇逢,字启泰,号钟元,容城人。晚居辉县夏峰村,人因号曰'夏峰先生'。(谢国桢:《孙夏峰、李二曲学谱》,商务印书馆,1934年。)

黄尊素生 黄尊素,明末学者。字真长,号白安。浙江余姚人。

[文献]《明史》卷二四五:"黄尊素,字真长,余姚人。"黄宗羲《明儒学案》卷六一:"黄讳尊素,字真长,号白安,越之余姚人。,……遂死,时(天启)六年闰六月朔日也,年四十三。"

神宗万历十三年 乙酉(公元1585年)

黄道周生 黄道周,明末学者。字幼平(平一作玄),号石斋。漳浦(今属福建)人。

[文献] 张惟骧《疑年录汇编》卷八:"黄幼平六十二道周,生明万历十三年乙酉。"《明史》卷二五五:"黄道周,字幼平,漳浦人。"《四库全书学典·辞典》:"黄道周,明漳浦人。字幼玄,一字螭若,号石斋。"庄起俦《漳浦黄先生年谱》:"神宗万历十三年乙酉二月九日先生生。先生讳道周,字幼元,一字细遵,学者称石斋先生。详稽其历:为月己卯、日庚戌、而时丁丑;命直南斗、次于奎初,实涵象纬之秀。又所生之地,在漳郡铜山所之深井,世称深井黄氏。"

范钦卒,因"天一阁"闻名于世 范钦(1506—1585),字尧卿,号东明,浙江鄞县人。明代著名的藏书家。嘉靖十一年中进士,出任湖广随州知州,因触怒权贵,遭诬下狱,后又被起用,调任多处,于嘉靖三十九年去官归里。设藏书楼,初名"东明草堂",后易名为"天一阁"。阁中藏书最多达7万余卷,弥足珍贵的是明代地方志、科举录、家谱、政书、实录、医书、琴谱、营造等书。天一阁中藏书有专用印章,"古司马氏"、"东明草堂"、"范钦私印"、"天一阁古人"等大约二三十颗。另外,范钦也刻印书籍,经他亲自校定并流传至今的《范氏奇书》,计有20种。为完好地保存图书,范钦等制定了严格的制度,以防水火等自然灾害。此后,由于战乱,天一阁图书日渐减少,但时至今日,我们仍可窥见天一阁的全貌。范钦生于武宗正德元年,享年80岁。

[文献] 阮元《宁波范氏天一阁书目序》:"海内藏书之家最久者,今惟宁波范氏天一阁岿然独存。其藏书在阁之上,阁通六间为一,而以书厨间之。其下乃分六间,取天一生水,地六成之义。乾隆间诏建七阁,参用其式且多。……又案《甬上耆旧传》曰:范钦,字尧卿。嘉靖十一年进士,知随州,有治行,迁工部员外郎。……钦筑居在月湖深处,林木翳然,性喜藏书,起天一阁,购海内异本,刊为四部,尤善收诡经诸书及先辈诗文集未传世者。浙东藏书家以天一阁为第一。卒年八十。"寅著《复奏天一阁房间制造之法》:"天一阁在范氏宅东,坐北向南,左右砖甃为垣,前后檐上下俱设窗门。……传闻凿池之始,土中隐有字形如'天一'二字,因悟天一生水之义,即以名阁。阁用六间,取地六成之之义。是以高下深广及书橱数目尺寸,俱含六数。"(《东华续录》乾隆卷七九)《研经室集二集》另可见黄宗羲《天一阁藏书记》(载于《南雷文约》卷四)。

胡直卒 胡直(1517—1585),明代心学家。嘉靖丙辰进士,官至福建按察使。少骀荡,好攻古文词,26岁时始从欧阳文庄问学,后师从罗洪先学,阐玄、禅之旨。守王守仁"心学"宗旨,认为天理在人心中,不在天地万物。"吾心者,所以造天地万物者也;匪是,则黝没荒忽,而天地万物熄矣"。认为辨儒释之别,只在"求理"与"不求理"之别,儒主入世,而释主出世。注重"日用应酬"之修养,以期达到"存天理、灭人欲"之目的。著作主要有《胡子衡齐》、《衡庐精舍藏稿》、《续稿》等。

[文献] 张惟骧《疑年录汇编》卷七:"胡庐山六十九直,生正德十二年丁丑,卒万历十三年乙酉。"黄宗羲《明儒学案》卷二二:"胡直字正甫,号庐山,吉之泰和人。嘉靖丙辰进士。初授比部主事,出为湖广佥事,领湖北道。晋四川参议。寻以副使督其学政,请告归。诏起湖广督学,移广西参政,广东按察使。疏乞终养。起福建按察使。万历乙酉五月卒官,年六十九。先生少骀荡,好攻古文词。年二十六,始从欧阳文庄问学,即语以道艺之辨。……年三十复从学罗文恭,文恭教以静坐。……先生著书,专明学的大意,以理在心,不在天地万物,疏通文成之旨。夫所谓理者,气之流行而不失其则者也。太虚中无处非气,则亦无处非理。孟子言万物皆备于我,言我与天地万物一气流通,无有碍隔,故人心之理,即天地万物之理,非二也。若有我之私未去,堕落形骸,则不能备万物矣。不能备万物,而徒向万物求理,与我了无干涉,故曰理在心,不在天地万物,非谓天地万物竟无理也。……先生之旨,既与释氏所称'三界惟心,山河大地,为妙明心中物'不远。其言与释氏异者,释氏虽知天地万物不外乎心,而主在出世,故其学止于明心。明心则虽照乎天地万物,而终归于无有。吾儒主在经世,故其学尽心,尽心则能察乎天地万物,而常处于有。"

神宗万历十四年 丙戌(公元1586年)

徐霞客生 徐霞客,名弘祖,字振之,号霞客,南直隶江阴(今江苏)人。明代地理学家。

[文献] 钱谦益《徐霞客传》:"霞客死时,年五十有六。西游归,以庚辰(1640年)六月,卒以辛巳(1641年)正月。"《徐霞客墓

志铭》:"霞客生于万历丙戌,卒于崇祯辛巳,年五十有六。"(载于《徐霞客游记》(下)附录,明徐弘祖著,褚绍唐等整理,上海古籍出版社,1980)

神宗万历十五年　丁亥(公元 1587 年)

王襞卒,著有《东崖遗集》　王襞(1511—1587),泰州学派学者,王艮仲子。9 岁随父至浙江,阳明令师从王龙溪和钱德洪,先后留越中 20 余年,后协助王艮讲学,王艮死后,继续往来各地讲学。是年卒,享年 77 岁。其学,受其父王艮"现成良知,自自在在"与王畿"万缘放下,任良知本体顺布流行"思想影响,谓自心之妙用与饥食倦眠同,不容一毫人力于其间,盖以有滞之心不足以窥圣人圆神之妙,故主务洲人心之障,勘破坐见之病。实以宗教式之修持代替对客观事务的认识,近于禅学。著有《王东崖集》2 卷,卷首有《年谱纪略》等;卷一有《语类遗略》、《启明公书略》、《文类杂录》;卷二有《诗类》、《补遗》等。该书为其门人林讷所辑,书中禅学思想色彩甚浓。明万历间初刻,明嘉庆间王氏后人搜访遗版,与《心斋集》、《一庵集》合印为《淮南王氏三贤全书》,清末民初袁承业重订此书,与《东崖集》一并附入《明儒王心斋先生遗集》。

[文献]　黄宗羲《明儒学案》卷三二:"王襞字宗顺,号东崖,心斋仲子也。九岁随父至会稽,每遇讲会,先生以童子歌诗,声中金石。……令其师事龙溪、绪山。先后留越中几二十年。心斋开讲淮南,先生又相之。心斋没,遂继父讲席,往来各郡,主其教事。……万历十五年十月十一日卒,年七十七。先生之学,以'不犯手为妙。鸟啼花落,山峙川流,饥食渴饮,夏葛冬裘,至道无余蕴矣。充拓得开,则天地变化,草木蕃,充拓不去,则天地闭,贤人隐。今人才提学字,便起几层意思,将议论讲说之间,规矩戒严之际,工焉而心日劳,勤焉而动日拙,忍欲希名而诩好善,持念藏机而谓改过,

心神震动,血气靡宁,不知原无一物,原自见成。但不碍其流行之体,真乐自见,学者所以全其乐也,不乐则非学矣。'"《四库全书总目提要》卷一七八:"《东崖遗集》二卷(浙江汪汝瑮家藏本):明王襞撰。襞字宗顺,自号天南逸叟,泰州安丰场人。是集其门人林讷所辑。上卷为像赞、墓图、年谱、语录及同时赠答杂文,下卷为所作诗、赋,附载行状、铭志、祭文、世系、门人姓氏刊集始末。襞少从其父王艮至会稽,传王守仁之学。……盖其父子皆刻意讲学,非以文章为事者。"《王东崖先生遗集》卷一:"性之灵明曰良知,良知自能应感,自能约心思而酬酢万变。知之为知之,不知为不知,一毫不劳勉强扭捏,而用智者自多事也。……人之性,天命是已,视听言动,初无一毫计度,而自无不知不能者,是曰天聪明。于兹不能自得,自昧其日用流行之真,是谓不智而不巧。则其学出于念虑臆度、辗转相寻而已矣,岂天命之谓乎!"

神宗万历十六年　戊子(公元1588年)

罗汝芳卒　罗汝芳(1515—1588),明代学者,泰州学派代表人物之一。嘉靖三十二年(1553)进士。曾任知府、刑部主事、云南副使、参政等职。因讲学时得罪当朝宰相张居正而辞官到南方各地讲学。早年就学于颜钧,系王艮的再传弟子,王阳明的三传弟子。他对王阳明的良知之说有一定保留,并大力倡导泰州学派的思想。同时,首次提出"赤子之心"说,认为人生下来是个赤子,赤子初生的啼叫,就是天生对母亲的爱恋。"赤子之心"最为纯净,"仁"即"爱根"就出自于此,以"仁"为种子,可培养出义、礼、智、信,所以说,做学问须顺应本心,自然而成,无须勉强,这才是"天之知"。学识广博,甚至炼丹谈禅,所以其学术思想已不再囿于心学,而是比较混杂。著有《近溪子文集》、《孝经宗旨》、《一贯编》、《识仁编》等。

[文献]《明史》卷二八三:"汝芳,字惟德,南城人。嘉靖三十二年进士。除太湖知县。召诸生论学,公事多决于讲座。迁刑部主事,历宁国知府。……初,汝芳从永新颜钧讲学,……钧诡怪猖狂,其学归释氏,故汝芳之学亦近释。"黄宗羲《明儒学案》卷三四:"罗汝芳字惟德,号近溪,江西南城人。嘉靖三十二年进士。知太湖县。擢刑部主事。出守宁国府,以讲会乡约为治。……补守东昌。迁云南副使,悉修境内水利。……转参政。万历五年,进表,讲学于广慧寺,朝士多从之者,江陵恶焉。给事中周良寅劾其事毕不行,潜住京师。遂勒令致仕。……所至弟子满座,而未常以师席自居。十六年,从姑山崩,大风拔木,刻期以九月朔观化。诸生请留一日,明日午刻乃卒,年七十四。……先生之学,以赤子良心、不学不虑为的,以天地万物同体、彻形骸、忘物我为大。此理生生不息,不须把持,不须接续,当下浑沦顺适。……论者谓龙溪笔胜舌,近溪舌胜笔。……俄顷之间,能令其心地开明,道在现前。一洗理学肤浅套括之气,当下便有受用,顾未有如先生者也。"《四库全书总目提要》卷一七八:"《近溪子文集》五卷(江苏巡抚采进本):明罗汝芳撰。……其学出于颜钧,承姚江之末流,而极于泛滥。故其说放诞自如,敢为高论。"

张元忭卒 张元忭(1538—1588),明代心学家。字子荩,号阳和,浙江绍兴人。幼读朱子《格致补传》,嘉靖戊午举于乡,隆庆五年廷试第一,先后官翰林院修撰、左春坊左谕德兼翰林侍读。是年卒,享年51岁,天启间追谥文恭。其学"从龙溪得其绪论,故笃信阳明"。中年以后转而"辟龙溪",批评其只识本体而"讳言功夫",指责其浑同儒释。其与邹元标、罗汝芳、周海门、顾宪成等,多往来论学。黄宗羲在《明儒学案》中称其所学,虽宗王门,但能"善学",与王畿不同。《宋明理学史》认为其所谓"本体不可说",由功夫而见本体以及由心之已发处论良知等思想,与王学并不契合,即在王守仁去世后,与黄绾、董沄等人的思想形成了一股离异王学的思潮。这一变化,意味着王学的分化与衰变。著有《张阳和集》和《不二斋论学书》等。

[文献] 黄宗羲《明儒学案》卷一五:"张元忭字子荩,别号阳和,越之山阴人。……幼读朱子《格致补传》,曰:'无乃倒言之乎?当云心之全体大用无不明,而后物之表里精粗无不到也。'嘉靖戊午,举于乡。隆庆戊辰,太仆就逮于滇,先生侍之以往。……辛未,登进士第一人,授翰林修撰。寻丁外艰,万历己卯,教习内书堂。……因取《中鉴录》谆谆诲之。江陵病,举朝奔走醮事,先生以门生未尝往也。……丁亥升右春坊,左谕德,兼翰林侍读。明年三月卒官,年五十一。先生之学,从龙溪得其绪论,故笃信阳明四有教法。……先生可谓善学者也。第主意只在善有善几,恶有恶几,于此而慎察之,以为良知善必真好,恶必真恶,格不正以归于正为格物,则其认良知都向发上。阳明独不曰良知是未发之中乎?察识善几、恶几是照也,非良知之本体也。朱子《答吕子约》曰:'向来讲论思索,直以心为已发,而所论致知格物,以察识端倪为初下手处,以故缺却平日涵养一段工夫。'此即先生之言良知也。朱子易箦,改《诚意章句》曰:'实其心之所发。'此即先生之言格物也。先生谈文成之学,而究竟不出于朱子,恐于本体终有所未明也。"《明史》卷二八三:"张元忭,字子荩,绍兴山阴人。……元忭素羸弱,母戒毋过劳,乃藏灯幕中,俟母寝始诵。十余岁时以气节自负,闻杨继盛死,为文遥诔之,慷慨泣下。……隆庆五年,……元忭以廷试第一,授修撰。……万历十五年奉使楚府还,……先是,元忭以帝登极恩,请复父官,诏许给冠带。至是复申前请,格不从。元忭泣曰:'吾无以下见父母矣'。遂悒悒得疾卒。天启初,追谥文恭。"

域外 [英]唯物主义哲学家霍布斯生,著有《论物体》、《利维坦》及《对笛卡儿形而上学的沉思的第三组诘难》。

神宗万历十八年　庚寅（公元1590年）

《弇山堂别集》刊刻　万历十六年前后，王世贞已60余岁，感到自己难于完成撰写明史的巨大任务，便把自己从青年时即收录的本朝掌故旧闻，后又得以阅读大学士徐阶抄录的《明史录》及其它珍贵资料加以整理，汇编成《弇山堂别集》100卷，是年出版，即为南京翁良瑜雨金堂刊本。清乾隆修《四库全书》，将该书收入史部杂史类。清光绪年间又有广雅书局刊本。其内容主要包括：卷一至卷十九是笔记体史料，内容较杂，举凡朝章典故、君臣事迹、社会经济、人物轶事、民族和中外关系等都有所记述；卷二十至卷三十为《史乘考误》，前八卷考国史、野史之误，后三卷考家乘之误，这一部分对史料考辨相当精辟，是王世贞的史学力作；卷三十一至卷三十六是关于明代帝系及宗藩的记述；卷三十七至卷六十四为史表，上而功臣公侯伯，下而督抚守备，共分七十二目；卷六十五至卷六十九为《亲征》、《巡幸》、《命将》诸考，这部分史料价值较高，备述自洪武至万历时的重大军事活动，从中还可以窥见15世纪初中国军事指挥艺术发展的水平；卷七十至卷七十五为《谥法考》；卷七十六至卷八十九中，《赏赉》、《赏功》诸考对于研究明代的政治、经济和对外关系，都有参考价值，《诏令杂考》记录明太祖朱元璋和明成祖朱棣大量有关军事活动的书檄，《兵制考》详述自永乐八年北征以后的兵制变化及全国的军士数目、马驼驴骡数目等，《市马考》则详记洪武七年至隆庆五年明王朝与国内边地民族及邻国的马匹交易情况；卷九十至卷一百为《中官考》，是王世贞为写宦官传所收集的资料，记事自吴元年至万历初年，凡有关中官之事，均按时间顺序有条不紊地叙述。该书作为一部史料集，保存了不少有价值的史料，其中有许多不见于实录、会典诸书，为清代修

《明史》提供了依据。作者主张史贵实、修史贵据事直书,此书体现了这一主张。在当时官修、私修诸史书严重不实的情况下,是弥足珍贵的。由于该书是王世贞修史的素材,未及进一步整理,所以显得比较凌乱,鱼龙混杂。

[文献] 陈文烛《弇山堂别集小序》:"《弇山堂别集》者,大司寇王元美先生著也。其称别集者,盖元美诗文有《弇山堂正集》,故比一代实录云。……夫元美千秋轶才,而不得一登史馆,目击朝家掌故,犁然有概于心,不容不置一喙。……余习元美,尝窃窥其青箱,则尚有《弇园识小录》、《三朝首辅录》、《觚不觚录》、《权幸录》、《朝野异闻》,此枕中之秘,尚不以示人也。……万历庚寅冬日五岳山人汭阳陈文烛撰。"王世贞《弇山堂别集小序》:"《弇山堂别集》者何?王子所自纂也。名之别集者何?内之无当于经术政体,即雕虫之技亦弗与焉,故曰别集也。王子弱冠登朝,即好访问朝家故典与阀阅琬琰之详,盖三十年一日矣。晚而从故相徐公所得尽窥金匮石室之藏,窃亦欲藉薜萝之日,一从事于龙门、兰台遗响,庶几明代之盛,不至忞忞尔。……秋官尚书吴郡王世贞撰。"谢肇淛《五杂俎》卷一三:"王世贞之著述'是非不谬,证据独精。'……《明实录》疏漏脱略,不得已采之稗史,而稗史惟王元美《史料》为胜。"《四库全书总目提要》卷五一:"《弇山堂别集》一百卷(两江总督采进本):明王世贞撰。世贞字元美,太仓人。嘉靖丁未进士,官至南京刑部尚书。……是书载明典故。……盖明自永乐间改修《太祖实录》,诬妄尤甚。其后累朝所修实录,类皆阙漏疏芜。而民间野史竞出,又多凭私心好恶,诞妄失伦。史愈繁而是非同异之迹愈颠倒而失其实。世贞承世家文献,熟悉朝章,复能博览群书,多识于前言往行,故其所述,颇为详洽。虽征事既多,不无小误。又所为各表,多不依旁行斜上之体,所失正与雷礼相同。其盛事、奇事诸述,颇涉谈谐,亦非史体。然其大端可信,此固不足

以为病矣。"

王世贞卒 王世贞(1526—1590)明朝著名文学家和史学家，为"后七子"领袖人物。嘉靖进士，曾任刑部主事、员外郎、郎中、山东按察司副使、浙江右参政、山西按察使等职，万历年间升任南京刑部尚书，是年病逝，赠太子少保。青年时志于撰写明史，注意收录本朝掌故旧闻，汇编成《弇山堂别集》100卷，后人董复表又整理刊出《弇州史料》100卷，此外还有《嘉靖以来内阁首辅传》8卷、《觚不觚录》1卷。有关明代君臣事迹、盛事轶闻、社会经济、典章制度、礼仪风俗、民族关系等方面的史料，十分珍贵。尤其是《史乘考误》部分，考订国史、野史、家乘之误，相当精辟。其早年十分推崇汉代以前的史书，尤其是《史记》，认为汉后不能复有这样高水平的著作出现，是因为后世的文物制度、人物典籍均不如汉以前好，故对秦汉以下之史书一笔抹煞。晚年时认识到自己是古非今的偏颇，提出"博古通今"的主张。文学上，坚持"文必秦汉、诗必盛唐"的复古观点，倡导文学复古运动。注重诗文的格调，提出"才生思，思生调，调生格。思即才之用，调即思之境，格即调之界。"重视诗歌的意象和对诗歌艺术境界的探讨，强调作者的感情和审美情趣在创作中的重要作用。在戏曲美学上，强调"体贴人情，委曲必尽，描写物态，仿佛如生。"论画主张形神兼备，"人物以形模为先，气韵超乎其表；山水以气韵为主，形模寓乎其中，乃为合作。"晚年，文学主张有所改变，对专事模仿渐表不满。著作主要有《弇州山人四部稿》、《艺苑卮言》、《读书后》、《王氏画苑》等。王世贞作为"后七子"的领袖，独操文柄二十年，影响颇巨。论文主汉，诗主盛唐，摹拟造仿，多割剥古人字句，藻饰太甚，而学者甚众，造成不良影响。晚年不再菲唐薄宋，诗文较前清真近情。其诗文都注重经世致用，以内容充实胜，这在当时有进步意义。

［文献］ 张惟骧《疑年录汇编》卷七："王元美六十五世贞生

嘉靖五年丙戌,卒万历十八年庚寅。"《明史》卷二八七:"王世贞,字元美,太仓人,右都御史忬子也。生有异禀,书过目,终身不忘。年十九,举嘉靖二十六年进士。授刑部主事。世贞好为诗古文,……二十一年卒于家。世贞始与李攀龙狎主文盟,攀龙殁,独操柄二十年。才最高,地望最显,声华意气笼盖海内。一时士大夫及山人、词客、衲子、羽流,莫不奔走门下。片言褒赏,声价骤起。其持论,文必西汉,诗必盛唐,大历以后书勿读,而藻饰太甚。晚年,攻者渐起,世贞顾渐造平淡。"梁容若《文学二十家传》"明朝中叶的文人中,天才高,学问渊博,作品多,有担当,有抱负,有见解,生活严肃,到老著作不倦,王世贞应当是首屈一指的人。他的文章,造成了舆论,影响了当时的政治和社会风气,也形成了一部分历史。"(中华书局,1991,269 页)《明神宗实录》卷二三六:"万历十九年五月乙丑朔,……予原任南京刑部尚书王世贞祭二坛,造坟安葬世贞。"《王元美先生墓志铭》:"公生于嘉靖丙戌月日,卒于万历庚寅月日,葬于某年月日。"(《陈眉公先生全集》卷三三)

[考辨] 关于王世贞的卒年,《明史》记为"二十一年卒于家"。黄云眉先生考证说:"按世贞卒于万历十九年正月,年六十八,见《国榷》卷七十五。《实录》,是年五月予祭葬,十月,兵部主事王士骐奏辞赐祭葬,缴还工部备葬价银,以祖忬冤陷大辟,父世贞遗嘱裸身附葬穴旁,不忍别茔故也。得旨:'赐葬系朝廷恩恤,不准辞'此谓卒于二十一年,必误。"(黄云眉《明史考证》(七),中华书局,1985,2265 页)考郑利华撰《王世贞年谱》(复旦大学出版社,1993)及[文献]中其它史料,王世贞应卒于明神宗万历十八年十一月二十七日。

神宗万历二十年　壬辰(公元 1592 年)

邓元锡卒　邓元锡(1527—1592),嘉靖三十四年(1555)举人。两次荐于朝,不就。万历二十年再荐翰林待诏,未及就而卒。曾从学于罗汝芳、邹守益等人。其学渊源于王阳明,但又不尽宗其说。他批评心学空谈心性,强调以"六艺、五礼、六乐"为教。因此,从其观点来看,邓元锡批评心学、斥责佛教带有一定的经世、求实精神。著有《五经绎》、《潜学稿》、《三礼编绎》、《函史》、《明书》、《邓潜谷集》等。

[文献] 张惟骧《疑年录汇编》卷七:"邓潜谷六十六元锡,生嘉靖六年丁亥,卒万历二十年壬辰。"《明史》卷二八三:"邓元锡,字汝极,南城人。……嘉靖三十四年举于乡,复从邹守益、刘邦采、刘阳诸宿儒论学。后不复会试,杜门著述,逾三十年,《五经》皆有成书,闳深博奥,学者称潜谷先生。……乡人私谥文统先生。元锡之学,渊源王守仁,不尽宗其说。时心学盛行,谓学惟无觉,一觉即无余蕴,九容、九思、四教、六艺皆桎梏也。元锡力排之,故生平博极群书,而要归于《六经》。所著《五经绎》、《函史上下编》、《皇明书》,并行于世。"黄宗羲《明儒学案》卷二四:"邓元锡字汝极,号潜谷,江西南城人。年十三,从黄在川学,喜观经史。……举嘉靖乙卯乡试。志在养母,不赴计偕。就学于邹东廓、刘三五,得其旨要。居家著述,成《五经绎》、《函史》。数为当路荐举,万历壬辰,授翰林待诏,府县敦趣就道。……时心宗盛行,谓'学惟无觉,一觉无余蕴,九思、九容、四教、六艺,桎梏也。'先生谓:'九容不修,是无身也;九思不慎,是无心也。'"《四库全书总目提要》卷二五:"《三礼编绎》二十六卷(两淮盐政采进本):明邓元锡撰。元锡字汝极,南城人。嘉靖乙卯举人。万历中以翰林待诏征,未至而卒。"《四库全书总目提要》卷五〇:"《明书》四十五卷(浙江鲍士恭家藏本):明邓元锡撰。……考元锡之学渊源于王守仁,而不尽宗其说。当心学盛行之时,皆谓学惟求觉,不必致力群书,元锡力排其说,别心学于道学之外,其说固是。"《四库全书总目提要》卷一七

八:"《潜学稿》十二卷(浙江巡抚采进本):明邓元锡撰。其语录力辟心学,在当时尚为笃实。"

神宗万历二十一年　癸巳(公元1593年)

李时珍卒　李时珍(1518—1593),明末医药学家,无神论者。14岁中秀才,三次赴乡试不第,便随父习医,放弃科举。后被楚王聘为奉祠正,又被推荐到北京太医院任职。不久,便托病辞归乡里,经过前后30多年的艰苦努力,写成《本草纲目》一书。此外,其保存下来的医学专著还有《濒湖脉学》、《奇经八脉考》和《脉诀考证》。在《本草纲目》中,李时珍以气化论批评神学迷信,解释天地万物以及各种自然现象的生成、变化都是一气所为,阴阳之所变。在人类生成问题上,继承《易传》中"一阴一阳之谓道"、"男女构精,万物化生"的思想,认为人同万物一样,也是阴阳二气相交合的产物。在天人关系上,坚持无神论思想,批评天人感应神学目的论。至于人的生灾得病,李时珍认为完全是生理原因,感恶气而成,与上帝鬼神毫无关系。人完全可以通过药物和调理加以治疗。同时,针对道教方士的虚妄之说,指出人由阴阳二气合成形体,气有聚散,人有生死。人能通过自己的努力减少疾病,延长寿命,但不可能长生不老,亦无度世不死之药。在撰作《本草纲目》时,正值崇奉道教的明世宗宠信道教方士,热衷炼丹求仙,上行下效,全国成风。《本草纲目》敢于把锋芒直指道教理论的奠基者葛洪,揭露其用神仙方术欺世误国的行径,是令人敬佩的。但是,由于当时自然科学水平及实验条件等方面的限制,其中的许多认识是不科学的,也收录了一些带有迷信色彩的药方。

[文献]　《明史》卷二九九:"李时珍,字东璧,蕲州人。好读医书,……乃穷搜博采,芟烦补阙,历三十年,阅书八百余家,稿三易而成书,曰《本草纲目》。增药三百七十四种,厘为一十六部,合

成五十二卷。……书成,将上之朝,时珍遽卒。未几,神宗诏修国史,购四方书籍。其子建元以父遗表及是书来献,天子嘉之,命刊行天下,自是士大夫家有其书。"顾景星《白茅堂集》卷三八:"李时珍,字东璧。祖某,父言闻。世以医为业。……荐于朝,授太医院判,一岁告归,著《本草纲目》。……晚年自号濒湖山人。又著《蕲所馆诗》、《医案》、《脉诀》、《五脏图论》、《三焦客难》、《命门考》、《诗话》。诗文集失传,惟《本草纲目》行世。搜罗百氏,采访四方,始于嘉靖壬子,终于万历戊寅,凡二十八年成书"。《清光绪十年蕲州志》卷一〇:"李时珍,幼敦敏以理学自命。年十四,补诸生,屡试棘闱未售,益刻志读书,十年不出户阈,上自坟典,下及子史百家,罔不该治,与顾日岩晤言相证,深契濂洛之旨,待诏瞿九思师事之。生荐于朝,授太医院判。数岁告归,结迈馆。著《本草纲目》,稿凡三易而成。"陈宝瑛《本草纲目跋》:"明李时珍学识赅博、征引详明,其所采不仅本草已也。推而至于金石粟菽果木虫鱼禽兽,以至人之爪发器物,细大不遗。虽所言不尽符合,然阅之颇有益于养生治病,是实可媲美于张华之《博物志》矣。"

神宗万历二十二年　甲午(公元1594年)

始撰《国史经籍志》　是年,大学士陈于陛建议修撰纪传体本朝史,令翰林修撰焦竑"专领其事","竑逊谢,乃先撰《经籍》",但后来因种种原因也仅完成了《国史经籍志》。该书内容分为书、经、史、子、集五大类,每类下分若干小类,每一小类书目后又加序言概述其学术源流。所收图书不以明代为限,明代以前亦有所收录。正文后附"纠谬"一卷,以备查看。《四库全书总目提要》认为该书"无所考核","率尔滥载","往往贻误后生"。

[文献]　《四库全书总目提要》卷八七:"《国史经籍志》六卷(两江总督采进本):明焦竑撰。竑有《易筌》,已著录。是书首列

制书类,凡御制及中宫著作,记注时政,敕修诸书,皆附焉。余分经、史、子、集四部。末附《纠谬》一卷,则驳正《汉书》、《隋书》、《唐书》、《宋史》诸《艺文志》及《四库书目》、《崇文总目》、郑樵《艺文略》、马端临《经籍考》、晁公武《读书志》诸家分门之误。盖万历间陈于陛议修《国史》、引竑专领其事。书未成而罢,仅成此志,故仍以'国史'为名。顾其书丛钞旧目,无所考核。不论存亡,率尔滥载。古来目录,惟是书最不足凭。世以竑负博物之名,莫之敢诘,往往贻误后生。"《明史》卷九六:"明万历中,修撰焦竑修国史,辑《经籍志》,号称详博。然延阁广内之藏,竑亦无从遍览。则前代陈编,何凭记录,区区掇拾遗闻,冀以上承《隋志》,而赝书错列,徒滋讹舛。"

神宗万历二十三年　乙未(公元 1595 年)

《圣寿万年历》附《律历融通》进于朝廷　有明一代,自朱元璋始禁学天文后,历朝都严格执行。但到了万历年间,随着众人对大统历的不断诋毁,禁令已有所松动。该书作者朱载堉,于是年进献《圣寿万年历》,受到赞赏。该书认为授时历和大统历,"授时减分太峻,失之先天,大统不减,失之后天"。所以他"酌取中数,立为新率"。他还指出计算月食不应有时差订正,时差只适用于日食等观点,为说明问题,还提出用实验的方法进行验证。这些作法都很有新意,对后来学者有所启迪。

[文献]　《四库全书总目提要》卷一〇六:"《圣寿万年历》八卷附《律历融通》四卷(浙江巡抚采进本):明朱载堉撰。载堉有《乐书》,已著录。《明史·历志》曰:'明之《大统历》实即元之《授时》,承用二百七十余年,未尝改宪。成化以后,交食往往不验,议改历者纷纷。……郑世子载堉撰《律历融通》,进《圣寿万年历》,其说本之南京都御史何瑭。深得《授时》之意,而能匡所不逮。台

官泥于旧闻,当事惮于改作,并格不行'云云。即指此二书。其书进于万历二十三年。疏称《授时》、《大统》二历,考古则气差三日,推今即时差九刻。盖因《授时》减分太峻,失之先天。《大统》不减,失之后天。因和会两家,酌取中数,立为新率,编撰成书。其步发敛步朔闰、步晷漏、步交道、步五纬诸法,及岁余、日躔、漏刻、日食、月食、五纬诸议,史皆详采之。……况其书引据详明,博通今古,元元本本,实有足资考证者,又不得以后来实测之密,遂一切废置矣。"

瞿汝稷《指月录》撰成 该书是禅宗的一部重要作品。全名为《水月斋指月录》。作者瞿汝稷,字元立,今江苏常熟人。是书共编录上自七佛、下至六祖第十六世大慧宗杲650人的机缘语句。其中卷一,为七佛,附有《诸师拈颂诸经语句》;卷二,应化圣贤,始于文殊菩萨,终于清凉澄观;卷三,西天二十八祖;卷四,东土六祖;卷五,慧能下第一世南岳怀让、青原行思,第二世马祖道一、石头希迁;卷六,二祖、四祖、五祖、六祖等旁嗣;卷七,未详法嗣,始于泗州塔头,终于父通慧;卷八至卷三十,慧能下第三世至十六世。《指月录》之后,清代又有《续指月录》,作者庐陵聂先(号乐读),全书共22卷,由卷首、正文、《尊宿集》三部分组成。卷首曰《瞿录补遗》,收入《指月录》遗漏的63位禅师,《尊宿集》收入南宋以降师承不明等61位禅师,正文收入从六祖下十七世起,止于六祖下三十五世的禅师。

[文献] 瞿汝稷《水月斋指月录原序》:"予垂髫则好读竺坟,尤好宗门家言。及岁乙亥夏,侍管师东溟先生于郡之竹堂寺,幸以焦芽与沾甘露,开蔽良多。既而师则朝彻蝉蜕,五宗掩耳,不欲复闻。……至乙未,积录有三十二卷。适友人陈孟起,见而误赏焉,孟起遂为录二本。……予既不能止,遂不敢藏其僻,为次第缘起于其端,题之曰《水月斋指月录》。"中国佛教协会《中国佛教·灯

录》:"《水月斋指月录》三十二卷,明瞿汝稷撰于万历二十三年(1595)。瞿氏为明儒管东溟的学生,此书为儒者谈禅之作。此书之作如以手指月示人,因指而见心月(喻出《楞严经》),所以不叫做灯录,而名曰《水月斋指月录》者。本书不徒为禅宗传法历史,且兼有使人因此而见道之意。其内容为:西天七佛、西天祖师至东土六祖四卷(一至四),六祖下一至二世及二、四、五、六祖旁出法嗣及未详法嗣三卷(五至七),六祖下第三世至十六世二十三卷(八至三十),径山宗杲语要二卷(三十一至三十二)。"

神宗万历二十四年　丙申(公元 1596 年)

耿定向卒　耿定向(1524—1596),明代心学家。嘉靖丙辰进士,历任监察御史、太仆寺少卿、右佥都御史、福建巡抚、户部尚书等职。后告老归,家居七年卒,享年73岁。其初与李贽交善,后相互龃龉。治学本王守仁,"不尚玄远",谓"道之不可与愚夫愚妇知能,不可以对造化;通民物者,不可以为道,故费之即隐也,常之即妙也,粗浅之即精微也"。主张从日常生活中体"道",在实处下功夫,批评"宋儒未脱二氏(释、氏)蹊径。"认为治学有三关:即心即道、即事即心、慎术。黄宗羲认为他并未真正把握良知之义。著述主要有《天台论学语》、《硕辅宝鉴要览》、《先进遗风》、《耿子庸言》、《耿天台文集》等。

[文献]　《明神宗实录》卷三○○:"(万历二十四年八月乙巳)原任户部尚书耿定向卒。定向,道学自命,立朝侃侃。初入台班,即以弹劾权要忤严嵩,再忤高拱、张居正,终以不能曲投时好,致仕归。未竟厥施,士论惜之。"黄宗羲《明儒学案》卷三五:"耿定向字在伦,号天台,楚之黄安人。嘉靖丙辰进士。擢监察御史,以大理寺丞谪州判。累迁至太仆寺少卿、右佥都御史。……以户部尚书总督仓场事。告归,家居七年,卒年七十三。赠太子少保,谥

恭简。……先生之学,不尚玄远,谓'道之不可与愚夫愚妇知能,不可以对造化;通民物者,不可以为道,故费之即隐也,常之即妙也,粗浅之即精微也'。其说未尝不是,而不见本体,不免打入世情队中。……先生谓学有三关:一即心即道,一即事即心,一慎术。……先生之认良知,尚未清楚,虽然,亦缘《传习后录》记阳明之言者失真。……先生为其所误也。《天台论学语》:孔、孟之学,真实费而隐。宋学未脱二氏蹊径者,以其隐而隐也。……圣人之道,由无达有;圣人之教,因粗显精。………今之学者,谈说在一处,行事一处,本体工夫在一处,天下国家民物在一处,世道寥寥,更无倚靠。"《四库全书总目提要》卷六一:"《硕辅宝鉴要览》四卷(浙江巡抚采进本):明耿定向撰。定向字在伦,麻城人。嘉靖丙辰进士,官至户部尚书,总督仓场,谥恭简。……定向以讲学著,论史本非所长。此书乃其为南直隶督学御史时所作。"另可参阅《明史》卷二二一。

域外 [法]哲学家、物理学家、数学家、生理学家、解析几何的创始人笛卡尔生,著有《方法谈》、《形而上学的深思》、《哲学原理》、《论世界》等书。

神宗万历二十七年　己亥(公元1599年)

毛晋生 毛晋,明代著名的藏书家、刻书家。初名凤苞,后易名为晋,字子晋,别号潜在,常熟人。曾授业于钱谦益门下。酷爱书籍,刻意收罗宋元名刻秘钞。他所建藏书楼不止一个,有汲古阁、目耕楼、鼎足斋、定月堂、双莲阁以及一些分散的书亭,其中以汲古阁最为世人所知。他收藏的图书最多时达八万四千余册,其中精品有《十三经》、《十七史》、《册府元龟》等皆为宋版。另外,他还刻录各种珍贵典籍,如《津逮秘书》、《洛阳伽蓝记》、《宋名家词》、《四唐人集》等等,他的家藏印版超过十万。卒于清顺治十六年,终年61岁。

[文献] 荥阳悔道人《汲古阁主人小传》:"毛晋,原名凤苞,字子晋,常熟县人,世居迎春门外之七星桥。……以字行,性嗜卷轴。榜于门曰:'有以宋椠本至者,门内主人计页酬钱,每页出二百;有以旧抄本至者,每页出四十;有以时下善本至者,别家出一千,主人出一千二百。'于是湖州书舶云集于七星桥毛氏之门矣。邑中为之谚曰:'三百六十行生意,不如鬻书于毛氏。'前后积至八万四千册,构汲古阁、目耕楼以庋之。……子晋生于前明万历二十七年己亥岁之正月五日,至国朝顺治十六年己亥岁七月二十七日卒,享年六十有一,葬于戈庄之祖茔。"

僧智旭生 智旭,字蕅益,俗姓钟,自号"八不道人",江苏吴县木渎镇人。明末四大高僧之一。

[文献] 《灵峰宗论》卷首:"八不道人,……俗姓钟,名际明,又名声字振之,居古吴木渎。"智旭《八不道人传》:"八不道人,震旦之逸民也。古者有儒、有禅、有律、有教,道人既然蹴然不敢。今亦有儒、有禅、有律、有教,道人又艴然不屑。故名八不也。俗姓钟,名际明,又名声,字振之。先世汴梁人,始祖南渡,居古吴木渎。母金氏,以父歧仲公持白衣大悲咒十年,梦大士送子而生。盖万历二十七年己亥,五月三日亥时也。"弘一法师《蕅益大师年谱》:"依大师自撰《八不道人传》,及成时续传录写,复检宗论中诸文增改,并参考别行诸疏序跋补订焉。……明万历二十七年己亥,一岁。是年五月三日亥时,大师生。俗姓钟,名际明。又名声,字振之。先世汴梁人,始祖南渡,居古吴木渎。父名之凤,字岐仲。母金氏,名大莲。以父持白衣大悲咒十年,梦大士送子而生,时父母皆年四十。"

神宗万历二十八年　庚子(公元 1600 年)

朱之瑜生　朱之瑜,字楚屿,又字鲁屿,晚号舜水,浙江余姚人。人称舜水先生。明代学者。

[文献]《清史稿》卷五〇〇:"朱之瑜,字鲁玙,号舜水,余姚人。寄籍松江,少有志慨。九岁丧父,哀毁逾礼。及长,精研《六经》,特精《毛诗》。"梁启超《中国近三百年学术史》:"舜水,名之瑜,……卒清康熙二十一年,年八十三。"[日本]今井弘济、安积觉《舜水先生行实》:"文恭先生,讳之瑜,字鲁玙(鲁作楚,非也。印章讹'楚玙',不复改刻;故人或称楚屿),姓朱氏,号舜水;明浙江余姚人。……以明万历二十八年(庚子)十月十二日申时生焉。"(《朱舜水文选》附录)

神宗万历二十九年　辛丑(公元 1601 年)

查继佐生　查继佐,明末清初著名学者,浙江海宁人。原名继佑,18 岁应县试误书试册"佑"为"佐",遂改名继佐。初字三秀,更字支三,号伊璜,别号舆斋,又称敬修子、东山。题书画或署钓史、钓玉。其所居近东山,居庐名朴园,故人称东山先生或朴园先生。明亡后,更名省,字不省。庄廷鑨《明史》案后,更名左尹,号非人。晚年讲学于杭州铁冶岭,名其居曰"敬修堂",故学者亦称敬修先生。

[文献]　沈起《查东山先生年谱》:"明万历辛丑,先生始生。先生生于万历辛丑秋七月四日酉时,为神宗二十九年,浙之海宁人。……离龙山二里,为审山。先生世居山之西,呼其山为东山,后遂称东山先生云。……戊午,先生十八岁。始出应县试。名继佑,以试册误书佐,遂仍之。初字三秀,更字支三,号伊璜,发标题书画称钓史,或称钓玉,当世珍之。"

利玛窦进京传教 利玛窦担任中国教区会长后,买通宦官马堂,于是年到京觐见明神宗,以天主图像一幅、天主圣母图像两幅、《天主经》一本、《万国图志》一册、珍珠镶嵌十字架、自鸣钟、西琴等物上贡,神宗嘉其远来,给赐优厚,并获准在北京建堂传教。从此天主教便在中国取得合法地位,随着各地教堂的设立,教徒人数不断增加。其中后妃、宫女、宦官、皇族多有入教者,这就为天主教在中国进一步发展奠定了基础。

[文献]《明史》卷三二六:"意大里亚,居大西洋中,自古不通中国。万历时,其国人利玛窦至京师,为《万国全图》,言天下有五大洲。……至万历九年,利玛窦始泛海九万里,抵广州之香山澳,其教遂沾染中土。至二十九年入京师,中官马堂以其方物进献,自称大西洋人。礼部言:'《会典》止有西洋琐里国无大西洋,其真伪不可知。又寄居二十年方行进贡,则与远方慕义特来献琛者不同。且其所贡《天主》及《天主母图》,既属不经,而所携又有神仙骨诸物。……已而帝嘉其远来,假馆授粲,给赐优厚。公卿以下重其人,咸与晋接。玛窦安之,遂留居不去,以三十八年四月卒于京。……自玛窦入中国后,其徒来益众。"沈德符《万历野获编》卷三〇:"利玛窦字西泰,以入贡至,因留不去。初来,即寓香山墺,学华言,读华书者凡二十年。比至京,已斑白矣。入都时,在今上庚子年,途经天津,为税监马堂所谁何,尽留其未名之宝,仅以《天主像》及《天主母像》为献。"

神宗万历三十年　壬寅(公元 1602 年)

李贽卒 李贽(1527—1602),晚明著名思想家、评论家。26 岁中举,初任河南共城教谕,后累官南京国子监博士、北京礼部司务、南京刑部员外郎、云南姚安知府等。五十四岁起,辞官不做,过着独居讲学的生活。先是在湖北黄安讲学,后移居麻城芝佛院。

是年被劾,以"敢倡乱道,惑世诬民"罪名遭逮,遂自刎狱中。曾师事泰州学派创始人王艮的儿子王襞。著作主要有《初潭集》、《焚书》、《藏书》、《续焚书》、《续藏书》、《李温陵集》等。其著作内容非常广泛,包括对儒家经典的阐释、历史资料的观察、文学作品的评论以及伦理哲学的发挥。但是思想内容未形成体系,比较庞杂,理论上批判多于建树。首先,对儒家传统学说、程朱理学及封建礼教进行大胆怀疑和公开批评。揭露对圣人的迷信,经典的缺陷,道统说的虚构,道学家的虚伪和丑恶,等等。他的言论十分大胆,批评也很深刻。哲学本体论上,反对程朱理学"理在气先"、"理能生气"的观点,坚持世界万物产生于阴阳二气,表现出朴素的唯物论倾向。以"妙明真心"、"清静本原"、"童心"为世界的本原,最终未能摆脱王守仁和禅学的影响,倒向主观唯心论。他视"童心"为纯粹真实的本心,认为人一旦失去童心,也就丧失了作为人的真心,会变得虚假。同时又从人性的"自私"出发,强调了物质生活的重要,将人们的道德观念与物质利益结合起来,认为要求权利、富、贵都是人的自然本性,应充分发挥人的个性。在认识论方面,坚持主观唯心主义先验论,宣扬人人都是"生知"说。否认作为认识对象的客观事物存在和认识的可能性,把格物致知归结为无物无知。在为学上,为避免童心丧失,主张不要"多读书,识义理"。从接受知识的角度看,他犯了因噎废食的错误,但从思想意义上看,却包含了童心反义理、以真反假的合理因素。此外,他一反传统的"农本商末"思想,推崇工商,对市民、商人抱有同情。肯定妇女的才智,认为不能说"男子之见尽长,女子之见尽短"。对传统的文学思想和拟古文风,提出了"童心说"。童心即真心,是与"文"相对的"质",认为文章只有真假,不能以时势先后论优劣。此解释虽然是唯心的,但它反旧的传统,反复古拟古,对明清两代文学发展也产生了积极影响。他打破封建士大夫的偏见,肯定了小说、戏曲的价值和地位,极力推崇《西厢记》、《水浒传》等通俗文学,称其为"古今至文"。他评点《三国志通俗演义》、《琵琶记》等,是我国小说评点这种特殊批评方式的开创者之一。《焚书》分为6卷,《续焚书》分为5卷(系李贽死后他的学生汪本钶所编),收录了李贽所写的书信、杂著、史评、诗文等。他深感这些著作会遇到当权者和道学家的仇视,在《自序》中说:"所言颇切近世学者膏肓,既中痼疾,则必欲杀我矣,故欲焚之。"所以取名《焚书》。《焚书》批判了当时腐朽的朝政,"满朝奸臣不如一娼"(《焚书·封使君》),揭露维护封建礼教的假道学,指责那些以卫道者自居的理学家不过是"被服儒雅,行若狗彘"的衣冠禽兽。从《焚书》所体现的哲学思想来看,他一方面对主张"道在事外"的程朱理学进行尖锐的批判,另一方面又接受了王阳明的主观唯心主义和佛教的主观唯心主义。他将"真心"、"童心"看作万物的本源,认为真心就是童心、初心、"我"的心。《藏书》分为68卷,另有《续藏书》27卷,皆为评述历史人物的专著,作者自知此书"与世不相入",所以"吾姑书之而姑藏之,以俟夫千百世之下有知我者。"(《藏书·国桢序》)故取名《藏书》。《藏书》评价历史人物,反对以孔子的是非为是非,非难、挑战儒家圣贤和权威,批判重男轻女的封建礼教,公开宣称"自私"出于人的天性,有"私心"才是正常的。他在当时被视为异端,遭受迫害,其著作也遭到明清两代统治者一再毁禁。但其著作一直被重印,广泛流传。

[文献] 袁中道《李温陵传》:"李温陵者,名载贽。少举孝廉,以道远,不再上公车,为校官,徘徊郎署间。后为姚安太守。……久之,厌圭组,遂入鸡足山阅龙藏不出。御史刘维奇其节,疏令致仕以归。……遂携妻女客黄安。……公至麻城龙潭湖上,与僧无念、周友三、丘坦之、杨定见聚,闭门下键,日以读书为事。……公气既激昂,行复诡异,斥异端者日益侧目。……又会当事者

欲刊异端以正文体,疏论之。遗金吾缇骑逮公。……公于狱舍中作诗读书自如。一日,呼侍者薙发。侍者去,遂持刀自割其喉,气不绝者两日。"(《珂雪斋近集》卷三)何乔远《李卓吾传》:"所著有《藏书》四十卷,《说书》、《焚书》各二卷,《初潭》四卷,而佛经诸书不与焉。"(《闽书》卷一五二)《明神宗实录》卷三六九:"(万历三十年闰二月)乙卯,礼科给事中张问达疏劾:'李贽壮岁为官,晚年削发,近又刻《藏书》、《焚书》、《卓吾大德》等书,流行海内,惑乱人心。……望敕礼部檄行通州地方官,将李贽解发原籍治罪,仍檄行两畿各省将贽刊行诸书,并搜简其未刊者,尽行烧毁,无令贻祸乱于后,世道幸甚。'得旨:李贽敢倡乱道,惑世诬民,使令厂卫五城严拿治罪。其书籍已刊未刊者,令所在官司尽搜烧毁,不许存留。如有徒党曲庇私藏,该科及各有司访参奏来并治罪。"李贽《阳明先生年谱后语》:"余自幼倔强难化,不信道,不信仙、释,故见道人则恶,见僧则恶,见道学先生则尤恶。……不幸年逋四十,为友人李逢阳、徐用检所诱,告我龙溪王先生语,示我阳明先生书,……虽倔强,不得不信之"。(《阳明先生道学钞》卷附录)《四库全书总目提要》卷五〇:"《藏书》六十八卷(浙江总督采进本):明李贽撰。贽书皆狂悖乖谬,非圣无法。惟此书排击孔子,别立褒贬,凡千古相传之善恶,无不颠倒易位,尤为罪不容诛,其书可毁,其名亦不足以污简牍。"《泉州府志》卷五四《明文苑》:"贽为文迅发,笔如转丸,惟好抉摘情伪,别出手眼,孤行一意,故多黧于儒先,流入禅定。若夫言有触而即吐,气无往而不伸,则孔文举、嵇叔夜之论,惜不用之于事业节操,而仅放诞傲睨,幽身囹圄以死,可悲亦可已。"

神宗万历三十一年　癸卯(公元 1603 年)

《续文献通考》刊行　《续文献通考》是明代学者王圻的重要

历史著作,共254卷,是一部古代典章制度专史,记述上起南宋宁宗嘉定年间,包括宋、辽、金、元、明五朝,共350多年。在体例上,除继承马端临的《文献通考》外,又增加了一些新的门类和项目。其中,有的项目是仿照郑樵的《通志》而设,有的则为作者独创。该书采用文、献、注三者结合的编著方式,把几种不同的历史体例揉和在一起,尽管取材偏于冗杂,编次也有失精当,但这部书是继元代马端临《文献通考》后至近代以前惟一私撰典制通史,保存了自南宋以来尤其是明代的大量史料,因此具有较高的学术价值。

[文献] 《四库全书总目提要》卷一三八:"《续文献通考》二百五十四卷(通行本):明王圻撰。……是编续马端临之书而稍更其门目。大旨欲于《通考》之外,兼擅《通志》之长,遂致牵于多歧,转成踳驳。盖《通考》踵《通典》而作,数典之书也。……其体裁本不相同。圻既兼用郑例,遂收及人物,已为泛滥。此书乃泛载之,殊为冗滥。……自明以来,以马氏书止于宋嘉定中,嘉定后事迹典故未有汇为一编者,故多存圻书以备检阅。"

[考辨] 据《文献》1991年第4期载向燕南《王圻纂著考》:"据该书影印本(现代出版社出版)前序言,是书完成于万历三十年(1602)左右。"而另据复旦大学出版社1996年版《中国学术名著提要》历史卷第574页记载:"《续文献通考》成书于明万历十四年(1586)。有万历三十一年刻本。"由于《续文献通考》的成书时间目前尚未有统一的说法,故在此采用该书的刊刻年代为万历三十一年(1603)之说。

僧真可卒 真可(1543—1603),俗姓沈,字达观,号紫柏,江苏吴江人。明代四大高僧之一,世称紫柏尊者。17岁时辞亲远游,行至苏州宿虎丘云岩寺,有惑于寺僧八十八佛名号,遂舍金设斋供佛,从寺僧明觉出家。出家后,闭门读书3年,年20岁,受具足戒。万历元年,至京法通寺从禅门老宿笑岩、遍理等参禅。两年后又至嵩山少林寺参谒大千常润。万历十七年,在陆光祖、冯梦祯等人的热心赞助下,始刻藏经,后完成数百卷。万历二十八年,真可因南康太守吴宝秀案得罪宫内太监,遭诬被捕,是年圆寂于狱中,世寿61岁。其一生没有专一的师承,故对佛教各宗思想采取调和的态度,他所订的《礼佛仪式》,除发愿礼拜十方三世一切诸佛外,还教人拜西天东土历代传宗叛教且翻传秘密章句诸祖。现存著作有《紫柏尊者全集》30卷,辑有他的法语、经释、序跋、铭传、书信和诗稿等。另有《紫柏尊者别集》4卷,《附录》1卷。

[文献]《憨山老人梦游集》卷五五:"师讳真可,字达观,唤号紫柏。门人称尊者,重法故也。……父沈连。世居吴江太湖之摊缺。……年十七,……偶值虎丘僧明觉,……请剃发。……年二十,请从师受具戒。……遂之武塘景德寺,掩关三年,复回吴门。……端坐安然而逝。……时癸卯十二月十七日也。师生于癸卯六月十二日,世寿六十有一。"《释鉴稽古略续集三》:"紫柏大师讳僧可,号达观,吴江人。姓沈氏,少负侠气。遇虎丘慧轮出家。后往清凉燕京,大竖法幢。后罹诬而终,有《紫柏老人集》。"(《大正新修大藏经》49册)中国佛教协会《中国佛教》卷八四:"万历二十八年(1600),真可因对南康太守吴宝秀拒不执行朝廷征收矿税命令而被逮捕表示同情。……忌恨他的人以太后曾因真可在石经山发见舍利而施资供养,遂诬他以滥用帑金之罪,捕之下狱。并诬陷他是《妖书》的造作人,但未得罪证。万历三十一年(1603)十二月十七日圆寂于狱中,世寿六十一,法腊四十有奇。"(知识出版社,1982,287页)

神宗万历三十二年 甲辰(公元1604年)

七月,许孚远卒 许孚远(1535—1604),明代理学家。嘉靖四十一年(1562)进士,授翰林编修。历任工部主事、吏部主事、广东金事、太仆寺丞、文选郎中、广西提学副使、右金都御史、大理寺卿、兵部右侍郎等职。受学于湛若水的弟子唐枢,但笃信王守仁的良知之说,认为良知皆善,反对把良知看作无善无恶的观点,也反对某些学者把良知之说用于佛禅。其思想从整体上看以克己仁和为要旨,认为为学的关键在于躬修道德。由此,强调学习应不至不止,修身要反身而诚。他把声色等外界的东西当作"格物"之"病根",以为"格物"的最高境界便是一尘不挂、邪欲全无。著有《论学书》、《原学篇》等。

[文献] 张惟骧《疑年录汇编》卷七:"许敬安七十孚远,生嘉靖十四年乙未,卒万历三十二年甲辰。"《明史》卷二八三:"许孚远,字孟中,德清人。受学同郡唐枢。嘉靖四十一年成进士,授南京工部主事,就改吏部。……孚远笃信良知,而恶夫援良知以入佛者。知建昌,与郡人罗汝芳讲学不合。及官南京,与汝芳门人礼部侍郎杨起元、尚宝司卿周汝登,并主讲席。汝登以无善无恶为宗,孚远作《九谛》以难之,言:'文成宗旨,原与圣门不异,以性无不善,故知无不良。……今以心意知物,俱无善恶可言者,非文成之正传也。'"黄宗羲《明儒学案》卷四一:"许孚远字孟仲,号敬庵,浙之德清人。嘉靖壬戌进士。授南工部主事,转吏部。……出为广东金事,……谪盐运司判官。万历二年擢南太仆寺丞,迁南文选郎中,……转广西副使,入为右通政。以右金都御史巡抚福建。……召为南大理寺卿,晋南兵部右侍郎而罢。三十二年七月卒,赠南工部尚书。故先生之学,以克己为要。其订正格物,谓'人有血气心知,便有声色,种种交害,虽未至目前,而病根尚在。是物也,故必常在根上看到方寸地,洒洒不挂一尘,方是格物。'"《明经世文编·姓氏爵里》:"许孚远字孟中,德清人。嘉靖四十一年进士。授工部主事,调吏部建言,谪运判。万历二年迁南京吏部郎,久之以金都巡抚福建。历升兵部左侍郎。三十二年卒,赠工部尚书。"

《四库全书总目提要》卷一七八:"《敬和堂集》八卷(浙江巡抚采进本):明许孚远撰。孚远字孟中,德清人。嘉靖壬戌进士,官至兵部左侍郎。……孚远之学虽出于唐枢,然史称其'笃信良知,而恶夫援良知以入佛者'。故与罗汝芳、杨起元、周汝登断断相争,在姚江末流之中,最为笃实。"

东林书院重建 革职还乡的原吏部文选司郎,无锡人顾宪成与胞弟顾允成及高攀龙等人共同倡议,修复宋代杨时讲学处东林书院,聚众讲学。同时,他们还讽议朝廷,裁量人物,形成东林学派。这些活动得到一部分士大夫的支持,多遥相应和,名声大振,被称为"东林党"。东林书院实际上成了一个社会舆论中心,作为学术团体的东林学派,逐渐扩大而形成一个政治派别。抨击矿监、税监,力主开放言路,改善政治,以济世救民,发展经济,振兴社会。反对大宦官、大官僚们的专权乱政,反对封建独裁专制,主张开放地方政权,运用和发挥地方士绅中有识之士的力量,发展地方经济。同时,抨击科举弊端,提倡不分等级贵贱,破格用人,以革新吏治。初步形成"约之于法"的法治思想和惠商恤民以至视工商为"生人之本业"的经济思想。东林党人在学术上尊崇程朱理学,但不务空谈,主张躬行实践,不为讲学而讲学,而要过问政治,以求经世致用。顾宪成把"诚意、正心、修身"概括为"忠",把"齐家、治国、平天下"概括为"恕",以"忠恕"概括《大学》的政治学说,认为只要个人道德修养完善了,就能"恕以及物",达到"齐家、治国、平天下"的最高理想,以此反对佛教只讲个人出家成佛的出世原则。总之,东林党代表中小地主的利益,他们中的一部分人也兼营工商业,与新兴市民阶层比较接近,因而客观上反映了市民阶层的要求。在学术领域被谈空说玄、虚缈迷茫的学风笼罩之时,东林学派以"实念"为其主旨,贵实用,倡有用之学,开晚明实学思潮之端绪。这种学风被后来启蒙思想家顾炎武、黄宗羲、方以智等人所发展,蔚然形成"言必证实、言必切理"的重实践重实证的一代新学风。

[文献] 《东林书院志》卷一:"祠与书院并建于万历甲辰,先是嘉靖中邑侯郑公普即东林遗址为堂祀先生,而以喻、龙、李、蒋四先生配,不久即废,至是落成。"《明史》卷二三一:"邑故有东林书院,宋杨时讲道处也,宪成与弟允成倡修之,常州知府欧阳东凤与无锡知县林宰为之营构。落成,偕同志高攀龙、钱一本、薛敷教、史孟麟、于孔兼辈讲学其中,学者称泾阳先生。当是时,士大夫抱道忤时者,率退处林野,闻风响附,学舍至不能容。……其讲学之余,往往讽议朝政,裁量人物。朝士慕其风者,多遥相应和。由是东林名大著,而忌者亦多。"黄宗羲《明儒学案》卷五八:"甲辰,东林书院成,大会四方之士,一依《白鹿洞规》。……"。

陈确生 陈确,清初学者。字乾初,浙江海宁人。刘蕺山的门生。

[文献] 张惟骧《疑年录汇编》卷八:"陈乾初七十四确,生明万历三十二年甲辰,卒清康熙十六年丁巳。"梁启超《中国近三百年学术史》(十二):"陈确,字乾初,浙江海宁人,卒康熙十六年,年七十四。"(东方出版社,1996,190页)黄宗羲《陈乾初先生墓志铭》:"先生讳确,字乾初,初名道永,字非玄。陈氏为浙西望族,甲申,与族父令升渡江,受业蕺山刘夫子之门,潜心力行,以求实得,始知曩日意气,用自刻意破除,久归乎贴,家庭乡党之间,钦为坊表。故虽事夫子之日浅,而屈指刘门高弟,众口遥集。晚得拘挛之疾,不下绳床者十五年。……卒之日,为七月二十四日,年七十四。"

域外 [意]伽利略研究落体法则。

[德]开普勒研究望远镜的理论。

神宗万历三十三年　乙巳(公元 1605 年)

王时槐卒　王时槐(1522—1605),明代心学家。嘉靖丁未进士,授官南京兵部主事等职,隆庆五年,升任陕西参政,后又诏起贵州参政、南京鸿胪卿、太常卿等,皆不赴任。是年卒,享年84岁。其师从同乡刘邦采,刻意为学,罢官之后,"屏绝外务,反躬密体,如是三年,有见于空寂之体。"又十年,渐悟"学从收敛入,方能入微","所以其为学"以透性为宗,研几为要"。而对江右学派"主静归寂"的批判,则使其走入了另一个极端,究心禅学,近理而乱真。提出理气一元论观点。著有《论学书》、《语录》等。

［文献］　黄宗羲《明儒学案》卷二○:"王时槐字子植,号塘南,吉之安福人。嘉靖丁未进士。除南京兵部主事。历员外郎、礼部郎中。出金漳南兵巡道事,改川南道。升尚宝司少卿,历太仆、光禄。隆庆辛未,出为陕西参政,乞致仕。万历辛卯,诏起贵州参政,寻升南京鸿胪卿、太常卿,皆不赴新衔,致仕。乙巳十月八日卒,年八十四。先生弱冠师事同邑刘两峰,刻意为学,仕而求质于四方之言学者,未之或怠,终不敢自以为得。五十罢官,屏绝外务,反躬密体,如是三年,有见于空寂之体。又十年,渐悟生生真机,无有停息,不从念虑起灭。学从收敛而入,方能入微,故以透性为宗,研几为要。……先生谓:'知者,先天之发窍也。谓之发窍,则已属后天矣。虽属后天,而形气不足以干之。故知之一字,内不倚于空寂,外不堕于形气,此孔门之所谓中也。'言良知者未有如此谛当。先生常究心禅学,故于弥近理而乱真之处,剖判得出。……因省曰:'然则性亦空寂,随物善恶乎？此说大害道。乃知孟子性善之说,终是稳当。向使性中本无仁义,则恻隐、羞恶从何处出来？吾人应事处人,如此则安,不如此则不安,此非善而何？由此推之,不但无善无恶之说,即所谓'性中只有个善而已,何尝有仁义来'。

此说亦不稳。"《明史》卷二八三："王时槐,字子植,安福人。……时槐师同县刘文敏,及仕,遍质四方学者,自谓终无所得。年五十,罢官,反身实证,始悟造化生生之几,不随念虑起灭。学者欲识真几,当从慎独入。万历二十九年(1601),开始编著。"

神宗万历三十四年　丙午(公元 1606 年)

《毛诗古音考》成　《毛诗古音考》共 4 卷,明陈第撰。陈第(1541—1617),明代研究古音最有成就者。字季立,号一斋,福建连江人。他的著作主要有《毛诗古音考》、《读诗拙音》、《屈宋古音义》等。《毛诗古音考》,书成于是年,该书是古音研究史上极为重要的著作。该书彻底批评了"叶音"说,反对以今音为依据来研究古韵。主张研究古音应以《诗经》、《楚辞》等先秦韵文为研究对象,主张以"本证"、"旁证"的办法以明古读。所谓"本证",即"《诗》自相证也";所谓"旁证",乃"采之他书也"。此法考证极有成绩。其操作方法及严谨态度,启迪了顾炎武、江永等清代古音学家,为清代学者由古韵而求古音提供了理论依据。

[文献]　金云铭《陈第年谱》："陈第字季立,号一斋,世居连江城西笼西铺。……著《毛诗古音考》、《屈宋古音义》……诸书,为发明中国古音之第一人。……万历二十九年,先生六十一岁。……大约当在春间,大概此时即著手编者《毛诗古音考》,未脱稿。……万历三十四年丙午,先生六十六岁。……夏五月,《毛诗古音考》刻成。"《四库全书总目提要》卷四二："《毛诗古音考》四卷(福建巡抚采进本):明陈第撰。……言古韵者自吴棫;然《韵补》一书,庞杂割裂,谬种流传,古韵乃以益乱。……历考诸篇,悉截然不紊。又《左》、《国》、《易》、《象》、《离骚》、《楚词》、秦碑、汉赋以至上古歌谣、箴铭、颂赞,往往多与诗合,可以互证。于是排比经文,参以群籍,定为本证、旁证二条。本证者,《诗》自相证,以探古音

之源;旁证者,他经所载以及秦汉以下去《风》、《雅》未远者,以竟古音之委。钩稽参验,本末秩然,其用力可谓笃至。……然所列四百四十四字,言必有征,典必探本,视他家执今韵部分,妄以通转古音者,相去盖万万矣。初,第作此书,自焦竑以外,无人能通其说,故刊版旋佚。此本及《屈宋古音义》,皆建宁徐时作购得旧刻,复为刊传。虽卷帙无多,然欲求古韵之津梁,舍是无由也。"

傅山生 傅山,明清之际思想家、书法家、画家、医学家。字青竹,后改青主。又有公之它、啬庐、石道人等别名。阳曲(今山西太原)人。

[文献] 张廷鉴《公他先生年谱略》:"先生以康熙己未举博学宏词,其《与曹岳秋书》云:'以七十四岁老病将死之人,廖充博学宏词之荐',由此溯之,是生于明万历三十四年丙午。"《清史稿》卷五〇一:"傅山,字青主,阳曲人。……山冬夏著一布衣,自称曰'民'。……山喜苦酒,自称老蘖禅。"蔡冠洛《清七百名人传》第五编:"傅山,初字青竹。寻改字青主。或别署曰公之它。亦曰石道人。又字啬庐。阳曲人。"全祖望《阳曲傅先生事略》:"朱衣道人者,阳曲傅山先生也。初字青竹,寻改字青主,或别署曰公之它,亦曰石道人,又字啬庐。家世以学行师表晋中。……戊午,天子有大科之命,给事中李宗孔、刘先以先生荐。时,先生年七十有四,而眉以病先卒,固辞。"(《鲒埼亭集》卷二六)

神宗万历三十五年 丁未(公元1607年)

始译《几何原本》前六卷 是年,徐光启与西方传教士利玛窦合作翻译《几何原本》。该书为古希腊数学家欧几里德(Euclid)所著。是书系统论述了初等几何学的基本知识,它给当时中国所带来的不仅是数学方面,更重要的乃是思想方法,即严密的逻辑推理方法。徐光启认为,该书"为益,能令学理者祛其浮气,练其精心;

学事者资其定法,发其巧思,故举世无一人不当学。"该书由公理、定理出发给出一套严密体系的叙述方法,与中国古代数学著作的叙述方法相去甚远。但徐光启能够译之,亦可见他的见识在当时是超越同时代学者的,不愧为有明一代的著名科学家。

[文献] 徐光启《几何原本杂议》:"下学工夫,有理有事。此书为益,能令学理者祛其浮气,练其精心;学事者资其定法,发其巧思,故举世无一人不当学。……此书有四不必:不必疑,不必揣,不必试,不必改。……此书为用至广,在此时尤所急须,余译竟,随偕同好者梓传之。"徐光启《题几何原本再校本》:"是书刻于丁未岁,板留京师。"(王重民辑校《徐光启集》,上海古籍出版社,1984)《四库全书总目提要》卷一〇七:"《几何原本》六卷(两江总督采进本):西洋人欧几里德撰,利玛窦译,而徐光启所笔受也。……今止六卷者,徐光启自序云:'译受是书,此其最要者,遂刊之。'其书每卷有界说,有公论,有设题。界说者,先取所用名目解说之;公论者,举其不可疑之理;设题则据所欲言之理,次第设之,先其易者,次其杂者。由浅而深,由简而繁,推之至于无以复加而后已。是为一卷。……卷一论三角形,卷二论线,卷三论圆,卷四论圆内外形,卷五、卷六俱论比例。……光启序称其'穷方圆平直之情,尽规矩准绳之用。'非虚语也。……盖亦集诸家之成,故自始至终,毫无疵类。"

顾允成卒 顾允成(1554—1607),明末东林党人。字季时,别号泾凡,顾宪成之弟。是年卒,享年54岁。其师从薛方山,万历癸未,举礼部,历任国子监博士、礼部主事等职。平生最恨空洞抽象的理学,认为"近世乡愿道学","其言最高,其害最远"。指出为文人和封建统治者津津乐道的理学,"虽不犯手弑君弑父,而自为忒重,实理下弑父弑君种子。"又认为无善无恶之弊端,自始至终都只是一个空字,一个混字。为人正直,为官清廉,虽屡遭权臣陷害,但仍抨击时弊不遗余力。著有《小辨斋偶存》等。

[文献] 黄宗羲《明儒学案》卷六〇:"顾允成字季时,别号泾凡,兄则泾阳先生也。与泾阳同游薛方山之门。万历癸未,举礼部。……历国子监博士,礼部主事。……丁未五月卒,年五十四。平生所深恶者乡愿道学,……先生规之曰:'夫假节义乃血气也,真节义即义理也。血气之怒不可有,义理之怒不可无。义理之节气,不可亢之而使骄,亦不可抑之而使馁。以义理而误认为血气,则浩然之气,且无事养矣。近世乡愿道学,往往借此等议论,以销铄吾人之真元,而遂其同流合污之志。其言最高,其害最远。'……语之曰:'大本大原,见得透,把得住,自然四通八达,谁能拘之?若于此糊涂,便要通融和会,几何不堕坑落堑,丧失性命。'故先生见义必为,皆从性命中流出。沈继山称为'义理中之镇恶,文章中之辟邪',洵不虚也。"《小辨斋札记》:"……三代而下,只是乡愿一班人,名利兼收,便宜受用,虽不犯手弑君弑父,而自为弑重,实埋下弑父弑君种子。无善无恶本病,只是一个空字,末病只是一个混字。故始也,见为无一之可有,究也,且无一不可有。始也等善于恶,究也且混恶于善,其至善也,及其所以为至恶也。"《四库全书总目提要》卷一七二:"《小辨斋偶存》八卷(两江总督采进本):明顾允成撰。允成字季时,无锡人,宪成弟也。允成文皆论诗讲学之语,书简居十之九,直抒胸臆,不事修饰。"另可参阅《明史》卷二三一。

王肯堂著成《证治准绳》 王肯堂,明代著名医学家。字宇泰,金坛人。万历十七年进士,选庶吉士,授检讨。卒官福建参政。幼好读书,尤精于医,所著《证治准绳》,世竞传之,该书共122卷,专论杂症,有伤寒准绳、疗医准绳、幼科准绳、女科准绳等,该书内容编著考证得当、条理分明、辨别异同、前后贯通、博粹精赅,故《四库全书总目提要》对该书评价甚高。其父王樵,字明远,号方麓,金坛人。嘉靖二十六年进士,累官至南京右都御史,其为人恬淡诚恳,温然长者,处事刚正不阿,精研《易》、《书》、《春秋》诸经,述有《尚书日记》16卷、《书帷别记》4卷、《春秋辑卷》15卷、《札记》1卷、《笔记》1卷、《镇江府志》36卷,著作有《读律私笺》,甚精赅,是研究我国古代法律的重要资料。卒后赠太子少保,谥恭简。

[文献]《明史》卷二二一:"王樵,字明远,金坛人。……著《读律私笺》,甚精赅。……樵恬淡诚恳,温然长者。邃经学,《易》、《书》、《春秋》皆有纂述。卒,赠太子少保,谥恭简。子肯堂,字宇泰。举万历十七年进士,选庶吉士,授检讨。……终福建参政。肯堂好读书,尤精于医。所著《证治准绳》赅博精粹,世竞传之。"《四库全书总目提要》卷一○四:"《证治准绳》一百二十卷(通行本):明王肯撰。……是编据肯堂自序称:'先撰《证治准绳》八册,专论杂证,分十三门,附以《类方》八册。皆成于丁酉、戊戌间。'其书采摭繁富,而参验脉证,辨别异同,条理分明,具有端委。故博而不杂,详而有要。于寒温攻补无所偏主。……其《伤寒准绳》八册、《疡医准绳》六册,则成于甲辰;《幼科准绳》九册、《女科准绳》五册,则成于丁未,皆以补前书所未备,故仍以《证治准绳》为总名。惟其方皆附各证之下,与杂证体例稍殊耳。史称肯堂好读书,尤精于医。所著《证治准绳》,赅博精详,世竞传之。"王肯堂《证治准绳·自序》:"余发始燥,则闻长老道说范文正公未达时,祷于神以不得为良相,愿为良医。因欢古君子之存心济物,如此其切。当是时,颛蒙无所知,顾读歧黄家言,辄心开意解,若有夙契者。……于是闻见日益广,而艺日益精。乡曲有抱痾,医技告穷者,叩阊求方,亡弗立应,未尝敢萌厌心,所全活者,稍稍众矣。而又念所济仅止一方,孰若著为书,传之天下万世耶?偶嘉善高生隐从余游,因遂采取古今方论,参以鄙见,而命高生次第录之,遂先成杂病论与方,各八巨帙,高生请名,余命之曰《证治准绳》。……是

书出,而不知医不能脉者,因证检书,而得治法也。"

神宗万历三十六年　戊申(公元1608年)

章潢卒　章潢(1527—1608),明代经学家。曾任白鹿洞书院讲授。嘉靖十三年(1534),在庐陵东湖建洗堂,聚徒讲学。嘉靖二十四年(1545),经御史吴安节和少宰杨止庵推荐,任顺天儒学训导。是年卒于家,享年82岁。其在生活中很注重礼节,自始至终没说过无礼之话,没做过无礼之事,没交过无礼之友,没读过无礼之书。因此,当地人在他卒后私谥文德先生。他强调做学问要以"诚"、"善"为本,在哲学上主张"气质"不同于"性",但"气质"又离不开"性"。以心学为宗,认为心广大无边,包罗万象,囊括天地万物。将"格物"解释为"格身",认为"身"是万物的根本,修身是人的基本要求。主要著作有《图书编》、《周易象义》、《诗经原体》、《书经原始》、《春秋窃义》、《礼记札言》、《论语约言》等。

[文献]　黄宗羲《明儒学案》卷二四:"章潢字本清,南昌人。……与万思默同业举,已而同问学。……聘主白鹿洞书院。……御史吴安节疏荐,少宰杨止庵奏授顺天儒学训导。万历戊申,年八十二卒。所著《图书编》百二十七卷。先生论止修则近于李见罗,论归寂则近于聂双江,而其最谛当者,无如辨气质之非性,离气质又不可觅性,是与蕺山先师之言,若合符节矣。"《四库全书总目提要》卷八:"《周易宗义》十二卷(江苏巡抚采进本):明章潢撰。章潢字本清,南昌人。万历乙巳以荐授顺天府学训导。……后至八十二岁,终于家。"《明史》卷二八三:"潢字本清,南昌人。……辑群书百二十七卷,曰《图书编》。又著《周易象义》、《诗经原体》、《书经原始》、《春秋窃义》、《礼记札言》、《论语约言》诸书。从游者甚众。……卒于万历三十六年,年八十二。其乡人称潢自少迄老,口无非礼之言,身无非礼之行,交无非礼之友,目无非礼之书,

乃私谥文德先生。"

管志道卒 管志道(1536—1608),明代学者。隆庆辛未进士,除南京刑部主事,改刑部。以老疾致仕,是年卒,享年73岁。其师从耿定向,著书数十万言,大多纠合儒释,谓"乾元无首之旨,与《华严》性海浑无差别,《易》道与天地准,故不期与佛老祖之合而自合。""以仲尼之圆,圆宋儒之方,而使儒不碍释,释不碍儒。"尤喜谈鬼神梦寐。又述孔子阐幽十事,他不辟佛、道,断言释氏诸经,即"孔孟之义疏也",对于道家,也不是采取简单的排斥态度,而是分门别类,以恢复道家的本来面目,将儒、释、道三教统一于"性命之理"。因此,在晚明倡导儒、佛道合流的思潮中,他是位颇引人注目的人物。著作有《论语订释》10卷、《中庸测义》1卷、《孟子订释》7卷、《问辨牍》8卷、《理学酬咨录》8卷、《龙华忏法》1卷。

[文献] 黄宗羲《明儒学案》卷三二:"管志道字登之,号东溟,苏之太仓人。隆庆辛未进士。除南京兵部主事,改刑部。……以老疾致仕。万历戊申卒,年七十三。东溟受业于耿天台,著书数十万言,大抵鸠合儒释,浩汗而不可方物。谓'乾元无首之旨,与《华严》性海浑无差别,《易》道与天地准,故不期与佛老之祖合而自合,孔教与二教峙,故不期佛老之徒争而自争。教理不得不圆,教体不得不方,以仲尼之圆,圆宋儒之方,而使儒不碍释,释不碍儒。以仲尼之方,方近儒之圆,而使儒不滥释,释不滥儒。唐、宋以来,儒者不主孔奴释,则崇释卑孔,皆于乾元性海中自起藩篱,故以乾元统天,一案两破之也。'其为孔子阐幽十事,言'孔子任文统,不任道统,一也。居臣道,不居师道,二也。删除《六经》,从游七十二子,非孔子定局,三也。与夷、惠易地,则为夷、惠,四也。孔子知天命,不专以理,兼通气运,五也。一贯尚属悟门,实之必以行门,六也。敦化通于性海,川流通于行海,七也。孔子曾师老聃,八

也。孔子从先进,是黄帝以上,九也。孔子得位,必用桓、文做法,十也。'……平生尤喜谈鬼神梦寐,其学不见道可知。泰州张皇见龙,东溟辟之,然决儒释之波澜,终是其派下人也。"

神宗万历三十八年　庚戌(公元 1610 年)

四月,利玛窦卒于京　万历三十四年八月七日,利玛窦迁入所购北京宣武门前房屋,正式定居北京。是年四月,利玛窦在北京病逝,葬于北京城西郭外。他是在中国最早介绍西方宗教等学术思想和科学知识的重要奠基人,极大地促进了中西文化的交流,在世界文化交流史上有重要学术地位。

〔文献〕《明史》卷三二六:"意大里亚,居大西洋中,自古不通中国。万历时,其国人利玛窦至京师,为《万国全图》,言天下有五大洲。……大都欧罗巴诸国,悉奉天主耶稣教,而耶稣生于如德亚,其国在亚细亚洲之中,西行教于欧罗巴。其始生在汉哀帝元寿二年庚申,阅一千五百八十一年至万历九年,利玛窦始泛海九万里,抵广州之香山澳,其教遂沾染中土。至二十九年入京师,中官马堂以其方物进献,自称大西洋人。……已而帝嘉其远来,假馆授粲,给赐优厚。公卿以下重其人,咸与晋接。玛窦安之,遂留居不去,以三十八年四月卒于京。赐葬西郭外。"金尼阁《利玛窦中国札记序言》:"利玛窦于 1552 年 10 月 6 日出生在意大利的中部教皇邦安柯那(Ancone)省的马塞拉塔(Macerata)城。……他在 1610 年 5 月 11 日死于北京,葬于北京阜城门外二里沟。"(中华书局,1-2 页,1983)艾儒略《大西利先生行迹》:"初时,言语文字未达,苦心学习,按图画人物,倩人指点,渐晓语言,旁通文字。至于六经、子、史等篇,无不尽畅其意义。始稍著书。利子尝将中国四书译以西文,寄回本国。国人读之,知中国古书,皆利子之力也。……利子住京师十年,交游益广,著述益多。时与名公论学,旁及度数。与徐宗伯译《几何原本》、《测量》等书。与李水部则译《同文算指》、《浑盖通宪》、《乾坤体义》等书，俱已行世。自是四方有道之士，多致书请问，利子率手自裁答。时又为寓中国西士之长，书札往还，亦缕缕长言，利子不倦也。生平乐于接引，所称明镜不辞屡照，清流无惮惠风，利子有焉。"

黄宗羲生 黄宗羲，字太冲，号梨洲，浙江余姚人。明末清初思想家、史学家。

[文献] 张惟骧《疑年录汇编》卷八："黄太冲八十六宗羲，生明万历三十八年庚戌。"黄炳垕《黄梨洲先生年谱》："公讳宗羲，字太冲，号南雷；忠端公之长子，居余姚通德乡黄竹浦。……世称梨洲先生。卒后，门人私谥曰文孝。明万历三十八年（庚戌）八月八日戌时，公生。"（黄宗羲《海外恸哭记》附录三）《清史稿》卷四八〇："黄宗羲，字太冲，余姚人，明御史黄尊素长子。"

钱一本卒 钱一本（1539—1610），明代学者、理学家。万历癸未（1583）进士，历任庐陵知县、福建道御史，巡按广西。后因在上奏时惹怒明神宗，被削职为民。归家后，建经正堂以讲学。东林书院建成后，与顾宪成分主讲席。天启初年，赠太仆寺少卿。其学说得之于王时槐者居多，以"工夫"为主。主要研究六经及濂、洛诸书，尤精于《易》经。学术上反对教条主义，同时强调学习的重要性，认为性是天生之理，并不是人为之理，而性虽为天生，但亦为人成。著有《龟记》、《像象管见》等。

[文献]《明史》卷二三一："钱一本，字国瑞，武进人。万历十一年进士。除庐陵知县，征授御史。……出按广西。……一本言最戆直。帝衔之。……一本既罢归，潜心《六经》，濂、洛诸书，尤研精《易》学。与顾宪成辈分主东林讲席，学者称启新先生。里居二十五年，预克卒日，赋诗志之，如期而逝。天启初，赠太仆寺少卿。"黄宗羲《明儒学案》卷五九："钱一本字国端，别号启新，常州

武进人。万历癸未进士。授庐陵知县。入为福建道御史,……已而巡按广西。……逾四月,给事中孟养浩,亦以国本为言,内批廷杖,并削先生籍。归筑经正堂以讲学。东林书院成,与顾端文分主讲席。……如期而逝。盖丁巳年九月,月建为庚戌也。天启二年壬戌,赠太仆寺少卿,予祭一坛。……先生之学,得之王塘南者居多。惩一时学者喜谈本体,故以工夫为主,……至谓'性固天生,亦由人成,故曰成之者性'。夫性为自然之生理,人力丝毫不得而与,故但有知性,而无为性。"《四库全书总目提要》卷五:"《像象管见》九卷(内府藏本):明钱一本撰。一本字国瑞,武进人,万历癸未进士,官至福建道监察御史,以建言罢归。天启初,追赠太仆寺卿。……一本研究《六经》,尤邃于《易》。"《四库全书总目提要》卷九六:"《龟记》四卷(编修励守谦家藏本):东林方盛之时,一本虽与顾宪成分主讲席。然潜心经学,罕谈朝政,不甚与天下争是非,故亦不甚为天下所指目。……其发明性道,排斥二氏,颇为深切。"《四库全书学典·辞典》"钱一本,明武进人。字国瑞。万历进士。除庐陵知县,征授御史,出按广西,上论相建储二疏。时廷臣相继争国本,惟一本言最戆直,神宗衔之,因斥为民。一本罢归,潜心六经、濂、洛诸书,尤精于易,……学者称启新先生。"

袁宏道卒 袁宏道(1568—1610),明代文学家,"公安派"代表人物。万历年间进士,曾任江苏吴县县令,断狱敏快,有政绩;为人洒脱,不拘礼法。与兄袁宗道、弟袁中道,在当时并称"三袁",而其成就最大。他们不满前后七子的文学复古主张,反对模拟汉唐,要求革新,因是湖广公安人,被称为公安派。受李贽影响较深,主张文学的"真"与"变",主张写"灵性"。指出"世道既变,文亦因之,今之不必摹古者也,亦势也。"从而提出文贵质的主张,"物之传者必以质。文之不传,非曰不工,质不至也。"最重要的是他强调作家要有思想修养,文章要反映作家的性灵,要有个性。他的这些主张，击中了复古主义者的要害，对转变文风起了一定作用，而且其影响波及日本，对日本新诗歌理论的产生起到促进作用。这种文学思想也是晚明士大夫要求思想解放和精神解脱思潮的产物，故崇尚自然是其核心内容。这些在当时具有很大的进步意义，如果说它有缺点或流弊，则主要是要求思想解放的深度和广度不够，禅学和玄学色彩浓厚，所以也就不可能与封建传统思想从根本上划清界限。其性灵说以为"心灵无涯，搜之愈出"的见解是唯心的，偏重于艺术，思想内容比较狭窄，缺乏深厚的社会内容。主要著作有《觞政》、《瓶花斋杂录》、《袁中郎集》、《明文隽》等。

[文献] 袁中道《吏部验封司郎中中郎先生行状》："万历庚戌九月初六日，中郎先生卒于家，得年仅四十三。亲戚乡党如失所怙，中外寒士哭失声者数十人。"（《袁宏道集笺校》附录二，上海古籍出版社，1981）《明史》卷二八八："袁宏道，字中郎，公安人。与兄宗道、弟中道并有才名，时称'三袁'。……举万历二十年进士。归家，下帷读书，诗文主妙悟。选吴县知县，听断敏决，公庭鲜事。与士大夫谈说诗文，以风雅自命。已而解官去。起授顺天教授，历国子助教、礼部主事，谢病归。久之，起故官。寻以清望擢吏部验封主事，改文选。寻移考功员外郎，……迁稽勋郎中，后谢病归，数月卒。"

神宗万历三十九年　辛亥（公元 1611 年）

陆世仪生　陆世仪，字道威，太仓（今属江苏）人。是年生。

[文献] 张惟骧《疑年录汇编》卷八："陆桴亭六十二世仪，生明万历三十九年辛亥。"《清史稿》卷四八〇："陆世仪，字道威，太仓州人。"梁启超《中国近三百年学术史》："陆桴亭，字道威，……生明万历三十九年……"《四库全书学典·辞典》"陆世仪，清太仓人。字道威。明诸生。"

方以智生 方以智,明清之际科学家、哲学家。字密之,号曼公,南直隶安庆府桐城(今安徽桐城)人。曾改名吴石公,别号遇道人。出家后更名大智、字无可、号弘智、药地、浮山、愚者大师等。

[文献] 任道斌《方以智年谱》:"方以智,字密之,号曼公,又自号龙眠愚者、泽园主人、浮山愚者、鹿起山人、……愚者。流离五岭,化名吴石公。中年归隐,自称为愚道人。披缁则改名弘智、行远,法号、称呼变更无常,为无可、五老、药地……江南安庆府桐城县凤仪里人。……明神宗(朱翊钧)万历三十九年辛亥,一六一一,一岁。十月二十六日,密之生于南直安庆府桐城县。"《清史稿》卷五〇〇:"方以智,字密之,桐城人。……为僧。更名弘智,字无可,别号药地。……博涉多通,自天文、舆地、礼乐、律数、声音、文字、书画、医药、技勇之属,皆能考其源流,析其旨趣。"

神宗万历四十年　壬子(公元1612年)

张尔岐生 张尔岐,明末清初思想家,字稷若,自号蒿庵居士,山东济阳人。

[文献] 江藩《国朝汉学师承记》卷一:"张尔岐,字稷若,自号蒿庵居士,济阳人也。"《清史稿》卷四八一:"张尔岐,字稷若,济阳人。"蔡冠洛《清代七百名人传》(下):"张尔岐,字稷若,号蒿庵,山东济阳人。……康熙十六年卒,年六十六。"

顾宪成卒 顾宪成(1550—1612),东林学派的主要领导者,时人称之为东林先生。万历进士,授户部主事,与张居正相忤,后因上疏针砭时政,贬为湖广桂阳州判官。官至吏部文选司郎中。因廷推阁臣忤神宗意,革职还乡。万历二十二年(1594),与高攀龙等重建无锡东林书院,讲学其中,作《东林会约》,集会结社,议论国政,被称为东林党,年轻时初学于张淇门下,后又师从薛应旗,因张、薛都由王学转向朱学,所以他在学术上亦宗朱学。尊奉程朱

"性即理"、"理为主"的本体论,认为"理"既是宇宙万物的本原,又是宇宙万物的规律和法则。在"理"与"气"的关系上,主张"理"在"气"先。反对王畿等人"心体无善无恶"说,反对"不学不虑"、"不思不勉"的"见(现)成良知",提倡"躬行"、"重修"的知行观,打破了圣人"生而知之"的传统观点,有一定积极意义。著述主要有《小心斋札记》、《泾皋藏稿》、《还经录》、《质疑篇》、《证性编》、《桑梓录》等,后人编为《顾端文公遗书》。是年卒,终年63岁。

[文献]《明史》卷二三一:"顾宪成,字叔时,无锡人。万历四年举乡试第一。八年成进士,授户部主事。……宪成姿性绝人,幼即有志圣学。暨削籍里居,益覃精研究,力辟王守仁'无善无恶心之体'之说。邑故有东林书院,宋杨时讲道处也,宪成与弟允成倡修之,常州知府欧阳东凤与无锡知县林宰为之营构。落成,偕同志高攀龙、钱一本、薛敷教、史孟麟、于孔兼辈讲学其中,学者称泾阳先生。……故其讲习之余,往往讽议朝政,裁量人物。朝士慕其风者,多遥相应和,由是东林名大著,而忌者亦多。"黄宗羲《明儒学案》卷五八:"顾宪成字叔时,别号泾阳,常之无锡人。……壬子五月,先生卒,年六十三。……而于阳明无善无恶一语,辨难不遗余力,以为坏天下教法,自斯言始。……心之所以为心,非血肉之谓也,应有个根柢处,性是已。舍性言心,其究也必且堕在情识之内,粗而不精。天之所以为天,非窈冥之谓也,应有个著落处,性是已。舍性言天,其究也必且求诸常人之外,虚而不实。"(中华书局1985年版)

神宗万历四十一年 癸丑(公元1613年)

《同文算指》书成 《同文算指》,明李之藻著。李之藻,生于嘉靖四十四年(1565),卒于崇祯三年(1630),是我国明代著名数学家。字振之,号我存,浙江仁和(今杭州)人。他很早就随利玛窦学习历算,与之合作翻译了一些天文历算著作。《同文算指》主要根据克拉维斯的《实用算术概论》编译而成,分为前编、通编、别编三部分。前编主要论述整数和分数的四则运算,通编涉及比例、盈不足、多元一次方程组、开方等,别编论述截圆弦算和一些天文学知识。该书是我国学者介绍欧洲笔算的第一部著作,对后世有一定影响。

[文献] 李之藻《同文算指序》:"遇西儒利玛窦先生精言天道,旁及算指,其术不假操觚,第资毛颖。喜其便于日用,退食译之,久而成帙。……万历癸丑日在天驷仁和李之藻振之书于龙泓精舍。"(利玛窦授、李之藻演《同文算指前编》,中华书局,1985)《四库全书总目提要》卷一〇七:"《同文算指前编》二卷、《通编》八卷(两江总督采进本):明李之藻演西人利玛窦所译之书也。前编上、下二卷,言笔算定位、加减乘除之式,及约分、通分之法。《通编》八卷,以西术论《九章》。卷一曰《三率准则》,即古异乘同除,曰《变测》,即古同乘异除,曰《重测》,即古同乘同除。卷二、卷三曰《合类差分》,曰《和较三率》,曰《洪衰互征》,即古差分,又谓之衰分。卷四曰《叠借互征》,即古盈朒。卷五曰《杂和较乘》,即古方程。卷六曰《测量三率》,即古句股,曰《开平方》,曰《奇零开平方》,即古少广。卷七曰《积较和开平方》。卷八曰《带纵诸变开平方》,曰《开立方》,曰《广诸乘方》,曰《奇零诸乘方》,皆即古少广。……是书欲以西法易《九章》,故较量长短,俱有增补。其论三率比例,视中土所传方田、粟米、差分诸术,实为详悉。至盈朒方程二术,则皆仍旧法。少广略而未备,且法与数多出入之处。……然中土算书,自元以来,散失尤甚,未有能起而蒐辑之者。利氏独不惮其烦,积日累月,取诸法而合订是编,亦可以为算家考古之资矣。"

顾炎武生 顾炎武,初名绛,字宁人,号亭林,江苏昆山人。世称亭林先生。明清之际大学者、思想家。抗清失败后化名蒋山佣。

[文献] 张惟骧《疑年录汇编》卷八:"顾宁人七十炎武,生明万历四十一年癸丑。"《清史稿》卷四八一:"顾炎武,字宁人,原名绛,昆山人。……清初称学有根柢者,以炎武为最,学者称为亭林先生。"蔡冠洛《清代七百名人传》(下):"顾炎武,初名绛,字宁人,江苏昆山人。……学者称亭林先生。……屡哭于孝陵。居神烈山下。自署曰蒋山佣。"(中国书店,1984,1583－1584 页。)全祖望《鲒埼亭集·亭林先生神道表》:"同应之仲子曰绛,即先生也。……先生字曰宁人,乙酉改名炎武,亦或自署曰蒋山佣,学者称为亭林先生。少落落有大志,不与人苟同,耿介绝俗。其双瞳子中白而边黑,见者异之。最与里中归庄相善,共游后社;相传有归奇顾怪之目。于书无所不窥,尤留心经世之学。"

神宗万历四十三年 乙卯(公元1615年)

王圻卒 王圻(1530—1615),明代史学家、学者。嘉靖四十四年(1565)进士。曾任云南道监察御史、邛州判官等职,官至陕西布政司右参议。是年卒,享年86岁。其一生在官场上并不得志,但不管在什么情况下,他都念念不忘考证古籍,研究当世有用之学,因而他十分勤奋,著作颇丰,总计800余卷。博学多才,在经学、史学、类书编辑方面都有相当的成绩。学术成就主要体现在史学领域。有九部著作行于世,其中的《续文献通考》在体例上兼采《通志》与《通考》的特长,记载自宋嘉定年间至明代万历初年的史实,是继元代马端临《文献通考》后至近代以前唯一一部私撰典制通史,在古文献学中尤具价值。著作主要有《续文献通考》、《三才图会》、《稗史汇编》、《谥法通考》、《两浙盐记》、《海防志》、《东吴水利考》等。

[文献]《明故朝列大夫陕西布政使司右参议洪洲王公暨诰封宜人陈氏合葬墓志铭》:"万历乙卯之闰八月十有四日,致仕陕西右参议、前监察御史洪洲王公无疾卒,年八十六矣。"(《王侍御类稿》末附,齐鲁书社,1997)《明史》卷二八六:"同邑(指陆深同乡,陆深是上海人)有王圻者,字元翰。嘉靖四十四年进士。除清江知县,调万安。擢御史,忤时相,出为福建按察佥事,谪邛州判官。……历官陕西布政参议,乞养归,筑室淞江之滨,种梅万树,目曰梅花源。以著书为事,……丙夜不辍。所撰《续文献通考》诸书行世。"《四库全书总目提要》卷七八八:"《东吴水利考》十卷(浙江巡抚采进本):明王圻撰。圻字元翰,上海人。嘉靖乙丑进士。官至陕西布政司参议。"《四库全书总目提要》卷一七八:"圻所著述,如《续文献通考》、《三才图会》、《稗史汇编》诸书,皆篇帙浩繁,动至一二百卷。虽庞杂割裂,利钝互陈,其采辑编排,用力亦云勤笃。计其平日,殆无时不考古研今。"《四库全书总目提要》卷一三八:"《续文献通考》……是编续马端临之书而稍更其门目。大旨欲于《通考》之外,兼擅《通志》之长,……自明以来,以马氏书止于宋嘉定中,嘉定后事迹典故未有汇为一编者,故多存圻书以备检阅。"

僧莲池卒 莲池(1535—1615),明代佛学家。自号莲池,晚年居云栖寺,世称莲池大师、云栖大师。早年补诸生,攻儒学。30岁以后出家为僧,云游四方。后定居于杭州云栖山,讲法传教,不久这里便成为佛教著名丛林。云栖的宗风以净土法门为主,余时兼讲经、律。主张会通儒释,三教同源,应并行不悖。其学风平实质朴,严于律己,因此在明末享有极高的声誉。其出家40多年,四方众僧受戒得度及豪绅士人问学请教者不计其数。著作有22种,后由其弟子编为《云栖法汇》。

[文献] 憨山德清《古杭云栖莲池大师塔铭》:"师讳袾宏,字

佛慧。志所归也。俗姓沈氏,古杭仁和人,世为名族。……师道价日增,十方衲子如归,师一以慈接之。……言讫,面西念佛,端然而逝,万历四十三年七月初四日午时也。"释广润《云栖本师行略》:"师生而颖异,十七岁为诸生,即啧啧有声,德行、文章俱极一时之选。……师既得戒,遍访名山,历参知识。……师尝说法南屏,润得躬逢其盛,七众咸臻,四民同集,星驰雾合,每至万人。……师于三藏十二部,无不再三披阅,悉诣其微。著《戒疏发隐》、《弥陀疏钞》、《禅关策进》、《缁门崇行录》、《戒杀放生文》、《竹窗》等书,并行于世。……师于嘉靖乙未年正月廿二日卯时降生,万历乙卯年七月初四日午时示寂。"《云栖遗稿》卷三:"若人持律,律是佛制,正好念佛;若人看经,经是佛说,正好念佛;若人参禅,禅是佛心,正好念佛。"《竹窗随笔·经教》:"予一生崇尚念佛,然勤勤恳恳劝人看教。何以故,念佛之说何自来乎?非金口所宣明载简册,今日众生何由而知十万亿刹之外有阿弥陀也?其参禅者借口教外别传,不知离教而参是邪因也,离教而悟是邪解也。"《儒佛配合》:"儒佛二教圣人,其设法各有所主,固不必歧而二之,亦不必强而合之。何也?儒主治世,佛主出世。……故二之合之,其病均也。"《憨山梦游集》卷二七:"师讳袾宏,字佛慧,别号莲池,……俗姓沈氏,古杭仁和人。……年二十七,……投性天理和尚祝发,乞昭庆寺无尘玉律师就坛受具。居顷,即单瓢只杖游诸方,遍参知识。……隆庆辛未,师乞食梵村,见云栖山水幽寂,遂有终焉之志。……自此法道大振,海内衲子归心,遂成丛林。……著《沙弥要略》、《具戒便蒙》、《梵网经疏发隐》,以发明之。初,师发足参方,从参究念佛得力,至是遂开净土一门,普摄三根,极力主张,乃著《弥陀疏钞》十万余言,融会事理,指归唯心。……言讫面西念佛,端然而逝,万历四十三年,七月初四日午时也,师生于嘉靖乙未,世寿八十有一。"

方学渐卒　方学渐(1540—1615),字达卿,号本庵,明安徽桐城人,泰州学派的代表人物,曾祖为方以智。少而嗜学,长而弥敦,任诸生祭酒28年。后弃官,从事讲学著作,老而不懈。年七十余,还和顾宪成等人讲学于东林书院。师从耿定向。以心学为宗,恶无善无恶说,一言一行,一切证诸于心。《心学宗》为其代表作。该书是他搜罗自尧舜至明代诸儒有关心学的言事论著并附以己注,以明心学。谓"心外无理,心外无天,一时尽心,则一时见性天;一事尽心,则一事见性天;无时无处不尽心,则无时无处不见性天。存之养之,常尽心而已矣","此孔门之心法"。黄宗羲谓其歧虚实二之,非心体之本然。其格物说颇近于王艮。《四库总目提要》载顾宪成对该书评价颇高,谓:"假令文成复起,亦应首肯。"除该著外,还著有《桐彝语》、《迩训》、《东游记》等。

[文献] 黄宗羲《明儒学案》卷三五:"方学渐字达卿,号本庵,桐城人也。少而嗜学,长而弥敦,老而不懈。一言一动,一切归而证诸心。为诸生祭酒二十余年,领岁荐,弃去,从事于讲学。见世之谈心,往往以无善无恶为宗,有忧焉。……先生欲辨无善无恶心之体,而自堕于有善有恶心之体矣,是皆求实于虚之过也。先生受学于张甑山、耿楚倥,在泰州一派,别出一机轴矣。《心学宗》:……心出于理则放,心入于理则存。求放心者,常存仁义而已。心外无性,心外无天,一时尽心,则一时见性天;一事尽心,则一事见性天;无时无处不尽心,则无时无处不见性天。存之养之,常尽心而已矣。夭寿修身,纯于尽心而已矣。此孔门之心法也。……性具于心,谓之道心。善学者求道于心,不求道于事物。善事心者,日用事物皆心也。"《四库全书总目提要》卷九六:"《心学宗》四卷(浙江巡抚采进本):明方学渐撰。……是书专明心学,自尧、舜至于明代诸儒,各引其言心之语,而附以己注。其自序云:'吾闻诸舜,人心惟危,道心惟微。闻诸孟子,仁,人心也。闻诸陆子,心即理也。闻诸王阳明,至善心之本体。一圣三贤,可谓善言心也

矣。'盖学渐之说本于姚江,故以陆、王并称。而书中解人心惟危为高大意,解不愧屋漏为喻心曲隐微,解格物为去不正以归于正,大意皆主心体至善,一辟虚无空寂之宗。……宪成序其首曰:'假令文成复起,亦应首肯。盖虽同为良知之学,较之龙溪诸家犹为近正'云。"

神宗万历四十六年　戊午(公元1618年)

六月,吕坤卒　吕坤(1536—1618),明中期思想家。万历进士,38岁始官,历任户部主事,陕西左、右布政使,左、右佥都御史,刑部左、右侍郎。后辞官,归乡著书20余年。其思想,前期不出正统道学的范围,但善于吸纳百家精华,贯通融汇,终自成体系。他首先对道学进行批判,指出只有确能建立事功的才是真学问,而一般道学家以至古来的名儒硕学均不能符合这一标准。"瞑目端坐,见性明心"是"释氏之寂",只说"无声无臭"则是"俗儒之幻",两者于国于民均无裨益。认为不但有"异端之异端",而且有"吾儒之异端",后者指那种富有闻望而足为天下后世人心之害的儒者。在宇宙观上,认为"天地万物只是一气聚散,更无别个"。反对把道和器,理和气相分离,说"道无形,以万有为形","理者,气之自然者也","道器非两物,理气非两件"。指出"气化无一息之停",阴阳二气的消长,天地万物的生灭,"续接不绝",提出"人当法天","人定真足胜天",相信人有顺应自然和改造自然的能力。认识论上,认为天地万物是可知的,但反对生而知之和良知良能说,主张"知行并进格物","知行二字,自始自终浑不相离"。指出即使是圣人,"若欲周知,岂得不学?"在人性论方面,不同意韩愈的"性三品"说,但又认为专言性善也是错误的。"义理之性有善无恶,气质之性有善有恶。气质亦天命于人而与生俱生者,不谓之性可乎?"在修养上,提出"长善救失"、"达权长虑"、"善于用心"、

"有过认过"、"不自是自私"等见解。其思想也受朱陆的影响,说"天下事皆实理所为,未有无实事而有事物者也",又说"举世都是我心"。著作主要有《去伪斋集》、《呻吟语》、《阴符经注》、《四礼疑》、《四礼异》、《实政录》等。

[文献]《明神宗实录》卷五七二:"(万历四十六年七月壬寅)原任刑部左侍郎吕坤卒。坤,河南宁陵人,登隆庆辛未进士。……翱翔仕路三十余年,居林下二十余年。而天性忧恫,居身谦素,有古人风焉。"郑涵《吕坤年谱》:"明世宗嘉靖十五年(丙申,公元1536年)十月十日生于河南开封府宁陵县。名坤,初字顺叔,后改字叔简。……万历四十六年(戊午,1618)八十三岁。六月初八日,卒于家。"汪永瑞《吕沙随先生祠记》:"吕先生之学以自得为宗,不切切训诂,而于古六艺之旨博综贯串,驰骋上下,皆有以穷其旨趣而通其大意。至于天地鬼神阴阳之变,山川风土之宜,兵谋权术,浮图老子之所记载,靡不抉择而取衷焉。盖合内外之道也。"《明史》卷二二六:"吕坤,字叔简,宁陵人。万历二年进士。为襄垣知县,有异政。调大同,征授户部主事,历郎中。迁山东参政、山西按察使、陕西右布政使。擢右佥都御史,巡抚山西。居三年,召为左佥都御史。历刑部左、右侍郎。二十五年五月疏陈天下安危。……疏入,不报。坤遂称疾乞休,中旨许之。……坤刚介峭直,留意正学。居家之日,与后进讲习。所著述,多出新意。……卒,天启初,赠刑部尚书。"黄宗羲《明儒学案》卷五四:"吕坤字叔简,号心吾,河南宁陵人。……先生亦致仕不起,家居四十年,年八十三卒,赠刑部尚书。……一生孜孜讲学,多所自得,大抵在思上做工夫,心头有一分检点,便有一分得处,盖从忧患中历过,故不敢任情如此。"

神宗万历四十七年　己未(公元1619年)

九月,王夫之生　王夫之,字而农,号姜斋,衡阳(今属湖南)人。学者称其"船山先生"。

[文献]　王之春《船山公年谱》:"明万历四十七年己未(一六一九),公一岁。九月初一日子时,生于衡州府城南回雁峰王衙坪。"《船山公年谱·行述》:"先子船山府君讳夫之,字而农,号姜斋,中岁称一瓠道人,更名壶,晚岁仍用旧名。居于湘西蒸左之石船山,自为之记。蒸湘人士莫传其学,间有就而问字者,称为船山先生。……生于万历四十七年己未九月初一子时。"《船山公年谱·家谱世系表》:"公讳夫之,字而农,号姜斋,一号卖姜翁,一名壶,一号一瓠道人,或一瓠先生,或瓠道人,一号双髻外史或梼杌外史。晚居府治西百二十里石船山,称船山老人,或船山老农,或船山遗老,船山病叟,学者称船山先生,又称夕堂先生。"张惟骧《疑年录汇编》卷九:"王姜斋七十四夫之,生明万历四十七年己未,卒清康熙三十一年壬申。"

唐鹤征卒　唐鹤征(1538—1619),明代后期理学家。隆庆五年(1571)进士。官历礼部主事、工部郎、尚宝司丞、光禄寺少卿、太常寺少卿、南京太常等职。早期有归隐思想,倾向于田园生活,对百家九流、天文地理、稗官野史等都有较深研究,尤其对《逍遥游》、《齐物论》等庄子的书籍十分看重,故其学术思想最终归于道术。哲学思想上主气论,认为天、地、人乃至万事万物都生于乾元,乾元即是气。他又强调理也是气,如能养得气清,就会有悟性。天地间惟有一气,气生生不已。他虽是理学家,但其研究涉猎广泛,有鲜明的务实精神。著有《桃溪札记》。

[文献]　黄宗羲《明儒学案》卷二六:"唐鹤征字元卿,号凝庵,荆川之子也。隆庆辛未进士。选礼部主事,与江陵不合,中以

浮躁。江陵败，起历工部郎，迁尚宝司丞，升光禄寺少卿，又升太常寺少卿。归。起南京太常，与司马孙月峰定妖人刘天绪之变。谢病归。万历己未，年八十二卒。先生始尚意气，继之以园林丝竹，而后泊然归之道术。其道自九流、百氏、天文、地理、稗官野史，无不究极，而继乃归之庄生《逍遥》、《齐物》，又继乃归之湖南之求仁，濂溪之寻乐，而后恍然悟乾元所为，生天地，生人物，生一生万，生生不已之理，真太和奥奂也。"《四库全书总目提要》卷五："《周易象义》四卷（河南巡抚采进本）：明唐鹤征撰。鹤征号凝庵，武进人。隆庆辛未进士，官至太常寺少卿。凡例中屡称'先君'，盖右都御史顺之之子也。"

神宗泰昌元年　庚申（公元1620年）

焦竑卒　焦竑（1541—1620），明代思想家，学者。万历十七年（1589）进士第一。授翰林修撰，历任东宫讲习官、福宁州同知、太仆寺丞、南京司业等职。博览群书，所研讨的内容包括经史、稗官、杂说等，以博学多才闻名当时。为心学的后期代表人物之一，先后师事于耿定向、罗汝芳，讲学以罗汝芳为宗，因与李贽来往较多，受其影响很深，又笃信李贽的思想。对佛学持肯定的态度，把佛学称为"圣学"，并对程颢的批佛之语一一给予反驳。在心学理论上有批判和创新思想，摆脱了心学传统上空谈心性的学风，而是运用广博的知识考证经史。注重对事物的学习，并认为学习取决于自己内心的悟性，只要心中有了悟性，则万事万物的道理就会自然明了。强调为学应注意力行实践，不能只流于空谈阔论。主要著作有《澹园集》、《焦氏类林》、《老子翼》、《庄子翼》、《国朝献征录》、《国史经籍志》、《纠谬》、《养正图解》等。

［文献］《明史》卷二八八："焦竑，字弱侯，江宁人。为诸生，有盛名。从督学御史耿定向学，复质疑于罗汝芳。……万历十七

年,始以殿试第一人官翰林修撰,益讨习国朝典章。……竑博极群书,自经史至稗官、杂说,无不淹贯。善为古文,典正驯雅,卓然名家。集名《澹园》,竑所自号也。讲学以汝芳为宗,而善定向兄弟及李贽,时颇以禅学讥之。万历四十八年卒,年八十。"《明经世文编·姓氏爵里》:"焦竑字弱侯。日照人。居应天。万历十七年进士第一。授修撰,为日讲官坐言事,谪外。"黄宗羲《明儒学案》卷三五:"焦竑字弱侯,号澹园,南京旗手卫人。万历己丑进士第一人。……授翰林修撰。……谪福宁州同知,移太仆寺丞。后升南京司业,而年已七十矣。……泰昌元年卒,年八十一。赠谕德。崇祯末,补谥文端。先生师事耿天台、罗近溪,而又笃信卓吾之学,以为未必是圣人,可肩一狂字,坐圣门第二席,故以佛学即为圣学,而明道辟佛之语,皆一一绌之。"《四库全书总目提要》卷八:"《易筌》六卷……明焦竑撰。竑字弱侯,应天旂手卫籍,山东日照人。万历己丑进士第一,授翰林院修撰,寻迁东宫讲读官,谪福宁州同知。……史称竑讲学以罗汝芳为宗,而善耿定向、耿定理及李贽,时颇以禅学讥之,盖不诬云。"《澹园集·答友人问释录》:"佛说种种方便,皆为未悟者设法,此下学也。从此得悟,即名上达。学而求达,即掘井之求泉也,泉之弗及,掘井奚为?道之弗达,学将安用?……口说不济事,要须实践。"

[考辨] 明万历四十八年与明泰昌元年为同一年,即1620年。

熹宗天启元年 辛酉(公元1621年)

张铨卒 张铨(?—1621),明末学者。万历三十二年进士。官至监察御史,巡按辽东。天启元年(1621),后金兵攻破辽阳城,其率部下奋力抵抗,但终因寡不敌众而被逮,自杀殉国,谥忠烈。著有《国史纪闻》一书,以编年形式记载从元代至正十二年明太祖于濠州起兵到明武宗之末的史实。该书的主要特点是取各家所著史书中的事件,讨论它们的异同而编著成书。

[文献]《明熹宗实录》卷八:"(天启元年三月壬戌),奴破辽阳,张铨等死之。……张铨,字宇衡,山西沁水人。……铨登万历甲辰进士。理保定,授浙江道御史。辽变,棘人争以按辽非铨不可,铨遂揽辔而东。……辽阳陷,……遂就缢。……群夷惊走,相视曰:'忠臣,忠臣!'贼芳棺而瘗之。事闻,诏赠大理卿,再赠兵部尚书,谥忠烈。"《明史》卷二九一:"张铨,字宇衡,沁水人。万历三十二年进士。授保定推官,擢御史,巡视陕西茶马。……熹宗即位,出按辽东,……天启元年三月,沈阳破,……被执不屈,……遂自经。事闻,赠大理卿,再赠兵部尚书,谥忠烈。"《四库全书总目提要》卷四八:"《国史纪闻》十二卷(江苏周厚堉家藏本):明张铨撰。铨字宇衡,沁州人。万历甲辰进士,官至监察御史,巡按辽东。天启元年,大兵破辽阳,殉节死,赠兵部尚书,谥忠烈。……是编起元至正十二年明太祖起兵濠州,迄于武宗之末。编年记载,有纲有目。名曰'纪闻'者,铨自以职非史官,不得见《实录》、《记注》,仅取各家之书,讨论异同,编次成帙。"

熹宗天启三年　癸亥(公元 1623 年)

僧憨山卒　憨山(1546—1623),明代高僧。俗姓蔡,名德清。少时即到江宁大报恩寺为学徒,19 岁时正式出家,后云游四方。万历年间,神宗在山东崂山敕建海印寺,请憨山主持。但不久憨山以私修寺院罪被充军广东雷州,后到曹溪整修道场。遇赦后,到庐山居住。在充军期间,仍继续传教说法,附近僧人与学者多来听他讲经。其思想以禅宗为主,并主张释、道、儒三教为一。是年卒,享年 78 岁。著作有《楞严悬镜》、《华严纲要》、《法华通议》、《左传心法》、《大学中庸直指》、《观老庄影响论》、《梦游集》、《南华注》、

《楞严通议》、《楞伽记》等。

[文献] 中国佛教协会《中国佛教》八五:"天启二年(1622)十二月,他(憨山)受请回到曹溪,为众说戒讲经,次年(1623)十月十一日圆寂于南华寺,寿七十八岁。"《憨山老人自序年谱》卷下:"天启三年癸亥,师年七十八,居曹溪禅堂。春正月,郡守张公入山问讯。三月,省城法性诸弟子至,师时专以法施为心。四月,为众说戒,讲《楞严》、《起信》等经论。秋七月,又为众说戒。十月初四,……十一日巳时,别张公。申时饮水沐浴,焚香示众曰:大众当念生死事大,无常迅速!一心端坐而逝。于时百鸟悲鸣,四众哀号不已。"《憨山大师梦游全集》卷三九:"为学有三要,所谓不知《春秋》不能涉世,不精老庄不能忘世,不参禅不能出世。此三者,经世、出世之学备矣,缺一则偏,缺二则隘,三者无一而称人者,则肖之而已。"吴应宾《憨山大师塔铭》:"纵其说无碍之辩,曲示单传,而熔入一尘法界,似圭峰(宗密);解说文字般若,而多得世间障难,似觉悟范(慧洪);森罗万行以宗一心,而产无生往生之土,又似永明(延寿)。"《憨山老人梦游集》卷五五:"师讳德清,族蔡氏,全椒人也。……年十二,辞亲入报恩寺。……十九祝发,受具戒于无极某公。听请《华严玄谈》,至十玄门,海印森罗常住处,悟法界圆融无尽之旨,慕清凉之为人,字曰澄印。……天启三年癸亥,……沐浴焚香,集众告别,危坐而逝。……世寿七十八。……前后得弟子甚多。……师所著有《楞伽笔记》、《华严纲要》、《楞严悬镜》、《法华击节》、《楞严法华通义》、《起信唯识解》若干集,《观老庄影响论》、《道德经解》、《大学中庸直指》、《春秋左氏心法》、《梦游集》又若干卷。"

毛奇龄生 毛奇龄,字大可,一字齐于。本名甡,字初晴,又以郡望称"西河"。浙江萧山人。

[文献] 张惟骧《疑年录汇编》卷九:"毛大可九十四奇龄,生

明天启三年癸亥,卒清康熙五十五年丙申。"《清史稿》卷四八一:"毛奇龄,字大可,又名甡,萧山人。四岁,母口授《大学》即成诵。"

熹宗天启四年　甲子(公元1624年)

杨东明卒　杨东明(1548—1624),明代思想家。万历庚辰中进士,授中书舍人,官至刑部侍郎。常与邹南皋、冯少墟、吕新吾、孟我疆、耿天台、张阳和、杨复所等人论学,故能得阳明之学大旨。为学在本然者非性。黄宗羲《明儒学案》评价其所论,谓:"一洗理气为二字谬矣。……此毫厘之辨,而孟子之言性善,即不可易也。"是年卒,享年77岁。

[文献]　黄宗羲《明儒学案》卷二九:"杨东明号晋庵,河南虞城人。万历庚辰进士。授中书舍人,历礼科给事中,掌吏垣,降陕西照磨,起太常少卿,光禄寺卿,通政使,刑部侍郎,乞休回籍。天启甲子卒,年七十七。……其学之要领,在论气质之外无性,谓'盈宇宙间只是浑沦元气,生天生地,生人物万殊,都是此气为之。而此气灵妙,自有条理,便谓之理。夫惟理气一也,则得气清者,理自昭著,得气浊者,理自昏暗。盖气分阴阳,中含五行,不得不杂揉,不得不偏胜,此人性所以不皆善也。然太极本体,立二五根宗,虽杂揉而本质自在,纵偏胜而善根自存,此人性所以无不善也。'先生此言,可谓一洗理气为二之谬矣。……此毫厘之辨,而孟子之言性善,即不可易也。……此真得阳明之肯綮也。"

熹宗天启五年　乙丑(公元1625年)

八月,毁天下书院　明末曾四毁书院。第一次是嘉靖十六年(1537),御史游居敬上疏,指斥湛若水"倡其邪说,广收无赖,私创书院";第二次是嘉靖十七年(1538)吏部尚书许赞以"官学不修,别起书院,耗财扰民"为借口,"申毁天下书院";第三次是万历七年(1579),张居正为整顿吏治与教育,遂以书院多无实学,且"科敛民财"为由,封闭了全国书院;此次是第四次。天启年间,太监魏忠贤专权,以顾宪成、高攀龙为首的东林士人"讽议朝政,裁量人物"。是年八月,阉党张讷上奏请拆毁天下书院,得到明熹宗的准许,于是,东林、关中、江左、徽州等书院俱被拆毁。崇祯帝即位后,被毁书院才相继得以恢复。

[文献]《明史》卷二五四:"(天启)四年正月,……明年,忠贤党张讷请毁天下书院,劾三俊与邹元标、冯从吾、孙慎行、余懋衡合污同流,褫职闲住。"《明史》卷三〇五:"初,神宗在位久,怠于政事,章奏多不省。廷臣渐立门户,以危言激论相尚,国本之争,指斥宫禁。宰辅大臣为言者所弹击,辄引疾避去。吏部郎顾宪成讲学东林书院,海内士大夫多附之,'东林'之名自是始。既而'梃击'、'红丸'、'移宫'三案起,盈廷如聚讼。与东林忤者,众目之为邪党。天启初,废斥殆尽,识者已忧其过激变生。及忠贤势成,其党果谋倚之以倾东林。"吕祖谦《白鹿洞书院记》:"国初斯民,新脱五季锋镝之年(1625)(魏忠贤)拆毁天下书院,首及东林"。

《大秦景教流行中国碑》出土 此碑为最先来华的基督教聂斯脱利派传教士所立,建于唐德宗建中二年(781),碑文概述基督教义、教仪和流传的情况,最后以一篇颂词结束,是叙述该教在唐代约150年间流行经过之唯一文献。该教派因主张二性二位说被视为异端,为逃避迫害向东发展,于唐太宗贞观九年(635)流入中国。后因得唐政府支持而一度在中国广为流传。此碑于西安附近发掘出土后,这一宗教即被称为景教,在学术界引起较大反响。当时天主教信教阳玛诺(Emmauel Diaz)撰《唐景教碑颂正诠》,李之藻作《读景教碑书后》,徐光启作《铁十字箸》及《景教室碑记》。景教虽在天主教中是异端,然当时天主教徒纷称"景教后学",可见当时景教堂已成为教堂通称,景教之与天主教之名并用,成一时风气。景教碑发现后也曾轰动欧洲,300 余年间,在欧美各国景教碑文研究的著述就有 80 余种,中国学者研究考证该碑的也源源不绝。该碑现存于西安碑林博物馆。

[文献] 景净《大秦景教流行中国碑颂》:"真常之道,妙而难名,功名昭彰,强称景教。惟道非圣不弘,圣非道不大。道圣符契,天下文明。太宗文皇帝,光华启运,明圣临人。大秦国有上德曰阿罗本,占青云而载真经,望风律以弛艰险。贞观九祀,至于长安。……法流十道,国富元休。寺满百城,家殷景福。"钱谦益《景教考》:"万历间,长安民锄地,得唐建中二年《景教碑》,士大夫习西学者,相矜谓有唐之世,其教已流行中国,问何以为景教而不知也。"(《牧斋有学集》卷四四,上海古籍出版社,1996)徐光启《铁十字箸》:"近天启乙丑长安掘地得碑,题曰大秦景教流行中国碑,碑首冠以十字。"李之藻《辛卯侍行记》卷三:"见景教碑颂,述大秦国阿罗本以贞观九年至长安,十二年太宗为建寺,历代帝王公卿相继崇奉。德宗建中二年,大秦僧景净撰碑颂,朝议郎吕秀岩书。审视碑文非印度佛教,非波斯火教,非天方摩尼教。明李之藻等所为天主教。其或然欤?"洪钧《元史译文证补》卷二九:"又西国古书,在中国东晋时(375)有聂斯托尔(拉丁文作聂斯托鲁期)为东罗马教士,著书立说,名盛一时,教王以其贤,擢为唐思坦丁诺白尔以主教。其人创议耶稣为主教之圣人,非即上天之子,不立附会穿凿,一时攻之者蜂起,教王乃集众主教焚其书,流之于亚美尼亚,忧愤而死。当时附其说者皆遭屏逐。散居东方,自称聂斯托尔教,浸淫东来以至中土。西人据此以考景教碑下东西两行及西里亚文字,必是聂斯托尔教人久居其地,用其文字著之于碑,其说甚确。至云大秦则假旧名以为焜燿也。"

[考辨] (一)《大秦景教流行中国碑》出土时间,确切的说法有下面三种:(1)天启三年(1623)说。耶稣会士阳玛诺所撰《唐

景教碑颂正诠》云:"是也,明天启三年,关中官命启土,子败墙基下获之。奇文古篆,度越近代。置郊外金城寺中,岐阳张公赓虞,拓得一纸,读竟踊跃,即遗同志我存李公之藻,云长安掘地所得,名景教流行中国碑颂,殆与西学弗异乎?"又徐光启《景教堂碑记》(见《徐光启集》531~533页,据明刻本《熙朝崇正集》卷一移录)云:"天地万物皆创矣,抑中国之有天教已一千余年,非创也。何从知之?以天启癸亥关中人掘地而得唐碑知之也。"而天启癸亥年,即天启三年。(2)天启五年(1625)说,耶稣会士鲁德照之《中国史》(239~240页),其言据汉译云:"1625年,在陕西省城西安府城近段,为建筑房屋,工人锄地,掘得一石碑,长九尺强,阔四尺,厚一尺强,头端为金子塔形,面上镌有十字。周围绕以丽斯花,开似在梅丽亚包城中之圣多默宗徒墓上之十字,排列三行。碑之全面皆刻有类似之华字,并有少许外国字,一时不能辨认为何国语。"鲁德照所记,系此碑出土后三年,即崇祯元年所目见,因之天启五年说,亦为徐光启、李之藻所采纳。徐光启在《铁十字箸》中云:"近天启乙丑(1625)长安掘地得碑,题曰大秦景教流行中国碑,碑首冠以十字。"(3)天启三年至天启五年说。冯承钧在《景教碑考》中认为:"大约其出土时在天启三年,自出土移至金胜寺,自张赓虞拓寄李之藻考证之时,距离仅有二年,要在天启五年之前也。至林侗(1627—1714)《来斋金石刻考略》谓在崇祯间(1628—1644),钱大昕(1728—1804)《景教考》谓在万历间(1573—1620)皆误也。"是处采用天启五年说。

(二)《大秦景教流行中国碑》出土地点的讨论,大约有三说:(1)长安说。按阳玛诺《唐景教碑颂正诠序》:"大明天启三年,关中官命启土,于败墙基下获之……岐阳张公赓虞拓得一纸,读竟踊跃,即遗同志我存李公之藻,云长安掘地得。"又据李之藻《读景教碑书后》:"迩者长安中掘地所得……余读之良然。"又徐光启

《铁十字箸》:"近天启乙丑长安掘地得碑。"鲁德照首先获睹此碑,在1642年出版之《中国史》一书述景教碑云:"陕西省城西安府附近有一庙碑之见,即去庙口不远,长官令藏碑于庙中云。"此庙当指西安府西五里许之大崇仁寺,即俗称之谓金胜寺。因此伯希和在1914年《通报》(见《西域南海史地考证译丛》)上认为"此碑发现的地方,不在周至,而应在西安城西金胜寺内,质言之,就在七世纪时,阿罗本所居之大秦寺。"又桑原骘藏《东洋史说苑》中《大秦景教流行中国碑考》、石田干之助《中国的耶稣教》皆主此说。又洪业亦在《驳景教碑出土于周至说》上证明碑出土处即长安大秦寺旧址。(2)周至说。周至属于西安府之一县。此说所根据之史料有三条,均见冯承钧《景教碑考》:①方德望神甫的报告,曾为1663年耶稣会士历史家马尔多利所撰《亚洲第三部之中国》一书所引,其言云:"方神甫云,昔晚有一老人来告云,此碑出土地冬日四周积雪,惟碑土之上无之,数年如此,居氏以为其下必有伏藏,掘土而碑见。周至县令见其碑甚古,上有外国字,示能解其义,乃运赴长安,置于城外一英里之道观。"②卜尔格神甫继鲁德照之后亲往察看此碑,有1653年11月4日的通信,见德国传教士刻射所撰《著名中国》中所引云:"1625年耶稣会某神甫因为进士Philippe(姓王)全家举行洗礼,特赴三原。数月前周至人筑墙掘地得石,至是神甫偕进士同往观之。"③金尼阁的日记,曾有夏雷鸣所撰《西安碑》所引,其言云:"此世纪之二十五年(1625)在陕西始有定居(按为王某所建)。此地有进士王君,前在北京受洗,兹丁母忧回籍,欲延一神甫至家,为全家举行洗礼,金尼阁神甫被派而赴西安,及抵陕西,病卧五日,病瘥,王君介之以见省中诸大吏。是年周至人建屋,工人掘地得碑,上有汉方及迦耳都文。"(3)三原说。见于1656年卜弥格所在《中国花木》书中,但他在1653年11月4日的书画中又持周至说,可见前后矛盾,因此此观点不足为凭。

（三）景教碑的真伪问题。美国耶鲁大学阿拉伯语及梵语教授斯伯里等学者坚持认为碑文中的叙利亚词语与8世纪时叙利亚文不同，属于后代叙利亚文，因此质疑景教碑的真实性。沃尔（Wall）博士则指出，碑文中有"炼狱"的说法和对皇帝的崇拜，故认为碑文中的叙利亚为真，而汉文为伪。（以上观点引自（韩）李宽淑：《中国基督教史略》，社会科学文献出版社，1998，10、11页）。德国传教士刻射所撰《著名中国》中也提出了景教碑的真伪问题。他引用耶稣会士卜弥格在1653年（清顺治十年）11月4日的通信，信中说："碑至长安，西安守是日适丧长子，深以为异，为作碑赞，又仿此碑，别刻一碑，皆置之西安城外一哩道观中。"（引自朱谦之：《中国景教》，人民出版社，1993，81、82页）更多的学者则通过详细的史料证明景教碑为真。《唐会要》卷四十九载："玄宗天宝四载九月诏曰：波斯教经，出自大秦，传习而来，久行中国，爰初建寺，因以为名，将欲示人，必修其本。"《册府元龟》卷九七一载："开元二十年九月，波斯王遣首领潘那密与大德僧及烈朝贡。"卷九七五载："开元二十年八月，庚戌，波斯王遣首领潘那与大德僧及烈来朝，授首领为果毅，赐僧紫袈裟一副及帛五十匹，放还。"宋人宋敏求所著《长安志》卷十亦载："义宁坊有波斯寺（原注：本名熙光坊，义宁元年改）。唐贞观十二年，太宗为大秦国胡僧阿罗斯立。"再如，1908年法国人伯希和在敦煌鸣沙山石室中发现的《三威蒙度赞》、《尊经》等皆为唐写本，所记资料全与景教碑文相合。可见景教碑是真实存在的。

熹宗天启六年　丙寅（公元1626年）

正月，《三朝要典》成　正月，阉党杨所修、霍维华上书，请求录集有关梃击、红丸、移宫三案的章疏，编辑成书，得到熹宗准许。同年，书成。

[文献] 《明史》卷二二:"(天启)六年春正月戊午,修《三朝要典》。……(六月)辛卯,《三朝要典》成,刊布中外。"《明熹宗实录》卷六九:"(天启六年己巳)大学士顾秉谦等以《三朝要典》已编纂成书请。"《明熹宗实录》卷七二:"(天启六年六月庚寅)上御皇极门,内殿大学士顾秉谦等进《三朝要典》,百官致词称贺,上命送皇史宬收藏。辛卯,上命《三朝要典》副本即发礼部刊刻,赐给百官,颁行天下。"

四月,东林书院被毁 东林书院是明末影响最大的书院,其特点在于积极参与当时的政治活动,致力于讽议朝政,裁量人物。为此,它的名声大振;但也因此遭到统治者的禁毁,此举是明统治者加强思想控制的一项政治措施。是年,东林书院遭毁,木材被贱价出卖,连片瓦寸椽都不许留存。其他如关中、江左、徽州等书院也遭毁弃。

[文献] 吴大朴《申拆毁书院缘由》:"天启六年四月二十八日,奉巡按徐宪牌前事,内开,昨接邸报,钦奉明旨,苏、常等处,私造书院,尽行拆毁,刻期回奏,钦此。查得常州府无锡县,原设东林书院一所,拟合亟行拆毁,为此牌仰该县官吏,即便督同该地方人等,立时拆毁,拆下木料,俱即估价,以凭提解,不许存留片瓦寸椽,限即日俱将毁,星驰申报。"(《东林书院志》,中华书局,2004)《无锡金匮县志》:"东林书院亦名龟山书院,在城东南隅,宋杨文靖(时)讲学于此,后即其地为书院。……万历三十二年,顾宪成及弟允成始构成之。宪成殁,高攀龙、叶茂才相继主其事,榜其门曰东林书院。……当宪成、攀龙讲学时,……远近名贤,同声相应,天下学者,咸以东林为归"。王夫之《船山遗书·书院》:"率以此附致儒者于罪害之中,毁其聚讲之所,陷其受学之人,钳网修士,如防盗贼。"

闰六月,黄尊素卒 黄尊素(1584—1626),明末学者。万历四十四年(1616)进士。任宁国府推官,官至山东道御史。为人正直,嫉恶如仇,且有胆识。后因屡次弹劾魏忠贤,被魏忠贤爪牙所追捕,他便身穿囚服自投监狱,并在狱中自杀身亡。崇祯初年,赠太仆卿。福王时,追谥忠端。在当时所处宦官奸臣专权的时期,他深为学问不能济时而忧愤。在学术上,反对不切实际的教条方式,并以学问上卖弄声名为耻,主张为学应从实际出发,以有所作为为目的。

[文献] 《明史》卷二四五:"黄尊素,字真长,余姚人。万历四十四年进士。除宁国推官,精敏强执。天启二年,擢御史,谒假归。明年冬,还朝。……四年二月,大风扬沙,昼晦,天鼓鸣,如是者十日。三月朔,京师地震三,乾清宫尤甚。适帝体违和,人情惶惧。尊素力陈时政十失。……疏入,魏忠贤大怒,谋廷杖之。韩爌力救,乃夺俸一年。既而杨涟劾忠贤,被旨谯让。尊素愤,抗疏继之,……忠贤得疏愈恨。……逆党曹钦程劾其专击善类,助高攀龙、魏大中虐焰,遂削籍。……忠贤即欲罗织诸人。已,知为尊素所解,恨甚。其党亦以尊素多智虑,欲杀之。……于是日遣使谯诃实,取其空印白疏,入尊素等七人姓名,遂被逮。……逮者失驾帖,不敢至。尊素闻,即囚服诣吏自投诏狱。……已,知狱卒将害己,叩首谢君父,赋诗一章,遂死,时六年闰六月朔日也,年四十三。崇祯初,赠太仆卿,任一子。福王时,追谥忠端。"黄宗羲《明儒学案》卷六一:"黄讳尊素,字真长,号白安,越之余姚人。万历丙辰进士。授宁国府推官。……入为山东道御史。……丙寅病闰六月朔,赋诗而卒,年四十三。先生未尝临讲习,首善之会,谓南皋曰:'贤奸杂沓,未必有益于治道。'其风期相许者,则蕺山、忠宪、忠节。万里投狱,蕺山恸哭而送之,先生犹以不能济时为恨。先生以开物成务为学,视天下之安危为安危。苟其人志不在弘济艰难,沾沾自顾,拣择题目以卖声名,则直鄙为硁硁之小人耳。"

《西儒耳目资》成　该书作者金尼阁。金尼阁,字四表,法国耶稣会士。明万历三十八年(1610)来华,以传教为事。他在该书中用罗马字母给汉字标音,这在汉语音韵史上还是第一次。该书记述的是当时山西方言语音,其声调有清平、浊平、上、去、入5类,并以入声与阴声相配。该书将汉语的声母分为20类,韵母分为50类,分别用音标来标识。对于我们了解当时山西语言的实际音值,很有价值,同时,该书对汉字语音标注方法亦有一定启迪作用。

[文献]《四库全书总目提要》卷四四:"《西儒耳目资》(无卷数,两江总督采进本):明金尼阁撰。金尼阁字四表,西洋人。其书作于天启乙丑,成于丙寅。以西洋之音通中国之音。中分三谱:一曰译引首谱;二曰列音韵谱,皆因声以隶形;三曰列边正谱,则因形以求声。……自鸣者为万音之始,无字者为中国所不用也。……其三合、四合、五合成音者,则西域之法,非中国韵书所有矣。……惟此本残阙颇多,列音韵谱惟存第一摄至十七摄。自十八摄至五十摄皆佚。"费赖之《在华耶稣会士列传及书目》:"金尼阁,法兰西人。一五七七年三月三日生,一五九四年十一月九日入会,一六一〇至华,一六一五年一月一日发愿,一六二八年十一月十四日殁于杭州。金尼阁(Nicolas Trigault)神甫字四表,出生于杜埃城,曾在此城耶稣会士主持之学校修业。一五九四年得文艺硕士。数星期后请入耶稣会……"。(冯承钧译,中华书局,1995,115页)

高攀龙卒　高攀龙(1562—1626),字存之,又字云从,世称景逸先生。无锡(属今江苏)人。万历进士,熹宗时官左都御史,因忤魏忠贤,被革职。与顾宪成在无锡东林书院讲学,时称"高顾",为东林党领袖之一。天启四年(1624)十月,因揭露阉党御史崔呈秀贪秽事罢官,削籍归里。是年,魏忠贤遣缇骑拘捕时,以旧为大臣不可辱而自沉死。崇祯初,平反昭雪,赠太子少保、兵部尚书。遗著辑成《高子遗书》。其学宗程朱,谦逊好学,平生操履笃实,涵养邃密。他将朱熹的学术地位抬高到与孔子相等的高度,表明了他的理学倾向;同时又以朱熹的学说指斥王阳明的心学,驳斥王学末流的儒学禅化乃至"三教统一"之弊。从"治国平天下"的政治纲领出发,主张将学问与"百姓日用"相联系,提倡"有用之学"、"躬行实践"、"贵实行"的务实、致用思想,与程朱理学相背离,开启了明末清初以"经世致用"为主要特征的实学思潮之先河。

[文献] 张惟骧《疑年录汇编》卷七:"高存之六十五攀龙,生嘉靖四十一年壬戌,卒天启六年丙寅。"《明史》卷二四三:"高攀龙,字存之,无锡人。少读书,辄有志程、朱之学。举万历十七年进士,授行人。四川佥事张世则进所著《大学初义》,诋程、朱章句,请颁天下。攀龙抗疏力驳其谬,其书遂不行。……熹宗立,起光禄丞。天启元年进少卿。……四年八月拜左都御史。杨涟等群击魏忠贤,势已不两立。及向高去国,魏广微日导忠贤为恶,而攀龙为赵南星门生,并居要地。御史崔呈秀按淮、扬还,攀龙发其秽状,南星议戍之。呈秀窘,急走忠贤所,乞为义儿,遂撼谢应祥事,谓攀龙党南星。严旨诘责,攀龙遽引罪去。顷之,南京御史游凤翔出为知府,讦攀龙挟私排挤。诏复凤翔故官,削攀龙籍。呈秀憾不已,必欲杀之,窜名李实劾周起元疏中,遣缇骑往逮。攀龙晨谒宋儒杨龟山祠,以文告之。归与二门生一弟饮后园池上,闻周顺昌已就逮,笑曰:'吾视死如归,今果然矣。'入与夫人语,如平时。出,书二纸告二孙曰:'明日以付官校。'因遣之出,扃户。移时诸子排户入,一灯荧然,则已衣冠自沈于池矣。发所封纸,乃遗表也,云:'臣虽削夺,旧为大臣,大臣受辱则辱国。谨北向叩头,从屈平之遗则。'复别门人华允诚书云:'一生学问,至此亦少得力。'时年六十五。远近闻其死,莫不伤之。呈秀憾犹未释,矫诏下其子世儒吏。刑部坐世儒不能防闲其父,谪为徒。崇祯初,赠太子少保,兵部尚书,谥忠宪,授世儒官。初,海内学者率宗王守仁,攀龙心非之。与顾宪

成同讲学东林书院,以静为主。操履笃实,粹然一出于正,为一时儒者之宗。海内士大夫,识与不识,称高、顾无异词。攀龙削官之秋,诏毁东林书院。庄烈帝嗣位,学者更修复之。"黄宗羲《明儒学案》卷五八:"高攀龙字存之,别号景逸,常州之无锡人。万历己丑进士。……遂与顾泾阳复东林书院,讲学其中。每月三日远近集者数百人。天启改元,先生在林下已二十八年,起为光禄寺丞,升少卿署寺事。……明年,《三朝要典》成。坐移宫一案,削籍为民,毁其东林书院。丙寅,又以东林邪党逮先生及忠端公七人。缇帅将至,先生夜半书遗疏,自沉止水,三月十七日也。年六十有五。"高攀龙《高子遗书》卷一"(《语》)默坐澄心,体认天理者,谓默坐之时,此心澄然无事,乃所谓天理也,要于此时默识此体云尔,非默坐澄心,又别有天理当体认也。"(文渊阁《四库全书》本)高攀龙《高子遗书》卷三:"(《心性说》)圣人之学,所以异于释氏者,只一性字。圣人言性,所以异于释氏言性者,只一理字。理者,天理也。天理者,天然自有之条理也。故曰天序、天秩、天命、天讨,此处差不得针芒。先圣后圣,其揆一也。"《高子遗书》卷九"(《方本庵先生性善绎序》)窃以为阳明先生所为善,非性善之善也。何也?彼谓'有善有恶者意之动',则是以善属之意也。其所谓善,第曰善念云而已,所谓无善,第曰无念云而已。吾以善为性,彼以善为念也;吾以善自人生而静以上,彼以善自吾性感动而后也。故曰非吾所谓性善之善也。吾所谓善,元也,万物之所资始而资生也,乌得而无之?故无善之说,不足以乱性,而足以乱教。"

熹宗天启七年　丁卯(公元1627年)

汤斌生　汤斌,字孔伯,一字荆岘,号潜庵,睢州(今河南睢县)人。

[文献]　张惟骧《疑年录汇编》卷九:"汤孔伯六十一斌,生明

天启七年丁卯,卒清康熙二十六年丁卯。"《清史稿》卷二六五:"汤斌,字孔伯,河南睢州人。……(康熙二十六年)十月,自通州勘贡木归,一夕卒,年六十一。"

思宗崇祯元年　戊辰(公元1628年)

五月,毁《三朝要典》　是年五月,翰林院编修倪元璐上奏明思宗,请毁《三朝要典》一书。明思宗从之,下令焚毁其版。

[文献]《明史》卷二六五:"其年(崇祯元年)四月(元璐)请毁《三朝要典》,言:'梃击、红丸、移宫三议,哄于清流。而《三朝要典》一书,成于逆竖。其议可兼行,其书必当速毁。盖当事起议兴,盈廷互讼。……三案者,天下之公议;《要典》者,魏氏之私书。三案自三案,《要典》自《要典》也。今为金石不刊之论者,诚未深思。臣谓翻即纷嚣,改亦多事,惟有毁之而已。'……遂焚其板。侍讲孙之獬,忠贤党也,闻之,诣阁大哭,天下笑之。"《明史》卷二三:"(崇祯元年五月)庚午,毁《三朝要典》。"

思宗崇祯二年　己巳(公元1629年)

李颙生　李颙,字中孚,别署二曲、土室病夫,学者称二曲先生。明清之际著名学者,与孙奇逢、黄宗羲并称清初三大儒。

[文献]《李二曲学谱》:"生于明崇祯二年……。先生姓李氏,讳颙,字中孚,其别署曰'二曲土室病夫',陕之盩厔人,倡道关中以明体适用之学,闻于天下,学者因称之为'二曲先生'。二曲者,水曲曰盩,山曲曰厔,故因其地以称之。故曰二曲也。"(谢国桢《孙夏峰李二曲学谱》,商务印书馆,1934)全祖望《李中孚空石文》:"当时北方则孙夏峰,南方则黄黎洲,西方则先生(李中孚),时论以为三大儒。"

吕留良生　吕留良,明清之际学者。初名光轮,字用晦,号晚村。又字庄生,别字东庄,石门(今浙江桐乡)人。入僧后改名耐可,字不昧。

[文献] 张惟骧《疑年录汇编》卷九:"吕庄生五十五留良,生明崇祯二年己巳,卒清康熙二十二年癸亥。"蔡冠洛:《清代七百名人传》第四编:"吕留良。字庄生。别号晚村。浙江石门人也。……于枕上剪发。袭僧伽服曰:'如是,庶可以舍我矣。'更法曰耐可,字不昧,号何求老人。"徐珂《清稗类钞》第三册:"吕留良,字庄生,又名光纶,字用晦,号晚村,石门人。"(中华书局,1984,1040页)

复社召开尹山大会 复社的前身系张溥、张采等人在北京所组织的"燕台社"(亦称"燕台十字社"),起初以文会友,通过结社聚会,一方面联络感情,广交朋友;一方面切磋学问,揣摩风气,以扩大影响,逐步以文学社团向政治社团转变。是年,各地社团很多,"拨乱反正,文社四起",张溥在江苏吴江尹山召开复社成立大会,合南北各地文社为一体,自称"致君"、"泽民"。他说:"自世教衰,士子不通经术。但剽耳绘目,几幸弋获于有司;登明堂不能致君,长郡邑不知泽民,人材日下,吏治日偷,皆由于此。溥不度德、不量力,期与四方多士共兴复古学,将使异日者务为有用,因名曰复社。"(陆世仪《复社纪略》卷一)世人称复社为"小东林"。复社以江南为中心,当时加入复社的社团有:江南应社、松江几社、苏州羽明社、匡社浙西闻社、庄社、浙东超社、江北南社、江西则社、历亭席社,昆阳云簪社、武林读书社、山左朋大社、中州端社、莱阳邑社、黄州质社等。合诸社为一社后,遂定社规,制社词,以振兴学术、培养人材为先务,在组织方面,各地均设有社长,专门负责内政外交。总之,尹山大会的召开,使复社运动如火如荼地开展起来,"党羽半天下",成员遍及大江南北,比之东林,有过之而无不及。

[文献] 陆世仪《复社纪略·复社总纲》:"崇祯二年(己

巳):尹山大会。"《明史》卷二八八:"张溥,字天如,太仓人。……与同里张采共学齐名,曰'娄东二张'。……已而采官临川。溥归,集郡中名士相与复古学,名其文社曰复社。四年成进士,改庶吉士。以葬亲乞假归,读书若经生,无间寒暑。四方啖名者争走其门,尽名为复社。溥亦倾身结纳,交游日广,声气通朝右。所品题甲乙,颇能为荣辱。诸奔走附丽者,辄自矜曰:'吾以嗣东林也。'执政大僚由此恶之。……文声诣阙言:'风俗之弊,皆原于士子。溥、采为主盟,倡复社,乱天下。'……至十四年,溥已卒,而事犹未竟。"谢国桢《明清之际党社运动考》:"朱氏之说,《静志居诗话》云:'崇祯之初,嘉鱼熊开元宰吴江,进诸生而讲艺,于是孟朴里居,结吴翿扶九、吴允夏去盈、沈应瑞圣符等,肇举复社。于时云间有几社,浙西有闻社,江北有南社,江西有则社,又有历亭席社、席社、昆阳社、云簪社,而吴门别有羽朋社、匡社,武林有读书社,山左有朋大社,金会于吴,统合于复社。'……复社大会,共有三次,第一次是崇祯二年己巳(一六二九)尹山大会。"(中华书局,1982,133~134页)陆世仪《复社纪略》卷一:"吴江令楚人熊鱼山开元,以文章经术为治,知人下士。慕天如名,迎至邑馆。……于是为尹山大会,苕、霅之间,名彦毕至。未几,臭味翕集,远自楚之蕲、黄,豫之梁、宋,上江之宣城、宁国,浙东之山阴、四明,轮蹄日至,比年而后,秦、晋、闽、广,多有以文邮致者。"(另可参考吴伟业《复社纪事》和杜登春的《社事始末》)

思宗崇祯三年　庚午(公元1630年)

唐甄生　唐甄,清初思想家。初名大陶,字铸万,号圃亭,四川达州(今达县)人。

[文献]　《清史稿》卷四八四:"唐甄,字铸万,达州人。"……卒,年七十五。张惟骧《疑年录汇编》卷九:"唐铸万七十五甄,生

明崇祯三年庚午,卒清康熙四十三年甲申。"

邓玉函卒　明末来华耶稣会传教士。邓玉函(Jean Terrenz),字涵璞。德国(一说是瑞士)人。1576 年生,卒于是年。明天启元年(1621)来华,经澳门赴嘉定学汉语,后至杭州传教,以精于历算、机械而见称于世。崇祯二年(1629)七月,由徐光启荐举,参与修历法。其著述主要有《远西奇器图说》,与龙华民等译《人体图说》,另编有《泰西人说概》。

［文献］　阮元《畴人传》卷四四:"邓玉函字涵璞,明万历时入中国,崇祯二年七月,徐光启荐举同修历法,翻译诸术表,草稿八卷。次年四月卒,著有《奇器图说》三卷,西洋谓之力艺之学,谓天地生物,有数有度有重,……第一卷论重之本体,以明立法之所以然,凡六十一条;第二卷论各色器具之法,凡九十二条;第三卷起重十一图,引重四图,转重二图,取水九图,转磨十五图,解木四图,解石转碓书架水日晷代耕各一图,水铳四图,凡三卷,……与南怀仁《灵台仪象志》互相发明。"(商务印书馆,1955)

复社召开金陵大会　复社领导人首推张溥、张采,二人均为太仓人,时人称为"娄东二张"。复社成立后,一面研究学问,砥砺品行,一面又带有浓厚的政治色彩,以东林后继自任,时人称为"小东林"。崇祯二年复社召开尹山成立大会,是年又于金陵召开复社第二次大会,士子云集,恰遇乡试榜发,张溥等皆入魁。此事对复社以后的政治化倾向有重大影响。

［文献］　《复社纪略·复社总纲》:"(崇祯)三年(庚午):乡试,杨廷枢中解元,张溥、吴伟业并经魁,吴昌时、陈子龙并中式。金陵大会。"《复社纪略》卷二:"崇祯庚午乡试,诸宾兴者咸集,天如又为金陵大会。是科主裁为江右姜居之曰广,榜发,解元为杨廷枢,而张溥、吴伟业皆魁选,陈子龙、吴昌时俱入彀,其他省社中列荐者复数十余人。'"另可参考吴伟业《复社纪事》和杜登春

《社事始末》。

思宗崇祯六年　癸酉（公元 1633 年）

十月，徐光启卒　徐光启（1562—1633），明代科学家、思想家，万历进士，任翰林院庶吉士、检讨，天启年间升礼部右侍郎、礼部左侍郎、礼部尚书，后兼东阁大学士。崇祯五年（1632）加太子太保礼部尚书兼文渊阁大学士。主张经世致用，简化《四书》、《五经》的内容，反对八股取士，提倡注重于国于民有用的实际学问。在分析明代自然科学落后于西方的原因时指出，一是社会太多只会空谈心性的"名理之儒"，他们看不起经世致用的学问；二是有些宋明理学家对数学作了神秘主义的歪曲理解。认为数学是其他实际科学的基础。曾向传教士利玛窦学习天算等西方科学知识，并共同翻译了《几何原本》（前 6 卷）、《测量法义》、《泰西水法》，参与《崇祯历书》的编写，其《农政全书》是一部集中国古代农业科学之大成的著作。

[文献]　《明史》卷二五一："徐光启，字子先，上海人。万历二十五年举乡试第一，又七年成进士。由庶吉士历赞善。从西洋人利玛窦学天文、历算、火器，尽其术。遂遍习兵机、屯田、盐策、水利诸书。……天启三年起故官，旋擢礼部右侍郎。……崇祯元年召还，复申练兵之说。未几，以左侍郎理部事。……五年五月以本官兼东阁大学士，入参机务，与郑以伟并命。寻加太子太保，进文渊阁。光启雅负经济才，有志用世。……明年十月卒。赠少保。"《明史》卷三二六："其国人东来者，大都聪明特达之士，意专行教，不求禄利。其所著书多华人所未道，故一时好异者咸尚之。而士大夫如徐光启、李之藻辈，首好其说，且为润色其文词，故其教骤兴。"阮元《畴人传》卷三二："自利（玛窦）氏东来，得其天文数学之传者，光启为最深，洎乎督修新法，殚其心思才力，验之垂象，译

为图说,洋洋乎数千万言,反复引伸,务使其理其法,足以人人通晓而后已,以视术士之秘其机械者,不可同日语矣。迄今言甄明西学者,必称光启,盖精于几何,得之有声,其识见造诣,非文魁守忠辈所能几及也。……(崇祯)六年十月,光启以病辞局务,荐李天经以竣其事。逾月,光启卒,赠少保,谥文定,后加赠太保。"徐骥《徐氏宗谱·文定公行实》:"文定生于嘉靖壬戌三月二十一日,卒于崇祯癸酉十月初七日,享年七十有二。……所著有历书一百三十二卷,……文集数十卷。"查继佐《罪惟录·徐光启传》:"后草《农政全书》十二卷以闻,……病剧,犹请山东参政李天经终历事。诫家人:'速上《农政全书》,以毕吾志,'卒,年七十有三,赠少保,谥文定,以《农政》一书,有裨邦本,加赠太保,并两荫。光启宽仁果毅,淡泊自好,生平务有用之学,尽绝诸嗜好。博访、坐论,无间寝食。尝曰:'富国必以本业,强国必以正兵。'……遂于治历、明农盐屯、火攻、漕河等,咸所究治。"

万斯大生 万斯大,字充宗,浙江鄞县人。清初经学家,万斯同之兄。

[文献] 张惟骧《疑年录汇编》卷九:"万充宗五十一斯大,生明崇祯六年癸酉,卒清康熙二十二年癸亥。"梁启超《中国近三百年学术史》:"万充宗也是初期经学界一位重要人物。充宗名斯大,浙江鄞县人,康熙二十二年卒(1683),年五十一。"(东方出版社,1996,82页)

胡渭生 胡渭,初名渭生,字朏明,号东樵,浙江德清人。清经学家、地理学家。

[文献] 张惟骧《疑年录汇编》卷九:"胡朏明八十二渭,生明崇祯六年癸酉,卒清康熙五十三年甲午。"《清史稿》卷四八一:"胡渭,初名渭生,字朏明,德清人。……(康熙)五十三年,卒,年八十有二。"蔡冠洛《清代七百名人传》第四编:"胡渭,初名渭生,字朏

明,号东樵,浙江德清人。"

复社召开虎丘大会 时辽东战场上后金节节进逼,农民起义方兴未艾,明王朝处于生死关头,复社为扩大影响,于是年约集各地社长在苏州举行第三次大会,即虎丘大会,会场内水泄不通,人人争以复社为荣,这是复社历史上的最大一次集会,也是它的鼎盛时期。虎丘大会后,"复社声遍天下","俱以两张为宗"。引起政敌温体仁的仇视,遂罗织罪名,打压复社成员。后张至发、薛国观指使人作《复社十大罪檄》,欲置复社于死地。崇祯十四年(1641)张溥死。清兵入关后,张采惨遭宿怨迫害致死。复社瓦解,但广大复社社众奋起抗清复明。顺治九年(1652),清政府完全消灭了复社组织。复社运动是地主阶级知识分子的一场自救运动,他们为挽救明王朝,不惜献出自己的生命。他们在学术上的成就是巨大的,文学上受后七子(李攀龙、王世贞、谢榛、宗臣、梁有誉、徐中行、吴国伦等)复古主义影响颇深,"志于尊经复古",祖述"六经",诗词方面造诣较高的有吴伟业、陈子龙等,他们诗作凝练深沉,关心民生疾苦,揭露时政污浊;在散文方面,张溥风格亢爽,黄淳耀简洁明晰,侯方域富于浪漫色彩。在政治上,他们则显得幼稚,常遭奸诈圆滑官僚的算计。总之,复社成员继承东林党人的入世精神,又影响了明清之际的学者,如顾炎武、黄宗羲等人。

[文献] 陆世仪《复社纪略》卷二:"癸酉春,溥约社长为虎邱大会。先期,传单四出;至日,山左、江右、晋、楚、闽、浙以舟车至者数千余人。大雄宝殿不能容,生公台、千人石鳞次布席皆满,往来丝织。游于市者争以复社会命名,刻之碑额。观者甚众,无不诧叹;以为三百年来,从未一有此也!"《复社纪略》卷四:"是时有怨复社者,托名徐怀丹作《十大罪檄》。文曰:复社之主为张溥,佐为张采;下乱群情、上摇国是,祸变日深,愚衷哀痛。"另可参考吴伟业《复社纪事》和杜登春的《社事始末》。

域外　[意]伽利略受异端裁判所审讯,被迫宣言"放弃"他的学说。

思宗崇祯八年　乙亥(公元 1635 年)

三月,颜元生　颜元,清初学者。字易直,又字浑然,号习斋,博野(今属河北)人。

[文献]　张惟骧《疑年录汇编》卷九:"颜易直七十元,生明崇祯八年乙亥,卒清康熙四十三年甲申。"李塨《颜习斋先生年谱》(卷上):"明崇祯八年乙亥三月十一日卯时先生生,先生姓颜,讳元,字浑然,号习斋。父讳泉,博野县北杨村人。"(中华书局,1987,707 页)《清史稿》卷四八〇:"颜元,字易直,博野人。"

孙慎行卒　孙慎行(1565—1635),明末儒学家,东林人士。万历二十三年(1595)进士第三,授翰林院编修。官至礼部尚书。为人诚实耿直,深恶时弊。为政期间,首先抨击"红丸"一事。天启末年,他被阉党诬陷为"红丸"案首而发配边疆,后因崇祯继位而未成行。在回京任职时抵京而卒,享年 71 岁。谥文介。其精于理学,反对佛禅之学,认为循循用力是学问思辨行的关键之处,方法是"戒惧慎独"。在人性问题上,持性善论,认为人性善,而气质之性亦善,那些极其愚蠢糊涂的人也懂得亲情。反对某些宋儒将人心、道心分裂为二,因此非常重视人伦道德之学。强调个人应有高尚的节操和不流于俗的精神。著有《困思抄》、《慎独义》等。

[文献]　《明史》卷二四三:"孙慎行,字闻斯,武进人。幼习闻外祖唐顺之绪论,即嗜学。万历二十三年举进士第三人,授编修,累官左庶子。数请假里居,键户息交,覃精理学。……已,忠贤大炽,议修《三朝要典》,'红丸'之案以慎行为罪魁。……(崇祯)八年廷推阁臣,屡不称旨。最后以慎行及刘宗周、林钎名上,帝即召之。慎行已得疾,甫入都,卒。赠太子太保,谥文介。"黄宗羲

《明儒学案》卷五九:"孙慎行字闻斯,号淇澳,常之武进人。万历乙未进士第三人。授翰林院编修。……累迁至礼部侍郎。……天启初,召为礼部尚书。先生入朝,首论红丸事,……未几,告归。……崇祯改元,用原官,……先生……至京而卒,年七十一,赐谥文介。……先生谓:'儒者之道,不从悟入。君子终日学问思辨行,便是终日戒惧慎独,何得更有虚闲,求一漠然无心光景? 故舍学问思辨行,而另求一段静存动察工夫,以养中和者,未有不流于禅学者也。'蕺山先师曰:'近看孙淇澳书,觉更严密。谓自幼至老,无一事不合于义,方养得浩然之气,苟有不慊则馁矣。'是故东林之学,泾阳导其源,景逸始入细,至先生而集其成矣。"

思宗崇祯九年　丙子(公元1636年)

阎若璩生　阎若璩,字百诗,号潜丘,山西太原人,迁居江苏淮安。清经学家。

[文献]　张惟骧《疑年录汇编》卷九:"阎百诗六十九若璩,生明崇祯九年丙子,卒清康熙四十三年甲申。"《清史稿》卷四八一:"阎若璩,字百诗,太原人。世业盐策,侨寓淮安。……康熙四十三年,卒,年六十九。"

域外　[美]哈佛学院在马萨诸塞剑桥的纽埃汤建立。

思宗崇祯十年　丁丑(公元1637年)

《天工开物》首刊　《开工开物》,作者为明代著名科学家宋应星,是年由其友人涂绍煃(字伯聚)资助刊刻。宋应星,字长庚,江西南昌府奉新县北乡人。早年习八股,参加科举考试,会试不第,即以小官养家糊口,闲暇时间著成此书。分作乃粒、乃服、彰施、粹精、作咸、甘嗜、陶埏、冶铸、舟车、锤锻、燔石、膏液、杀青、五金、佳兵、丹青、曲蘖、珠玉等共18章,插图123幅,涉及农业、手工业各个方面,堪称中国古代的农业、手工技术的百科全书。该书详细记述了民间生产经验,注重观察实验,注意数量比例关系。该书的版本很多,在海内外影响极为广泛,学者高度评价该书,认为是中国古代科技的历史性总结。

[文献] 宋应星《天工开物》卷序:"天覆地载,物数号万,而事亦因之,曲成而不遗,岂人力也哉?事物而既万矣,必待口授目成而后识之,其与几何?……年来著书一种,名曰《天工开物卷》。伤哉贫也!……吾友涂伯聚先生,诚意动天,心灵格物,凡古今一言之嘉,寸长可取,必勤勤恳恳而契合焉。昨岁《画音归正》由先生而授梓。兹有后命,复取此卷而继起为之,其亦凤缘之所召哉!卷分前后,乃'贵五谷而贱金玉'之义。……时崇祯丁丑孟夏月,奉新宋应星书于家食之问堂。"

袾宏《云栖法汇》刊刻 袾宏,杭州人,俗姓沈。31岁时出家受具,自号莲池。晚年居云栖寺,世称莲池大师或云栖大师。他提倡念佛风化被于一代,被推为莲宗第八祖,又和紫柏真可、憨山德清、蕅益智旭,并称明代四大高僧。其一生专弘净土,弟子不下数千人。著述有《菩萨戒疏发隐》5卷、《弥陀疏钞》4卷、《具戒便蒙》1卷、《禅关策进》1卷、《缁门崇行录》1卷、《水陆法会仪轨》6卷、《楞严摸象记》10卷、《竹窗随笔》3卷、《山房杂录》2卷、《云栖遗稿》3卷等30余种。其弟子大贤、居士邹匡明将其所作辑为释经、辑古和手著三类,总称为《云栖法汇》。崇祯十年比丘智瑛刊为方册本,现在流行的版本则为清光绪二十三年金陵刻经处重刊本。

[文献]《佛教》:"袾宏(1535—1615)明末僧人。字佛慧,自号莲池。俗姓沈。浙江杭州人。17岁补邑庠。后信奉净土宗,志在出世。31岁投性天理和尚出家。既而于杭州昭庆寺受具足戒,学华严,参禅要,历游诸方,遍参知识。37岁回杭州,见云栖山

水幽寂,即结茅安居,日久渐成丛林。同门因尊称他为云栖大师。……著述编成《云栖法汇》,其内容分释经、辑古和手著。……他在《竹窗二笔》中有《儒佛交非》、《儒佛配合》条,前者主张儒佛不该互非;后者认为'儒主治世,佛主出世',不宜分歧,亦不必合。主张佛教各宗并进,戒为基础,弥陀净土为归宿。清守一《宗教律诸祖演派》排他为华严圭峰下第二十二世;但他提倡净土最力,门人尊称他为莲宗第八祖。"(中国大百科全书出版社,1990,557页)中国佛教协会《中国佛教》八三:"云栖一生虽专弘净土,但也以文字作佛事。他的著述有《菩萨戒疏发隐》五卷、《弥陀疏钞》四卷、《具戒便蒙》一卷、《禅关策进》一卷、《缁门崇行录》一卷、《水陆法会仪轨》六卷、《楞严摸象记》十卷、《竹窗随笔》三卷、《山房杂录》二卷、《云栖遗稿》三卷等三十余种。这些著述于云栖寂后由他的僧俗弟子大贤、邹匡明等搜集编次,分为释经、辑古和手著三类,总称之为《云栖法汇》。崇祯十年(1637)比丘智瑛刊为方册本,现在流行的版本则是清光绪二十三年(1897)金陵刻经处所重刻。"

思宗崇祯十一年 戊寅(公元 1638 年)

二月至八月,《明经世文编》编成 时值明朝末年,社会矛盾更加尖锐,社会危机越发严重,明朝的统治已病入膏肓。在严峻的现实面前,士大夫们却麻木不仁,文风、学风都空疏无用。地主阶级改革派针砭时弊,一方面揭露当时社会的腐朽、黑暗和统治者的昏庸无道,批判封建专制下的各种弊端;另一方面,他们又强烈要求社会改革,使经世实学在明末清初发展到鼎盛时期。东南各地一些知识分子纷纷组织文社,讲求制艺,议论朝政,同时和书坊合作,选刻时文。在此基础上,陈子龙、徐孚远、宋征璧主编《明经世文编》,对空疏的学风进行激烈批判,又把明代重要经世文献加以荟萃、编排,有的还加以批注,整理出版,以寻求救世的改革方案。

他们继承前人所编经济文编的传统,采用主编负责、集体选辑的方法,综计全书,列名参加选辑的有 24 人,负责实际工作;列名参阅的 142 人,参加文集的搜集或校选工作。选材的标准是能否以资世用,主要侧重"明治乱、重经济、详军事、存异同",包含内容十分广泛。全书共 508 卷,400 余万字,内容突显求实救弊的经世精神,故一刊出,便得到时人和后世的高度评价。而且,此书具有珍贵的史料价值,保存了有关清代先世的历史资料,所以为清统治者所忌讳,被列为禁书,流传很少。材料的访求征集地域广阔,所得文集在千种以上,其中有些已没有传本,通过是书得以保存,意义重大。但由于选编时间过于短促,缺点难免,如选文重复、断限不严、收入不全等。在书中,地主阶级改革派针对明代社会的积弊和危机,提出了他们的救世改革方案,力图走出一条振兴明王朝的改革之路,他们的救世精神和实学思想应该肯定。该书最初由松江书坊雕版印刷,现有中华书局 1962 年影印本。

[文献]《明经世文编·黄澍序》:"矧今日而忧特甚,南寇北奴,日益滋大。乃文人柔弱,既已论卑气塌,无当上旨,凡而咕哦诵记,自章句而外无闻焉。"《明经世文编·陈子龙序》"俗儒是古而非今,文士撷华而舍实。夫保残守缺,则训诂之文,充栋不厌。寻声设色,则雕绘之作,永日以思。至于时王所尚,世务所急,是非得失之际,未之用心。苟能访求其书者盖寡,宜天下才智日以绌,故曰士无实学。"《明经世文编·徐孚远序》:"今天下学士大夫无不搜讨缃素,琢磨文笔,而于本朝故实,罕所措心,以故谈藻则有余,而应务则不足。语云:高论百王,不如宪章当代。"《明经世文编·凡例》:"兹编体裁,期于囊括典实,晓畅事情,故阁部居十之五,督抚居十之四,台谏翰苑诸司居十之一,而鳞次位置,则首先代言,其次奏疏,又其次尺牍,又其次杂文六。"

万斯同生 万斯同,字季野,号石园,浙江鄞县。

[文献]《清史稿》卷四八四:"万斯同,字季野,鄞县人。"全祖望《鲒埼亭集》之《万贞文(斯同)先生传》:"贞文先生万斯同,字季野,学者称为石园先生,鄞人也。"钱大昕《万斯同先生传》:"万先生斯同季野,鄞人。……生而异敏,读书过目不忘。……康熙壬午年四月卒,年六十。"(《潜研堂文集》卷三八)梁启超《中国近三百年学术史》:"季野,名斯同,卒康熙四十一年(1702),年六十。"

思宗崇祯十二年 己卯(公元1639年)

郝敬卒 郝敬(1558—1639),明代经学家。万历十七年进士。官历缙云知县、永嘉知县、礼科给事中、宜兴县丞、江阴县丞等。由于深恶时弊,常劾不法之臣,故不为一些要人所喜,政绩考察为下下,于是便辞官归里,闭门著书。一生思想变化比较大,早年曾信奉佛教与道教,中年则研讨理学,到了晚年,又转向心学。其思想所涉及范围较广,对《五经》、《仪礼》、《论语》、《孟子》等儒学经典都给予新注解,一洗旧有的训诂之气。在知行关系上,主张知行合一,尤强调行的重要性,认为只有躬行,才能"下学而上达",最终达到认识事物的目的。同时认为,在为学的"躬行"之前,还应有一段念头上的"知止"功夫,但并没有指出如何去做这一功夫。对二程和朱熹的理学思想进行批评,进一步指出宋儒的"主静"、"省察"、"穷理"之学为悬空之想,与佛教、道教的"虚无"在本质上是一致的。著有《知言》、《四书摄提》等。

[文献]《明史》卷二八八:"郝敬,字仲舆。……敬幼称神童,性跅弛,尝杀人系狱。维桢,其父执也,援出之,馆于家。始折节读书,举万历十七年进士。历知缙云、永嘉二县,并有能声。征授礼科给事中,乞假归养。久之,补户科,数有所论奏。……贪污不检,物论皆不予,遂投劾归,杜门著书。崇祯十二年卒。"黄宗羲

《明儒学案》卷五五："郝敬字仲舆,号楚望,楚之京山人。万历乙丑进士。知缙云县,调永嘉,入为礼科给事中,改户科。……不为要人所喜,考下下再降。遂挂冠而归,筑园著书,不通宾客。《五经》之外,《仪礼》、《周礼》、《论》、《孟》各著为解,疏通证明,一洗训诂之气。明代穷经之士,先生实为巨擘。……先生之学,以下学上达为的,行之而后著,习矣而后察,真能行习,未有不著察者也。……然按先生之下学,即先生所言之格物也,而先生于格物之前,又有一段知止工夫,亦只在念头上,未著于事为,此处如何下学?不得不谓之支离矣!"《四库全书总目提要》卷八:"《周易正解》二十卷(浙江吴玉墀家藏本):明郝敬撰。敬字仲舆,京山人。万历乙丑进士。历官缙云、永嘉二县知县,擢礼科给事中,迁户科,寻谪宜兴县丞,终于江阴县知县。……然好恃其聪明,臆为创论,……遂横生穿凿。其所著经解,大抵均坐此弊也。"《四库全书总目提要》卷一二五:"《时习新知》六卷(山东巡抚采进本):明郝敬撰。……自序谓:'早岁出入佛、老,中年依傍理学,垂老途穷,乃输心大道。'书中于周子《太极图说》、张子《正蒙》、邵子《皇极经世》及二程子、朱子,无不肆言诋斥。谓'宋儒设许多教门,主静持敬,操存省察,致知穷理,专内疏外,举体遗用,为浮屠之学'。又谓'世儒先知后行,以格物为穷理,以闻见为致知,皆非。'是即王守仁知行合一、致知格物之说。然既借姚江之学以攻宋儒,而又斥良知为空虚,以攻姚江。亦可谓工于变幻者矣。"

[考辨] 郝敬在他的著作中表现出"知行合一"的创新思想,对只重知和只重行的观点都提出批评,这是有进步意义的。但《四库全书总目提要》卷八、卷一二五却对这种新思想却提出了非议,说郝敬"横生穿凿","其说多与先儒异。盖敬之解经,无不以私意穿凿"。"皆好为议论,轻诋先儒","借姚江之学以攻宋儒,而又斥良知为空虚,以攻姚江。亦可谓工于变幻者矣。"由此可知

《四库全书总目提要》中对郝敬的评价是不正确的,这一点值得注意。

思宗崇祯十三年　庚辰(公元 1640 年)

马注生　马注,字文炳,号仲修,云南保山人。伊斯兰教学者。

[文献]　白寿彝《回族人物志·清代》卷三五:"马注,又名郁速馥,字文炳,号仲修,明崇祯十三年(1640 年)生于云南保山。"马注《〈清真指南〉自叙》:"天下事有可以理推者,有不可以理推者。……余早年幼失经训,二亲早捐。……屈指余年,四旬有四。……康熙癸亥天中谷旦,圣裔马注识。"任继愈《宗教大辞典》:"马注(1640—1711),明末清初伊斯兰教学者。字文炳,号仲修。云南金齿(今保山)人。回族,自称穆罕默德后裔。"

思宗崇祯十四年　辛巳(公元 1641 年)

徐霞客卒　徐霞客(1586—1641),明代地理学家。幼年好学,博览图经地志。因见明末政治黑暗,不愿入仕,专心从事旅行,足迹所到,北至燕、晋,南及云、贵、两广。旅途中备尝艰辛。其观察所得,按日记载。死后季会明等整理成有地理学价值和文学价值的《徐霞客游记》。

[文献]　钱谦益《徐霞客传》:"霞客生里社,奇情郁然,玄对山水,力耕奉母,践更繇役,慼慼如笼鸟之触隅,每思飏去。……霞客死时,年五十有六。西游归,以庚辰六月,卒以辛巳正月。葬江阴之马湾。"《徐霞客墓志铭》:"先生名弘祖,字振之,霞客其别号也。……霞客不喜谶纬术数家言。游迹既遍天下,于星辰经络,地气萦回,咸得其分合渊源所自。云昔人志星官舆地,多以承袭附会;即江、河二经,山脉三条,自记载来,俱囿于中国一方,未测浩衍,遂欲为昆仑海外之游。……霞客工诗,工古文词,更长于游记。……今散佚遗稿,皆载六合内外事,岂长卿《封禅书》乎?有仲昭

为之校订,此吾辈他日责也。霞客生于万历丙戌,卒于崇祯辛巳,年五十有六。"(徐弘祖《徐霞客游记》附录,上海古籍出版社,1980)奚又溥《〈徐霞客游记〉序》:"霞客徐先生《游记》十卷,盖古今一大奇著作也。其笔意似子厚,其叙事类龙门,故其状山也,峰峦起伏,隐跃毫端;其状水也,源流曲折,轩腾纸上;其记遐陬僻壤,则计里分疆,了如指掌;其记空谷穷岩,则奇踪胜迹,灿若列星;凡在编者,无不搜奇抉怪,吐韵标新,自成一家言。人之读之,虽越数千里之远,而知夫山之所以高,川之所以大,与夫怪木奇材,……无不豁然于耳目间也。"潘耒《〈徐霞客游记〉序》:"霞客之游,在中州者,无大过人;其奇绝者,闽、粤、楚、蜀、滇、黔,百蛮荒徼之区,皆往返再四。……不避风雨,不惮虎狼,不计程期,不求伴侣。以性灵游,以躯命游。亘古以来,一人而已!"

思宗崇祯十六年 癸未(公元1643年)

方以智著《物理小识》公诸于世 《物理小识》,是方以智早年的重要著作。全书共12卷,约10万字,内容包括天、地、历、风、雷、人身、医药、金石、器用、草木、鸟兽、鬼神、方术等方面。书中区分了"质测"和"通几","质测"即自然科学知识,"通几"即哲学,是深究宇宙万物普遍规律的学问。该书反映了作者朴素的唯物主义的"气"一元论思想,又提出"火"一元论。同时,书中阐明了理与气的关系,批判程朱的"离气执理"和陆王的"扫物尊心"观点,肯定理在气中,"舍我则理亦无所得矣"(《物理小识·总论》)。另外,该书在谈及心与物的关系时,则又陷入唯心主义,称"舍物无心","舍心无物"(《物理小识·总论》),"人心无形,其力最大"(《物理小识》卷一二)。该书为研究明代科学史、思想史以及方以智本人科学研究与科学思想的重要文献史料。

[文献] 钱嘉湆《明末理学阐微》:"当有明末造,爱新觉罗氏

兴于满洲，国家命运，危在旦夕。山林隐逸者流，抱残守缺，从事著述，而理学亦起于此时。至崇祯十六年，即西历1643年，……有密山愚者方以智著《物理小识》六卷，公诸世。大别为十六门，即天、历、风雷雨旸、地、占候、人身、医要、医药、饮食、衣服、金石、器用、草木、鸟兽、神鬼方术、异事，搜罗蓺文，时有精义。"《四库全书总目提要》卷一二二："《物理小识》十二卷（江苏巡抚采进本）：明方以智撰。以智有《通雅》，已著录。此书为其子中通、中德、中发、中履所编。又《通雅》之绪余也。首为总论，中分天类、历类、风雷雨旸类、地类、占候类、人身类、鬼神方术类、异事类、医药类、饮食类、衣服类、金石类、器用类、草木类、禽兽类凡十五门。大致本《博物志》、《物类相感志》诸书而衍之。……所论亦不免时有附会。而细大兼收，固亦可资博识，而利民用。"方以智《物理小识·自序》："盈天地间皆物也。……通观天地，天地一物也。推而至于不可知，转以可知者摄之以费知隐，重玄一实，是物物神神之深几也。寂感之蕴，深究其所自来，是曰通几。物有其故，实考究之。大而元会，小而草木蠢蠕，类其性情，征其好恶，推其常变，是曰质测。……万历年间，远西学人详于质测，而拙于言通几。然智士推之，彼之质测，犹未备也。……岁在昭易汁洽日至箕三，浮山愚者记。"方以智《物理小识》卷一："天道以阳气为主，人身亦以阳气为主。阳统阴阳，火运水火也。生以火，死以火，病生于火，而养身者皆以此火。……凡运动，皆火之为也。"任道斌《方以智年谱》："明崇祯十六年癸未（1643）三十三岁。……夏。五月，《物理小识》初稿成。以为究事物之所来为通几，推事物之本性为质测，二者不可偏废。"（安徽教育出版社，1983，115页）

[考辨] 关于《物理小识》之卷数，参照多种文献印证，均载《物理小识》为十二卷，故排除钱嘉淦之《物理小识》为六卷的说法。

清

(公元1644年—公元1911年)

清建国于1616年,1636年改国号为清,1644年入关。

世祖顺治元年　甲申（公元1644年）

王徵卒　王徵（1571—1644），明末学者，24岁中举，52岁中进士，曾先后任直隶广平府和南直隶扬州府推官、山东按察司佥事、监辽海军务。晚年家居，以著述为主。李自成入西安，绝食而死。中年曾九上公车，其间得与前来中国的西洋传教士庞迪我、汤若望、金尼阁、邓玉涵、龙华民等人往来，并受洗入天主教。他们相互讨论学术，编译西书，加强了中西文化的交流。著作及译著很多，据其七世孙所编《宝田堂历世诸集目录》，共43种，但有些已失传，后经李之勤整理出版9种。主要有《西儒耳目资》、《新制诸器图说》、《畏天爱人极论》、《西洋音诀》、《奇器图》、《学庸书解》等。他是我国古代著名的机械学家，我国历史上第一批注意学习和推广西方科学技术的学者之一，第一批学习拉丁语、并用西方语言知识研究汉语音韵的学者之一，也是我国历史上第一批接受西方基督教的封建士大夫之一。其宗教思想，可以归结为"畏天爱人"。"畏天"，因为天能够赏善罚恶，而正确的赏罚是齐家、治国、平天下的前提和保证。指出真正的大赏大罚，是天堂和地狱，在"天主"面前，百姓和君主官吏都是被赏罚的对象，应该是平等的。关于进入天堂的条件，认为须是"古今仁义之人"，他列举孔子所说的"君子有天畏"，说明"畏天"作为区分君子小人的标志。由对于天主的畏惧转化为敬仰和热爱，而对天主的爱，归根到底又归结为爱人，强调爱人的具体行为的重要。其"畏天爱人"说，同古代西周时期的"敬天保民"思想，有许多相似之处，而他对神学思想的表达，缺乏理论的深度。也反映出他企图把基督教理论包容在中国固有文化之中的倾向。

[文献]　张缙彦《佥宪王端节公墓志铭》："公讳徵，字良甫，号葵心，自称为了一道人。生而颖异，七岁从张贞惠先生游，已能

日讲百千言。年十五,文章骏发,立志落落,不与众伍。敦大节,肆力问学。……丘戌成进士,年五十二,无论识与不识,咸相庆,以为是科得大儒矣。……公通西学,与利玛窦之徒罗君善,造天主堂居之。"(《王端节公遗集》卷一)《罪惟录·列传》卷一二:"二十四举于乡。……因公车三十年,乃登天启壬戌进士,司理广平。……补扬州,……徽奉天主教,最辟佛事。因习西洋术,制有自行车、自行磨、引水、代耕、测漏、连弩,草奇门图说。……元化死,徽赦归里。……迄崇祯癸未冬,贼自成乘胜入秦。……贼至,手剑坐天主堂,闭目不食,七日而死。"张炳璇《王端节先生传》:"崇祯癸未之次年三月初四日,泾阳葵心王公卒于里第。卒之日,绅衿耆夙思公痛公,不能置于其怀,相与唁而叹曰:'梦梦者天耶!胡生弗辰,乃竟使此公赍志以长逝耶!'既然而不忍以名名公,复相与考行,私谥称端节先生。"(《王端节公遗集》卷一)《宝田堂王氏家乘》卷五:"……公通西学,与利玛窦之徒罗君善,造天主堂居之。著有《畏天爱人极论》,为前人所未发。"

世祖顺治二年　乙酉(公元1645年)

闰六月,刘宗周绝食而死　刘宗周(1578—1645),明末学者。始受业于许孚远,后又入东林书院讲学,并且参与冯从吾首善书院之会。其对越中自王守仁之后的一传、二传、三传皆杂于禅的思想忧虑,于是开证人书院,集志同道合的人讲学。认为"学之要,诚而已,主敬其功也。敬则诚,诚则天。良则之说,鲜有不流于禅者。"主张慎独,生活简朴,学者称为念台先生。顺治二年南都破后,绝食而亡,年68岁。著述甚丰,有《刘蕺山集》、《刘子全书》、《榕坛问业》等。

[文献]　《明史》卷二五五:"明年(顺治二年)五月,南都亡。六月,潞王降,杭州亦失守。……(宗周)绝食二十三日,始犹进茗

饮,后勺水不下者十三日,与门人问答如平时。闰六月八日卒,年六十有八。……宗周始受业于许孚远。已,入东林书院,与高攀龙辈讲习。冯从吾首善书院之会,宗周亦与焉。越中自王守仁后,一传为王畿,再传为周汝登、陶望龄,三传为陶奭龄,皆杂于禅。奭龄讲学白马山,为因果说,去守仁益远。宗周忧之,筑证人书院,集同志讲肄。且死,语门人曰:'学之要,诚而已,主敬其功也。敬则诚,诚则天。良知之说,鲜有不流于禅者。'宗周在官门日少,其事君,不以面从为敬。入朝,虽处暗室,不敢南向。……布袍粗饭,乐道安贫。……学者称念台先生。"黄宗羲《明儒学案》卷六二:"刘讳宗周,字起东,号念台,越之山阴人。万历辛丑进士,授行人,上疏言国本,言'东林多君子,不宜弹射',请告归。……绝食二十日而卒,乙酉六月八日戊子也,年六十八。先生起自孤童,始从外祖章颖学,长师许敬庵,而砥砺性命之友,则刘静之、丁长孺、周宁宇、应中先、忠端公、高忠宪,晚虽与陶石梁同讲席,为证人之会,而学不同。……先生之学,以慎独为宗。儒者人人言慎独,唯先生始得其真。"

黄宗羲组织世忠营,颁《监国鲁元年大统历》,后返里著述

南都被破后,黄宗羲等奉鲁王监国,纠里中子弟组织世忠营,被授予职方郎,后为御史,作《监国鲁元年大统历》颁于浙东。海上倾覆后奉母返里,著述讲学。

[文献] 徐鼒《小腆纪年》卷七:"(乙酉十二月),命以王正中所进黄宗羲《监国鲁元年丙戌大统历》颁行民间。"《清史稿》卷四八〇:"黄守羲,字太冲,余姚人,明御史黄尊素长子。……驾贴未行,南都已破,宗羲踉跄归。会孙嘉绩、熊汝霖奉鲁王监国,画江而守。宗羲纠里中子弟数百人从之,号世忠营。授职方郎,寻改御史,作《监国鲁元年大统历》颁之浙东。……其后海上倾覆,宗羲无复望,乃奉母返里门,毕力著述,而四方请业之士渐至矣。"全祖

望《鲒埼亭集外编》卷三〇:"乙酉秋九月,……有黄宗羲者,精革象之学,任推算之能;爰成《大明监国鲁元年丙戌大统历》一卷,谨缮写随表上进以闻。"梁启超《中国近三百年学术史》:"崇祯十七年,北京陷贼,……骤兴党狱,名捕蕺山及许多正人,他(黄宗羲)也在其列。他避难之命日本,……明年,……他和钱忠介起义兵守浙江拒清师,号世宗营。……明统既绝,他才绝意国事,奉母乡居,从事著述。"

世祖顺治三年　丙戌（公元 1646 年）

黄道周卒　黄道周(1585—1646),明末学者。字幼平(一作幼玄),号石斋,福建镇海卫人。自幼学《易》,精天文、历算。天启壬戌进士。其处在明末,政治腐败,但却洁身自好,出淤泥而不染,历任右中允、少詹事兼翰林院侍读学士、礼部尚书等职。明亡后,他侍奉南明朝廷,不入清廷,自请赴江西征集军卒,在婺源为清兵所俘,不屈被杀。其为学以人性"至善"为宗,深辨宋儒"气质之性"为非,认为"气有清浊,质有敏钝,自是气质,何关性上事"(同上)。黄宗羲《明儒学案》评价称:"如此以求尽性,未免易落悬想。"其论著有《三易洞玑》、《榕坛问业》、《易象正义》及《孝经集传》等。

[文献]　庄起俦《漳浦黄先生年谱》:"隆武二年(丙戌),先生年六十有二。……又念世事不竟,遂使民情至此。翌日遂绝粒。……遂以三月五日完节于金陵之曹街,兀立不仆。……讣至,上为震悼罢朝。"黄宗羲《明儒学案》:"卷五六:"黄道周字幼玄(《明史》作幼平),号石斋,福之镇海卫人。家贫,时时挟策远游,……登天启壬戌进士第,选庶吉士,散馆补编修,即以终养归。寻丁内艰,负土筑墓,终丧丙舍。……丙子,起右中允,……丁丑进左春坊、左谕德,……戊寅,进少詹事,兼翰林院侍讲学士。……丙戌三

月七日兵解,年六十二。先生深辨宋儒气质之性之非,气有清浊,质有敏钝,自是气质何关性上事?性则通天彻地,只此一物,于动极处见不动,于不睹不闻处见睹闻,著不得纤毫气质。宋儒虽言气质之性,君子有弗性焉。……故知先生之说为长,然离心之知觉,无所为性,离气质亦无所为知觉,如此以求尽性,未免易落悬想。"《明史》卷二五五:"道周以文章风节高天下,严冷方刚,不谐流俗,……道周学贯古今,所至学者云集。铜山在孤岛中,有石室,道周自幼坐卧其中,故学者称为石斋先生。精天文历数皇极诸书,所著《易象正》、《三易洞玑》及《太函经》,学者穷年不能通其说而道周用以推验治乱。"

世祖顺治五年　戊子(公元 1648 年)

刘献廷生　刘献廷,字君贤,号继庄,直隶大兴(今属北京)人,清学者。

［文献］　张惟骧《疑年录汇编》卷十:"刘继庄四十八献廷,生顺治五年戊子,卒康熙三十四年乙亥。"梁启超《中国近三百年学术史》:"刘献廷字君贤,号继庄,顺天大兴人。生顺治五年。"

王源生　王源,字昆绳,号或庵,直隶大兴(今属北京)人。清学者。

［文献］　《清人文集别录》卷三:"《居业堂文集》二十卷,大兴王源撰。源字昆绳,号或庵。康熙三十二年举人。少倜傥不羁。自负有经世之略。始从宁都魏禧学为古文。著《兵论》三十二篇,禧大奇之。……以康熙四十九年卒于淮上,年六十三。"

世祖顺治六年　己丑(公元 1649 年)

艾儒略卒　艾儒略(Julio Aleni,1582 - 1649),字思及,意大利人,耶稣会传教士。生于万历十年(1582),万历三十八年(1610)

来华，在澳门神学院讲授数学，万历四十一年（1613）被派赴北京，后历经上海、扬州、陕西、山西等地，进行传教活动。天启五年（1625）赴福州传教，明亡后，避乱至延平山中，是年卒于该地。其在华期间，广泛与朝廷贤达之辈交流文化，学识匪浅，有"西来孔子"之称，著作主要有《西学凡》、《西方答问》、《职方外纪》、《大西利先生行迹》、《天主降生言行纪略》、《万物真原》、《性学觕述》、《三山论学记》等。其中前三本是艾氏介绍西方学术的著述。

[文献] 《职方外纪·前言》："艾儒略原名 Giulios Aleni，意大利人，生于1582年，1609年受耶稣会派遣至远东。1610年抵澳门，1613年即明万历四十一年抵北京，后历经上海、扬州、陕西、山西等地，进行传教活动。……天启三年（1623年）夏，艾儒略在杨廷筠的协作下，完成了《职方外纪》一书，是年秋付梓。……明亡后，艾儒略避乱至延平山中，清顺治六年（1649年）卒于延平。……艾儒略的著述主要有：《大西利先生行迹》、《天主降生言行纪略》、《万物真原》、《性学觕述》、《三山论学记》、《西学凡》、《西方答问》、《职方外纪》等。其中后三种是艾氏介绍西方学术的著述，《西学凡》是介绍欧洲教育及大学所设的课程纲要；《西学答问》是介绍欧洲文化及各种制度的情形。"（艾儒略著，谢方校释，《职方外纪校释》，中华书局，1996，1～2页）另可参考《明史·天文志》、阮元《畴人传》（商务印书馆，1955）、方豪《中国天主教史人物传·艾儒略》（上）（中华书局，1988）、梁启超《中国近三百年学术史》附表。

世祖顺治九年　壬辰（公元1652年）

孙奇逢居夏峰耕田讲学　清顺治七年（1650），孙奇逢移家河南辉县。是年，得水部郎马光裕夏峰田庐，奇逢率子弟躬耕于此，来求学者甚众。其居夏峰25年，屡征不起。

[文献]　汤斌《清孙夏峰先生奇逢年谱》:"顺治七年庚寅,六十七岁。二月,自祁州南发,……五月,来苏门,九年壬辰,六十九岁。春,卫河使马玉笋以夏峰田庐见赠,为诸子躬耕之地,先令韵雅督治。(玉笋名光裕,山西安邑人。)"《清史稿》卷四八〇:"(顺治)七年,南徙辉县之苏门。九年,工部郎马光裕奉以夏峰田庐,遂率子弟躬耕,四方来学者亦授田使耕,所居成聚。居夏峰二十有五年,屡征不起。"

方以智撰成《东西均》　《东西均》,是方以智晚年重要的哲学作品之一。除《东西均开章》、《东西均记》外有26章,以为"均固合形,声两端之物地,古呼均为东西",故名。写于隐居广西及湖南时期。是年北归后完成,次年又加订正。该书内容涉及经书史传、佛道典籍、小说野史、礼乐律数、文字音韵、书画棋射、医药农茶、天文历法、数学物理等,阐发朴素唯物主义的自然观,坚持一元论的观点,主"公因反因"说,认为"公因反因中","有一必有二","一在二中","三即一","一即三",强调"相反相因",从而丰富和发展了中国古代朴素的辩证法思想。该书缺陷在于在论述辩证法的同时,也夹杂着形而上学的东西。如过分强调节器矛盾之间的统一性;处理"相对"和"绝对"关系时,持片面观点等等。其思想来源,除京(房)、关(朗)、邵(雍)、蔡(元定)沈外,主要是家学和师承。书中所记方大镇(方以智祖父)、王宣、吴应宾(方以智外祖)的寓言,说明其思想之继承关系。原为抄本,现有1962年中华书局校勘标点本。

[文献]　任道斌《方以智年谱》:"清顺治九年,南明永历六年壬辰(一六五二),四十二岁。……在五老峰化名吪吅子著《东西均》,论万物变化交轮,一以贯之,大中见小,小中见大,以为释、儒、道三家,不可执一拘泥。"(安徽教育出版社,1983,174-180页)方以智《东西均开章》:"均者,造瓦之具,旋转者也。……均固

合形、声两端之物也。古呼均为'东西',至今犹然。两间有两苦心法,而东、西合呼之为道。道亦物也,物亦道也。物物而不物于物,莫变易,不易于均矣。"《东西均·消息》:"天亦不能自主而主物乎?天亦不能自分而分物乎?吾尝云:天本无天,以天在一切物中,则谓物之自主、自分为天之主之、分之可也。"《东西均·象数》:"心大于天地、一切因心生者,谓此所以然者也。谓之'心'者,公心也,人与天地万物俱在此公心中。"《东西均·三征》:"心以为量,试一量之可乎?一不可量,量则言二,曰有、曰无两端是也。虚实也,动静也,阴阳也,形气也,道器也,昼夜也,幽明也,生死也,尽天地古今皆二也。"《东西均·反因》:"天地惟有阴阳、动静耳,非可以善恶、是非言也。圣人体道尊德以立法,故名字之。一不住一,故用因二之一,以济民行。因二剔三,而实非三、非二、非一也。举其半而用其余,用余之半皆其半,则所谓相反相因者,相救相胜而相成也。"

世祖顺治十年　癸巳(公元1653年)

戴名世生　戴名世,字田有,号南山,桐城人。是年生。

[文献]　张惟骧《疑年录汇编》卷十:"戴南山六十一名世,生顺治十年癸巳,卒康熙五十二年癸巳。"《清史稿》卷四八四:"戴名世,字田有,桐城人。"梁启超《中国近三百年学术史》:"戴名世,字田有,号南山,安徽桐城人。康熙五十二年下狱论死。年六十一。"

世祖顺治十二年　乙未(公元1655年)

阎若璩始作《古文尚书疏证》　是年,作者20岁,即疑东晋梅赜所献《古文尚书》25篇为伪。深研30余年,乃尽得其症结所在,于清乾隆十年(1745)撰成此书,所列例证128条,从篇数不合、篇名不合、文字不合等方面论证其伪,并辨明孔安国《尚书传》亦系伪作。该书共8卷,黄宗羲为之作序。梁启超认为此书打破了人们对古代经书的盲目信仰,从而开辟了一条"研究之路"。原书佚第三卷(凡16条),并缺第二卷第二十八至三十条,第七卷第一〇二条、一〇八条、一〇九条,第八卷第一百二十二至一百二十七条。收入《清皇经解续编》。

[文献] 张穆《阎若璩年谱》:"(顺治)十二年乙未(一六五五),二十岁。钱《传》:'年二十,读《尚书》,至《古文》二十五篇,即疑其伪,沈潜三十余年,乃尽得其症结所在。'《墓志》:'少读《尚书》,多所致疑,谓自孔安国至梅赜几五百年,中间半出传会,遂著《尚书古文疏证》以申其说。'《行述》:'著《尚书古文疏证》盖自二十岁始'。"《四库全书总目提要》卷一二:"《古文尚书疏证》八卷(内府藏本):国朝阎若璩撰。……至若璩乃引经据古,一一陈其矛盾之故,古文之伪乃大明。所列一百二十八条,毛奇龄作《古文尚书冤词》,百计相轧,终不能以强词夺正理,则有据之言先立于不可败也。其书初成四卷,余姚黄宗羲序之。其后四卷,又所次第续成。若璩没后,传写佚其第三卷。其二卷第二十八条、二十九条、三十条,七卷第一百二条、一百八条、一百九条、一百十条,八卷第一百二十二条至一百二十七条,皆有录无书,编次先后,亦未归条理,盖犹草创之本。……虽仿郑玄注《礼》先用《鲁诗》,后不追改之意,于体例亦究属未安。然反复厘剔,以祛千古之大疑,考证之学,则固未之或先矣。"梁启超《清代学术概论》(五):"阎若璩之所以伟大,在其《尚书古文疏证》也。《尚书古文疏证》,专辨东晋晚出之《古文尚书》十六篇及同时出现之孔安国《尚书传》皆为伪书也。……以吾侪今日之眼光观之,则诚思想界之一大解放。"(上海古籍出版社,1998)

王夫之始作《周易外传》 《周易外传》7卷,是王夫之平生主要著述之一。他在这部书中阐述自己在理气、道器等哲学问题上的看法和观点,建立了唯物主义道器说。认为"道"具有"物之所著"(物质实体)和"物之所由"(客观事物规律性)两方面的涵义,而"器"相对于"道"而言,也具有两方面的意思,即"阴阳与道为体,道建阴阳以居,相融相结而象生,相参相耦而数立。融结者称其质而无为,参耦者有其为而不乱。"提出"道不离器"、"道器相依"的观点,他说:"天下惟器而已矣,道者器之道,器者不可谓之道之器也。无其道则无其器,人类能言之。","无其器则无其道,人鲜能言之。"所以"据器则道存,离器而道毁。"从而批判朱熹的观点,说明"道在器中"。同时,他还主张"从有益有","动要以先",反对"先天"之说,认为"生天先天之说不可立也"。理气无端不分先后,无所谓先天,也无所谓后天,即始即终,即分即合,一切成之于今日。而往者为虚,来者为实,宇宙万物总是在发展变化之中,其对立面互相包含,渗透,又互相转化。该书反映了王夫之的唯物主义辩证法思想,继承和发扬了前人的朴素唯物主义传统,在中国哲学史上占有重要地位。

[文献] 王之春《王船山公年谱》:"国朝顺治十二年乙未,公三十七岁,……始作《周易外传》。"(清光绪癸巳年版)王夫之《周易外传》卷五:"道者,物所众著而共由者也。物之所著,惟其有可见之实也;物之所由,惟其有可循之恒也。既盈两间而无不可见,盈两间而无不可循,故盈两间皆道也。……阴阳与道为体,道建阴阳以居。相融相结而象生,相参相耦而数立。融结者称其质而无为,参耦者有其为而不乱。……夫惟从无至有者,先静后动而静非其静;从有益有,则无有先后而动要以先。……形而上者,非无形之谓。既有形矣!有形而后有形而上。……器而后有形,形而有上。无形无下,人所言也。……天下惟器而已矣。道者器之道,器者不可谓之道之器也。无其道则无其器,人类能言之(宋明儒

者皆言之),虽然,苟有其器矣,岂患无道哉?……无其器则无其道,人鲜能言之,而固其诚然者也。"

僧智旭卒 智旭(1599—1655),明末四大高僧之一。幼读儒书,辟释老。及长,阅读袾宏《自知录》及《竹窗随笔》,始不谤佛。23岁时听讲《楞严经》,始疑"大觉",一年后,从德清弟子雪岭剃度,命名智旭。27岁起,遍阅律藏,见当时禅宗流弊,决意弘律。此后历游江、浙、闽、皖诸省,研究天台教理,从事阅藏、讲述和著述。是年正月圆寂,寿五十七。其佛学宗天台,但因不满台宗末流的门户之见,一再声明自己"究心台部不肯为台家子孙","私淑台宗,不敢冒认法脉"。(《起信论裂网疏》)其净土思想几经演变,由丧父而促成自愿发心念佛,到以参禅功夫求生净土,再到结坛忏愿和融通性相诸宗教理,著成《弥陀要解》,标志着净土思想体系形成。其佛学思想自始至终力求佛教诸宗的调和,主张禅教律三学统一,"禅者佛心,教者佛语,律者佛行。……不于心外别觅禅教律,又岂于禅教律外别觅自心,如此则终日参禅、看教、学律,皆与大事大心正法眼藏相应于一念间矣。"(蕅益大师《灵峰宗论》卷二三,《示尔阶》,台中:台中莲社,1994,285~288页)后人并奉他为净土宗第九祖。另外,其学说受儒家思想影响处甚多,自称"身为释子,喜研孔颜心法示人。"著述颇丰,其弟子成时编次,分为宗论和释论两类。宗论即《灵峰宗论》,共10卷;释论包含《释经论》和《宗经论》及其他著述共60余种,164卷。

[文献] 弘一法师《蕅益大师年谱》:"乙未,五十七岁。……正月二十日,病复发。二十一日晨起病止。午刻,趺坐绳床角,向西举手而逝。世寿五十有七岁。大师著述,除《灵峰宗论》十卷外,其释论则有,《阿弥陀经要解》一卷,《占察玄疏》三卷,《楞伽义疏》十卷,《盂兰新疏》一卷,《大佛顶玄文》十二卷,《准提持法》一卷,《金刚破空论附观心释》二卷,《心经略解》一卷,……。"《灵峰

蕅益大师自传》:"三十二岁,拟注《梵网》,作四阄问佛:一曰宗贤首,二曰宗天台,三曰宗慈恩,四曰自立宗。频拈得台宗阄,于是究心台部,而不肯为台家子孙。……生平尝有言曰:'汉宋注疏盛,而圣贤心法晦,如方木入圆窍也。随机羯磨出,而律学衰,如水添乳也。《指月录》盛行,而禅道坏,如凿混沌窍也。《四教仪》流传,而台宗昧,如执死方医变症也。是故举世若儒、若禅、若律、若教,无不目为异物,疾若寇仇。"《灵峰蕅益大师宗论》卷五二:"台宗一脉,我兄勇猛仔肩,次达月管公,亦复半壁。观彼会合玄签,一字弗敢稍易,知不坠家风也。如劣弟者,少年误中宗门恶毒,放恣之习,沦骨浃髓。今虽痛革,余习难除,故私淑台宗,不敢冒认法派。诚恐著述,偶有出入,反招山外背宗之诮。"

世祖顺治十三年　丙申(公元 1656 年)

谈迁《国榷》成　谈迁(1594—1658),原名以训,字观若,明亡后,改名为迁,字孺木,自署"江左遗民",浙江海宁人。自幼聪颖,好读书,有感于《明实录》等书多粉饰之词,不合事实,遂立志编修明史。天启元年,开始搜集资料。六年后完成初稿,取名《国榷》,此后,不断充实材料,明亡后,又亲自撰写崇祯、弘光两朝史事,虽经稿件亡佚,但仍孜孜不倦,终于于该年完成。全书共 208 卷,约 400 余万字,按时间顺序记载从元文宗天历元年(1328)到南明弘光元年(1645)约 300 多年的明朝史事。该书主要依据明代历朝《实录》及百余家明学者著作,记述较为详尽,而且他还对《实录》中一些避而不谈的重要事实敢于直书,显得难能可贵。所以该书的记载较为可靠,对研究明史很有价值。

[文献]　《清史稿》卷五〇一:"谈迁,字孺木,原名以训,海宁人。……迁肆力经史百家言,尤注心于明朝典故。尝谓:'史之所凭者,实录耳。实录见其表,其在里者,已不可见。况革除之事,杨

文贞未免失实,泰陵之盛,焦泌阳又多丑正;神、熹之载笔者,皆逆奄之舍人。至于思陵十七年之忧勤惕厉,而太史遁荒,皇城烈焰,国灭而史亦随灭,普天心痛,莫甚于此!'乃汰十五朝实录,正其是非。访崇祯十七年邸报,补其缺文,成书,名曰《国榷》。"《国朝耆献类征初编》卷四六三《谈迁传》:"丙申夏旋里,又附静园沈公之官平阳。将哭藐山张公(慎言)于墓门,未几以疾卒于平阳。当是时,先生著稿成之再矣。"

世祖顺治十五年　戊戌(公元1658年)

谷应泰《明史纪事本末》编成刊行　《明史纪事本末》,为断代纪事本末体史书,谷应泰撰。记元至正十二年(1352)至崇祯十七年(1644)近300年明之史事。将重要事件列成80个专题,每题为一卷,记述了事件的始末。全书八十卷,分为八十篇,始于《太祖起兵》,终于《甲申殉难》。每篇后附有"谷应泰曰"的史论,仿《晋书》之体裁,以骈偶行文。作者认为纪事本末体是一种"使读者审理乱之大趋,迹政治之得失"的体裁,因此以纪事本末体记明史。他在《自序》中说:"余谬承学政之役,兼值右文之朝,夙夜兢兢,广稽博采,勒成一遍,以补前史。"傅以渐对此书评价很高,认为"阅其纪事而污隆兴废之故,贤奸理乱之形,洞如观火,较若列眉。更读其论断诸篇,又无不由源悉委,揣情摭实。贾昌之说故事,历历目前,马援之画山川,曲折具见,洵一代良史也。"而篇后论赞虽有值得肯定的地方,但亦有鼓吹封建正统唯心史观与宣扬三纲五常的封建伦理糟粕,且过分雕琢,甚至流于喧宾夺主。不过,此书在编纂学上是对纪事本末体的发展与完善,是一部自成一家的明朝断代史,且汇集了大量资料,可与《明史》互为补充。

[文献]　谷应泰《明史纪事本末》第一册《自序》:"《通鉴纪事本末》者,创自建安袁枢,而北海冯琦继之。其法以事类相比

附,使读者审理乱之大趋,迹政治之得失,首尾毕具,分部就班,……沿及明代,迄无成书,搜厘条贯,盖其难哉。余谬承学政之役,兼值右文之朝,夙夜兢兢,广稽博采,勒成一编,以补前史。……顺治戊戌冬十月提督两浙学政金事丰润谷应泰撰"(中华书局,1977)傅以渐《明史纪事本末序》:"有明三百年,事如梦丝,……谷子霖苍夙有网罗百代之志,既膺简书,督学于浙,以其衡文之暇,搜辑明世全史,分纪其事,得八十篇,复各列为论断,次见于后。阅其纪事而污隆兴废之故,贤奸理乱之形,洞如观火,较若列眉。更读其论断诸篇,又无不由源悉委,揣情摭实。贾昌之说故事,历历目前,马援之画山川,曲折具见,洵一代良史也。"

世祖顺治十六年 己亥(公元1659年)

李塨生 李塨,清学者。字刚主,号恕谷。直隶(今河北)蠡县人。

[文献] 冯辰、刘调赞《李恕谷先生年谱》卷一:"己亥顺治十六年(一六五九)闰三月二十四日卯时,先生生。先生姓李,讳塨,字刚主,号恕谷。"梁启超《中国近三百年学术史》:"恕谷,名塨,字刚主,直隶蠡县人。生顺治十六年。"《清史稿》卷四八〇:"李塨,字刚主,蠡县人。"张惟骧《疑年录汇编》卷十:"李刚主七十五塨,生顺治十六年己亥,卒雍正十一年癸丑。"

阳玛诺卒 阳玛诺(1574-1659),西方耶稣会传教士。字演西,万历三十八年(1610)来华,南京教难时,一度被驱往澳门,天启元年(1621)抵京,受任为中国区耶稣会副区长。此后相继驻于南京、松江、上海、杭州、宁波、南昌、福州等地,进行传教活动。清顺治五年(1648)开始一边在延平府传教,一边从事著述。是年卒于杭州。其著述主要有:《轻世金书》、《圣经直解》、《天主圣教十诫直诠》、《景教流行中国碑颂正诠》、《天问略》等。其中《轻世金书》

是介绍天主教的著作,语言艰涩,所著《天问略》一卷,主要是介绍西方天文学知识,与利玛窦《乾坤体义》相差不大。

[文献] 《畴人传》卷四四:"阳玛诺明万历乙卯入中国,著《天问略》一卷,其论天有几重。及七政本位,……其论日天本动,及日距赤道度分。……其论日蚀,……其论昼夜时刻,随北极出地各有长短。……其论月食,……论曰:阳玛诺《天问略》,与利玛窦《乾坤体义》大旨相同,盖其学出于一原,故其议论亦相似也。"(阮元著,商务印书馆,1955)方豪《中国天主教史人物传·阳玛诺》:"明清之际,译入中文的天主教典籍中,以《轻世金书》的文体为最艰深,……玛诺字演西,一五七四年生,一六一〇年(明万历三十八年)来华,一六五九年(清顺治十六年)殁於杭州。按中国说法,他享寿八十晋六,在华五十年,为当时来华西士中所仅见。南京教难时,一度被驱往澳门;天启元年(一六二一年)住北京;三年受任中国区耶稣会副区长。此后曾相继驻于南京、松江、上海、杭州,并到宁波开教。崇祯七年(一六三四)曾到南昌;十一年到福州,又被迫退居澳门。明永历二年、清顺治五年(一六四八)在延平府传教,并从事著述。遗墓在杭州大方井。除《轻世金书》外,玛诺著作中较重要的有:《圣经直解》,……此书之最大特色为有索引。中文书有索引当始自此书。《天主圣教十诫直诠》,二卷,……《景教流行中国碑颂正诠》,一卷,……《天问略》一卷。"(中华出局,1988)另可参阅《职方外纪校译》(艾儒略著,谢方校译,中华书局1996年版)。

毛晋卒 毛晋(1599—1659),明代著名藏书家、刻书家。初名凤苞,后易名为晋,字子晋,别号潜在,常熟人。曾授业于钱谦益门下。酷爱书籍,刻意收罗宋元名刻秘钞。他所建藏书楼不止一个,有汲古阁、目耕楼、鼎足斋、定月堂、双莲阁以及一些分散的书亭,其中以汲古阁最为世人所知。收藏的图书最多时达84 000余册,其中精品有《十三经》、《十七史》、《册府元龟》等,皆为宋版。另外,他还刻录各种珍贵古籍,如《津逮秘书》、《洛阳伽蓝记》、《宋名家词》、《四唐人集》等。卒于是年,终年61岁。

[文献] 《四库全书总目提要》卷一五:"《毛诗陆疏广要》……明毛晋注。晋,原名凤苞,字子晋,常熟人。家富图籍,世所传影宋精本,多所藏收。又喜传刻古书,汲古阁版至今流布天下。故在明季,以博雅好事名一时。尝刻《津逮秘书》十五集,皆宋元以前旧帙。"李希泌等编《中国古代藏书与近代图书馆史料·汲古阁藏书》:"毛晋藏宋本最多,其有世所罕见而藏诸他氏不能得者,则选善手以佳纸墨影钞之,与刊本无异,名曰影宋钞。一时好事家皆争效之,而宋椠之无存者,赖以传之不朽。"钱谦益(《牧斋有学集》卷三一)《隐湖毛君墓志铭》:"子晋初名凤苞,晚更名晋,世居虞山东湖。父清,孝弟力田,为乡三老。而子晋奋起为儒,通明好古,强记博览,不屑俪华斗叶,争妍削间。壮从余游,益深知学问之指意。……故于经史全书勘雠流布,务欲使学者穷其源流,审其津涉。其他访佚典,搜秘文,皆用以裨辅其正学。于是缥囊缃帙,毛氏之书走天下,而知其标准者或鲜矣。……生于己亥岁之正月五日,卒于己亥岁之七月二十七日,卒年六十有一。"荥阳悔道人《汲古阁主人小传》:"邑中为之谚曰:'三百六十行生意,不如鬻书于毛氏。'前后积至八万四千册,构汲古阁、目耕楼以庋之。子晋患经史子集率漫漶无善本,乃刻《十三经》、《十七史》、古今百家及二氏书,至今学者宝之。"(《书林清话》卷七)

世祖顺治十八年　辛丑(公元1661年)

苏州诸生聚哭文庙,倪用宾等被杀 是年,江苏吴县知县任维新征粮虐民,营私舞弊私侵常仓储米,引起民愤。正值顺治帝驾崩国丧之际,诸生倪用宾等聚哭于文庙时呈揭帖于巡抚朱国治。朱国治与任维新有牵连,恐事发及已,于是指称倪用宾等人震惊先帝之灵,聚众闹事,具奏于圣上,株连 18 人被处斩。

[文献] 印鸾章《清鉴》卷三:"辛丑十八年,春正月帝崩。……三月,杀江苏秀才倪用宾等十八人。初江苏吴县知县任维新,贪酷暴戾,征粮虐民。复私侵常仓储米,万众怨愤。适遭世祖国丧,诸生倪用宾等,于巡抚等官聚哭于文庙时,递进揭帖于巡抚朱国治。国治以与维新有连,恐事发波及,遽收倪用宾等于狱,株连顾予咸、金人瑞等十一人,诡词具奏,指为震惊先帝之灵,聚众倡乱,摇动人心,请严加法处。奉旨,遣侍郎叶尼等往勘,皆定为不分首从处斩。天下冤之,是为抗粮哭庙之案。"

圣祖康熙元年　壬寅(公元 1662 年)

顾炎武《音学五书》刊刻　《音学五书》38 卷,顾炎武音韵学著作。包括《古音表》2 卷、《易音》3 卷、《诗本音》10 卷、《唐韵正》20 卷、《音论》3 卷。作者潜心多年,究古今音之变,考正三代以上音注,注《易》,辨沈氏之误而一一以古音定之,综古音为十部,写成此书。他对自己这部书很满意,认为五书是续三百篇以来久绝之传。清儒多致力于音韵学,且成绩丰硕,大半是亭林提倡的结果。该书有清康熙初淮上张力臣写刻本、四明观稼楼刊本,长沙思贤讲舍刊本,皇清经解十四卷本。该书为清代古音学的开山之作。

[文献] 顾炎武《音学五书后序》:"余纂辑此书三十余年,所过山川亭障,无日不以自随,凡五易稿而手书者三矣。……然此书为《三百篇》而作也。先之以《音论》,何也?曰:审音学之原流也。《易》文不具,何也?曰:不皆音也。《唐韵正》之考音详矣,而不附于经,何也?曰:文繁也。已正其音而犹尊遵元第,何也?曰:述也。《古音表》之别为书,何也?曰:自作也。盖尝四顾踌躇,几欲分之,几欲合之,久之然胪而为五矣。"(《亭林文集》卷二)梁启

超《中国近三百年学术史》:"《音学五书》三十八卷。这书以五部组织而成:一、《古音表》三卷,二、《易音》三卷,三、《诗本音》十卷,四、《唐韵正》二十卷,五、《音论》三卷。他自己对于这部书很满意,说道:某自五十以后,于音学深有所得,为《五书》以续三百篇以来久绝之传。(《文集》卷四《与人书二十五》)清儒多嗜音韵学,而且研究成绩极优良,大半由亭林提倡出来。"顾炎武《音学五书叙》:"炎武潜心有年,既得《广韵》之书,乃始发寤于中,而旁通其说。于是据唐人以正宋人之失,据古经以正沈氏唐人之失。而三代以上之音,部分秩如,至积而不可乱,乃列古今音之变,而究其所以不同。为《音论》三卷,考证三代以上之音;注三百五篇,为《诗本音》十卷;注易,为《易音》三卷;辨沈氏分部之误,而一一以古音定之,为《唐韵正》二十卷;综古音为十部;为《古音表》二卷,自是而六经之文乃可读,其他诸子之书,离合有之,而不甚远也。"

圣祖康熙二年 癸卯(公元1663年)

五月,《明史》案结 明故大学士朱国桢私家著《明史》,但稿未及刊,国亡家衰,将稿本质金于庄廷鑨。庄廷鑨补崇祯一朝事,易己名刻刊之。因补文中有指斥满清语而被归安县原知县吴之荣告发,庄廷鑨行贿免被追究。廷鑨死后,其父易书中指斥语再次刊行。但吴之荣购初版书又上奏法司,大狱遂起。清廷诏戮庄廷鑨尸,书中列名、官吏失察、为书作序、刊刻并收藏此书者均被株连,死者达70余人,妇女并给边。而吴之荣以此起用,后官至右佥都。

[文献] 黄鸿寿《清史纪事本末》卷二〇:"圣祖康熙二年,夏五月,诏戮浙江湖州府民人庄廷鑨尸,其父庄胤城弟庄廷钺均立斩。初明故大学士朱国桢,私著《明史》,稿未刊而国亡,家亦中落,以稿本质金于廷鑨。廷鑨易己名刻行之。补入崇祯一朝事,中有万历间总兵李成梁捕斩建州卫都指挥王杲语,归安知县吴之荣

方罢官,谋起复,因举发其事。廷钺入贿得免。廷钺死,其父胤城乃稍易书中指斥语,再版刊行之。荣恨计不售,再购初版上之法司,遂兴大狱。致仕侍郎李令晳为作序,亦坐死,且杀其四子。幼子年十六,法官命减供一岁,例得免死,幼子不忍独生,卒不易供而死。序中所称旧史朱氏者,指国桢也。之荣素怨南浔富人朱佑明,遂嫁祸,且指其姓名以证,并杀其五子。其余书中列名及官吏失察与刊刻收藏人,株连死者七十余人,妇女并给边。而之荣卒以此起用,并以所籍朱佑明之产给之,后仕至右佥都。"

黄宗羲《明夷待访录》成书 《明夷待访录》,为明末清初黄宗羲著作,有原君、原臣、原法、置相、学校、取士上、取士下、建都、方镇、田制一、田制二、兵制一、兵制二、兵制三、财计一、财计二等21篇涉及君道、臣道、立法之原则、宰相的职能、取士、治田、治兵等多个方面。黄宗羲对此书很自负,顾亭林也很看重,认为"读《待访录》,知百王之弊可以复振"。梁启超则认为《明夷待访录》集中体现了黄宗羲的政治理想,是人类文化之高贵产品,因为书中表现的民主主义精神比卢梭的《民约论》还早数十年。如在《原君》篇中,黄宗羲批判了后之君主为己享乐为己私利而荼毒天下,却认为是理所当然的思想;在《原法》篇中,他又提出有治法而后有治人的观点;在《学校》篇中说,如果我们以天子之所是未必是,天子之所非未必非,那么天子就不会再以己之意愿来干涉学校了。章太炎不赞同此书,认为这是向满洲上条陈,梁启超认为,作者把该书作为宣扬民主主义的工具,以达到自己改良政治的目的。总之,该书反对君主专治,主张民权,对清末的维新变法运动影响很大,亦一直影响到辛亥革命时期的孙中山、邹容和陈天华等人。

[文献] 黄炳垕《黄梨洲先生年谱》:"梨洲有一部怪书,名曰《明夷待访录》,这部书是他的政治理想。从今日青年眼光看去,虽像平平无奇,但三百年前——卢梭《民约论》出世前之数十年,

有这等议论,不能不算人类文化之一高贵产品。其开卷第一篇《原君》,从社会起源说起,先论君主之职务,次说道:'……后之为人君者不然。以为天下利害之权,皆出于我,我以天下之利尽归于己,天下之害尽归于人,亦无不可。使天下人,不敢自私,不敢自利,以我之大私为天下之大公,始而惭焉,久而安焉。'……其《原法》篇云:'……论者谓有治人无治法,吾以谓有治法而后有治人。……'其《学校》篇说:'……必使治天下之具皆出于学校,而后设学校之意始备。……天子之所是未必是,天子之所非未必非。天子亦遂不敢自为非是,而公其非是于学校。……'像这类话,的确含有民主主义的精神,虽然很幼稚,对于三千年专制政治思想为极大胆的反抗。……康熙元年(壬寅),公五十三岁。……著《明夷待访录》(次年冬削笔,二老阁校梓。公又著有《留书》一卷)。二年(癸卯),公五十四岁。(黄宗羲《海外恸哭记》附录三)"梁启超《中国近三百年学术史》:"梨洲极自负他的《明夷待访录》。顾亭林亦极重之。亭林与梨洲书云:'读《待访录》,知百王之弊可以复振',其折服可谓至矣。今本篇目如下:原君、原臣、原法、置相、学校、取士上、取士下、建都、方镇、田制一、田制二、兵制一、兵制二、兵制三、财计一、财计二、凡二十篇。……光绪间我们一班朋友曾私印许多送人,作为宣传民主主义的工具。章太炎不喜欢梨洲,说这部书是向满洲上条陈,这是看错了。《待访录》成于康熙元、二年。"

王夫之著《尚书引义》初成 《尚书引义》为王夫之的早期哲学代表作。全书共6卷,一、二卷论《虞夏书》,三卷论《商书》,四、五、六卷论《周书》,凡50篇。初成于是年,康熙二十八年重行编定。该书在《周易外传》所确立的朴素唯物主义体系的基础上,引申《古文尚书》经义,抨击明末政治弊端,批判老庄、程朱、陆王之学和佛家"惟心惟识"之说,提出"行先知后"说,认为"行可兼知,知不可兼行"(《尚书引义》卷三《说命中二》)。指出"能"(认识主体)、"所"(认识客体)这一对哲学范畴的关系是"因所以发能"、"能必副其所"(《尚书引义》卷五《召诰无逸》),即存在是认识的基础和源泉,认识必须符合客观存在。该书是我国古代朴素唯物主义知行观的发展高峰,但也应看到,王夫之所讲的"行"不同于我们今天所说的社会实践,它主要是指个人的日常活动和道德修养。总之,该书和《周易外传》,代表了王夫之思想的高峰,在哲学史上占有重要地位。

[文献] 邓潭洲《王船山传论》:"康熙二年(1663),写成《尚书引义》。"(湖南人民出版社,1982,48页)《四库全书总目提要》卷一四:"《尚书引义》六卷(湖南巡抚采进本):国朝王夫之撰。夫之有《尚书稗疏》,已著录。此复推论其大义,多取后世为之纠正。"《尚书引义》卷三《说命中二》:"且夫知也者,固以行为功者也;行也者,不以知为功者也。行焉可以得知之效也,知焉未可以得行之效也。将为格物穷理之学,抑必勉勉孜孜,而后择之精、语之详,是知必以行为功也。行于君民、亲友、喜怒、哀乐之间,得而信,失而疑,道乃益明,是行可有知之效也。其力行也,得不以为歆,失不以为恤,志壹动气,惟无审虑却顾,而后德可据,是行不以知为功也。冥心而思,观物而辨,时未至,理未协,情未感,力未赡,俟之他日而行乃为功,是知不得有行之效也。行可兼知,而知不可兼行。下学而上达,岂达焉而始学乎?君子之学,未尝离行以为知也必矣。"《尚书引义》卷五《召诰无逸》:"境之俟用者曰'所',用之加乎境而有功者曰'能'。'能'、'所'之分,夫固有之,释氏为分授之名,亦非诬也。乃以俟用者为'所',则必实有其体;以用乎俟用,而以可有功者为'能',则必实有其用。体俟用,则因'所'以发'能';用用乎体,则'能'必副其'所';体用一依其实,不背其故,而名实各相称矣。"《四库全书总目提要》卷一四:"《尚书引

义》六卷(湖南巡抚采进本):国朝王夫之撰。夫之有《尚书稗疏》,已著录。此复推论其大义,多取后世为之纠正。"

圣祖康熙三年　甲辰(公元 1664 年)

钱谦益卒　钱谦益(1582—1664),东林名士,明末清初著名的文学家、思想家。历经明万历、泰昌、天启、崇祯、清顺治、康熙六朝。幼聪敏好学,万历庚戌进士,历任翰林院编修、右春坊中允、詹事府少詹事、礼部右侍郎兼翰林院侍读学士、礼部尚书等职。降清后,任内秘书院学士兼礼部侍郎,充明史馆副总裁,仅任职六个月,即告回乡,闲居至死。其学识渊粹卓绝,为当时东林巨子,文坛领袖,诗文宗主。其于史学,援"经"入"史",即以经学为辅助手段,通过经史之辨以求史,为学主张经世,反对空疏学风,针砭时学之弊。晚年信佛,对临济宗持强烈批判态度,主张"返经明教",重教抑禅,禅教合一。在政治上可谓与前期判若两人,其前期抗清,赞誉不绝,清军渡江后迎降,被任命为礼部尚书,结果毁了多年的功名气节,人格上大打折扣。其一生虽在政治上为时人所耻,甚至顾亭林公开表示不是他的门生,但其在史学、文学上的成就影响巨大。著有《初学集》、《有学集》、《牧斋集》、《楞严蒙钞》等。

[文献]　张惟骧《疑年录汇编》卷八:"钱受之八十三谦益,生明万历十年壬午,卒清康熙三年甲辰。"顾云美《河东君传》:"久之,不自得,生一女,既婚。(康熙二年)癸卯秋下发入道。宗伯(钱谦益)赋诗云,……明年五月廿四日,宗伯薨。"梁启超《中国近三百年学术史》:"钱谦益,字牧斋,晚号蒙叟,江苏常熟人。他是一位东林老名士,但晚节猖披已甚。清师渡江,首先迎降,任南礼部尚书,其后因做官做得不得意,又冒充遗老,论人格真是一无可取。但他极熟于明代掌故,所著《初学集》、《有学集》中,史料不少。……晚年学佛,著《楞严蒙抄》,总算是佛典注释里头一部好

书。他因为是东林旧人,所以黄梨洲、归玄恭诸人都敬礼他,在清初学界有相当的势力。"《清史稿》卷四八四:"顺治三年,……谦益迎降,……五年,凤阳巡抚陈之龙获黄毓祺,谦益坐与交通,……得放远,以著述自娱,越十年卒。谦益为文博赡,谙悉朝典,诗尤擅其胜。……晚岁绛云楼火,惟一佛像不烬,遂归心释教,著《楞严经蒙钞》。其自为诗文,曰《牧斋集》,曰《初学集》、《有学集》。"

汤若望与杨光先的"历法之争" 早在顺治十七年,新安卫官杨光先向礼部上《正国体呈》,谓汤若望等人颁布的《时宪历》有谬误,汤若望"窃正朔之权以予西洋",因此时汤若望受皇帝恩宠,礼部未予上报。是年,杨光先呈上《请诛邪教状》,并附上《摘谬论》和《选择议》,控告汤若望等人窥视朝廷机密,内外勾结,图谋不轨。结果汤若望、南怀仁、利类思及钦天监官员俱拿问罪,钦天监李祖白等五官员被斩,汤若望被监,各省传教士押往广州,驱逐出境。杨光先等守旧派官员掌钦天监监务,废《时宪历》,复用《大统历》,后又改用《回回历》。康熙七年(1668),南怀仁上疏谓杨光先所颁历书不合天象。康熙命诸大臣陪同验证。结果,"南怀仁所言皆合,吴明烜所言皆谬"。于是杨光先被革职,授南怀仁为钦天监监副,废大统与回回二法,重新回到《新法历书》体系上来。康熙八年,南怀仁又告杨光先"依附鳌拜,捏词毁人",这次一翻前案,汤若望及被斩五人赐恤,杨光先令归。守旧势力完全失败,南怀仁等得到皇帝宠爱。此次历法之争,反映了中西两种天文学体系的较量,也是中西文化的较量。发生争执的原因,既是因为汤若望等人逐渐蔑视中国文化习俗,公然扩大传教士力量,也是因为守旧派力量强大,不允许西法在华嚣张,是故二者碰撞成为必然,碰撞的结果表明,西方历法在某些方面已走在了中国历法前面。是次历法之争的影响是深远的,西历得到皇帝信赖,中国天文学的发展在某种程度上受到抑制,扩大了中西天文学之间的差距。

[文献] 吴振棫《养吉斋丛录》卷二:"有歙民杨光先者,著《辟邪论》,……又以若望等邪党惑众,包藏祸心,具请诛邪教疏,康熙三年赴部投递,下吏部会审。若望得罪革职。"夏燮《中西纪事》卷二《猾夏之渐》:"国初之主持天主教者,为汤若望,其廓然辞而辟之者,则杨光先也。汤若望者,大西洋人,从利玛窦至中国,以推步之学,与罗雅谷并以崇祯三年奉诏供事历局。……时有歙之新安卫人杨光先者……旋于康熙三年状告礼部,摘其推算本年十二月戊午朔日食交会之误奏闻。奉旨交吏部会审,遂黜出汤若望等,授杨光先为监副,寻转监正。……一时士大夫言天学者,无不右汤而左杨。"《清史稿》卷二七二:"汤若望,初名约翰亚当沙耳,姓方白耳氏,日尔曼国人。……康熙五年,新安卫官生杨光先叩阍进所著《摘谬论》、《选择议》,斥汤若望新法十谬,并指选择荣亲王葬期误用《洪范》五行,下议政王等会同确议。议政王等议:'历代旧法,每日十二时,分一百刻,新法改九十六刻。康熙三年立春候气,先期起管,汤若望妄奏春气已应参、觜二宿,改调次序,四余删去紫气。天祐皇上,历祚无疆,汤若望祗进二百年历,选荣亲王葬期不用正五行,反用《洪范》五行,山向年月俱犯忌杀,事犯重大。汤若望及刻漏科杜如预、五官挈壶正杨宏量、历科李祖白、春官正宋可成、秋官正宋发、冬官正朱光显、中官正刘有泰皆凌迟处死;故监官子刘必远、贾文郁、可成子哲、祖白子实、汤若望义子潘尽孝皆斩。'得旨,汤若望效力多年,又复衰老,杜如预、杨宏量勘定陵地有劳,皆免死,并令复议。议政王等复议,汤若望流徙,余如前议。得旨,汤若望等并免流徙,祖白、可成、发、光显、有泰皆斩。自是废新法不用。圣祖既亲政,以南怀仁治理历法,光先坐遣黜,复用新法。时汤若望已前卒,复通微教师封号,视原品赐恤,改'通玄'曰'通微',避圣祖讳也。……杨光先,字长公,江南歙县人。在明时为新安所千户。……国初,命汤若望治历用新法,颁《时宪历书》,

面题'依西洋新法'五字。光先上书,谓非所宜用。既又论汤若望误以顺治十八年闰十月为闰七月,上所为《摘谬》、《辟邪》诸论,攻汤若望甚力,斥所奉天主教为妄言惑众。圣祖即位,四辅臣执政,颇右光先,下礼、吏二部会鞫。康熙四年,议政王等定谳,尽用光先说,遣汤若望,其属官至坐死。遂罢新法,复用《大统历》。……光先编次其所为书,命曰《不得已》,持旧说绳汤若望。顾学术自审不逮远甚,既屡辞不获,乃引吴明烜为监副。……是时朝廷知光先学术不胜任,复用西洋人南怀仁治理历法。南怀仁疏劾明烜造康熙八年七政民历于是年十二月置闰,应在康熙九年正月,又一岁两春分、两秋分,种种舛误,下议政王等会议。……八年,上遣大学士图海等二十人会监正马祜测验立春、雨水两节气及太阴火、木二星躔度,南怀仁言悉应,明烜言悉不应,……(议政王)又言:'候气为古法,推历亦无所用,嗣后并应停止。请将光先夺官,交刑部议罪。'上命光先但夺官,免其罪。南怀仁等复呈告光先依附鳌拜,将历代所用《洪范》五行称为《灭蛮经》,致李祖白等无辜被戮,援引吴明烜诬告汤若望谋叛。下议政王等议,坐光先斩,上以光先老,贷其死,遣回籍,道卒。刑部议明烜坐奏事不实,当杖流,上命笞四十释之。……论曰:历算之术,愈入则愈深,愈进则愈密。汤若望、南怀仁所述作,与杨光先所攻讦,浅深疏密,今人人能言之。其在当日,嫉忌远人,牵涉宗教,引绳批根,互为起仆,诚一时得失之林也。圣祖尝言当历法争议未已,己所未学,不能定事非,乃发愤研讨,卒能深造密微,穷极其阃奥。"

域外 [法]笛卡儿的遗稿《宇宙论或论光》及《人及胎儿生成论》出版。

圣祖康熙五年　丙午(公元1666年)

八月,汤若望卒于北京　汤若望原名 Schall von Bell(Johannesadam),德国耶稣教士,1622年来中国,后因进所著新历被顺治帝授予钦天监监正之职,并许其选任监员 70 余人。康熙四年遭杨光先弹劾,拟死而免。次年八月客死北京。著有《真福训诠》、《古今交日考》、《西洋测日历》、《星图》、《交食历指》、《交食表》、《恒食历测》、《恒星表》、《共译各图》、《八线表》、《恒星出没》、《学历小辨》、《测食略》、《测天略说》、《大测》、《奏疏》、《新历晓感》、《新法历引》、《历法西传》、《新法表异》、《敕谕》、《寿文》等。

［文献］ 《徐光启集》卷七:"汤若望……其术业与(邓)玉函相埒,而年力正强,堪以效用。"《徐光启集》卷八:"远臣罗雅谷、汤若望等,撰译书表,制造仪器,算测交食躔度,讲教监局官生,数年呕心沥血,几于颖秃唇焦,功应首叙;但远臣辈守素学道,不愿官职,劳无可酬,惟有可量给无碍田房,以为安身养赡之地,不惟后学攸资,而异域归忠,亦可假此为劝。"梁启超《中国近三百年学术史》:"汤若望原名 J·Adamschall Von Bell,国籍:日耳曼;东来年:明天启二年(1622);卒年:清康熙五年(1666)又康熙八年(1669.8.15)。卒地:北京。"印鸾章《清鉴》卷四,"(康熙四年)三月钦天监监正汤若望有罪免,以江南官生杨光先为钦天监监正。"附记:"汤若望,德国人。于明天启二年至西安,天启末年来北京,崇祯十四年,所撰历书成。……清顺治二年,始摈旧大统、回回历,以西法制定之宪历,颁行天下。是年十一月,赐汤若望管钦天监之印信,并许其选任监员七十余人。……康熙四年,光先因摘新法之谬,叩阍。汤若望拟死而免。明年八月,汤若望客死于北京。"《顺治十年三月初四日圣谕》:"尔汤若望,来自西洋,涉海十万里,明末居京师,精于象纬,闳通历法。……一时专家治历,如魏文奎等,推测之法,实不及尔。……尔又能洁身持行,尽心乃事,董率群官,可谓忠矣。比之古洛下闳诸人,不既优乎。今特赐尔嘉名,为通玄教师,余守秩如故,俾知天生圣贤,佐佑定历,补数千年之缺略,成

一代之鸿书,非偶然也。尔其益懋厥修,以服厥官,传之史册岂不美哉,故谕。"(郑天挺主编《明清史资料》,天津人民出版社,1981)

[考辨] 梁启超《中国近三百年学术史》一说汤若望卒于康熙五年(1666),又说卒于康熙八年(1669),不确定。而《清鉴》载其康熙四年拟死而免,明年八月客死北京,即卒于1666年8月。方豪《中国天主教史人物传》(中册,中华书局,1988,12页)载"康熙五年(1666)八月十五日弃世"。

域外 [日]江户中期思想家荻生徂徕生,其著有《辩道》、《辩名》、《太平策》、《徂徕先生问答集》等书。

圣祖康熙七年　戊申(公元1668年)

方苞生 方苞,字凤九,一字灵皋,号望溪,安徽桐城人。清代著名散文家,桐城派创始人。

[文献] 张惟骧《疑年录汇编》:"方灵皋八十二苞,生康熙七年戊申。"《清史稿》卷二九〇:"方苞,字灵皋,江南桐城人。……十四年,卒,年八十二。"

王懋竑生 王懋竑,清代学者。字予中,号白田,宝应(今江苏扬州)人。

[文献] 张惟骧《疑年录汇编》卷一〇:"王予中七十四懋竑,生康熙七年戊申,卒乾隆六年辛酉。"《清史稿》卷四八〇:"王懋竑,字予中,宝应人。……康熙五十七年成进士,年已五十一。……雍正元年,以荐被召引见,……二年,以母忧去官,…越十六年卒。"

[考辨] 关于王懋竑生年,《清史稿》卷四八〇载其"康熙五十七年成进士,年已五十一。"可推知他生于康熙七年(1668)。但梁启超《中国近三百年学术史》(中国书店,1985,115页)载:"王白田,名懋竑,字予中,江苏宝应人。生康熙八年,卒乾隆六年

(1668—1741),年74。"朱维铮认为:"按王懋竑生于康熙七年戊申,此误(公历不误)。"(朱维铮校注《梁启超论清学史二种》,复旦大学出版社,1985,209 页注③)梁启超将康熙八年写作 1668 年,与实际不符。另可参考张惟骧《疑年录汇编》。

圣祖康熙十年　辛亥(公元 1671 年)

方以智卒,其书《通雅》盛行一时　方以智(1611—1671),明崇祯庚辰(1640)进士,官至翰林院检讨。国变后跟随永历帝到云南,永历亡后,出家为僧,改名弘智,号无可,又称大智、愚者大师、药地和尚。他博涉多通,天文、舆地、礼乐、律数、声音、文字、书画、医药、技勇等都能考其源流,析其旨趣。著书数十万言,尤《通雅》盛行于世。《通雅》52 卷,考证名物象数,训诂音声。《四库全书总目提要》对该书评价很高,认为作者考据精赅,出于明中叶以博洽著称的杨慎、陈耀文之上,开一代风气,使清初顾炎武、阎若璩、朱彝尊等沿波而起,从而一扫悬揣之空谈。梁启超也认为其学风的确与明代空疏武断相反,开清代考证学之先河,《通雅》算是近代音韵训诂学的一流作品。其治学特点有三,即尊疑、尊证、尊今。他最能辨别伪书,但同时认为伪书也有用,"书不必尽信,贵明其理"。他还产生过创造拼音文字的想法,在当时很令世人震惊。在哲学思想上,其早年持火一元论,晚年思想中又出现了较丰富的辩证法。在方以智看来,只有"火"才能把物质和运动统一起来,他的朴素唯物主义和辩证法思想也以此联系起来。但他的辩证法带有明显的形而上学思想,如过分强调统一性而取消矛盾,表现出一定的绝对主义倾向。冯契认为,方以智一方面提出了唯物主义反映论,具有朴素辩证法思想,另一方面又与象数之学划不清界限,陷进了唯心主义泥坑。(冯契《中国古代哲学的逻辑发展》下册,上海人民出版社,1985,931 页)但方以智在中国古代哲学上的地位却是不容置疑的,侯外庐曾称方以智为中国的百科全书派大哲学家。他在方以智《东西均》的序言中说:"他(方以智)的哲学和王船山哲学是同时代的大旗,是中国十七世纪时代精神的重要侧面。"

[文献] 《清史稿》卷五〇〇:"方以智,字密之,桐城人。……更名宏智,字无可,别号药地。康熙十年,赴吉安,拜文信国墓,道卒。……以智生有异禀,年十五,群经、子、史,皆能背诵。博涉多通,自天文、舆地、礼乐、律数、声音、文字、书画、医药、技勇之属,皆能考其源流,析其旨趣。著书数十万言,惟《通雅》、《物理小识》二书盛行于世。"梁启超《中国近三百年学术史》:"方以智,字密之,安徽桐城人。明崇祯庚辰进士,官翰林院检讨。国变后从永历帝于云南,永历亡,出家为僧,号药地。他著有《通雅》五十二卷,考证名物、象数、训诂、音声。……《四库提要》很恭维这部书,说道:'明之中叶以博洽著者称杨慎,而陈耀文起而与争,然慎好伪说以售欺,耀文好蔓引以求胜,……然以智崛起崇祯中,考据精核,迥出其上。风气既开,国初顾炎武、阎若璩、朱彝尊等沿波而起,始一扫悬揣之空谈。'……要之密之学风,确与明季之空疏武断相反,而为清代考证学开其先河,则无可疑。他的治学方法有特征三端,一曰尊疑,……二曰尊证,……三曰尊今。……依我看,《通雅》这一部书,总算近代声音训诂学第一流作品。……他最能辨别伪书,但以为虽伪亦复有用。他说:'书不必尽信,贵明其理,……'但他却有一句极骇人的话,说道:'字之纷也,即缘通与借耳。若事属一字,字各一义,如远西因事乃合音,因音而成字,不重不共,不尤愈乎?'创造拼音文字之议,在今日才成为学界一问题,多数人听了还是咋舌掩耳,密之却已在三百年前提起,他的见识气魄如何,可以想见了。"于藻《物理小识序》:"余见愚者大师,具一切智,中和统御,华严五地,其茶饭也。《物理小识》一书,原附《通雅》之末,盖是大师三十年前居业游学之余,有闻随录,以待旁征

积考者也。……《通雅》以通称,谓免古今之聚讼,而《小识》以纪物用,核其实际,诚案头所不可少者。"

圣祖康熙十一年　壬子(公元1672年)

陆世仪卒　陆世仪(1611—1672),少从刘宗周讲学,归而凿池十亩,筑亭其中,不通宾客,自号桴亭。其学主于敦守礼法,不虚谈诚敬之旨,施行实政,不空为心性之功,对于近代讲学诸家,最为笃实。他说:"天下无讲学之人,此世道之衰;天下皆讲学之人,亦世道之衰。"又说:"今所当学者不止六艺,如天文、地理、河渠、兵法之类,皆切于世用,不可不讲。"他不喜白沙、阳明之学,而评论公正,深受后人的赞扬。他认为世如有大儒,就绝不别立宗旨。不赞同程朱将性分为二,即"义理之性善,气质之性恶"的说法。所著《思辨录》最为有名,学人评论此书"上自周汉诸儒以迄于今,仰而象纬律历,下而礼乐政事异同,旁及异端,其所疏证剖析盖数百万言,无不粹且醇。而其最足废诸家纷争之说百世俟之而不惑者,尤在论明儒"。著有《思辨录》、《陆子遗书》等。

[文献]　张惟骧《疑年录汇编》卷八:"陆桴亭六十二世仪,生明万历三十九年辛亥,卒清康熙十一年壬子。"全祖望《陆桴亭先生传》:"桴亭陆先生,不喜陈、王之学者也。顾能洞见其得失之故,而平心以论之,苟非其深造自得,安能若是?……凡先生《思辨录》所述,上自周汉诸儒,以迄于今,仰而象纬、律历,下而礼乐、政事异同,旁及异端,其所疏证、剖晰,盖数百万言,无不粹且醇,予不能尽举也。……桴亭先生,姓陆氏,讳世仪,字道威,明南直隶苏州府太仓人也。"《清史稿》卷四八〇:"陆世仪,字道威,太仓州人。少从刘宗周讲学。归而凿池十亩,筑亭其中,不通宾客,自号桴亭。……世仪之学,主于敦守礼法,不虚谈诚敬之旨,施行实政,不空为心性之功。于近代讲学诸家,最为笃实。其言曰:'天下无讲学之

人,此世道之衰;天下皆讲学之人,亦世道之衰,嘉、乾之间,书院遍天下,呼朋引类,动辄千人,附影逐声,废时失事,甚有借以行其私者,此所谓处士横议也。'又曰:'今所当学者不止六艺,如天文、地理、河渠、兵法之类,皆切于世用,不可不讲。'所言深切著明,足砭虚砭之弊。其于明儒薛、胡、陈、王,皆平心论之。又尝谓学者曰:'世有大儒,决不别立宗旨。'故全祖望谓国初儒者,孙奇逢、黄宗羲、李颙最有名,而世仪少知者。同治十一年,从祀文庙。"梁启超《中国近三百年学术史》(九):"陆桴亭,字道威,江苏太仓人。生明万历三十九年,卒清康熙十一年(1611—1672),年62。……所著有《思辨录》,全谢山谓其'上自周汉诸儒以迄于今,仰而象纬律历,下而礼乐政事异同,旁及异端,其所疏证剖析盖数百万言,无不粹且醇。……而其最足废诸家纷争之说,百世俟之而不惑者,尤在论明儒。'(《鲒埼亭集·陆桴亭先生传》)桴亭不喜白沙、阳明之学,而评论最公,绝不为深文掊击。……此外论各家的话很多,大率皆极公平极中肯。所以桴亭可以说是一位最好的学术批评家。……程朱将'性'分为二,说'义理之性善,气质之性恶。'此说他便不赞同。"

圣祖康熙十三年　甲寅(公元1674年)

顾祖禹《读史方舆纪要》成书　《读史方舆纪要》,顾祖禹编著。共130卷,包括舆图、历代州域形势及直隶等十三省封域,山川险要、川渎异同等。这部书体裁很特别,几百万言合成一篇长论文。每卷提挈纲领,解释中又有小注,比正文多出十数倍,可以说是自为之而自注之。眉目清晰,组织性强。作者著此书下了很大功夫,如其所说:"集百代之成言,考诸家之绪论,穷年累月,矻矻不休,至于舟车所经,亦必览城郭,按山川,稽道里,问关津,以及商旅之子、征戍之夫或与从容谈论,考核异同。"但他仍不自满,认为该书有不足据之处。魏冰叔却最佩服这本书,在所作序中说它是"数千年绝无仅有之作",祖禹所深思独见,有在语言之外者。并且认为此书虽偏于军事地理,但在组织及研究方法方面,算得上是治地理学的最好模范,且具有较丰富的史实材料,是研究历史地理和古代军事史的重要参考文献。

[文献] 梁启超《中国近三百年学术史》:"顾祖禹,字景范,江苏无锡人。生明天启四年……。他平生著述,只有一部《读史方舆纪要》,从29岁做起,一日都不歇息,到50岁才做成。然而这一部书已足令这个人永远不朽了。……这部书凡一百三十卷,首舆图,次历代州域形势,次直隶等十三省封域山川险要,次川渎异同。这部书体裁很特别,可以说是一百三十卷几百万言合成一篇长论文。每卷皆提挈纲领为正文,而凡所考证论列,则低一格作为解释,解释之中又有小注。解释之文,往往视正文十数倍。所以他这书,可以说是自为书而自注之。因此之故,眉目极清晰,令读者感觉趣味。依我看,清代著作家组织力之强,要推景范第一了。他自述著述经过,说道:'集百代之成言,考诸家之绪论,穷年累月,矻矻不体,至于舟车所经,亦必览城郭,按山川,稽道里,问关津;以及商旅之子、征戍之夫,或与从容谈论,考核异同。'其用力之勤,可以推见。然而他并不自满足,他说:'……按之图画,索之典籍,亦举一而废百耳,又或了了于胸中,而身至其地,反若瞆瞆焉。……予之书其足据乎?'其虚心又如此。魏冰叔(禧)最佩服这书,其所作序,称为:'数千百年绝无仅有之作。'又说:'祖禹贯穿诸史,出以己所独见。其深思远识,有在语言文字之外者。'可谓知言。景范这书,专论山川险隘,攻守形势,而据史迹以推论得失成败之故。其性质盖偏于军事地理,……然而这部书的组织及其研究方法,真算得治地理学之最好模范。"魏禧《读史方舆纪要叙》:"《读史方舆纪要》一百三十卷,常熟顾祖禹所撰述也。其书言山

川险易,古今用兵战守攻取之宜,兴亡成败得失之迹所可见,而景物游览之胜不录焉。历代州域形势凡九卷,南北直隶十三省凡一百十四卷,山川源委凡六卷,天文、分野一卷。《职方》、《广舆》诸书,袭伪踵谬,名实乖错,悉据正史考订折衷之。"彭士望《读史方舆纪要叙》:"祖禹之创是书也,年二十九。……经二十年,始成是书,自为历代州域形势通论至天文分野,共百三十卷,可六千页。祖禹尝谓望曰:'历代之书,世远言湮,难穷其蕴。惟览者能自得其指归。禹之为是书也,以史为主,以志证之;形势为主,以理通之。河渠沟洫,足备式遇,关隘尤重,则增入之。朝贡四夷诸蛮,严别内外,风土嗜好,则详载之。山川设险,所以守国,游观诗赋,何与人事,则汰去之。此书之立体者,其采用之书,自二十一史地志而下,凡百十种,具见于发凡。'是其志之超迈,用力之专勤,而成书之浩博,亦既无复加矣。"(《读史方舆纪要》卷首,中华书局,1955)

圣祖康熙十四年　乙卯(公元1675年)

四月,孙奇逢卒　孙奇逢(1584—1675),明万历二十八年举人,天启中,倡众营救左光斗等人。明亡归隐,后居夏峰讲学,二十五年屡征不起。是年卒,享年92岁。其学原本象山、阳明,以慎独为宗,以体认天理为要,以日有伦常为实际。他因人施教,并且不论尊卑。同时,亦无门户之见,对于程、朱、陆、王,各道其长而不讳其短。他认为诸儒的学问,都有深造自得之处,应平心而论,各取所长,不必与他人争是非求胜负。如有此心,便是为己私利。他这种观点并非对于朱王两派模棱调停,而是认识到争辩之无谓。但其到底是王学出身,很相信王阳明所谓"朱子晚年定论",却又不像晚明人空谈心性,是个很切实办事的人。他注重文献,著有《理学宗传》26卷,又有《畿辅人物考》、《中州人物考》、《两大案录》、《甲申大难录》、《孙文正公年谱》、《苏门纪事》等书,均为有价值的史料。

[文献] 《孙夏峰学谱》:"生于明万历十二年,卒于清康熙十四年(一五八四——一六七五)。……夏峰年尤老寿,其传学至广,清初直隶,河南之学者无不出夏峰之门,而蜀,而湘,亦风化所及,其后北方学风率多渊源于夏峰,故言北方之学者,要当首屈夏峰焉。"(谢国桢:《孙夏峰、李二曲学谱》,商务印书馆,1934)《清史稿》卷四八〇:"奇逢之学,原本象山、阳明,以慎独为宗,以体认天理为要,以日用伦常为实际。其治身务自刻厉。人无贤愚,苟问学,必开以性之所近,使自力于庸行。其与人无町畦,虽武夫悍卒、野夫牧竖,必以诚意接之。"梁启超:《中国近三百年学术史》:"他的祖父从阳明高弟邹东廓(守益)受学,他的挚友鹿伯顺又专服膺阳明,所以他的学问自然得力于阳明者最深。但他并无异同门户之见,对于程、朱、陆、王,各道其长而不讳其短。……又说:'诸儒学问,皆有深造自得之处,故其生平各能了当一件大事。虽其间异同纷纭,辩论未已,我辈只宜平心探讨,各取其长,不必代他人争是非求胜负也。一有争是非求胜负之心,却于前人不相干,便是己私,便是浮气。此病关系殊不小。'《夏峰语录》……他并不是模棱调停。他确见得争辩之无谓,这是他独到之处。但他到底是王学出身,他很相信阳明所谓'朱子晚年定论',所以他不觉得有大异同可争。他不像晚明人空谈心性,他是很切实办事的人。……他很注重文献,著有《理学宗传》二十六卷,……又有《畿辅人物考》、《中州人物考》、《两大案录》、《甲申大难录》、《孙文正公年谱》、《苏门纪事》等书,皆有价值之史料。……要之,夏峰是一位有肝胆有气骨有力略的人。晚年加以学养,越发形成他的人格之尊严,所以感化力极大,屹然成为北学重镇。"黄鸿寿《清史纪事本末》卷二二:"圣祖康熙十四年,夏四月,容城处士孙奇逢卒。"

域外 [英]哲学家、神学者S·克拉克生。他同莱布尼茨关于自然哲学和宗教原理的争论的往返书信,后来被辑录出版。

圣祖康熙十五年　丙辰(公元 1676 年)

黄宗羲《明儒学案》成书　《明儒学案》62 卷,记载有明一代近三百年学术思想之发展概况,将明代 214 名学者按时代顺序,分各个学派组织起来,采集学者文集、著作、语录,分析宗派,成立学案 19 个。每一学案前有一小序,简述这个学派的源流和宗旨,接着是学者小传,小传之后便是学者本人著作节录或语录选辑,间有作者自己按语。全书内容大致分为三个时期,四个部分,即明初 9 卷,以程朱之学为主,陆象山派次之,故先立崇仁、白沙两学案;中期则专述王学,首立《姚江学案》,以下依次分立浙中、江右、南中、楚中、北方、粤闽各学案,并皆冠以"王门"二字以见其统系;同时另立止修、泰州、甘泉三学案;末期则立东林、蕺山两学案。该书是我国最早、最完备的一部学术史专著,冯全垓认为此书"穷源竟委,博采兼收,将使后之学者各随其质之所近,浸淫滋溉以至于道,及其成功,万派同归矣。"仇兆鳌称赞其"寻源溯委,别统分支,秩序有条而不紊,于叙传之后,备载语录,各记其所得力,绝不执己意为去取"。黄宗羲自己认为此书之创作"犹衢中之樽,后人但持瓦瓯樺杓,随意取之,无有不满腹者矣。"可见其材料之丰富与学术价值之高。作者治学的方法和精神,对做科学史、哲学史、文学史的人都很有影响。

[文献]　黄炳垕《黄梨洲先生年谱》卷下:"(康熙)十五年(丙辰),公六十七岁。……《明儒学案》成,共六十二卷(钞入《四库全书》)。安阳许氏,甬上范氏各刻数卷而辍,故城贾氏所刻杂以臆见。惟慈水郑氏续完万氏所未刻为善本。厥后莫宝斋侍郎晋重梓之本,亦有贾氏搀入处。"全祖望《梨洲先生神道碑文》:"公所著有《明儒学案》六十二卷,有明三百年儒林之薮也。"(黄宗羲《海

外恸哭记》附录三)《明儒学案·冯全垓序》:"所著《明儒学案》,穷源竟委,博采兼收,将使后之学者各随其质之所近,浸淫滋溉以至于道,及其成功,万派同归矣。"《明儒学案·仇兆鳌序》:"吾师梨洲先生纂辑是书,寻源溯委,别统分支,秩序有条而不紊,于叙传之后,备载语录,各记其所得力,绝不执己意为去取。"黄宗羲《明儒学案自序》:"此犹中衢之樽,后人但持瓦瓯桦杓,随意取之,无有不满腹者矣。书成于丙辰之后,……"梁启超《清代学术概论》(六):"大抵清代经学之祖推炎武,其史学之祖当推宗羲;所著《明儒学案》,中国之有'学术史',自此始也。"梁启超《中国近三百年学术史》:"所以《明儒学案》这部书,我认为是极有价值的创作,将来做哲学史、科学史、文学史的人,对于他的组织虽有许多应改良之处,对于他的方法和精神是永远应采用的。"

查继佐卒 查继佐(1601—1676),字伊璜,号与斋,浙江海宁人,人称东山先生或朴园先生。明亡后从事编撰《明书》。康熙二年,因庄廷𬭁之《明史》案被牵连入狱,出狱后改名左尹,号非人,著有《罪惟录》、《鲁春秋》、《东山国语》、《国寿录》等书,是清初著名史学家。

[文献]沈起《查东山先生年谱》:"东山先生名继佐,字伊璜,海宁人。……明万历辛丑,先生始生。……卒年七十六。"查继佐《明书·东山自叙》:"左尹,字非人,别号东山钓史。……改书名为《罪惟》,天下之大,或犹有深原其故者。……若夫《罪惟录》得复原题之日,是即左君得复原姓名之日。静听之天而已!"《东山外纪》:"敬修堂伊璜先生,初名佐,以试误今名,仍之。少好理学,自号舆斋,身在兹之义。……入粤后或隐姓名为左尹,别号非人氏。"《海宁志稿·人物志·文苑》卷二九:"查继佐,字伊璜,号舆斋,自号东山钓史。……晚辟敬修堂于杭之铁冶岭,讲学其中,弟子著录甚众。"

圣祖康熙十六年　丁巳（公元 1677 年）

张尔岐卒　张尔岐（1612—1677），明末清初经学家。字稷若，号蒿庵居士，山东济阳人。少为县诸生，逊志好学，初好程朱理学，继之又探寻义理，潜心汉学。但其深于汉儒之经而不沿训诂，邃于宋儒之理而不袭语录，遇有疑义，以意断之。一生教授乡里，穷困潦倒，亦不愿参加清朝科举。所著《仪礼郑注句读》，尤为著名，顾炎武称："独精三《礼》，卓然经师，吾不如张稷若。"所著《天道论》、《中庸论》、《笃终论》亦为时所称。另著有《夏小正传说》、《吴氏仪礼考注订误》、《弟子职注》、《老子说略》、《济阳县志》、《蒿庵集》、《蒿庵闲话》等。是年卒，享年 66 岁。

[文献]　江藩《国朝汉学师承记》卷一："张尔岐，字稷若，自号蒿庵居士，济阳人也。少为县诸生，逊志好学。工古文词，著《天道论》、《中庸论》、《笃终论》、为时所称。……因郑康成注文古质，贾公彦释义曼衍，学者不能寻其端绪，乃取经与注章分之，定其句读，疏其节，缘其要，取其明注而止；有疑义则以意断之，亦附于末。始名《仪礼郑注节释》，后改名《仪礼郑注句读》。又参定监本脱误凡二百余字，并考《石经》脱误凡五十余字，作《正误》二篇，附于后。成书之时，年五十有九矣。……（顾炎武）又与友人论师道书，曰：'独精《三礼》，卓然经师，吾不如张稷若'。其为亭林所推重如此。"钱大昕《跋张尔岐书》："历城张蒿庵先生精于《礼》学，亭林《广师篇》所谓独精三礼，卓然经师，吾不如张稷若者也。此札亭林客沛南时所寄。"蔡冠洛《清代七百名人传》（下）："尔岐又著《周易说略》八卷、《诗说略》五卷、《夏小正传注》一卷、《弟子职注》一卷、《老子说略》一卷、《蒿庵集》三卷、《蒿庵闲话》二卷。所居败屋不修、艺蔬果养母。集其弟四人。讲说三代古文于母前。愉愉如也。妻朱婉婉，执妇道，劝尔岐勿出，遂教授乡里，终其身。

康熙十六年卒,年六十六。"《清史稿》卷四八一:"张尔岐,字稷若,济阳人,明诸生。……逊志好学,笃守程、朱之说,著《天道论》、《中庸论》,为时所称。又著《学辨》五篇:曰《辨志》,曰《辨术》,曰《辨业》,曰《辨成》、曰《辨征》。又著《立命说辨》,斥袁氏《功过格》、《立命说》之非。……题其室曰'蒿庵',遂教授乡里终其身。康熙十六年,卒,年六十六。"

陈确卒 陈确(1604—1677),清初思想家,唯物主义哲学家。原名道永,字非玄。明亡后,改名确,字乾初,隐居著述,终生未仕。41岁时从学于刘宗周,却极不喜欢理学。他不相信《大学》为孔、曾所作,作《大学辨》以辨之。在《经义考引》中说:"大学言知不言行,格致诚正之功先后失其伦序。"所以不得不辨。这种看法冒天下之大不韪,连他的学友也纷纷指责,他却坚持己见,不为所动。他对于社会问题,常为严正的批评,对于烈妇之殉死持反对态度,对三代后之不切实际学风欲一一论辨。他的立论,不徇流俗,很有胆识。著作后人辑有《陈乾初先生选集》、《乾初先生文钞》、《陈确集》。

[文献] 黄宗羲《陈乾初先生墓志铭》:"先生讳确,字乾初,初名道永,字非玄。……甲申,与族父令升渡江,受业蕺山刘夫子之门,潜心力行,以求实得,始知曩日意气,用自刻意破除,久归乎贴,家庭乡党之间,钦为坊表。故虽事夫子之日浅,而屈指刘门高弟,众口遥集。……其学无所依傍,无所瞻顾,凡不合于心者,虽先儒已有成说,亦不肯随声附和,遂多惊世骇俗之论。……卒之日,为七月二十四日,年七十四。"梁启超《中国近三百年学术史》:"陈确,字乾初,浙江海宁人。卒康熙十六年(1677),年74。他是刘蕺山门生,却极不喜欢理学。黄梨洲作他的墓志铭,说道:'乾初读书卓荦,不喜理学家言。尝受一编读之,心弗善也,辄弃去,遂四十年不阅。其后……问学于山阴先师,深痛末学之支离,见于辞色。

……'乾初不信《大学》为孔、曾所作,著《大学辨》以辨之。……他以为'《大学》言知不言行,格致诚正之功夫后失其伦序'(《经义考》),所以不得不辨。……乾初这种怪论,当然是冒天下之大不韪。所以当时学者如张杨园、黄梨洲、刘伯绳、沈甸华等——都是乾初学友,都纷纷移书责他,他却毅然不顾。……乾初对于社会问题,常为严正的批评与实践的改革。……他又尝著《书潘烈妇碑后》,说道:'吾以为烈妇之死非正也。尝怪三代以后,学不切实,好为激烈之行,寖失古风,欲一论辨其非。……'他立论不徇流俗,大略如此。"陈元龙《陈氏理学乾初先生传》:"诗文清真大雅,寄托深远。其发明理学,尤为心得。下笔立就,无纤毫障翳。书法直逼钟王。抚琴吹箫,时奏于山颠水涯。篆刻博奕诸好无不工。自奉戢山后,一切陶写性情之技,视为害道而屏绝之,向之勇于一往,遇不平而辄发者,亦视为任气而融释之。社集讲会,以为无益身心,每婉辞不赴。"

域外 [荷兰]唯物主义哲学家斯宾诺莎卒。著有《神学政治学》、《伦理学》等书。

圣祖康熙十七年　戊午(公元1678年)

正月,诏举博学鸿儒　康熙为笼络贤识之士,谕吏部,凡学行兼优者不论是否入仕,令在京三品以上及科道在外督抚布按及学政荐举。次年三月,在体仁阁对被举博学鸿儒者进行考试,得士50人。

[文献]　黄鸿寿《清史纪事本末》卷二一:"圣祖康熙十七年,春正月,诏举博学弘儒,备顾问著作之选。……帝思以恩礼罗致之,至是谕吏部,凡有学行兼优文词卓越之士,不论已仕未仕,令在京三品以上及科道在外督抚布按及学政,各举所知以应,将亲试录用。十八年春三月,集被举博学弘儒者于体仁阁,试以诗赋。……得士五十人。"

大臣争荐顾炎武博学鸿儒

［文献］《清史稿》卷四八一:"顾炎武,字宁人,原名绛,昆山人。……康熙十七年,诏举博学鸿儒科,又修《明史》,大臣争荐之,以死自誓。"

圣祖康熙十八年 己未(公元1679年)

三月,诏修《明史》

［文献］《清史稿》卷六:"十八年己未春正月戊申,……三月丙申朔,……修《明史》,以学士徐元文、叶方蔼、庶子张玉书为总裁。"

万斯同拒绝应选史局之官 万斯同痛恨唐以后设局分修史的缺陷,不应选。但他不署衔,不受俸,以布衣参史事,所有纂修官的文稿都由他核定。

［文献］《清史稿》卷四八四:"十八年,命徐元文为监修,取彭孙遹等五十人官翰林,与右庶子卢君琦等十六人同为纂修。斯同尝病唐以后史设局分修之失,以谓专家之书,才虽不逮,犹未至如官修者之杂乱,故辞不应选。"梁启超《中国近三百年学术史》:"康熙十七诏征鸿博,有人荐他,他力拒乃免。明年开明史馆,……乃应聘入京。……请以布衣参史事,不署衔,不受俸。……所有纂修官的稿都由他核定。"钱大昕《万先生(斯同)传》:"先生素以《明史》自任,又病唐以后设局分修之失,尝曰:'昔迁、固才既杰出,又承父学,故事信而言文,其后专家之家,才虽不逮,犹未至如官修之杂乱也。'……在京都十余年,士大夫就问无虚日,每月两三会,听讲者常数十人。于前史体例,贯穿精熟,指陈得失,皆中肯綮,刘知几、郑樵诸人,不能及也。"(《潜研堂文集》卷八三)

全祖望《万贞文(斯同)先生传》:"康熙戊午,诏征博学鸿儒,浙江巡道许鸿勋以先生荐,力辞得免。明年开局修《明史》,昆山徐学士元文延先生往。时书局中征士,许以七品俸称翰林院纂修官,学士欲援其例以授之。先生请以布衣参史局,不署衔,不受俸,总裁许之。诸纂修官以稿至,皆送先生覆审,先生阅毕,谓侍者曰:'取某书某卷某页,有某事当补入;取某书某卷某页,某事当参校。'侍者如言而至,无爽者。《明史稿》五百卷,皆先生手定,虽其后不尽仍先生之旧,而要其底本,足以自为一书者也。"

王夫之作《祓禊赋》 吴三桂僭号于衡州,王夫之作《祓禊赋》以示意。三桂平后,大吏闻而嘉奖他,并请见,王夫之以疾辞。

[文献]《清史稿》卷四八〇:"康熙十八年,吴三桂僭号于衡州,……(夫之)作《祓禊赋》以示意。三桂平,大吏闻而嘉之,属郡守馈粟帛,请见,夫之以疾辞。"潘宗洛《船山先生传》:"戊午春,吴逆僭号于衡,伪僚有以劝进表荐先生者。先生曰:'某本亡国遗臣,……久逭于世,今汝亦安用此不祥之人为?遂逃之深山,作《祓禊赋》。吴逆即平,我大中丞郑公端闻而嘉之,属郡守崔某,馈粟帛请见。先生以病辞,受其粟返其帛。"

域外 [英]通过"人身保护法案"。

圣祖康熙十九年　庚申(公元1680年)

顾祖禹卒 顾祖禹(1624—1680),清历史地理学家,是年卒,享年57岁。他继承父志,撰写《读史方舆纪要》130卷,对职方、广舆诸书承伪袭谬之处,均加以校正,花费30余年才成书。魏禧见了此书叹为"此数千百年绝无仅有之书",将其书与梅文鼎《历算全书》、李清《南北史合钞》并称三大奇书。梁启超也对此书大加赞赏,认为顾祖禹有这部书已足可令他永远不朽了。

[文献] 梁启超《中国近三百年学术史》:"顾祖禹,……生明天启四年,卒清康熙十九年(1624—1680),年57。他父亲是一位绩学遗老。他和阎潜丘、胡东樵交好,同在徐健庵的大清一统志局

中修书,除此以外,他未曾受清朝一官一禄。他平生著述,只有一部《读史方舆纪要》,从 29 岁做起,一日都不歇息,到 50 岁才做成。然而这一部书已足令这个人永远不朽了。"《清史稿》卷五〇一:"祖禹承其(父)志,撰《读史方舆纪要》一百三十卷,凡职方、广舆诸书,承讹袭谬,皆为校正。……创稿时年二十九,及成书,年五十矣。宁都魏禧见之,叹曰:'此数千百年绝无仅有之书也!'以其书与梅文鼎《历算全书》、李清《南北史合钞》称三大奇书。"

域外 [英]哲学家、宗教家柯里埃生。其著作《宇宙的钥匙,一名真理的新研究》否定精神之外的一切对象的存在,主张绝对观念论。

圣祖康熙二十年　辛酉(公元 1681 年)

江永生　江永,字慎修,婺源(今属江西)人。是年生。

[文献]　张惟骧《疑年录汇编》卷一〇:"江慎修八十二永,生康熙二十年辛酉,卒乾隆二十七年壬午。"戴震《江先生永事略状》:"先生姓江氏,名永,字慎修,婺源之江湾人。……先生生于康熙辛酉七月十七日,卒于乾隆壬午年三月十三日。"(《碑传集》卷一三三)

圣祖康熙二十一年　壬戌(公元 1682 年)

朱之瑜卒　朱之瑜(1600—1682),明代学者。明亡后,曾随郑成功入长江北伐,但最后却无作为,又不肯剃发,只好亡命日本终老,在日本居住二十余年,年八十三,是年卒。其在日本期间,很受日本宰相德川光国器重,请他到东京,以师礼相待,并亲受业为弟子,其他藩侯请业的也很多。他在日本影响很大,其学主实践,排斥谈玄。不以王学为然,对于宋以来的"道学家"均不满。他论学问以实用为标准,即有益于自己身心、有益于社会。认为"为学之道在于近里着己,有益天下国家,不在掉弄虚脾,捕风捉影。"著有《文集》、《释奠仪注》、《阳九述略》、《安南供役纪事》。

[文献]《清史稿》卷五〇〇:"之瑜居日本二十余年,年八十三卒。……著有《文集》二十五卷,《释奠仪注》一卷,《阳九述略》一卷,《安南供役纪事》一卷。"梁启超《中国近三百年学术史》:"舜水,名之瑜,字鲁屿,浙江余姚人。生明万历二十八年,卒清康熙二十一年(1600—1682),年83。……他曾随郑延平(成功)入长江北伐,到最后百无可为,他因为抵死不肯剃发,只得亡命日本以终老。……日本宰相德川光国,请他到东京,待以宾师之礼。光国亲受业为弟子。其余藩侯藩士,请业的很多。……后来德川光国著一部《大日本史》,专标'尊王一统'之义。五十年前,德川庆喜归政,废藩置县,成明治维新之大业,光国这部书功劳最多,而光国之学全受自舜水。所以舜水不特是德川朝的恩人,也是日本维新致强最有力的导师。……他的学风,主张实践,排斥谈玄。……不唯王学为然,他对于宋以来所谓'道学家',皆有所不满。……他论学问,以有实用为标准。所谓实用者,一曰有益于自己身心,二曰有益于社会。他说:'为学之道,在于近里着己,有益天下国家,不在掉弄虚脾,……'总而言之,舜水之学和亭林、习斋皆有点相近。博学于文功夫,不如亭林,而守约易简或过之;……舜水之学不行于中国,是中国的不幸,然而行于日本,也算人类之幸了。"翁洲老民《海东逸史·朱之瑜别传》:"朱之瑜,字楚屿,至海外,复字鲁屿,又号舜水,……少伉爽有志慨。……壬戌四月十七日卒,年八十三。……之瑜学问赅博,少从业慈溪李契元,有诗数十篇,附刻《姚江诗存》。《文集》二十八卷,皆海外所作。日本正德二年源纲条刻之,有安东守约序。"

顾炎武卒 顾炎武(1613—1682),明朝诸生,见明季多故,讲求经世之学。明南都亡后,奉嗣母避兵常熟。后从义师奉鲁王,失败后则小试自己用世之略,垦田于山东长白山下,畜牧于山西雁门之北、五台山之东,遍历关塞,四谒孝陵,六谒思陵,定居于陕西华阴。是年卒。其生平精力过人,自少至老,无一刻离书。而其学,大抵主于敛华就实,凡是国家典制、郡邑掌故、天文仪象、河漕兵农等,都穷原究委,考正得失。其学术最大特色在于反对内向的主观学问,而提倡外向的客观学问。他认为,在宋之后,一些学者病汉人训诂之学,对于"达德"、"九经"、"三重"之事置之不论,是"告子未尝知义"的做法。又批评孟子"学问之道无他,求其放心而已矣"的观点与孔子"以思无益不如学也"的不同,认为但求放心,而不能穷事物发展运动之势,也不能把事办好。他对于晚明学风,进行猛烈攻击,并归罪于王守仁。反对空言心性,舍"多学而识"以求"一贯之方",置"四海困穷"不言而讲"危微精一"的做学问风气。他的有力抨击使本已有不摧自破之势的王学末流更为迅速地发生转变。他虽没有直攻程朱,但根本不承认理学之独立,提出"理学即经学"的说法。在树人格方面,简单提出一个"耻"字,认为此是在关系国家存亡的礼、义、廉、耻四维中尤为重要。他确信改良社会是学者的天职,认为"匹夫之心,天下人之心也"。主张个人用严正的规律约束自己,不与流俗同化,用个人心力改造社会。他能在清代学术界占最重要地位就在于:他做学问的方法,给后人许多启示。如勤查资料、综合研究、参验耳目闻见以求实证、力戒雷同剿说、虚心改订、不护前失等;他从事学术研究的领域十分广泛,如参证经训史迹、讲求音韵、说述地理、研精金石等;开新学风,排斥理气性命之玄谈,专从客观方面研究问题。梁启超认为其出于夏峰、梨洲、二曲之上,不但反明学,且有所新建设并影响社会,学界空气因之而一变,二三百年间跟着他所带的路走了下去。可见梁启超对其评价之高。总之,顾炎武的学术思想是进步的,但由于时代因素,他的思想中存在着某些消极因素。作为启蒙时代的大学者,造诣精深,在学术研究创革新法,他手定成书者除《音学五书》,尚有《天下郡国利病书》、《肇域志》等,《日知录》为其平生精力所集注。其余著作还有《二十一史年表》、《历代帝王宅京记》、《营平二州地名记》、《昌平山水记》、《山东考古录》、《京东考古录》、《谲觚》、《菰中随笔》、《亭林文集》等,均有补于学术世道。

[文献] 姚名达《邵念鲁年谱》:"康熙二十一年壬戌(一六八二),……顾炎武卒,年七十。(据张穆所作《顾亭林年谱》)"(商务印书馆,1934)全祖望《亭林先生神道表》:"少落落有大志,不与人苟同,耿介绝俗。……于书无所不窥,尤留心经世之学。其时四国多虞,太息天下乏材以致败坏。自崇祯己卯后,历览二十一史、十三朝实录、天下图经、前辈文编说部,以至公移邸报之类,有关于民生之利害者随录之。旁推互证,务质之今日之可行,而不为泥古之空言,曰《天下郡国利病书》,然犹未敢自信。其后周流西北且二十年,遍行边塞亭障,无不了了而始成。"(《鲒埼亭集》卷一二)梁启超《中国近三百年学术史》:"亭林学术之最大特色,在反对向内的主观的学问,而提倡向外的客观的学问。……要之,亭林在清学界之特别位置,一曰开学风,排斥理气性命之玄谈,专从客观方面研察事务条理。二曰开治学方法,如勤搜资料,综合研究,如参验耳目闻见以求实证,如力戒雷同剿说,如虚心改订不护前失之类皆是。三曰开学术门类,如参证经训史迹,如讲求音韵,如说述地理,如研精金石之类皆是。"梁启超《清代学术概论》:"炎武对于晚明学风,首施猛烈之攻击,而归罪于王守仁。其言曰:'今之君子,聚宾客门人数十百人,与之言心言性。舍'多学而识'以求'一贯'之方,置'四海困穷'不言而讲'危微精一',我弗敢知也。'(《亭林文集·答友人论学书》)……虽曰王学末流极敝,使人心厌倦,本有不摧自破之势,然大声疾呼以促思潮之转捩,则炎武最有力焉。炎武未尝直攻程朱,根本不承认理学之能独立。其言曰:'古今安得别有所谓理学者?经学即理学也。自有舍经学以言理

学者,而邪说以起。'(全祖望《亭林先生神道表》引)……凡启蒙时代之大学者,其造诣不必极精深,但常规定研究之范围,创革研究之方法,而以新锐之精神贯注之。顾炎武之在'清学派',即其人也。炎武著述,其有统系的组织而手定成书者,惟《音学五书》耳。其《天下郡国利病书》、《肇域志》,造端宏大,仅有长编,未为定稿。《日知录》为生平精力所集注,则又笔记备忘之类耳。"《清史稿》卷四八一:"顾炎武,……见明季多故,讲求经世之学。明南都亡,奉嗣母王氏避兵常熟。昆山令杨永言起义师,炎武及归庄从之。鲁王授为兵部司务,事不克,幸而得脱,……炎武自负用世之略,不得一遂,所至辄小试之。垦田于山东长白山下,畜牧于山西雁门之北、五台之东,累致千金。遍历关塞,四谒孝陵,六谒思陵,始卜居陕之华阴。……生平精力绝人,自少至老,无一刻离书。……炎武之学,大抵主于敛华就实。凡国家典制、郡邑掌故、天文仪象、河漕兵农之属,莫不穷原究委,考正得失,……其他著作,有《二十一史年表》、《历代帝王宅京记》、《亭林文集》、《诗集》、《营平二州地名记》、《昌平山水记》、《山东考古录》、《京东考古录》、《谲觚》、《菰中随笔》等书,并有补于学术世道。清初称学有根柢者,以炎武为最,学者称为亭林先生。……二十一年,卒,年七十。"潘耒《日知录序》:"昆山顾宁人先生,……当代文人才士甚多,然语学问,必敛衽推顾先生。凡制度典礼有不能明者,必质诸先生;坠文轶事有不知者,必征诸先生。先生手画口诵,探源竟委,人人各得其意去。天下无贤不肖,皆知先生为通儒也。"

[考辨] (一)对于顾炎武"经学即理学"这句话的理解,众说不一。梁启超认为"此语有两病。其一,以经学代理学,是推翻一偶像而别供一偶像。其二,理学即哲学也,实应离经学而为一独立学科"。(梁启超《清代学术概论》)侯外庐则认为"炎武所谓'理学,经学也',不是说理学等于经学,而是说理学为经学的一部

分,言理不能离开经罢了。"(侯外庐《中国思想通史》第五卷,人民出版社,1956,206页)杨向奎对此的观点是"他无非是要说明,理学的本来面目,其实就是朴实的经学。"(杨向奎:《清儒学案新编》(一),齐鲁书社,1985,502页)

(二)对于顾炎武在学术界的地位,梁启超认为他"出于夏峰、梨洲、二曲、船山、舜水之上"(梁启超《中国近三百年学术史》),而侯外庐对此却不赞同,认为"梁启超却只高扬了炎武而抹煞了其他学者的成就。……梁启超的断语是和思想史不相合的。"(侯外庐《中国思想通史》第五卷,人民出版社,1956,204~205页)

(三)对于顾炎武是否"法古"亦有争论。侯外庐认为"炎武的'博学于文',很容易被人认为复古。我们应明白他治学方法论不是主张复古"(同上书,221页),而陈祖武却认为"他用以批判唯心主义理学的武器,还带着浓厚的'法古'倾向"(陈祖武《顾炎武哲学思想剖析》,《社会科学战线》1983年第2期)。

(四)在顾炎武的历史观问题上,李曦认为他的历史观"是属唯心主义的历史观"(张立文、默明哲《中国古代著名哲学家评传》第3卷,齐鲁书社,1981,822页),而陈祖武却认为"顾炎武具有鲜明的历史进化观点"(陈祖武《顾炎武哲学思想剖析》,载《社会科学战线》1983年第2期)。

圣祖康熙二十二年　癸亥(公元1683年)

八月,吕留良卒　吕留良(1629—1683),明清之际学者。戊午岁被荐鸿博时,以死相拒,其后三年,郡守又欲以隐逸举,遂剪发为僧,更法名耐可。癸亥忽赋祈死诗,是年八月十三日卒,年仅55岁。其笃守程朱学说,著书颇多,学风和朱舜水相近,特别不满满洲征服中国,认为攘夷狄救中国于被发左衽比君臣之义更重要。他慨叹道不明已久,今欲使道复明,却苦于除几个读书秀才外无与言者,除四子书外无可讲者。又痛恨世之讲学者多以声利相招集,认为学者应当先画定界限,扎稳脚跟,才可下手入德。著有《吕晚村文集》等。

[文献] 蔡冠洛《清代七百名人传》(下):"吕留良,……戊午岁,有宏博之举。浙省大吏以留良荐,自誓必死以免。其后三年,郡守又欲以隐逸举。留良闻之,喷血满地,乃于枕上剪发,袭僧伽服。……更法名曰耐可。……留良曰:'道之不明也久矣。今欲使斯道复明,舍目前几个读书识字秀才,更无可与言者;而舍四子书之外,亦无可讲之学。'又疾世之讲学者,多以声利相招集。以为学者当先从出处去就辞受交接处画定界限,扎定脚跟,方可下手入德。……癸亥忽赋《祈死诗》六篇……竟以是年八月十三日没,……享年仅五十有五。"(中国书店,1984,1525~1526页)梁启超《中国近三百年学术史》:"笃守程朱学说,著书颇多,学风和朱舜水像有点相近。对于满洲征服中国,愤慨最深。尝说:'……君臣之义固重,而更有大于此者。所谓大于此者何耶? 以其攘夷狄,救中国于被发左衽也。'"章太炎《箴新党论》:"其以文字抗虏者,在野有吕留良,……然留良以时文自豪,科举诸生,猥相崇尚,虏不能以浮华之名加顾炎武,以奔竞之名加戴名世,而独被于是三人者,由其中明世党援之习独深,以此为名,而汉人不能以辞相抵。"

颜元著成《四存编》 《四存编》,是清初学者颜元的重要著作。全书共11卷,包括《存学编》、《存性编》、《存治编》、《存人编》四编。《存治编》原名《王道论》,1卷,颜元24岁时所作,大旨欲复井田、复封建、兴学校、表达了他的政治理想;《存学编》4卷、《存性编》2卷,皆颜元35岁时所作。《存学编》力矫理学空谈心性之弊,强调"习行",注重功用;《存性编》批判宋儒将人性分为天命之性、气质之性及气质有恶之论,以为理即气之理,气即理之气,人之气质万有不齐总归一善,至于恶则后起之引蔽习染。《存人编)4卷,原名《唤迷途》,颜元48岁时,专为辟佛、道等教而作。该书阐发了"理气融为一片","理在事中"唯物论观点,提出"力之所至,见斯至矣"的知行观,由于历史的局限性,却忽略了知对行的反作用,认识不到他所提出的政治、经济、教育主张仍然只是封建制度内部的调整,但该书所闪耀的唯物主义的火花,使它在中国哲学史上占有一定的地位。

[文献] 钱穆《中国近三百年学术史》第五章:"故习斋三十六岁,既成《存性》、《存学》两编。……《年谱》于己酉三十五岁正月著《存性编》,七月书'闻太仓陆桴亭自治教人以六艺为主'一条,同岁十一月,著《存学编》共四卷,大旨谓孔门教人,以礼乐兵农,心意身世,一致加功,是为正学。"《存性编》卷二:"误始恶,不误不恶也。引蔽始误,不引蔽不误也;习染始终误,不习染不终误也。丢其引蔽、习染者;则犹是爱之情也,犹是爱之才也,犹是用爱之人之气质也。而恻隐其所当恻隐,仁之性复矣。义、礼、智犹是也。故曰'率性之谓道'也,故曰'道不远人'也。程朱惟见性善不真,反以气质为有恶,而求变化之,是戕贼人以为仁义,远人以为道矣。"另可参考《习斋四存编》(颜元著,上海古籍出版社,2000)

万斯大卒 万斯大(1633—1683),清代著名经学家。早年赤贫,从黄梨洲学。靠讲学授徒为生,又"屡试有司不合,抽身隐退,日沉酣六经之中,专长于《春秋》、《三礼》"。其为学大旨,"以为非通诸经不能通一经。非以经释经则无由悟传之失"。黄宗羲赞誉此旨,誉"充宗会通各经,证附辑缺,聚讼之议,涣然冰释"。其著作丰富,有《学春秋随笔》10卷、《仪礼商》3卷、《礼记偶笺》3卷、《学礼质疑》2卷、《周官辨非》2卷等。其所著宗法8篇,黄宗羲谓其"冠古绝今"、"必传之作"、"悉皆发先人所未发"。而梁启超在《中国近三百年学术史》中最欣赏他的《周官辨非》,称"历代学者对他怀疑的很不少,著专书攻击而言赞中肯者,实以此书为首。"

[文献] 《清史稿》卷四八一:"万斯大,字充宗,鄞县人。……康熙二十二年,卒,年六十。"蔡冠洛《清代七百名人传》(下):"万斯大,字充宗,斯同兄也。遭乱赤贫,授徒以自给。闻黄梨洲之学,偕同学十数子执贽其门。因为讲经之会于甬上,质疑辨难,号称极盛。斯大屡试有司不合,抽身隐退,日沉酣六经之中,专长于《春秋》《三礼》。其读书大旨,以为非通诸经不能通一经,非以经释经则无由悟传之失。……梨洲称其《宗法八篇》为冠古绝今,必传之作。他如论郊曰:'郊惟日至一礼,社谷不名郊。'论社曰:'大社在北郊,主月王社在国中。'论禘曰:'禘与祫一事,鲁禘不追所自出。'论祖宗曰:'东周主文而宗武。'论泰坛明堂曰:'仪礼方明坛即泰坛,即环丘。其宫方三百步,上有明堂,日至郊天,即于方明坛。谓之方明,郊天主日也。季秋大享于明堂,明堂环丘同在三百步内,非有两地。'论丧服曰:'承重之丧,皆从夫服。'又曰:'庶子为其生母之党,服与適子为其母党服同。'悉皆发先儒所未发。……足微病,因自号'跛翁'云,卒年五十一。"(中国书店,1985,1604~1605页)梁启超《中国近三百年学术史》:"季野称史学大师,而充宗以经学显。梨洲替充宗作墓志铭,述其治学方法曰:'充宗以为,非通诸经不能通一经,非悟传注之失则不能通经,非以经释经则亦无由悟传注之失。何谓通诸经以通一经?经文错互,有此略而彼详者,有此同而彼异者。因详以求其略,因异以求其同,学者所当致思也。何谓悟传注之失?学者入传注之重围,其于经也,毋庸致思;经既不思,则传注无失矣,若之何而悟之。何谓以经解经?世之信传注者过于信经,……充宗会通各经,证坠辑缺,聚讼之议,涣然冰释,奉正朔以批闰位,百注逐无坚城。……'充宗著书,有《学春秋随笔》十卷,《学礼质疑》二卷,《仪礼商》三卷,《礼记偶笺》三卷,《周官辨非》二卷。"(东方出版社,1996,82

页)

圣祖康熙二十三年　甲子(公元1684年)

傅山卒　傅山(1606—1684),明末诸生,少聪颖,不肯与世周旋,因为山西提学袁继咸陈情昭雪而名闻天下。明亡后,变服黄冠居土室。天下大定后,始以黄冠出与客接触。康熙十七年,诏举鸿博,固辞不就,是年卒。工书画,尝以书喻人说:"书宁拙毋巧,宁丑毋媚,宁支离毋轻滑,宁真率毋安排。"他的诗文初学韩昌黎,后信笔抒情,将通俗俚语亦纳入笔端,著有《霜红龛集》12卷。史家谓"其学大河以北莫能及者"。其学实主王学,而近于泰州,虽未流入狂诞,但蔑弃礼法,随遇而安,弃儒从道。他嘲笑儒家所谓的礼是治世之衣冠,是乱世之疮,"不知厝刷其根而以膏药涂之,又厚涂之曰治疮之礼也"。在学问上,不专一家之言,除儒书外的老子、庄子、释迦、达摩之言,均加以研究,这种"经子不分"的观点打破了儒家思想的正统地位,开创了有清一代子学研究的风气。他否定传统,以"异端"自命,薄言仁义而好老庄,但"思以济世自见而不屑为言"的经世致用主张又不同于逃避现实、悲观厌世的老庄思想。著有《傅青主男、女科》、《大小诸证方论》等医书,有诗文集名《霜红龛全集》。

[文献]　傅履巽《征君事实》:"康熙二十三年六月十二日(傅山)卒,享年七十九岁。"《清史稿》卷五〇一:"傅山,字青主,阳曲人。……明季天下将乱,诸号为缙绅先生者,多迂腐不足道,愤之,乃坚苦持气节,不少婠婀。提学袁继咸为巡按张孙振所诬,孙振,阉党也。山约同学曹良直等诣通政使,三上书讼之,巡抚吴甡亦直袁,遂得雪。山以此名闻天下。甲申后,山改黄冠服,衣朱衣,居土穴,以养母。……康熙十七年,诏举鸿博,给事中李宗孔荐,固辞。……山工书画,谓'书宁拙毋巧;宁丑毋媚;宁支离毋轻滑;宁真率毋安排。'

人谓此言非只言书也。诗文初学韩昌黎,崛强自喜,后信笔抒写,俳调俗语,皆入笔端,不愿以此名家矣。著有《霜红龛集》十二卷。"梁启超《清代学术概论》(八):"然史家谓'其学大河以北莫能及者'。"全祖望《阳曲傅先生事略》:"朱衣道人者,阳曲傅山先生也。……先生工书,自大篆、隶以下,无不精,兼工画。……著述之仅传者曰《霜红龛集》十二卷。……惟顾亭林之称先生曰:'萧然物外,自得天机。'予则以为是特先生晚年之踪迹,而尚非其真性所在。卓尔堪曰:'青主盖时时怀翟义之志者',可谓知先生者矣。"(《鲒埼亭集》卷三)傅山《霜红龛全集》卷一:"世儒之所谓礼者,治世之衣冠而乱世之疮也。不知剐削其根而以膏药涂之,又厚涂之曰治疮之礼也。"傅青主《两汉书姓名韵》赵戴文序:"青主学术,集儒释道三教之大成,于道专崇老庄,于释特尊般若,于儒则至孟子为止。对唐宋元明诸儒,皆目之为奴,殆以孔子所谓小人儒者视之耳。"

圣祖康熙二十六年　丁卯(公元1687年)

四月,上谕修《明史》

[文献]《清史稿》卷七:"二十六年……夏四月己未,上谕大学士曰:'纂修《明史》诸臣,曾参看前明实录否?若不参看实录,虚实何由悉知。《明史》成日,应将实录并存,令后世有所考证。'"

十月,汤斌卒

汤斌(1627—1687),顺治九年进士,选庶吉士,授国史院检讨,后历任潼关道副使、江西岭北道等职。康熙十七年,诏举博学鸿儒,试一等,授翰林院侍讲,与修《明史》,后官至内阁学士、工部尚书。是年十月,自通州归后卒,享年61岁。他曾受业于孙奇逢,习宋儒诸书,认为研究事物的本质和现象二者不可分离,如"滞事物以穷理,沉溺迹象",会"支离而无本";相反,如"离事物而致知",又会"虚空而鲜实"。他教导人必先明义利之界限,把诚伪之关,做真经学、真道学。他笃守程朱,但也不薄守仁,不喜空言,主张身体力行。著有《洛学篇》、《潜庵语录》。

[文献] 《清史稿》卷二六五:"汤斌,字孔伯,河南睢州人。……顺治二年,奉父还里。九年,成进士,选庶吉士,授国史院检讨。……斌出为潼关道副使。……十六年,调江西岭北道。……康熙十七年,诏举博学鸿儒,……试一等,授翰林院侍讲,与修《明史》。……二十三年,擢内阁学士。……二十六年五月,不雨,……十月,自通州勘贡木归,一夕卒,年六十一。……斌既师奇逢,习宋诸儒书。尝言:'滞事物以穷理,沉溺迹象,既支离而无本;离事物而致知,騖聪黜明,亦虚空而鲜实。'其教人,以为必先明义利之界,谨诚伪之关,为真经学、真道学;……斌笃守程、朱,亦不薄王守仁。身体力行,不尚讲论,所诣深粹。著有《洛学篇》、《潜庵语录》。"

王夫之始撰《读通鉴论》 是年,王夫之始撰《读通鉴论》。通过对各朝历史的研究,他提出了自己的治国政治理想。主张"尊君",认为"天子者,以绝乎臣民而尊者也"。反对窃君权,"窃天之权,敛臣民之志欲,而曰我自立之,我可以受翼戴之赏,自以为功,而求天子之弗我功也,不可得也。"但他同时认为天子不能以天下为私有,主张实行天子与百官分权,中央与地方分权,以避免君主独断专行,肆虐臣民。在"任法"与"任教"的问题上,认为两者都是弊病,"任法,则人主安而天下困;任道,则天下逸而人主劳。"因此,法不可无,但天子却应"任教"来引导臣民。相对于"尊君",他又提出"爱民",主张"宽以养民",反对严刑峻法。作者在该书中提出的诸多见解,为近代学者所喜爱,因而《读通鉴论》一书也深受社会欢迎。

[文献] 王之春《船山公年谱后编》:"二十六年丁卯,公六十九岁。"条记"撰《读通鉴论》。"(《王夫之年谱》,中华书局,1989,116页)王夫之《读通鉴论》卷一:"任法,则人主安而天下困;任

道,则天下逸而人主劳。"卷五:"治天下以道,未闻以法也。道也者,导之也,上导之而下遵以为路也。"王夫之《读通鉴论》卷八:"合刑赏之大权于一人者,天子也;兼进贤退不肖之道,必密赞于坐论者,大臣也;而群工异是。……严者,治吏之经也;宽者,养民之纬也;并行不悖,而非以时为进退者也。"王夫之《读通鉴论》卷一六:"州牧刺史统其州者也,州牧刺史统一州而一州乱,故分其统于郡。郡守统其郡者也,郡守统一郡而一郡乱,故分其统于县。上统之则乱,分统之则治者,非但智之不及察,才之不及理也。"王夫之《读通鉴论》卷二二:"夫曰宽,曰之忍,曰哀矜,皆帝王用法之精意,然疑于纵驰藏奸而不可专用。"《读通鉴论·叙论一》"以天下论者,必循天下之公,天下非夷狄盗逆之所可尸,而抑非一姓之私也。"《读通鉴论·叙论三》"求安于心,求顺于理,求适于用。"梁启超《中国近三百年学术史》:"自将《船山遗书》刻成之后,一般社会所最欢迎的是他的《读通鉴论》和《宋论》。这两部自然不是船山第一等著作,但在史评一类书里头,可以说是最有价值的。"梁启超《清代学术概论》(六):"其《读通鉴论》、《宋论》,往往有新解,为近代学子所喜诵习。"

圣祖赐白鹿洞书院"学达性天"匾额 是年,康熙帝亲书匾额"学达性天"四字,赐予白鹿洞书院,同时赐经、史诸书,遣官送抵书院。此举表明清王朝对书院教育的重视和控制,显示清代书院教育的官方化趋势。

[文献] 毛德琦《白鹿书院志》卷之三:"(康熙)二十六年丁卯,钦颁御书'学达性天'匾额及经史,遣官悬挂。"(载李梦阳等编《白鹿洞书院古志五种》,中华书局,1995,1095页)李材栋《白鹿洞书院史略》:"康熙二十六年(公元1687年),清圣祖爱新觉罗玄烨亲书匾额'学达性天'赐予白鹿洞书院,遣官送抵书院悬挂,同时颁送了经、史诸书。据《康熙二十五年十一月份起居注》载:'学

达性天'匾额共八面，同时赐予周敦颐、张载、程颢、程颐、邵雍，朱熹祠堂及白鹿洞书院、岳麓书院。"（教育科学出版社，1989，134页）

圣祖康熙二十七年　戊辰（公元1688年）

正月，南怀仁卒　南怀仁（1623—1688），原名 Ferdinandus Verbiest，比利时籍耶稣会教士，顺治十六年来中国，康熙八年被任为钦天监监副，是年卒于北京。他生平著述颇丰，有《妄推吉凶辨》、《熙朝定案》、《验气图说》、《坤舆图说》、《告解原议》、《善恶报略说》、《教要序论》、《不得已辨》、《仪象志》、《仪象图》、《康熙永年历法》、《测验纪略》、《坤舆全图》、《简平规总星图》、《赤道南北星图》、《妄占辨》、《预推纪验》、《形性理推》、《光向异验理推》、《理辨之引咎》、《目司图总》、《理推各国说》、《御览简平新仪式用法》、《进呈穷理学》等。

[文献]　梁启超《中国近三百年学术史》："南怀仁，原名：Ferdinandus Verbiest；国籍：比利时；东来年：清顺治十六年（1659）；卒年：清康熙二十七年（1688.1.29）；卒地：北京；所著书：《妄推吉凶辩》、《熙朝定案》、《验气图说》、《坤舆图说》、《告解原议》、《善恶报略说》、《教要序论》、《不得已辩》、《仪象志》、《仪象图》、《康熙永年历法》、《测验纪略》、《坤舆全图》、《简平规总星图》、《赤道南北星图》、《妄占辨》、《预推纪验》、《形性理推》、《光向异验理推》、《理辨之引咎》、《目司图总》、《理推各国说》、《御览简平新仪式用法》、《进呈穷理学》。"印鸾章《清鉴》卷四："己酉八年春二月钦天监监正杨光先革职，以比利时人南怀仁为钦天监监副。"阮元《畴人传》卷四五："南怀仁，字勋卿，一字敦伯。康熙初年入中国。……康熙七年十二月，命大臣召怀仁与监官质辩。越明年正月丁酉，诸大臣同赴观象台测验立春、雨水、太阴、火星、木

星,怀仁预推度数与所测皆符。……遂以怀仁为监副。是年八月,因旧制仪器有差,疏请改造,并呈式样,部照南怀仁所指速造,十二年仪成,擢怀仁为监正。……怀仁言历之为学也,其理其法必有先后之序,渐以及焉,故由易可以及难,由浅可以入深,未有略形器而骤语。"

域外 [法]马勒伯朗士《关于形而上学与宗教的讲话》发表。[日]学者荻生徂徕的《大学中庸解》发表。

圣祖康熙二十九年 庚午(公元1690年)

王夫之撰成《读通鉴论》 《读通鉴论》,是王夫之读《资治通鉴》的笔记,全书共30卷,其中秦1卷,西汉4卷,东汉4卷,三国1卷,晋4卷,宋、齐、梁、陈、隋各1卷,唐8卷,五代3卷,另附《叙论》4篇为卷末。该书按照《资治通鉴》顺序,逐朝阐释历代制度沿革和政治得失,持历史进化的观点,认为"世益降,物益备",反对历史循环论和复古论。主张"以古之制,治古之天下","以今之宜,治今之天下";否认"正统"观念,认为历史的进步是任何人也阻挡不了的。提出"所贵乎史者述往以为来者师,"认为研究历史的目的在于吸取历史经验,为今日兴利除害。该书是作者史学方面最著名的著作,影响了以后历代学者。

[文献] 《读通鉴论·校点例言》:"王船山《读通鉴论》与《宋论》,为船山遗书史类中之两种。遗书旧刻只有零种单行,不成部帙,其版早绝。清道光时,船山裔孙名世全者,始谋汇刻各种,新化邓氏实主其事,然亦只经类十八种,版复旋毁。至于同治初,湘乡曾氏重刻于金陵,则于遗书搜访较备,经史子集四类皆有。由刘毓崧、张文虎等参与校雠。……通读鉴论每卷之中,以朝代为别,每代之中,以帝王之号为别。……船山史论两种,成于最晚之岁,盖读史有感,随事触发,初无意于为文,故每篇皆不立题目;而

于上下古今兴亡得失之故,制作轻重之原,均有论列。又自以身丁末运,明帜已易,禹甸为墟,故国之痛,字里行间,尤三致意焉。"(舒士彦点校,中华书局,1975)

圣祖康熙三十一年　壬申(公元 1692 年)

王夫之卒　王夫之(1619—1692),明末清初思想家、史学家。在清师下湖南时举义反抗,后见事不可为,隐居山中不出,誓死不薙发。与当时士大夫交往很少,其所以不为世人所称知。直至道咸年间,其遗书被刊,才名显于世。是年卒。其为学,以汉儒为门户,以宋五子为堂奥,极力攻击王学,感于明学之弊而生反动。认为"姚江之学,横拈圣言之近似者,摘一句一字以为要妙,窜入其禅宗,尤为无忌惮之至",并经"数传之后,愈循迹而忘其真,或以钩考文句,分支配拟为穷经之能,仅资场屋射覆之用,其偏者以臆测度,趋入荒杳"。他对张载的《张子正蒙》一书极为推崇,认为张子之学真正承接了孔孟之道。他的治学方法,渐开科学研究的精神,认为"天下之物理无穷,已精而又有其精者,随时以变,而皆不失于正。但信诸己而即执之,云何得当? 其况所为信诸己者,又或因习气,或守一先生之言,而渐渍以为己心乎!"故其著作皆不落习气,不守一先生之言,有新解而为近代学子所喜欢。他最能以深沉之思探绎名理,发宋元以来所未发,提出:"天理即在人欲之中,无人欲则天理亦无从发现"的观点,反对理学家"存天理去人欲"的道统学说,刘献廷对他很佩服,认为"天地元气,圣贤学脉,仅此一线。"近代思想家谭嗣同受他的影响最大,称赞他是五百年来唯一真通天人之故的学者。其在哲学上亦很有成就,提出诸多新观点。认为"气"是宇宙本体。他一面提倡实行,一面要研求最高原理,虽喜欢言哲理,却反对纯主观的玄谈。其著述颇多,重要著作有《张子正蒙注》、《思问录》、《读通鉴论》、《宋论》、《大学衍》、《中庸衍》等，其他尚有《周易内传》、《周易大象解》、《周易稗疏》、《周易考异》、《周易外传》、《书经稗疏》、《尚书引义》、《诗经考异》、《诗说命》、《礼记章句》、《春秋稗疏》、《春秋家说》、《春秋世论》、《续春秋左氏博议》、《四书训义》、《四书稗问录》、《俟解》、《噩梦》、《黄书》、《识小录》、《老子衍》、《庄子解》、《龙潭夜话》、《愚鼓歌》、《相宗络索》、《楚辞通释》、《姜斋文集》、《诗集》等。船山著作在同治间被曾国荃搜集，刻成《船山遗书》77种200多卷，但仍有不少未刻或已佚。

［文献］ 张惟骧《疑年录汇编》卷九："王姜斋七十四夫之，生明万历四十七年己未，卒清康熙三十一年壬申。"潘宗洛《船山先生传》："船山先生，姓王氏，讳夫之，字而农，别号姜斋，故明之遗臣，我朝之逸民也。明既亡，先生隐于湘西蒸左之石船山，学者称船山先生。"余廷灿《船山先生传》："先生可谓笃信好学，蒙难而能正其志者。方明之亡，先生非不知事不可为，然且穷老尽气，奔窜于荒岩绝徼间，发其说论攻憸邪，终摈不用，而始隐伏著书，其志亦可哀也矣。……先生究察于天人之故，通夫昼夜幽明之原，即是书（《正蒙》）畅演精绎，与自著《思问录》内、外二篇，皆本隐之显原始要终，朗然如揭日月。至其扶树道教，剖析数千年学术源流、分合、同异，自序中罗罗指掌，尤可想见先生素业。"梁启超《中国近三百年学术史》："船山，名夫之，字而农，一号姜斋，湖南衡阳人。……卒清康熙三十一年（1619—1692），年74。……清师下湖南，他在衡山举义反抗。失败后走桂林，……船山知事不可为，遂不复出。当时清廷严令剃发，不从者死。他誓死抵抗，……著书极多，……同治间曾沅圃（国荃）才刻成《船山遗书》，共七十七种二百五十卷。此外未刻及已佚的还不少。……欲知船山哲学的全系统，非把他的著作全部仔细绅绎后，不能见出。……简单说，一、他认'生理体'为实有。二、认宇宙本体和生理体合一。三、这个实体

即人人能思虑之心。四、这种实体论,建设在知识论的基础之上。其所以能成立者,因为有超出见闻习气的'真知'在。五、见闻的'知',也可以补助'真知',与之骈进。……一面极力提倡实行,一面常要研求最高原理。……船山虽喜言哲理,然而对于纯主观的玄谈,则大反对。"《清史稿》卷四八〇:"夫之论学,以汉儒为门户,以宋五子为堂奥。其所作《大学衍》、《中庸衍》,皆力辟致良知之说。……与自著《思问录》二篇,皆本隐之显原始要终,炳然如揭日月。"蔡冠洛《清代七百名人传》(下):"所著有《周易内传》十二卷,《发例》一卷,《周易大象解》一卷,《周易稗疏》四卷,《周易考异》一卷,《周易外传》七卷,《书经稗疏》四卷,《尚书引义》六卷,《诗经考异》一卷,《诗说命》五卷,《礼记章句》四十九卷,《春秋稗疏》二卷,《春秋家说》七卷,《春秋世论》五卷,《续春秋左氏博议》二卷,《四书训义》三十八卷,《四书稗问录》内篇一卷,外篇一卷,《俟解》一卷,《噩梦》一卷,《黄书》一卷,《识小录》一卷,《老子衍》一卷,《庄子解》三十三卷,《龙潭夜话》一卷,《愚鼓歌》十卷,《相宗络索》一卷,《楚辞通释》十四卷,《姜斋文集》十卷,《诗集》十卷……。"梁启超《清代学术概论》(六):"衡阳王夫之,生于南荒,学无所师承,且国变后遁迹深山,与一时士夫不相接,故当时无称之者。然亦因是戛戛独有所造,其攻王学甚力,尝曰:'……姚江之学,横拈圣言之近似者,摘一句一字以为要妙,窜入其禅宗,尤为无忌惮之至。'(《俟解》)又曰:'数传之后,愈徇迹而忘其真,或以钩考文句,分支配拟为穷经之能,仅资场屋射覆之用,其偏者以臆测度,趋入荒杳。'(《中庸补传衍》)遗书中此类之论甚多,皆感于明学之极敝而生反动,欲挽明以返诸宋,而于张载之《正蒙》,特推尚焉。其治学方法,已渐开科学研究的精神。尝曰:'天下之物理无穷,已精而又有其精者,随时以变,而皆不失于正。但信诸己而即执之,去何得当?况其所为信诸己者,又或因习气,或守一先生之言,而渐渍以为己心乎!'(《俟解》)夫之著书极多,……皆不落'习气',不'守一先生之言'。其《读通鉴论》、《宋论》,往往有新解,为近代学子所喜诵习。尤能为深沉之思以襌绎名理,其《张子正蒙注》、《老子衍》、《庄子解》,皆覃精之作,盖欲自创一派哲学而未成也。其言'天理即在人欲之中,无人欲则天理亦无从发现'(《正蒙注》),可谓发宋元以来所未发。……故刘献廷极推服之,谓'天地元气,圣贤学脉,仅此一线。'(《广阳杂记》二)其乡后学谭嗣同之思想,受其影响最多,尝曰:'五百年来学者,真通天人之故者,船山一人而已。'"唐鉴《船山学案》:"先生理究天人,事通今古,探道德性命之原,明得丧兴亡之故,流连颠沛而不违其仁,险阻艰难而不失其正,穷居四十余年身足以砺金石,著书三百余卷足以名山川。遁迹自甘,立心恒苦,寄怀弥远,见愈真。……先生之道可以奋乎百世矣。"

[考辨] (一)王夫之的思想属性。蔡尚思认为"他是处在大地主与市民之间的"(蔡尚思《王船山思想体系》,湖南人民出版社,1985,18页)。侯外庐认为"他是相当于恩格斯所指的城市中等阶级反对派"(侯外庐《中国思想通史》第五卷,人民出版社,1956,142页)。

(二)王夫之在启蒙思想史上的地位。蔡尚思认为"他不可能具有近代反封建传统的思想。因为只要是封建传统思想家,就不可能是启蒙思想家"(蔡尚思《王船山思想体系》,湖南人民出版社,1985,38页)。陈远宁认为:"历史的变化不能不反映到作为'时代精华'的哲学思想中来。王船山哲学思想中某些民主启蒙思想,其源盖出于此。"(陈远宁等《王船山认识论范畴研究》,湖南人民出版社,1982,17页)。

(三)王夫之的社会史观。侯外庐认为:"他的自然进化史观便是他的人类社会历史观的基础理论。但他认为人类社会的进化观,不是与自然史的演变相齐相等的,而有其具体的法则"(侯外庐《中国思想通史》第五卷,人民出版社,1956,122页)。徐泰来认为"船山史观是唯物史观的雏形"(徐泰来《船山史观与历史唯物主义》,《湘潭大学社会科学学报》1982年第4期)。对于王夫之的社会历史观,学界仍在热烈地探讨。

(四)王夫之是否彻底清算和终结了宋明理学这个问题。邓潭洲持反对态度,认为"有人称赞王氏'彻底地清算和终结了宋明理学',是不够妥当的"(邓潭洲《王船山传论》,湖南人民出版社,1982,99页)。陈远宁等认为"他基本上跳出了宋明理学的窠臼,……为宋明理学的终结奠定了坚实的思想基础"(陈远宁等《王船山认识论范畴研究》,湖南人民出版社,1982,16页)。

(五)王夫之是否为无神论者。侯外庐认为他是无神论者,"夫之更是汉代的唯物论者王充的继承者。……王充的'论衡'一书,……他几乎没有一篇不是反对武断与盲从的,如对于邹衍五行灾异之说,对于汉儒谶纬三统之论,都攻击无遗。这一点,夫之是同其精神的"。(侯外庐《中国思想通史》第五卷,人民出版社,1956,53页)蔡尚思认为"王船山却仍基本上是有神论者、天命论者"(蔡尚思《王船山思想体系》,湖南人民出版社,1985,26页)。

圣祖康熙三十四年　乙亥(公元1695年)

顾炎武《日知录》刊行　《日知录》32卷,顾炎武重要著作,是年刊行。前七卷论经文,八卷至十二卷论政事,十三卷论世风,十四、十五卷论礼制,十六、十七卷论科举,十八至二十一卷论艺文,二十二至二十四卷论名义,二十五卷论古事真妄,二十六卷论史法,二十七卷论注书,二十八卷论杂事,二十九卷论兵及外国事,三十卷论天象术数,三十一卷论地理,三十二卷杂考证。该书系作者读书札记,用力极勤,为其一生精力所注。全书按经义、吏治、财赋、史地、兵事、艺文等分类编入。每条都博采资料，疏通源流，熔铸提炼而成。书以"明道救世"为宗旨，包作者主要学术及政治思想。潘耒称此书"意惟宋元名儒能为之，明三百年来殆未有也"。作者平生之志与业，也皆在其中。其版本有清康熙三十四年潘次耕同汪晦斋在福建刻本、道光十四年嘉定黄氏西谷草堂刻黄汝成集释本（附刊误二卷续刊误二卷）、广州局本、湖北局本、清同治七年朝宗书屋活字本、席氏刻集释本等。

[文献] 黄汝成《日知录集释叙》："自康熙三十四年，吴江潘检讨刻于闽中，流行既久。"《初刻日知录自序》："意在拨乱涤污，法古用夏，启多闻于来学，待一治于后王。……所著《日知录》三十余卷，平生之志与业，皆在其中。"《日知录原序》："此《日知录》，则其稽古有得，随时札记，久而类次成书者，凡经义、史学、官方、吏治、财赋、典礼、舆地、艺文之属，一一疏通其源流，考正其谬误。……规切时弊，尤为深切著明。……是书也，意惟宋元名儒能为之，明三百年来殆未有也！"《四库全书总目提要》卷一〇九："《日知录》三十二卷（内府藏本）：国朝顾炎武撰。……是书前有自记，称'自少读书，有所得，辄记之。其有不合时，复改定。或古人先我而有者，则遂削之。积三十余年，乃成一编。盖其一生精力所注也。书中不分门目，而编次先后则略以类从。大抵前七卷皆论经义，八卷至十二卷皆论政事，十三卷论世风，十四卷、十五卷论礼制，十六卷、十七卷皆论科举，十八卷至二十一卷皆论艺文，二十二卷至二十四卷杂论名义，二十五卷论古事真妄，二十六卷论史法，二十七卷论注书，二十八卷论杂事，二十九卷论兵及外国事，三十卷论天象、术数，三十一卷论地理，三十二卷为杂考证。炎武学有本原，博赡而能通贯。每一事必详其始末，参以证佐而后笔之于书。故引据浩繁，而抵牾者少。"

刘献廷卒 刘献廷（1648—1695），居吴江30年，晚学游于楚,是年卒于吴。其学主经世,凡象纬、律历、音韵、险塞、财赋、军政以及岐黄、释老之书,均有研究。与顾培、王夫之、彭士望等为师友,又投学于徐昆山门下,议论不随人后。他曾参与明史馆事,同修《大清一统志》。深恶雕虫小技,脱身遍历九州,览山川形势,访遗佚,交豪杰,观土俗,博采轶事,以益广闻见,而质证所学。他的《新韵谱》最为精奇,全望祖说他"自谓于声音之道,别有所窥,足穷造化之奥,百世而不惑。尝作《新韵谱》,其悟自华严字母入,而参以天竺陀罗尼、泰西腊顶话、小西天梵书及天方、蒙古、女真等音,又证之以辽人林益长之说,而益自信。"在音韵学方面,主张以音为主,以创造新字母为目的且极重方言,这一点方以智与其同走一条路。他的著作或未成书,或散佚,现仅存《广阳杂记》,且其学无传于后。

[文献] 梁启超《中国近三百年学术史》:"刘献廷,字君贤,号继庄,顺天大兴人。……卒康熙三十四年(1648—1695),年48。'先世本吴人。以官太医,遂家顺天。继庄年十九,复寓吴中,其后居吴江者三十年。晚学游楚,寻复至吴,垂老始北归,竟反吴卒焉。'(《鲒埼亭集·刘继庄传》)他为万季野所推重,引参明史馆事,又尝与顾景范、黄子鸿、阎百诗、胡东樵同修《大清一统志》。他的著作或未成或散佚,现存的只有一部《广阳杂记》。……'深恶雕虫之技。其生平自谓于声音之道别有所窥,足穷造化之奥,百世而不惑。尝作《新韵谱》,其悟自华严字母入,而参之以天竺陀罗尼、泰西蜡顶话,小西天梵书暨天方、蒙古、女真等音,又证之以辽人林益长之说,而益自信'。……音韵学在明清之交,……亦分两派,一派以韵为主,……一派以音为主,方密之、吴修龄及继庄等是。以音为主者,目的总在创造新字母,又极注重方言。密之、继庄同走这一条路。"梁启超《清代学术概论》(八):"清初有一大学者而其学无传于后者,曰大兴刘献廷。王源表其墓曰:'脱身遍历

九州,览其山川形势,访遗佚,交其豪杰,观其土俗;博采轶事,以益广其闻见,而质证其所学'。"《清史稿》卷四八四:"刘献廷,字继庄,大兴人,先世本吴人也。其学主经世,自象纬、律历、音韵、险塞、财赋、军政、以逮岐黄、释老之书,无所不究习。与梁溪顾培、衡山王夫之、南昌彭士望为师友,而复往来昆山徐乾学之门。议论不随人后。"

黄宗羲卒 黄宗羲(1610—1695),明末清初思想家、史学家。因19岁上书诉父冤,声誉渐高,为东林领袖。后从学于刘宗周。崇祯十七年,北京陷落后被通缉,逃亡日本。次年,起义于浙江,组织世忠营,败后绝意国事,奉母返里,专心著述。后设"证人讲会"于浙东,从游者日众。康熙十七年诏征博学鸿儒,力辞不就,亦拒绝参修《明史》。是年卒。其学出于蕺山,闻诚意慎独之说,缜密平实。他批评明人讲学袭语录之糟粕,不以六经为根底,将书置之高阁却从事于游谈。认为做学问必先穷经,经术所以经世。要想不做迂儒,必兼读史。读史不多,无以证理之变化,多而不求于心,则为俗学。所以,对于上下古今、穿穴群言,天官、地志、九流百家之教,都要精研。他以濂洛之统,综合诸家,横渠之礼教,康节之数学,东莱之文献,艮斋止斋之经制,水心之文章,都旁推交通,为儒林前所未有。陈悔庐认为这样教人"颇泛滥诸家","然其意在乎博学详说以集其成。而其归究于蕺山慎独之旨听之似驳,而实未尝不醇。"全谢山也极崇拜梨洲,但认为他党人之习气未尽,是因少年时即受影响极深,难以尽去。并且文人习气未尽,"以正谊明道之余技,犹留连于枝叶。"梁启超认为他纯是一位过渡人物,有清代学者的精神,却不脱明代学者的面目。其学以阳明为根柢,但对阳明所谓"致良知"有新看法。认为阳明"致良知于事事物物"之"致"字即是"行"字,但后之学者却测度想象,求见本体,只在知识上立家当以为良知。梁启超认为像他这样解释致良知,很有点像近世实验哲学的学风,不同于正门。所以他觉得梨洲既不是王学的革命家,也不是王学的继承人,他是王学的修正者。其一生著述颇多,所著《易学象数论》6卷,《授书随笔》1卷,《律吕新义》2卷,《孟子师说》2卷。文集则有《南雷文案》、《诗案》,又著《明儒学案》62卷,《明文海》382卷,《深衣考》1卷,《今水经》1卷,《四明山志》9卷,《历代甲子考》1卷,《二程学案》2卷,辑《明史案》244卷,《明夷待访录》1卷,《大统法辨》4卷,《时宪书法解新推交食法》1卷,《图解》1卷,《割图八线解》1卷,《授时法假如》1卷,《西洋法假如》1卷,《回回法假如》1卷,晚年又辑《宋元学案》。

[文献] 全祖望《梨洲先生神道碑文》:"康熙三十四年,岁在乙亥。七月初三日,姚江黄公卒。"(《鲒埼亭集》卷一一)《清史稿》卷四八〇:"卒,年八十六。宗羲之学,出于蕺山,闻诚意慎独之说,缜密平实。尝谓明人讲学,袭语录之糟粕,不以《六经》为根柢,束书而从事于游谈。故问学者必先穷经,经术所以经世。不为迂儒,必兼读史。读史不多,无以证理之变化;多而不求于心,则为俗学。故上下古今,穿穴群言,自天官、地志、九流百家之教,无不精研。所著《易学象数论》六卷,《授书随笔》一卷,《律吕新义》二卷,《孟子师说》二卷。文集则有《南雷文案》、《诗案》。……又著《明儒学案》六十二卷,叙述明代讲学诸儒流派分合得失颇评,《明文海》四百八十二卷,……又《深衣考》一卷,《今水经》一卷,《四明山志》九卷,《历代甲子考》一卷,《二程学案》二卷,辑《明史案》二百四十四卷,又《明夷待访录》一卷,皆经世大政。顾炎武见而叹曰:'三代之治可复也!'天文则有《大统法辨》四卷,《时宪书法解新推交食法》一卷,《图解》一卷,《割图八线解》一卷,《授时法假如》一卷,《西洋法假如》一卷,《回回法假如》一卷。……晚年又辑《宋元学案》,合之《明儒学案》,以志七百年儒苑门户。宣统元

年,从祀文庙。"梁启超《中国近三百年学术史》:"梨洲名宗羲,字太冲,浙江余姚人。崇祯初元,魏阉伏诛,他声誉渐高,隐然为东林子弟领袖。……从刘蕺山游,所得日益深粹。崇祯十七年,北京陷贼,……骤兴党狱,名捕蕺山及许多正人,他也在其列。他避难亡命日本……。明年,……他和钱忠介起义兵守浙江拒清师,号世忠营。……明统既绝,他才绝意国事,奉母乡居,从事著述。其后设'证人讲会'于浙东,从游者日从。……康熙十七年,诏征博学鸿儒,许多人要荐他,……乃止。未几,开明史馆,清廷必欲罗致他,下诏督抚以礼敦聘。他力辞不往。……全谢山总论梨洲学术曰:'……公以濂洛之统,综会诸家,横渠之礼教,康节之数学,东莱之文献,艮斋、止斋之经制,水心之文章,莫不旁推交通,自来儒林所未有也。'陈悔庐(汝咸)说:'梨洲黄子之教人,颇泛滥诸家,然其意在乎博学详说以集其成。而其归究于蕺山慎独之旨,乍听之似驳,而实未尝不醇。'……谢山虽极其崇拜梨洲,然亦不阿其所好。他说:'先生之不免余议者则有二:其一,则党人之习气未尽,盖少年即入社会,门户之见,深入而不可猝去。其二,则文人之习气未尽,(不免)以正谊明道之余技,犹留连于枝叶。'……总之梨洲纯是一位过渡人物,他有清代学者的精神,却不脱明代学者的面目。梨洲之学,自然是以阳明为根底,但他对于阳明所谓'致良知'有一种新解释。他说:'阳明说致良知于事事物物。致字即是行字,……乃后之学者,测度想象,求见本体,只在知识上立家当,以为良知。……。'……像他这样解释致良知——说致字即是行字,很有点像近世实验哲学的学风。……他这种解释,……总之和王门所传有点不同了。所以我说梨洲不是王学的革命家,也不是王学的承继人,他是王学的修正者。"江藩《国朝汉学师承记》卷八:"宗羲之学出于蕺山,虽姚江之派,然以慎独为宗,实践为主,不恣言心性,堕入禅门,乃姚江之诤子也。又以南宋以后讲学家空谈性命,不论训诂,教学者说经则宗汉儒,立身则宗宋学。又谓昔贤辟佛,不检佛书,但肆谩骂,譬如用兵,不深入其险,不能剿绝鲸鲵也。乃阅《佛藏》,深明其说,所以力排佛氏,皆能中其窾要。"

[考辨] (一)关于黄宗羲卒年。梁启超《中国近三百年学术史》云:"梨洲名宗羲,……生明万历三十八年,卒清康熙十六年(1610—1695),年85。"标明他卒于康熙十六年,但原注中公历为1695年,即康熙三十四年,朱维铮认为梁启超文中有误,"当作清康熙三十四年。"(朱维铮《梁启超论清学史二种》,复旦大学出版社,1985,143页注①)。根据全祖望的《梨洲先生神道碑文》记载,黄宗羲的卒年应为康熙三十四年。又,《清史稿》记其卒,年八十六,逆推知其生于明万历三十八年(1610)。

(二)关于黄宗羲是否"以正谊明道之余技,犹留连于枝叶"。侯外庐对此说予以否定,认为"他虽被全祖望称为'以正谊明道之余技,犹留连于枝叶',还争求王学正统,实则他已扬弃了王守仁的玄学,在许多方面已经是一位反宋明理学的导源人了"。(侯外庐《中国思想通史》第五卷,人民出版社,1956,178页)梁启超却认为全氏"这段话把梨洲的短处,也说得公平"。(梁启超《中国近三百年学术史》)

(三)黄宗羲的"致字即行字"理论,学术界亦有不同观点。梁启超认为"像近世实验哲学的学风"。(梁启超《中国近三百年学术史》)侯外庐反对此说,认为这"完全是无理的比附。主观唯心论的实用哲学的内容与历史,未可与宗羲的思想比拟"。(侯外庐《中国思想通史》第五卷,人民出版社,1956,181页)侯外庐的观点有其根据,西方实证哲学与宗羲之思想有很大差异,甚至有质的区别,不可牵强附会。

圣祖康熙三十五年　丙子(公元1696年)

颜元至漳南书院任教　是年,肥乡漳南书院请颜元往教,开文事、武备、经史、艺能等科,从游者数十人。

[文献] 梁启超《中国近三百年学术史》:"六十二岁,曾应肥乡漳南书院之聘,往设教。"《清史稿》卷四八〇:"颜元,字易直,博野人。……肥乡漳南书院,邑人郝文灿请元往教。有文事、武备、经史、艺能等科,从游者数十人。"李塨《颜习斋先生年谱》卷下:"丙子(一六九六),六十二岁。……四月,郝公函三聘,请主教肥乡漳南书院,乃往。"

[考辨] 梁启超《中国近三百年学术史》载:"颜习斋名元,……生明崇祯八年。……六十二岁,应肥乡漳南书院之聘",可知他去漳南书院时为康熙三十五年(1696)。另可据《年谱》。

圣祖康熙三十六年　丁丑(公元1697年)

惠栋生　惠栋,字定宇,号松崖。学者称小红豆先生。江苏吴县人。是年生。

[文献] 张惟骧《疑年录汇编》卷一一:"惠定宇六十二栋,生康熙三十六年丁丑。"《清史稿》卷四八一:"栋,字定宇。自幼笃志向学,家多藏书,日夜讲诵。于经、史、诸子、稗官野乘及七经谶纬之学,靡不津逮。……卒,年六十二。"

[考辨] 《清史纪事本末》卷二二(黄鸿寿著,上海书店,1986)载:"高宗乾隆二十三年,夏五月,处士惠栋卒。"《清史稿》卷四八一载:"卒,年六十二。"由此可推断惠栋生于康熙三十六年(1697)。另可参校《疑年录汇编》。

圣祖康熙四十一年　壬午(公元1702年)

万斯同卒　万斯同(1638—1702),清初著名史家,从学于黄宗羲,康熙十七年,拒荐鸿博。十八年以布衣入明史馆,参修明史。是年卒,年65岁。他尤嗜文献,最熟明代掌故,以著明史为己任,极反对唐以后史书设局分修的制度,认为"仓猝而成于众人,不暇择其才之宜与事之习"。所以他修明史,精力多费于史料之搜集和鉴别,这种研究精神对前清史学界影响较大。他虽属梨洲得意门生,却不像其师那样有门户之见。其目睹明以来谈道统者,互相排轧,甚至酿门户之祸,作《儒林宗派》,凡汉后唐前传经之儒,一一具列,议论平允。晚年对于颜习斋的学术,很悦服,在为李塨《大学辨业》作的序中极表推崇之意。其著书,除《明史稿》外,还有《历代史表》60卷、《纪元汇考》4卷、《庙制图考》四卷、《儒林宗派》8卷、《石经考》2卷、《周正汇考》8卷、《历代宰辅汇考》8卷、《宋季忠义录》16卷、《六陵遗事》1卷、《庚申君遗事》1卷、《群书疑辨》12卷、《书学汇编》22卷、《昆仑河源考》2卷、《河渠考》12卷、《石园诗文集》20卷,但自《周正汇考》以下十种,钱竹汀说未见。《群书疑辨》有单行本,《六陵遗事》、《庚申君遗事》各丛书多采入,其余存佚便不可知了。

[文献] 钱大昕《万先生(斯同)传》:"万先生斯同,字季野,鄞人。……生而异敏,读书过目不忘。余姚黄太冲寓甬上,先生与史斯大,皆师事之,得闻蕺山刘氏之学,以慎独为主,以圣贤为必可及。……在京都十余年,士大夫就问无虚日,每月两三会,听讲者常数十人。于前史体例,贯穿精熟,指陈得失,皆中肯綮,刘知几、郑樵诸人,不能及也。"(《潜研堂文集》卷三八)全祖望《万贞文(斯同)先生传》:"康熙戊午,诏征博学鸿儒,……当时京师才彦雾会,各以所长自见,而先生最暗淡,然自王公以至下士,无不呼曰万先生,……先生为人,和平大雅,而其中介然。……卒后,门人私谥曰贞文。"蔡冠洛《清代七百名人传》(下):"万斯同,字季野。……康熙四十一年,卒于王尚书史局中,年六十。"(中国书店,1984,1605页)梁启超《中国近三百年学术史》:"季野,名斯同。卒康熙四十一年(1702),年60。……遂随诸兄后,学于梨洲。

……季野学固极博，然尤嗜文献，最熟明代掌故，自幼年即以著明史为己任。康熙十七年诏征鸿博，有人荐地，他力拒乃免。明年开明史馆，……乃应聘入京。……请以布衣参史事，……他极反对唐以后史书设局分修的制度，说道：'……若官修之史，仓猝而成于众人，不暇择其才之宜与事之习。'……他们的工作，什有七八费在史料之搜集和鉴别。他们所特别致力者虽在明史，但这种研究精神，影响于前清一代史学界不少。……季野著书，除《明史稿》外，尚有《历代史表》六十卷、《纪元汇考》四卷、《庙制图考》四卷、《儒林宗派》八卷、《石经考》二卷、《周正汇考》八卷、《历代宰辅汇考》八卷、《宋季忠义录》十六卷、《六陵遗事》一卷、《庚申君遗事》一卷、《群书疑辨》十二卷、《书学汇编》二十二卷、《昆仑河源考》二卷、《河渠考》十二卷、《石园诗文集》二十卷。自《周正汇考》以下十种，钱竹汀都说未见。（但《群书疑辨》现有单行本，《六陵遗事》、《庚申君遗事》各丛书多采入，其余存佚便不可知了）。……季野虽属梨洲得意门生，但关于讲学宗旨（狭义的讲学）和梨洲却不同。梨洲是很有些门户之见，季野却一点也没有。《四库提要》说：'明以来谈道统者，扬己陵人，互相排轧，卒酿门户之祸。斯同目睹其蔽，著《儒林宗派》，凡汉后唐前传经之儒，一一具列，持论独为平允。'……季野晚年对于颜习斋的学术，像是很悦服的。他替李刚主所著的《大学辨业》作一篇序，极表推崇之意。"

[考辨]　关于万斯同生卒时间，谢巍《中国历代人物年谱考录》（中华书局，1992）《万季野先生系年要录》条"谱主"记："万斯同，字季野，号石园，……崇祯十一年戊寅正月二十四日（公元1638年）生，康熙四十一年壬午四月初八日（公元1702年）卒，年六十五。"《清代七百名人传》及《中国近三百年学术史》所记有误，故万斯同生卒及享年从《考录》。

《禹贡锥指》书成　《禹贡锥指》共20卷，清代地理考据学的代表作之一。作者胡渭(1633—1714),原名谓生,字朏明,号东樵,浙江德清人。该书在前人注释《禹贡》的基础上,博考或代典籍及古今经解,依经为训,逐句加注,在订正前人谬误的同时,提出自己的见解。《四库全书总目提要》对该书评价甚高,称其"精核典赡,此为冠矣。"作者治舆地之学,强调要通过实地"目察",才能获得真实情况而作出正确判断,否则极易陷入空想。这是极可贵的治学方法。运用此法他还著有《明图明辨》、《洪范正传》等。

[文献]《四库全书总目提要》卷二:"《禹贡锥指》二十卷、《图》一卷(浙江巡抚采进本):国朝胡渭撰。……其生平著述甚夥,而是书尤精力所专注。康熙乙酉恭逢圣祖仁皇帝南巡,曾呈御览,蒙赐'耆年笃学'匾额,稽古之荣,至今传述。原本标题二十卷,而首列图一卷。其中卷十一、卷十四皆分上、下,卷十三分上、中、下,而中卷又自分上、下,实共为二十六卷。其图凡四十有七。如《禹贡》河初徙、再徙及汉、唐、宋、元、明河图,尤考究精密。书中体例,亚经文一字为集解,又亚一字为辨证。历代义疏及方志舆图搜采殆遍,于九州分域、山水脉络、古今同异之故,一一讨论详明。宋以来傅寅、程大昌、毛晃而下,注《禹贡》者数十家,精核典赡,此为冠矣。至于陵谷迁移,方州分合,数千年内往往不同,渭欲于数千载后皆折衷以定一是。"梁启超《中国近三百年学术史》:"后人最推重的是《禹贡锥指》。这部书虽然有许多错处,但精勤搜讨,开后来研究地理沿革的专门学问。价值当然也不可磨灭。"(中国书店,1985)

圣祖康熙四十二年 癸未(公元1703年)

唐甄《潜书》刊行《潜书》初名《衡书》,意为权衡天下,后来唐甄因连蹇不遇,更名《潜书》。该书分上下两篇,上篇论学,从《辨儒》到《博观》共50篇;下篇论政,始于《尚治》,终于《潜存》,

共47篇。上观天道,下察人事,远正古迹,近度今宜,根于心而致之行。论心性,则尊崇孟子而及陆子静、王阳明;论政治,则以返朴崇俭,棉桑树牧,富民为先。梅定九、张廷枢均赞此书为"必传之作";魏禧则称其为"周秦之书";潘次耕认为"斯编远追古人,貌离而神合。不名《潜书》,直名'唐子'可矣。"梁启超虽然认为魏、潘二人恭维过当,但亦承认此书在古今著作林中,也算有相当地位。

[文献] 王闻远《西蜀唐圃亭先生行略》:"先生贯综经史,扬榷风雅,非秦汉之书弗读也。……其著书,不肯一字袭古,曰:'言,我之言也;名,我世所称之名也。今人作述,必袭古人之文;官爵郡县,必反今世之名;何其猥而悖也!'乃三研精覃思,著《衡书》九十七篇。天道,人事,前古,后今,具备其中。曰'衡'者,志在权衡天下也。后以连蹇不遇,更名《潜书》。"(唐甄《潜书》附录)《清史稿》卷四八四:"始志在权衡天下,作《衡书》,后以连蹇不遇,更名《潜书》。分上下篇,上篇论学,始《辨儒》,终《博观》,凡五十篇;下篇论政,始《尚治》,终《潜存》,凡四十七篇。上观天道,下察人事,远正古迹,近度今宜,根于心而致之行,非虚言也。宁都魏禧见而叹之曰:'是周、秦之书也,今犹有此人乎!'"梁启超《中国近三百年学术史》:"他著书九十七篇,初名曰《衡书》,晚乃改名《潜书》。……梅定九一见便手录全部,曰:'此必传之作。……'潘次耕为之序曰:'……斯编远追古人,貌离而神合,不名《潜书》,直名《唐子》可矣。'……魏、潘恭维的话,未免过当。……在古今著作之林,总算有相当位置。"《四库全书总目提要》卷一二五:"《潜书》四卷(浙江巡抚采进本):国朝唐甄撰。甄字铸万,达州人。……凡分上下二篇,而上篇下篇又各析为二,凡九十七目。大略仿《论衡》之体,自心性、治术以至处世淑身之理,无不具列。"

圣祖康熙四十三年 甲申 (公元1704年)

六月,阎若璩卒 阎若璩(1636—1704),清经学家。康熙元年游京师,旋改归太原故里,补廪膳生。康熙十八年,应博学鸿儒科试,报罢。是年卒于京寓。其于地理尤精审,山川形势,州郡沿革,了如指掌。对于人名物类训诂典制,事必求其根柢,言必求其依据,旁参互证,多所贯通。沉潜 30 余年,作《古文尚书疏证》8 卷,认为东晋晚出之《古文尚书》16 篇与孔安国《尚书传》均为伪书。这在当时学术界掀起一场大讨论,毛奇龄著《古文尚书冤词》和他抗辩,结果阎胜毛败。《四库全书总目提要》评价是书是"有据之言",梁启超则认为阎氏之所以伟大,及其全部价值均在于《尚书古文疏证》,使思想界得到解放,研究经学的方法为之一变。此后,惠栋作《古文尚书考》,段玉裁作《古文尚书撰异》都由阎书而衍,伪古文一案遂成。其学术成就和治学精神对清初学术界影响很大,清初学者赵执信曾赞曰:"先生非今之人,盖古之学者也,其于书无所不读,又皆精晰而罪默识之。其笃嗜,若当盛暑者之慕清凉也。其细,若织纫者之于丝缕、织绸也。其区别,若老农之辨黍、稷、菽、粟也。其用力,虽壮夫骏马日驰数百里,不足以喻其勤。其诗论,虽法吏引囚决狱,具两造,当五刑,不足以喻其严也。"(《国朝文录续编》卷一,赵执信《潜丘先生墓志》)梁启超则在《清代学术概论》称他的治学精神,辨伪方法对后世影响很大,"渐开学者疑经之风。于是刘逢禄大疑《春秋左氏传》,魏源大疑《诗毛氏传》。"其他著作还有《四书释地》五卷,《孟子生卒年月考》1 卷,《潜丘札记》6 卷,《毛朱诗说》1 卷,《困学纪闻注》20 卷,及《日知录补正》、《丧服异注》和《博湖掌录》等。

[文献] 黄鸿寿《清史纪事本末》卷二二:"(康熙)四十三年,夏六月,太原处士阎若璩卒。"《清史稿》卷四八一:"阎若璩,字百诗,太原人。……研究经史,深造自得。……年二十,读《尚书》至古文二十五篇,即疑其论。沉潜三十余年,乃尽得其症结所在,作《古文尚书疏证》八卷。一一陈其矛盾之故,古文之伪大明。所

列一百二十八条,毛奇龄《尚书古文冤词》百计相轧,终不能以强辞夺正理,则有据之言先立于不可败也。康熙元年,游京师,旋改归太原故籍,补廪膳生。十八年,应博学鸿儒科试,报罢。……若璩于地理尤精审,山川形势,州郡沿革,了如指掌,撰《四书释地》五卷,及于人名物类训诂典制,事必求其根柢,言必求其依据,旁参互证,多所贯通。……作《孟子生卒年月考》一卷。又著《潜丘札记》六卷,《毛朱诗说》一卷,手校《困学纪闻》二十卷,……又有《日知录补正》,《丧服异注》,……《博湖掌录》诸书。"梁启超《清代学术概论》(五):"阎百诗,名若璩,别号潜丘居士,山西太原人。……他六十八岁的时候,……时清世宗方在潜邸,颇收罗名士,把他请入京。……不久便卒于京寓。……阎若璩之所以伟大,在其《尚书古文疏证》也。……《尚书古文疏证》,专辨东晋晚出之《古文尚书》十六篇及同时出现之孔安国《尚书传》皆为伪书也。……以吾侪今日之眼光观之,则诚思想界之一大解放。后此今古文经对待研究,成为问题;六经诸子对待研究,成为问题。……其最初之动机,实发于此。"梁启超《中国近三百年学术史》:"他的价值,全在一部《古文尚书疏证》。……自这部书出版后,有毛西河(奇龄)著《古文尚书冤词》和他抗辩,在当时学术界为公开讨论之绝大问题,结果阎胜毛败。《四库提要》评阎书所谓:'有据之言,先立于不可败也。'自兹以后,惠定宇(栋)之《古文尚书考》,段茂堂(玉裁)之《古文尚书撰异》等,皆衍阎绪,益加绵密,而伪古文一案,遂成定谳。"赵执信《阎先生若璩墓志铭》:"先生非今之人,盖古之学者也。其于书无所不读,又皆精晰而默识之。……于诸经注疏皆能成诵,史家综核贯穿。少读《尚书》,多所致疑,谓自孔安国至梅赜,几百五年中间,半出傅会,遂著《尚书古文疏证》。"

唐甄卒 唐甄(1630—1704),顺治丁酉中举人,曾任山西长子县知县,仅十个月便去官。早年避乱居苏州,后终老于此,家计赤贫却仍著书不辍。是年卒。其学无师授,学术从阳明入手,带着佛学气味,又精心研究事务条理,不为蹈空骛高之谈。认为应以悦教人,因为一切怨天尤人不相亲爱皆由不悦而生,只有各自搜寻己之病根,各自找药,一切都会通达。他还认为人的生质与地理环境有关系。虽极力提倡心学,但与宋、明儒明心见性的说法不同。他养心专为治事,心学只是手段而已。所以他认为对客观事物条理须详实研究。其哲学观点也有独到之处,他论人死与不死之理,颇能将科学的见解和宗教的见解调和起来。认为"人之死生多矣,必有非生非死者在其中而后不穷于生死也"。精神之顺应的相禅,尽人所同,而精神之自主的相禅,则圣贤豪杰所独有。坚持老养生、释明死、儒治世三者各异,不可相通,这种看法比向来排斥佛老和会通三教等学说高明得多。著作有《潜书》。

[文献] 蔡冠洛《清代七百名人传》(下):"唐甄,字铸万,四川达县人。……康熙四十三年卒。年七十有五。"(中国书店,1984,1575页)王闻远《西蜀唐圃亭先生行略》:"先生十四五岁,即嗜古学,精进淬砺,不拘拘于师说。落笔卓有端绪。……先生状貌短小,须眉疏秀。朴学质行,不尚文饰,呐呐然似不能言者。然刚直亢爽,不肯媕婀随俗。意所不洽,千夫莫回也。……先生晚年与蔡息关先生讲道,宗阳明良知之学,直探心体,不遂于物。"(唐甄《潜书》附录)梁启超《中国近三百年学术史》:"唐甄,原名大陶,字铸万,号圃亭,四川达州人。生明崇祯三年,卒清康熙四十三年(1630—1704),年75。顺治丁酉举人。曾任山西长子县知县,仅十个月便去官,在任内劝民植桑八十万株。他早年因蜀乱避地居苏州,遂游长终老于苏。家计赤贫,……陶陶焉振笔著书不辍。他学无师授,……学术从阳明入手,亦带点佛学气味,确然有他的自得,又精心研究事务条理,不为蹈空骛高之谈。……他以为:'不悦则常怀烦懑,多见不平,多见非理,所以一切怨天尤人不

相亲爱,皆由此生。……'他又说:'古人教亦多术矣,不闻以悦教人,而予由此入者何?'……铸万主张各自搜寻自己病根,各自找药,最为通达。他说地理关系影响到人的生质亦极有理致。铸万虽极力提倡心学,然与宋明儒明心见性之说不同。他养心专为治事用,所以心学只算手段,不算目的。……所以他对于客观的事物条理,认为必须详实研究。……铸万的哲学——人生观,也有独到之处。他论人死而不死之理,颇能将科学的见解和宗教的见解调和起来。他说:'……人之死生多矣,必有非生非死者在其中,而后不穷于生死也。'……精神之顺应的相禅,尽人所同;精神之自主的相禅,则圣贤豪杰所独。……他又说:'老养生,释明死,儒治世,三者各异,不可相通。合之者诬,校是非者愚。'这种见地,比向来攘斥佛老或会通三教等学说,又高明得多了。"

颜元卒 颜元(1635—1704),清初思想家。一生十分之九时间都在家乡,51岁时曾出关寻父,北达铁岭,东抵抚顺,南出天复门,经一年多负遗骨归葬。五十六七岁时曾一度出游,到过直隶南部及河南。六十二岁时,应漳南书院之聘设教。此后归家不复出,七十岁时卒。青年时代他一度好陆王书,不久又从事程朱学,信之甚笃。三十岁以后,有见于后儒之高谈性命而乱孔孟之真,有见于先王先圣学教之成法,非静坐读书之空腐,有见于后世之乱皆儒术之失其传,毅然向圣人学习,并终身投入于困知勉行,无一言一事自欺自恕,慨然担天下之重任而弘济苍生。以为离却事物无学问,但在事物上求学问,则非实习不可。他极力提倡一个"习"字,并名其居"习斋"。他所谓之"习"绝非温习书本之"习",而是凡事都要实在练习的"习"。梁启超称此为"实践主义"、"实用主义"。颜氏排斥程朱陆王,又菲薄传论考证之学,对于旧思想的解放最为彻底。认为做事即是学问,以实学代虚学,以动学代静学,以活学代死学。他曾说:"立言但论是非,不论异同。是,则一二之见不可易也。非,则虽千万人所同,不随声也。"表现他不人云亦云,敢于坚持己见的求实精神。亦反对著书,"可行于身者多,劳枯于心者少"。主要著作有《存学》、《存性》、《存治》、《存人》四编。

[文献] 张惟骧《疑年录汇编》卷九:"颜易直七十元,生明崇祯八年乙亥,卒清康熙四十三年甲申。"王源《颜习斋先生传》:"颜习斋先生名元,字浑然。博野人。……先生初奉程朱甚谨,后以居媪丧,觉《家礼》有违性情者,校以古礼,非是,因悟尧舜之道在六府、三事,周公教士以三物,孔子以四教。静坐,禅也;读书、讲注,空言也。于是著《存性》、《存学》、《存治》、《存人》四编以立教。名其斋曰'习斋',帅门弟子力行孝弟,存忠信,日习礼、习乐、习射、习书数,究兵、农、水、火,堂上琴筝、弓矢、筹管森列。……故先生之学,以事物为归,而生平未尝以空言立教。"(《居业堂文集》卷四)梁启超《清代学术概论》(七):"若颜氏者,则明目张胆以排程、朱、陆、王,而亦菲薄传注考证之学,……其对于旧思想之解放,最为彻底,尝曰:'立言但论是非,不论异同。是,则一二人之见不可易也;非,则虽千万人所同,不随声也。'……然则元之学之所以异于宋儒者何在耶? 其最要之旨曰:'习行于身者多,劳枯于心者少。'……质而言之,为做事故求学问,做事即是学问,舍做事外别无学问,此元之根本主义也。以实学代虚学,以动学代静学,以活学代死,与最近教育新思潮最相合。"梁启超《中国近三百年学术史》:"颜习斋,名元,字浑然,直隶博野县人。生明崇祯八年,卒清康熙四十三年(1635—1704),年70。……他二十多岁,……正要出关寻父,碰着三藩之乱,……直到51岁方能成行。北达铁岭,东抵抚顺,南出天复门,困苦不可名状,经一年余,卒负骨归葬。他的全生涯,十有九都在家乡过活。……五十六七岁时候,曾一度出游,到过直隶南部及河南。62岁,曾应肥乡漳南书院之聘,往设教,……正在开学,碰着漳水决口,把书院淹了,他自此便归家不复

出。……20岁前后,好陆王书,未几又从事程朱学,信之甚笃。30岁以后,才觉得这路数都不对。……他以为,离却事物无学问,……在事物上求学问,则非实习不可。……所以他极力提倡一个'习'字,名所居曰'习斋'。……他所谓习,绝非温习书本之谓,乃是说凡学一件事都要用实地练习功夫。所以我叫他做'实践主义'。……他用世之心极热,……所以我又叫他'实用主义'。"王源《颜习斋先生年谱序》:"先生崛起,无师受,确有见于后儒之高谈性命,为参杂二氏,而乱孔、孟之真;确有见于先王、先圣学教之成法,非静坐、读书之空腐;确有见于后世之乱,皆由儒术之失其传,而一复周、孔之旧,无不可复斯民于三代。于是砥行砥德,一以礼乐为准,射御书数,并成其能。毅然谓圣人必可学,而终身矻矻于困知勉行,无一言一事之自欺自恕;慨然任天下之重,而以弘济苍生为心。"(《居业堂文集》卷一二)

域外 [英]唯物主义哲学家、心理学家哈特莱生,著有《论人的构造、义务及希望》。

圣祖康熙四十四年　乙酉(公元1705年)

全祖望生 全祖望(1705—1755),字绍衣,一字谢山,浙江鄞县人。清代史学家。是年生。

[文献] 张惟骧《疑年录汇编》卷一一:"全绍衣五十一祖望,生康熙四十四年乙酉,卒乾隆二十年乙亥。"《清史稿》卷四八一:"全祖望,字绍衣,鄞县人。……二十年,卒于家,年五十有一。"梁启超《中国近三百年学术史》:"谢山名祖望,字绍衣,浙江鄞县人,生康熙四十四年,……"《全谢山年谱》:"康熙四十四年乙酉,正月初五亥时,先生生于鄞县白坛里月湖之西岸先世詹公故宅。"(朱铸禹《全祖望集汇校注》,上海古籍出版社,2000)

李颙卒 李颙(1629—1705),清初思想家。学成之后曾一度到东南游学,无锡、江阴、靖江、武进、宜兴各处的学者争相请他讲学,又常在陕西富平、华阴境内设讲。康熙初年,拒荐"山林隐逸"。康熙十八年,又以死拒荐"博学鸿儒",生平不肯在清朝做官。康熙四十二年,圣祖赐御书"操志高洁"四字以奖之。是年卒,享年79岁。其居恒教人,专以反身实践为事,悔过自新为主。认为欲学四书者应该体诸身,见诸行,充之为天德,达之为王道,有体有用,有补于世。对于晚明王学家之专好谈玄持反对态度。他说:"先觉倡道,皆随时补救,如人患病不同,投药亦异。晦庵之后,堕于支离葛藤,故阳明出而救之以致良知,令人当下有得。及其久也,易致于谈本体而略工夫……"著作有《四书反身录》、《二曲集》、《观感录》等。在当时与孙奇逢、黄宗羲鼎足称三大儒。

[文献] 谢国桢《李二曲学谱》:"(李二曲)生于明崇祯二年,卒于康熙四十四年(一六二九——一七〇五)。先生姓李氏,讳颙,字中孚,其别署曰'二曲土室病夫'……倡道关中以明体适用之学,闻于天下,学者因称之为'二曲先生'。(谢国桢:《孙夏峰、李二曲学谱》,商务印书馆,1934)《清史稿》卷四八〇:"康熙十八年,荐举博学鸿儒,称疾笃,……乃得予假。……四十二年,圣祖西巡,召颙见,时颙已衰老,遣子慎言诣行在陈情,以所著《四书反身录》、《二曲集》奏进。上特赐御书'操志高洁'以奖之。颙谓:'孔、曾、思、孟,立言垂训,以成《四书》,盖欲学者体诸身,见诸行。充之为天德,达之为王道,有体有用,有补于世。'……居恒教人,一以反身实践为事,门人录之,为七卷。是时容城孙奇逢之学盛于北,余姚黄宗羲之学盛于南,与颙鼎足称三大儒。"全祖望《鲒埼亭文集·二曲先生窆石文》:"按先生姓李氏,讳容(颙),字中孚,其别署曰二曲土室病夫,学者因称之二曲先生,西安之盩厔县人也。……家贫甚。乃先生敢能自拔于流俗,以昌明关学为己任。家无书,俱从人借之。其自经史子集以至二氏之书无不观,然非以资博

览,其所自得,不滞于训诂文义,旷然见其会通。……于是关中士子,争向先生问学。关学自横渠而后,三原泾野、少墟,累作累替,至先生而复盛。……先生四十以前,尝著《十三经纠缪》、《廿一史纠缪》诸书,以及象数之学,无不有述,其学极博,既而以为近于口耳之学,无当于身心无复示人。……当是时,北方则孙先生夏峰,南方则黄先生梨洲,西方则先生,时论以三大儒。"梁启超《中国近三百年学术史》:"李二曲,名颙,字中孚,陕西盩厔人,生明天启六年,卒清康熙四十四年(1627—1705),年七十九。他是僻远省分绝无师承的一位穷学者。……他学成之后,曾一度到东南无锡、江阴、靖江、武进、宜兴各处的学者,相争请他讲演。在陕境内,富平、华阴,都是他常常设讲之地。康熙初年,陕抚荐他'山林隐逸',特诏征他,力辞才免。……他并不是矫情鸣高,但不肯在清朝做官,是他生平的志气。……专以返躬实践,悔过自新为主。……但对于晚明王学家之专好谈玄,却认为不对。他说:'先觉倡道,皆随时补救,如人患病不同,投药亦异。晦庵之后,堕于支离葛藤,故阳明出而救之以致良知,令人当下有得。及其久也易,至于谈本体而略工夫。'《二曲集》卷十《南行述》……他绝对不作性命理气等等哲理谈,一力从切身处逼拶,所以他的感化力入人甚深。他自己拔自疏微,所以他的学风,带有平民的色彩。著有《观感灵》一篇。"

[考辨] (一)对于李颙"悔过自新"的看法,学术界有争论。有人认为"他的'实学'是以'悔过自新为始基'的,终未摆脱主观唯心主义的巢臼。"(王思治《清代人物传稿》上编第一卷,中华书局,1984,185页)但也有人认为:"李二曲更为可取的是,他把性命问题当作'悔过自新'的理论基础"(赵吉惠《李二曲〈四书反身〉对传统儒学的反省与阐释》,载《中国哲学史》1998年第1期)。

(二)二曲是否与横渠无共同处,是否不斥佛老。有人持肯定观点,认为:"二曲在王门中是一位博学的人,所谓继承关学六百年之统者,其实二曲与横渠无共同处。因为二曲不排斥佛老。"(杨向奎《清儒学案新编》(一),齐鲁书社,1985,267页)有人认为"此语也未免失之片面。……并非'二曲与横渠无共同处。'至于说到'二曲不斥佛老',亦当具体讨论。一般来说二曲是不斥佛老的,但在某些具体问题上,二曲对佛老亦有所批评。"(赵吉惠《李二曲〈四书反身录〉对传统儒学的反省与阐释》,载《中国哲学史》1998年第1期)

(三)关于二曲学术派别的问题。有人认为:"二曲实在没有合朱王为一,仍是援朱以入王,以王解朱而非朱。","二曲之学乃彻头彻尾阳明,而不遗程朱者,欲以程朱之较朴实补阳明之空疏。"(杨向奎《清儒学案新编》(一),齐鲁书社,1985,266~267页)赵吉惠通过分析认为:"二曲以上言论的总体精神应该是朱学与王学相资互补,各取所长。二曲学术思想的走向是折中朱王,……他对朱学与王学都采取审视的态度,并非'彻头彻尾阳明'。"(赵吉惠《李二曲〈四书反身录〉对传统儒学的反省与阐释》,载《中国哲学史》1998年第1期)

圣祖康熙四十九年　庚寅(公元1710年)

王源卒　王源(1648—1710),清代学者。字昆绳,号或庵,直隶大兴(今属北京)人。40岁时游京师。康熙三十二年(1693)中举人。参与洞庭山书局,56岁时因李塨介绍入颜元门下。晚年弃妻子而游,于是年客死淮上。从少年时,他就对宋儒之学不以为然,最喜习知前代典要及关塞险隘攻守方略,能为文章。魏禧极推重他,说他的著作"力追先秦西汉"。他才气横溢,独倾心于继庄和恕谷,说他们是"生平性命之友",称赞此二人"实抱天人之略,非三代以下之才"。晚年学益进,但李塨批评他只知求圣道,却不顾朋友弟子之情。并且与公卿交往很多,意气无前。其在未从颜元之前,最服阳明,深恶程朱。他早年著有《兵法要略》、《舆图指掌》,受业习斋后又著《平书》10卷、《读易通言》5卷已佚,另有《居业堂文集》,今存。

[文献] 《清人文集别录》卷三:"(王源)康熙四十九年卒于淮上,年六十三。"《清史稿》卷四八〇:"王源,字昆绳,大兴人。……唯喜习知前代典要及关塞险隘攻守方略。年四十,游京师。……中康熙三十二年举人。……昆山徐乾学开书局于洞庭山,招致天下名士,源与焉。于侪辈中独与刘献廷善,日讨论天地阴阳之变,伯王大略、兵法、文章、典制、古今兴亡之故,方域要害,近代人才邪正。……塨微言圣学,源闻之沛然。因持《大学辨业》去,是之。塨乃为极言颜元明亲之道,源曰:'吾知所归矣。'遂介塨往博野执贽元门,时年五十有六矣。"梁启超《中国近三百年学术史》:"昆绳,名源,一字或庵,顺天大兴人。卒康熙四十九年,年63。他是当时一位老名士。他少年从梁鹔林游,鹔林教以宋儒之学,他不以为然,最喜谈前代掌故及关塞险隘攻守方略,能为文章。魏冰叔极推重他。他说自韩愈以后而文体大坏,故其所作力追先秦、西汉,自言:'生平性命之友有二,一曰刘继庄,二曰李恕谷。此二人者实抱天人之略,非三代以下之才。'……他才气横溢,……晚年学益进。恕谷批评他道:'王子所谓豪杰之士者,非耶!迹其文名远噪,公卿皆握手愿交,意气无前;且半百耆儒,弟子请业者满户外,乃一闻圣道,遂躬造一瓮牗绳枢潜修无闻之士,伛偻北面,惟恐不及。'……他早年著有《兵法要略》、《舆图指掌》等书。受业习斋后,更著有《平书》十卷,《读易通言》五卷,皆佚。其集曰《居业堂文集》,二十卷,今存。他好游,晚年弃妻子,遍游名山大川,卒客死淮上。昆绳未从学习斋以前,最服膺阳明学,对于当时借程朱做招牌的人深恶痛绝。"

域外 [英]哲学家、苏格兰派即常识学派的创始人李德生,著有《人类心灵的研究》、《论人的智力》等书。

圣祖康熙五十年　辛卯(公元1711年)

马注卒　马注(1640—1711),伊斯兰教学者,关于宗教方面的著述很多。1659年,作《隆中吟》、《樗樵录》。1672年,完成撰注《清真指南》的主要部分。1681年,撰《请褒表》,上述千圣之家,次陈历朝之典,阐扬正教,标题经旨,但却不被赏识。1686年,康熙帝下诏博采遗书,马注乘机进《进经疏》,献《清真指南》。1690年、1697年分别撰《穆圣赞》、《教条八款》并收入《清真指南》。1701年,作《原道跋》,述己著书立说与阐教卫道之原因。1709年,作《天官赋》。1710年,马注订《约束教条》10项,撰《左道通晓》一文,列入《清真指南》。至此《清真指南》一书10卷全部完成。是年卒,享年72岁。

[文献]《清真指南》卷一《自序》:"余早年幼失经训,二亲早捐。十五而业文章,学为经济。……三十而著《经权》,期留青史,亦已编辑成书。良谓修齐治平,得其至理。及三十五而访闻经教,知无命之从来。民夜钻研,始觉前缴茫然,身心无济。于是国闻得悟,领诲明师,或见或间,著为《指南》一集。"曹琦、彭耀《世界三大宗教在中国》:"1659年,马注作《隆中吟》、《樗樵录》。……1690年,马注作《穆圣赞》,收入《清真指南》卷九。1672年,马注完成撰注《清真指南》的主要部分。……1681年,马注撰《请褒表》,'上述千圣之家,次陈历朝之典,阐扬正教,标题经旨'。但疏屡上而未得见。……1686年,康熙帝下诏博采遗书,马注乘机进《进经疏》,献《清真指南》。……1690年,马注作《穆圣赞》,收入《清真指南》卷九。1697年,马注撰《教条八款》,收入《清真指南》卷八。……1707年,马注作《原道跋》,述其著书立说与阐教卫道之原因。……1709年,马注作《天官赋》。……1710年,马注订

《约束教条》十项,撰《左道通晓》一文,列文《清真指南》卷十。至此《清真指南》一书(十卷)全部完成。……1711年,马注殁,享年72年。"(中国社会科学出版社,1991,275~279页)

域外 [英]唯心主义哲学家、经济学家休谟生,著有《人性论》、《人类理解力研究》。

圣祖康熙五十一年　壬辰(公元1712年)

上谕宋儒朱熹配享孔庙　是年二月,上谕宋儒朱熹配享孔庙,列于大成殿十哲之次。

[文献]　印鸾章《清鉴》卷五:"壬辰五十一年,春二月,以宋儒朱熹配享孔庙。位于大成殿十哲之次。十哲:颜渊、闵子骞、冉伯牛、仲弓、宰我、子贡、冉有、季路、子游、子夏也。"(北京市中国书店据世界书局1936年版影印,1985)

域外　[法]启蒙思想家、哲学家、教育家、文学家卢梭生。著有《论科学和艺术是否败坏或增进道德》、《论人类不平等的起源和基础》及《民约论》等书。

圣祖康熙五十二年　癸巳(公元1713年)

戴名世下狱论死　戴名世(1653—1713)在康熙四十八年(57岁)时,始中会试第一,殿试一甲二名及第,授编修。又二年因《南山集》祸起被逮捕入狱,又二年被杀。集中并无奇异激烈的言辞,而戴名世也不过是一位普通文人,本绝无意反抗清廷,只是对官修明史有所不满,却因此而身遭大祸。戴名世是一位古文家,桐城派古文实应推他为开山之祖。从小喜读《左传》、《史记》,有志自撰明史。为文善叙事,著有《孑遗录》。

[文献]　《清史稿》卷四八四:"戴名世,字田有,桐城人。康熙四十八年,年五十七,始中式会试第一,殿试一甲二名及第,授编

修。又二年而《南山集》祸作。先是门人尤云鹗刻名世所著《南山集》,集中有与余生书,称明季三王年号,又引及方孝标《滇黔今纪闻》。当是时,文字禁网严,都御史赵申乔奏刻《南山集》词悖逆,遂逮下狱。……系狱两载。九卿覆奏,名世、云鹗俱论死。……名世为文善叙事,又著有《孑遗录》,纪明末桐城兵变事,皆毁禁,后乃始传云。"梁启超《中国近三百年学术史》:"戴名世,字田有,号南山,安徽桐城人。康熙五十二年下狱论死。年61。他本是一位古文家,桐城派古文,实应推他为开山之祖。他从小喜读《左传》、《史记》,有志自撰明史。……《南山集》在当时为禁书,然民间传本不绝。集中并无何等奇异激烈语,看起来南山不过一位普通人士,本绝无反抗清廷之意。但他对于当时官修《明史》,确有所不满。……而其身遭大祸亦即以此。"

编修《御定数理精蕴》 《御定数理精蕴》,是中国历史上首次由政府主持编纂的数学书籍,共53卷。该书分为三部分,上编5卷,包括"几何原本"、"原法原本"、"数理本源"、"河图"、"洛书"、"周髀经解"等,下编40卷,包括算术、代数、几何、三角等内容,另有数表8卷。该书基本吸收了当时数学各方面的全部成就,是对中西数学的一个全面总结。

[文献] 《四库全书总目提要》卷一〇七:"《御定数理精蕴》五十三卷,康熙五十二年圣祖仁皇帝御定律历渊源之第二部也。上编五卷,曰立纲明体,其别有五:曰《数理本源》、曰《河图》、曰《洛书》、曰《周髀经解》、曰《几何原本》、曰《算法原本》。下编四十卷,曰分条致用,其别亦有五:曰《首部》、曰《线部》、曰《面部》、曰《里部》、曰《末部》。又表八卷,其别有四:曰《八线表》、曰《对数阐微表》、曰《对数表》、曰《八线对数表》。皆通贯中西之异同,而辨订古今之长短。……实为从古未有之书,虽专门名家未能窥高深于万一也。"

毛奇龄卒 毛奇龄（1623—1713），清经学家、文学家。顺治三年，入毛有伦军中。康熙十八年（1679），被荐举鸿儒科，试列二等，授翰林院检讨，充《明史》纂修官。康熙二十四年充会试同考官，寻假归，得痹疾，遂不复出，僦居杭州，专心著述。康熙三十八年，得圣祖温谕奖劳。是年卒于家，享年 91 岁。其淹贯群书，所自负者在经学，然好为辩驳，他人所已言者，必力反其词，但其书往往因此有独到之处。如《河图原舛篇》、《太极图说遗议》等，都在胡渭之前，对清儒治诸学之风有很大影响。他大力排击异己，言古音则诋顾炎武，言《尚书》则诋阎若璩，并且对宋儒加以猛烈攻击，作《大学知本图》、《中庸说》、《论语稽求篇》等，但常有轻薄谩骂语，不是学者态度。全祖望说其著作"有造为典故以欺人者，有造为师承以示人有本者，有信口臆说者，有不考古而妄言者，有前人之言本有出而妄斥为无稽者，有因一言之误而诬其终身者，有贸然引证而不知其非者，有改古书以就己者"。梁启超则认为他只是个半路出家的经生，与其说他是学者，不如称之为文人。但同时，梁启超也承认毛氏在启蒙时期，不失为一冲锋陷阵之猛将。其他著作还有《仲氏易》、《推易始末》4 卷、《春秋占筮书》3 卷、《易小帖》5 卷、《易韵》4 卷、《春秋毛氏传》36 卷、《春秋简书刊误》2 卷、《春秋属辞比事记》4 卷等。

[文献]《清史稿》卷四八一："毛奇龄，字大可，又名生生，萧山人。……明亡，哭于学宫三日。山贼起，窜身城南山，筑土室，读书其中。顺治三年，明保定伯毛有伦以宁波兵至西陵，奇龄入其军中。……康熙十八年，荐举博学鸿儒科，试列二等，授翰林院检讨，充《明史》纂修官。二十四年，充会试同考官，寻假归，得痹疾，遂不复出。……归田后，僦居杭州，著《仲氏易》，……又著《推易始末》四卷，《春秋占筮书》三卷，《易小帖》五卷，《易韵》四卷，……著《春秋毛氏传》三十六卷，《春秋简书刊误》二卷，《春秋属辞比事

记》四卷,条例明晰,考据精核。……奇龄淹贯群书,所自负者在经学,然好为驳辨,他人所已言者,必力反其词。……三十八年,圣祖南巡,奇龄迎驾于嘉兴,以《乐本解说》二卷进,温谕奖劳。……五十二年,卒于家,年九十一。"梁启超《中国近三百年学术史》:"西河有天才而好立异,故其书往往有独到处。……他对于宋儒猛烈攻击,有《大学知本图》、《中庸说》、《论语稽求篇》等,但常有轻薄谩骂语,不是学者态度。……谢山说西河著述中,'有造为典故以欺人者;有造为师承以示人有本者;有前人之误已经辨正而尚袭其误而不知者;有信口臆说者;有不考古而妄言者;有前人之言本有出而妄斥为无稽者;有因一言之误而诬其终身者;有贸然引证而不知其非者;有改古书以就己者;'……要之西河是'半路出家的经生',与其谓之学者,毋宁谓之文人也。"梁启超《清代学术概论》(五):"若论清学界最初之革命者,尚有毛奇龄其人。其所著《河图原舛篇》、《太极图说遗议》等,皆在胡渭前,后此清儒所治诸学,彼亦多引其绪。但其言古音则诋顾炎武,言《尚书》则诋阎若璩,故汉学家桃之不宗焉。……平心论之,毛氏在启蒙期,不失为一冲锋陷阵之猛将,但于'学者的道德'缺焉,后儒不宗之宜耳。"

圣祖康熙五十三年　甲午(公元1714年)

胡渭卒　胡渭(1633—1714),15岁为县学生,入太学,笃志经义,尤精舆地之学。康熙四十三年(1704),圣祖赐予"耆年笃学"四字,儒者皆以为荣。是年卒,享年82岁。其经术湛深,学有根柢,故所论一轨于正。梁启超认为胡氏之所以伟大,在其《易图明辨》一书。该书大旨辨宋以来所谓《河图》、《洛书》者传自邵雍,以《易》还诸羲、文、周、孔,以《图》还诸陈、邵,宋学因此而受"致命伤"。从此以后,学者才知宋学与孔学不可合,舍宋人所用求学孔子真理之方法外,尚别有他途。并且考汉以来的"阴阳五行说",

及一切邪说邪术之来历,使其不能再依附经训以自重,这是思想界的一场大革命。其还著《禹贡锥指》20卷,图47篇,认为汉、唐二孔氏、宋蔡氏于地理多疏舛,乃博稽载籍,考其异同而折衷之。对山川形势郡国分合,道里远近夷险,一一讨论详明。汉唐以来,河道迁徙,为民生国计所系,故于《导河》一章,备考决溢改流之遗迹。其留心经济,异于迂儒不通时务。又撰有《洪范正论》5卷。

[文献]《清史稿》卷四八一:"胡渭,初名渭生,字朏明,德清人。……十五为县学生,入太学,笃志经义,尤精舆地之学。……渭著《禹贡锥指》二十卷,图四十七篇。谓汉、唐二孔氏,宋蔡氏,于地理多疏舛。……乃博稽载籍,考其同异而折衷之。山川形势,郡国分合,道里远近夷险,一一讨论详明。又汉、唐以来,河道迁徙,为民生国计所系,故于《导河》一章,备考决溢改流之遗迹。留心经济,异于迂儒不通时务。间有千虑一失,则不屑阙疑之过。又撰《易图明辨》十卷,……又撰《洪范正论》五卷,……渭经术湛深,学有根柢,故所论一轨于正。……康熙四十三年,圣祖南巡,渭以《禹贡锥指》献行在,圣祖嘉奖,御书'耆年笃学'四大字赐之,儒者咸以为荣。五十三年,卒,年八十有二。"梁启超:《清代学术概论》(五):"胡渭之所以伟大,在其《易图明辨》也。……胡渭之《易图明辨》,大旨辨宋以来所谓《河图》、《洛书》者,传自邵雍,……渭之此书,以《易》还诸羲、文、周、孔,以《图》还诸陈、邵,并不为过情之抨击,而宋学已受'致命伤'。自此,学者乃知宋学自宋学,孔学自孔学,离之双美,合之两伤;自此,学者乃知欲求孔子所谓真理,舍宋人所用方法外,尚别有其途。不宁唯是,我国人好以'阴阳五行'说经说理,不自宋始,盖汉以来已然。一切惑世诬民汩灵窒智之邪说邪术,皆缘附而起。胡氏此书,乃将此等异说之来历,和盘托出,使其不复能依附经训以自重,此实思想之一大革命也。"

圣祖康熙五十四年　乙未(公元 1715 年)

始撰《钦定音韵阐微》　是年,清文渊阁大学士李光地奉敕编修《钦定音韵阐微》。李光地(1642—1718)字晋卿,号厚庵,福建安溪人。该书至雍正四年完稿,历时 11 年。其正文按平水韵排列,另附有《韵谱》,每图横列三十六母,纵列开、齐、合、撮四呼,每呼又按平、上、去、入四声列字。该书取法于满文的"合声法",对反切进行了改良。确定用"支、微、鱼、虞、歌、麻"等韵的字为切上字,用清声影母字、浊声喻母字做切下字,这样则满足了"缓读则成二字,急读则为一音"的要求。此外,该书还对过去一些重要韵书做了说明,为研究语音演变提供了参考资料。

[文献]《四库全书总目提要》卷四二:"《钦定音韵阐微》十八卷,康熙五十四年奉敕撰,雍正四年告成。……惟我国书十二字头,用合声相切,缓读则为二字,急读则为一音,悉本乎人声之自然。证以《左传》之丁宁为钲、句渎为谷,《国语》之勃鞮为披,《战国策》之勃苏为胥,于三代古法,亦复相协。是以特诏儒臣,以斯立准。首列韵谱,定四等之轻重。每部皆从今韵之目,而附载《广韵》之子部,以存旧制,因以考其当合当分。其字以三十六母为次,用韩道昭《五音集韵》、熊忠《韵会举要》之例;字下之音,则备载诸家之异同。协者从之,不有心以立异;不协者改用合声,亦不迁就以求同。大抵以上字定母,皆取于支、微、鱼、虞、歌、麻数韵;以此数韵能生诸音,即国书之第一部也。"

域外　[法]启蒙思想家、唯物主义哲学家爱尔维修生,著有《精神论》、《论人的理智能力和教育》等书。

圣祖康熙五十五年　丙申(公元 1716 年)

袁枚生　袁枚,字子才,号简斋,浙江钱塘(今杭州)人。学者多称其为随园先生。是年生。

［文献］ 姚鼐《袁随园君墓志铭》:"君钱塘袁氏,讳枚,字子才。……君卒于嘉庆二年十一月十七日,年八十二。"(《惜抱轩诗文集》卷一三)袁牧《小仓山房诗集》卷二〇:"余七龄上学,是康熙壬寅岁也。"

《康熙字典》编成 《康熙字典》,为清代官修的一部大型字书。40卷,由张玉书等奉敕编成。该书主要是在《字汇》、《正字通》的基础上增订而成的,对其中部分文字详述声音、训诂,并且对这些字的源流演变,都进行了详尽考订和罗列。书末附《补遗》收冷僻字,又列《备考》,收有音无义,或音义全无之字。共收47030字,分214部。该书虽内容庞杂,不够完善,但它代表着我国封建社会字书的顶峰,我国"字典"二字,自此启用。

［文献］《御制康熙字典·序》:"切音解义,一本《说文》、《玉篇》,兼用《广韵》、《集韵》、《韵会》、《正韵》。其余字书,一音一义之可采者,靡有遗逸。至诸书引证未备者,则自经史百子以及汉、晋、唐、宋、元、明以来诗人文士所述,莫不旁罗博证,使有依据;然后古今形体之辨,方言声气之殊,部分班列,开卷了然,无一义之不详,一音之不备矣。"

圣祖康熙五十六年　丁酉(公元1717年)

四月,康熙帝命查禁天主教 先是康熙八年,帝命天主教除南怀仁等人外,直隶及其他各省禁止传教、入教。此法令年久失弛,是年,广东碣石总兵陈昂奏请查禁天主教,康熙帝从之。

［文献］ 印鸾章《清鉴》卷五:"丁酉五十六年,夏四月,广东总兵陈昂,请禁天主教,从之。兵部议覆:广东碣石总兵官陈昂奏,天主一教,设自西洋,今各省设堂,招集匪类,此辈居心叵测。……应令八旗直隶各省,并奉天等处,再行严禁,从之。"(北京市中国

书店据世界书局 1936 年版影印,1985)《清史稿》卷八一:"(五十六年丁酉夏四月)丙申,碣石镇总兵陈昂奏天主教堂各省林立,宜行禁止,从之。"

卢文弨生 卢文弨,字召弓,号矶渔,又号檠斋,晚号弓父,学者称抱经先生。浙江余姚人。据张惟骧《疑年录汇编》知其生于是年。

[文献] 张惟骧《疑年录汇编》卷一一:"卢召弓七十九文弨,生康熙五十六年丁酉。"蔡冠洛《清代七百名人传》:"卢文弨,字召弓,号矶渔,又号檠斋,晚更号弓父。抱经其堂也,人称抱经先生。浙江余姚人。"(中国书店,1984,1608 页)《清史稿》卷四八一:"卢文弨,字召弓,余姚人。"

圣祖康熙五十八年　己亥(公元 1719 年)

庄存与生 庄存与,字方耕,号养恬,江苏武进人。清今文经学的开创者。是年生。

[文献] 张惟骧《疑年录汇编》卷一一:"庄方耕七十存与,生康熙五十八年己亥。"《清史稿》卷三〇五:"存与,字方耕,江南武进人。"蔡冠洛《清代七百名人传》(下):"庄存与,字方耕。江苏武进人。"

圣祖康熙六十年　辛丑(公元 1721 年)

二月,藏族学者嘉木样协巴卒 嘉木样协巴(1648—1721)是藏族学者。13 岁时,从益西嘉错比丘出家为僧,受沙弥戒,法名洛桑坚赞。奉持戒律,十分严谨,学习修持都表现得勤恳慎重,显示出高尚的品质。21 岁,离别家乡到前后藏求学深造,后入哲蚌寺郭莽扎仓(即多门学院)学习经论 8 年之久。在此期间,他曾从大国师章嘉活佛一世阿旺曲登、聂塘巴大师喜饶金巴等佛学权威研修五部大论。他 27 岁那年,在五世达赖座前受具足戒,参加桑铺寺的因明辩经大会,立宗答难,辩解无碍,被人们称为"青年大师"。29 岁又进入拉萨上、下密院,达到西藏佛学的最高阶,成为"显密兼通"的权威人士。53 岁,出任哲蚌寺郭莽扎仓堪布,著有《五大论广疏》等,流行很广。69 岁,回籍建拉卜楞寺,形成黄教的第六大寺,僧众多至 3700 人,下设六大学院。康熙五十九年(1720),皇帝颁赐金敕金印,封为"扶法禅师班智达额尔德尼诺门汗"。是年二月五日逝世,寿 74 岁(按藏历计算)。由弟子将其著作汇成《嘉木样协巴大师全集》,包括《西藏佛教宏传史实传略》、《西藏佛教大事年表》、《大威德密法传承史》、《藏文文法论集》、《藏文诗歌总论》、《书翰集》、《藏语藻饰词汇集》、《同义词释难》、《与六世达赖问答集》等。这些著作在藏族学者中有很大影响,其作者亦被公认为一位学识渊博的大师,并被奉为拉卜楞寺活佛,七年后形成一个活佛转世系统。

[文献] 王思治《清代人物传稿》上编第一卷:"嘉木样协巴,生于清顺治五年(1648 年),卒于清康熙六十年(1721 年)……清初藏族中著名学者,清顺治五年正月初八日诞生于安多藏区夏河甘家滩地方,今属甘肃省甘南藏族自治州夏河县。……十三岁,依益西嘉错比丘出家为僧,受沙弥戒,奉持戒律,十分严谨,学习修持都表现出勤恳慎重,显示出高尚的品质。二十一岁,离别家乡到前后藏求学深造。……后,入哲蚌寺郭莽扎仓(即多门学院)学习经论,直到二十九岁,八年之间曾从大国师章嘉活佛一世阿旺曲登、聂塘巴大师喜饶金巴等佛学权威研修五部大论……在这一段期间,年二十七岁时,康熙十四年(1675),在五世达赖座前受具足戒,并且参加桑铺寺的因明辩经大会,立宗答难,辩解无碍,赢得人们尊敬,称为'青年大师'。二十九岁自哲蚌寺郭莽扎仓修习圆满后,进入拉萨上、下密院,……通过上、下密院的深造,已经达到西

藏佛学的最高学阶,成为'显密兼通'的权威人士。……五十三岁时(1702年),应哲蚌寺僧众的坚请,出任郭莽扎仓堪布,主要讲述显密经论要义。此时撰述甚多,有《五大论广疏》,共十五函之多,镌版传世,流行甚广。……康熙四十七年(1708年),青海和硕特前旗黄河南亲王额尔德尼吉囊遣使入藏,敦请他回籍建寺宏法。……从此,拉卜楞寺开始奠基兴建,以后,逐渐形成黄教一大寺庙,僧众多至三千七百人,下设六大学院,……被称为第六大寺。……康熙五十九年(1720年)六月,皇帝颁赐金敕金印,封为'扶法禅师班智达额尔德尼诺门汗'。康熙六十年(1721年)正月四日有疾,二月五日逝世。寿七十四岁。(按藏历计算)身后,由弟子将著作汇集成'嘉木样协巴大师全集',在本寺雕板印行,其中包括下列重要著述:《西藏佛教宏传史实述略》、《西藏佛教大事年表》……《大威德密法传承史》、《藏文文法论集》、《藏文诗歌总论》、《书翰集》、《藏语藻饰词汇集》、《同义词释难》、《与六世达赖问答集》。这些著作在藏族学者中间有很大影响,公认为一位学识渊博的大师。并被奉为拉卜楞寺活佛,七年以后形成一个活佛转世系统。"(中华书局,1984,266—268页)

江声生 江声,字鲸涛,后改字叔沄。江苏吴县人。是年生。

[文献] 张惟骧《疑年录汇编》卷一一:"江鲸涛七十九声,生康熙六十年辛丑。"江藩《国朝汉学师承记》卷二:"先生讳声,本字鲸涛,后改叔沄。其先世居休宁之梅田,后迁苏州,又迁无锡,复归吴下,遂为吴县人。"

梅文鼎卒 梅文鼎(1633—1721),字定九,号勿庵,安徽宣城人。梅文鼎是我国明末清初著名的数学家、天文学家。是年卒。早年受传统文化熏陶,熟读经史,并从竹冠道人倪正学习历法。之后写了他的第一部天文学著作《历学骈枝》4卷。他的第一部数学著作《方程论》成于清康熙十一年(1672),系统总结了多元一次方程组问题,其中关于分数系数的"化整为零"代换法,很有创见。同时,他还著书介绍西方的天文学、数学知识,整理中国古代传统的天文学、数学知识。如《交食》、《七政》、《五星管见》、《揆日纪要》、《恒星纪要》等书以介绍西方天文学;如《笔算》、《筹算》、《度算释例》等以介绍西方算术及其工具;如《几何通解》、《几何补编》、《平三角举要》、《弧三角举要》、《环中黍尺》、《堑堵测量》等以介绍西方几何学和三角学。这些著作被后人辑为《梅氏历算全书》和《梅氏丛书辑要》。他融合中西数学、天文学,多有创新,最早提出用几何方法解释求日食三限时刻和月食五限时刻的道理,并校正了《大统历》中有关交食问题的几个数据的错误,系统整理了西方星表。由于他站在维护封建王道正统的立场上,所以通过种种虚构,提出西学中源的观点。这对西方近代科学在中国的传播有一定的消极影响。

[文献] 张惟骧《疑年录汇编》卷九:"梅定九八十九文鼎,生明崇祯六年癸酉,卒清康熙六十年辛丑。"《清稗类钞》:"梅文鼎,字勿庵,岁贡生。子以燕,举人。两世俱通算学。(中华书局,1986,3857页)"梁启超《清代学术概论》(八):"我国科学最昌明者,惟天文算法,至清而尤盛。凡治经学者多兼通之。其开山之祖,则宣城梅文鼎也。杭世骏谓:'自明万历中利玛窦入中国,制器作图颇精密,……学者张皇过甚,无暇深考中算源流;辄以世传浅术,谓古《九章》尽此,于是薄古法为不足观;而或者株守旧闻,遽斥西人为异学,两家遂成隔阂;鼎集其书而为之说,稍变从我法,若三角、比例等,原非中法可该,特为表出;古法方程,亦非西法所有,则专著论以明古人精意。'(杭世骏《道古堂集·梅定九征君征》)文鼎著书八十余种,其精神大率类是。"

阮元《畴人传·梅文鼎》:"征君年二十七,即有志步算之学,距其卒且六十年,积毕生之精力,从事一艺,既专且久,是以所造能究极精微,而无所不备。其学由授时以溯三统四分以来诸家之术,博考九执回回而归于新法,一一洞见本原,深澈底蕴,而又神明变化于三角八线勾股方程诸算事,故著书满家,皆独抒心得。……而不云东西南北。尤足以见中西之会通,而补古今之缺略者也。……自征君以来,通数学者后先辈出,而师师相传,要皆本于梅氏,钱少詹目为国朝算学第一,夫何愧焉。"

圣祖康熙六十一年　壬寅(公元 1722 年)

王鸣盛生　王鸣盛,字凤喈,号礼堂,又号西庄,晚号西沚。江苏嘉定(今属上海)人。是年生。

[文献]　张惟骧《疑年录汇编》卷一一:"王凤喈七十六鸣盛,生康熙六十一年壬寅。"蔡冠洛《清代七百名人传》:"王鸣盛,字凤喈,号礼堂,又号西庄,晚号西沚。江苏嘉定人。"《清史稿》卷四八一:"王鸣盛,字凤喈,嘉定人。"

世宗雍正元年　癸卯(公元 1723 年)

七月,雍正帝命设馆撰修《明史》

[文献]　印鸾章《清鉴》卷六:"(雍天元年)秋七月,以隆科多、王顼龄为《明史》监修官,徐元梦、张廷玉、朱轼、觉罗逢泰为总裁官。诏修《明史》故也。"《清史稿》卷九:"(雍正元年癸卯秋七月)壬寅,命隆科多、王顼龄监修《明史》,徐元梦、张廷玉为总裁。"

十二月,复禁天主教　闽浙总督满保奏称,西洋人在各省传教、煽惑,奏请查禁天主教。雍正从之。

[文献]　印鸾章《清鉴》卷六:"(雍正元年十二月)命地方官沿途照看西洋人。礼部奏,闽浙总督觉罗满保奏,西洋人在各省,起盖天主堂,潜住行教,人心渐被煽惑,请将……误入其教者,严行禁饬。帝以西洋人在各省居住年久,今该督奏请搬移,恐地方之

人,妄行扰累,命行文各省督抚,伊等搬移时,或给与半年数月之限,其来京与安插澳门者,委官沿途照看,毋使劳苦。"《清史稿》卷九:"(雍正元年癸卯十二月辛酉)安插洋人于澳门,改天主堂为公所,严禁入教。"

戴震生 戴震,字慎修,又字东原。安徽休宁人。是年生。

［文献］ 江藩《国朝汉学师承记》卷五:"戴震,字慎修,一字东原,休宁人。"张惟骧《疑年录汇编》卷一一:"戴东原五十五震,生雍正元年癸卯。"《清史稿》卷四八一:"戴震,字东原,休宁人。……四十二年,卒于官,年五十有五。"

域外 ［英］哲学家、历史学家弗格森生,著有《道德哲学原理》、《罗马共和国史》等书。

世宗雍正二年　甲辰（公元1724年）

将《圣谕广训》颁发全国,广为宣传 1670年,康熙帝根据儒家学说,制定和颁发了"圣谕"16条,作为人们的行为准则,其内容主要有:乡党和睦、重学端行等。是年,雍正对16条重又进行注释发挥,称为《圣谕广训》,颁发全国,广为宣传。

［文献］ 印鸾章《清鉴》卷六:"甲辰二年,春二月,刊刻《圣谕广训》,颁布天下。帝以圣祖御制圣谕十六条,颁行日久,虑民间或怠,乃复寻绎其义,推衍其文,共得万言,名曰《圣谕广训》,并制序文,刊刻成编,颁行天下。"《清史稿》卷九:"(二年甲辰)二月丙午,御制《圣谕广训》,颁行天下。"

域外 ［德］古典唯心主义哲学的创始人康德生,其主要著作有《纯粹理性批判》、《未来形而上学导言》、《实践理性批判》、《判断力批判》、《论永久的和平》、《道德的形而上学》等。

世宗雍正四年　丙午（公元1726年）

三月,革钱名世职衔并赐"名教罪人"四字 侍讲钱名世,曾作诗投赠年羹尧称功颂德。年羹尧下狱后,雍正帝将钱名世革职,发回原籍。亲书"名教罪人"四字,命将该四字制作匾额,悬挂于钱名世所居之宅。并令文臣学士作诗文讽刺,后又命将诗文刊刻成集,颁行天下。

[文献] 印鸾章《清鉴》卷六:"(雍正四年)三月,革侍讲钱名世职衔,并赐'名教罪人'匾额。初,名世尝作诗投赠年羹尧,称其功德。……大学士九卿等奏,钱名世以侍从清班献诗年羹尧,极意谄媚,甚属悖逆之至,应革职治罪。得旨,钱名世既以文词谄媚奸恶,为名教所不容,朕书'名教罪人'四字,令该地方官制造匾额,张挂钱名世所居之宅,并令在京见任官员,仿诗人刺恶之意,各为诗文,纪其劣迹,汇刻成集,颁得中外,使天下读书人,知所激劝。"《清史稿》卷九:"(雍正四年三月)壬戌,侍议钱名世投诗年羹尧事发,革去职衔,上亲书'名教罪人'四字悬其门,并令文臣作为诗文刺恶之。"

九月,查嗣庭文字狱 内阁学士兼礼部侍郎查嗣庭,在主考江西时,被人告发出题讥刺时事。查嗣庭被革职拿问,死后被戮尸示众,家属被流放。

[文献] 印鸾章《清鉴》卷六:"(雍正四年)秋九月,下礼部侍郎查嗣庭狱,杀之。查嗣庭,浙江海宁人,与吏部尚书隆科多相友善,隆科多既得罪,嗣庭之狱亦继起,先是嗣庭主考江西,所出试题有'维民所止'名。讦者谓:'维止'二字,系取'雍正'二字,而去其首。帝大怒,谕内阁九卿翰詹科道等,略谓,查嗣庭向来趋附隆科多,隆科多曾经荐举。……今阅江西试录所出题目,显露心怀怨望,讥刺时事之意。……着革职拿问,交三法司严审定拟。后嗣庭在狱病故,仍戮尸示众,子坐死,家属并放流。"《清史稿》卷九:"(雍正四年九月)乙卯,侍郎查嗣庭以谤讪下狱。"

世宗雍正五年　丁未（公元1727年）

赵翼生　赵翼,字耘松,号瓯北。江苏阳湖(今江苏武进)人。是年生。

[文献]　张惟骧《疑年录汇编》卷一一:"赵云松八十八翼,生雍正五年丁未。"蔡冠洛《清代七百名人传》"赵翼,字耘松,号瓯北。江苏阳湖人。"《清史稿》卷四八五:"赵翼,字耘松,阳湖人。"

世宗雍正六年　戊申（公元1728年）

八月,雍正下令自明年起恢复浙江乡、会试　雍正帝憎恶浙江人,曾下令停止浙江乡、会试。是年,雍正帝以浙江士风转变为由,命从明年起恢复浙江乡、会试。

[文献]　印鸾章《清鉴》卷六:"(雍正六年)八月,准浙江士子得照旧乡、会考试。帝初恶浙江人,停止其乡、会考试,特命李卫巡抚浙江,又命印国栋为浙江观风整俗使。……李卫、印国栋先后奏称:两浙士子,感朕训诲之恩,省愆悔过,将前日嚣陵奔竟之习,痛自改除,可称士风丕变。明年即届乡试之期,浙省士子,准其照旧乡、会考试。"《清史稿》卷九:"(雍正六年八月)丁未,诏复浙江乡会试。"

十二月,清政府在西藏设立驻藏大臣　雍正五年(1727),西藏发生叛乱,叛乱被平定后,雍正帝于是年命设立驻藏大臣,率兵留驻拉萨,和达赖喇嘛一起治理西藏。这一措施加强了对西藏政治、宗教的控制。

[文献]　《清史稿》卷九:"(雍正六年十二月)丁酉,以定藏功封颇罗鼐为贝子,理后藏事,拣选噶隆二人理前藏事,赏其兵丁银三万两。"

改曲阜"宣圣庙"为"至圣庙"

[文献] 《清史编年》第四卷:"是年(雍正六年),改曲阜'宣圣庙'旧名为'至圣庙'。许曲阜孔庙殿及正门皆可用黄瓦。"又见俞正燮《癸巳存稿》卷九。

钱大昕生 钱大昕,字晓征,又字辛楣,号竹汀居士。江苏嘉定(今属上海)人。是年生。

[文献] 张惟骧《疑年录汇编》卷一一:"钱晓征七十七大昕,生雍正六年戊申。"蔡冠洛《清代七百名人传》:"钱大昕,字晓征,又字辛楣,号竹汀,江苏嘉定人。"(中国书店1984年,1639页)《清史稿》卷四八一:"钱大昕,字晓征,嘉定人。嘉庆九年,卒,年七十七。"

世宗雍正七年　己酉(公元1729年)

五月,吕留良文字狱 吕留良(1629—1683),字用晦,号晚村,浙江崇德(今桐乡)人。明亡后,削发为僧隐遁山林,自称明之遗民。治程朱理学,著《吕晚村文集》等。后湖南人曾静(1679—1735)科试不第,家居愤郁,读吕留良遗著,受其影响,遂与吕留良之子毅中及其学生结交。雍正六年(1728),曾静投书川陕总督岳钟琪,劝其同谋举事。岳钟琪具密折上奏。雍正帝迅即命人将曾静等人押解进京,曾静供称,因读吕留良遗著才有谋反之意。雍正帝随即派人查抄吕留良家,获书籍、日记等物。以大逆之罪,命将吕留良戮尸,其子吕毅中被斩,曾静等被释放。

[文献] 印鸾章《清鉴》卷六:"(雍正七年)夏五月,下湖南曾静狱,到已故浙江吕留良尸,尽诛其族。曾静湖南靖州人,以应试州城,获见浙人吕留良评选诗文,内有夷夏之防,及封建井田等语。遂遣其徒张熙至吕留良家,求其著述。吕留良者,浙江石门人,其先故明时王府仪宾。……留良自称故国逸民,不肯降志,所

著笔记等书,于清朝事,不稍避讳,而记康熙时政,尤多不谨之辞。……遂命其徒张熙,往钟琪辕门,托名投书,历举帝之罪状。……钟琪又阳为迎聘其师,因亟入告,捕静、熙入京师。帝亲询之。静、熙始悟为钟琪所误,伏地请死,并供称因应试州城,得见吕留良评选诗文及与其徒严鸿逵、沈在宽等往来投契等语。帝即传命浙江总督李卫,查拿吕留良、严鸿逵、沈在宽等家藏书籍,所获日记及案内人犯,一并解京研讯,并发看留良日记等书。谳既定,俱定大逆,凌迟处死。帝以静、熙等,止诬朕躬,而留良辱及先帝,其罪更在静、熙之上。时留良父子及严鸿逵等俱已死,诏皆剖棺剉尸枭示,沈在宽着凌迟处死,而特赦曾静、张熙二人,免死回籍,以示宽大。"章太炎《箴新党论》:"其以文字抗虏者,在野有吕留良,……然留良以时文自豪,科举诸生,猥相崇尚,……虏不能以浮华之名加顾炎武,以奔竟之名加戴名世,而独被于是三人者,由其中明世党援之习独深,以此为名,而汉人不能以辞相抵。"汪兆铭《民族的国民》:"吕留良之狱、钱名世之狱、胡中藻之狱,皆以一二私人,痛心种论,时发微叹,遂被踪迹,而及千难。"(《民报》第一号)

七月,陆生楠文字狱 陆生楠,广西人,由举人部选为江南吴县知县,后授工部主事。作《通鉴论》17篇,其中有抨击君主的言论。是月,陆生楠文字案起,被杀。

[文献] 印鸾章《清鉴》卷六:"(雍正七年七月)杀广西举人陆生楠。陆生楠,广西人,以工部主事擢用。……在军偶著《通鉴论》十七篇,复为顺承郡王锡保所奏发,谓皆抗愤不平之语,其论封建之利,更属狂悖,显系非议朝廷。……结案谓陆生楠罪大恶极,情无可逭,着即在军前正法。"又见黄鸿寿《清史纪事本末》卷二〇。

九月,颁行《大义觉迷录》 命将吕留良、严鸿逵等言论,曾静、张熙等口供,有关历次谕旨等,刊刻为《大义觉迷录》,颁行天下,并令每学宫各贮一册。

[文献] 印鸾章《清鉴》卷六:"(雍正七年)九月,刊刻《大义觉迷录》,颁得天下。自曾静、吕留良之狱发生后,各人口供及历次所降谕旨甚多。至是,帝将吕、严、沈等所著书,及历次谕旨,自为一书,名曰《大义觉迷录》,刊布天下,列之学宫,使天下学子,皆明其义。"又见《清史编年》卷四。

世宗雍正八年　庚戌(公元1730年)

毕沅生　毕沅,字攘蘅,一字秋帆,自号灵岩山人。江苏镇洋(今属太仓)人。是年生。

[文献] 张惟骧《疑年录汇编》卷一一:"毕秋帆六十八沅,生雍正八年庚戌。"《清史稿》卷三三二:"毕沅,字攘蘅,江南镇洋人。"

世宗雍正十一年　癸丑(公元1733年)

李塨卒　李塨(1659—1733),弱冠时即师事颜元,康熙二十九年中举人。晚岁授通州学正,以母老告归。是年卒。其博学工文辞,与慈溪姜宸英齐名。安溪李光地抚直隶时,荐其学行于朝,他固辞不谢。诸王交聘,辄避而之他。其承习斋教,以躬行为先,不尚空文著述,对于颜李学派的发展有很大贡献。程绵庄、恽皋闻皆因恕谷才知有习斋,因而这派虽由习斋创始,实得恕谷然后长成。其学务以实用为主,释经义多与宋儒不合。又其自命太高,于程朱之讲学,陆王之征语,皆谓之空谈。毛奇龄恶其异己,作文攻之。而当时学者多韪塨说。著作有《周易传注》七卷、《筮考》一卷、《郊社考辨》一卷、《论语传注》二卷、《大学传注》一卷、《中庸传注》一卷、《传注问》一卷、《李氏学乐录》二卷、《大学辨业》四卷、《圣经学规》二篇、《论学》二卷、《小学稽业》五卷、《恕谷后集》

十三卷等。后人编有《颜李遗书》和《颜李丛书》。

[文献] 方苞《李君塨墓志铭》："李塨，字刚主。直隶蠡县人。其父孝悫先生与博野颜习斋为执友，刚主自束发即从之游。习斋之学，其本在忍嗜欲，苦筋力，以勤家而养亲；而以其余习六艺，讲世务，以备天下国家之用。以是为孔子之学而自别于程朱。其徒皆笃信之。……吾友王源昆绳，恢奇人也。所慕惟汉诸葛武侯、明王文成，而目程朱为迂阔。见刚主而大悦，因与共师事习斋，时年将六十矣。"（钱仪吉《碑传集》卷一四〇）《清史稿》卷四八〇："弱冠与王源同师颜元。……举康熙二十九年举人。晚岁授通州学正，浃月，以母老告归。塨博学工文辞，与慈溪姜宸英齐名。……安溪李光地抚直隶，荐其学行于朝，固辞而不谢。诸王交聘，辄避而之他。……著《周易传注》七卷，《筮考》一卷，《郊社考辨》一卷，《论语传注》二卷，《大学传注》一卷，《中庸传注》一卷，《传注问》一卷，《李氏学乐录》二卷，《大学辨业》四卷，《圣经学规》二卷，《论学》二卷，《小学稽业》五卷，《恕谷后集》十三卷。……塨学务以实用为主，解释经义多与宋儒不合。又其自命太高，于程、朱之讲学，陆、王之证悟，皆谓之空谈。……毛奇龄恶其异己，作《逸讲笺》以攻之。而当时学者多趑趄其说焉。"梁启超《中国近三百年学术史》："恕谷，名塨字刚主，直隶蠡县人。生顺治十六年，卒雍正十一年（1659—1733），年75。……程绵庄、恽皋闻，皆因恕谷才知有习斋，……所以这派虽由习斋创始，实得恕谷然后长成。……恕谷承习斋教，以躬行为先，不尚空文著述。"

世宗雍正十三年　乙卯（公元 1735 年）

段玉裁生　段玉裁，字若膺，一字茂堂。江苏金坛人。是年生。

[文献] 张惟骧《疑年录汇编》卷一一："段茂堂八十一玉裁，

生雍正十三年乙卯。"蔡冠洛《清代七百名人传》:"段玉裁,字若膺,一字茂堂。江苏金坛人。"《清史稿》卷四八一:"段玉裁,字若膺,金坛人。……二十年,卒,年八十一。"

高宗乾隆二年　丁巳(公元1737年)

乾隆下令各地书院检束身心　清高宗乾隆弘历下令,全国各地书院应仿朱熹所订白鹿书院洞规,设立书院规条,以检束身心。此举表明清王朝进一步加强了对书院教育的精神控制,弘扬程朱理学,以箝制思想。

[文献]　李才栋《白鹿洞书院史略》:"乾隆二年(公元1737年),清高宗弘历又下令:'书院即古侯国之学也,居中讲习者固宜老诚宿望,……其持才放诞佻达不羁之士,不得滥入。书院酌仿朱子白鹿洞规条,立之仪节,以检束其身心;仿分年读书法,予之程课,使贯通乎经史。有不率教者,则摈斥勿留。'"(教育科学出版社,1989,145页)周伟等《白鹿洞书院志》:"文公(朱熹)教规:父子有亲,君臣有义,夫妇有别,长幼有序,朋友有信。右五教之目。尧、舜使契为司徒,敬敷五教,即此是也。学者学此而已。其学以学之序,亦有五焉。……博学之,审问之,谨思之,明辨之,笃行之。……学问思辨四者,所以穷理也。若夫笃行之事,则自修身以至于处事、接物,亦各有要。……言忠信,行笃敬,惩忿窒欲,适善改过。……正其谊不谋其利,明其道不计其功。……己所不欲,勿施于人;行有不得,反求诸己。"

高宗乾隆三年　戊午(公元1738年)

章学诚生　章学诚,字实斋,号少岩。会稽(今浙江绍兴)人。是年生。

[文献]　《清史稿》卷四八五:"章学诚,字实斋,会稽人。"胡

适《章实斋年谱》:"乾隆三年,戊午(西历一七三八)。先生生。"(商务印书馆,1934)张惟骧《疑年录汇编》卷一二:"章实斋六十四学诚,生乾隆三年戊午。"

高宗乾隆四年　己未(公元 1739 年)

《明史》成书　清朝官修《明史》自康熙十八年(1679)开馆,至是年成书,历经 60 年。其中大部分在康熙五十年以前所成,以后稍作补缀而已。该书共 336 卷,篇幅仅次于《宋史》,编纂时间之久,用人之多,在我国史学史上是少见的。且体例整齐,首尾贯穿,态度严谨。在编纂学上,采取以类相从的"类叙法",列传中有时采用纪事本末体来叙述事件,如遇史籍记载有歧异而不能确定时,则采取存疑互见的方法,并且多载史料原文。也由于撰修出于众手,总裁屡次更迭,加之历时长,因此,矛盾、重复、讹误之处所在多有。

[文献]　张廷玉等《上明史表》:"仰惟圣祖仁皇帝搜图书于金石,罗耆俊于山林。创事编摩,宽其岁月。我世宗宪皇帝重申公慎之旨,载详讨论之功。臣等于时奉敕充总裁官,率同纂修诸臣开馆排缉。聚官私之纪载,核新旧之见闻。签帙虽多,抵牾互见。惟旧臣王鸿绪之《史稿》,经名人三十载之用心,进在彤闱,颁来秘阁。首尾略具,事实颇详。在昔《汉书》取裁于马迁,《唐书》起本于刘煦。苟是非之不谬,讵因袭之为嫌。爰即成编,用为初稿。发凡起例,首尚谨严;据事直书,要归忠厚。曰纪,曰志,曰表,曰传,悉仍前史之体裁;或详,或略,或合,或分,务核当时之心迹。文期共喻,扫艰深鄙秽之言;事必可稽,黜荒诞奇衺之说。十有五年之内,几经同事迁流;三百余卷之书,以次随时告竣。……谨将纂成本纪二十四卷,志七十五卷,表十三卷,列传二百二十卷,目录四卷,共三百三十六卷,刊刻告成,装成一十二函,谨奉表随进以闻。

乾隆四年七月二十五日。"(《明史》附录)梁启超《中国近三百年学术史》:"现行《明史》,在二十四史中——除马、班、范、陈四书外,最为精善,殆成学界公论了。……官修《明史》自康熙十八年开馆,至乾隆四年成书,凡经六十四年。其中大部分率皆康熙五十年以前所成,以后稍为补缀而已。关于此书之编纂,最主要人物为万季野,尽人皆知。而大儒黄梨洲、顾亭林,于义例皆有所商榷。而最初董其事者为叶讱庵及徐健庵、立斋兄弟,颇能网罗人才,故一时积学能文之士,如朱竹垞、毛西河、潘次耕、吴志伊、施愚山、汪尧峰、黄子鸿、王昆绳、汤荆岘、万贞一……等咸在纂修之例,或间接参定。"

高宗乾隆五年　庚申(公元 1740 年)

《大清律例》编成　清世祖公元 1644 年入关,于顺治五年(1648)制定《大清律集解附例》颁行全国,这是清朝的第一部成文法典。康熙十八年(1679),鉴于刑部现行条例处罚过严,康熙帝命刑部修改原条例,编成则例,刊刻通行。雍正即位后,也曾命人修律,于雍正五年(1727)颁行《大清律集解》。乾隆初年,对原有律例逐条考订,进行总修,于是年编成《大清律例》。其篇目与《大明律》相同,仍为名例律、吏律、户律、礼律、兵律、刑律、工律篇,30 门;律文 436 条,律后分别附以奏准的条例 1049 条。《大清律例》以《大明律》为蓝本,也接受《唐律》的影响。《大清律例》的颁行标志着清朝法制已开始走向成熟和完备。

　　[文献]　《四库全书总目提要》卷八二:"《大清律例》四十七卷,乾隆五年奉敕撰,御制序文颁行。凡律目一卷,诸图一卷,服制一卷,名例律二卷,吏律二卷,户律七卷,礼律二卷,兵律五卷,刑律十五卷,工律二卷,总类七卷,比引律条一卷。……盖我朝律文,自定鼎之初,即诏刑部尚书吴达海等详考《明律》,参以国制,勒为成

书,颁布中外。康熙九年,大学士管刑部尚书事对喀纳等,复奉诏校正,旋又谕部臣于定律之外,所有条例,或删或存,详为考定,随时增改,刊附律后。迨雍正元年,大学士朱轼、尚书查郎阿等,奉诏续成。我皇上御极之初,即允尚书傅鼐之请,简命廷臣,逐条考正,以成是编。纂入定例凡一千余条。"

崔述生 崔述,字武承,号东壁,直隶大名(今河北)人。是年生。

[文献] 张惟骧《疑年录汇编》卷一二:"崔东壁七十七述,生乾隆五年庚申。《清史稿》卷四八二:"崔述,字武承,大名人。……嘉庆二十一年,卒,年七十年。"闵尔昌《碑传集补》卷三九:"先生,姓崔氏,讳述,字武承,号东壁,直隶大名府魏县人。"

高宗乾隆六年　辛酉(公元1741年)

王懋竑卒 王懋竑(1668—1741),少从叔父式丹学,刻励笃志,精研朱子之学,身体力行。康熙五十七年(1718)中进士,补安庆府学教授。雍正元年,以荐被召引见,授翰林院编修,在上书房行走。雍正二年(1724),以母忧去官,不久以老病乞归,越16年卒。他是一位极严谨方正之人,生平重要著作只有一部《朱子年谱》4卷,附考异4卷。该书经20多年,四易其稿然后写成。他尽力搜罗客观事实,把年、月、日调查得清清楚楚,令敌派无强辩之余地。并且把和朱子有交涉的一律如实研究,将其交情关系和学说异同均照原校介绍。于年谱外,又附一部《年谱考异》,凡事实有须考证的均严密鉴定一番。又附有一部朱子论学切要语,把朱子的主要学说者提挈出来。梁启超称赞此书是研究朱学的唯一好书。其他著述有《白田杂著》8卷,对朱子文集、语类考订尤详。他认为《易本义》前九图、《筮仪》都是后人依记,不是朱子所作。其说发宋元儒者所未发。又考证诸史,实事求是。

[文献]《清史稿》卷四八〇:"王懋竑,字予中,宝应人。少从叔父式丹学,刻励笃志,精研朱子之学,身体力行。康熙五十七年成进士,年已五十一。乞就教职,补安庆府学教授。雍正元年,以荐被召引见,授翰林院编修,在上书房行走。二年,以母忧去官,……旋以老病乞归,越十六年卒。懋竑性恬淡,少尝谓友人曰:'老屋三间,破书万卷,平生志愿足矣。'归里后,杜门著书。校定《朱子年谱》,大旨在辨为学次序,以攻姚江之说。又所著《白田杂著》八卷,于《朱子文集》、《语类》考订尤详。谓《易本义》前九图、《筮仪》皆后人依记,非朱子所作,……又考证诸史,……可谓实事求是矣。"(《朱子年谱》卷末)乔汲《朱子年谱后叙》:"《朱子年谱》,汲业师王白田先生纂订也。……盖朱子集群儒之大成,学凡屡变。其提掇程子涵养须用敬,进学则在致知二语,以答吕伯恭、刘子澄者,乃乾道庚寅,朱子年逾四十。后至七旬,凡与人书问往来,大旨皆不出此。此班班可考者。至答何叔京、江元适诸书,则乾道甲申,朱子年未四十也。异学争鸣,往往取其早年论议与己稍合者,著为《晚年定论》,又为《道一编》,混淆其间。此《年谱》不可不作。而向有李氏、洪氏二本,皆讹舛渗漏,淄渑莫辨。先生忧之,遂据李、洪二本,而缺者增之,误者刊之,并择朱子晚岁论学切要语,以附于后。……未第时即编是书,厥后成进士,入馆阁,汲于都门侍侧,每退食之暇,必手朱子书而绅绎之。迨归田里,诵宾筵,凛抑戒,以至勖勉后进,罔非朱子义蕴。而《年谱》屡易其稿,直至易簀前数日,厘正乃成。盖数十年精力,皆积于此矣。"(《朱子年谱》卷末)梁启超《中国近三百年学术史》:"王白田,名懋竑,字予中,江苏宝应人,生康熙八年,卒乾隆六年(1668—1741),年74。……他是一位极谨严方正的人。……他生平只有一部著作,曰《朱子年谱》四卷,附《考异》四卷。这部书经二十多年,四易稿然后做成,是他一生精力所聚,也是研究朱学惟一的好书。……白田

则尽力搜罗客观事实,把年月日调查得清清楚楚,令敌派更无强辩的余地。……凡和朱子有交涉的,一律忠实研究,把他们的交情关系和学术异同,都照原样介绍过来。他于《年谱》之外,又附一部《年谱考异》,凡事实有须考证的都严密鉴定一番。……又附一部《朱子论学切要语》,把朱子主要学说都提挈出来。"

高宗乾隆九年　甲子(公元 1744 年)

王念孙生　王念孙,字怀祖,号石臞,江苏高邮人。经学家、音韵训诂学家。是年生。

[文献]　张惟骧《疑年录汇编》卷一二:"王怀祖八十九念孙,生乾隆九年甲子。"《清史稿》卷四八一:"王念孙,字怀祖,高邮州人"。

汪中生　汪中,字容甫,江苏江都人。哲学家、文学家、史学家。是年生。

[文献]　张惟骧《疑年录汇编》卷一二:"汪容甫五十一中,生乾隆九年甲子。"《清史稿》卷四八一:"汪中,字容甫,江都人。"

惠栋《易汉学》著成　惠栋自幼笃志向学,日夜讲诵。自经史诸子百家杂说,以至佛、道之学,无不浏览。50 岁以后专注于经学。对诸经均有研究,尤精于《易》。著《易汉学》8 卷,搜集自汉至三国时期孟喜、京房、郑玄、荀爽、虞翻等人的《易》说,加以钩稽考证。末卷阐述汉《易》义理,辨证宋儒"河图"、"洛书"、"先天"、"太极"等说的缪误,该书是研究中国古代易学的重要参考书。

[文献] 惠栋《松崖文钞》卷一《易汉学自序》:"六经定于孔子,毁于秦,传于汉。汉学之亡久矣,独《诗》、《礼》、《公羊》,犹存毛、郑、何三家。春秋为杜氏所乱,《尚书》为伪孔氏所乱,《易经》为王氏所乱。杜氏虽有更定,大校同于贾、服,伪孔氏则杂采马、王之说,汉学虽亡而未尽亡也。惟王辅嗣以假象说易,根本黄老,而

汉经师之义荡然无复有存者矣。故宋人赵紫芝有诗云：辅嗣《易》行无汉学，元晖诗变有唐风。盖实录也。栋曾王父朴庵先生，尝闵汉学之不存也，取李氏《易解》所载者，参众说而为之传。天、崇之际，遭乱散佚，以其说口授王父，王父授之先君子，先君子于是成《易说》六卷。又尝欲别撰汉经师说《易》之源流，而未暇也。栋趋庭之际，习闻余论，左右采获，成书七卷。自孟长卿以下五家之易，异流同源，其说略备。呜呼！先君子即世三年矣。以栋之不才，何敢辄议著述？然以四世之学，上承先汉，存什一于千百，庶后之思汉学者，犹知取证，且使吾子孙无忘旧业云。"（刘世珩辑《聚学轩丛书》，江苏广陵，古籍刊行社，1982）

高宗乾隆十年　乙丑（公元1745年）

《古文尚书疏证》刻成　《古文尚书疏证》为阎若璩所著，是其所著书中义最精、影响最大的一部，其于篇数、篇名、章句、书法等诸端列据128条，反复论证，判定《古文尚书》及《尚书孔氏传》均为伪书。清顺治十二年（1655）始作，是年刻成。

［文献］　《古文尚书疏证》卷首阎学林《跋》："乾隆乙丑之秋，刻《尚书古文疏证》成。嗟乎！此先君子之志也，今而后学林得稍慰先君子于地下矣。先大父穷经博学，海内所仰，遗书未出，学者引领望之。先君子在中翰时，尝商于辇下故旧，欲板行之，以公海内，而工费浩繁，未有成局，经营于心者十余年。学林敢一日忘先君子之志哉！癸卯、己酉，学林两致京师，先人之旧好寥寥数人，无复赞成斯事者。……癸亥春，谒同里夔州程先生，先生雅嗜大父书，慨然捐资，始议开雕。而淮阳士大夫更多好义者，于是阅三载而遂以蒇事。"（乾隆十年眷西堂刻本，上海古籍出版社1987年影印本）另可查阅世祖顺治十二年（1655）相关条目。

高宗乾隆十一年　丙寅（公元1746年）

洪亮吉生　洪亮吉,字君直,一字稚存,号江北,又号更生居士。江苏阳湖（今常州）人。清经学家、文学家。是年生。

［文献］《清洪北江先生亮吉先生年谱》："乾隆十一年（一七四六）丙寅,一岁。旧历九月初三日子时,先生生。先生姓洪氏,名亮吉,字君直,一字稚存,号江北,晚号更生。"

法式善《皇清奉直大夫翰林院编修洪稚存先生行状》："先生姓洪氏,初名莲,改名礼吉,反又改名亮吉,……以嘉庆十四年五月十二日卒于家,年六十有四。"

高宗乾隆十四年　己巳（公元1749年）

方苞卒　方苞（1668—1749）,康熙三十八年（1699）举人,康熙四十五年会试（1706）中式,未应殿试,以母病归侍。康熙五十年,因《南山集》案被逮下狱,免罪入旗。圣祖知其文学,召其直南书房,不久改蒙养斋,编校《御制乐律》、《算法》等书。康熙六十一年,命充武英殿修书总裁。世宗继位后,赦其及族人入旗者归原籍。后又特授左中允,三迁内阁学士,以足疾辞。不久又命教习庶吉士,充《一统志》总裁,《皇清文颖》副总裁。高宗时,复命教习庶吉士,充《三礼义疏》副总裁。年近八旬时赐侍讲衔,许还里。是年卒,享年82岁。其为学宗程、朱,尤究心《春秋》、《三礼》,笃于伦纪。其为文,自唐宋诸大家上通太史公书,务以扶道教、裨风化为任。尤其严于义法,为古文正宗,号称"桐城派"。后人辑有《方望溪先生全集》。

［文献］《清史稿》卷二九〇："方苞,……康熙三十八年,举人。四十五年,会试中式,将应殿试,闻母病,归侍。五十年,副都御史赵申乔劾编修戴名世所著《南山集》、《孑遗录》有悖逆语,辞

连苞族祖孝标。名世与苞同县,亦工为古文,苞为序其集,并逮下狱。五十二年,狱成,……苞及诸与是狱有干连者,皆免罪入旗。圣祖夙知苞文学,大学士李光地亦荐苞,乃召苞直南书房。未几,改直蒙养斋,编校《御制乐律》、《算法》诸书。六十一年,命充武英殿修书总裁。世宗及位,赦苞及其族人入旗者归原籍。……居数年,特授左中允。三迁内阁学士。苞以足疾辞,……寻命教习庶吉士,充《一统志》总裁、《皇清文颖》副总裁。乾隆元年,充《三礼义疏》副总裁。……复命教习庶吉士,……苞年已将八十,病日深,大学士等代奏,赐侍讲衔,许还里。十四年,卒,年八十二。……苞为学宗程、朱,尤究心《春秋》、《三礼》,笃于伦纪。……其为文,自唐、宋诸大家上通《太史公书》,务以扶道教、裨风化为任。尤严于义法,为古文正宗,号'桐城派'。"苏惇元《方望溪年谱》:"乾隆十四年,八十二岁。……八月十八日甲午,先生卒于上元里第。"

域外 [法]数学家、天文学家和物理学家拉普拉斯生。其在概率论、毛细现象理论、天体力学和函数理论方面都有重要贡献。

高宗乾隆十八年　癸酉(公元1753年)

孙星衍生 孙星衍,字渊如,江苏阳湖(今武进)人。是年生。

[文献] 张惟骧《疑年录汇编》卷一二:"孙伯渊六十六星衍,生乾隆十八年癸酉。"《清史稿》卷四八一:"孙星衍,字渊如,阳湖人。"

法式善生 法式善,本名运昌,姓乌尔济氏,字开文,号时帆,人称梧门先生,内务府蒙古正黄旗人。文学家。

[文献] 《清秘述闻·点校说明》:"《清秘述闻》十六卷,清法式善撰。法式善字开文,又字梧门,号时帆,蒙古乌尔济氏,隶内务府正黄旗。生于乾隆十八年(一七五三),卒于嘉庆十八年(一八一三)。"

高宗乾隆二十年　乙亥（公元 1755 年）

三月，胡中藻诗狱　胡中藻，江西新建人，系大学士鄂尔泰门生，曾任翰林学士和陕西、广西学政，著有《坚磨生诗钞》。乾隆帝为扫除朋党之弊，以胡诗中有悖逆讥讪之意为由，将其下狱处死。胡中藻诗狱发生后，讦告诗文之风纷起，很多人被牵连涉及。

［文献］　印鸾章《清鉴》卷七："（乾隆二十年）三月，杀湖南学政胡中藻，赐广西巡抚鄂昌死。鄂尔泰、张廷玉，初同受遗诏辅政，其后二人互相龃龉。朝官依附门户者，彼此攻讦，浸成仇敌。帝微知之，渐生厌倦，……至是遂有胡中藻之诗狱。胡中藻者，故鄂尔泰门生，累官内阁学士，……时帝方深恶朋党门户之见，积久未除，因欲借文字案，惩一以警百。乃摘中藻诗钞中字句若干条，如'一把心肠论浊清'句，则谓其加'浊'字于国号之上。……廷议以中藻违天叛道，覆载不容，合依大逆，凌迟处死。旋改为弃市。鄂昌负恩党逆，亦赐死，并撤鄂尔泰出贤良祠，不准入祀，以为大臣植党者戒。"又见黄鸿寿《清史纪事本末》卷二〇、《清史编年》卷五、《清史稿》卷一一。

戴震入京避难　是年，戴震入京，与名士纪昀、钱大昕、王鸣盛、卢文弨等名士来往交好，从而名声大振。

［文献］《清史稿》卷四八一："（戴震）以避仇入都，北方学者如献县纪昀、大兴朱筠，南方学者如嘉定钱大昕、王鸣盛、余姚卢文弨、青浦王昶，皆折节与交。"江藩《国朝汉学师承记》卷五："后高邮王文肃公安国请君至家塾课其子念孙，一时馆阁通人如河间纪庶子昀、嘉定王编修鸣盛、青浦王兰泉先生、大兴朱筠河先生，皆与之定交，从此海内知东原氏矣。"

［考辨］　关于戴震避难入京的日期，凌廷堪和王昶所作的《墓志铭》均说是在乾隆十九年（1754）戴震 32 岁时，而段玉裁在

《戴东原先生年谱》中则说是在乾隆二十年（1755）。凌廷堪、王昶说法有误。戴震是因乡中豪强勾结县令欲借胡中藻狱案加以陷害，才避难入京的，而1754年胡中藻案尚未发生。故应在此年。

全祖望卒 全祖望（1705—1755），清代史学家、经学家。乾隆进士，选庶吉士。因忤首辅张廷玉，散馆以知县用，遂辞官返里，绝意仕途，主讲蕺山、端溪书院，读书著述，至老不辍。是年卒。在翰林院时，曾与李绂借读《永乐大典》，并从中抄录佚书，卷帙虽少，但却从此引起学者对《永乐大典》的重视，开清代辑佚学之先河。生平服膺黄宗羲、万斯同，于南明史实广为搜集编纂，贡献极大，其对明、清间掌故详加核实，弥补了原有史料的不足。用十年之功，续补《宋元学案》，又三笺《困学纪闻》，七校《水经注》。晚年，将其所著文稿，重新编定整理，辑成《鲒埼亭文集》50卷。

［文献］《清史稿》卷四八一："全祖望，字绍衣，鄞县人。十六岁能为古文，讨论经史，证明掌故，补诸生。乾隆元年，荐举博学鸿词。是春会试，先成进士，选翰林院庶吉士，不再与试。时张廷玉当国，与李绂不相能，并恶祖望，祖望又不往见。二年，散馆，置之最下等，归班以知县用，遂不复出。……主蕺山、端溪书院讲席，为士林仰重。二十年，卒于家，年五十有一。祖望为学，渊博无涯涘，于书无不贯串。在翰林，与绂共借《永乐大典》读之，每日各尽二十卷。时开《明史》馆，复为书六通移之，先论艺文，次论表，次论忠义、隐逸两列传，皆以其言为鹄。生平服膺黄宗羲，宗羲表章明季忠节诸人，祖望益广修枋社掌故、桑海遗闻以益之，详尽而核实，可当续史。宗羲《宋元学案》甫创草稿，祖望博采诸书为之补辑，编成百卷。又七校《水经注》，三笺《困学纪闻》，皆足见其汲古之深。……仪征阮元尝谓经学、史才、词科三者得一足传，而祖望兼之。……晚年定文稿，删其十七，为《鲒埼亭文集》五十卷。"梁启超《中国近三百年学术史》："谢山名祖望，字绍衣，浙江鄞县人，

生康熙四十四年,卒乾隆二十二年(1705—1775),年71。……他尝入翰林,因不肯趋附时相,散馆归班候补,便辞官归。曾主讲本郡蕺山书院,……晚年被聘主讲吾粤之端溪书院,……谢山著述今存者,有《鲒埼亭文集》三十八卷、《外集》五十卷、《诗集》十卷、《经史问答》十卷、《校水经注》三十卷、《续宋元学案》一百卷、《困学纪闻》三笺若干卷、辑《甬上耆旧诗》若干卷。其未成或已佚者,则有《读史通表》、《历朝人物世表》、《历朝人物亲表》等。"阮元《经史答问·序》:"经学、史才、词科,三者得一足以传,而鄞县全谢山先生兼之。……元视学至鄞,求二万氏、全氏遗书,及其后人,慈溪郑生勋以先生《经史答问》呈阅。往返寻绎,实足以继古贤启后学,与顾亭林《日知录》相埒。吾观象山、慈湖诸说,如海上神山,虽极高妙而倾刻可成;万、全之学则如百尺楼台,实从地起,其功非积年工力不可。"

[考辨] 关于全祖望生卒时间,清代董秉纯编《全谢山年谱》及蒋天枢编《全谢山先生年谱》均记其康熙四十四年(1705)生,乾隆二十年(1755)卒。又钱保塘《历代名人生卒录》"全祖望条"记其乾隆二十年七月卒,享年51岁。(北京图书馆出版社,2002,736页)《中国近三百年学术史》记载有误。

域外 [法]卢梭《人类不平等的起源与基础》发表。

高宗乾隆二十二年 丁丑(公元 1757 年)

郝懿行生 郝懿行,字恂九,号兰皋,山东栖霞人。是年生。

[文献] 蔡冠洛《清代七百名人传》(下):"郝懿行,字恂九,号兰皋。山东栖霞人。……道光三年卒,年六十九。"张惟骧《疑年录汇编》卷一二:"郝兰皋六十九懿行,生乾隆二十二年丁丑,卒道光五年乙酉。"

凌廷堪生 凌廷堪,清代理学家。字次仲,一字仲子。安徽歙县人。是年生。

[文献] 张其锦《凌次仲先生年谱》:"乾隆二十三年戊寅,公生。"《清史稿》卷四八一:"凌廷堪,字次仲,歙县人。……嘉庆十四年,卒,年五十三。"

高宗乾隆二十三年　戊寅(公元1758年)

五月,惠栋卒　惠栋(1697—1758),清代经学家。自幼笃志向学,家多藏书,日夜讲诵,于经、史、诸子、稗官野乘及七经毖纬之学,都有涉及。乾隆十五年(1750),被荐举经明行修之士,但书未及呈讲,罢归。是年卒。其世传经学,于诸经熟洽贯串,为当时吴派经学开山祖。其学术根本精神在于以"古今"为"是非"标准,认为"古字古音,非经师不能辨",所以古训不可改,经师不可废。梁启超总结惠派治学方法为八个字:"凡古必真,凡汉皆好。"王引之认为惠氏考古勤,但识不高,心不细,不论是非,只要异于今者则以之。梁启超很赞同他的看法。但钱大昕却对惠氏大加赞扬,认为他不像许多学者那样蔑古训以夸心得,或者袭人言以为己有,而是精通古学,与前辈相比,当在何休、服虔之间,而马融、赵岐之辈都不及他。著作有《九经古义》22卷、《易汉学》8卷、《周易述》23卷、《明堂大道录》8卷、《禘说》2卷、《古文尚书考》2卷、《后汉书补注》24卷、《王士禛精化录训纂》24卷、《九曜斋笔记》、《松崖文钞》等书。

[文献]《清史稿》卷四八一:"栋,字定宇。元和学生员。自幼笃志向学,家多藏书,日夜讲诵。于经、史、诸子、稗官野乘及七经毖纬自之学,靡不津逮。小学本《尔雅》,六书本《说文》,余及《急就章》、《经典释文》,汉、魏碑碣,自《玉篇》、《广韵》而下勿论也。……栋于诸经熟洽贯串,谓诂训古字古音,非经师不能辨,作《九经古义》二十二卷。尤邃于《易》,其撰《易汉学》八卷,掇拾孟

喜、虞翻、荀爽绪论，以见大凡。其末篇附以已意，发明汉《易》之理，以辨正《河图》、《洛书》、先天，太极之学。《易例》二卷，乃镕铸旧说以发明《易》之本例，实为栋论《易》诸家发凡，约其旨为注，演其说为疏。书垂成而疾革，遂阙《革》至《未济》十五卦及《序卦》、《杂卦》两传，虽为未善之书，然汉学之绝者千有五百余年，至是而粲然复明。撰《明堂大道录》八卷，《禘说》二卷。谓禘和于明堂，明堂法本于《易》。《古文尚书考》二卷，辨郑康成所传之二十四篇为孔壁真古文。东晋晚出之二十五篇为伪。又撰《后汉书补注》二十四卷，《王士祯精华录训纂》二十四卷，《九曜斋笔记》、《松崖文钞》诸书。嘉定钱大昕尝论：“宋、元以来说经之书盈屋充栋，高者蔑古训以誇心得，下者袭人言以为己有。独惠氏世守古学，而栋所得尤精。拟诸前儒，当在河休、服虔之间，马融、赵岐辈不及也。卒，年六十二。其弟子知名者，余萧客、江声最为纯实。”陈黄中《东庄遗集》卷三《惠征君栋墓志铭》："本朝中吴氏族，以经义名家取科第者，无虑十数家。其继世科之后，独抱遗经，远承绝学，则有吾友松崖惠君。盖其学醇行粹，所传者远，所积者厚，其实大声宏非苟也。君讳栋，字定宇，松崖其号也。……曾祖有声，始以经学教授，与同里徐枋以节义相尚。祖周惕，父士奇，仍世入词馆，有大名，世所谓老少红豆先生者也。君世家学，弱冠补弟子员，即遍通诸经。于汉、唐说经诸家，熟洽贯串，而《易》学尤邃。所著《周易述》一书，专宗汉说，历三十年，四、五易稿，尤未卒业。其专心孤诣类如此。少红豆前以修城毁家，君迁居城南，闭门读《易》，声彻户外。其世交多跻抚士，义不一通书问，惟以授徒自给而已。两淮卢运使馆之官舍，居三年后，以疾辞归。丁丑除夕，病中以书抵余，拳拳论学术人才之升降。其识趣高迈，又雅不欲仅以经师自命也。……君晚岁虽遇益蹇，名益高，四方士大夫过吴门者，咸以不识君为耻。人亦以小红豆称之，其所以绍门风者，盖不以爵而以德也。君为人通不随波，介不绝俗，为学广博无涯涘，于经史多所论著。……君以乾隆二十三年五月十二日卒，年六十二。"(《东庄遗集》卷三)黄鸿寿《清史纪事本末》卷二二："高宗乾隆二十三年，夏五月，处士惠栋卒。……时经学盛行，分吴皖两派，栋为吴派开祖。"梁启超《清代学术概论》（十）："元和惠栋，世传经学；……此可见惠氏家学专以古今为是非之标准，栋之学，其根本精神即在是。其言曰：'……古字古言，非经师不能辨，……是故古训不可改也，经师不可废也。'……惠派治学方法，吾得以八字蔽之，曰：'凡古必真，凡汉皆好'。……王引之尝曰：'惠定宇先生考古虽勤，而识不高，心不细，见异于今者则从之，大都不论是非。'"江藩《国朝汉学师承记》："松崖先生……自幼笃志向学，家有藏书，日夜讲诵，自经史、诸子百家、杂说及释道二藏，靡不穿穴，……雅爱典籍，得一善本，倾囊不惜，或借读手抄，校勘精审，于古书之真伪，了然若辨黑白。……年五十后，专心经术，尤邃于《易》，钱少詹为先生作传，论曰：'宋元以来，说经之书盈屋充栋。高者蔑弃古训，自夸心得；下者剽袭人言，以为已有。儒林之名，徒为空疏藏拙之地，得惠氏世守古学，而先生所得尤深，拟诸汉儒，当在何邵公、服子慎之间，马融、赵岐辈不能及也。'"

高宗乾隆二十四年 己卯（公元 1759 年）

惠栋《周易述》刻成 惠栋治《易》有其家学渊源。但他治《易》之方法与其父不同。惠士奇《易记》尚能发表自己的一些见解，而惠栋则只采集汉代经学家的说解。他很推崇唐李鼎祚《周易集解》，认为孔子《易传》的微言大义经七十子相传，至汉尤有存者，自王弼兴而汉学亡，其概略幸能保存于《周易集解》中。惠栋精究汉《易》，以荀爽、虞翻为主，参以郑玄诸说，字积句累，引申触类，加以诠释。卒时全书未完成，是年由其子收拾遗书，参订编辑，遂为付梓。

［文献］ 惠承绪、惠承萼于《周易述》卷首题识记："先子研精覃思于汉儒《易》学,凡阅四十余年,于乾隆己巳始著《周易述》一书,手定为四十卷。如《易微言》、《易大义》、《易例》、《易法》、《易正讹》、《明堂大道录》、《禘说》,俱以与《易》互相发明,故均列卷内。不谓书未成而疾作,命不肖辈曰：余之精力尽于此书,平时穿穴群经,贯串周、秦、汉诸子之说,因得继绝表微,于圣人作《易》本旨,庶乎有合。独以天不假年,未能卒业为憾。今已脱稿者,惟《明堂大道录》及《禘说》两种耳。《下经》尚缺十有四卦,与《序卦传》、《杂卦传》俱未脱稿,而《易微言》采辑十有七八,《易大义》止有《中庸》一种,《易例》则麤有端绪。然皆随笔记录,为未成之书,知音者希,真赏殆绝。汝其录而藏之,毋致迷失可也。不肖泣而识之,不敢失坠。居庐时,收拾遗书,亟录副本,间有涂抹点窜,不能辨识者,为搜索引原书,覆加参订,编辑成帙。会两淮运使卢公,以书来征先子著作,将为梓行,以惠学者。今年夏,《周易述》二十卷先已刻竣,盖距先子之殁已踰小祥矣。……己卯秋日,男承绪、承萼谨识。"

高宗乾隆二十六年　辛巳（公元1761年）

江藩生　江藩,字子屏,号郑堂,晚号节甫,江苏甘泉（今江都）人。是年生。

［文献］ 张惟骧：《疑年录汇编》卷一二："江子屏七十一藩,生乾隆二十六年辛巳。"蔡冠洛《清代七百名人传》（下）："江藩。字子屏。号郑堂。江苏甘泉人。"

高宗乾隆二十七年　壬午（公元1762年）

严可均生　严可均,字景文,号铁桥,浙江乌程（今湖州）人。

清代考据学家。是年生。

[文献] 张惟骧《疑年录汇编》卷一二:"严铁桥八十二可均,生乾隆二十七年壬午,卒道光二十三癸卯。"蔡冠洛《清代七百名人传》(下):"严可均。字景文。号铁桥。浙江乌程人。……道光二十三年卒,年八十二。"

江永卒 江永(1681—1762),清代思想家,为诸生数十年,博古通今,专心《十三经注疏》,而于三礼功尤其深。读书好深思。长于比勘,明推步、钟律、声韵。根据《管子》《吕氏春秋》以正《淮南子》,认为古韵平、上、去三声,都是十三部,入声是八部,从而使三代以上之音始有条不紊。在岁实消长问题上,则认为当以恒气为率,随其时之高冲以算定气,其说很是精当。晚年读书有得,随笔撰记,于经、传多稽考精审。是年卒。他的重要著作为《礼经纲目》,共88卷。广摅博讨,大纲细目,终朱子当年为《仪礼经传通解》未竟之绪。所著还有《周礼疑义举要》6卷,《礼记训义择言》6卷,《深衣考误》1卷,《律吕阐微》11卷,《律吕新论》2卷,《春秋地理考实》4卷,《春秋地理考实》4卷,《乡党图考》11卷,《读书随笔》12卷,《古韵标准》6卷,《四声切韵表》4卷,《音学辨微》1卷,《河洛精蕴》9卷,《推步法解》5卷,《七政衍》、《金水二星发微》、《冬至权度气注恒》、《历辨》、《岁实消长辨》、《历学补论》、《中西合法拟草》各1卷,《近思录集注》14卷,考订《朱子世家》1卷。

[文献] 戴震《江先生永事略状》:"先生姓江氏,名永,字慎修,婺源之江湾人。少就外傅时,与里中童子治世俗学。一日见明邱氏《大学衍义补》之书内征引《周礼》,奇之,求诸积书家,得写《周礼》正文,朝夕讽诵。自是,遂精心于前人所合集《十三经注疏》者而于《三礼》尤功深。……先生言乐律,实汉以降二千年莫

知关究者如此。为书以论古韵,起于吴才老,而昆山顾氏据证尤精博。先生则谓,顾氏考古之功多,审音之功浅,正顾氏分十部之疏,而分平上去三声皆十三部,入声八部。……先生盖欲弥缝其书。先生生于康熙辛酉七月十七日,卒于乾隆壬午年三月十三日。遗书二十余种,缮写成帙,藏于其家,书未广播,恐就逸坠不得集。太史氏敢以状,私于执事,谨状。"(《碑传集》卷一三三)《清史稿》卷四八一:"江永,……为诸生数十年,博通古今,专心《十三经注疏》,而于《三礼》功尤深。以朱子晚年治《礼》,为《仪礼经传通解》,书未就,一从吉、凶、军、嘉、宾五礼旧次,乃广摭博讨,大纲细目,……题曰《礼经纲目》,凡八十八卷。引据诸书,厘正发明,实足终朱子未竟之绪。……读书好深思,长于比勘,明推步、钟律、声韵。岁实消长,前人多论之者,……永为之说,当以恒气为率,随其时之高冲以算定气,而岁实消长勿论,其说至为精当。其论黄钟之宫,据《管子》、《吕氏春秋》以正《淮南子》,其论古韵平、上、去三声,皆当为十三部,入声当为八部,而三代以上之音,始有条不紊。晚年读书有得,随笔撰记。……其于经传,稽考精审多类此。所著有《周礼疑义举要》六卷,《礼记训义择言》六卷,《深衣考误》一卷,《律吕阐微》十一卷,《律吕新论》二卷,《春秋地理考实》六卷,《乡党图考》十一卷,《读书随笔》十二卷,《古韵标准》六卷,《四声切韵表》四卷,《音学辨微》一卷,《河洛精蕴》九卷,《推步法解》五卷,《七政衍》、《金水二星发微》、《冬至权度恒气注》、《历辨》、《岁实消长辨》、《历学补论》、《中西合法拟草》各一卷,《近思录集注》十四卷,考订《朱子世家》一卷。乾隆二十七年,卒,年八十二。"

高宗乾隆二十八年　癸未（公元1763年）

焦循生　焦循,字里堂,江苏甘泉人。是年生。

[文献]　张惟骧《疑年录汇编》卷一二:"焦里堂五十八循,生乾隆二十八年癸未。"《清史稿》卷四二:"焦循,字里堂,甘泉人。"

高宗乾隆二十九年　甲申（公元1764年）

《大清会典》编成　《大清会典》,是清代制定的具有行政法性质的重要法典。康熙二十三年(1684)为使国家机关和官吏的活动有所遵从,下诏仿《明会典》纂修清会典,历时6年,完成《康熙会典》162卷。雍正二年(1724)命内阁就康熙二十六年以后各部院的礼仪条例,"更加裁定",于雍正十年编成《雍正会典》250卷。这两部会典均按《明会典》体裁,以官统事,以事隶官,并将则例附于各条之末。乾隆十二年(1747)鉴于前两部会典存在的弊端,下令将附于各条的则例分出,中立一篇,以典为纲,以则例为目,使典、例既不相混,又互相补充。由于典例分立,因此于是年编成《大清会典》100卷与《大清会典则例》180卷。《大清会典》所开创的典例分编,为以后清代的统治者所沿袭,对清代法制产生十分重大的影响。

[文献]　《四库全书总目提要》卷八一:"《钦定大清会典》一百卷,乾隆二十九年奉敕撰。伏考《国朝会典》,初修于康熙三十三年,续修于雍正五年,至是凡三经厘定。典章弥备,条目弥详。"《四库全书总目提要》卷八一:"《钦定大清会典则例》一百八十卷,乾隆二十九年奉敕撰。与《大清会典》同时告成。《会典》原本,以则例散附各条下,盖沿历代之旧体。至是乃各为编录,使一具政令之大纲,一备沿革之细目,互为经纬,条理益明。"

《大清一统志》编成　康熙二十五年(1686)开始设一统志局,

纂修《一统志》。乾隆八年(1743),修成《大清一统志》340卷,后继续修改增补,于是年基本完成,共500卷,顾祖禹等曾参与编纂。其资料多来源于各省省志,以当时郡县为骨干,分列境界、风俗、户口、姓氏、人物、土产等。

[文献] 《清史稿》卷一四六:"《大清一统志》三百四十卷,乾隆八年敕撰。《大清一统志》五百卷,乾隆二十九年敕撰。"梁启超《中国近三百年学术史》(十五):"雍正七年因修《大清一统志》,需省志作资料,历严谕促修限期蒇事。……现存之古地理书,……盖皆以当时郡县为骨干,而分列境界、风俗、户口、姓氏、人物、土产等。后此叫清一统志皆仿其例也。……景范尝与万季野、阎百诗、胡朏明、黄子鸿等同参徐建庵在洞庭山所开之大清一统志局事。"

[考辨] 《清史稿》卷一四六:"《大清一统志》三百四十卷(乾隆八年敕撰),《大清一统志》五百卷(乾隆二十九年敕撰)"。梁启超在《中国近三百年学术史》中说"其后乾隆八年,统志始告成"。实际上,在乾隆八年,《一统志》初稿完成,而其后仍继续修改,于乾隆二十九年最终全部完成,基本定稿。因此,将《一统志》成书年确定为乾隆二十九年(1764)。

阮元生 阮元,字伯元,号芸台,江苏仪征人。清代经学家。是年生。

[文献] 张鉴《阮元年谱》:"先生名元,字伯元,号云台,行一,系出陈留尉氏。……乾隆二十九年甲申(一七六四)正月二十日子时,先生生于扬州旧城府四门白瓦巷。"张惟骧《疑年录汇编》卷一二:"阮伯元八十六元,生乾隆二十九年甲申。"蔡冠洛《清代七百名人传》:"阮元,字伯元,号芸台。江苏仪征人。"《清史稿》卷三六四:"阮元,字伯元,江苏仪征人。"《诰封光禄大夫户部左侍郎显考湘圃府君显妣一品夫人林夫人行状》卷一:"二十九年甲申,府君年三十一,正月二十日,生不孝元于西门白瓦巷旧第之南宅,

即今所建之海岱庵也。"

高宗乾隆三十一年　丙戌(公元 1766 年)

王引之生　王引之,字伯申,江苏高邮人。清代经学家、训诂学家。是年生。

[文献]　张惟骧《疑年录汇编》卷一三:"王伯申六十九引之,生乾隆三十一年丙戌。"蔡冠洛《清代七百名人传》:"王引之,字伯申,江苏高邮州人。"

高宗乾隆三十四年　己丑(公元 1769 年)

李兆洛生　李兆洛,字申耆,晚号养一老人。江苏阳湖人。清代古文学家、地理学家、金石学家。阳湖派的代表人物之一。是年生。

[文献]　张惟骧《疑年录汇编》卷一三:"李申耆七十三兆洛,生乾隆三十四年己丑。"蔡冠洛《清代七百名人传》:"李兆洛,字申耆,晚号养一老人。江苏阳湖人。本姓王,其先明中世育于李,遂昌姓李氏。"

高宗乾隆三十七年　壬辰(公元 1772 年)

方东树生　方东树,字植之,安徽桐城人。经学家、文学家。是年生。

[文献]　张惟骧《疑年录汇编》卷一三:"方植之八十东树,生乾隆三十七年壬辰。"《清史稿》卷四八六:"方东树,字植之,桐城人;……年八十,卒于祁门东山书院。"

高宗乾隆三十八年　癸巳(公元 1773 年)

二月,以纪昀为总裁官,开《四库全书》馆　先是上年,乾隆帝命各省督抚会同学政搜辑古今群书,将各书叙例、目录、朝代、作者、提要等具奏,后又令将其贴于开卷副页之右方,以便阅览。是年二月,以纪昀为总裁官,开馆纂修《四库全书》。

[文献] 印鸾章《清鉴》卷八:"癸巳三十八年,春二月,开《四库全书》馆,以纪昀为总纂官。纪昀字晓岚,一字春帆,直隶河间人。贯彻儒籍,旁通百家,凡六经传注得失,诸史异同,子集支分派别,以及词曲医卜之类,罔不抉奥提纲,溯源竟委。每进一书,仿刘向、曾巩例,作《提要》冠诸简首,帝辄览而善之。"蔡冠洛《清代七百名人传》:"纪昀,字晓岚,一字春帆,晚号石云,直隶献县人。……三十八年二月,命儒臣校核明代《永乐大典》,诏求天下遗书,开'四库全书馆'。选翰林院官,专司纂辑。大学士刘统勋以昀名荐,充纂修官。后又奏,全书浩博,应斟酌综覆,以免挂漏参差。举昀及提调官郎中陆锡熊为总办。"

高宗乾隆四十年 乙未(公元1775年)

凌曙生 凌曙,字晓楼,又字子升,江苏江都人。清代思想家。是年生。

[文献] 张惟骧《疑年录汇编》卷一三:"凌晓楼五十五曙,生乾隆四十年乙未,卒道光九年己丑。"《清史稿》卷四八二:"凌曙,字晓楼,江都人。……道光九年,卒,年五十五。"

俞正燮生 俞正燮,字理初,安徽黟县人。清代经学家。

[文献] 张惟骧《疑年录汇编》卷一三:"俞理初六十六正燮,生乾隆四十年乙未,卒道光二十年庚子。"《清史稿》卷四八六:"俞正燮,字理初,黟县人。性强记,经目不忘。"

域外 [法]物理学家安培生,其对电磁学中的基本原理有重要发现。

高宗乾隆四十一年 丙申(公元1776年)

毕沅将所撰《关中胜迹图志》进于朝延 毕沅,清代著名经学家、史学家。曾任官于陕西。其在陕西任职其间,修华岳庙,集汉、唐以来碑版置于学府,积极整理、保护当地的历史文物,将各州县地理、名山、大川、古迹等分别考察,集之成书,谓《关中胜迹图志》,并于是年进呈于朝廷,后《四库全书》收录。一时传为佳话。

[文献] 文渊阁《四库全书》卷二三六"《关中胜迹图志》条:臣等谨案《关中胜迹图志》三十二卷,乾隆四十一年,巡抚陕西兵部侍郎兼都察御史臣毕沅所撰进也。关中为禹贡雍州旧壤,……汉唐皆建都其地,凡夫城郭宫室之巨丽,市井风物之阜繁,高山大川之奇丽而雄伟,其遗闻古迹流传最多。故学士大夫每加裒辑自《关中记》、《三辅旧事》、《三辅黄图》以下……是编举陕西巡属诸州县,各分地理、名山、大川、古迹四目,考据本末荟萃诸书,系之以图敬陈。"

刘逢禄生 刘逢禄目,字申受,号申甫。江苏武进人。是年生。

[文献] 张惟骧《疑年录汇编》卷一三:"刘申受五十四逢禄,生乾隆四十一年丙申。"《清史稿》卷四八二:"刘逢禄,字申受,武进人。"

宋翔凤生 宋翔凤,字于庭,江苏长洲(今吴县)人。清代今文经学家。是年生。

[文献] 张惟骧《疑年录汇编》卷一三:"宋于庭八十五翔凤,生乾隆四十一年丙申。"《清史稿》卷四八二:"宋翔凤,字于庭,长洲人。"蔡冠洛《清代七百名人传》(下):"宋翔凤,字虞庭,一字于庭。江苏长洲人。"

域外 [英]亚当·斯密《原富论》出版。

高宗乾隆四十二年　丁酉(公元1777年)

王锡侯《字贯》狱 江西新昌举人王锡侯删改《康熙字典》,另作《字贯》,以其不知"尊君亲上"之名,命交刑部严议。寻命刑部访查,如有与《字贯》相类之书,无论旧刻新编,一律查出奏明,解京销毁。

[文献] 黄鸿寿《清史纪事本末》卷二〇:"四十二年,冬十一月,逮江西举人王锡侯至京下于狱。新昌王锡侯,删改《康熙字典》,另刻《字贯》,其序文凡例,将圣祖世宗及帝御名开列。帝大怒。逮狱论死,巡抚至监司均革职。"印鸾章《清鉴》卷八:"(乾隆四十二年)十一月,杀新昌举人王锡侯。初,新昌县民王泷南,呈首举人王锡侯删改《康熙字典》,另刻《字贯》一书,……旋查获王锡侯著书十种,俱有悖谬不法之处,乃解京治罪。海成及藩臬各官,均以失察革职,交刑部治罪。"

《孟子字义疏证》定稿 戴震著,3卷,系综合《绪言》和《孟子私淑录》二书而成。该书撰于乾隆三十一年(1766),后又几经修订,于是年定稿。全书以考证、疏解《孟子》字义的形式,系统阐发作者的宇宙观、人性论、认识论和伦理观等,是其最重要的哲学著作。该书在批评程朱理学的基础上阐发自己哲学观点,提出世界是气的变化过程的观点,认为气在不停地运动变化。反对程朱"心即理"的认识论,认为必须"即事求理"。指出"理"是事物的条理、分理、文理,是具体事物的本质和运动变化的不易之则。在人性问题上,反对程朱理学的禁欲主张,指责程朱理学是"以理杀人",指出人欲是出于血气之自然,主张遂民之欲。的许多思想对中国近代唯物主义哲学和民主思想有较大影响。版本有《微波榭丛书·戴氏遗书》本,《端溪丛书》本,1961年中华书局标点本,1980年上海古籍出版社所出的《戴震集》本。

[文献] 《孟子字义疏证》卷中:"气化流行,生生不息,是故谓之道。……天地、人物、事为,不闻无可言之理者也,……'有物有则'是也。……实体实事,罔非自然,而归于必然,天地、人物、事为之理得矣。……理者,察之而几微必区以别之名也,是故谓之分理;在物之质,曰肌理,曰腠理,曰文理;得其分则有条而不紊,谓

之条理。"《孟子字义疏证》卷下:"此理欲之辨,适成忍而残杀之具。……天下之事,使欲之得遂,情之得达,斯已矣。……遂己之欲者,广之能遂人之欲;达己之情者,广之能达人之情。道德之盛,使人之欲无不遂,人之情无不达,斯已矣。"梁启超《清代学术概论》(十一):"戴震盖确有见于此,其志愿确欲为中国文化转一新方向。其哲学之立脚点,真可称二千年一大翻案。其论尊卑顺逆一段,实以平等精神,作伦理学上一大革命。其斥宋儒之糅合儒佛,虽辞带含蓄,而意极严正,随处发挥科学家求真求是之精神,实三百年间最有价值之奇书也。"《续修四库总目提要》下册载:"是书大旨借理学以攻是学,而读书必先识字,孟子原学孔子者也。乃修举其字义,一一为之疏通证明焉。……意在发明孔孟真谛,以匡正宋儒之谬。"

戴震卒 戴震(1723—1777),清代经学家、训诂学家、音韵学家。出身贫寒家庭,10岁才开始接受教育,然而聪慧异常,所览经籍,过目成诵,经年不忘。因此在少年时期便打下较深厚的学问根底。以后,又问学于江永,学习数学及《礼记》,尽得其传。1755年,因受迫害,入北京避难,与名士钱大昕等人交好往来。因学识渊博,故名动京师,成为一时名士。在京留居数年之后,南下扬州识见著名学者惠栋,从其问学,颇有长进。1762年,乡试中举。次年,受聘前往山西编纂方志。1772年,再次入京应试,又不第,于是前往金华,主讲于金华书院,不久,被推荐至京,充四库馆纂修官。任职期间,再次参加会试,仍不第,乾隆乃赐其同进士出身,授翰林院庶吉士,仍任四库馆纂修官。兢兢业业,呕心沥血,最后卒于任上,享年55岁。其勤学好问,对所学经籍训释,从不轻信盲从,遇有疑难,必详细考证,订其谬误,是乾嘉汉学"皖派"的开创者。博闻强记,涉猎广泛,对天文、数学、历史、地理均有较深研究,长于考据,精通声韵,尤通古音。治经通过音韵训诂探讨古书义理。曾依据《永乐大典》校勘《水经注》,所校《水经注》之副本曾作为样本进呈乾隆观览,深受乾隆帝赞赏。校勘方面的代表作还有《大戴礼记》等。在音韵学方面,著有《声类表》、《声韵考》等,把古音分为9类25部,着重阐述音声相配的道理,很多言论均为前人之所未发。对古代的方言进行过较为深入的研究和系统详尽的整理。其哲学思想在中国哲学史上占有重要地位,他坚持唯物主义的一元论,反对唯心主义思想,其唯物主义思想还包含有辩证的因素,是我国古代唯物主义的思想在清代的发扬和光大。其治学严谨,实事求是,涉猎之泛,不偏主一家,对清代学术的发展有重要的贡献,是清代前期著名的学术大家。

[文献] 洪榜《二洪遗稿·戴先生行状》:"先生生而体貌厚重,性端严。生十岁,乃能言。就付读书,过目成诵,日数千言不肯休。……先生行己严介,不苟然,必絜以情理,不为矫激之行。先生接物待人以诚,谋人之事,如恐其不遂,扬人之善,如恐其不闻。其教诲人,终日矻矻,不以为倦也。先生之言,平正通达,近而易知,博极群书,而不少驰骋,有所请,各如其量以答之。凡见先生者,未尝不有所得也。先生之学,虽未设施于时,既设,其言立,所谓不朽者与!"《清史稿》卷四八一:"读书好深湛之思,少时塾师授以《说文》,三年尽得其节目。年十六七,研经注疏,实事求是,不主一家。与郡人郑牧、汪肇龙、方矩、程瑶田、金榜从婺源江永游,震出所学质之永,永为之骇叹。永精《礼经》及推步、钟律、音声、文字之学,惟震能得其全。……以避仇入都,北方学者如献县纪昀、大兴朱筠,南方学者如嘉定钱大昕、王鸣盛,余姚卢文弨,青浦王昶,皆折节与交。……乾隆二十七年,举乡试,三十八年,诏开四库馆,征海内淹贯之士司编校之职,总裁荐震充纂修。四十年,特命与会试中式者同赴殿试,赐同进士出身,改翰林院庶吉士。震以文学受知,出入著作之庭。馆中有奇文疑义,辄就咨访。震亦思勤

修其职,晨夕披检,无间寒暑。经进图籍,论次精审。所校《大戴礼记》、《水经注》尤精核。又于《永乐大典》内得《九章》、《五曹算经》七种,皆王锡阐、梅文鼎所未见。震正讹补脱以进,得旨刊行。四十二年,卒于官,年五十有五。震之学,由声音、文字以求训诂,由训诂以寻义理。……震为学精诚解辨,每立一义,初若创获,乃参考之,果不可易。大约有三:曰小学,曰测算,曰典章制度。其小学书有《六书论》三卷,《声韵考》四卷,《声类表》九卷,《方言疏证》十卷。……其测算书《原象》一卷,《迎日推策记》一卷,《勾股割圆记》三卷,《历问》一卷,《古历考》二卷,《续天文略》三卷,《策算》一卷。……震所著典章制度之书未成。卢文弨《戴氏遗书·序》:"吾友新安戴东原先生,生于顾亭林、阎百诗、万季野诸老之后,而其学足与之匹,精诣深造,以求至是之归。胸有真得,故能折衷群言,而无徇矫之失。其著为说也,未尝使客气得参其间,冷然而入,豁然而解,理苟明矣,未尝过骋其辨以排击昔人,而求伸其说。其为道若未足以变易当世之视听,而实至名归,一二名公卿贤士夫洒然异之,声誉遂隆隆起。"段玉裁《戴东原先生年谱》:"案先生所校官书,皆天文、算法、地理、水经、小学、方言诸书,皆必精心推核,失之毫厘则缪以千里者。先生于性与天道,了然贯澈,故吐辞为经。如《勾股割圆记》三篇,《原善》三篇,《释天》四篇,《法象论》一篇,皆经也。其它文字,皆厚积薄发,纯朴高古,如造化之生物,官骸毕具,枝叶并茂。……盖先生合义理、考核、文章为一事,知无所蔽,行无少私,浩气同盛于《孟子》,精义上驾乎康成、程朱,修辞府视乎韩、欧焉。"

[考辨] 关于戴震的历史地位和评价,学术界意见不甚相同,特别是对其哲学思想的评介更是仁智互见,大致有两种论点。其一,把戴震仅仅看成汉学家,而忽视、贬低甚至抹煞戴震在哲学方面的成绩。例如,姚鼐就这样评价戴震:"戴东原言考证岂不

佳,而欲言义理以夺洛闽之席,可谓愚妄不自量之甚矣!"(《尺牍》卷六)翁方纲也对戴震哲学持否定态度。他说:"近日休宁戴震一生毕力于名物象数之学,博且勤矣,实亦考订之一端耳。乃其人不甘以考订为事,而欲谈性道以立异于程朱。"(翁方纲《理说驳戴震作》,《复初斋文集》卷七)侯外庐对戴震的评价也不高:"我们认为戴震思想的天地,比之王夫之、颜元更狭隘一些。我们对戴震哲学思想所具有的光芒虽不能忽视(尤其在乾嘉时代),但对其体系则不能不说比起清初大儒的成就是有逊色的。……然而,我们要记住,戴震哲学不是清代哲学的建设者,尤其他的观照论与唯知主义思想,仍然是唯心主义的传统,在哲学上的价值甚低。"(侯外庐《中国思想通史》第五卷,人民出版社,1963,430～431、455页)。

其二,以章炳麟、胡适为代表的一些学者,给予戴震很高评价。胡适说:"人都知道戴东原是清代经学的大师,音韵的大师,清代考核之学的第一大师。但很少人知道他是朱子以后第一个大思想家,大哲学家。……这八百年来,中国思想史上出了三个极重要的人物,每人画了一个新纪元:一个朱子(1130—1200),一个是王阳明(1470—1528),一个是戴东原(1724—1777)。"(胡适《戴东原在中国哲学史上的位置》)章炳麟也说:"世有大儒二人,一曰颜元,再曰戴震。"(章炳麟《说林》上,《太炎文录初编》卷一)戴震虽以考据之学著称于世,但他自己却说:"仆生平著述,最大者为《孟子字义疏证》一书。"(段玉裁《戴东原年谱》)笔者以为,贬低戴震在哲学上的地位是不妥的。虽然戴震的哲学思想有某些缺点,但他毕竟在清代理学居官学地位的时候,高举唯物主义的旗帜,不媚俗于世,这是很难得的,更何况他的哲学思想确有其独特见解和超越前人及同时代人的地方,其对世界本质的探讨、对人性伦理的议论,无不见识卓绝、精辟独到。但抬高戴震,也有失偏颇。从中国古代的哲学发展来看,戴震并不能称为一个哲学大家,他在前代唯物主义的框架下,在清初特定的历史背景中,阐述并发挥古之已有的唯物主义哲学思想,并没有开辟哲学发展的新天地,使哲学发展进入新历程。其真正卓有成效的贡献在他的考据学方面以及他严谨的治学作风。和他的哲学思想相比,他的考据成绩和治学作风,更为人们所看重,流传后世,影响后来学者。总之,戴震最突出的贡献在考据方面,但也仍不失为杰出的思想家、哲学家。

高宗乾隆四十三年　戊戌(公元1778年)

余萧客卒　余萧客(1732—1778),清代经学家。少工诗文,青年时曾问学于惠栋。遍览群书,凡唐以前经解、史传、类书,以至佛道经藏,无不旁搜博览。治经本惠栋之说,尊信汉唐古训,积极提倡古学,发扬惠派学风。曾应聘至保定修《畿辅水利志》,于此时与京师朱筠、纪昀诸学者相识,颇受推崇。后因眼疾复发,归里,教授生徒,以贫困终老。是年卒。著有《古经解钩沉》、《文选纪闻》、《文选音义》等。

[文献]　《清史稿》卷四八一:"萧客,字古农,长洲人。撰《古经解钩沉》三十卷,凡唐以前旧说,自诸家经解所引,旁及史传、类书,片语单词,悉著于录。清代经学昌明,著述之家,争及于古,萧客是书其一也。萧客又撰《文选纪闻》三十卷,《文选音义》八卷。"江藩《国朝汉学师承记》卷二:"于是闭户肆经史,博览群书。性癖古籍,闻有异书,必徒步往借。……直隶总督方恪敏公观承闻其名,延至保定修《畿辅水利志》。间游京师,与朱学士筠河先生、纪文达公昀、胡文恪公高望相友善,咸谓其学在深宁、亭林之间。因目疾复作,举歙戴震以代,遂南归,以经术教授乡里。……生平著述甚多,《尔雅释》、《注雅别钞》悔其少年,不以示人。《文选音义》亦悔少作,然久已刊行。……惟《古经解钩沉》已入《四库》经部。"李延沛、吴海林《中国历史人物生卒年表》:"余萧客,字古农,江

苏吴县人,公元1732年(清雍正十年壬子)生,公元1778年(清乾隆四十三年戊戌)卒。"(黑龙江人民出版社,1981年版,第402页)

高宗乾隆四十六年　辛丑(公元1781年)

朱筠卒　朱筠(1729—1781),字竹君,又字美叔,号笥河。祖籍浙江萧山,后迁居顺天大兴。十三岁即通七经,进士及第后,为翰林院侍读学士,曾四度充任会试同考官。其说经专宗汉儒,不取宋元诸家之说。他为学官,悉心搜罗人才,或是他所取士子,或供职其幕府。平生一大贡献在于促成开启四库全书之编纂。著述有《十三经文字同异》、《篆诂》、《方言》、《礼意》、《礼仪释例》及《笥河文集》四卷。是年卒。

[文献]　孙星衍《笥河先生行状》:"先生姓朱,讳筠,字竹君,号笥河,顺天大兴人。……乾隆十八年癸酉举于乡试,明年甲戌成进士。……四十四年督学福建,……卒于四十六年六月二十七日,春秋五十有三。……先生以为,经学本于文字训诂,又必由博反约,周公作《尔雅》,《释诂》居首,保氏教六书,《说文》仅存。于是刊布许氏《说文》于安徽以教士,复奏请采录《永乐大典》逸书。上览奏异之,乃命开《四库全书》馆,御制诗以纪其事。又以《十三经》文字,传写讹舛,奏请仿汉熹平、唐开成故事,则儒臣校正,立石太学。奉御缓办,因著《十三经文字同异》若干卷,藏于家。于时皖、闽之士,闻绪言余论,始知讲求根柢之学。四海好学能文者,俱慕从先生游。而戴征君震、邵学士晋涵、王观察念孙诸人,深于经术训诂之学,未遇时,皆在先生幕府。……其督学安徽,旌表婺源故士江永、汪绂等,祠其主于乡贤,以劝朴学之士。在福建,与弟珪相代,一时传为盛事。……其后文正主持文教,海内名流,皆以暗中索拔,多先生所赏契者。故世称据经好古之士为朱派云。"(清王灏辑,朱筠著《笥河文集》卷首,清光绪五年定州王氏刻本)

高宗乾隆四十七年　壬寅（公元 1782 年）

《四库全书》编纂完成　《四库全书》是我国历史上最大的一部丛书。它将我国古代重要的典籍整理抄录，分编为经、史、子、集四部，故称为《四库全书》。共收书 3503 种，79337 卷，内容极为广泛，在一定程度上，起到保护民族文化遗产的作用。但其编纂的目的是从维护清朝统治出发的，对不利于清朝统治的著作，多进行篡改、排斥不录甚至加以销毁。从乾隆三十八年（1773）开馆纂修，至是年完成，历时 10 年。该书编纂完成后，缮写 7 部，分藏于文渊、文源、文津、文汇、文溯、文宗、文澜7 阁。

［文献］印鸾章《清鉴》卷八："（乾隆四十七年）秋七月，《四库全书》成，命续缮三分，分藏扬州、镇江、杭州等处。先是太宗在奉天时，已留心典籍，广为搜罗，日积月累，至乾隆朝而大备。乾隆三十七年，帝特诏开馆修《四库全书》，复征求天下书籍，以纪昀为总纂。……既成之后，先缮写四分，特建文渊、文源、文津、文溯四阁，以资藏庋，……至是以江浙为人文渊薮，多力学好古之士，愿读中秘书者，自不乏人，因于扬州大观堂建文汇阁，镇江金山寺建文宗阁，杭州圣因寺行宫建文澜阁，命续缮三分，各颁一分贮之，以便士子就近观摩誉录，嘉惠艺林，古今未有之盛轨也。"梁启超《中国近三百年学术史》"到乾隆朝，汉学派殆占全胜。政府方面文化事有应该特笔大书的一件事，曰编纂《四库全书》。四库全馆，始自乾隆三十八年，至四十七年告成，……编成缮写七本，颁贮各地：一、北京禁城之文渊阁本。二、西郊圆明园之文源阁本。三、奉天之文溯阁本。四、热河之文津阁本。五、扬州之文汇阁本。六、镇江之文宗阁本。七、杭州之文澜阁本。"又见《清史稿》卷一四。

胡培翚生　胡培翚，字载屏，一字竹村，安徽绩溪人。清代思想家。

[文献] 张惟骧《疑年录汇编》卷一三:"胡载屏六十八培翚,生乾隆四十七年壬寅。"蔡冠洛《清代七百名人传》(下):"胡培翚,字载平,一字竹村,安徽绩溪人。……道光二十九年卒,年六十八。"

高宗乾隆五十年 乙巳(公元1785年)

林则徐生 林则徐,字少穆。清末进步思想家,福建侯官(今福州)人。是年生。

[文献] 林则徐道光三十年十月十九日(1850年11月22日)《遗折》:"臣林则徐跪奏,……据医者云,积久虚劳,心脉已散,百药罔效。……谨奏。道光三十年十月十九日。"来新夏《林则徐年谱》:"清高宗乾隆五十年,乙巳。1785年,一岁。七月二十(8月30日)子时,林则徐生于福建侯官左营司巷林氏北院后租室。"《云左山房文钞》卷二:"则徐以乙巳生。"郭柏苍《竹间十日话》卷六:"侯官林文忠公生于乾隆乙巳七月二十六日。"

高宗乾隆五十一年 丙午(公元1786年)

陈奂生 陈奂,字硕甫,号师竹,又号南园老人,江苏长洲(今吴县)人。清代经学家。是年生。

[文献] 张惟骧:《疑年录汇编》卷一三:"陈硕甫七十八奂,生乾隆五十一年丙午。"《清史稿》卷四八二:"陈奂,字硕甫,长洲人。……同治二年,卒,年七十有八。"

高宗乾隆五十二年 丁未(公元1787年)

王鸣盛《十七史商榷》刊行 《十七史商榷》共100卷,上起《史记》,下迄五代,从宋人习惯称为十七史,虽论及《旧唐书》、《旧五代史》,而没有列入数内。所言商榷则指校勘本文、补正讹脱、考订史实。王鸣盛广搜书籍以汉学的考证方法研究历史,尤详于舆地、职官、典章制度。《十七史商榷》为王鸣盛毕生治史之结晶,为清代史学名著之一。

[文献] 王鸣盛《十七史商榷序》:"十七史者,上起《史记》,下迄《五代史》,宋时尝汇而刻之者也。商榷者,商度而扬榷之也。海虞毛晋汲古阁所刻,行世已久,而从未有全校之一周者。予为改讹文,补脱文,去衍文,又举其中典制事迹,诠解蒙滞,审核踳驳,以成是书,故名曰'商榷'也。《旧唐书》、《旧五代史》,毛刻所无,而云十七者,统言之,仍故名也。若辽、宋等史,则予未暇及焉。……盖学问之道,求于虚不如求于实,议论褒贬皆虚文耳。做史者之所记录,读史之所考核,总期于能得其实焉而已矣,外此又何多求邪?予束发好谈史学,将壮辍史而治经,经既竣,乃重理史业。摩研排缵,二纪余年,始悟读史之法,与读经小异而大同。何以言之?经以明道,而求道者不必空执义理以求之也,但当正文字,辨音读,释训诂,通传注,则义理自见,而道在其中矣。……尝谓好著书不如多读书,欲读书必先精校书,校之未精而遽读,恐读亦多误矣。读之不勤而轻著,恐著且多妄矣。二纪以来,恒独处一室,覃思史事,既校始读,亦随读随校,购借善本,再三雠勘。又搜罗偏霸杂史、稗官野乘、山经地志、谱牒簿录,以暨诸子百家、小说笔记、诗文别集、释老异教,旁及于钟鼎尊彝之款识,山林冢墓、祠庙伽蓝碑碣断阙之文,尽取以供佐证。参伍错综,比物连类,以互相检照,所谓考其典制事迹之实也。……写成净本,都为一编。计《史记》六卷,《汉书》二十二卷,《后汉书》十卷,《三国志》四卷,《晋书》十卷,《南史》合宋、齐、梁、陈书十二卷,《北史》合魏、齐、周、隋书四卷,新旧《唐书》二十四卷,新旧《五代史》六卷,总九十八卷,别论史家义例崖略为《缀言》二卷终焉。……进士及第通义大夫、光禄卿,前史官嘉定王鸣盛撰。"(光绪十九年广雅书局刊本)

高宗乾隆五十三年　戊申（公元1788年）

朱骏声生　朱骏声，字丰芑，号允倩，江苏吴县人。清代经学家。是年生。

［文献］　《清史稿》卷四八一："朱骏声，字丰芑，吴县人。……八年，卒，年七十一。"张惟骧《疑年录汇编》卷一三："朱丰芑七一骏声，生乾隆五十三年戊申。"

庄存与卒　庄存与（1719—1788），清代经学家，字方耕，江苏武进人。乾隆进士，历官翰林院编修、内阁学士、礼部右侍郎等，常州学派的创始人。是年卒。为学贯通六经，皆有撰述。对《易》以孟氏、马班所著书为经纬；对《书》，深得孔孟真义；对《诗》，则是毛非郑；对《礼》则推周官；对《春秋》，则言公羊。他为学不分汉、宋门户，专求所谓"微言大义"宣扬"《春秋》应天受命作制"及"法可穷，《春秋》之道则不穷"等说。著作主要有《彖传论》、《象传论》、《系辞传论》、《八卦观象解》、《卦气解》、《尚书既见》、《毛诗说》、《春秋正辞》、《春秋条例》、《春秋要旨》、《书说》等，被汇辑为《味经斋遗书》。

［文献］　《清史稿》卷三〇五："存与，字方耕，江南武进人。乾隆十年一甲二名进士，授编修。四迁内阁学士。二十一年，督直隶学政。……五十一年，以衰老休致。五十三年，卒。"蔡冠洛《清代七百名人传》（下）："五十三年十月卒。存与为学贯通六经，悉有撰述。说《易》以孟氏六日七分为经，以马班天官地理律历各书志为纬。其为文，辨而精，醇而肆。旨远而意近，举大而不遗小，能言诸儒所不能言。计为《彖传论》一卷，《象传论》一卷，《系辞论》一卷，附《序卦传论》、《八卦观象解》二卷，《卦气解》一卷。于书不分今古文文字同异，而剖析经义，深得孔子序书孟子论世之意。为《尚书既见》二卷，《书说》一卷，于诗详于变雅，发挥大义。

凡毛郑异说者，多是毛而非郑。为《毛诗说》二卷，补一卷，附一卷，则专释《楚茨》一章，申传笺以难集传焉。于礼独重周官，原本经籍，博采传记诸子，为《周官记》五卷。"冢宰记"有官属表，"司徒记"有载师任地谱，"司马记"则补其缺文。无"宗伯司寇记"，而别采掇《尚书》、《国语》等周秦古书，做"司空记"一篇，复采经中大典，"如郊庙族属之类，原本郑氏，又遍览古人所论列者，件系而折衷之，为《周官说》五卷。于"春秋"专主公羊董子，虽略采《左》、《穀》及宋元诸家之说，而无何劭公所讥倍经任意，反传违戾诸弊。本赵氏汸春秋属辞例，隐括其条，正列其义，以成一家之言，为《春秋正辞》十二卷。至《举例》一卷，《要旨》一卷，尤足阐明家法，示治公羊春秋者以途径。于四书不崇虚语，而归本于六经。盖深得汉人遗意。虽多非考亭，要可处乎诤友之列。为《四书说》一卷。厥后从子述祖、外甥刘逢禄等畅发《春秋》遗绪，遂衍常州派今文学之绪焉。"

高宗乾隆五十七年　壬子（公元1792年）

《续资治通鉴》定稿　《续资治通鉴》，为编年体宋、辽、金、元史书，220卷。毕沅因徐乾学等所撰《资治通鉴后编》未至完善，乃延请学者，以其书为底本，重加修订，撰为是书，历时20年，于是年完成。记载史实上起宋太祖建隆元年（960），与《资治通鉴》相衔接，下迄元顺帝至正三十年（1370），较《资治通鉴后编》多3年。于宋、辽、金、元四朝史事，记载均很详细，改变了以前史书记载详宋而略辽、金、元的弊病。编撰该书共参阅著作一百多种，史料丰富超过了以前所有编年体史书。对史料取舍所做的考异，注于文本之下，不另刊行。与《资治通鉴》、《资治通鉴后编》不同之处是，对史事不加评论，采用据事直书，善恶自辨的办法。缺点是多录旧史原文，未能将文体融铸为一体。该书计有嘉庆六年刊本，同治年间刊本,1936 年商务印书馆排印本,1957 年标点本等。"

[文献] 梁启超《中国近三百年学术史》:"至乾隆末然后毕秋帆(沅)《续资治通鉴》二百二十卷出现。此书由秋帆属幕中僚友编订,凡阅二十年,最后经邵二云校定。而章实斋实参与其义例。其书'宋事,据二李焘、心传而推广之,辽金二史所载大事无一遗落,又据旁籍以补其逸。元事,多引文集,而说部则慎择其可征信者。仍用司马氏例,折衷诸说异同,明其去取之故,以为考异。'盖自此书出而诸家《续鉴》可废矣。"王昶《毕公沅神道碑》:"公……资性颖悟,十岁明声韵,十五能诗。从长洲沈宗伯德潜、惠征君栋游,学业益深邃。……少嗜著述,至老不辍,所撰《续资治通鉴史籍考》并《灵岩山人诗文集》……共若干卷。每遇古书善本,校而录之,……时贤皆奉为秘宝。"(钱仪吉《碑传集》卷七三)

《述学》刻竣成书　《述学》,汪中著作,初共有 4 卷,内篇 3 卷,外篇 1 卷。内容包括作者搜集的三代两汉的学制以及文字、训诂、名物等与学有关的知识,此外还包括作者自己平时读书所得及所论之文。初刻于是年,以后其子汪喜孙又辑《补辑》1 卷、《别录》1 卷,增编全书为 6 卷,并附录《春秋述义》1 篇,于道光三年(1823)重刻。写作的主要目的是通过对先秦古籍以及其他与学有关的事物进行考证来阐述作者的思想观点。该书否认孟子在孔门中的道统地位,认为荀子才是孔子学说的真传者,高度评价荀子之学对社会的影响。对当时被人们所诟骂的墨学予以表彰,认为墨子之学是救世之作,墨子是救世之人,把墨学看作诸多学派中唯一可与儒学相抗的显学。对宋儒大力表彰的《大学》持怀疑态度,指责宋儒引禅入学,对儒学肆意臆断。同时,还对社会上存在的一些弊病进行批判和揭露,对妇女所受的封建压迫给予极大同情。主张寡妇可以改嫁,男女在一定程度上应该有社交自由,还曾设想在各州县设立"贞苦堂"和"孤儿社"收养无依无靠的寡妇孤儿。

该书是一部史学著作,同时又借史言志,具有强烈的反叛色彩,它的发表打击了传统儒家的社会权威地位,在一定程度上起到解放人们思想的作用,对清末的维新与革命运动产生了积极影响。

[文献] 李斗《扬州画舫录》卷六:"汪中,字容甫,江都人。谢少宰督学江苏时,自逊以为己学不及中,拔为贡生,名冠大江南北。盐政全公,延之经理金山御书楼。为经史之学,尤工属文。尝选《哀江南》以下数十篇为《伤心集》。所著有《述学》内外篇二卷,中有《广陵对》一篇最精确。"汪喜孙《汪容甫先生年谱》:"(《述学》)博考先秦古籍三代以上学制废兴,使知古人之所以为学者,凡虞夏第一,周礼第二,列国第三,孔门第四,七十子后学者第五,又列通论、释经、旧闻、典籍、数典、世官、目录凡六。"《刘端临先生遗书》卷八:"君搜辑三代两汉学制,以及文字、训诂、度数、名物有系于学者,分别部居,为《述学》一书,属稿未成,更以平日读书所得,及所论撰之文,分《述学》内外篇。"《述学·补遗》:"荀卿之学,出于孔氏,而尤有功于诸经。……自七十子之徒既殁,汉诸儒未兴,中更战国、暴秦之乱,六艺之传赖以为继者,荀卿也。周公作之,孔子述之,荀卿子传之,其揆一也。"《述学》内篇一:"许嫁而婿死,适婿之家,事其父母,为之立后而不嫁者,非礼也。……其有以死而殉者,尤礼之所不许也。"《述学》内篇三:"其在九流之中,惟儒足与之相抗,自余诸子,皆非其比。"江藩《汪中记》:"及长,……得借阅经史百家,于是博综典籍,谙究儒墨,经耳无遗,触目成诵,遂以通人焉。……杭太史世骏……见君制述,深加礼异,所作诗文必嘱君视草。……中学辑三代学制及文字、训诂、制度、名物有系于学者,分为部居,为《述学》一书。"(钱仪吉《碑传集》卷一三四)

[考辨] 《述学》自初刊本问世后,刊本很多,大体有:初刊三卷本(乾隆末汪氏自定家刻本)、家刻一卷本、文选楼刻二卷本(嘉

庆道光间仪征阮元文选楼刻本)、问礼堂四卷本(嘉庆二十年汪中之子喜孙编刻本)、学海堂二卷本(道光初严氏刻本,此本为严杰增删阮元文选楼刻本而成)、汪氏遗书六卷本(道光三年汪中之子喜孙,在其嘉庆二十年编刻之问礼堂四卷小字本上,增入《补遗》、《别录》两卷,共六卷)、扬州书局重刻六卷本(有称淮南书局覆刻六卷本)、粤雅堂重刻六卷本、四部丛刊本、中国书店影印江都汪氏丛书本、四部备要本等等。这些版本的内容、篇目各有出入,具体可参阅刘枚《汪中〈述学〉版本述略》(《江苏教育学院学报》(社会科学版),1998 年第 1 期)。

龚自珍生 龚自珍,又名巩祚,字璱人,一作率人,号定盦。浙江仁和(今杭州)人。清代经学家、文学家。是年生。

[文献]《龚自珍全集》:"乾隆五十七年壬子。七月初五日壬寅,先生生于杭州东城马坡巷。"(上海人民出版社 1975 年版,第 592 页)《清史稿》卷四八六:"龚巩祚,原名自珍,字璱人,仁和人。"另可参考吴昌绶《定盦先生年谱》(《龚自珍全集》附录,上海人民出版社,1975)

高宗乾隆五十九年　甲寅(公元 1794 年)

马复初生 马复初,清代伊斯兰教学者和经师。又名德新,字以行,经名鲁哈·丁,被尊为"老巴巴"。云南大理人。是年生。

[文献] 金宜久《伊斯兰教辞典》:"马复初(1794—1874)中国近代伊斯兰教学者和经师。名德新,字以行。经名鲁哈·丁。被尊为'老巴巴'。云南太和(今大理)人。"(上海辞书出版社,1977,489 页)

魏源生 魏源,原名远达,字默深,湖南邵阳人。清代经学家、地理学家。是年生。

[文献] 魏耆《邵阳魏府君事略》:"府君讳源,字默深。……

生于乾隆五十九年甲寅三月二十四日辰时。"(《魏源集》,中华书局 1976 年版,第 847 页)《清史稿》卷四八六:"魏源,字默深,邵阳人。"

汪中卒 汪中(1744—1794),清代经学家。少孤贫,自励学习。14 岁入书肆为佣,得以纵览群书,乾隆四十二年(1777)拔贡,后绝意仕途,专注经术。曾入朱筠、毕沅幕,以笔札为生。晚年校《四库全书》于杭州文澜阁。一生漂泊无定,生活颠沛流离,最后贫病交加,凄然辞世。擅长诗词,文笔优美,尤精于骈文,有汉魏之风。兼治经史,对古今制度沿革、民生利病、学制兴废及山川地理等皆有研究。厌恶程朱理学,抨击封建迷信,反对封建礼教,对社会上存在的各种社会陋习持强烈批评态度。由于愤世嫉俗,言词激烈,不合于时,为世所不容,被攻击为名教罪人。学术上,反对空疏浮夸的学风,重视考证训诂,主张实事求是,继承清初经世致用风尚,博采众长,不偏主、墨守一家。其学术上的突出贡献在于对先秦诸子的辑佚、考证及思想研究方面,代表性的著作为《墨子后序》、《墨子序》、《荀卿子年表》等。藉此,他大力宣扬墨学,对孟子痛加驳斥,进一步动摇传统儒学的地位。此外,还有《广陵通典》、《汪容甫遗诗》等重要著作。

[文献] 方浚师《蕉轩随录》卷七《容甫汪君家传》:"君以乾隆五十九年十一月二十日卒于杭州葛岭园。君生平刚肠疾恶,遇事便发,以故人多嫉之。"张惟骧《疑年录汇编》卷一二:"汪容甫五十一中……卒乾隆五十九年甲寅。"凌廷堪《校礼堂文集》卷三五《汪容甫墓志铭》:"君读书极博,《六经》子史以及医药种树之书,糜不观览。著书率未成,少日作诗古文,复自弃去。今所存者有《述学》四卷,皆杂文也。……汉唐以后所服膺者,昆山顾宁人氏、德清胡朏明氏、宣城梅定九氏、太原阎百诗氏、元和惠定宇氏、休宁戴东原氏。尝云:'古学之兴也,顾氏始开其端;《河》、《洛》矫诬,至胡氏而绌;中西推步,至梅氏而精;力攻古文《尚书》者,阎氏也;

专言汉儒《易》者,惠氏也。凡此,皆千余年不传之绝学,及戴氏出而集其成焉。'拟为《国朝六儒颂》而未果。君于时流,恒多否而少可。钱晓徵、程易畴两先生外,惟王怀祖给事、孔众仲检讨、刘端临训导、江子屏太学数人,时或称道,余大半视之蔑如也。"《清史稿》卷四八一:汪中,字容甫,江都人。"生七岁而孤,家贫不能就外传。母邹,授以《四子书》。稍长,助书贾鬻书于市,因遍读经、史、百家,过目成诵,遂为通人。年二十,补诸生。乾隆四十二年拔贡生。……中专意经术,与高邮王念孙、宝应刘台拱为友,共讨论之。其治《尚书》,有《尚书考异》。治《礼》,有《仪礼》校本、《大戴礼记》校本。治《春秋》,有《春秋述义》。治《小学》,有《尔雅》校本,及《小学说文求端》。……又尝博考先秦古籍三代以上学制废兴,使知古人所以为学者。……后乃即考三代典礼及文字训诂、名物象数,益以论撰之文,为《述学》内、外篇,凡六卷。其有功经义者,则有若《释三九》、《妇人无主答问》、《女子许嫁而婿死从死及守志议》、《居丧释服解义》。其表章经传及先儒者,则有若《周官征文》、《左氏春秋释疑》、《荀卿子通论》、《贾谊新书序》。其他考证之文,亦有依据。……五十九年,卒,年五十一。"

域外 [英]达尔文《动物生理学,一名有机的生命的法则》出版。

高宗乾隆六十年　乙卯(公元1795年)

《廿二史札记》定稿成书　《廿二史札记》,赵翼著作。36卷,附补遗1卷。实为廿四史札记,以乾隆初《明史》修成诏刊廿二史之时,《旧唐书》、《旧五代史》尚未定为正史,乃因明人所称"二十一史"之习惯,另加《明史》,故名廿二史。全书按廿四史先后分卷编次,每卷以类相从,各立标题,共609条。每部史书除校勘文字、史书之讹误外,对其编纂体例、沿革、方法及史料来源均分别予以探讨,并评其高下得失,尤为可贵者,于古今风云之递变、历代之治乱兴衰,归纳专题,加以论述,从不同角度反映一个时代的社会风尚和政治特点。该书版本有嘉庆年间湛贻堂《瓯北全书》本、光绪年间寿考堂《瓯北全书》本、光绪年间广雅书局《廿二史札记》本、光绪年间西畬山馆《廿二史札记》本、中华书局排印本等。

[文献] 赵翼《廿二史札记·小引》:"是以此编多就正史纪、传、表、志中参互勘校,其有牴牾处,自见辄摘出,以俟博雅君子订正焉。至古今风云之递变,政事之屡更,有关于治乱兴衰之故者,亦随所见附著之。"梁启超《中国近三百年学术史》:"赵书每史先述其著述沿革,评其得失,时亦校勘其牴牾,而大半论'古今风会之递变,政事之屡更,有关治乱兴衰之故者。'"

徐继畬生 徐继畬,字健男,又字松龛,山西五台人。是年生。

[文献] 张惟骧《疑年录汇编》卷一三:"徐健男七十九继畬,生乾隆六十年乙卯,卒同治十二年癸酉。"《清史稿》卷四二二:"徐继畬,字松龛,山西五台人。"

卢文弨卒 卢文弨(1717—1795),清代经学家。出生于官宦之家,自小受到良好的教育。乾隆十七年(1762)中进士,先后任翰林院编修、侍读学士、湖南学政等官。由于犯颜直谏,被降级任用。后绝意仕途,辞官归养,以著述终身。性情笃厚,与戴震、段玉裁等学者交往甚密。倡导汉学,历主江、浙各书院讲习,影响甚大,深受士林敬重。致力于校诂,并成就突出。主要作品有《经典释文考证》、《群书拾补》、《仪礼注疏详校》和《抱经堂文集》等。是年卒。

[文献] 张惟骧《疑年录汇编》卷一一:"卢召弓七十九文弨,生康熙五十六年丁酉,卒乾隆六十年乙卯。"翁方纲《复初斋文集》卷一四《皇清诰授朝议大夫前日讲起居注官翰林院侍读学士抱经先生卢公墓志铭》:"公姓卢氏,讳文弨,字绍弓,号矶渔,又号檠斋,晚更号弓父,抱经其堂颜也,人称曰抱经先生。……公精于校

雠,于陆氏《经典释文》,取宋本参校,又别为考证附本书后。又于《逸周书》、《孟子音义》、《贾谊新书》、《春秋繁露》、《方言》、《白虎通》、《西京杂记》、《蔡邕独断》诸书,皆汇诸家校本,详勘刊正。又于友朋相质,若《荀子》、《吕氏春秋》、《释名》、《韩诗外传》、《颜氏家训》、《封氏闻见录》、《谢宣城集》,皆手加是正。又于《五经正义表》,若《周易》、《礼记》注疏,若《吕氏读诗记》,若《魏书》、《宋史》、《金史》,若《新唐书纠缪》,若《列子》、《申鉴》、《新序》、《新论》,诸本脱漏者,咸加荟萃,曰《群书拾补》,并系以校语。公精研许氏《说文》,晚复雅意金石文字之学。所著述古文集外,有《广雅注释》,订正《仪礼注疏》、《史记索隐》,而《钟山龙城札记》及其他题跋件系考证之书,不可胜记。……公为人方严诚笃,事亲孝,与人忠,其殚竭心力为人所难能者,笔不胜书。而方纲于其嗣君之请志墓,专详于所订诸书者,校雠经籍之功,近世儒林之所少也。"(民国五年上海同文图书馆石印本)《清史稿》卷四八一:"卢文弨,字召弓,余姚人。父存心,乾隆初举博学鸿词科。文弨,乾隆十七年一甲进士,授翰林院编修,上书房行走。历官左春坊左中允、翰林院侍读学士。三十年,充广东乡试正考官。三十一年,提督湖南学政,以条陈学政事宜,部议降三级用。三十三年,乞养归。文弨孝谨笃厚,潜心汉学,与戴震、段玉裁友善。好校书,……则合经、史、子、集三十八种而名之曰《群书拾补》。所自著书有《抱经堂集》三十四卷,《仪礼注疏详校》十七卷,《钟山札记》四卷,《龙城札记》三卷,《广雅释天》以下注二卷,皆使学者是正积非,蓄疑涣释。……文弨历主江浙各书院讲席,以经术导士,江、浙士子多信从之,学术为之一变。六十年,卒,年七十九。"

仁宗嘉庆元年　丙辰(公元 1796 年)

《廿二史考异》刻竣成书　《廿二史考异》,钱大昕撰。100

卷。作者从乾隆三十二年(1767)起将多年考史所得,整理编纂,乾隆四十七年写成《廿二史考异》100卷,乾隆五十九年开始校刻,至是年全书告成。该书着重对史书按卷按篇进行校勘、考释和训诂,重点是考订年代、官制、地理沿革和辽金国语、蒙古世系,有的则列专题,集中资料加以说明。学识之广,考证之精,本着详今略古的原则,尤详于《新唐书》、《宋史》、《元史》,人所共推。考证此三史之篇幅占《廿二史考异》全书的百分之四十七。该书长于考据,文献广博,但也存在着条理分析不够,太拘泥于考据的缺陷。

[文献] 梁启超《中国近三百年学术史》:"《二十一史考异》一百卷,……钱书最详于校勘文字,解释训诂名物,纠正原书事实讹谬处亦时有,凡所校考,令人涣然冰释。"《嘉定钱大昕全集》第二册《廿二史考异》序:"予弱冠时,好读乙部书,通籍以后,尤专斯业。自《史》、《汉》讫《金》、《元》,作者廿有二家,反覆校勘,虽寒暑疾疢,未尝少辍,偶有所得,写于别纸。丁亥岁,乞假归里,稍编次之,岁有增益,卷帙滋多。戊戌,设教主中山,讲肆之暇,复加讨论,间与前人暗合者,削而去之;或得于同学启示,亦必标其姓名,郭象、何法盛之事,盖深耻之也。……况廿二家之书,文字烦多,义例纷纠,舆地则今昔异名,侨置殊所;职官则沿革迭代,冗要逐时。欲其条理贯中,瞭如指掌,良非易事,以予佇劣,敢云有得?但涉猎既久,启悟遂多,著之铅椠,贤于博奕云尔。且夫史非一家之书,实千载之书,祛其疑,乃能坚其信;指其瑕,益以见其美。拾遗规过,匪为龂龂前人,实的开导后学。"(江苏古籍出版社,1997)

王念孙著《广雅疏证》成 王念孙幼年受业于戴震,得其声韵训诂之学。他熟悉汉学门户而不囿于藩篱,把语言与词义联系起来,从形、音、义三方面互相推求,搜罗汉魏以前古训,详加考订,探求古籍古义,于是年写成《广雅疏证》20卷,对《广雅》一书进行校勘、训释。《广雅》一书向无善本,讹误很多。作者旁考诸书,改正原书错字 580 个，补漏字 490 个，剔出衍字 39 个，修正颠倒错乱百余处。他又根据字群中音近义通的原则，从一个字的训释考证，触类引申，联系到很多字，从形、音、义诸方面找出其有机联系，凡汉以前古训，均搜罗起来作为证据。

　　[文献]　王念孙《广雅疏证序》："昔者周公制礼作乐，爰著《尔雅》，其后七十子之徒，汉初缀学之士，递有补益。作者之圣，述者之明，卓乎六艺群书之钤键矣。至于旧书雅记，诂训未能悉备，网罗放失，将有待于来者。魏太和中，博士张君稚让，继两汉诸儒后，参考往籍，遍记所闻，分别部居，依乎《尔雅》，凡所不载，悉箸于篇。其自《易》、《诗》、《书》、《三礼》、《三传》，经师之训，《论语》《孟子》、《鸿烈》、《法言》之注，《楚辞》、汉赋之解，谶纬之记，《苍颉》、《训纂》、《滂喜》、《方言》、《说文》之说，靡不兼载。盖周、秦、两汉古义之存者，可据以证其得失，其散逸不传者，可藉以窥其端绪，则其书为功于诂训也大矣。念孙不揆梼昧，为之《疏证》，殚精极虑，十年于兹。窃以诂训之旨，本于声音，故有声同字异，声近义同，虽或类聚群分，实亦同条共贯。譬如振裘必提其领，举纲必挈其纲，故曰本立而道生，知天下至啧而不可乱也。此之不寤，则有字别为音，音别为义，或望文虚造而违古义，或墨守成训而鲜会通，易简之理既失，而大道多歧矣。今则就古音以求古义，引申触类，不限形体，苟可以发明前训，斯凌杂之讥，亦所不辞。其或张君误采，博考以证其失，先儒误说，参酌而寤其非，以燕石之瑜补荆璞之瑕，适不知量者之用心云尔。张君进表，《广雅》分为上中下，是以《隋书·经籍志》作三卷，而又云梁有四卷，不知所析何篇。隋曹宪《音释》，《隋志》作四卷，《唐志》作十卷，今所传十卷之本，音与正文相次。然《馆阁书目》云，今逸，但存音三卷。是音与《广雅》别行之证，较然甚明，特后人合之耳。又宪避炀帝讳，始称《博雅》，今则仍名《广雅》，而退音释于后，从其朔也。宪所传本，即有

舛误,故音内多据误字作音,《集韵》、《类篇》、《太平御览》诸书所引,其误亦或与今本同,盖是书之讹脱久矣。今据耳目所及,旁考诸书,以校此本。凡字之讹者五百八十,脱者四百九十,衍者三十九,先后错乱者百二十三,正文误入音内者十九,音内字误入正文者五十,辄复随条补正,详举所由(《广雅》诸刻本,以明毕效钦本为最善,凡诸本皆误而毕本未误者,不在补正之列)。最后一卷,子引之尝习其意,亦即存其说,窃放范氏《谷梁传集解》子弟列名之例。博访通人,载稽前典,义或易晓,略而不论,于所不知盖阙如也。后有好学深思之士,匡所不及,企而望之。嘉庆元年正月高邮王念孙叙。"(《高邮王氏四种》,上海鸿章书局石印本)

仁宗嘉庆二年　丁巳(公元 1797 年)

王引之著《经义述闻》初成　《经义述闻》,王引之训诂学著作。凡 32 卷,2045 条。王引之将诸经书审定句读、讹字、衍文、脱简,因其中有不少研究成果是陈述其父王念孙之说,故称作"述闻"。王引之将其父与自己的考证成果,集腋成裘,写成系统的学术论著,解决了汉以来的诸多经学问题。为研究古书音韵训诂,勘订讹误的重要著作。

[文献]　同中孚《郑堂读书记》:"《经义述闻》三十二卷。国朝王引之撰。伯申之父怀祖著有《广雅疏证》一书,于声音文字训诂,一以贯之;而其治经也,诸说并列,则求其是;字有假借,则改其读;其所为说,俱见于《广雅疏证》。伯申即本《疏证》所诠,及平日所闻于其父者,旁证曲喻,证明其说,日积月累,遂成此帙,故曰《经义述闻》。"王引之《经义述闻叙》:"引之受性梼昧,少从师读经,裁能绝句,而不得其解。既乃习举子业,旦夕不辍,虽有经训,未及搜讨也。年廿一,应顺天乡试,不中式而归。亟求《尔雅》、《说文》、《音学五书》读之,乃知有所谓声音、文字、诂训者。越四

年而复入都，以己所见质疑于大人前，大人则喜曰：'乃今可以传吾学矣。'遂语以古韵廿一部之分合，《说文》谐声之义例，《尔雅》、《方言》及汉代经师诂训之本原。大人曰：'诂训之指，存乎声音，字之声同声近者，经传往往假借，学者以声求义，破其假借之字，而读以本字，则涣然冰释。如其假借之字而强为之解，则诘鞠为病矣。故毛公《诗传》，多易假借之字而训以本字，已开改读之先。至康成笺《诗》注《礼》，屡云某读为某，而假借之例大明。后人或病康成破字者，不知古字之多假借也。'大人又曰：'说经者期于得经意而已，前人传注不皆合于经，则择其合经者从之，其皆不合，则以己意逆经意，而参之他经，证以成训，虽别为之说，亦无不可。必欲专守一家，无少出入，则何邵公之《墨守》，见伐于康成者矣。'故大人之治经也，诸说并列，则求其是，字有假借，则改其读，盖孰于汉学之门户，而不囿于汉学之藩篱者也。引之过庭之日，谨录所闻于大人者，以为圭臬，日积月累，遂成卷帙。既又由大人之说，触类推之，而见古人之诂训，有后人所未能发明者，亦有必当补正者，其字之假借，有必当改读者。不揆愚陋，辄取一隅之见，附于卷中，命曰《经义述闻》，以志义方之训。凡所说《易》、《书》、《诗》、《周官》、《仪礼》、大小《戴记》、《春秋》内外传、《公羊穀梁传》、《尔雅》，皆依类编次，附以通说。其所未竟，归之续编。亦欲当世大才通人纠而正之，以祛烦惑云尔。嘉庆二年三月二日，高邮王引之叙。"

毕沅卒 毕沅（1730—1797），清代著名经学家、史学家。自幼聪慧好学，曾从沈德潜、惠栋等著名学者游学。乾隆十八年中举人，乾隆二十五年（1760）中进士，授翰林院编修，先后任侍读学士、起居注官、陕西按察使、陕西巡抚、湖广总督兼湖北巡抚等官，是年卒于任所。其学识广博，虽宦海一生，而学问不辍。在公务之余治经修史，于经典释文、金石史地、诸子之说无不详加涉猎。以文学受知，而以修史闻名。曾延请学者编订《续资治通鉴》一书，呕心沥血,历时 20 年,始乃完成。一生著述颇丰,在金石方面的著述主要有《关中金石记》、《中州金石记》,在史地方面的著述主要有《史籍考》、《续资治通鉴》、《关中胜迹图记》,其校注古籍的主要著述有《山海经校注》、《新校正长安志》等。是年卒。

[文献] 钱大昕《潜研堂集》卷四二《太子太保兵部尚书湖广总督世袭二等轻车都尉毕公墓志铭》:"嘉庆二年秋七月庚午,兵部尚书、湖广总督、世袭轻车都尉镇洋毕公,以疾终于辰阳行馆。……公讳沅,字纕蘅,一字秋帆,自号灵岩山人。……性好著书,虽官至极品,铅椠未尝去手。谓经义当宗汉儒,故有《传经表》之作。谓文字当宗许氏,故有《经典文字辨正书》及《音同义异辨》之作。谓编年之史,莫善于涑水,续之者有薛、王、徐三家,徐虽优于薛、王,而所见书籍犹未备,且不无详南略北之病。乃博稽群书,考证正史,手自裁定,始宋迄元,为《续资治通鉴》二百二十卷,别为《考异》附于本条之下,凡四易其稿而成。谓史学当究流别,故有《史籍考》之作。谓史学必通地理,故于《山海经》、《晋书·地理志》皆有校注,又有《关中胜迹图记》、《西安府志》之作。谓金石可证经史,宦迹所至,搜罗尤博,有《关中》、《中州》、《山左金石记》。……公生于雍正八年八月十八日,春秋六十有八。"(上海古籍出版社,1989)《清史稿》卷三三二:"毕沅,字纕蘅,江南镇洋人。乾隆十八年举人,授内阁中书,充军机处章京。二十五年一甲一名进士,授修撰。再迁庶子。三十一年,授甘肃巩秦阶道。从总督明山出关勘屯田,调安肃道。擢陕西按察使。……二年,请以提督移辰州,增设总兵驻花园汛。寻报疾作,手足不仁,赐活络丸。旋卒,赠太子太保。四年,追论沅教匪初起失察贻误,滥用军需帑项,夺世职,籍其家。……沅以文学起,爱才下士,职事修举,然不长于治军,又易为属吏所蔽,功名遂不终。"洪亮吉《毕宫保遗事》:"公生平之学,其得力处在能事事让人,而公遭际实亦半由此。……公爱

士尤笃,闻有一艺长,必驰币聘请,惟恐其不来,来则厚资给之,……公军旅非所长,又易为属吏欺蔽。"(钱仪吉《碑传集》卷七三)

王鸣盛卒 王鸣盛(1722—1797),清代史学家、经学家。自幼聪慧,先学诗词,后习经义。乾隆十九年(1754)中进士,授翰林院编修。先后任侍读学士、福建乡试正考官、内阁学士、礼部侍郎等官。因行为不检被参劾降职。乾隆二十八年(1763),以母丧告归,遂不复出。归里后,定居苏州,主讲于震泽书院,以作诗、著述终老。曾问学于惠栋,受其影响,尊崇汉儒。奉郑玄为宗师,主张墨守汉学,以阐明古义、弘扬汉学为己任。积20余年之力著《尚书后案》30卷,斥伪古文《尚书》,力主汉人家法。以考证方法治史,主张务实去虚。撰《十七史商榷》100卷,校勘文本,补正脱伪,旁征博引,比类相照,尤详于舆地、职官、典章制度。晚年又撰《蛾术编》100卷,对古代文字、地理、名物、碑刻等多加考证。另著有《西沚居士集》、《耕养斋诗文集》等作品。其兼治经史,涉猎广泛,著述颇丰,《尚书后案》、《十七史商榷》、《蛾术编》为其平生得意之作,特别是《十七史商榷》直接奠定了他在清代史学研究领域的地位。但他少年得志,为人轻狂,在其学术著作中,亦有不少牵强附会,强词夺理,虚矫浮夸之处。是年卒。

[文献] 《清史稿》卷四八一:"王鸣盛,字凤喈,嘉定人。幼从长洲沈德潜受诗,后又从惠栋问经义,遂通汉学。乾隆十九年,以一甲进士授翰林院编修,大考翰詹第一,擢侍读学士。充福建乡试正考官,寻擢内阁学士,兼礼部侍郎。坐滥支驿马,左迁光禄寺卿。丁内艰,遂不复出。"《潜研堂文集》卷四八《西沚先生墓志铭》:"西沚先生以笃学鸿文登巍科、入词馆,不数岁而参纶阁、班九卿,贵且显矣。……兹以嘉庆二年十二月二日捐馆。……西沚姓王氏,讳鸣盛,字凤喈,一字礼堂,外舅虚亭先生长子,为世父升孟公后。……十九年,会试中式,殿试一甲第二人及第,授翰林院

编修。……二十八年,丁朱太淑人忧,去职回里。既除丧,以虚亭先生年高,遂不赴补。……西沚自以多病,无宦情矣。……卜居苏州阊门外,不与当事通谒,亦不与朝贵通音问,唯好汲引后进。……尝言:'汉人说经,必守家法,亦云师法。自唐贞观撰诸经义疏而家法亡,宋元丰以新经义取士而汉学殆绝。今好古之儒,皆知崇注疏矣,然注疏惟《诗》、《三礼》及《公羊传》犹是汉人家法,它经则出于魏晋人,未为醇备。'故所撰《尚书后案》,专宗郑康成,郑注亡逸者,采马、王补之。《孔传》虽伪,其训诂犹有传授,非尽乡壁虚造,间亦取焉。经营二十余年,自谓存古之功,与惠氏《周易述》相埒。又撰《十七史商榷》百卷,主于校勘本文,补正伪脱,审事迹之虚实,辨纪传之异同,于舆地、职官、典章、名物,每详致焉。独不喜褒贬人物,以为空言无益实用也。……又撰《蛾术编》百卷,其目有十,曰《说录》、《说字》、《说地》、《说制》、《说人》、《说物》、《说集》、《说刻》、《说通》、《说系》,盖仿王深宁、顾亭林之意,而援引尤博赡焉。自束发至垂白,未尝一日辍书。年六十八,两目忽瞽,阅两岁,得吴兴医针之而愈,著书如常。时春秋七十有六。"(上海古籍出版社,1989)王鸣盛《十七史商榷·序》:"议论褒贬皆虚文耳;作史者之所记录,读史者之所考核,总期于能得其实而已矣,此外又何求邪?予束发好谈史学,将壮辍史而治经,经既竣乃重理史业,摩研排缵二纪余年,始悟读史之法与读经小异而大同。……予之识暗才懦,碌碌不可自见,猥以校订之役穿穴故纸堆中,实事求是,庶几启导后人,则予怀其亦可稍自慰矣。"

仁宗嘉庆三年　戊午(公元1798年)

袁枚卒　袁枚(1716—1798),字子才,号简斋、随园老人,浙江钱塘(今杭州)人。乾隆进士,曾任江宁等地知县。辞官后侨居江宁,筑园林于小仓山,号随园。是年卒。他论诗主张抒写性情,创性灵说。对儒家"诗教"表示不满,多数诗篇抒发闲情逸致。部分作品对汉儒和程朱理学进行抨击,并宣称《六经》尽糟粕。又能文,所作书信颇具特色。有《小仓山房集》、《随园诗话》、《子不语》等。

[文献] 姚鼐《袁随园君墓志铭》:"君钱塘袁氏,讳枚,字子才。其仕在官有名绩矣,解官后,作园江宁西城居之,曰随园。世称随园先生,乃尤著云。……君古文、四六体,皆能自发其思,通乎古法。于为诗尤纵才力所至,世人心所欲出不能达者,悉为达之。士多效其体,故《随园诗文集》,上自朝廷公卿,下至市井负贩,皆知贵重之。海外琉球,有来求其书者。……君卒于嘉庆二年十一月十七日,年八十二。"姚鼐《惜抱轩诗文集》卷一三。(民国十八年上海商务印书馆据清嘉庆十二年刻本影印本)

[考辨] 按上述文献,袁枚卒于嘉庆二年十一月十七日,换算成公历,即为公元1798年1月3日。

《经籍籑诂》书成 《经籍籑诂》,清代著名经学家阮元主持纂修,共106卷。该书是阮元任浙江学政时组织人力编辑的。将唐以前散在群书中的古代传注荟萃其中,取材极为广泛,包括古经、诸子、史部、集部旧注以及古代字书《尔雅》、《方言》、《说文》、《释名》等。全书按平水韵分部,每一韵为一卷。体例严谨,主要按《佩文韵府》归字排列。《韵府》未载之字,据《广韵》、《集韵》初录。所录训诂均注明出处,"展一韵而众字毕备,检一字诸训而皆存,寻一训而原书可识"(王引之《经籍籑诂序》载阮元辑《经籍籑诂》,光绪六年淮南书局刻本)。此书为唐代以前文字训诂之总汇。对研究古代经籍有重要参考价值。有嘉庆十七年(1812)扬州琅嬛仙馆刊本。

[文献] 钱大昕《经籍籑诂序一》:"我国家崇尚实学,儒教振兴,一洗明季空疏之陋,今少司农仪征阮公以懿文硕学,受知九重,

敭历八座,累主文衡,首以经术为多士倡,谓治经必通训诂,而载籍极博,未有会最成一编者。往岁休宁戴东原在书局,实创此议。大兴朱竹君督学安徽,有志未果。公在馆阁日,与阳湖孙渊如、大兴朱少白、桐城马鲁陈相约,分篆钞撮群经,未及半而中辍。乃于视学两浙之暇,手定凡例,即字而审其义,依韵而类其字,有本训,有转训,次叙布列,若网在纲。择浙士之秀者若干人分门编录。以教授归安丁小雅董其事,又延武进臧在东专司校勘。书成,凡百有十六卷"。(光绪六年淮南书局刻本)《经籍籑诂》卷首王引之序:"展一韵而众字毕备,检一字而诸训皆存,录一训而原书可识,所谓握六艺之钤键,廓九流之潭奥者。"《经籍籑诂》卷首臧镛序:"可谓经典之统,综诂训之渊薮,取之不竭,用之无穷者矣。……书既成,宗伯将授之剞劂,以嘉来学。镛堂固识其颠末,以告海内治经之士,时嘉庆戊午秋九月三日,武进臧(镛堂)识于浙学使院之撰诂斋。"

仁宗嘉庆四年　己未(公元 1799 年)

阮元《畴人传》撰成　《畴人传》,是记载我国历代天文学家和数学家的学术活动和学术成就的著作。作者阮元,清代著名经学家,字伯元,号芸台,江苏仪征人。他于乾隆六十年(1795)始编,至是年成书。该书 46 卷,收入中国历史上包括清代的科学家共 243 人,附外国科学家 37 人。他重视自然科学,将天文、数学称之为"乃儒流实事求是之学",并认为"知术数之妙"即能"穷幽极微,足以纲纪群伦,经纬天地"。宣扬"实测",认为"欲使学者知算造根本,当凭实测"。该书在科学史界有很高的声誉。之后,罗士琳于道光二十年(1840)完成《畴人传续编》,补录 44 人;诸可宝于光绪十二年(1886)撰成《畴人传三编》补录 110 人;黄钟骏父子于光绪二十四年(1898)编成《畴人传四编》,收录中国学者 283 人,西洋学者 157 人。这些著作对了解中国古代科学史有极高的史料价值,可谓是中国最早的科学史专著。

[文献] 阮元《畴人传·序》:"窃思二千年来,术经七十改,作者非一人,其建率改宪,虽疏密殊途,而各有特识,法数具存,皆足以为将来典要,爰掇拾史书,荟萃群籍,甄而录之,以为列传。自黄帝以至于今,凡二百四十三人,附西洋三十七人,大凡二百八十人,厘为四十六卷,名曰《畴人传》。综算氏之大名,纪步天之正轨,质之艺林,以谂来学。……足以纲纪群伦,经纬天地,乃儒流实事求是之学,非方技苟且干禄之具。有志乎通天地人者,幸详而览焉。嘉庆四年十月"(商务印书馆,1955)《畴人传·凡例》:"是编创始于乾隆乙卯,毕业于嘉庆己未。……助校录者,元和学生李锐暨台州学生周治平力居多,又复博访通人,就正有道,嘉定钱少詹(大昕),歙县凌教授(廷堪),上元谈教谕(泰),江都焦明经(循),并为印下,乃得勒为定本。"黄钟骏编《畴人传四编·序》:"甘泉罗明经(士琳)撰续《畴人传》六卷,以补前传所未收者,补遗十三人,附见五人,续补二十人,附见七人,……近今钱塘诸大令(可宝)又从而续之,为《畴人传》三编七卷,续补遗二十九人,附见二十二人,后续补三十一人,附见二十五人,附记又二人,后附录名媛三人,西洋十一人,附见西人,附记东洋一人,……(钟骏)督(儿子:伯瑛、仲瑛、叔瑛、季瑛)习算之余,……辑所闻见,笔之于书,……仿阮罗诸三书体例,共为书十一卷,附一卷,得后续补遗二百四十七人,附见二十八人,西洋九十九人,附见五十四人,后附录历代名媛三人,附见一人,西洋名媛一人,附见三人,……时光绪戊戌仲夏澧州黄钟骏述。"(商务印书馆,1955)

江声卒 江声(1721—1799),清代经学家。中年师事惠栋,于经学、文字学有所建树。治学宗汉儒家法,旁搜博引。深研古训、精治《说文》,又受惠栋、阎若璩影响,认为梅赜所献《古文尚书》为伪,故集汉儒之说,参以己见,成《尚书集注音疏》。另撰有

《论语质》、《恒星说》、《六书说》、《艮庭小慧》等。是年卒,享年79岁。

[文献] 江藩《国朝汉学师承记》卷二:"先生讳声,本字鲸涛,后改叔沄。……遂为吴县人。……少与兄震沧孝廉同学,不事贴括。……年三十五,师事同郡通儒惠松崖征君,得读所著《古文尚书考》及阎若璩《古文疏证》,乃知古文及《孔传》皆为晋时人伪作。于是集汉儒之说以注二十九篇,汉注不备,则旁考它书,精研古训,成《尚书集注音疏》十二卷,附《补宜》九条,《识伪字》一条,《尚书集注音疏前后述》、《外编》一卷、《尚书经师系表》也。……先生精于小学,以许叔重《说文解字》为宗,《说文》所无之字,必求假借之字以代之。……尝著《六书说》一首……其说转注,以五百四十部为建类一首,……卒年七十有八。晚年因性不谐俗,动与时违,取《周易》艮背之义,自号艮庭,学者称为艮庭先生云。"(中华书局,1983)张惟骧《疑年录汇编》卷一一:"江鲸涛七十九声,生康熙六十年辛丑,卒嘉庆四年己未。"孙星衍《平津馆文稿》卷下《江声传》:"江声,字叔沄,号艮庭,江苏元和人。……以嘉庆四年九月三日卒于里舍,得年七十有九。"今从。

仁宗嘉庆六年　辛酉(公元 1801 年)

章学诚卒　章学诚(1738—1801),清代史学理论家。自幼多病,好读书,且不甘于寻章摘句之学,嗜喜历史,尤娴熟于明季野史逸闻,颇具史才。及长,至京,游学于朱筠门下,深受赏识,与戴震、汪中、洪亮吉往来论学、磨砺相长。乾隆四十三年(1778),中进士,无意于仕途,以著述讲学为生,曾先后主持定州定武、保定莲池等书院。一生清寒,漂泊零丁,寄人篱下,备受凄凉,最后积劳成疾,于是年贫病而死。他反对繁琐考据的汉学,主张讲求实际、经世致用。认为汉学禁锢思想,阻碍学术进步。尖锐地指出,汉学于事无益,严重脱离实际。对空谈性命的宋学,也给予严厉批评,指出宋学争名好胜,相互标榜,党同伐异,流弊至深,必致国家于破亡之地。主张不同学术之间,应相互交流,相互学习。对汉学虽猛烈批评,但对其在考据上取得的成绩,仍给予十分积极的评价。指出,考据之学,细致入微,点面俱到,作为一门学问,其作用不忽视。同时还指出,学者在学术上应有自己独特的见解,而不应随波逐流,人云亦云。在哲学方面,具有唯物主义的自然天道观。认为天(世界)是由物质构成的,道是依人的意志为转移的客观规律。客观规律是在物质的基础上发生作用的。还进一步指出人们可以认识客观规律,认为客观规律是通过事物的表面现象反映出来的,人们可以通过感官的感知来认识事物的规律。指出,只有坚持考察事物运动变化的种种表现,才能恰如其分地抓住事物的本质,掌握事物运动变化的规律。并主张,在实践活动中遵循客观规律,按客观规律办事。认为社会是不断发展的,人们不应该拘泥于古代,而应审时度势,根据不断变化的形势来改变自己的行动以适应社会的发展。在史学方面,提出了一套系统完整的史学理论,对史学的研究、资料搜辑及写作均有非常深刻的见解。他还擅长方志的编写,曾多次受邀赴各地编修地方志,所修方志,详略得当,文字简洁,每为世人所推崇。勤于著述,殚思竭虑,至死不辍。主要著作有《文史通义》、《校雠通义》、《史籍考》、《永清县志》、《亳州志》、《荆州府志》等。总之,他在我国史学史上具有很高的地位。

[文献] 胡适《章实斋年谱》:"嘉庆六年,辛酉(一八〇一)。先生六十四岁。是年夏,为汪辉祖作《豫室志》,中有数字未安,邮筒往反,商榷再三。稿甫定而疾作,遂成绝笔。(汪辉祖《梦痕全录》页五七)先生卒于是年十一月(同上)。"(商务印书馆,1934)张惟骧《疑年录汇编》卷一二:"章实斋六十四学诚,卒嘉庆六年辛酉。"《清史稿》卷四八五:"章学诚,字实斋,会稽人。乾隆四十三

年进士,官国子监典籍。自少读书,不甘为章句之学。……熟于明季朝政始末,往往出于正史外,秀水郑炳文称其有良史才。继游朱筠门,筠藏书甚富,因得纵览群籍,与名流相讨论,学益宏富。著《文史通义》、《校雠通义》,推原《官礼》,而有得于向、歆父子之传。……所修和州、亳州、永清县诸志,皆得体要,为世所推。"章学诚《章氏遗书》卷九:"近日学者风气,征实太多,发挥太少,有如桑蚕食叶而不能抽丝。……今之俗儒……逐于时趋,而误以襞绩补苴谓足尽天地之能事也。幸而生后世也,如生秦火未毁以前,典籍具存,无事补辑,彼将无所用其学矣。……然而考索之家亦不易,大而《礼》辨郊社,细若《雅》注虫鱼,是亦专门之业,不可忽也。……时人以补苴襞绩见长,考订名物为务,小学音画为名。吾于数者皆非所长,而甚知爱重,咨于善者而取法之。……阴变阳合,循环而不穷者,天地之气化也。……万事万物,当春自静而动,形迹未彰而象已见矣。……求道必于一阴一阳之迹。……故效法者,必见于行事,《诗》、《书》诵读,所以求效法之资,而非可即为效法也。"(文物出版社影印本,1985)梁启超《中国近三百年学术史》(十五):"实斋之于史,盖有天才,而学识又足以副之。其一生工作,全费于手撰各志,随处表现其创造精神"。

仁宗嘉庆九年　甲子(公元1804年)

钱大昕卒　钱大昕(1728—1804),清代史学家、经学家。自幼聪慧,好读书。乾隆十四年(1749),入苏州紫阳书院学习,颇有才名,被誉为"天下才"。乾隆十九年(1754)中进士,先后任翰林院庶吉士、翰林院编修、侍讲学士、广东学政等官。后丁忧归家,不复出。历主钟山、娄东、紫阳等书院,潜心讲学著述,大力倡导经史之学。学宗汉儒,但反对墨守汉儒家法,不主张墨守注疏。反对宋学空谈义理的弊病,但对宋儒的义理之学,则给予积极的评价,认为他们不墨守注疏,能出新意解经。主张经史不分,反对贬低史学的观点,主张兼治经史,驳斥道学家指责的读史是玩物丧志的种种荒言谬说。学识丰富,涉猎广泛,于天文历法颇有研究,曾探讨考究古今历法之变,改误裁讹,问源剖流,对古代历法进行系统全面整理。于经史子集、地理金石亦有深究,长于以子、史、小学证经,剖析源流,发前人所未发。在史学方面,长于考证整理,曾积15年之力,编著《廿二史考异》,按二十二史先后顺序逐条进行考证整理。又搜罗元代资料,采集抄本文献,撰《元史氏族表》、《元史艺文志》及《元诗纪事》。另著有《经典文字考异》、《恒言录》,《宋辽金元四史朔闰考》等。总之,其兼治经史,学识广博,把治经的方法援以治史,由经入史,使他在史学方面取得非常卓越的成就,是清代著名的三大史学家之一。是年卒。享年77岁。

[文献] 王昶《詹事府少詹事钱君墓志铭》记:"乾隆十三年夏,昶肆业于苏州紫阳书院。时嘉定宗兄凤喈先中乙科,在院同学,因知其妹婿钱君晓征幼慧,善读书,岁十五补博士弟子,有神童之目。及院长常熟王次山侍御询嘉定人才,凤喈则以君对。侍御转告巡抚雅公蔚文,檄召至院,试以《周礼》、《文献通考》两论,君下笔千余言,悉中典要。於是院长惊异,而院中诸名宿莫不敛手敬志。……君在书院时,吴江沈冠云、元和惠定宇两君,方以经术称吴中。惠君三世传经,其学必求之《十三经注疏》暨《方言》、《释名》、《释文》诸书,而一衷于许氏《说文》,以洗宋元来庸熟鄙陋。君推而广之,错综贯串,更多前贤未到之处。谓古人属辞,不外双声叠韵,而其秘实具于《三百篇》中。双声,即字母所由始,初不传自西域。皆说经家所未尝发者。尤嗜金石文字,举生平所阅经史子集,证其异同得失,说诸心而研诸虑。海内同好,如毕纕蘅、翁振三、阮伯元、黄小松、武虚谷,咸有记撰。而君最熟于历代官制损益、地理沿革,以暨辽金国语、蒙古世系。故其考据精密,多有出于

数君之外。所著《经史答问》、《廿二史考异》、《通鉴注辨正》、《补元史氏族表》、《补元史艺文志》、《三统术衍》、《四时朔闰考》、《金石文跋尾》、《养新录》诸书,悉流传于世。……君讳大昕,号竹汀,晓征其字。生雍正六年正月初七日,以嘉庆九年十月二日卒于书院,年七十有七。"(钱仪吉《碑传集》卷四九)《清史稿》卷四八一:"乾隆十六年召试举人,授内阁中书。十九年进士,选翰林院庶吉士,散馆授编修。……四十年,丁父艰,服阕,又丁母艰,病不复出。嘉庆九年,卒,年七十七。大昕幼慧,善读书。时元和惠栋、吴江沈彤以经术称,其学求之《十三经注疏》,又求之唐以前子、史、小学。大昕推而广之,错综贯串,发古人所未发。……大昕于中、西两法,剖析无遗。用以观史,自《太初》、《三统》、《四分》,中至《大衍》,下迄《授时》,朔望薄蚀,凌犯进退,抉摘无遗。汉《三统术》为七十余家之权舆,讹文奥义,无能正之者。大昕衍之,据班《志》以阐刘歆之说,裁《志》文之讹,二千年已绝之学,昭然若发蒙。……大昕始以辞章名,沈德潜《吴中七子诗选》,大昕居一。既乃研精经、史,于经义之聚讼难决者,皆能剖析源流。文字、音韵、训诂、天算、地理、氏族、金石以及古人爵里、事实、年齿,了如指掌。古人贤奸是非疑似难明者,典章制度昔人不能明断者,皆有确见。……大昕在馆时,常与修《音韵述微》、《续文献通考》、《续通志》、《一统志》、《天球图》诸书。所著有《唐石经考异》一卷,《经典文字考异》一卷……,《恒言录》六卷,《竹汀日记钞》三卷。"江藩《钱詹事大昕记》:"先生不专治一经而无经不通,不专攻一艺而无艺不精。经史之外,如唐、宋、元、明诗文集、小说、笔记,自秦、汉及宋、元金石文字,皇朝典章制度,满洲、蒙古氏族,皆精研究理,不习尽工。古人云:'经目而讽于口,过耳而谙于心',先生有焉。戴编修震尝谓人曰:'当代学者,吾以晓征为第二人。'盖东原毅以第一人而自居。然东原之学,以肆经为宗,不读汉以后书,若先生学究天人,博宗群籍，自开国以来，蔚然一代儒宗也。以汉儒拟之，在高密之下，即贾逵、服虔亦瞠乎其后矣，况不及贾、服者哉！"（钱仪吉《碑传集》卷四九）

仁宗嘉庆十年　乙丑（公元1805年）

纪昀卒　纪昀（1724—1805），字晓岚，又字春帆，晚年自号石云，直隶献县（今属河北）人。24岁为进士，历官知府、侍读学士、内阁学士、侍郎、协办大学士。乾隆三十八年，命为四库全书总纂官，通办《四库全书》，始终其事。《四库全书》的编纂是一项浩大的工程，纪昀主编此书尽显其一流学者之才识。其所纂定的《四库全书总目提要》是一部重要的目录学著作。是年卒。享年82岁。

　　[文献]　朱珪《经筵讲官太子少保协办大学士礼部尚书管国子监事谥文达纪公墓志铭》："公纪姓，讳昀，字晓岚，一字春帆，晚号石云，行四，世为河间著姓。……年二十四，乾隆丁卯科遂发解。……甲戌，乃与先兄竹君同榜，廷试二甲第二人，赐进士出身，改庶吉士。……三十八年，擢侍读。时开《四库全书》馆，命为总纂官。……公绾书局，笔削考核，一手删定，为《全书总目》，裒然巨观，奉之七阁，真本朝大手笔也。……嘉庆元年丙辰，充会试正考官，授兵部尚书。……乙丑正月，奉旨调礼部尚书，协办大学士，加太子少保，管国子监事。……公生于雍正甲辰六月十五日午时，终于嘉庆乙丑二月十四日酉时，寿八十有二。"（《知足斋文集》卷五，清光绪五年定州王氏刻本）

仁宗嘉庆十二年　丁卯（公元1807年）

马礼逊来华　马礼逊（Robert Morrison）（1782—1834），英国人，第一个来华的基督教新教传教士。其出生于英国一个贫困的农民家庭，从小勤奋读书，立志到海外传教。先后在霍克斯顿神学校、高斯坡特神学院学习。后受教会派遣到中国传教。前后共在中国活动长达二十余年,积极在中国开展传教活动,最后病死在中国。

[文献] 戴逸、林言椒《清代人物传稿》下编第一卷:"1807年5月12日,马礼逊在纽约乘坐美国货船首途赴华,经过近四个月的海上颠簸,于9月8日到达广州。"(辽宁人民出版社,1984,405页)顾长声《从马礼逊到司徒雷登——来华新教传教士评传》:"马礼逊在美国政府的直接支持和美国基督教界的帮助下,于1807年5月12日搭乘美国货船'三叉戟'号,经过近四个月的海上颠簸,终于在9月8日抵达中国广州。"(上海人民出版社,1985,4页)有关马礼逊事迹参见马礼逊著、伊莱扎编《马礼逊回忆录》,戴逸、林言椒《清代人物传稿》下编第一卷,405~409页(辽宁人民出版社,1984)。

域外 [德]黑格尔《精神现象学》出版。

仁宗嘉庆十四年　己巳(公元1809年)

冯桂芬生 冯桂芬,字林一,号景亭。江苏吴县人。清代后期洋务理论家、活动家。是年生。

[文献] 张惟骧《疑年录汇编》:"冯景亭六十六桂芬,生嘉庆十四年己巳,卒同治十三年甲戌。"《清史稿》卷四八六:"冯桂芬,字林一,号景亭,吴县人。"

陈乔枞生 陈乔枞,字朴园,一字树滋,福建侯官(今福州)人。陈寿祺之长子。清朝今文经学家。是年生。

[文献] 《清史稿》卷四八二:"(陈寿祺)子乔枞,字朴园。……同治七年,卒于官。年六十一。"张惟骧《疑年录汇编》卷一四:"陈朴园六十一乔枞,生嘉庆十四年己巳,卒同治八年己巳。"

凌廷堪卒 凌廷堪(1757—1809),清代经学家、音律学家。自幼丧父,家庭贫困,弱冠之年始读书,服膺江永、戴震之学。乾隆五十五年（1790）中进士，任宁国府学教授，其后专心著述直至终年。其学识广博，长于考辨，对古代的礼制、职官、疆域、音律、历算无不详加考证，梳理整订。对礼学尤有研究，认为礼是身心的规则，行为的规范，是圣人之道。主张回归到礼中，用礼制来治理整顿社会。又感于礼仪繁杂，头绪众多，乃以"例"为纲，著《礼经释例》13卷，把礼区分为通例、饮食例、宾客例、射例、变例、祭例、器服例、杂例8例，对其中各例的变化异同，分门别类地加以考证详述。在音律研究方面，成果也颇为突出，曾详考群籍著《燕乐考原》6卷，对元本杂剧、弦调乐章等各方面的内容，无不详加搜集网罗。另著有《校礼堂文集》、《橹边吹笛谱》等。是年卒。享年53岁。

［文献］《清史稿》卷四八一："凌廷堪，字次仲，歙县人。六岁而孤，冠后始读书，慕其乡江永、戴震之学。乾隆五十五年进士，改教职，选宁国府学教授。奉母之官，毕力著述者十余年。嘉庆十四年，卒，年五十三。……廷堪之学，无所不窥，于六书、历算以迄古今疆域之沿革、职官之异同，靡不条贯。尤专《礼》学，谓：'古圣使人复性者学也，所学者即礼也。……'著《礼经释例》十三卷，谓：'礼仪委曲繁重，必须会通其例。……'乃区为八例，以明同中之异，异中之同：曰通例，曰饮食例，曰宾客例，曰射例，曰变例，曰祭例，曰器服例，曰杂例。……廷堪《礼经》而外，复潜心于乐，……著《燕乐考原》六卷。江都江藩叹以为'思通鬼神'。他著有《元遗山年谱》二卷，《校礼堂文集》三十六卷，《诗集》十四卷。"蔡冠洛《清代七百名人传》（下）："凌廷堪字仲子，又字次仲，安徽歙县人。……归卒于家，年五十三。"（中国书店1984年版，第1556页）又见江藩《汉学师承记》卷七。

洪亮吉卒 洪亮吉（1746—1809），清代经学家、无神论思想家、文学家。自幼丧父，与母相依为命。刻苦攻读，曾辗转各地以校书为生。乾隆五十五年（1790），中进士，授翰林院编修。后任官贵州学政,在任内倡导经史、发展教育,颇有政绩。回京后,因上书直陈朝政得失,被遣戍伊犁。不久,遇赦归,自号更生居士,专意著书立说。是年卒。其学识广博,通经学,与孙星衍并称"孙洪"。能诗,与黄景仁并称"洪黄"。又留心声韵古训,熟悉边疆沿革,精于舆地之学,继承并发展了王充、范缜等人的无神论思想,建立起唯物主义的思想体系。认为天和地都是由物质性的气构成的,没有人格和意志。否定鬼神的存在,指出所谓山川社稷、风云雷雨之神不过是人们幻想的产物。提出人的生死是气的变化,对命定论进行了有力的批判,认为人命夭寿均出于自然,驳斥了贪求长生、修道成仙的谎言谬说。此外,对社会上广泛流行的其他迷信传说也进行批评。重视社会问题的研究,注意到当时人口增长过速可能导致社会危机的趋向。著有《意言》、《春秋左传诂》、《三国疆域志》、《北江诗话》、《更生斋诗文集》等。

[文献]《清史稿》卷三五六:"洪亮吉,字稚存,江苏阳湖人。少孤贫,力学,孝事寡母。初佐安徽学政朱筠校文,继入陕西巡抚毕沅幕,为校刊古书。词章考据,著于一时,尤精研舆地。乾隆五十五年,成一甲第二名进士,授翰林院编修,年已四十有五。"法式善《皇清奉直大夫翰林院编修洪稚存先生行状》:"先生姓洪氏,初名莲,改名礼吉,后又改名亮吉,字君直,一字稚存,号北江,晚自伊江归,乃自号更生,然人皆称为稚存。……以嘉庆十四年五月十二日卒于家,年六十有四。"(《洪亮吉集》第五册附录,中华书局,2001)吴锡麒《清故奉直大夫翰林院编修洪君墓碑记》:"所著有《左传诂》二十卷,《公羊穀梁古义》二卷,《汉魏音》四卷,《六书转注录》八卷,《比雅》十二卷,《史记》等四史谬误十二卷,《三国疆域志》二卷,《东晋疆域志》四卷,《十六国疆域志》十六卷,《西夏国志》十六卷,《乾隆府厅州县志》五十卷,《贵州水道志》三卷,《天山客话》二卷,《纪程》二卷,《外家纪闻》二卷,《附鲒轩诗》八

卷,《卷施阁文甲集》八卷、《乙集》八卷、《诗集》十六卷、《词》二卷、《更生斋文甲集》八卷、《乙集》四卷、《诗集》十六卷。"(同上)洪亮吉《意言·天地》:"轻清者为天,重浊者为地。"洪亮吉《意言·仙人》:"朝而作,夜而息,少而壮,壮而老,……皆理之常也。"(同上)江藩《汉学师承记》卷四:"君性伉直,疾恶如仇,自谓不能容物。生平好学,尝举荀子语,'为人戒有暇日',所以穷日著书,老而不倦。深嫉浮屠氏之说,诗文中未尝用彼教语。撰著行于世者,《左传诂》二十卷、《公羊穀梁古义》二卷……。"

陈立生 陈立,字卓人,江苏句容人。清代今文经学家。

[文献] 张惟骧《疑年录汇编》卷一四:"陈卓人六十一立,生嘉庆十四年己巳,卒同治八年己巳。"《清史稿》卷四八二:"陈立,字卓人,句容人。"

仁宗嘉庆十五年　庚午(公元1810年)

邵懿辰生 邵懿辰,字位西,浙江仁和(今杭州)人。清末今文学家。是年生。

[文献] 张惟骧《疑年录汇编》卷一四:"邵位西五十二懿辰,生嘉庆十五年庚午。"《清史稿》卷四八○:"邵懿辰,字位西,仁和人。"

李善兰生 李善兰,字壬叔,号秋纫。浙江海宁人。清代数学家。是年生。

[文献] 张惟骧《疑年录汇编》卷一四:"李壬叔七十三善兰,生嘉庆十五年庚午,卒光绪八年壬午。"蔡冠洛《清代七百名人传》:"李善兰,字壬叔,号秋纫,浙江海宁人。"(中国书店,1984,1733页)《清史稿》卷五○七:"李善兰,字壬叔,海宁人。"

仁宗嘉庆十六年　辛未(公元1811年)

曾国藩生 曾国藩,字涤生,号伯涵。湖南湘乡人。清代政治家、军事家、理学家。是年生。

[文献] 张惟骧《疑年录汇编》卷一四:"曾涤生六十二国藩,生嘉庆十六年辛未。"蔡冠洛《清代七百名人传》:"曾国藩,字涤生,号伯涵,湖南湘乡人。"(中国书店,1984,1036 页)《清史稿》卷四〇五:"曾国藩,初名子城,字涤生,湖南湘乡人。"

仁宗嘉庆十八年 癸酉(公元 1813 年)

法式善卒 法式善(1753—1813),清代文学家,乾隆进士,授检讨,官至侍读学士,在士林中颇有声名,长于史学,曾任四库馆提调。诗学王维、孟浩然;论诗主"神韵说"。熟悉当代典章制度。广交文人才士,声誉满海内。曾校阅、纂辑《永乐大典》中之宋、元古书。著有《陶庐杂录》、《清秘述闻》、《槐厅载笔》及《存素堂文集》等。是年卒。享年 86 岁。

[文献] 蔡冠洛《清代七百名人传》:"嘉庆十五年,重宴鹿鸣,赐三品衔。十八年卒,年八十六。"(中国书店 1984 年版,第 1796 页)《清史稿》卷四八五:"乾隆四十五年进士,授检讨,迁司业。……性好文,以宏奖风流为己任。……所居后载门北,明李东阳西涯旧址也。构诗龛及梧门书屋,法书名画盈栋几,得海内名流咏赠,即投诗龛中。主盟坛坫三十年,论者谓接迹西涯无愧色。著《清秘述闻》、《槐厅载笔》、《存素堂诗集》。"《清秘述闻·点校说明》:"《清秘述闻》十六卷,清法式善撰。法式善字开文,又字梧门,号时帆,蒙古乌尔济氏,隶内务府正黄旗。生于乾隆十八年(一七五三),卒于嘉庆十八年(一八一三)。乾隆四十五年进士,历任左庶子、国子监祭酒、侍讲学士等官。本名运昌,清高宗把他改名为法式善,是满语勤勉的意思。法式善确是个勤奋的学者,《清史列传》称其'凡官撰之书,无不编校',曾参与《皇朝文颖》和《全唐文》的编纂。他精于史学,对本朝典章制度'该博审谛',除

撰《清秘述闻》外，尚有《槐厅载笔》、《陶庐杂录》。法式善还擅长文学，是当时有名的诗人，他论诗遵奉王士禛的'神韵说'，作诗学唐人王维、孟浩然、韦应物、柳宗元诸家，诗风'清峭刻削，幽微宕往'，著有《存素堂诗集》，并汇辑当时人的诗歌为《湖海诗》六十卷。"

仁宗嘉庆十九年　甲戌（公元 1814 年）

赵翼卒　赵翼（1727—1814），清代文学家、史学家。出生于贫苦家庭，其父为乡村塾师，自幼受到很好的教育。工辞章，好赋诗填词，少时即颇有才名。乾隆十五年（1750）至京，游学于汪由敦门下，汪由敦精诗、古文及经史，对其影响甚大。乾隆二十六年（1761），中进士，授翰林院编修，以后又外放至广东、广西、贵州等地任官。为官清正廉明，颇有政绩。中年以后，厌倦官场，以亲老乞养归，获准，遂归里不复出仕。主讲于安定书院，以诗词自娱，著述、讲学终年。其文思敏捷，思路开阔，所作诗文，质朴流畅，浑厚雄健，屡为人们争相传诵。和袁枚、蒋士铨齐名，是清代著名的诗文大家。亦精勤于史学。入京之初，就曾协助大学士刘统勋纂修《国朝宫史》，对乾隆以前列朝的训谕、典礼、宫殿、经费、官制、典籍等问题进行系统编订和整理。进士及第后，又先后参加《平定准噶尔方略》、《通鉴辑览》的编纂工作。主张经世致用，治史不拘泥于字斟句酌的考证，注重从大处着眼，品评历史事件功过，融汇贯通史事以为当世所用。为此，曾积数十年之力，对分散的史料加以考证编订，著《廿二史札记》，对历代兴衰之故，古今风云之变详加评论。该书是其史学方面最具代表性的作品。此外，还著有《皇朝武功纪盛》、《陔余丛考》、《瓯北诗集》等作品。可以说，他是以文学闻名的史学家，他在文学上的名气不逊于他在史学上的名气。其史学影响在当时并不为人们所注意，但他不拘泥于繁琐考证，注意综合类比、评论，发挥新的治史方法，给当时史学界注入一股清新空气。其史学成就后来逐渐被人们所认识和重视。

[文献] 张惟骧《疑年录汇编》卷一一:"赵云松八十八翼,生雍正五年丁未,卒嘉庆十九年甲戌。"《清史稿》卷四八五:"赵翼,字耘松,阳湖人。生三岁能识字,年十二,为文一日成七篇,人奇其才。……二十六年,复成进士,殿试拟一甲第一,王杰第三。高宗谓陕西自国朝以来未有以一甲一名及第者,遂拔杰而移翼第三,授编修。……以广州谳狱旧案降级,遂乞归,不复出。……事平,辞归,以著述自娱。尤邃史学,著《廿二史札记》、《皇朝武功纪盛》、《陔余丛考》、《檐曝杂记》、《瓯北诗集》。……同时袁枚、蒋士铨与翼齐名,而翼有经世之略,未尽其用。所为诗无不如人意所欲为,亦其才优也。"姚鼐《贵西兵备道赵先生翼家传》:"先生姓赵氏,讳翼,字耘松,号瓯北,常州府阳湖人也。……先生固善诗,自少游京邸,历馆阁,与诸贤士大夫相酬唱。……其诗与同时袁简斋、蒋心余齐名,世所传《瓯北集》也。其他著述凡十余种,而《陔余丛考》,《廿二史劄记》,尤为人所称道云。"(钱仪吉《碑传集》卷八六)

域外 [德]古典学者波尼茨生,著有《柏拉图研究》、《亚里士多德研究》等书。

[德]萨维尼《论立法与法学的现代使命》出版。

[法]拉普拉斯《盖然性的哲学》出版。

仁宗嘉庆二十年 乙亥(公元1815年)

阮元始校刻《十三经注疏》 《十三经注疏》共416卷。南宋时有合刊注疏本,明清时有刊行。阮元据宋本重刊,并撰有《校勘记》。注疏兼采众说,不拘一家。《周易》用三国魏王弼、韩康伯注,唐孔颖达等正义;《尚书》用孔安国传,孔颖达等正义;《毛诗》用西汉毛公传,东汉郑玄笺,孔颖达等正义;《周礼》、《仪礼》用郑玄注,唐贾公彦疏;《礼记》用郑玄注,孔颖达等正义;《左传》用西晋杜预注，孔颖达等正义；《公羊传》用东汉何休注，唐徐彦疏。《穀梁传》用东晋范宁注，北宋邢昺疏；《孝经》用唐玄宗注，《尔雅》用东晋郭璞注，二书都采邢昺的疏；《孟子》用东汉赵岐注，北宋孙奭疏。全书体系庞杂，但亦可窥见经学各流派之宗旨。

[文献]　《续修四库全书总目提要》经部（下）："(《十三经注疏》)清阮元编。元字伯元，号芸台，仪征人。……按北宋以前，各经注疏皆单行。合注于疏，乃在南北宋之间。南宋绍兴中三山黄唐刻诸经始注疏并行。……自京监蜀本，皆省正文及注。又篇章散乱，览者病焉。本目旧刊易书周礼正经注疏，萃见一书，便于披绎，它经独缺。……嘉庆二十年，元至江西武宁卢氏宣旬，读校勘记而善之。因以元所藏十一经，至南昌学堂重刻。并借校黄荛圃所藏，《仪礼》、《尔雅》单疏，以补其缺。于是宋本注疏可以复行于世。……又以古书虽间有舛误，然未可轻为改易，乃以校勘记摘录卷后，而以四库撮录于此书之前。故所附校勘记，未若单行本详备。"（中华书局1993年版）梁启超《中国近三百年学术史》："现在之《十三经注疏》，其注出汉人者六，出魏晋人者五，伪托汉人者一，出唐人者一；其疏出唐者九，出宋者四。清代提倡经学。于是注疏之研究日盛。然愈研究则愈见其缺点。就疏的方面论，唐人孔、贾诸疏，本成于众手，别择不精，牴牾间出。"（中国书店，1985）

《尚书今古文注疏》刻竣　《尚书今古文注疏》孙星衍撰，30卷，历时20余年完成。其于《尚书》今、古文，持"兼明古今"的态度，对汉、魏、隋、唐有关《尚书》今古文注说，皆辑佚条理。然不取宋以后诸家之说，谓宋人好义理臆说，又授受不明。而于清代汉学家王鸣盛、江声、段玉裁诸家论点，则间有采摘。该书兼治今古，不偏主一家，较之王鸣盛《尚书后案》专主郑注，陈乔枞《今文尚书经说考》专主今文，有所见长。有嘉庆二十年（1815）刻本、《岱南阁丛书》本、《皇清经解》本、1931年上海中华书局铅印本。

[文献] 孙星衍《尚书今古文注疏序》:"《书》有孔氏颖达正义,复又作疏者,以孔氏用梅赜书杂于二九篇,析乱《书序》,以冠各篇之首,又作伪传而舍古说。钦奉高宗纯皇帝鉴定四库书,采梅鷟、阎若璩之议,以梅氏书为非真古文,则《书》疏之不能已于复作也。兼疏今古文者,放《诗》疏之例,毛、郑异议,各如其说以疏之。……孔氏之为《书正义》,《序》云据蔡大宝、巢猗、费甝、顾彪、刘焯、刘炫等。又云:'览古人之传记,质近代之异同,存其是而去其非,削其烦而增其简。'是孔氏之疏不专出于己。今依其例,偏采古人传记之涉《书》义者,自汉魏迄于隋唐。不取宋已来诸人注者,以其时文籍散亡,较今代无异闻,又无师传,恐滋臆说也。又采近代王光禄鸣盛、江征君声、段大令玉裁诸君《书》说,皆有古书证据,而王氏念孙父子尤精训诂。但王光禄用郑注,兼存《伪传》,不载《史记》、《大传》异说。江氏录写经文,又依《说文》改字,所注《禹贡》,仅有古地名,不便学者循诵。段氏《撰异》一书,亦仅分别今古文字。及惠氏栋、宋氏鉴、唐氏焕,俱能辨证《伪传》。庄进士述祖、毕孝廉以田,解经又多有心得。合其所长,亦孔氏云'质近代之异同,存其是而削烦增简'者也。为书始自乾隆五十九年,迄于嘉庆廿年。……嘉庆二十年太岁乙亥二月中旬序于金陵冶城山馆。"(中华书局,1986)梁启超《中国近三百年学术史》:"孙渊如算是三家之冠了。他的体例,是'自为注而自疏之'。注文简括明显,疏文才加详,疏出注文来历,加以引申,就组织上论,已经壁垒森严。他又注意今古文学说之不同,虽他的别择比不上后来陈朴园的精审,但已知两派不可强同,各还其是,不勉强牵合,留待读者判断从违。这是渊如极精慎的地方,所以优于两家。"《清史稿》卷四八一:"星衍博极群书,勤于著述。又好聚书,闻人家藏有善本,借钞无虚日。金石文字,靡不考其源委。尝病《古文尚书》为东晋梅赜所乱,官刑部时,即集《古文尚书马郑注》十卷、《逸文》二卷。

归田后,又为《尚书今古文注疏》三十九卷,……其意在网罗放失旧闻,故录汉、魏人佚说为多,兼采近代王鸣盛、江声、段玉裁诸人书说。惟不取赵宋以来诸人注,以其时文籍散亡,较今代无异闻,又无师传,恐滋臆说也。凡积二十二年而后成。"

段玉裁卒 段玉裁(1735—1815),清代经学家、文字语言学家。自幼聪慧,乾隆二十五年(1760)中举。后游学京师,深为戴震之学所折服,小戴震4岁,而对戴震执弟子之礼。曾在贵州、四川等地任官,虽公务繁忙,琐事不断,仍著述不辍。46岁时,称病辞官归里,不问世事,潜心著述,是年卒。其学识广博,精考证训诂、音韵之学。治经多从字义入手,长于以归纳方法发明义例。积数十年精力专攻东汉许慎的《说文解字》,详稽博辨,著《说文解字注》,用古书字义阐明许慎的训释,对清人治《说文解字》者影响很大。在音韵研究方面亦有颇多创见,著《六书音韵表》,对古字音韵详加罗列,细加分析,进行较全面系统的整理。对程朱理学持批评态度,认为宋儒"虚灵"的观点是因袭佛家之说,是引禅入儒。另外著作还有《古文尚书撰异》、《周礼汉读考》、《经韵楼集》、《毛诗小学》等。

[文献] 张惟骧《疑年录汇编》卷一一:"段茂堂八十一玉裁,生雍正十三年乙卯,卒嘉庆二十年乙亥。"《清史稿》卷四八一:"段玉裁,字若膺,金坛人。生而颖异,读书有兼人之资。乾隆二十五年举人,至京师见休宁戴震,好其学,遂师事之。……时大兵征金川,挽输络绎,玉裁处分毕,辄篝灯著述不辍。……玉裁于周、秦、两汉书,无所不读,诸家小学,皆别择其是非。于是积数十年精力,专说《说文》,著《说文解字注》三十卷。……仪征阮元谓玉裁书有功于天下后世者三:言古音一也,言《说文》二也,《汉读考》三也。其他说经之书,以《汉志毛诗经》、《毛诗古训传》本各自为书,因厘次传文,还其旧著,重订《毛诗古训传》三十卷。"

姚鼐卒　姚鼐(1731—1815),清代经学家、文学家。生于官宦家庭,少时受过良好教育。乾隆二十八年中进士,选庶吉士,曾历官至记名御史。后乞养归,以讲学为务,历主江宁、扬州等地书院四十余年。是年卒。长于诗文辞章,所作诗文古朴深奥,颇有欧阳修、曾巩遗风,为桐城派的主要代表人物。在文学理论方面,主张义理、考据、词章三者兼收并用,以"神理气味"为"文之精","格律声色"为"文之粗",指出学习古文的过程,实质上是文章由粗到细的过程。又提出以"阴柔、阳刚"来区分文章的风格。其亦精通经学,注重从探究经训入手,阐解发挥义理。信奉程朱理学,认为程朱理学是孔孟真传,指责汉学家以攻击诬蔑程朱理学为能事,是学术的大害。主要著作有《九经说》、《老子章义》、《庄子章义》、《惜抱轩文集》、《惜抱轩诗集》等。

[文献]　毛岳生《休复居文集》卷五《姚先生鼐墓志铭》:"先生桐城姚氏,讳鼐,字姬传,又字惜抱。……乾隆十五年举于乡,久之成进士。……嘉庆二十年九月十三日,卒于江宁钟山书院,春秋八十五。……先生之学,不务表襮,根极性命,穷于道奥。……所著《经说》、《诗文》、《三传补注》、《老庄章义》、《古文词类纂》、《书录》、《题跋》、《杂记》、《诗钞》共一百五十二卷,俱刊。"《清史稿》卷四八五:"姚鼐,字姬传,桐城人。刑部尚书文然元孙。乾隆二十八年进士,选庶吉士,改礼部主事,历充山东、湖南乡试考官、会试同考官所得多知名士。四库馆开,充纂修官。书成,以御史记名,乞养归。鼐工为古文。……所为文高简深古,尤近欧阳修、曾巩。其论文根极于道德,而探原于经训。……鼐独抉其微,发其蕴,论者以为辞迈于方,理深于刘。三人皆籍桐城,世传以为桐城派。……自告归后,主讲江南紫阳、钟山书院四十余年,以诲迪后进为务。嘉庆十五年,重赴鹿鸣,加四品衔。二十年,卒,年八十有五。……所著有《九经说》十七卷,《老子》、《庄子章义》,《惜抱轩

文集》二十卷、《诗集》二十卷、《三传补注》三卷、《法贴题跋》二卷、《笔记》四卷。"

仁宗嘉庆二十一年　丙子（公元1816年）

崔述卒　崔述（1740—1816），清代经学家。乾隆举人。嘉庆初，选授福建罗源知县，调上杭知县，继又回任罗源，后以老病乞休。自是往来河北，以著述为务，其学专于治经，以怀疑、辨伪、考信三者为事。凡诸子百家以及秦汉后传注所言，为群经所不具者，皆不轻信，与乾嘉考据以明音训、究明物者异趣，故其说不见重于当时。然自信太过，恃其博辨，任情毁誉，致失是非之准。前后著书凡34种，而《考信录》一书，尤生平精力所集。该书曾被其门人整理刊行，民国时期，顾颉刚搜集崔氏遗稿多种，汇辑成《崔东壁遗书》。是年卒。享年77岁。

[文献]　陈履和《敕授文林郎福建罗源县知县崔东壁先生行略》："先生姓崔氏，讳述，字武承，号东壁，直隶大名府魏县人。……大凡先生遗书共三十四种，八十八卷。……而《考信录》一书，尤为五十年精神所专注。……生于乾隆五年七月二十九日，卒于嘉庆二十一年二月初六日，寿七十有七岁。"《崔东壁遗书》附录，上海古籍出版社，1983，940~945页）《清史稿》卷四八二："崔述，字武承，大名人。乾隆二十七年举人，选福建罗源县知县。……著书三十余种，而《考信录》一书，尤生平心力所专注。……其著书大旨，谓不以传注杂于经，不以诸子百家杂于传注。以经为主，传注之合于经者著之，不合者辨之，异说不经之言，则辟其谬而削之。……述之为学，考据详明如汉儒，而未尝墨守旧说而不求其心之安；辨析精微如宋儒，而未尝空谈虚理而不核乎事之实。然勇于自信，任意轩轾者亦多。"蔡冠洛《清代七百名人传》（下）："崔述，字武承，号东壁，直隶大名人。……嘉庆六年，老病乞休。既

归,往来河北,以著述自娱。其学,考据详明如汉儒,而未尝墨守旧说,一求其心之安。辨析精微如宋儒,而未尝空谈处理,唯求核乎事之实。其所著书有《考古提要》二卷、《上古考信录》二卷、《唐虞考信录》四卷、《夏商考信录》各二卷、《丰镐考信录》八卷、《别录》三卷、《洙泗考信录》四卷、《余录》三卷、《孟子事实录》二卷、《考古续说》二卷,附录二卷,是为《崔氏考信录》。……其与考信录相辅者,别有《王政三大考典》三卷、《读书偶识》四卷、《尚书辨伪》二卷、《论语余说》一卷、《读经余论》二卷、《五服异同汇考》三卷、《易卦图说》一卷、《与翼录》十二卷。……嘉庆二十一年卒。年七十有七。"(中国书店,1984,1629~1631页)

仁宗嘉庆二十三年 戊寅(公元1818年)

《国朝汉学师承记》在广州刊刻 《国朝汉学师承记》8卷,江藩著,该书为江氏著作中传播最广、影响最大者。他把经学分为汉学和宋学两大派,实为崇汉抑宋。不过,作者把清代研究经学的学者硬加上"汉学"之名,未免以偏概全。今文经学家龚自珍曾致书江藩,与其商榷书名,并建议将书名改为《国朝经学师承记》,江藩不从。宋学派方东树著《汉学商兑》与之辩难,激起清代经学史上一场引人注目的论争。

[文献] 阮元《国朝汉学师承记·序》:"甘泉江君子屏得师传于红豆惠氏,博闻强记,无所不通,心贯群经,折衷两汉。元幼与君同里同学,窃闻论说三十余年。江君所纂《国朝汉学师承记》八卷,嘉庆二十三年元居广州节院时刻之,读此可知汉世儒林家法之承授,国朝学者经学之渊源,大义微言,不乖不绝,而二氏之说亦不攻自破矣。"(《国朝汉学师承记》卷首,清光绪九年山西书局重刊本)江藩《国朝汉学师承记》卷一:"藩绾发读书,授经于吴郡通儒余古农、同宗艮庭二先生,明象数制度之原,声音训诂之学,乃知经

术一坏于东、西晋之清谈,再坏于南、北宋之道学,元、明以来,此道益晦。至本朝,三惠之学盛于吴中,江永、戴震诸君继起于歙,从此汉学昌明,千载沈霾一朝复旦。暇日诠次本朝诸儒为汉学者,成《汉学师承记》一编,以备国史之采择。"(同上)

郭嵩焘生 郭嵩焘,字筠仙,湖南湘阴人。是年生。

[文献] 张惟骧《疑年录汇编》卷一四:"郭筠仙七十四嵩焘,生嘉庆二十三年戊寅,卒光绪十七年辛卯。"《清史稿》卷四四六:"郭嵩焘,字筠仙,湖南湘阴人。……而嵩焘已卒于(光绪)十七年矣。"

孙星衍卒 孙星衍(1753—1818),清代经学家。乾隆五十二年中进士,授翰林院编修,历官刑部主事、郎中,山东督粮道。曾应阮元之聘主讲于诂经精舍。嘉庆十六年(1811),因病去职,主讲于钟山书院。是年卒。少工诗文,后深究经史、文字、音韵之学,旁及诸子百家、金石碑版。其学宗汉儒,反对宋学,认为宋儒好生臆断,非孔、孟正统真传,著述论文不引宋儒之说。积20余年之精力,撰著《尚书今古文注疏》,精核考辨《尚书》今古文之源流,考证甚为详明。工篆隶,尤精校勘,所著《平津馆丛书》、《岱南阁丛书》,世称善本。另外还著有《周易集解》、《夏小正传校正》以及诗文集等。

[文献] 《清史稿》卷四八一:"星衍雅不欲以诗名,深究经、史、文字、音训之学,旁及诸子百家,皆必通其义。乾隆五十二年,以一甲进士授翰林院编修,充三通馆校理。……星衍博极群书,勤于著述。……归田后,又为《尚书今古文注疏》三十九卷,……其他撰辑,有《周易集解》十卷、《夏小正传校正》三卷、……《诗文集》二十五卷。"阮元《山东粮道渊如孙君传》:"孙君讳星衍,字渊如,江苏阳湖人。……君以嘉庆二十三年正月十二日卒于江宁,距生于乾隆十八年九月初二,得年六十有六。"(《揅经室集》卷三,中

华书局,1993)

仁宗嘉庆二十五年　庚辰(公元1820年)

焦循卒　焦循(1763—1820),清代著名学者。其曾祖、祖父、父皆世传《易》学,其幼承家学亦好《易》学。其研经治术,颇有声名,与阮元齐名,为戴震后学。嘉庆六年中举后即绝意仕途,构"雕菰楼"读书著述于其中。是年卒。他博闻强记,识力精卓,于经史、历算、声韵、训诂、戏剧等无所不通,有"通儒"之称,尤长于易数与算学。其学以数解理,复由《易》释诸经。其数学研究,批判继承梅文鼎、戴震等人的研究成果,并在此基础上有很大发展。他批评戴震把西洋算法与中国"周髀"相比照,运用中国古代数学用语解释西洋算法的作法晦涩艰奥,主张运用通用术语。他还改变了中国古代算术用实例说明定律的方法,用甲、乙、丙、丁代表不同的数字阐述四则运算的基本定律。不仅如此,他还十分注意总结天文学中的数学基础知识,著述系统介绍了托勒密、第谷、开普勒、噶西尼等一些西方著名科学家的理论。其数学研究思想渗透到其他各个方面。他根据数学的理论还原,认为只要掌握了理,便可认识数,从而驾驭形,了解千变万化的客观世界。他运用数学理论对《易经》的研究,最为引人注目。他认为《易》中卦爻的变化主要有旁通、相错、时行三条原则。认为根据这三条原则,就可以推求《易》中六十四卦以及三百八十四爻的变化,从而认识客观事物之间变化的数量关系。在人性论方面,认为人的性善是一种潜在的可能,人能否性善关键在于他是否能知,主张通过教育的方法,使人能知,最终达到性善。认为人们在人性的变化上有趋同性,主张通过人的智慧去调节情欲,使其达到合理的程度。在世界观问题上,一方面继承张载、戴震等人的唯物主义学说,另一方面又认为天有意志,天有德威,可赏善罚恶,人应顺应天意行事。认为汉学繁琐,弊在不思,提倡通核之学,主张义理、考据并重。著述宏富,计有《孟子正义》、《论语通释》、《群经宫室图》、《雕菰楼集》等。

[文献] 阮元《揅经室集·通儒扬州焦君传》:"岁庚辰夏,足疾甚,且病虐,以七月二十七日卒,距生于乾隆癸未二月三日,得年五十有八。……君善读书,博闻强记,识力精卓,于学无所不通,著书数百卷,尤邃于经。于经无所不治,而于《周易》、《孟子》专勒成书。……君思深悟锐,尤精于天学算术。……君又善属文,……手自订者,曰《雕菰集》二十四卷、《词》三卷、《诗话》一卷。"(中华书局,1993,475~481 页)《清史稿》卷四八二:"嘉庆六年举人,曾祖源,祖镜,父葱,世传《易》学。……嘉庆二十五年,卒,年五十八。循博闻强记,识力精卓。每遇一书,无论隐奥平衍,必究其源,以故经史、历算、声音、训诂无所不精。……既学洞渊九容之术,乃以数之比例,求《易》之比例,渐能理解,著《易通释》二十卷。自谓所悟得者,一曰旁通,二曰相错,三曰时行。"《雕菰楼集》卷九:"性何以善?能知,故善。……非性善无以施其教,非教无以通其性之善。教,即荀子所谓伪也,为子。为之而能善,由其性之善也。"(《孟子正义·滕文公上》)又"算法之甲乙丙皆是借用,而易辞有借用,亦有实指。……不拘一例,随在以为引申,故灵妙不可臆度也。说四声者,不曰平上去入而曰天子圣哲,其妙颇似易辞。盖天子圣哲四字自成文理,实平上去入之假借,"易"辞各自成文理,而其实各指其所之。"(《易话》上)

宣宗道光元年　辛巳(公元1821年)

俞樾生　俞樾(1821—1907),字荫甫,号曲园。浙江德清人。清代经学家。是年生。

[文献] 徐澄《俞曲园先生年谱》:"俞樾字荫甫,浙江德清县

人。……清宣宗道光元年(辛巳)先生生。先生讳樾,字荫甫,晚号曲园居士,浙江湖州德清县人。"(《民国丛书》(三),上海书店 1991 年)俞樾《曲园自述诗》:"宣庙龙飞岁在庚,元年辛巳月嘉平。小寒未届犹非腊,还是元柏月内生。"蔡冠洛《清代七百名人传》:"俞樾,字荫甫,号曲园,浙江德清人。"(中国书店,1984,1654 页)《清史稿》卷四八二:"俞樾,字荫甫,德清人。"

宣宗道光三年　癸未(公元 1823 年)

第一本汉文《圣经》和《华英字典》出版

[文献]　顾长声《从马礼逊到司徒雷登——来华新教传教士评传》:"马礼逊经过五年努力,在 1813 年译完了《新约全书》……。从 1814 年起,马礼逊又着手翻译《旧约》,这次他是和另一位伦敦会传教士米怜合作的。米怜当时在南洋,他们前后共花了五年时间,到 1819 年 11 月 25 日全部译完,在马六甲陆续排印,1823 年出版,取名《神天圣书》,共装订成二十一卷线装书正式出版。……《华英字典》的编纂工作,马礼逊也是从 1808 年开始逐年积累的。……马礼逊经过七年的艰苦劳动,在 1815 年出版了第一卷,书名为《字典》。……第三卷于 1828 年出版,书名为《英汉字典》,内容包括单字、词汇、成语和句型的英、汉对照,解释颇为详尽,例句都有汉译。整部字典在 1823 年出齐,共有六大本,合计四千五百九十五页,工程浩大,全部由马礼逊独自编纂,成为中国英汉字典的嚆矢。"(上海人民出版社 1985,6~8 页)又见戴逸、林言椒《清代人物传稿》下编第一卷。(辽宁人民出版社,1984,406~407 页)

宣宗道光五年　乙酉(公元 1825 年)

郝懿行卒　郝懿行(1757—1825),嘉庆进士,官户部主事、江南司主事，先生谦退，无意仕途，潜心治经，擅名物训诂之学。所著《尔雅义疏》，王念孙为之总校，阮元为之刊。其身体力行，实事以求是，异于旧说者，皆经目验，非凭胸臆。他学问渊博，经术湛深，著述颇丰，著有《春秋略说》、《春秋比》、《山海经笺疏》、《易说》、《书说》、《郑氏礼记笺》、《诗问》、《诗说》、《烈女传补注》、《诗经拾遗》、《汲冢周书辑要》、《竹书纪年校正》、《荀子补注》、《晋宋书故》、《蜂衙小纪》、《燕子春秋》、《海错》各一卷等。是年卒，终年69岁。

[文献] 张惟骧《疑年录汇编》卷一二："郝兰皋六十九懿行，生乾隆二十二年丁丑，蔡冠洛《清代七百名人传》(下)："郝懿行，字恂九，号兰皋。山东栖霞人。嘉庆四年进士，授户部主事。二十五年，补江南司主事。道光三年卒，年六十九，懿行谦退，呐若不出口，然自守廉介，不轻与人晋接，遇非素知者，相对竟日无一语。迨谈论经义，则喋喋忘倦。……所著有《尔雅义疏》十九卷、《春秋说略》十二卷、《春秋比》一卷、《山海经笺疏》十八卷、《易说》十二卷、《书说》二卷、《郑氏礼记笺》四十九卷。……余田居多载，遇草木虫鱼有弗知者，必询其名，详察其形，考之古书，以证其然否。今兹疏中，其异于旧说者，皆经目验，非凭胸臆。……著有《诗说》一卷、《烈女传补注》八卷、《附女录》一卷、《女校》一卷。又与懿行以诗答问，懿行录之。为《诗问》七卷。……有《诗经拾遗》一卷、《汲冢周书辑要》一卷、《竹书纪年校正》十四卷、《荀子补注》一卷、《晋宋书故》一卷、《补晋书刑法志》一卷、《食货志》一卷、《宋琐语》一卷、《宝训》八卷、《蜂衙小纪》、《燕子春秋》、《海错》各一卷、《证俗文》十八卷、《笔录》六卷、《文集》十二卷。懿行以养疴辍尔雅业，时浏览晋宋史钞晋文百数十首。谓王右军虚谈废务、浮文妨要二语，切中当时之弊。所钞屏黜虚浮，一切以切实为主。其自作杂文，亦出入汉魏晋宋之间，杂记数帙，旁征稗说，间

采时事,皆意主劝戒。照圆所著未经进者,又有《列仙传校正》二卷。《梦书》一卷。"(中国书店,1984,1664~1666页)《清史稿》卷四八二:"郝懿行,字恂九,栖霞人。嘉庆四年进士,授户部主事。二十五年,补江南司主事。道光三年,卒,年六十九。……其笺疏《山海经》,援引各籍,正名辨物,事刊疏谬,辞取雅驯。阮元谓吴氏《广注》征引虽博,失之芜杂;毕沅校本,订正文字尚多疏略;惟懿行精而不凿,博而不滥。"

《孟子正义》刻竣　《孟子正义》,为焦循著作。焦循卒后,由他人整理刊刻完成。该书以东汉赵岐注为主,参考自顾炎武、毛奇龄至王引之等六家之说,广征博引,注疏解释《孟子》,有难解处,则列出异说,酌加己注。不墨守清儒考据、陈词旧说,注意阐发新意,是清代有关《孟子》注释中详备而有独立见解的著作。该书继承了戴震的性善思想,并有所发挥。将性善解释为人类通过进化而产生的,是一般动物所不具有的,是人区别于一般动物的主要特征。该书还认为性善并不超乎饮食男女之外,是对饮食男女之欲的合理满足。该书初刻于道光五年,后收入《皇清经解》、《四库备要》及《诸子集成》。

[文献]　焦征《孟子正义·序》:"先兄壬戌会试后闭门注《易》。癸酉二月,自立一薄,稽考所业,戊寅春《易学三书》成。又以古之精通《易》理,深得伏羲、文王、周公、孔子之旨者莫如孟子,生孟子后而能深知其学者莫如赵氏。惜伪疏踳驳乖谬,文理鄙俚,未能发明其万一,思作《正义》一书。于是博采经史传注以及本朝通人之书,凡有关于孟子者,一一纂出,次为长编十四帙。逐日稽考,殚精研虑,自戊寅十二月起稿,逮己卯七月撰成《孟子正义》三十卷。又复讨论群书,删烦补缺,庚辰之春,修改乃定。手写清本,未半而病作矣,自言用思太猛,知不起,以誊校嘱廷琥而殁。廷琥处苦块中,且校且誊,急思付梓,又以病殁。征以事身羁旅舍,誊校

先兄书,未敢少怠。……癸未岁终,总计田租所入,衣食之余,约积七百余金,急以《孟子正义》付刻,乙酉八月刻工告竣,庶使廷琥苦心,稍慰泉壤也。……道光五年乙酉中秋日弟征谨识。"(中华书局,1987)

域外 [英]博物学家赫胥黎生,他是第一位提出人类起源问题的学者。

宣宗道光六年　丙戌(公元1826年)

《汉学商兑》刻竣　《汉学商兑》,方东树学术史著作,分上、中、下三卷。仿朱熹《杂学辨》之例,摘录清代汉学家的原文来抨击汉学,以达到申宋学、诎汉学的目的。该书认为汉学空凿破碎,而经学却义脉清晰,高度评价经学的意义和影响。进而攻击汉学毫无用处,为异端邪说,其害如洪水猛兽、鸩酒毒脯。其对汉学的批评虽过偏激,但说汉学"驳杂细碎"、"不得所用"却也击中了汉学的弊端。该书初刻于是年,后收入《西京清麓丛书续编》、《槐庐丛书》、《方植之全集》。

[文献]　方东树《汉学商兑》卷首《序例》:"近世有为汉学考证者,著书以辟宋儒、攻朱子为本,首以言心、言性、言理为厉禁。……自是以来,汉学大盛,新编林立,声气扇和,专与宋儒水火。而其人类皆以鸿名博学为士林所重,驰骋笔舌,贯穿百家,遂使数十年间承学之士,耳目心思为之大障。历观诸家之书,所以标宗旨,峻门户,上援通贤,下誉流俗,众口一舌,不出于训诂、小学、名物、制度。弃本贵末,违戾诋诬,于圣人躬行求仁,修齐治平之教,一切抹摋。名为治经,实足乱经;名为卫道,实则畔道。昔孟子不得已而好辨,欲以息邪说,正人心。窃以孔子没后,千五百余岁,经义学脉,至宋儒讲辨,始得圣人之真。平心而论,程、朱数子廓清之功,实为晚周以来一大治。今诸人边见愼倒,利本之颠,必欲寻汉人纷

歧异说,复汩乱而晦蚀之,致使人失其是非之心,其有害于世教学术,百倍于禅与心学。……东树居恒感激,思有以弥缝其失。……辄就知识所逮,掇拾辨论,以启其端,俟世有真儒出而大正焉。倘亦识小之在人,而为采获所不弃与?道光丙戌四月,桐城方东树。"《国朝汉学师承记(外二种)》,北京三联书店,1998)

宣宗道光七年　丁亥(公元 1827 年)

《皇朝经世文编》刊行　《皇朝经历文编》,为文章总集,贺长龄、魏源等选编,凡 120 卷。道光六年(1826)成书,是年刊行。仿明末陈子龙等所编的《皇明经世文编》的体例,选辑清初至道光以前的官方文书、论著、奏疏、书札等而成,内容包括学术、吏政、户政、礼政、兵政、刑政、工政、治体 8 部分,是研究清代历史的重要史料。

［文献］《魏源集·皇朝经世文编叙》:"故聚本朝以来硕公、庞儒、俊士、畸民之言,都若干篇,为卷百有二十,为纲八,为目六十有三。言学之属六,言治之属五,言吏之属八,言户之属十有二,言礼之属九,言兵之属十有二,言刑之属三,言工之属九;则黽理于邵阳魏君,雠校于曹生,告成于道光六年柔兆阉茂之仲冬也。"(中华书局,1983)

孙家鼐生　孙家鼐,字燮臣,安徽寿州(今寿县)人。是年生。咸丰九年一甲第一名进士。累官都察院左都御史,工部尚书兼顺天府尹、武英殿大学士、学务大臣、资政院总裁。光绪初年,供职毓庆宫,授学光绪帝。

［文献］《孙家鼐年谱》(节录):"(光绪)二十四年戊戌,公七十二岁。"《清史稿》卷四四三:"孙家鼐,字燮臣,安徽寿州人。咸丰九年一甲一名进士,授修撰。历侍读,入直上书房。光绪四年,命在毓庆宫行走,与尚书翁同龢授上读。累迁内阁学士,擢工

部侍郎。江西学政陈宝琛疏请以先儒黄宗羲、顾炎武从祀文庙,议者多以为未可,家骕与潘祖荫、翁同龢、孙诒经等再请,始议准。十六年,授都察院左都御史、工部尚书,兼顺天府尹。……二十六年,乘舆西狩,召赴行在,起礼部尚书。还京,拜体仁阁大学士。历转东阁、文渊阁,晋武英殿。充学务大臣,裁度规章,折衷中外,严定宗旨,一以敦行实学为主,学风为之一靖。"

宣宗道光八年　戊子(公元1828年)

容闳生　容闳,原名光照,族名达萌,号纯甫。广东香山人。清洋务理论家、活动家。幼入马礼逊教会学校,后赴美接受西学,1854年毕业于耶鲁大学,遂回国以教育为己任。时值太平天国起义起,江南动乱,其有感于时事,遂赴南京谒见太平天国干王洪仁玕,提出自己的改革主张,未被采纳。又入曾国藩幕,提出筹办机器、教育诸事,受到曾国藩赏识。后又力谏派学童出洋留学,受到顽固派的攻击与压制。1912年卒,其著作主要有《派森氏契约论》、《哥尔顿氏地文学》、《西学东渐记》等,尤以《西学东渐记》著名。蔡冠洛《清代七百名人传》(上):"……辛亥,游历台湾。……越年,返香港。以著述自娱。旋卒,年八十有五。"是其卒于公元1912年,而享年85岁,逆推知其生于是年。

［文献］　蔡冠洛《清代七百名人传》(上):"容闳,字纯甫。广东澳门人。八岁,入玛礼逊学校,英国传教士马礼逊所设者也。道光丙午,随勃朗赴美,入孟松学校究英算文法心理生理诸科。后入耶路大学。以佣工代学资,咸丰甲寅毕业。回国即以教育后进为己任。……庚申,赴金陵,遇秦日昌于丹阳,得谒干王洪仁玕。仁玕,秀全侄也。闳因陈七事:曰整饬军备,成节制之师,一也。设武备学校,教成有识军官,二也。建海军学校,以综水师,三也。延揽人才,咨询于府,四也。创设银行,厘订度量衡制,五也。颁学校

定则,以耶稣圣经为主课,六也。广设实业学校,收天然之利,七也。……谒国藩于军中,询以当世之务。陈创办机器厂议,国藩喜,畀以全权。……又规教育四事:曰出洋学生额数,曰设立预备学校,曰筹定留学经费,曰酌定留学年限。……辛亥游历台湾。……越年,返香港。以著述自娱。旋卒,年八十有五。所译著有《哥尔顿氏地文学》、《派森氏契约论》、《美国订正之银行法律》、《西学东渐记》二十二章。"(中国书店,1984,556—568页)容闳《西学东渐记》:"予于一八五四年毕业。同班中毕业者,共九十八人。以中国人而毕业于美国第一等大学校,实自予始。……时校中中国学生,绝无仅有,易于令人注目。……予之生于斯世,既非为哺啜而来;予之受此教育,尤非易易,则含辛茹苦所得者,又安能不望其实行于中国耶?一旦遇有机会,能多用我一分学问,即多获一分效果,此岂为一人利益计,抑欲谋全中国之幸福也!"

王韬生 王韬,初名利宾,字紫诠,别号天南遁叟、弢园老民。江苏长洲(今吴县)人。清洋务理论家。是年生。

[文献] 蔡冠洛《清代七百名人传》(下):"王韬,初名畹,字紫诠。吴县诸生。"(中国书店,1984,1806页)王韬《弢园文新编》附录《弢园老民自传》:"老民姓王氏,素居苏州城外长洲之甫里村,即唐陆天随所隐处也。老民以道光八年十月四日生,初名利宾。十八岁,以第一入县学,督学使者为秦中张筱坡侍朗,称老民文有奇气。旋易名瀚,字懒今。遭难后避粤,乃更名韬,字仲弢,一字子潜,自号天南遁叟,五十后又曰弢园老民。"(北京三联书店,1998)

[考辨] 关于王韬的字、号、名,文献记载比较混乱,大都不相雷同。忻平著《王韬评传》对王韬名号进行了全面汇总,计有利宾、畹、韬等五个名,仲弢、紫诠等九个字,天南遁叟、弢园老民等二十一个笔名别号。(华东师范大学出版社,1990,241页)

黄以周生 黄以周,字元同,浙江定海人。清代经学家。是年生。

［文献］ 张惟骧《疑年录汇编》卷一五:"黄元同七十二以周,生道光八年戊子,卒光绪二十五年己亥。"《清史稿》卷四八二:"以周,本名元同,后改今名,以元同为字。"

宣宗道光九年　己丑(公元1829年)

《皇清经解》刻竣 阮元主编《皇清经解》,为清初到乾嘉间经学著作的选辑。由严杰于是年刻竣。计有经学著作74家,180余种,1400卷。因版藏于广州学海堂侧的文渊阁,故文称《学海堂经解》。全书搜罗丰富,其中很多是清代学者考订训释的成果,亦可考见清初到乾嘉年间的经学演变。该书谨守门户之见,在文章摘录方面,对学尊汉儒的,大加摘录;对有敢指斥汉儒的,则一律摈弃。在版本方面,该书有道光九年(1829)版,咸丰十一年的增补版。另外坊间亦有石印本流传。

［文献］ 夏修恕《皇清经解》卷首《序》:"《皇清经解》之刻,乃聚本朝解经之书,以继《十三经注疏》之迹也。自《十三经注疏》成,而唐宋解经诸家,大义多括于其中。此后,李鼎祚书及宋元以来经解,则有康熙时通志堂之刻。我大清开国以来,御纂诸经为之启发,由此经学昌明,轶于前代。有证《注疏》之疏失者,有发《注疏》所未发者,亦有与古今人各执一说,以待后人折衷者。国初如顾亭林、阎百诗、毛西河诸家之书,已收入《四库全书》。乾隆以来,惠定宇、戴东原等书,亦已久行宇内。惟未能如通志堂总汇成书,久之恐有散佚。道光初,宫保总督阮公立学海堂于岭南以课士,士之愿学者,苦不能备观各书。于是宫保尽出所藏,选其应刻者付之梓人,以惠士林,委修恕总司其事。修恕为属官,且淑于公门生门下,遂勉致力。宫保以六年夏移节滇黔,修恕校勘剞劂,四

载始竣。计书一百八十余种,皮板于学海堂侧之文澜阁,以广印行。不但岭南以此为《注疏》后之大观,实事求是,即各省儒林亦同此披览,益见平实精详矣。道光九年九月,广东督粮道、前翰林院检讨,新建夏修恕谨记。"(咸丰十一年广东学海堂补刊本)

凌曙卒 凌曙(1775—1829),清代经学家。字晓楼,江都人。国子监生。好学根性,积学不倦。初从包世臣习典礼、训诂,又从沈钦韩习郑氏学,后闻刘逢禄论《春秋公羊》,始好之。为仪征阮元校辑《经郛》,以为《春秋》之义,存于《公羊》,而《公羊》之学,传自董子。董子《春秋繁露》,识礼义之宗,达经权之用。著作有《四书典故核》、《公羊礼疏》、《公羊礼说》、《公羊问答》、《礼论》等。是年卒,享年55岁。

[文献]《清史稿》卷四八二:"凌曙,字晓楼,江都人。国子监生。……年二十为童子师,问所当治业于泾包世臣,……曙乃稽典礼、考古训,为《四书典故核》六卷,歙洪梧甚称之。既治郑氏学,得要领,又从吴沈钦韩问疑义,益贯穿精审。后闻武进刘逢禄论何氏《公羊春秋》而好之。乃入都,为仪征阮元校辑《经郛》……著《公羊礼疏》十一卷,《公羊礼说》一卷,《公羊回答》二卷。……作《礼论》百篇,引申郑义。……道光九年卒,年五十五。"

刘逢禄卒 刘逢禄(1776—1829),清代今文学家,常州学派的奠基人。少从学士外祖父庄存与、舅父庄述祖学习经史,尽得其传。嘉庆十九年中进士,历官至礼部主事。与李兆洛(申耆)齐名,号称"常州二申"。是年卒。他精研《春秋》,排斥《春秋左氏传》,严守今文师法。认为《春秋左氏传》系左氏取所见载籍,后由东汉刘歆附益、窜改而成,其书泯灭了《春秋》的本言真义。对东汉的何休之学,极为推崇,给予很高评价,认为其传经之功,时罕其匹。反对乾嘉学派繁琐的考证,对其所尊崇的汉儒许慎、郑玄亦持贬斥态度,其治学不泥于考据,注意发挥微言大义。以魏晋以来微言大义久不明于世之故,据何休《公羊解诂》,著作《春秋公羊何氏释例》,发挥"张三世"、"能三统"等公羊义理,对近现代的改良主义学说颇有影响,另著有《申何难郑》、《论语注》、《左氏春秋考证》等。

[文献] 《清史稿》卷四八二:"外王父庄存与、舅庄述祖,并以经术名世,逢禄尽传其学。嘉庆十九年进士,选翰林院庶吉士,散馆改礼部主事。……其为学务通大义,不专章句。由董生《春秋》窥六艺家法,由六艺求观圣人之志。……于是寻其余贯,正其统纪,为《公羊春秋何氏释例》三十篇。"《左氏春秋考证》上卷:"或缘经饰说,或缘左氏本文前后事,或兼采它书以实其年。……自贾逵以后,分经附传,又非刘歆之旧,而附益改窜之迹益明。"《公羊解诂笺叙》:"生古文盛行之日,廓开众说,整齐传义,传经之功,时罕其匹。"蔡冠洛《清代七百名人传》(下):"刘逢禄,字申受。江苏武进人。……为《公羊春秋何氏释例》三十篇。又析其凝滞,彊其守卫,为《笺》一卷、《答难》二卷,又推原谷梁氏、左氏之得失,为《申何难郑》四卷,又博征诸史刑礼之不中者,为《议礼决狱》四卷。又推其意为《论语述何》、《夏时经传笺》、《中庸崇礼论》、《汉纪述例》各一卷。别有《纬略》二卷、《春秋赏罚格》一卷,……《尚书今古文集解》三十卷、《书序述闻》一卷、《诗声演》二十七卷。……又著《说文衍声记》。……道光九年卒,年五十六。"(中国书店,1984,1668~1669页)《刘礼部集》卷一一附刘承宽等撰《先府君行述》:"……府君生于乾隆四十一年六月十二日戌时,卒于道光九年八月十六日未时,享年五十有四。"(道光十年刊本)

[考辨] 关于刘逢禄的生卒时间,《清史稿》与《清代七百名人传》都记为道光九年卒,终年五十六岁,但未详记生年。刘承宽等撰《先府君行述》记有刘逢禄详细之生卒时间,故从之。

宣宗道光十年　庚寅（公元 1830 年）

裨治文来华　裨治文，1801 年出生于美国马萨诸塞州的一个基督教家庭。毕业于阿默斯特大学，在大学读书时即立志到海外传教，毕业后经教会介绍，考入安多弗神学院，在那里接受三年严格的训练。受美国教会派遣，于 1830 年 2 月 22 日抵达中国澳门。其到中国后受聘主编《中国丛报》（The Chinese Repository），该报的主要目标是搜集中国各方面的情报，供西方各国参考。除此之外，该报还翻译介绍有关中国历史、宗教和文学艺术等方面的作品，对中外文化交流起到了桥梁作用。1861 年，裨治文病逝于上海。他是美国第一个赴中国传教的新教传教士，被称为"美国对华传教之父"。

［文献］　顾长声《从马礼逊到司徒雷登——来华新教传教士评传》："船徐徐驶出了纽约港，先在波涛汹涌的大西洋上颠簸，在绕过好望角后，又向印度洋进发，航行了四个多月之后，终于在公元 1830 年 2 月 22 日驶抵中国澳门，受到了英国传教士马礼逊的欢迎和接待。"（上海人民出版社，1985，26 页）裨治文事迹详见《从马礼逊到司徒雷登——来华新教传教士评传》，20～49 页。

江藩卒　江藩（1761—1830），清代训诂学家。字子屏，号郑堂，晚号节甫，江苏甘泉（今江都）人。从吴县余萧客和元和江声受业。博综尤深训诂，熟悉史事。时惠栋作《周易述》，未竟而卒，江藩以《周易述补》补成之。擅古文，其诗词豪迈雄俊，为人权奇倜傥。所著以《国朝汉学师承记》、《国朝宋学渊源记》为最著名，以汉学为宗，贬抑宋学，认为凡不宗汉学者，皆非笃信之士，树汉学、宋学之藩篱。龚自珍曾谓读书者实事求是而已，若以汉与宋为对峙，恐成门户之见。梁启超则谓汉学编较佳，其创始之功不可没。所谓乾嘉学者专树汉学之帜于世，且著为专书以张目者，自藩始。另著有《国朝经师经义目录》、《尔雅小笺》、《乐县考》、《隶经文》、《炳烛室杂文》、《江湖载酒词》等。是年卒,享年70岁。

[文献] 蔡冠洛《清代七百名人传》(下):"江藩,字子屏,号郑堂,江苏甘泉人,监生。受业吴县余萧客及元和江声,得惠栋之传。博综群经,尤深汉诂,旁及九流二氏之书,无不综览。所为古文词,豪迈雄俊。……初惠栋作《周易述》,未竟而卒。缺自鼎至未济十五卦序卦、杂卦二传,藩乃著《周易述补》五卷,羽翼惠氏。……又著《汉学师承记》八卷,于两汉儒林家法之承授。清朝经学之源流,釐然可考。又取诸家撰述,专精汉学者。仿唐陆德明经典释文传注姓氏之例,著《国朝经师经义目录》一卷。凡言不关乎经义小学,意不纯乎汉儒诂训者,悉不著录。论者以为二百年来,谈汉学不可少之书。又录孙奇逢以下诸人,分南学北学附记。著《宋学渊源记》三卷。……为《尔雅小笺》三卷。他著有《隶经文》四卷,《炳烛室杂文》一卷,《江湖载酒词》二卷,《乐县考》二卷。卒穷困以终。"(中国书店,1984,1645~1646页)梁启超《中国近三百年学术史》(十五):"叙清代学术者有江子屏(藩)之《国朝汉学师承记》八卷,《国朝宋学渊源记》三卷,……子屏将汉学、宋学门户显然区分,论者或病其隘执。然乾嘉以来学者事实上确各树一帜,贱彼而贵我,子屏不过将当时社会心理照样写出,不足为病也。二书中汉学编较佳,宋学编则漏略殊甚,盖非其所喜也。然强分两门,则各人所归属亦殊难正确标准,如梨洲、亭林编入'汉学'附录,于义何取耶? 子屏主观的成见太深,其言汉学,大抵右元和惠氏一派,言宋学则喜杂禅宗。……好持主观之人,实不宜于作学史,特其创始之功不可没耳。"

宣宗道光十二年　壬辰(公元1832年)

《文史通义》刻竣　《文史通义》为章学诚史学理论著作。是书始撰于乾隆三十七年（1772），历时30年，直至作者逝世前尚未全部完成。最后该书由其次子华绂是年刊刻于开封，故该版本被称为大梁本。后又有《粤雅堂丛书》本、《丛书集成》本、《四部备要》本、1956年古籍出版社标点本。《文史通义》品评古今学术，纵论文史，中心侧重于史，全书分内篇、外篇两部分。其宗旨在于阐明"六经皆史"的主张，认为经即为史，史涵盖经，经史互相渗透，密不可分，主张兼治经史。在史学功用上，主张经世致用，反对知古而不知今，反对空谈义理，也反对只埋头于故纸堆中寻章摘句，提出考据和义理相结合的观点。在史书的编著上提出治史者在具有才、学、识的同时，还应当具有史德，尊重客观事实，不要掺杂个人的主观成分。重视方志的编纂，系统地提出了一套编纂地方志的理论原则和方式，指出方志必须包括人物传、典章和文学记载。该书对学术源流、文学流变、文章得失等亦有论述，亦颇有识见。同时汇集了作者研究文史的心得，是我国古代最著名的史学论著之一。

[文献] 章华绂《文史通义·序》："先君子幼资甚鲁，赋禀复孱弱，少从童子塾，日诵百余言，常形呕呕。……塾课稍暇，辄取子史等书，日夕披览，孜孜不倦。观书常自具识力，知所去取，意所不慊，辄批抹涂改，疑者随时札记，以俟参考。自游朱君先生之门，先生藏书甚富，因得遍览群书，日与名流讨论讲贯，备知学术源流同异；以所闻见，证平日之见解，有幼时所见及，至老不可移者。……著有《文史通义》一书，其中倡言立议，多前人所未发。大抵推原官礼，而有得于向、歆父子之传，故于古今学术渊源，辄能条别而得其宗旨。易篑时，以全稿付萧山縠塍先生，乞为校定，时嘉庆辛酉年也。縠塍先生旋游道山。道光丙戌，长兄杼思，自南中寄出原草，并縠塍先生订定目录一卷。查阅所遗尚多，亦有与先人原编篇次互异者，自应更正，以复旧观。先录成副本十六册，其中亥豕鲁

鱼，别无定本，无从校正。庚寅辛卯，幸得交洪洞刘子敬、华亭姚春木二先生，将副本乞为覆勘。今勘定《文史通义》内篇五卷、外篇三卷，《校雠通义》三卷，先为付样。……道光壬辰十月男华绂谨识。"（中华书局，1985）《文史通义》内篇二："专于诵读而言学，世儒之陋也。……近日学者风气，征实太多，发挥太少，有如桑蚕食叶而不能抽丝。"《文史通义》外篇三："盈天地间，凡涉著作之林，皆是史学，《六经》特圣人取此六种之史以垂训者耳。子集诸家，其源皆出于史。"《文史通义》内篇五："能具史识者，必知史德；德者何？谓著者之心术也。……文史之儒，竞言才学识，而不知辨心术，以议史德，乌乎可哉！"《文史通义》外篇一："凡欲经纪一方之文献，必立三家之学，而始可以通古人之遗意也。仿纪传正史之体而作志，仿律典例之体而作掌故，仿文选文苑之体而作文征。三书相辅而行，缺一不可，合而为一尤不可也。"

王闿运生 王闿运，字壬秋，一字壬父，号湘绮，湖南湘潭人。清末思想家，崇今文经学。曾为曾国藩所招募。后在成都尊经书院、长沙思贤讲舍、衡州船山书院讲学。清末授翰林院检讨，加侍读衔。辛亥革命后，任清史馆馆长，但不久即归隐于长沙。举凡四千年之经、史、子、集，无不涉猎。其著作主要有《湘军志》、《庄子注释》、《湘绮楼日记》、《湘绮楼文集》等，并辑有《八代诗选》。

[文献] 张惟骧《疑年录汇编》卷一五："王壬秋八十五闿运，生清道光十二年壬辰，卒共和五年夏正丙辰。"《清史稿》卷四八二："王闿运，字壬秋，湘潭人。……于是年十有五明训诂，二十而通章句，二十四而言礼。考三代之制度，详品物之所用。二十八而达《春秋》微言，张公羊，申何学，遂通诸经。……闿运刻苦励学，寒暑无间。经、史、百家，靡不通习。……归为长沙思贤讲舍、衡州船山书院山长。……闿运晚睹世变，与人无忤，以唯阿自容。入民国，尝一领史馆，遂归。壬辰年卒，年八十有五。"蔡冠洛《清代七

百名人传》(下):"所著有《周易说》,《尚书笺》,《尚书大传补注》,《诗经补笺》,《礼经笺》,《小戴记笺》,《周官笺》,《春秋公羊笺》,《春秋例表》,《论语训》,《湘军志》,《注墨子庄子列子》,《正诸史艺文》,《纂春秋遗传》。门弟子辑其诗文笺启为《湘绮楼集》,凡若干卷。"(中国书店,1984,1838~1839 页)

王念孙卒 王念孙(1744—1832),清代经学家。乾隆四十年中进士,进翰林院庶吉士,先后历官工部主事、陕西道御史及吏科给事中等。精熟水利典籍,留心治河之道,屡充河道职历十余年。治经不墨守一家,必诸说并列以求其是。认为说经在于求得经意,不能固守门派偏见。曾从戴震学习声音、文字之学,认为训诂之旨,本于声音,主张就古音求古义,曾博搜汉以前古训,由古音求古义,颇有创见。为学严谨,长于考证。凡立一说,证一字,必列举古书,博采证据,然后定论。以《广雅》向无善一,讹文脱文甚多,乃旁考诸书,字斟句酌地加以订证,呕心沥血,积十年而成《广雅疏证》。该书内容广搏,包罗丰富,于声音文字部分订证最为严密,其声音文字训诂之成就已超过其师戴震。又著《读书杂志》,对《逸周书》、《荀子》、《汉书》等典籍中古义之晦,抄写之误,均一一证明。其他撰述未成之稿尚有数十册之巨。与父安国,子引之,三世传经,世称高邮王氏父子之学。是年卒。享年89岁。

[文献] 王引之《石臞府君行状》:"府君讳念孙,字怀祖,号石臞,姓王氏。先世居苏州,明初始迁高邮。……府君之持躬正直,得于庭训者甚早。休宁戴东原先生,当代硕儒,精于《三礼》、六书、九数、声音、训诂之学,文肃公延请授经,而府君稽古之学遂基于此矣。……岁在乙未,年三十二,试礼部中式。……奉旨以六品休致,府君时年六十有七矣。……自顾生平读书最乐,乃以著述自娱,亟取所校《淮南子内篇》,重加校正,博考诸书,以订伪误。由是校《战国策》、《史记》、《管子》、《晏子春秋》、《荀子》、《逸周

书》,及旧所校《汉书》、《墨子》,附以《汉隶拾遗》,凡十种八十二卷,名曰《读书杂志》,陆续付梓。……自壮年好古,精审于声音、文字、训诂之学。……分顾亭林古韵十部为二十一部,而于支、脂之三部之分,辨之尤力,以为界限莫严于此。海内惟金坛段茂堂先生,与府君暗合,其他皆见不及此。而分至、祭、盍、缉四部,则又段氏之所未及。……及官御史时,治事之余,必注释《广雅》。日以三字为率,寒暑无间,十年而成书,凡二十二卷,名曰《广雅疏证》。……讲明经义,多发前人所未发,不取凿空之谈,亦不为株守之见,惟其义之平允而已。不孝引之过庭之余,随时手录,恭载于《经义述闻》及《经传释词》中,已梓行于世矣。……府君生于乾隆九年三月十三日寅时,卒于道光十二年正月二十四日寅时,享年八十有九。"(《高邮王氏遗书》江苏古籍出版社,2000)

胡承珙卒 胡承珙(1776—1832)清代经学家。字景孟,号墨庄,安徽泾县人。嘉庆进士,改翰林院庶吉士,散馆授编修。官广东乡试副考官、御史、给事中。其心忧天下,条陈利弊,多见施行。嘉庆二十四年(1819)授福建延建邵道,旋乞假归里。推崇经学,专意毛氏诗传,颇有成就。其著作有《毛诗后笺》、《仪礼古今文疏义》、《小尔雅义证》、《求是堂诗文集》等。是年卒,终年57岁。

[文献] 胡培翚《福建台湾道胡君别传》:"君姓胡氏,讳承珙,字景孟,号墨庄,先世自徽州婺源迁泾之溪头都。……所著《仪礼古今文疏义》十七卷、《小尔雅义证》十三卷,皆手自付梓。《毛诗后笺》三十卷、《尔雅古义》二卷、《求是堂诗集》二十二卷、《奏折》一卷、《文集》六卷、《骈体文》二卷,卒后子先翰、先颎次第梓以行世。其为之而未成者,又有《公羊古义》、《礼记别义》二书。……生于乾隆丙申岁三月十四日,卒于道光壬辰岁闰九月十四日,年五十七。"(《研六室文钞》卷一〇,清光绪四年刊本)《清史稿》卷四八二:"……胡承珙,字墨庄,泾县人。……道光十二年,卒,

年五十七。……而其最精者,能于《毛传》本文前后会出指归,又能于西汉以前古书中反覆寻考,贯通《诗》义,证明毛旨。凡三四易稿,手自写定。"

域外 [英]伦理学家、法学家边沁卒,曾提出"最大多数的最大幸福"的功利原则。

宣宗道光十四年　甲午(公元1834年)

王引之卒　王引之(1766—1834),清代训诂学家。嘉庆四年一甲进士,授翰林院编修。一生为官,官至工部尚书。幼承其父王念孙之学,精研古义,治经独好小学。于古韵二十一部之分合、《说文》谐声之义例、《尔雅》、《方言》及汉代经师训诂之本原,均有所得。遂传其父之学,世称高邮王氏父子。其精于小学,并用之说经和校经,自谓:"吾用小学校经,有所议,有所不改。"凡属写官、椠官及唐宋明之士因不知声音文字而妄改等之误,如有书为证,则改之,反之如群书无佐证者或周末汉初经师所议而自己又不能择一定者,则不改。可见治经之严谨、审慎。道光八年(1828),擢侍讲,受命详考《康熙字典》之讹。次年,充《皇朝词林典故》纂修官,后充实录馆副总裁。凡著一书、立一说,必广求参证,触类引申,务求精当。著有《经义述闻》、《经传释词》、《周秦古字解诂》、《字典考证》等。是年卒,谥号文简。

[文献]　王寿昌、彦和寿《伯申府君行状》:"府君讳引之,字伯申,号曼卿,姓王氏。先世居江苏苏州郡城,明初始迁高邮。……年三十四,己未成进士。……自庚戌入都,侍大父讨论经义,凡有所得,即笔于篇,过庭所闻,亦备载之。迄庚寅成书,凡三十二卷,名《经义述闻》。……博考九经三传,及周秦西汉之书,发明助语古训,分字编次,为《经传释词》十卷,以补《尔雅》、《说文》、《方言》之缺。……先大父所著《广雅疏证》,末卷即命府君为疏,《读

书杂志》十种,亦多列府君之说。而府君《经义述闻》及《经传释词》,亦谨载先大父之说。……府君生于乾隆三十一年三月十一日寅时,卒于道光十四年十一月二十四日辰时,享年六十有九。"《清史稿》卷四八一:"引之,字伯申。嘉庆四年一甲进士,授编修。大考一等,擢侍讲。历官至工部尚书。……引之因推广庭训,成《经义述闻》十五卷,《经传释辞》二卷,《周秦古字解诂》,《字典考证》。论者谓有清经术独绝千古,高邮王氏一家之学,三世相承,与长洲惠氏相埒云。"《高邮王氏遗书》,江苏古籍出版社,2000)

陈寿祺卒 陈寿祺(1771—1834),清朝思想家。字恭甫,号左海,福建闽县人。嘉庆进士,改翰林院庶吉士,散馆授编修。历任广东、河南乡试。初治宋明理学,恶行空疏,遂专为汉学,与张惠言、王引之齐名。先生博学,解经深得汉儒训释之义,对汉儒经注之得失,多有品评。后归里,应阮元之请,于诂经精舍教授诸生。主泉州清源书院10年,鳌峰书院11年。修身励学,并作《义利辨》、《科举论》、《知耻说》等勉诸生。其著另有《五经异义疏证》、《尚书大传笺》等。是年卒,享年64岁。

[文献]《清史稿》卷四八二;"陈寿祺,字恭甫,闽县人。少能文。……嘉庆四年成进士,选翰林院庶吉士,散馆授编修。寻告归,性至孝,不忍言仕,……寿祺会试出朱珪、阮元门,乃专为汉儒之学,又及见钱大昕、段玉裁、王念孙、程瑶田诸人,故学益精博。解经得两汉大义,每举一义,辄有折衷。……寿祺阐明遗书,著有《尚书大传笺》三卷,《序录》一卷,《订误》一卷,附《汉书五行志》,缀以他书所引刘氏《五行传论》三卷。……又著《五经异义疏证》三卷,《左海经辨》二卷,《古海文集》十卷,《古海骈体文》二卷,《绛跗堂诗集》六卷,《东越儒林文苑后传》二卷,《东观存稿》一卷。……后主泉州清源书院十年,主鳌峰书院十一年,与诸生言修身励学,教以经术,作《义利辨》、《知耻说》、《科举论》以示学者。

……道光十四年,卒,年六十四。"钱仪吉《碑传集》卷五一:"先生学主传经,其文章初归六朝,赫然名动京师。已而谓非其至也,乃治古文,有《左海文集》十卷。……寿祺志在表扬先贤,以漳浦黄石斋先生之孤忠绝学,久欲请祀孔子庙。……秋八月,大吏率文武吏,奉主人祀孔子庙。……其讲学恪守朱子道脉。遂本此意成疏稿,督抚会疏,请从祀东庙。"(中华书局,1993)钱仪吉《碑传选集》卷五一:"陈寿祺,字恭甫,号左海,闽县人。……其生平著述尤富,《四库》采录其书多至十种,皆阐明经旨,推究治道,而尤深于《易经》、《孝经》。"(台湾大通书局,1976,564页)

宣宗道光十五年　乙未(公元1835年)

顾广圻卒　顾广圻(1766—1835),清朝训诂学家。字千里,号涧𬞟,又号思适居士,江苏元和(今苏州)人。少曾从江声问学,不事科举。其学识渊博,精研经史、天算、舆地、训诂,尤精于目录之学、校勘。所勘之书以士礼居本之《国语》、《战国策》和平津馆本之《抱朴子》最为重要,次之则为《晏子春秋》、《华阳国志》、《盐铁论》等。另著有《遁翁苦口》、《思适斋文集》等。

[文献]　李兆洛《涧𬞟顾君墓志铭》:"君名广圻,字千里,号涧𬞟,陈黄门侍郎野王之三十五世孙。……年三十,始补博士弟子员,县府试皆冠其曹。继从江艮亭先生游,得惠氏遗学,因尽通经学、小学之义。……当是时,孙渊如观察、张古愚太守、黄荛圃孝廉、胡果泉中丞、秦敦夫太史、吴山尊侍读,皆深于校雠之学,无不推重君,延之刻书。为孙刻宋本《说文》、《古文苑》、《唐律疏议》,为黄刻《国语》、《国策》,为张刻抚州本《礼记》、严州本单疏本《仪礼》,为胡刻《文选》、元本《通鉴》,为秦刻《盐铁论》、《扬子法言》、《骆宾王集》、《吕衡州集》,为吴刻《晏子》、《韩非子》。每一书刻竟,综其所正定者为考异,或为校勘记于后,学者读之益钦向。为

汉学者,往往不平宋儒而訾警之,君独服膺焉,遍读先儒语录,摘其切近者为《遁翁苦口》一卷,以教学者。胸中博综,而能识之无遗,每论议滔滔不竭,而是非所在,持之甚力,无所瞻徇。家故贫,常以为人校刻,博糈以食,虽往来皆名公卿,未尝有以自润。晚得类中症,卧床第者五年,道光十五年二月十九日卒,年七十。"(《养一斋文集》卷一一,清光绪四年木刻本)

宣宗道光十七年　丁酉(公元1837年)

张之洞生　张之洞,字孝达,又字香涛,又字香岩,号壶公,又号无兢居士、抱冰老人。直隶南皮人。其生卒年依张惟骧《疑年录汇编》而定。

［文献］　张惟骧《疑年录汇编》卷一五:"张孝达七十三之洞,生道光十七年丁酉,卒宣统元年己酉。"蔡冠洛《清代七百名人传》:"张之洞,字香涛,又字孝达,又字香岩,号壶公,又号无兢居士,直隶南皮人。"(中国书店,1984,631页)《清史稿》卷四三七:"张之洞,字香涛,直隶南皮人"。

杨文会生　杨文会,字仁山,石埭(今安徽石台)人。清代佛学家。其生卒年依张惟骧《疑年录汇编》而定。

［文献］　张惟骧《疑年录汇编》一五:"杨仁山七十五文会,生道光十七年丁酉,卒宣统三年辛亥。"蔡冠洛《清代七百名人传》:"杨文会,自号仁山,安徽石埭人。"(中国书店,1984,1559页)

戴望生　戴望,字子高,浙江德清人。清末今文学家。其生卒年依张惟骧《疑年录汇编》而定。

［文献］　张惟骧《疑年录汇编》卷一五:"戴子高三十七望,生道光十七年丁酉,卒同治十二年癸酉。"《清史稿》卷四八二:"戴望,字子高,德清人。"梁启超《中国近三百年学术史》(十):"子高,名望,浙江德清人。卒同治十二年(1873),年37。"

宣宗道光十八年　戊戌(公元 1838 年)

《宋元学案》成书付刻　《宋元学案》由黄宗羲与全祖望先后写作完成。梨洲在完成《明儒学案》62 卷后,便继续编纂《宋元学案》。他以"濂洛之统,综合诸家,横渠之礼教,康节之象数,东莱之文献,艮斋止斋之经术,水心之文章,莫不旁推而交通,自来儒林所未有"。梨洲卒后,谢山继续其未竟之业。从乾隆十年起,花费近 10 年时间,再修《宋元学案》,对梨洲的原本亦作修改。有梨洲原本所有而被谢山增损的,有原本所无而为谢山特立的,也有梨洲原本所有谢山分其卷第而特为立案的。谢山卒后,稿本归其门人卢月船保管,梨洲之孙借去誊抄,并由谢山之子平麟正其舛误,补其缺略,并其件系,写成别本,共 86 卷。是年,该书第一次付刻时,王荻轩又多有校补。《宋元学案》与黄宗羲的《明儒学案》相比较,有其自己的特点。第一,不定一尊,各派各家乃至理学以外的学者,都平等看待;第二,不轻下主观的批评,各家学术为当时人及后人所批评者,广搜之以入附录,长短得失,令读者自读自断,著者绝少作评语以乱人耳目;第三,注意师友渊源及地方的流别,每案皆先列一表,详举其师友及弟子,以明思想渊源所自,又对地方的关系多所说明,以明学术与环境相互的影响,但《宋元学案》所采资料有过于繁芜之嫌。

[文献]　冯云濠《宋元学案·序》:"宋元儒之有《学案》也,姚江黄梨洲先生既辑《明儒学案》,因溯宋元诸儒而为之述其学派也。顾梨洲仅举大要,至其子主一耒史先生始编辑之。其稿尝归吾邑南溪郑氏而旋失,梨洲之孙证孙复得之淮阴杨氏。厥后,吾郡谢山全先生续修之,以补黄氏所未及。考其《年谱》,盖自乾隆丙寅以至甲戌之春,几无岁不修《学案》。明年乙亥遂卒,而其编次序目,草创甫定。修补之稿,递归及门卢月船氏。月船剧思完补,

既任平阳学博归,即取稿本手钞之,以翼成编,且与梨洲玄孙稚圭号大俞者往还商榷。未卒业,而月船以乙巳卒,距谢山之殁,盖已三十一年。其原稿与钞本,庋藏于家,世守之,迄今又五十余年,始出诸其孙卓人而尽录之。……第黄氏原稿,不言卷数,谢山修定,《序录》列为百卷,而蒋氏藏稿,帙尾乃有六十卷之目,黄氏大俞及其子平黼别见校补本,分卷八十有六。……互见杂出,端宜归一。是用不揣固陋,与同志王君轩悉心参校,汇为一编,适如《序录》百卷,以付剞劂。经始于丁酉之春,告竣于戊戌之夏。海内君子,得有所藉,以资观览。庶梨洲、未史、谢山诸先生拳拳示学之意,不至湮没云。道光戊戌岁七月既望,慈溪后学冯云濠谨识。"(《宋元学案》卷首,中华出局,1986)梁启超《中国近三百年学术史》(八):"《宋元学案》这部书,虽属梨洲创始,而成之者实谢山。……据董小钝所撰年谱,则谢山之修此书,自乾隆十年起至十九年止,十年间未尝辍。……拿这书和《明儒学案》比较,其特色最容易看出者。第一,不定一尊。各派各家乃至理学以外之学者,平等看待。第二,不轻下主观的批评。各家学术为当时人及后人所批评者,广搜之以入'附录',长短得失,令学者自读自断,著者绝少作评语以乱人耳目。第三,注意师友渊源及地方的流别。每案皆先列一表,详举其师友及弟子,以明思想渊源所自,又对地方的关系多所说明,以明学术与环境相互的影响。……至于里头所采资料颇有失于太繁的地方。"

薛福成生 薛福成,字叔耘,号庸庵,江苏无锡人。清洋务理论家、活动家。是年生。

[文献] 张惟骧《疑年录汇编》卷一五:"薛叔耘五十七福成,生道光十八年戊戌,卒光绪二十年甲午。"《清史稿》卷四四六:"薛福成,字叔耘,江苏无锡人。"

宣宗道光十九年　己亥（公元 1839 年）

五月，龚自珍会阮芸台、魏源、李申耆、包慎伯　龚自珍以礼部主事弃官出都，过扬州，见阮芸台、魏源。至江阴，见李申耆。坐雨羽琤山馆。有《己亥杂诗》315 首。

[文献]　吴昌绶《定庵先生年谱》："（道光十九年）先生……四月二十三日出都，……五月十二日，重见予告大学士阮公及秦敦夫编修、魏默深舍人、陈静庵博士……暨段果行、沈锡东诸君。段、沈乃阇斋先生旧日宾客也。在邗上跌宕文酒，凭吊古今。……九月十一日，坐雨羽琤山馆。包慎伯赠《瘗鹤铭》，以诗代跋。先生评此铭惟北朝《郑文公碑》差足相匹。……途中杂记行程，兼述旧事，得绝句三百十五首，题曰《己亥杂诗》，平生出处、著述、交游，藉以考见。纪年文有《己亥六月重过扬州记》《病梅馆记》《邵子显较刊娄东杂著序》《纵难送曹生》《徐泰母碣》……。"（《龚自珍全集》附录，上海人民出版社，1975）

曾国藩始记日记　曾国藩自 29 岁始记日记，一生不辍。

[文献]　黎昌庶《曾文正公年谱》卷一："道光十九年公二十九岁。……是岁始为日记，逐日记注所行之事，及所读之书，名曰过隙影。"（传忠书局光绪二年刊本）

杨守敬生　杨守敬，字惺吾，号邻苏，湖北宜都人。清末地理学家、金石学家。同治举人，曾作为出使日本大臣的随员。在日本，广泛搜集中国古籍，撰有《日本访书志》。归国后，为黄冈教谕。光绪二十五年（1899），任两湖书院地理教习，此后长期任勤成学堂总教长。于金石、板刻、书法等皆有研究，尤长于地理。其著作有《历代舆地图》《水经注图》《水经注疏》《隋书地理志考证》《望堂金石集》《苏园帖》等。

[文献] 杨守敬《邻苏老人年谱》:"己亥,道光十九年,一岁。四月十五日丑时,吾以生。"(《杨守敬集》第一册)《清史稿》卷四八六:"杨守敬,字惺吾,宜都人。……而其学通博。精舆地,用力于《水经》尤勤。通训诂,考证金石文字。能书,摹钟鼎至精。工俪体,为箴铭之属,古奥耸拔,文如其人。以举人官黄冈教谕,加中书衔。尝游日本,搜古籍,多得唐、宋善本,辛苦积贮,藏书数十万卷,为鄂学灵光者垂二十年。……著有《水经注图》、《水经著要删》、《隋书地理志考证》、《日本访书志》、《晦明轩稿》、《邻苏老人题跋》、《望堂金石集》等。"闵尔昌《碑传集补·卷末》:"守敬多方指教,刊本至能景宋元,于是四方精刊之本集于武昌,守敬各印其首页,留以为谱也。古佚丛书数十种,则遵义黎庶昌属,为搜刻者所见,……书名尤重于日本。……卒年七十有六。……金石考证之学,荃孙、葆恂、守敬兼之,至地理之学,其所独擅尔。守敬治旧地理,新化邹钧治新地理,分教两湖书院,楚有材矣。"(燕京大学国学研究所1932年印行)

宣宗道光二十年　庚子(公元1840年)

《四洲志》辑译　《四洲志》,为中国第一部较有系统的世界地理志,林则徐主持编译,一卷。林则徐1839年在广东禁烟时,为了解西方情况,组织幕僚翻译英人慕瑞(Hugh Murray)《地理大全》(Cyelopaedia of Geography),经林氏润色,编成初稿。书中介绍世界五大洲三十余国之地理、历史、政情,对于闭关自守的封建中国,起了促使人们睁眼看世界的作用。后魏源在该书的基础上扩充重编为《海国图志》。目前能查到的最早版本是辑入魏源的《海国图志》五十卷本(道光甲辰古微堂聚珍板)。此后,《海国图志》六十卷本和百卷本均照五十卷本收录。五十多年后,王锡祺又将其辑入《小方壶舆地丛钞》再补编第十二帙,于光绪二十三年(1897)由上海著易堂刊行。

[文献] 魏源《海国图志·原叙》:"《海国图志》六十卷,何所据?一据前两广总督林尚书所译西夷之《四洲志》。"(光绪元年重刊本)《海国图志·后叙》:"国朝而粤东互市大开,华梵通译,多以汉字刊成图说。……在东南译出者,则有钞本之《四洲志》。"(光绪元年重刊本)

[考辨] 据魏源《圣武纪》卷一〇:"林则徐自去岁至粤,日日使人刺探西事,翻译西书,又购新闻纸。"(上海申报馆光绪四年排印本)可知林则徐自1839年到广州就开始辑译《四洲志》有关资料。来新夏《林则徐年谱》:"是年(1840),林则徐继续进行了解西方情况的译书活动。《四洲志》一书可能辑译于十九年下半年或本年林得罪前。"(上海人民出版社,1981)据说《四洲志》有1841年刊本,惜未得见。其成书时间、初刊时间待考,暂志于1840年。

沈家本生 沈家本,字子惇,别号寄簃,浙江归安人。光绪进士,专治法学,对我国古代的法律资料精心收集、整理和考证。历任天津知府、刑部左侍郎、法部右侍郎、修订法律大臣、资政院副总裁等官。他希望以法制的完善来挽救中国,坚持制订新律采取"中西会通"的原则,组织力量翻译外国法学著作,建立法律学堂,大开研究西法的风气。他在主持修律的几年中,一方面删改清律中落后与野蛮的部分,另一方面也制订了具有某些资本主义性质的法规。其法律思想主要包括以下几个方面:(1)重视法律。把法看成是"天下之程式、万事之仪表",是实现国家统治的重要工具,对治民、治国都起着非常重要的作用。(2)法须统一。认为断罪的法律以及适用法律必须统一。即刑罚的轻重必须有一法定的幅度,不能随心所欲随便加重;对罪犯的处罚不能因罪犯的身份而有所区别。这表明他已初步有法律面前人人平等的思想。(3)德主刑辅,先德后刑。其思想深受儒家思想影响,坚持"治国之道以仁政为先",以德为主,以刑为辅,先德而后刑。主张政治宽平,反对酷刑。因此在修建过程中,坚决主张废除刑讯制度、笞杖刑和压制民生的条文。(4)法贵得人。其在修律过程中,深感法律人才的缺乏,因此多次强调用法在人、法贵得人的道理。即使是一部好的法律,如果用人不当,也只是"徒法"而已。其思想的可贵之处在于能够以讲究新法、会通中西来指导修建清律,把资本主义法律意识输入中国,使落后的封建旧律逐渐走向现代化的道路。但他毕竟身为封建官僚,思想中既有资本主义因素,也杂有封建主义糟粕。著有《沈寄簃先生遗书》,又编有《沈碧楼丛书》12 种。

[文献] 张惟骧《疑年录汇编》卷一五:"沈子惇七十四家本,生清道光二十年庚子,卒共和二年夏正癸丑。"《清史稿》卷四四三:"沈家本,字子惇,浙江归安人。少读书,好深湛之思,于《周官》多创获。初援例以郎中分刑部,博稽掌故,多所纂述。光绪九年,成进士,仍留部。补官后,充主稿,……自此遂专心法律之学。……十九年,出知天津府。……联军入保定,教士衔前隙,诬以助拳匪,卒无左验而解。因驰赴行在,授光禄寺卿,擢刑部侍郎。……袁世凯奏设修订法律馆,命家本偕伍廷芳总其事;别设法律学堂,毕业者近千人,一时称盛。补大理寺卿,旋改法部侍郎,充修订法律大臣,宣统元年,兼资政院副总裁,仍日与馆员商订诸法草案,先后告成,……卒年七十四。"

俞正燮卒 俞正燮(1775—1840),清代经学家。字理初,安徽黟县人。道光元年举人,曾官江苏学政。其为一代奇才,少即过目不忘,及长以汉儒经学为宗。所作《左邱明子孙姓氏论》、《左山考》、《左墓考》、《申杂难篇》为孙星衍所称引,其才亦为阮元所嫉。博学各门,对天文、地理、训诂亦有精研,一生著述颇丰,官私皆有,如《钦定左传读本》、《续行水金鉴》之类、《说文经纬》、《校补海国纪闻》、《四养斋诗》等。是年卒,享年66岁。

[文献] 张惟骧《疑年录汇编》卷一三："俞理初六十六正燮，生乾隆四十年乙未，卒道光二十年庚子。"蔡冠洛《清代七百名人传》(下)："俞正燮，字理初，安徽黟县人。读书过目不忘。年二十余，负其所业，北谒孙星衍于兖州。时星衍既为伏生建立博士，复求左氏后裔。正燮因作《左邱明子孙姓氏论》、《左山考》、《左墓考》、《申杂难篇》。星衍多采其文，以折众论。故其议论学术，与星衍恒相出入。道光元年举人。……正燮足迹半天下，得书即读，读即有所疏记。每一事为每一题，巨册数十，鳞比行箧中。积岁月，证据周遍，断以己意，一文遂立。其治经以汉儒为宗，不缠牵于注疏。……尤善言天象暨日官法，以为泰西法极精。……又善言地舆。……手成官私巨书，如《钦定左传读本》、《续行水金鉴》之类，不自名者甚多。自名者有《癸巳类稿》、《癸巳存稿》。而《类稿》为最著。……所著尚有《说文经纬》各一卷、《校补海国纪闻》二卷，咸丰间毁于兵火。《四养斋诗》三卷，另梓行。"《清史稿》卷四八六："俞正燮，字理初，黟县人。性强记，经目不忘。年二十余，北走兖州谒孙星衍。时星衍为伏生建立博士，复访求左氏后裔。正燮因作《邱明子孙姓氏论》、《左山考》。星衍多据以折衷群议，由是名大起。……正燮读书，置巨册数十，分题疏记，积岁月乃排比为文，断以己意。"

域外 [德]唯心主义哲学家李普曼生，他最早提出"回到康德那里去"的口号。

宣宗道光二十一年　辛丑(公元 1841 年)

七月，曾国藩从唐镜海讲学　曾国藩从唐镜海求为学之方，唐镜海以义理之学相勖，自此曾国藩致力于宋学，并讲求经世致用。

[文献] 黎昌庶《曾文正公年谱》卷一："道光二十一年，公三十一岁，……七月，……善化唐公鉴由江宁藩司入官太常寺卿，公

从讲求为学之方,时方详览前史求经世之学,兼治诗古文词分门记录。唐公专以义理之学相勖公,遂以朱子之书为日课,始肆力于宋学矣。"(传忠书局光绪二年刊本)

八月,龚自珍卒 龚自珍(1792—1841),道光进士。自幼深受汉学熏染,曾从外祖父段玉裁学习文字学。鉴于社会危机深重,不甘埋首于考据学,遂逐渐"究心经世之务",作《明良论》、《乙丙之际箸议》。1819年在京从刘逢禄学习《公羊春秋》,接受今文经学派观点。后任内阁中书、礼部主事等职。1839年辞官南下,两年后病逝于丹阳云阳书院。黑暗、腐朽的封建"衰世"把他推上了批判之路,揭露和批判是其文章的最大特色。当朝野上下还沉醉于"天朝上国"的迷梦之时,他已认识到衰世已至。他把当时的社会形容为"痹癵之疲,殆于痛疽;将萎之华,惨于槁木",对当时社会的腐朽、吏治腐败进行尖锐的揭露与抨击。《明良论》和《乙丙之际箸议》是其诗文中最具批判色彩,最具战斗精神的篇章,开学术界"慷慨论天下事"的风气。为振衰起弊,他提出"更法"、"改图"、"变令"的改革主张,从政治、经济、思想、文化等方面揭示社会改革的必要性,提出较系统的改革方案,强调改革是历史的必然。忠告清朝统治者,"一祖之法无不弊,千夫之议无不靡,与其赠来者以劲改革,孰若自改革?"他强调改革,但不主张骤变,"可以虑,可以更,不可以骤。"鸦片战争前,曾致于边疆史地研究,1820年,在张格尔叛乱的刺激下,写下了著名的《西域置行省议》,提出移民实边、开发西北、保卫边疆、抵御外侮的计划。在鸦片问题上,他痛斥英国鸦片侵略,鼓励林则徐坚决禁绝鸦片,打击来犯之敌人。他重经尊史,认为一切学术都是史。在历史观方面,他吸收和利用公羊哲学的"据乱—升平—太平"三世说的历史观,加以改造,发挥成"治世—衰世—乱世"的新三世说,提出了变易的历史哲学理论。其属于今文经学派人物,主张通经致用,道、学、治三者不可分,反对脱离实际的繁琐考据与空谈心性的宋明理学。认为学术研究应与当世之务紧密结合,必须经世致用。这一主张,是向长期以来学术界脱离现实埋首考据学风的宣战,开启了近代爱国主义文化和社会变革思潮,也开启了道咸之际经世致用的学风。总之,龚氏从事的学问是多方面的,子学、经学、史学、地理、文字学、金石、佛学以及诗词,都有论述,《己亥杂诗》是其代表作,著作编为《龚自珍全集》。是年卒,享年50岁。

[文献] 吴昌绶《定庵先生年谱》:"嘉庆二十一年丙子……先生与吴县钮非石、钱塘何梦华诸君搜讨典籍,……由是益肆意著述,贯穿百家,究心经世之务。……嘉庆二十四年己卯……春应恩科会试,不售,留京师,始从武进刘申受礼部受《公羊春秋》,遂大明西京微言大义之学。……道光二十一年辛丑,五十岁。春,就丹阳云阳书院讲习,新正三日,即由杭州出行。……七月,至丹阳,馆于县署。八月十二日,暴疾捐馆。"吴昌绶《定庵文录序》:"君名自珍,……于经通《公羊春秋》,于史长西北舆地。其书以六书小学为入门,以周秦诸子、吉金乐石为厓郭,以朝章国故、世情民隐为质干。晚尤好西方之书,自谓造深微云。"(《龚自珍全集》,上海人民出版社,1975)梁启超《清代学术概论》二二:"自珍……喜为要眇之思,……往往引《公羊》义讥切时政,诋排专制;晚岁亦耽佛学,好谈名理。……虽然,晚清思想之解放,自珍确与有功焉;光绪间所谓新学家者,大率人人皆经过崇拜龚氏之一时期;初读《定庵文集》,若受电然。"(上海古籍出版社,1998)

[考辨] (一)关于龚自珍的主要成就和影响。传统的观点一般认为龚自珍的主要成就乃在其提倡经世致用,批判封建道德,主张社会变革等方面。但近年来又有论者提出截然相反的观点。如王元化《龚自珍思想笔谈》认为:"(龚自珍)经世致用之学,并不能代表他的思想全部,而只是其中局限性最大的一部分","龚自

珍对于后世的影响,主要是他那批判性的讽刺诗文"。(载《清园论学集》,上海古籍出版社,1994,250~270页);王俊义《龚自珍与晚清思想解放》认为"他(龚自珍)的历史功绩不在于其对经学研究的具体成就,也不在于他那些关于变法革新的具体改革主张,而主要在于通过其思想和著作所起的承前启后,继往开来,开创一代风气,推动晚清思想解放的作用和影响。"(载《中国社会科学院研究生院学报》2000年第4期)

(二)学者对龚自珍经济思想中"驱民于南亩"思想的评价。传统的观点认为这是一种以农本主义为核心的"重农抑商"的落后思想。龚自珍为维护封建秩序,压制商品经济发展,甚至把商品交换倒退到物物相易的原始社会情形,这不仅比清初黄宗羲提出的"工商皆本"思想落后,而且也低于一般人的封建思想的程度,是追求历史的倒退。林庆元等则认为龚自珍的经济思想有一个演变的过程,应区别对待。1830年以前,龚自珍主张"重农抑商",保护自然经济,限制货币交换,提倡以物易物,让商人"退而役南亩"弃商经农;但是鸦战前夕,面对资本主义的侵略,他的经济思想有明显的改变,提倡"食货并重",经营经济作物,倡导雇工剥削,主张发展民族工商业以抑制外国经济侵略,显然具有一定进步意义。(引自林庆元《近代爱国主义和维新思想的先驱龚自珍》,福建师范大学出版社,1994,145~147页)齐国华还提出,尽管龚自珍主观上没有发展资本主义的自觉,但在他生活的那个已经明显孕育着资本主义萌芽的时代,他积极提倡发展带有商品生产性质的"蚕木棉之利",客观上就是为新的社会生产力呼吁,是有利于资本主义萌芽成长的。(齐国华《龚自珍社会史观述评》,《学术月刊》1985年第11期)

(三)龚自珍"公羊三世说"的性质与作用。目前学术界有三种观点。多数学者认为龚自珍的"公羊三世说"是一种典型的循者不可分，反对脱离实际的繁琐考据与空谈心性的宋明理学。认为学术研究应与当世之务紧密结合，必须经世致用。这一主张，是向长期以来学术界脱离现实埋首考据学风的宣战，开启了近代爱国主义文化和社会变革思潮，也开启了道咸之际经世致用的学风。总之，龚氏从事的学问是多方面的，子学、经学、史学、地理、文字学、金石、佛学以及诗词，都有论述，《己亥杂诗》是其代表作，著作编为《龚自珍全集》。是年卒，享年50岁。

[文献] 吴昌绶《定庵先生年谱》："嘉庆二十一年丙子……先生与吴县钮非石、钱塘何梦华诸君搜讨典籍，……由是益肆意著述，贯穿百家，究心经世之务。……嘉庆二十四年己卯……春应恩科会试，不售，留京师，始从武进刘申受礼部受《公羊春秋》，遂大明西京微言大义之学。……道光二十一年辛丑，五十岁。春，就丹阳云阳书院讲习，新正三日，即由杭州出行。……七月，至丹阳，馆于县署。八月十二日，暴疾捐馆。"吴昌绶《定庵文录序》："君名自珍，……于经通《公羊春秋》，于史长西北舆地。其书以六书小学为入门，以周秦诸子、吉金乐石为厓郭，以朝章国故、世情民隐为质干。晚尤好西方之书，自谓造深微云。"(《龚自珍全集》，上海人民出版社，1975)梁启超《清代学术概论》二二："自珍……喜为要眇之思，……往往引《公羊》义讥切时政，诋排专制；晚岁亦耽佛学，好谈名理。……虽然，晚清思想之解放，自珍确与有功焉；光绪间所谓新学家者，大率人人皆经过崇拜龚氏之一时期；初读《定庵文集》，若受电然。"(上海古籍出版社，1998)

[考辨] (一)关于龚自珍的主要成就和影响。传统的观点一般认为龚自珍的主要成就乃在其提倡经世致用，批判封建道德，主张社会变革等方面。但近年来又有论者提出截然相反的观点。如王元化《龚自珍思想笔谈》认为："(龚自珍)经世致用之学，并不能代表他的思想全部，而只是其中局限性最大的一部分"，"龚自

珍对于后世的影响,主要是他那批判性的讽刺诗文"。(载《清园论学集》,上海古籍出版社,1994,250~270页);王俊义《龚自珍与晚清思想解放》认为"他(龚自珍)的历史功绩不在于其对经学研究的具体成就,也不在于他那些关于变法革新的具体改革主张,而主要在于通过其思想和著作所起的承前启后,继往开来,开创一代风气,推动晚清思想解放的作用和影响。"(载《中国社会科学院研究生院学报》2000年第4期)

(二)学者对龚自珍经济思想中"驱民于南亩"思想的评价。传统的观点认为这是一种以农本主义为核心的"重农抑商"的落后思想。龚自珍为维护封建秩序,压制商品经济发展,甚至把商品交换倒退到物物相易的原始社会情形,这不仅比清初黄宗羲提出的"工商皆本"思想落后,而且也低于一般人的封建思想的程度,是追求历史的倒退。林庆元等则认为龚自珍的经济思想有一个演变的过程,应区别对待。1830年以前,龚自珍主张"重农抑商",保护自然经济,限制货币交换,提倡以物易物,让商人"退而役南亩"弃商经农;但是鸦战前夕,面对资本主义的侵略,他的经济思想有明显的改变,提倡"食货并重",经营经济作物,倡导雇工剥削,主张发展民族工商业以抑制外国经济侵略,显然具有一定进步意义。(引自林庆元《近代爱国主义和维新思想的先驱龚自珍》,福建师范大学出版社,1994,145~147页)齐国华还提出,尽管龚自珍主观上没有发展资本主义的自觉,但在他生活的那个已经明显孕育着资本主义萌芽的时代,他积极提倡发展带有商品生产性质的"蚕木棉之利",客观上就是为新的社会生产力呼吁,是有利于资本主义萌芽成长的。(齐国华《龚自珍社会史观述评》,《学术月刊》1985年第11期)

(三)龚自珍"公羊三世说"的性质与作用。目前学术界有三种观点。多数学者认为龚自珍的"公羊三世说"是一种典型的循环论,他虽然倡议"一祖之法无不弊","无八百年不夷之天下"等观念,但同时又宣称"天下有万年不夷之道",这和董仲舒的"王者有改制之名,无变道之实"完全是一脉相承的,所以说其"公羊三世说"实质上是公羊家观点的重复,包含有浓厚的历史循环论色彩。(引自袁英光、桂遵义著《中国近代史学史》(上册),江苏古籍出版社,1989,42~43页)而邹进先等则认为龚自珍的"公羊三世说"在某程度上突破了历史循环论的束缚,具有进化论的鲜明特色。龚自珍出于变革的需要,抛弃原有公羊学中与阴阳五行学说杂糅在一起的迷信神学思想,而吸收其"变"的精髓,把"据乱—升平—太平"旧三世说改造成"治世—衰世—乱世"的新三世说,使公羊学摆脱了以往注经的束缚,具有了崭新的时代内容,从而为进行社会改革提供了有力的理论基础。(叶建华《近代文化的序幕——龚自珍学术思想述评》,《浙江学刊》1992年第4期)陈其泰也认为,对公羊学说的革命性改造是龚自珍的一个突出贡献,他从哲理的高度论述了社会变迁的必然性。(陈其泰《公羊三世说与龚自珍的古代社会史观》,《浙江学刊》1992年第4期)而陈鹏鸣则持第三种观点,认为龚自珍的公羊三世说中既有进化观点,又有循环论的因素,实质上是进化论与循环论的混合物。(陈鹏鸣《龚自珍与常州学派》,《浙江学刊》1997年第11期)

(四)龚自珍文化学术思想与今文经学的关系。一般认为,龚自珍的文化学术思想渊源于今文经学,但这种传统观点越来越受到挑战。1975年上海人民出版社出版《龚自珍全集》,其前言指出,龚自珍在28岁时才向刘逢禄学习公羊学,而表明其思想的《明良论》、《乙丙之际箸议》都是在此前完成的,之后的政论文章也是前一时期思想的继续发展,所以龚自珍的文化学术思想与公羊学并无过深的渊源关系。袁伟时《从魏源看19世纪中国哲学》一文进一步指出,过于看重今文经学对龚自珍思想的影响,实际上是对当时思想文化发展的误解,儒学的每一流派都有可能走上经世之路。(《学术研究》1996年第4期)而汤志钧等则坚持认为龚自珍的思想属于公羊今文经学的范畴。认为尽管龚自珍向刘逢禄学习公羊学是在28岁,二文也确实写于其28岁前,但这并不是说龚自珍直到28岁才开始接触公羊学;而且龚自珍早期思想中要求变易、改革的经世主张与公羊经学完全一致。(汤志钧《龚自珍与今文学经学》,《近代史研究》1998年第4期)陈铭等则持第三种观点,认为龚自珍对古文经学和今文经学无所尊,亦无所废,而是摒弃门户之见,古为今用,兼明古今。具体来说,他的思想来源于正统考据学、今文经学和佛学。考据学使他从哲学思想方面走向唯物主义,今文经学主要从社会改革思想方面启示他鼓吹变法改革,佛学则在形式与方法上给了他一些唯心主义的影响。(陈铭《龚自珍的思想渊源初探》,《思想战线》1982年第3期)

(五) 龚自珍对世界本原的认识。任继愈认为,龚自珍把世界的统一性归结于它的精神性,认为人们凭着主观"知见"把世界统一起来,这无疑是一种典型的主观唯心主义观点。(任继愈《中国哲学史》第四册)史国瑞则认为,龚自珍哲学思想在世界观上的表现是以天然纯朴的形式,把世界在本原上看作是某种具体的物质性的东西,"以风虫"作为世界的本原,说明他对宇宙本源的认识还停留在对原有认识材料的阐发阶段,没有脱离朴素直观的状态。而陈国庆等则持第三种观点,认为龚自珍一方面承认物质世界是不依赖于任何力量而独立存在的客观实体,另一方面又承认有不依赖于物质而独立存在的精神实体。因此,龚氏在世界形成问题上的认识是不确定的,属于哲学上的二元论学派。(陈国庆《试论龚自珍哲学思想的学术价值》,《西北大学学报》1992年第3期)

(六) 对龚自珍哲学思想的整体评价。学术界有两种不同的看法。陈国庆认为,龚自珍的哲学思想继承的多,创新的少。他继承了传统哲学,却没有达到古典哲学理论思辨的深度;他继承了荀况、王充、王安石以来的唯物主义自然观,批判了董仲舒和程朱理学唯心主义自然观,但他的认识并没有达到上述人的无神论的高度,他对传统唯物主义自然观的继承是有限的,谈不上有所创新;他对人性论的论证,虽然表现出对儒家哲学人性说的叛逆精神,多少动摇了理学在人性问题上的独尊地位,但没有超出朱子的理论高度,不能成一家之说。(陈国庆《试论龚自珍哲学思想的学术价值》,《西北大学学报》1992 年第 3 期)高瑞泉认为,龚自珍用"自我"、"心力"反对天命论,以历史主体及其自由意志的创造为历史哲学的长足发展提供了崭新的元点。他力主人根据纯本性的"能"——自由创造的能力为自然界立法,也为社会立法,高度张扬了主体的意志力量,使龚自珍的整个哲学思想具备了鲜明的唯意志论色彩,他对正统儒学的非功利主义道德观,尤其是程朱理学"存天理,灭人欲"的虚伪说教,对于先验论的性善说和泯灭个性的道德宿命论发动了全面反叛。(高瑞泉《龚自珍——近代唯意志论的先驱》,《学术月刊》1989 年 8 期)

李兆洛卒 李兆洛(1769—1841),清代古文学家、地理学家、金石学家。阳湖派的代表人物之一。嘉庆十年进士,授翰林院庶吉士、散馆编修、知县等职,后恬退不复出。本姓王,其先人于明中叶养于李,遂改姓李。他幼聪慧好学,于古文学、金石学、地理学、天文学皆有所研。主暨阳书院二十余年,暇余治天文,地理,著《历代地理韵编》、《历代纪元编》、《骈体文钞》、《皇朝文典》。另门人整理其遗著,得《年谱》、《暨阳答问》、《养一斋文集》等。是年卒,享年 73 岁。

[文献] 张惟骧《疑年录汇编》卷一三:"李申耆七十三兆洛,生乾隆三十四年己丑,卒道光二十一年辛丑。"(民国十四年刊本)蔡冠洛《清代七百名人传》(下):"李兆洛,字申耆,晚号养一老人,

江苏阳湖人。本姓王,其先明中世育于李,遂昌姓李氏。幼聪慧,好读书。日熟百余行。……嘉庆甲子,以第一人举于乡。明年,成进士,授庶吉士,散馆。……暇日,详利弊,稽古迹,考金石。手纂县志十卷。……主江阴暨阳书院讲席,自是遂不复出。所藏书逾五万卷。弟子日众,分治天文、舆地二业。康熙乾隆皇舆一统图藏内府,民间不易得,晚始得董方立枕本。顾分四十一图,大小爪离,不便披览,且无历代沿革。乃改为总图每方百里,而以虚线存天度之经纬。先朱印数十部,墨注古地名其上,起三代两汉魏晋南北朝唐宋元明。检各史地志,以沿革表及一统志覆其沿革,并得其实地而著之,为历代舆地沿革图若干幅。别钞各史地志,编以归韵。既得实地,乃会前代郡县注之韵下,为《历代地理韵编》二十卷。……后又撰《皇朝舆地韵编》二卷、《历代纪元编》一卷。……乃先成天地球及天文图,……以便占天者之考察焉。主暨阳者二十年。年七十三卒。所自撰书多未就,而勇于刊布前人遗著。弟子蒋彤为《年谱》一卷,复述平日所闻。仿宋语录,为《暨阳答问》二卷。其《养一斋文集》二十六卷,则弟子高承钰所辑也。"(中国书店,1984,1653～1654页)梁启超《中国近三百年学术史》(四):"他们的文学是阳湖派古文——从桐城派转手而加以解放,由张皋文(惠言)、李申耆(兆洛)开派。"梁启超《中国近三百年学术史》(十五):"道光间,李申耆创制《皇朝一统舆图》一卷,《历代地理沿革图》二十二幅,其沿革图用朱墨套印,尤为创格,读史者便焉。"《清史稿》卷四八六:"其自著曰《养一斋集》。所辑有《皇朝文典》、《大清一统舆地全图》、《凤台县志》、《地理韵编》。"

宣宗道光二十二年　壬寅(公元1842年)

六月,郑观应生　郑观应(1842—1922),原名官应,字正翔,号陶斋,别号杞忧生、慕雍山人、罗浮待鹤山人。广东香山人。青年时代,受民族危机刺激而学习西语、西学,后投身工商业,历任轮船招商局总办、上海电报局总办等职。因受洋务派排斥和外国公司迫害,研究时务,逐渐形成维新改革思想。编著《盛世危言》,系统阐发其思想。政治思想以"富强救国"为核心,建议设立议会,振兴工商业,提出"商战为主,兵战为末"的重商主张。他还以"道"、"器"关系表示中学、西学的对立,主张"道为本、器为末;器可变,道不可变。"亦即"中学为体、西学为用"。在此前提下,主张道器紧密结合,不能忽视器,从而大力倡导西学,效法西方资本主义制度,改革中国封建专制政体。其道器思想是矛盾的,既要改变封建专制政体,又要维护封建纲常名教不变。但郑观应是较早提出在中国实行议院制的人。他基本上摆脱了重农桑、轻工商的传统思想,对以后的维新改良派产生了深远影响。90年代以后,其思想渐趋于保守。著有《救时揭要》、《易言》、《盛世危言》等。

[文献] 郑观应《盛世危言后编·自序》"欲攘外,亟须自强;欲自强,必先致富;欲致富,必首在振工商;欲振工商,必先讲求学校,速立宪法,尊重道德,改良政治。"(翰华阁书店1921年铅印本)郑观应《南游日记》:"余平日历查西人立国之本,体用兼备。育才于收院,论政于议院,君民一体,上下同心,此其体;练兵、制器械、铁路、电线等事,此其用。中国遗其体效其用,所以事多扞格,难臻富强。"(原稿影印本,67页)李伯元《南亭笔记》卷四:"《盛世危言》一书,……得邀赞赏,中国谈维新、言变法,此书盖鼻祖也。观察复好吟咏,有《罗浮畴鹤山人集》。平时所论时务,纵横精确,益发于诗,时人目之为诗中陈同甫。"

八月,《圣武记》成书　《圣武记》,魏源著,14卷。林则徐被诬革职后,魏源痛恨君臣误国,英军肆虐,发愤著成此书。为记事本末体裁,前十卷叙事,后四卷议论。是书记述清王朝自开国至道光间重大军事活动,颂扬盛世武功,其意在推求盛衰之理,筹划海防之策及练兵筹饷之道,以使中国"物耻足以振之,国耻足以兴之。"激励道光帝发愤图强,振兴武备。该书打开了研究清史的大门,是研究清史的开创性著作。版本主要有道光二十二年本、道光二十四年本、道光二十六年本、上海申报馆光绪四年排印本。

[文献]《魏源集·圣武记叙》:"晚侨江淮,海警飙忽,军问沓至,忾然触其中之所积,乃尽发其楮藏,排比经纬,驰骋往复,先取其涉兵事及所论议若干篇,为十有四卷,统四十余万言,告成于海夷就款江宁之月。"(中华书局,1976,166页)

《道光洋艘征抚记》撰成《道光洋艘征抚记》,魏源著。该书记述鸦片战争经过,揭露英国走私鸦片、发动战争、侵略中国的种种罪行;赞扬林则徐、邓廷桢等人坚决抵抗英军侵略,同情广东三元里人民的抗英斗争,对清廷昏愦、官兵腐败,特别是琦善、奕山割地赔款、卑怯求和的罪行,皆据事直书,是记述鸦片战争史事的名著。但因时代条件与文献资料所限,书中对某些史实记载难免有误。《圣武记》道光二十六年刊本中列有《道光洋艘征抚记》题目,并注明补刊,但正文中并无此篇。直到作者卒后,上海申报馆于光绪四年排印《圣武记》时编入此书。

[文献]《魏源集·道光洋艘征抚纪》:"时中外覆奏,皆主严禁,惟湖广总督林则徐,所奏尤剀切。……共缴鸦片烟二万二百八十三箱,……林则徐会两广总督邓廷桢,亲驻虎门验收,……于虎门监视销毁。……夷寇之役,首尾二载,糜帑七十万。中外朋议,非战即款,……从未有专议守者何哉?且其战也,不战于可战之日,而偏战于不可战之日。其款也,不款于可款之时,而专款于必不可款之时。……奕山不筹守而即战,是浪战也。颜伯焘、裕谦、牛鉴不择地而守,是浪守也。诚能择地利,守内河,坚垣垒,练精卒,备火攻,设奇伏,如林、邓之守虎门、厦门,先为不可胜以待敌之可胜,则能以守为战,以守为款。"(中华书局,1976)

[考辨] 《道光洋艘征抚记》在记述道光二十一年的史事时,曾用去年和去夏等字样,可推断本书的撰写年代是在道光二十二年。

《海国图志》成书 魏源在《四洲志》基础上写成《海国国志》。是年冬成50卷本,道光二十六年到二十七年增补成60卷,咸丰二年增补成100卷。内容主要为八部分:第一部分是筹海篇,主要讨论拒敌的战略战术,从禁烟到通商,从庶政革新到社会进化的看法,都有所论述;第二部分是地图;第三部分是地志,介绍各国的位置、区域、气候、民族、沿革、社会、政治等各内容;第四部分是宗教,简述佛教、回教、天主教在亚、欧各国的分布情况,并且介绍它们的流派;第五部分是历法;第六部分介绍一般外情,包括"国地总论"、"筹海总论"、"夷情备采";第七部分是技艺仿制;第八部分是天文地理。该书是当时中国人编撰的较详备的世界史地著作,它对国内外地理改革的整理与研究,对东南洋各国史地的研究与介绍,对英国史地的研究,都作出极大贡献。被誉为"近来谈海外掌故之嚆矢。"此书不纯属地理著作,其中很多地方述及作者的对外策略,尤其是"师夷长技以制夷"的思想,对后来洋务运动、维新运动都产生深刻影响。该书还传至日本,对日本的倒幕运动及维新运动的开展起了一定的促进作用。此书在晚清史学史和思想史上占有重要地位。版本有道光壬寅本、道光丁未本、古微堂重刊本、甘肃平庆泾固道署重刊本等。在日本的翻刊本也很多。

[文献] 魏源《海国图志·原叙》:"《海国图志》六十卷,何所据?一据前两广总督林尚书所译西夷之《四洲志》,再据历代史志及明以来岛志及近日夷图、夷语。钩稽贯串,创榛辟莽,前驱先路。……何以异于昔人海图之书?曰:'波昔以中土人谈西洋,此则以西洋人谈西洋也。'"(清光绪元年重刊本)《海国图志·重刻海国图志叙》:"邵阳魏子默深《海国图志》六十卷成于道光二十二

年,续增四十卷成于咸丰二年,通为一百卷。"(清光绪元年重刊本)刘愚生《世载堂杂忆》:"道咸间西北史地学盛时,魏默深源,别树一帜,为东南海疆成《海国图志》一书。故谈辽、金、元史地者,京师以张穆等为滥觞;论东南、西南海史地者,以魏默深等为先河。"(中华书局,1960,37页)井上清《日本现代史》第一卷:"幕府末期的日本学者文化人等,经由中国输入的文献所学到的西洋情形与一般近代文化,并不比经过荷兰所学到的有何逊色。例如横井小楠的思想起了革命,倾向开国主义,其契机是读了中国的《海国图志》。"(三联书店,1956,218页)

魏源提出"师夷长技以制夷"主张 鉴于中国在鸦片战争中的惨败,魏源在《海国图志·序》中提出:"师夷长技以制夷",主张向西方学习以自强。这一思想的形成当受林则徐的启发,虽然还仅限于学习西方的"战舰"、"火器"、"养兵练兵之法",但在当时封建守旧思想占统治地位的情况下则具有进步意义。这是晚清史上最早提出的放眼世界、学习西方的主张,标志晚清中西之争的开始,对后来的洋务运动以及改良派的变法思想都有直接影响,对日本的明治维新运动也起到促进作用。

[文献] 魏源《海国图志·序》:"是书何以作?曰:'为以夷攻夷而作,为以夷款夷而作,为师夷长技以制夷而作。'"(清光绪元年重刊本)梁启超《中国近三百年学术史》(十五):"鸦片战役后,则有魏默深《海国图志》百卷,……(魏书道光二十二年成六十卷,二十七年刻于扬州,咸丰二年续成百卷。……)……魏书不纯属地理,卷首有筹海篇,卷末有筹夷章条、夷情备采、战舰火器条议、器艺、货币……等。篇中多自述其对外政策,所谓'以夷攻夷'、'以夷款夷'、'师夷长技以制夷'之三大主义。由今观之,诚幼稚可笑,然其论实支配百年来之人心,直至今日犹未脱离净尽,则其在历史上关系,不得谓细也。"王韬《扶桑游记》:"当默深先生

时与洋人交际未深,未能洞见其肺腑。然师长一说,实倡先声。"(东京铅印本,同治十二至十三年,20~21页)

[考辨] 关于魏源提出的"师夷长技"的性质及评价,学术界大约有五种观点。

(一)认为这是地主阶级士大夫向西方学习长技的爱国御辱思想。吕良海指出:所谓师外夷,是指学习西方军事方面的长处,并不包括科技方面。(吕良海《魏源向西方学习问题的讨论》,《近代史研究》1980年第2期)徐光仁进一步指出,"师夷长技"思想没有主张学习资本主义工商业,也不可能达到要求学习新的生产方式以改变中国的经济政治制度的高度。(徐光仁《试论魏源向西方学习的思想——简论其思想的阶级属性》,《华南师范学院学报》1981年第2期)

(二)魏源"师夷长技"思想的实质仍属封建地主阶级改革派,但却显示了资产阶级的思想倾向。王劲认为,《海国图志》50卷本对于如何师夷是相当模糊的,60卷本增加了对西方技术的介绍篇幅,从思想上倡导师夷进展到实际介绍传播西方先进技术,资产阶级思想倾向明显加强,到100卷本,他不仅重视工商业,还由经济扩展到政治,更多地羡慕西方民主政体,表现了资产阶级思想倾向的昂扬。(王劲《〈海国图志〉与近代民主思想》,《甘肃社会科学》1994年第6期)吴泽在《魏源的变异思想和历史进化观点》一文中也认为:魏源主张向西方学习,不止于战舰、火器、养兵、练兵之法,而且要学习西方资本主义的工商业。(《历史研究》1962年第5期)

(三)"师夷长技"思想原本只是爱国御辱的对策,但它在中国发生的作用却大大突破了其倡导者的有限目的。丁传志和陈崧认为:魏源在写《海国图志》时规定的要向西方学习的只是其军事上的"长技",他所看到的西方之长只在"西技",还没有形成关于

"西学"的认识;但"师夷"学说的提出具有行为标准意义的开放的文化观念的初创,是中国传统文化向近代化过渡的首次思想大解放,是中国近代文化思想的最早形态,他揭示了崭新的价值标准、行为准则和文化观念,成为中国近代文化名副其实的"他榛辟莽,前驱先路"。(袁洪亮、张学强《近二十年魏源经济思想研究综述》,《邵阳师范高等专科学校学报》1999 年第 3 期)

（四）王自敏认为,魏源虽然突破了"重道轻义"的传统观念,摆脱了小生产者狭隘保守的思想,主张学习西方科技,发展工商业,但他始终坚持"其不变者道而已",政治上跳不出"三纲"的藩篱,因此魏源所主张的"师夷"思想是封建君主的开明专制论,将改革的希望寄托于清政府,其结果只能是空想。(王自敏《魏源学习西方变法图强的思想》,《安徽师范大学学报》1987 年第 2 期)

（五）"师夷"思想的提出,表明魏源已萌发发展资本主义的思想。吴雁南依据魏源在漕运改革中极力主张以商代官,在《圣武记》中提出由商民开采银矿,由此认为他在《海国图志》中倡导创办新式工业企业,表明他已经开始萌发发展资本主义的思想了。(吴雁南《魏源的改革观和心力决定论》,《贵州大学学报》1993 年第 2 期)

倭仁、曾国藩等相与讲学　　曾国藩、倭仁、吴廷栋等一起讲学,提倡实学。

[文献]　黎昌庶《曾文正公年谱》卷一:"道光二十二年,公三十二岁。……公益致力程朱之学,同时蒙古倭仁公、六安吴公廷栋、昆明何公桂珍、窦公垿仁和邵公懿辰及陈公源兖等往复讨论,以实学相砥砺"。(传忠书局光绪二年刊本)

王先谦生　　王先谦(1842—1917),字益吾,号葵园,同治进士,湖南长沙人。历任国子监祭酒、江苏学政,长沙城南书院、岳麓书院山长等职。治经循乾嘉遗轨,重考证,而颇疏小学。曾考据校雠诸史地志,荟集群言,撰《汉书补注》100卷,《水经注合笺》40卷。主张义理、考据和辞章三者并重,而以义理为主。晚年闭门著书,从事古籍和历史文献的编校刊印工作。编有《荀子集解》、《庄子集解》等,后人辑有《虚受堂文集》。

[文献]《清史稿》卷四八二:"王先谦,字益吾,长沙人。同治四年进士,选庶吉士,授编修。……先谦历典云南、江西、浙江乡试,搜罗人才,不遗余力。……历主思贤讲舍,岳麓、城南两书院,其培植人才,与前无异。"蔡冠洛《清代七百名人传》(下):"自苏学还朝,即谢病归,为城南书院院长。撰述愈富,治经循乾嘉遗轨,重考证,而小学颇疏。"(中国书店1984年版,第1707页)来新夏《近三百年人物年谱知见录》:"谱主王先谦,字益吾,号葵园。湖南长沙人。清道光二十二年(1842)生。"(上海人民出版社,1983,252页)

域外 [印]哲学家、经济学家罗纳德生,其为"国民经济学派"的奠基人。

宣宗道光二十三年 癸卯(公元1843年)

拜上帝会成立 拜上帝会是以宗教名义成立的农民斗争组织。是年夏,洪秀全在社会矛盾日益尖锐的形势推动下,从《劝世良言》中吸取基督教义,同冯云山等在广东花县成立拜上帝会。认为上帝是唯一真神,人人应拜上帝,不拜邪神,每七日礼拜上帝一次。此后,在占领区内毁弃偶像,宣讲教义,进行宣传和组织工作。制定有《十款天条》,作为会员的守则和戒律。该会在太平天国运动中起了发动和组织群众的作用,后随太平天国失败而消亡。拜上帝会宣扬上帝是唯一真神,与孔夫子争夺"唯一"这一神圣的地位,客观上冲击了中国社会的精神支柱——儒家思想体系。

[文献] 韩山文《太平天国起义记》:"云山留在紫荆山一带,

逾数年,热心传教,成绩极大,至多人信教,甚至有全家全族来领受洗礼者。此等新教徒即自立一会结集礼拜,未几,远近驰名,而成为'拜上帝会'"。(民国二十四年燕京大学图书馆铅印本)

[考辨] 究竟有没有拜上帝会?有学者指出:太平天国运动在金田起义之前并不存在"拜上帝会"组织,不仅名称是子虚乌有之事,而且任何会教一类的组织也不存在。(杨宗亮《"拜上帝会"子虚乌有考》,载《历史研究》1955年第1期)。也有学者认为:太平天国历史上没有拜上帝会,因为在太平天国官书、《李秀成供词》、《洪仁玕供词》、《蒙时雍家书》中都没有记载或提及"拜上帝会"这个名称。这个名称是一些地主、官僚在记载和奏报中强加给拜上帝者的一个称号。(茅家琦《洪秀全与"拜上帝会"》,载《中华文史论丛》1980年第1期)。而还有学者认为:拜上帝会的存在与否并不决定于这一名称是"他称"或"自称",而是决定于这一组织实体是否存在。太平天国入教须施行洗礼,定期在某处拜上帝作为经常性的宗教活动,又制定《十款天条》为教规。从基督教组织看,这就是建立了教会。即使"拜上帝会"是强加给拜上帝教人们的名称,这一名称也名副其实。拜上帝会是客观在的宗教实体。(吴善中《〈"拜上帝会"子虚乌有考〉质疑》,载《历史研究》1995年第5期;《"拜上帝会"辩正》,载《徐州师范学院学报》哲社版1991年第1期)后一种说法符合历史实际。太平天国入教须洗礼、有定期的宗教活动、有教规,无论有无名称,这一宗教实体都是客观存在的。

墨海书馆迁至上海 墨海书馆是外国传教士在上海最早设立的编译、出版机构。伦敦布道会传教士麦都思在马六甲、巴达维亚等地设立编译、出版机构,是年麦都思将其迁往上海,名为"墨海书馆"。后由伟烈亚力(Alexander Wylie)继任。1857年,该馆创刊《六合丛谈》月刊,刊载科学、宗教和一般社会政治新闻、论文、译稿。其存在前后约二十年,主要业务是印刷《圣经》和小册子,但也翻译、出版科技书籍,介绍西方的历史、地理、天文、地质等内容,主观上是为殖民者的入侵作精神文化渗透,但客观上起着向中国人传播西学知识的作用。

[文献] 朱联保《近现代上海出版业印象记》:"(墨海书馆)1843年,英国传教士麦都思创办。……排印宗教书籍和科学启蒙书籍,是英国教会在上海的第一印书机构,也是上海最早置有铅印设备的编译出版机构,前后存在20余年。……1857年该馆创刊《六合丛谈》月刊,内容刊载科学、宗教和一般社会政治新闻、论文和译稿。"(学林出版社1993年版,第410—411页)秦绍德《上海近代报刊史论》:"伦敦布道会派遣的另一位传教士麦都思(W·H. Med-hurst)……1843年被派到上海开办'墨海书馆',主持印刷圣经以及其它传教小册子。伟烈亚力……1847年来到上海,接替麦都思管理'墨海书馆'。"(复旦大学出版社,1993,12~13页)

严可均卒 严可均(1762—1843),清代考据学家,字景文,号铁桥,浙江乌程(今湖州)人。嘉庆举人,官浙江建德教谕。引疾归,遂潜心学术。精于考据,深谙文字音韵之学。所著《说文声类》,分古韵为16部。其生平勤于校勘、辑佚。所辑《全上古三代秦汉三国六朝文》,收录3000余家,于字句异同,详加考证校证。另辑有《孝经郑注》等诸经逸注及佚子书数十种,另著有《说文校议》、《铁桥漫稿》等。是年卒,终年82岁。

[文献] 蔡冠洛《清代七百名人传》(下):"严可均,字景文,号铁桥。浙江乌程人。嘉庆五年举人,官建德县教谕,引疾归。可均博闻强识,精考据之学。与姚文田同治《说文》,编纂异同,为《说文》长编,亦谓之类考。有天文算数地理类,《说文》引群书类,群书引《说文》类,积四十五册。又辑《钟鼎拓本为说文翼》十五篇。将校定《说文》,撰为疏异。……慨然曰:'唐之文盛矣哉,唐

以前要当有总集,乃辑《全上古三代秦汉三国六朝文》,使与《全唐文》相接,多至三千余家。人各系以小传,足以考证史文又校辑诸经逸注及佚子书等数十种,合经史子集为《四录堂类集》,千二百余卷,又著有《铁桥漫稿》十三卷。其《说文类考》,稿佚,惟声类二卷存。道光二十三年卒,年八十二。"闵尔昌《碑传集补》卷二七:"引疾归,著书不辍,藏书至二万卷,早年著唐石经校文说文声类,又与姚文田共撰《说文校议》,并刊本行世。"(燕京大学国学研究所,1932年)

域外 [法]社会学家、刑事学家塔尔德生,著有《比较犯罪论》、《社会规律》及《模仿规律》。

[德]唯心主义哲学家阿芬那留斯生,其为经验批判主义的创始人之一。

[英]J·S·穆勒《推理的及归纳的逻辑体系》出版。

宣宗道光二十四年　甲辰(公元1844年)

天主教开始通过不平等条约取得特权　从本年开始,西方国家通过《黄埔条约》、《中美天津条约》、《中英天津条约》、《中法北京条约》等一系列不平等条约,先后取得了在通商口岸传教、营建教堂、传教习教之人当一体矜恤保护、毋得骚扰、传教士在各省租买田地、建造自便等一系列特权。

[文献]　褚德新、梁德《中外约章汇要》:"《黄埔条约》:第二十二款　凡佛兰西人按照第二款至五口地方居住,无论人数多寡,听其租赁房屋及行栈贮货,或租地自行建屋、建行。佛兰西人亦一体可以建造礼拜堂。"《中美天津条约》:"第二十九款　一、耶稣基督圣教,又名天主教,原为劝人行善,凡欲人施诸己者亦如是施于人。嗣后所有安分传教习教之人,当一体矜恤保护,不可欺侮凌虐。凡有遵照教规安分传习者,他人毋得骚扰。"《中英天津条

约》:"第八款 一、耶稣圣教暨天主教原系为善之道,待人知已。自后凡有传授习学者,一体保护,其安分无过,中国官毫不得刻待禁阻。"《中法北京条约》:"第六款 应如道光二十六年正月二十五日上谕,即晓示天下黎民,任各处军民人等传习天主教、会合讲道、建堂礼拜,且将滥行查拿者,予以应得处分。又将前谋害奉天主教者之时所充之天主堂、学堂、茔坟、田土、房廊等件应赔还,……并任法国传教士在各省租买田地,建造自便。"(黑龙江人民出版社,1991,100、129、133、167页)

缪荃孙生 缪荃孙(1844—1919),字炎之,一字筱珊,晚号艺风,江苏江阴人。清末学者。光绪进士,历官翰林院编修及国史馆纂修总纂。少颖异,初于丽正书院从院长丁俭乡受经学、小学,后从阳湖汤秋史研究文史,始为考订之学,后对金石之学亦有所涉猎。著作有《艺风堂文集》、《续集》、《辛壬稿》、《乙丁稿》、《金石目》、《读书记》、《藏书记》、《续藏书记》、《辽文存》、《续国朝碑传集》、《常州词录》、《金石分地录》、《碑传集补遗》、《秦淮广记》等等。1919年卒于上海寄庐,终年76岁。

[文献] 张惟骧《疑年录汇编》卷一五:"缪筱珊七十六荃孙,生清道光二十四年甲辰,卒共和八年夏正己未。"蔡冠洛《清代七百名人传》(下):"缪荃孙,字炎之,一字筱珊,晚号艺风。江阴人。生而颖异,十一岁毕五经,十二岁遭母丧,哀毁如成人。"

马建忠生 马建忠,字眉叔,江苏丹徒人。是年生。

[文献]《清史稿》卷四四六:"马建忠,字眉叔,江苏丹徒人。"

域外 [德]孔德《实证的精神论》出版。

宣宗道光二十五年 乙巳(公元1845年)

十二月,诏弛天主教禁并给还康熙年间没收之教堂

从《黄埔条约》取得保护天主教堂的权益后,法使拉萼尼仍不满足,要求耆英奏请道光帝批准弛禁天主教,耆英只得于道光二十四年十月初二日奏请道光帝批准弛禁天主教。在获得批准以后,拉萼尼要求清政府发还康熙年间被封闭的天主堂旧址。于是道光帝于是年十二月发布上谕,准免查禁天主教,给还其天主堂旧址。

[文献]《筹办夷务始末》道光朝卷七三:"耆英奏请将习天主教之人稍宽禁令以示羁縻。……惟习教为善之人,无分中外,求为代奏大皇帝一视同仁,概免治罪,俾伊国不被异端邪教之恶名,则感戴恩光。……现据该夷使剌萼尼再四吁请,可否仰邀皇上逾格天恩,将中外民人凡有学习天主教并不滋事为非者,概予免罪。……廷寄二谕耆英,天主教可开禁,但断不能明降谕旨通谕中外。……耆英等又奏法使请出示习教免罪并将康熙间天主堂址给还习教之人……该夷目复称:既经免罪,何不张挂告示,使人共晓?风闻现在内地仍有拿办之案,此事务求奏请明降谕旨,通行各省地方官,一体张挂晓谕,方可取信。又称习教为善之人,既准设立供奉天主处所,则康熙年间原建天主堂旧址,亦应奏明尽行给还习教之人。……廷寄……既据该督等奏称,天主教系劝人为善……大皇帝亦所深乐。该督即一面通行五口地方,张挂晓谕;……至该夷此次所请,自康熙年间所建天主堂,除改为庙宇民居外,如有原旧房屋尚存者,给还该处奉教之人等语。"

域外 [德]恩格斯《英国工人阶级状况》出版。

[德]马克思《关于费尔巴哈的提纲》出版。

马克思与恩格斯合著的《神圣家庭》出版。

宣宗道光二十六年 丙午(公元1846年)

夏秋之交,曾国藩、刘传莹论学 刘传莹精考据之学,与曾国藩为莫逆之交。是年夏秋之交,曾国藩因病居报国寺,刘常从于寺舍,与之讨论近世学风,提倡务本之学。

[文献] 黎昌庶《曾文正公年谱》卷一:"(道光二十六年)夏秋之交,公病肺热,僦居城南报国寺,闭门静坐,携金坛段氏所注《说文解字》一书,以供披览。汉阳刘公传莹精考据之学,好为深沉之思,与公尤莫逆。每从于寺舍兀坐,相对竟日。刘公谓近代儒者崇尚考据,敝精神,费日力,而无当于身心,恒以详说反约之旨交相劝勉。……十月,公在寺为诗五首赠刘公,以明其志之所向。公尝谓近世为学者不以身心切近为务,恒视一时之风尚以为程而趋之,不数年风尚稍变又弃其所业以趋于新。……公与刘公传莹讨论务本之学,而规切友朋,劝戒后进,以此意为兢兢焉。"

朱一新生 朱一新,字鼎甫,浙江义乌人。清末思想家。是年生。

[文献] 张惟骧《疑年录汇编》卷一五:"朱鼎甫四十九一新,生道光二十六年丙午,卒光绪二十年甲午。"蔡冠洛《清代七百名人传》(下):"朱一新,字鼎甫。浙江义乌人。……二十年卒,年四十九。"《清史稿》卷四四五:"朱一新,字蓉生,浙江义乌人。……卒,年四十有九。"

宣宗道光二十七年　丁未(公元 1847 年)

《原道救世歌》、《原道醒世训》、《原道觉世训》写成　此三篇为洪秀全撰。《原道救世歌》、《原道醒世训》作于 1845—1846 年,《原道觉世训》1847 年完成。《原道救世歌》用诗歌体裁宣传天父上帝是唯一真神,所有人应只拜上帝,不拜邪神。针对社会上的颓败风气,要求人们戒淫、盗、巫、赌等不正行为,树立新的风尚。在《原道醒世训》中,作者根据"皇上帝,天下凡间大共之父",主张"天下多男人,尽是兄弟之辈;天下多女子,尽是姊妹之群。"指出天道是"乱极则治,暗极则光",号召"天下兄弟姊妹相与挽已倒之狂澜,"实现"天下一家、共享太平"的理想社会。《原道觉世训》提出"帝"、"妖"的对立说,把清王朝称为"阎罗妖",谴责"佛老之徒","造出无数怪诞学说,迷惑害累世人。"号召天下兄弟姊妹以"皇上帝"为唯一真神,扫除人间一切偶像,击灭清王朝。这三部著作,以宗教的形式,抨击清王朝,宣传了农民朴素的平等观念,反映了农民群众的利益和要求,为太平天国农民运动奠定了思想基础,提供了精神武器。后来这三部著作改为《太平救世诏》、《原道醒世诏》、《原道觉世诏》,1852 年编入《太平诏书》刊行。该部《诏书》有初刻本和修改本。

[文献] 罗尔纲《太平天国史料考释集》:"《太平诏书》(十四页),书封面题'太平天国壬子二年新刻',……此书收金田起义前洪秀全著的论文三篇,初刻本作《原道救世歌》、《原道醒世训》、《原道觉世训》。改正本'歌''训'均改为'诏'。……《原道救世歌》系劝人为善得福,《原道醒世训》系阐说天下一家,人类大同的宗旨,《原道觉世训》系述拜偶像的错误,劝人敬拜上帝。这三篇论文,奠定了太平天国革命的理论基础。"(生活·读书·新知三联书店,1985,21 页)

域外 [德]摩根《形式逻辑学》出版。

[德]马克思《哲学的贫困》出版。

宣宗道光二十八年　戊申(公元 1848 年)

四月,黄遵宪生 黄遵宪,字公度,别号人境庐主人、观日道人、东海公、法时尚任斋主人、水苍雁红馆主人、布袋和尚、拜鹃人等。广东嘉应州(今梅县)人。是年生。

[文献] 张惟骧《疑年录汇编》卷一五:"黄公度五十八遵宪,生道光二十八戊申。"《清史稿》卷四六四:"黄遵宪,字公度,嘉应州人。"

《瀛环志略》刊行 《瀛环志略》,为徐继畬著作。作者于

1843 年即在厦门向美国传教士雅裨理借摹"绘刻极细"之世界地图册。1846 年任福建巡抚时,更荟萃中外有关图书资料编成是书,对世界尤其是东南亚及南亚各国风土人情、史地沿革与社会变迁备加载述,对欧美资产阶级民主政治的某些方面亦有介绍。该书作者对历来被国人蔑称为"蛮夷"之邦的欧亚各国进行理性、不带偏见的研究,表明其已突破中国为天下中心的历史局限,突破了传统的华夷之辨的局限,认识到世界的多元性。该书与魏源《海国图志》同为中国近代较早介绍世界地理及各国概况之专著。因内容较为精审谨严,所附地图比较准确,自刊行后,翻刻本极多,对有志新学之士产生过很大影响。有光绪二十四年新化三味书室校刊本等。

[文献] 徐继畬《瀛环志略》卷一:"道光癸卯因公驻厦门,晤米利坚人雅裨理,西国多闻之士也,能作闽语,携有地图册子绘刻极细,苦不识其字,因钩摹十余幅。……明年再至厦门,郡司马霍君蓉生购得地图二册,……较雅裨理册子尤为详密,并觅得泰西人汉字杂书数种。……余则荟萃采择,得片纸亦存录勿弃,每晤泰西人辄披册子考证之于域外诸国地形时势,稍稍得其涯略,乃依图立说,采诸书之可信者,衍之为篇,久之积成卷。……戊申秋八月五台徐继畬识。"

孙诒让生 孙诒让,字仲容,浙江瑞安人。是年生。

[文献] 张惟骧《疑年录汇编》卷一五:"孙仲容六十一诒让,生道光二十八年戊申,卒光绪三十四年戊申。"《清史稿》卷四八二:"孙诒让,字仲容,瑞安人。"

域外 [德]马克思、恩格斯《共产党宣言》发表。

[德]哲学家文德尔班生,其为新康德主义弗赖堡学派的创始人。

宣宗道光二十九年　己酉（公元1849年）

胡培翚卒　胡培翚（1782—1849），清代思想家。字载平，一字竹村，安徽绩溪人。嘉庆进士，官内阁中书、户部广东司主事，为官清廉，后立东山书院，主讲钟山、惜阴、娄东、庐州、泾川诸书院。幼受学于祖父胡匡衷，及长又师事凌廷堪、汪莱，反对汉、宋门户之争。初著《燕寝考》，即为王引之所称引，后著有《仪礼正义》，倾其毕生之心血，被时人称为"二千余岁之绝学也"。另著有《禘祫答问》、《研六室杂著》、《研六室文钞》等。是年卒，享年68岁。

［文献］　蔡冠洛《清代七百名人传》（下）："胡培翚，字载平，一字竹村。安徽绩溪人。嘉庆二十四年进士，官内阁中书，户部广东司主事。居官勤而处事密，时人称其治官如治经，一字不肯放过。……后立东山书院，又主讲钟山云间。于泾川一再至并引翼后进为己任。去泾川日，门人设饮，饯者相望于道。笃友谊，郝懿行、胡承珙遗书，皆赖培翚次第付梓。道光二十九年卒，年六十八。……初著《燕寝考》三卷，王引之见而善之，既为《仪礼正义》，上推周公、孔子、子夏垂教之恉，发明郑、贾得失，旁逮鸿儒经生之所议。张皇幽渺，阐扬圣绪，二千余岁绝学也。……而以十七篇所行之礼，条系于后，名曰'宫室提纲'。陆氏精典释文，于《仪礼》颇略，拟取各经音义，及集释文以后各家音切，挨次补录。名曰《仪礼释文校补》。培翚覃精是书，凡四十余年。晚岁患风痹，犹力疾从事。尚有《士昏礼》、《乡饮酒礼》、《乡射礼》、《燕礼》、《大射仪》五篇，未卒业而殁。门人江宁杨大堉，从学礼为补成之。他著有《禘祫答问》、《研六室文钞》。"（中国书店，1984，1663页）《清史稿》卷四八二："胡培翚，字载平，绩溪人。祖匡衷，字朴苏，岁贡生。于经义多所发明，不苟与先儒同异。……培翚，嘉庆二十四年进士，官内阁中书，户部广东司主事。居官勤而处事密，时人称其

治官如治经，一字不肯放过。……道光二十九年，卒，年六十八。绩溪胡氏，自明诸生东峰以来，世传经学。培翚涵濡先泽，又学于歙凌廷堪，邃精《三礼》。初著《燕寝考》三卷，王引之见而喜之。……其旨见与顺德罗惇衍书曰：培翚撰《正义》，约有四例：一曰疏经以补注，二曰通疏以申注，三曰众各家之说以附注，四曰采他说以订注，书凡四十卷。"

阮元卒 阮元（1764—1849），清代经学家，思想家。历官兵、礼、户部侍郎，山东、浙江巡抚，湖广、两广、云贵总督，至体仁阁大学士。虽为达官显宦，终不废读书治学，且于经史、小学、天算、舆地、金石、校勘等方面皆有撰著，尤长于经学。治经宗汉学，顺承戴震由训诂求义理之主张，认为"圣贤之道存于经，经非训诂不明，汉人之诂，去圣贤为尤近。"主张由训诂以通经义，而训诂又以汉儒为准，力图以汉学考据训诂的方法阐发古圣有关性、命、仁之说。在浙江时，立诂经精舍，宣扬汉学，为清代汉学重要代表人物。由宗汉学出发，提倡实学，主张实行，反对理学家鼓吹的"独传之心"、"顿悟之道"。又主张气质之性的一元论，反对程朱的性二元论。曾在广东创学海堂，汇集清代学者研究古典文献的重要成果，编刊《皇清经解》，另编有《畴人传》一书，记录历代天文学、算学家之贡献，代表当时汉学家在天文、算学方面的知识水平，为嘉道时学界宗师。著有《畴人传》、《揅经室集》等。是年卒，享年86岁。梁启超在《清代学术概论》中曾赞誉其为乾嘉学术的"护法神"。钱穆也认为，"芸台犹乾嘉之盛，其名位、著述，足以弁冕群材，领袖一世，实清代经学名臣最后一重镇。"（钱穆《中国近三百年学术史》下册，商务印书馆，1997，528～529页）侯外庐在《中国思想通史》中给阮元的评价则更客观一些："阮元对于古代思想的分析，也并未至科学的境地，其分析的方法仍然袭用了汉学家的传统。因为他由考据方法得出的结论，虽然有力地反对了宋儒，然而却不能成为思想史的科学研究。他是封建社会的大臣,不可能有像颜元、汪中的锋芒,更不可能有戴震、章学诚的激昂。他的论断也就在很多地方显出他的客观主义态度。同时,他在汉学已经衰微的时候,开设了学舍、学堂,提倡为汉学而研究汉学,还想做汉学家的回光反照运动,这又是封建贵族阶级的保守性的表现。"(人民出版社,1956,618~619页)

[文献] 许国英《清鉴易知录》:"道光二十九年……十一月丙申,予告大学士阮元卒。元以十八年乞休。……公以经术文章主持风会者五十年。"(古籍出版社,1987,252页)刘毓崧《通义堂文集·阮文达公传》:"其持躬清慎,属吏不敢干以私,为政崇大体,所至必以兴学教士为急。在浙江则立诂经精舍,在广东则立学海堂,选诸生知务实学者肄业其中,士习蒸蒸日上,至今官两省者皆奉为矩矱。……其论学之宗旨,在于实事求是,自经史、小学以及金石、诗文,巨细无所不包,而尤以发明大义为主,所著《性命古训》、《论语、孟子论仁论》、《曾子十篇注》,推阐古圣贤训世之意,务在切于日用,使人人可以身体力行。……主持风会五十余年,士林尊为山斗。"《清史稿》卷三六四:"阮元,字伯元,江苏仪征人。……元博学淹通,早被知遇。敕编《石渠宝笈》,校勘《石经》。再入翰林,创编《国史儒林》、《文苑传》,至为浙江巡抚,始手成之。集《四库》未收书一百七十二种,撰提要进御,补中秘之阙。嘉庆四年,偕大学士朱珪典会试,一时朴学高才搜罗殆尽。道光十三年,由云南入觐,特命典试,时称异数。……以前次得人之盛不可复继,历官所至,振兴文教。在浙江立诂经精舍,祀许慎、郑康成,选高才肄业;在粤立学海堂亦如之,并延揽通儒:造士有家法,人才蔚起。撰《十三经校勘记》、《经籍纂诂》、《皇清经解》百八十余种,专宗汉学,治经者奉为科律。集清代天文、律算诸家作《畴人传》以章绝学。重修《浙江通志》、《广东通志》,编辑《山左金石

志》、《两浙金石志》、《积古斋钟鼎款识》、《两浙輶轩录》、《淮海英灵集》，刊当代名宿著述数十家为《文选楼丛书》。自著曰《揅经实集》。他纪事、谈艺诸编，并为世重。身历乾、嘉文物鼎盛之时，主持风会数十年，海内学者奉为山斗焉。”

宣宗道光三十年　庚戌(公元1850年)

二月，丁韪良来华　丁韪良(William Alexander Parsons Martin)，美国长老派教会传教士。1850年被派到中国，在宁波传教。在华期间，参与起草中美《天津条约》。1865年为同文馆教习，1869—1894年任同文馆总教习，1898—1900年任京师大学堂总教习。主张列强划分势力范围，以华制华，加强奴役中国。翻译有关基督教、国际法(《万国公法》)和自然科学方面的书籍，传播了西方的自然科学和社会科学，同时也向西方介绍中国的文化和政治情况。译著有《万国公法》、《公法便览》等，著有《花甲忆记》、《北京被围目击记》、《中国之觉醒》等。

［文献］　顾长声《从马礼逊到司徒雷登——来华新教传教士评传》:“一八五〇年四月十日，丁韪良等一行抵达香港，然后换船前往宁波，开始他们在中国的传教生涯……丁韪良在宁波传教期间，曾积极为美国政府效劳……当他获悉美国驻华公使列卫廉将前往华北与清政府谈判修约时，就主动要求参加美国使团，担任翻译。……一八六九年十一月二十六日，丁韪良到同文馆走马上任，学校为他举行就职礼。……从这一天起，他担任这个总教习的职务长达二十一年之久……一八九六年六月十二日，刑部侍郎李端棻疏请设立京师大学堂，……丁韪良任总教习，……丁韪良的英文著作主要有:《花甲忆记》、《北京被围目击记》、《中国的觉醒》和《震旦论丛》等书;中文著作……就是他得以踏入清政府、官至二品顶戴的敲门砖，译作《万国公法》。”(上海人民出版社，1985，201～

220页）

十月，林则徐卒 林则徐（1785—1850），嘉庆进士。历任河东河道总督、江苏巡抚、湖广总督、两广总督等职。1839年以钦差大臣身份前往广州查禁鸦片，组织虎门销烟。鸦片战争期间，积极备战，组织海防，表现了御侮的民族勇气。后遭投降派诬陷，被革职，不久充军伊犁。道光二十五年（1845）召还，先后署陕甘总督、陕西巡抚、云贵总督。道光二十九年，因病辞职回籍。次年被再次起用为钦差大臣，诏往广西镇压农民起义，途中病故。强敌入侵，使他看到中国的短处，于是从传统的华夷观念中探出头来了解西方。组织人编译《四洲志》、《华事夷言》等，叙述各国历史、疆域、政治等，以此作为了解西方的一个窗口。主张"师敌之长技以制敌"，其后魏源"师夷之长技以制夷"思想源于林则徐。过去被士人久置眼外的"夷物"，在他手中开始成为一门学问，并成为日后经世致用之学的重要内容，是晚清开眼看世界之第一人。他是经世致用学者中官吏派的重要代表。主张严禁鸦片，认为"若犹泄泄视之，是使数十年后，中原几无可以御敌之兵，且无可以充饷之银"。主张招集商民开厂，"听其朋资伙办"。反对"罢各国通商"之说，主张区别对待外商。在禁止鸦片贸易同时，赞同正常贸易。在出任外官时，致力于实政——无论是整顿河口、兴修水利、救灾放赈，还是查禁烟害、改革财政，均有政绩。即使远戍新疆，他依然垦荒开井，传播先进技术。著有《云左山房文钞》、《云左山房诗钞》、《林则徐集》等。

［文献］ 林则徐道光三十年十月十九日（1850年11月22日）《遗折》："臣林则徐跪奏，为微臣拜发因病请暂医调折后，遽觉心神昏散，自知万难就痊，伏枕叩谢天恩，仰祈圣鉴事：窃臣奉命驰赴粤西剿办军务，于十月初二日由福建本籍就道，昼夜兼程，十三日驰至广东潮州府城，忽患重病，吐泻交作。……据医者云，积久

虚劳,心脉已散,百药罔效。自料万无生机,伏枕望阙碰头,悲号欲绝。伏念臣簉仕四十年,历官十四省,仰荷三朝知遇,受恩深重,报称毫无。惟此尽心竭力之愚诚,永矢毕生,虽一息仅存,自问不敢稍懈。……伏乞皇上圣鉴,臣不胜呜咽迫切之至。谨奏。道光三十年十月十九日。"(《林则徐全集》第四册,海峡文艺出版社,2002,547—548 页)《清史稿》卷三六九:"林则徐,字少穆,福建侯官人。……嘉庆十六年进士,选庶吉士,授编修。……道光元年,闻父病,引疾归。……十八年,鸿胪寺卿黄爵滋请禁鸦片烟,下中外大臣议。则徐请用重典,言:'此祸不除,十年之后,不惟无可筹之饷,且无可用之兵。'宣宗深韪之,命人觐,召对十九次。授钦差大臣,赴广东查办,十九年春,至。……檄谕英国领事义律查缴烟土,驱逐趸船,呈出烟土二万余箱,亲涖虎门验收,焚于海滨,四十余日始尽。……二十九年,腾越边外野夷滋扰,遣兵平之。以病乞归。逾年,文宗嗣位,叠诏宣召,未至,以广西逆首洪秀全稔乱,授钦差大臣,督师进剿,并署广西巡抚。行次潮州,病卒。则徐威惠久著南服,贼闻其出,皆震悚,中道遽殁,天下惜之。"朱克敬《瞑庵杂识》卷二:"林文忠公则徐,才识宏远而学务缜密,每见客,必详问其生平及技能、嗜好,与所过山川风俗、所交豪杰。退即令记室籍之。……斋中置大柜,函子箱十八,分省以藏籍。有所资考,按籍厘然。家居、在官,常以搜访人才、周知庶务为事,故所至事无不办。"李伯元《南亭笔记》卷七:"林文忠焚土一役,其事与美人独立之始,凿沉英国茶船相类,惜乎持之过急,至于偾事耳。……文忠由新疆释回,行至半路而卒。或云有鸩之者,迄不知其何法。某君得诸道路,谓涂毒药于轿中扶手板,时值盛夏,其气直入口鼻,故事后并无形迹之可查也。"

[考辨] 关于对林则徐及其活动的评价,西方史学界大致有三种看法。(1)对林则徐的个人品质及其活动持否定态度。这种

观点在西方早期研究中国势态中最为典型,研究者的观点明显受林则徐禁烟行动受害者的影响。戴维斯、贝克豪斯和勃兰德均持这种观点。(2)虽然承认林则徐的正派、廉洁、非凡,但却否定他在广州收缴并销毁鸦片、围困外国商行等,认为只有在外国强权面前投降(如琦善的行动)才能"拯救"中国。美国学者费正清也认为,正是林则徐的举措,才构成了英国人不能不利用武力的先例。持这种观点的还有克莱德、刘阿德等学者。(3)对林则徐的特殊品质持正面评价并力图证明其行为的正确性。威利和张馨保持这类观点。(《外国历史学家论林则徐(一)》,《福建学刊》1995 年第 1 期)

十一月,皮锡瑞生 皮锡瑞,字鹿门,一字麓云,湖南善化人。是年生。

[文献] 皮名振《皮鹿门年谱》:"公讳锡瑞,字鹿门,一字麓云,姓皮氏,湖南善化人。公明清道光三十年庚戌十一月,十四日(公历一八五〇年十二月十七日)生于善化城南里第,为鹤泉公长子。"

域外 [德]心理学家艾宾浩斯生,以首创记忆实验研究著名。

[德]马克思发表《1848 至 1850 年的法兰西阶级斗争》。

[德]恩格斯发表《德国农民战争》。

文宗咸丰元年 辛亥(公元 1851 年)

方东树卒 方东树(1772—1851),清经学家、文学家。承继其先祖学业,师事姚鼐,曾从阮元游学于广东"学海堂"。初好文事,为"桐城派"代表人物之一。中年后学宗程朱,不满顾炎武、万斯同、江藩等人尚考据,反对汉学之学风。晚年耽于佛学。著有《汉学商兑》、《书林扬觯》、《昭昧詹言》、《仪卫轩文集》等。是年卒,享年 80 岁。

[文献]《清史稿》卷四八六:"东树曾祖泽,拔贡生,为姚鼐师。东树既承先业,更师事鼐。当乾、嘉时,汉学炽盛,鼐独守宋贤说。至东树排斥汉学益力。阮元督粤,辟学海堂,名流辐凑,东树亦客其所,不苟同于众。以谓'近世尚考据,与宋贤为水火。而其人类皆鸿名博学,贯穿百氏,遂使数十年承学之士,耳目心思为之大障。'乃发愤著《汉学商兑》一书,正其违谬。……中岁为义理学,晚耽禅说,凡三变,皆有论撰。……年八十,卒于祁门东山书院。"蔡冠洛《清代七百名人传》下:"年二十余,用功心性之学,又学古文于同里姚鼐。四十后,不欲以时文名世,研极义理,于经史百家浮屠老子之说,罔不穷究,而最契朱子之言。"(中国书店,1984,1798 页)

文宗咸丰二年　壬子(公元 1852 年)

廖平生　廖平(1852—1932),原名登廷,字旭陔,继改廖平,字季平,初号四益,旋改四译,晚号五译、六译。四川井研人,早年师事王闿运。曾就教于龙安府学、尊经书院、国学专门学校等。1924 年还乡,不复出。专治经学,然其为学多变。早年研究宋学,自谓"幼笃好宋五子书、八家文。"渐而辨析"今古",认为古文经为周公所创。继而"尊今抑古",宣称古文经为东汉刘歆所伪托,今文经乃孔子之亲作。康有为著《新学伪经考》、《孔子改制考》深受其影响。戊戌变法后,又称今文经为小统,古文经为大统,否定前说。晚年因读佛学有感,主张以道释之学会通儒家经典。著有《四译馆经学丛书》,后增为《四译馆丛书》。

[文献]《清故龙安府学教授廖君墓志铭》:"君讳平,井廖氏,海内所知为廖季平先生者也。余始闻南海康有为作《新学伪经考》、《孔子改制考》,议论多宗君。意君必牢持董何义者。后稍

得其书,颇不应。民国初,君以事入京师,与余对语者再,言甚平实,未尝及怪迂也。后其徒稍稍传君说,又绝与常论异。君之学凡六变,其后三变。杂取梵书及医经形法诸家,往往出儒术外。其第三变最可观,以为《周礼》《王制》,大小异治,而康氏所受于君者,特其第二变也。……。君著书一百二十一种,年八十二而卒,则民国二十一年六月也。"章太炎《今古文辨义》:"自刘申受、宋于庭、魏默深、龚璱人辈诋斥古文,学者更相放效,而近世井研廖季平始有专书,以发挥其义。……观廖氏书,自谓思而不学,又谓学问三年当一小变,十年当一大变,知其精勤虚受,非卤莽狂伣者比。"(《章太炎全集》(五),上海人民出版社,1985,264~265页)

文宗咸丰三年　癸丑(公元1853年)

三月,太平军毁寺庙改科举　太平军攻克南京,毁寺庙,改革考试制度,科举不本孔教经书,而以新旧约圣经为基础。

[文献]《太平军杂记》:"直薄南京,于1853年3月19日攻克之。……他们将金山之华丽伟大的寺庙完全毁坏,并将偶像投之江中。""洪秀全雇佣八十个刻字者专为刊印新约圣经及宗教文诰以分派于全军。他又谕令太平天国以新旧约圣经为全国宗教经典,考试科举均以此为基本,而不得再用孔教经书。"

四月,太平天国删书衙成立　删书衙是太平天国删改儒家经典的机构。是年建都天京后,太平天国正式宣布儒家典籍为"妖书邪说",宣布焚除,禁止买卖藏读。不久,杨秀清提出"孔孟之书不必废,其中有合于天情道理者亦多。"乃下诏设立删书衙,以删代焚。规定"凡前代一切文契书籍不合天情者概从删除",对《诗韵》将其中一切鬼话、怪话、妖话、邪说一概删除净尽,只留真话、正话。据此将《四书》、《五经》中有关"鬼神、祭祀、吉礼等类"全部删掉。

[文献] 张德坚《贼情汇纂》卷二〇:"贼本欲尽废六经、四子书,故严禁不得诵读,教习者与之同罪。癸丑四月杨秀清忽称天父下凡附体,云'天命之谓性,率性之为道,以及事父能竭其力,事君能致其身,此等尚非妖话,未便一概全废。'故令何震川、曾钊扬、卢贤拔等设书局删书,遍出伪示,云俟删定颁行,方准诵习。"张德坚《贼情汇纂》卷七:"天王诏曰:'咨尔史臣,万样更新,《诗韵》一部,足启文明。今持诏左史右史,将朕发出《诗韵》一部,遵朕所改,将其中一切鬼话妖怪话妖语邪语一概删除净尽,只留真话正话,抄得好好缴进,候朕披阅刊刻。钦此。'"

十一月,太平天国颁布《天朝田亩制度》 《天朝田亩制度》是太平天国的纲领性文件,以废除封建土地制度、实行农民平分土地为核心。宣布"有田同耕,丰荒相通",力图实现"有田同耕,有饭同食,有衣同穿,有钱同使,无处不均匀,无人不饱暖"的理想。规定分田分法:田分九等,不论男女,好丑各半,十五岁以下减半。又规定农村的政治、经济、军事、文教政策:实行兵农合一的农村公社组织,即乡官制,五家为伍,五伍为两,四两为卒,五卒为旅,五旅为师,五师为军。以"两"为基层单位,设两司马总管生产、军事、分配等;各家收获,扣除口粮外,余归国库,一切开支,俱用国库;此外对官吏保举、升贬等都有规定。这个贯穿平等平均思想的蓝图,集中表达了农民对土地的要求及美好愿望,对鼓舞农民参加斗争有积极作用。但是采用绝对平均主义分配土地,在小农经营的水平上平分一切社会财富,废除私有制,会触动一部分中农的财产,影响他们的生产积极性;农业和手工业相结合的农村公社组织,完全忽视市场和商品经济,违背资本主义发展这一历史趋势,不利于生产力发展。从现有史料看,太平天国推行了作为基层政权的乡官制度,没有实施平分土地的方案和国库制度。该文件1860年重刻刊行,现收入《中国近代史资料丛刊·太平天国》第一册。

[文献]《天朝田亩制度》:"凡一军典分田二,典刑法二,典钱谷二,典入二,典出二,俱一正一副,即以师帅,旅帅兼摄。当其任者掌其事,不当其事者亦赞其事。凡一军一切生死黜陟等事,军帅详监军,监军详钦命总制,钦命总制次详将军、侍卫、指挥、检点、丞相,丞相禀军师,军师奏天王,天王降旨,军师遵行。功勋等臣世食天禄,其后来归从者,每军每家设一人为伍卒,有警则首领统之为兵杀敌捕贼,无事则首领督之为农耕田奉尚。凡田分九等:其田一调,早晚二季可出一千二百斤者为尚尚田,可出一千一百斤者为尚中田,可出一千斤者为尚下田,可出九百斤者为中尚田,可出八百斤者为中中田,可出七百斤者为中下田,可出六百斤者为下尚田,可出五百斤者为下中田,可出四百斤者为下下田。尚尚田一调当尚中田一亩一分,当尚下田一调二分,当中尚田一调三分五厘,当中中田一调五分,当中下田一亩七分五厘,当下尚田二亩,当下中田二亩四分,当下下田三亩。凡分田,照人口,不论男妇,算其家人口多寡,人多则分多,人寡则分寡,杂以九等,如一家六人分三人好田,分三人丑田,好丑各一半。凡天下田,天下人同耕,此处不足,则迁彼处,彼处不足,则迁此处。凡天下田,丰荒相通,此处荒则移彼丰处,以赈此荒处,彼处荒则移此丰处,以赈彼荒处。务使天下共享天父上主皇上帝大福,有田同耕,有饭同食,有衣同穿,有钱同使,无处不均匀,无人不饱暖也。凡男妇,每一人自十六岁以尚受田,多逾十五岁以下一半。如十六岁以尚分尚尚田一调。则十五岁以下减其半分尚尚田五分:又如十六岁以尚分下下田三调,则十五岁以下减其半分下下田一亩五分。凡天下,树墙下以桑。凡妇区区划绩缝衣裳。凡天下,每家五母鸡,二母彘,无失其。凡当收成时,两司马督伍长,除足其二十五家每人所食可接新谷外,馀则归国库,凡麦、豆、宁麻、布帛、鸡、犬各物及银钱亦然。盖天下皆是天父上主皇上帝一大家,天下人人不受私,物物归上主,则主

有所运用,则主有所运用,天下大家处处平匀,人人饱暖矣。此乃天父上主皇上帝特拿太平真主救世旨意也。但两司马存其钱谷数於簿,上其数於典钱谷及典出入。凡二十五家中,设国库一,礼拜堂一,两司马居之。凡二十五家中所有婚娶弥月喜事,俱用国库;但有限式,不得多用一钱。如一家有婚娶弥月事给钱一千。谷一百斤,通天下皆一式,总要用之有节,以备兵荒。凡天下婚姻不论财。凡二十五家中陶冶木石等匠,俱用伍长及伍卒为之,农隙治事。凡两司马办其二十五家婚娶吉喜等事,总是祭告天父上主皇上帝,一切旧时歪例尽除。其二十五家中童子俱日至礼拜堂,两司马教读备遗诏圣书、新遗诏圣书及真命诏旨书焉。凡礼拜日,伍长各率男妇至礼拜堂,分别男行女行,讲听道理,颂赞祭奠天父上主皇上帝焉。凡二十五家中力农者有赏,惰农者有罚。或各家有争讼。两造赴两司马,两司马听其曲直。不息,则两司马挈两造赴卒长,卒长听其曲直。不息,则卒长尚其事於旅帅、师帅、典执法及军帅。军帅会同典执法判断之。既成狱辞,军帅又必尚其事於监军,监军次详总制、将军、侍卫、指挥、检点及丞相,禀军师,军师奏天王。天王降旨,命军师、丞相、检点及典执法等详核其事。无了科。然后军事、丞相、检点及典执法等,直启天王主断。天王乃降旨主断,或生、或死、或予、或夺,军师遵旨处决。凡天下官民,总遵守十款天条,及遵命令尽忠报国者则为忠,由卑升至高,世其官。官或违犯十款天条及逆命令受贿弄弊者则为奸,由高贬至卑,黜为民。民能遵条命及力农者则为贤为良,或举或赏。民或违条命及惰农者则为恶为顽,或诛或罚。凡天下每岁一举,以补诸官之缺。举得其人,保举者受赏;举非其人,保举者受罚。其伍卒民胡能遵守条命及力农者,两司马则列其行迹,注其姓名,并自己保举姓名於卒长。卒长细核其人於本百家中,果实,则详其人,并何举姓名於旅帅,旅帅细核其人於本五百家中。果实,由尚其人,并保举姓名於师帅。师帅实核其人於本二千五百家中。果实,则尚其人,并保举姓名於军帅。军帅总核其人於本军中,果实,则尚其人,并保举姓名於监军。监军详总制,总制次详将军、侍卫、指挥、检点、丞相,丞相禀军师,军师启天王。天王降旨调选天下各军所举为某旗,或师帅,或旅帅,或卒长、两司马、伍长。凡滥保举人者,黜为农。凡天下诸官三岁一升贬,以示天朝之公。凡滥保举人及滥奏贬人者,黜为农。当升贬年,各首领各保升奏贬其统属。卒长细核其所统两司马及伍长,某人时有贤迹则列其贤迹,某人果有恶迹则列其恶迹,注其人,并自己保升奏贬姓名於军帅;至若其人无可保升并无可奏贬者,则姑置其人不保不奏也。旅帅细核其所统属卒长及各两司马、伍长,某人果有贤迹则列其贤迹,某人果有恶迹则列其恶迹,详其人,并自己保升奏贬姓名於师帅。师帅细核其所统属旅帅以下官,某人果有贤迹则列贤迹,某人果有恶迹则列其恶迹,注其人,并自己保升奏贬姓名於军帅。军帅将师帅以下官所保奏升贬姓名,并自己所保升奏贬某官姓名详於监军。监军并细核其所统军帅,某人果有贤迹则列其贤迹,某人果有恶迹则列其恶迹,注其人,并自己保升奏贬姓名于钦命总制。钦命总制并细核其所统监军,某人果有贤迹则列其贤迹,某人果有恶迹则列其恶迹,注其人,并自己保升奏贬姓名一同举於将军、侍卫、指挥、检点及丞相。丞相禀军师。军师将各钦命总制及各监军及各军帅以下官所保升奏贬各姓名直启天王主断。天乃降旨主断,超升各钦命总制所保升各监军,其或升为钦命总制,或升为侍卫;谴谪各钦命总制所奏贬各监军,或贬为军帅,或贬为师帅。超升各监军所保升各军帅,或升为监军,或升为侍卫;谴谪各监军所奏贬各军帅,或贬为师帅,或贬为旅帅、卒长。超升各军帅所保升各官,或升尚一等,或升尚二等,或升军帅;谴谪各军帅所奏贬各管,或贬下一等,或贬下二等,或贬为农。天王降旨,军师宣丞相,丞相宣检点,指挥、将军、侍卫、总制,总制次宣监军,监军宣各官一体遵行。监军以下官,俱是在尚保升奏贬在下,惟钦命总制一官,天王准其所统各监保升奏贬钦命总制。天朝内丞相、检点,指挥,将军,侍卫诸官,天王亦准其尚下互相保升奏贬,以剔尚下相蒙之弊。至内外诸官,若有大功大熏及大奸不法等事,天王准其尚下不时保升奏贬,不必拘升贬之年。但凡在尚保升奏贬在下,诬,则黜为农。至凡在下保升奏贬在尚,诬,则加罪。凡保升奏贬年列贤迹恶迹,总要有凭据方为实也。凡设军,每一万三千一百五十六家先设一军帅。次设军帅所统五师帅。次设师帅所统五旅帅,共二十五旅帅。次设二十五旅帅各所统五卒长,共一百二十五卒长。次设一百二十五卒长各所统四两司马,共五百两司马,次设五百两司马各所统五伍长,共二千五百伍长。次设二千五百伍长各所统四伍卒,共一万伍卒。通一军人数共一万三千一百五十六人。凡设军以后,人家添多,添多五家,另设一伍长。添多二十六家,另设一两司马。添多一百零五家,另设一卒长。添多五百二十六有,另设一旅帅。添多二千六百三十一家,另设一师帅。共添多一万三千一百五十六家,另设一军帅。未设军帅前,其师帅以下官仍归旧军帅统属;既设军帅,则割归本军帅统属。凡内外诸官及民,每礼拜日听讲圣书虔诚祭奠,礼拜颂赞天父上主皇上帝焉。每七七四十九礼拜日,师帅、旅帅、卒长更番至其所统属两司马礼拜堂讲圣书,教化民,兼察其遵条命与违条命及勤惰。如第一七七四十九礼拜日,师帅至某两司马礼拜堂,第二七七四十九礼拜日,师帅又别至某两司马礼拜堂,以次第轮,周而复始。旅帅、卒长亦然。凡天每一夫有妻子女约三、四口,或五、六、七、八、九口,则出一人为兵。其馀鳏、寡、孤、独、废疾免役,皆颁国库以养。凡天下诸官,每礼拜日依职份虔诚设牧馔,奠祭礼拜,颂赞天父上主皇上帝,讲圣书,有敢怠慢者黜为农。钦此。"(太平天国癸好三年本)罗尔纲《太平天国史料考释集》:"书封面题'太平天国癸好三年新镌'……此书内述土地制度、社会组织以及礼俗、教育、选举、黜陟等制度。其中土地制度包括废除地主阶级的土地占有制的内容,虽然它的分田法是一种不能实现的农业社会主义的空想,但却表现了在封建压迫下的农民大众对于土地的革命要求。"(生活·读书·新知三联书店,1985,26页)罗尔纲《太平天国史》:"据此考察,可以断定《天朝田亩制度》的颁布,是在癸好三年十月献明年新历盖玺后,而在癸好三年十一月底或十二月内《天父下凡诏书》第二部刊刻前,当在癸好三年十一月的时候。……《天朝田亩制度》是太平天国革命的土地纲领和建设农村社会的根本大法。……它包含有两个内容:一、彻底废除封建土地所有制,建立一种一切财产的公有制;二、建立兵农合一的地方政权,组织农民生活。……其办法把田亩按产量分为九等,凡分田照人口,不论男女,人多则分多,人少则分少,杂以九等,好丑各半。凡男女每一人自十六岁以上受田,多过十五岁以下一半。……收获不得归私有,除留粮食可接新谷外,全部都归国库。……至于各家所有婚娶、弥月……俱用国库。……规定一种兵农合一的农村公社组织制度。其制以一万三千一百五十六家为一军,设立军帅、师帅、旅帅、卒长、两司马等乡官。……《天朝田亩制度》明确地提出天下田,天下人同耕,要求……彻底废除封建土地所有制,因此,是具有革命性的。……起着积极的动员作用,鼓舞着千百万的群众为反封建而进行勇往无前的斗争,成为无限力量的源泉。……但是,《天朝田亩制度》也有着它的反动方面。……当时历史的要求是消灭封建剥削制度而发展资本主义关系,可是《天朝田亩制度》却把它的基层组织每二十五家成为一个农业和手工业强固结合的农村公社组织。……不能有分工的发展,也不能有市场的扩大和商品经济的活动。……贯串在《天朝田亩制度》中的绝对平均主义,超越了反封建的任务……这样它就会触动到一部分中农的财产,就会影响到他们的生产积极性。……不过,《天朝田亩制度》中的平分土地方案并未实行,因此,它所起作用的乃是巨大的革命性的一面。"(中华书局,1991,750、761、762、775~776页)

十二月,严复生 严复(1854—1921),原名宗光,字又陵,又字几道,福建侯官(今福州)人。14岁入福州船政学堂学习,后赴英国留学,注意学习资本主义的政治经济制度和思想文化。1879年学成归国,历任福州船政学堂总教习、北洋水师学堂总教习。戊戌变法时期,发表多篇鼓吹变法的论文。一生从事翻译工作,是将西方资产阶级古典政治经济学说和自然科学、哲学、社会学的理论知识介绍到中国的第一人。尤其是他所翻译的《天演论》,对中国近代思想界产生了极为重要的影响。其思想的主要内容为:第一,比较中学和西学。批驳洋务派对中学和西学关系的论述,反对中体西用论,认为中学、西学各具体用,二者无法合而为一。反对将中、西学的比较停留在技艺的层面上,认为应该抓住西学本质。他认为中、西学之间存在着自由平等和封建纲常名教的对立,存在着学术和政治制度的区别。推崇西学"黜伪而崇真"的学术态度,"屈私以为公"的政治制度,批判中学学术上的无实无用,政治上的封建宗法专制制度。第二,其哲学思想主要受西方进化论和机械论、经验论的影响,以为达尔文进化论的提出"一新耳目,更革心思",又受斯宾塞庸俗进化论影响,认为自然进化规律同样适用于人类社会,但不同意其"任天为治"的观点,而以赫胥黎的"与天争胜"救其弊端。认识论上重视经验的作用,提倡西学的"即物实测",反对旧学之"心成之说"。重视逻辑,批评中国古代学术概念模糊,不重视分析,不重视归纳。认为只有归纳法才可以获得新的真理,归纳(内籀)是演绎(外籀)的基础。同时把知识分为直接经验的"元知"和间接推导的"推知",认为"元知是推知的基础"。

又受西方怀疑论和不可知论的影响,认为万物本体不可知,"可知者止于感觉"。主张"人之知识,止于意验相符",而不是与客观实际相符合。其天演哲学,激励中国人自强以保种,在当时社会产生了巨大影响。他用经验论反对先验论,把西方的形式逻辑和实验科学介绍到中国来,也起了积极作用。但是,他用物竞天择来解释历史,认识论有不可知论倾向,具有一定局限性。晚年主张尊孔读经,趋于保守。主要译著集为《严译名著丛刊》,1913年由商务印书馆出版。生平诗文、书信(包括所译《天演论》),收入王栻主编的《严复集》,1986年由中华书局出版。

[文献] 张惟骧《疑年录汇编》卷一五:"严又陵六十九复,生清咸丰三年癸丑,卒共和十年夏正辛酉。"蔡冠洛《清代七百名人传》:"严复,原名宗光,字又陵,一字几道。福建侯官人也。早岁师事同里黄宗彝。……同治间同县沈葆桢,以巡抚居忧在里,奉诏创船政局招试才杰为海军储才,得复文,奇之,且用拔冠其曹,时年十四也。……光绪二年,派赴英国海军学校。……学成归……合肥李鸿章方总督直隶,领北洋大臣,辟为北洋水师学堂教授……乃以复总办学堂。……夫以西学识古,以实验治学。……复常以为中西二学,兼途并进。……译有英哲赫胥黎《天演论》、斯密亚丹《原富》、耶方斯《名学浅说》、穆勒约翰《名学》、《群己权界论》、斯宾塞尔《群学肆言》、甄克思《社会通诠》、法人孟德斯鸠《法意》诸书。"(中国书店,1984,1814、1818页)《梁启超论清学史二种》:"西洋留学生与本国思想界发生关系者,复其首也。"郭湛波《近五十年中国思想史》:"严氏介绍西洋学术思想影响之大,而其最大者则为《天演论》,……自此书出,物竞天择优胜劣败等思想深入于中国思想界。"(山东人民出版社,1997,50页)胡汉民《述侯官严氏最近政见》:"侯官严氏为译界泰斗,而学有本源,长于文章,斯真近所许为重言者也。顾其言恒宁静深远,非浅夫所能识,而严

氏亦云:吾书不为若辈道。……自严氏书出,而物竞天择之理,厘然于人心,而中国民气为之一变,即所谓言合群言排外言排满者,固为风潮所激发者多,而严氏之功盖亦匪细。……严氏民族主义,至译《法意》法竟而披露。……吾乃今欲使世知严氏为民族主义之一巨子,而此主义可知为感情之共同,亦理论之不可废,又以证明严氏前言之深意。"梁启超《饮冰室诗话》:"严又陵哲学大家,人多知之;至其诗才之渊懿,或罕知者。……侯官严先生之科学,学界稍有识者,皆知推重;而其文学则为哲理所掩,知者盖寡。"

[考辨] 严复出生于清咸丰三年(癸丑)旧历十二月初十日,换算成公历为公元1854年1月8日。故志于此。

文宗咸丰五年　乙卯(公元1855年)

陈炽生　陈炽,近代早期的维新思想家。字次亮,号瑶林馆主,江西瑞金人。是年生。

[文献]《陈农部传》:"陈君名炽,字次亮,江西人也。"(《陈炽集·附录》,陈炽著,赵树贵等编,中华书局,1997)《陈炽传》:"惟枳长子喜炽,原名家瑶,改名炽,字克昌,号次亮,……清咸丰乙卯四月初七日吉时生,光绪庚子五月三十日午时殁于京都赣宁新馆。"(同上)

域外　[俄]车尔尼雪夫斯基《艺术与现实的美学关系》出版。

文宗咸丰七年　丁巳(公元1857年)

墨海书馆《六合丛谈》创刊　是年,由英人伟烈亚力主编的中文月刊《六合丛谈》在上海创刊,由墨海书馆印行。该刊是鸦片战争后西人在华较早创办的中文期刊。除宣扬宗教外,还刊登一些西方的科技文化知识、新闻及商业信息。执笔者大多为外国传教士。创刊后因种种原因在华并不畅销,次年迁至日本,不久即停刊。西人在华出版中文刊物,反映了西人试图通过此种传播媒介,对中国知识阶层施加影响,弘扬西方基督文明。

[文献] 秦绍德《上海近代报刊史论》:"伟烈亚力……1847年来到上海,接替麦都思管理'墨海书馆'。"(复旦大学出版社,1993,12页)朱联保《近现代上海出版业印象记》:"1857年该馆(墨海书馆)创刊《六合丛刊》月刊,内容刊载科学、宗教和一般社会政治新闻、论文和译稿。"(学林出版社,1993,411页)

三月,魏源卒 魏源(1794—1857),近代思想家、哲学家、文学家。52岁考中殿试,第三甲赐同进士出身。曾任内阁中书,官至高邮知州。在中举后的十多年中,曾代江苏布政使贺长龄编辑《皇朝经世文编》。鸦片战争时,曾参与抗英斗争。《南京条约》签订后,感愤时政,著《圣武纪》,后又在《四洲志》基础上著《海国图志》。晚年弃官学佛,整理著述,是年卒于杭州。早年潜心于阳明心学,后从刘逢禄学《公羊春秋》,注重经世致用之学,与龚自珍同为今文学派的代表人物。斥责宋明理学空谈心性,也不满汉学家埋首训诂,批评汉学"锢天下聪明智慧,使尽出于无用之一途",提出"违寐而之觉,革虚而之实",促使中国人觉悟。其不尚空谈,面对现实,去寐患与虚患,这是具有近代意义的命题。鸦片战争暴露了清王朝政治、经济、军事、吏治各方面的腐化。针对这种情况,他提出变法和学习西方的主张。认为应该除弊兴利,改变人才选拔办法,改革盐税、漕运等,并且要向西方学习。提出"欲制外夷者,必先悉夷情","师夷长技以制夷",最早提出放眼世界、学习西方的主张。其变法思想的哲学依据是变易的历史进化观,认为"天下无穷极不变之法",变化发展是历史的必然趋势,而且这种变化总是后胜于前,今胜于古。他的历史进化观与要求变革、学习西方的思想,成为中国近代资产阶级改良思想的前驱先路,是晚清思想史上开通风气的著名思想家。著有《古微堂诗文集》、《圣武记》、氏亦云:吾书不为若辈道。……自严氏书出,而物竞天择之理,厘然于人心,而中国民气为之一变,即所谓言合群言排外言排满者,固为风潮所激发者多,而严氏之功盖亦匪细。……严氏民族主义,至译《法意》法竟而披露。……吾乃今欲使世知严氏为民族主义之一巨子,而此主义可知为感情之共同,亦理论之不可废,又以证明严氏前言之深意。"梁启超《饮冰室诗话》:"严又陵哲学大家,人多知之;至其诗才之渊懿,或罕知者。……侯官严先生之科学,学界稍有识者,皆知推重;而其文学则为哲理所掩,知者盖寡。"

［考辨］ 严复出生于清咸丰三年(癸丑)旧历十二月初十日,换算成公历为公元1854年1月8日。故志于此。

文宗咸丰五年　乙卯(公元1855年)

陈炽生　陈炽,近代早期的维新思想家。字次亮,号瑶林馆主,江西瑞金人。是年生。

［文献］《陈农部传》:"陈君名炽,字次亮,江西人也。"(《陈炽集·附录》,陈炽著,赵树贵等编,中华书局,1997)《陈炽传》:"惟枳长子喜炽,原名家瑶,改名炽,字克昌,号次亮,……清咸丰乙卯四月初七日吉时生,光绪庚子五月三十午时殁于京都赣宁新馆。"(同上)

域外　［俄］车尔尼雪夫斯基《艺术与现实的美学关系》出版。

文宗咸丰七年　丁巳(公元1857年)

墨海书馆《六合丛谈》创刊　是年,由英人伟烈亚力主编的中文月刊《六合丛谈》在上海创刊,由墨海书馆印行。该刊是鸦片战争后西人在华较早创办的中文期刊。除宣扬宗教外,还刊登一些西方的科技文化知识、新闻及商业信息。执笔者大多为外国传教士。创刊后因种种原因在华并不畅销,次年迁至日本,不久即停刊。西人在华出版中文刊物,反映了西人试图通过此种传播媒介,对中国知识阶层施加影响,弘扬西方基督文明。

[文献] 秦绍德《上海近代报刊史论》:"伟烈亚力……1847年来到上海,接替麦都思管理'墨海书馆'。"(复旦大学出版社,1993,12页)朱联保《近现代上海出版业印象记》:"1857年该馆(墨海书馆)创刊《六合丛刊》月刊,内容刊载科学、宗教和一般社会政治新闻、论文和译稿。"(学林出版社,1993,411页)

三月,魏源卒 魏源(1794—1857),近代思想家、哲学家、文学家。52岁考中殿试,第三甲赐同进士出身。曾任内阁中书,官至高邮知州。在中举后的十多年中,曾代江苏布政使贺长龄编辑《皇朝经世文编》。鸦片战争时,曾参与抗英斗争。《南京条约》签订后,感愤时政,著《圣武纪》,后又在《四洲志》基础上著《海国图志》。晚年弃官学佛,整理著述,是年卒于杭州。早年潜心于阳明心学,后从刘逢禄学《公羊春秋》,注重经世致用之学,与龚自珍同为今文学派的代表人物。斥责宋明理学空谈心性,也不满汉学家埋首训诂,批评汉学"锢天下聪明智慧,使尽出于无用之一途",提出"违寐而之觉,革虚而之实",促使中国人觉悟。其不尚空谈,面对现实,去寐患与虚患,这是具有近代意义的命题。鸦片战争暴露了清王朝政治、经济、军事、吏治各方面的腐化。针对这种情况,他提出变法和学习西方的主张。认为应该除弊兴利,改变人才选拔办法,改革盐税、漕运等,并且要向西方学习。提出"欲制外夷者,必先悉夷情","师夷长技以制夷",最早提出放眼世界、学习西方的主张。其变法思想的哲学依据是变易的历史进化观,认为"天下无穷极不变之法",变化发展是历史的必然趋势,而且这种变化总是后胜于前,今胜于古。他的历史进化观与要求变革、学习西方的思想,成为中国近代资产阶级改良思想的前驱先路,是晚清思想史上开通风气的著名思想家。著有《古微堂诗文集》、《圣武记》、

《海国图志》、《元史新编》、《诗古微》等。

[文献] 魏耆《邵阳魏府君事略》:"府君讳源,字默深,先世江西太和县人,于明初迁湖南邵阳之金潭。……十五岁,补县学弟子员。始究心阳明之学,好读史,……嘉庆癸酉二十岁,举明经。……是时,问宋儒之学于姚敬塘学生学塽,学《公羊》于刘申受先生逢禄……道光元年辛巳,又中顺天乡试副贡生。壬午中式顺天乡试举人第二名。善化贺耦庚制军长龄,为江苏布政使,延辑《皇朝经世文编》,遂留意经济之学……戊子游浙江杭州,晤钱伊菴居士东甫,从闻释典,求出世之要,潜心禅理,博览经藏。……丙辰秋初,游杭州,寄僧舍,……丁巳二月,偶感微疾,……旬日疾止,神志如常。……明日三月朔,金廉访安清过候,剧谈逾晷,徐谓曰:'君且休,吾将逝矣。幸致何子敬,勉进德,不及决矣!'入室凝坐,至酉刻,嗒然而逝,时年六十有四。"(《魏源集》附录)《清史稿》卷四八六:"魏源,字默深,邵阳人。道光二年,举顺天乡试。宣宗阅其试卷,挥翰褒赏,名籍甚。会试落第,房考刘逢禄赋《两生行》惜之。两生者,谓源及龚巩祚。……至二十四年成进士。以知州发江苏,权兴化。……补高邮,咸丰六年,卒。……源以我朝幅员广,武功实迈前古,因借观史馆官书,参以士大夫私著,排比经纬,成《圣武记》四十余万言。晚遭夷变,谓筹夷事必知夷情,复据史志及林则徐所译西夷《四洲志》等,成《海国图志》一百卷。他所著有《书古微》、《诗古微》、《元史新编》、《古微堂诗文集》。"郭嵩焘《魏默深先生〈古微堂诗集〉序》:"默深先生喜经世之略,其为学淹博贯通,无所不窥,而务出己意,耻蹈袭前人。人知其以经济名世,而不知其能诗,而先生之诗顾最伙。游山诗,山水草木之奇丽,云烟之变幻,潆然喷起于纸上,奇情诡趣,奔赴交会。盖先生之心,平视唐宋以来作者,负才以与之角。"(《魏源集》附录)

[考辨] (一)关于魏源卒年,《清史稿·魏源传》、李元度

《国朝先正事略》、《疑年录汇编》、《邵阳县志》及《湖南通志》均称其卒于咸丰六年。而支伟成《清代朴学大师列传·魏源传》、叶兰台《清代学者像传·魏源传》、陈世镕《求志居集·吊魏默深文》皆记其卒于咸丰七年,享年64岁。考魏耆《邵阳魏府君事略》记载详实,较为可信,故从此说。(二)关于魏源社会改革思想的哲学基础,目前学术界大致有以下四种观点:(1)朴素的历史进化论观点。杨慎之认为,"变古愈尽,便民愈甚"是魏源倡导变革的基本原则,他宣传变易发展,强调革故鼎新,坚持的是一种典型的朴素历史进化论。(杨慎之《杰出的爱国主义思想家——魏源》,《求索》1984年第5期)(2)进化发展的社会史观和唯物主义倾向的认识论。张磊等认为,魏源承继了传统哲学,尤其是柳宗元的历史进化观,糅和以今文经学的历史变易论,加上自己对历史的思考,形成了历史"自变"的观念。另外,他又强调"以实事程实功,以实功程实事",注重实际,批判了朱熹的"论先后,知为先"的唯心主义先验论,使他的认识具有鲜明的唯物主义色彩。(张磊、张苹《魏源思想刍议》,《学术研究》1994年第6期)(3)朴素的辩证法思想。陶用舒认为,朴素的辩证法思想是魏源改革思想的哲学基础,因为他首先承认:一切事物都是运动和变化的,事物的运动是有规律的;规律是可以认识的,认识来源于实践;一切事物都存在着矛盾,矛盾双方是互相对立和互相转化的。(陶用舒《魏源改革思想述论》,《魏源与近代中国改革开放》,湖南师范大学出版社,1995)(4)程亚平认为,魏源的社会改革思想的哲学基础至少应包括三个方面内容:"天下物无独必有对"的矛盾普遍性思想;"有对之中必一主一辅"的矛盾主次论;注重条件和主观能动性的矛盾转化论。(程亚平《简论魏源改革思想的哲学基础》,《江淮论坛》1988年第3期)

(三)关于魏源认识论的性质。学术界大体有三种意见。(1)唯心主义。有人认为,魏源提出了以"及之,敷之"为基础的认识论,强调实践在人们认识中的重要作用,为认识论的发展做出了一定的贡献,但是他的认识论中有相当严重的唯心主义杂质,其神秘主义的内省直观法必然走向唯心主义的泥坑(利兴民、李仪《魏源认识论的特点》,《哲学研究》1982年第3期)。(2)泛神论。魏源强调心生万物,又散于万物,对心的认识又必须通过万物来体验,这是一种心物关系的泛神论(蒋晓华《魏源思想的认识论》,《四川师范学院学报》1991年第4期)。(3)朴素唯物主义认识论冯契认为,魏源的哲学思想,从总体上说是泛神论体系,但他强调"及之而后知"、"才生于情"、"学资于问"等,在认识论上有浓厚的唯物主义因素,是朴素唯物主义认识论(冯契《中国近代哲学史》上册,上海人民出版社,1989)。另外,学术界关于魏源史学思想、军事思想和经济思想的学术分歧可参考袁洪亮的《近20年魏源思想研究综述》(吉首大学学报(社会科学版)2001年第1期)和袁洪亮等的《近二十年魏源经济思想研究综述》(《邵阳师范高等专科学校学报》,1999年第3期)。

域外 [奥]心理学家、精神分析学派创始人弗洛伊德生,著作有《释梦》、《精神分析引论》等。

文宗咸丰八年 戊午(公元1858年)

二月,康有为生 康有为(1858—1927),字广厦,号长素,又号更生,广东南海人,人称南海先生。光绪进士,授工部主事,自幼接受儒家教育,师事粤中大儒朱次琦,深受其"济人经世"思想的影响。后独立研究儒佛经典和诸子百家学说,博通经史。22岁始接触西方近代自然科学知识和社会政治学说,由旧学转向新学。中法战后,民族危亡之际,七次上书光绪帝,要求变法。1895年联合在京会试举人上书皇帝,即所谓"公车上书"。戊戌变法失败后,逃亡国外,逐渐走向保守,反对孙中山领导的民主革命。辛亥革命后，主张复古。1917年，参与张勋复辟活动失败，乃从事著述和讲学。其思想是一个较完整的体系，主要包括政治思想、哲学思想、大同思想以及托古改制思想四个方面。政治上，主要是要求实行变法，改君主专制政体为君主立宪政体；以商立国，发展资本主义工商业；废科举，办学校，译西书，派人出国留学等等。哲学上，批判顽固守旧派"天不变，道亦不变"的封建教条，提出以公羊三世说为内容的历史进化论，他认为人类历史从据乱世进而为升平世，即达到小康，再进而为太平世，即达到大同世界；主张自然人性论，性无善无不善。求乐免苦是人的本能，批判宋明理学的"存理灭欲"理论。但又主张人有先验的善性"仁"，认为人皆有不忍人之心，这是推动人类历史进化的动因；认识论上主张精神贵于身体、先知而后行，认为自己的哲学是以"元"为体的。在其哲学中，"元"有时被解释为物质性的气，有时又被解释成为精神性的，认为宇宙间的一切，都由精神性的"元"变化而成。这"元"赋予人，便是不忍人之心，即"仁"，人们凭这一仁爱精神，可以创造万物。根据三世说和人性论，认为人类进化的最终目标是大同世界。在大同社会，国家、家族、等级等都不存在，人人都能"避苦求乐"，过着十分美好的生活。"大同社会"彻底实现了资产阶级的天赋人权、民主、自由、平等、博爱诸原则。他虽然提出了大同思想，但却没有也不可能找到一条通往大同的道路。托古改制思想主要反映在其《新学伪经考》与《孔子改制考》两书中。其思想在晚清思想史上具有开创性的功绩。政治思想回答了鸦片战争以来中国向何处去的问题；哲学思想中的历史进化观念，使中国古代哲学迈向了进化论的新阶段；其大同理想以资产阶级天赋人权说和自由平等博爱说反对封建家庭宗法制和封建纲常名教，在当时起到了解放思想的作用。但是，在他的思想中，精华与糟粕是并存的。其历史进化观，还是渐进、改良的进化观，还披着经学外衣，反对人们用革命手段去冲决封建网罗。在宣传自由、平等、博爱的同时,又肯定"爱有差等"的必要性。戊戌之后,终于堕落成保皇派,否定自己早期思想中的进步成分。著有《新学伪经考》、《孔子改制考》、《大同书》、《礼运注》、《中庸注》、《诸天讲》等。

[文献]《清史稿》卷四七三:"康有为,字广厦,号更生,原名祖诒,广东南海人。光绪二十一年进士,用工部主事。少从朱次琦游,博通经史,好公羊家言,言孔子改制,倡以孔子纪年,尊孔保教,先聚徒讲学。入都上万言书,议变法,给事中余联沅劾以惑世诬民,非圣无法,请焚所著书。中日议款,有为集各省公车上书,请拒和、迁都、变法。……丁卯,有为年七岁,……有为天资瑰异,古今学术无所不通,坚于自信,每有创论,常开风气之先。初言改制,次论大同,谓太平世必可坐致,终悟天人一体之理。述作甚多,其著者有《孔子改制考》、《新学伪经考》……"蔡冠洛《清代七百名人传》(下):"康有为,原名祖诒,字广厦,号长素。广东南海人。……有为敢大言,好称西汉今文微言大义。……其初所著书曰《新学伪经考》……《孔子改制考》。……以春秋三世之义说《礼运》,谓升平世为小康,太平世为大同,衍其条理为《大同书》。""甲午,入京师。……乃率其徒从礼部试。公车入都者凡数千人,上书申变法之议。""太后倾德宗及临朝训政……有为亡命……纠合内外同志,设保皇会。"(中国书店,1984,1913~1916页)冯契《中国近代哲学的革命进程》:"戊戌变法失败后,逃亡国外,逐渐走向保守,反对孙中山领导的民主革命。辛亥革命后,主张尊孔读经,站在'五四'新文化运动的对立面。……康有为提出了一个比较完整的变法纲领……建成了一个披着经学外衣而以进化论为内容的独特的哲学体系,用它作思想武器,反对了'天不变,道亦不变'的形而上学,反对了复古主义和循环论的历史观,为变法维新提供了哲学根据。……康有为的进化论突出地表现在社会历史观上。他

把公羊'三世'说与《礼记·礼运》中讲的大同、小康联系起来,提出了他的历史进化论和人道主义的大同理想。"(华东师范大学出版社,1997,103、104、105、109页)梁启超《饮冰室合集》第一册,文集之六:"先生者,孔教之马丁路德也。……先生之哲学,博爱派哲学也。先生之论理,以'仁'字为唯一之宗旨。……先生之哲学,主乐派哲学也。……先生以为快乐者众生究竟之目的。……先生之哲学,进化派哲学也。……先生独发明春秋三世之义,以为文明世界,在于他日,日进而日盛。盖中国自创意言进化学者,以此为嚆矢焉。……先生之哲学,社会主义派哲学也。"(中华书局,1989,55~88页)

僧谛闲生 谛闲法师(1858—1932),俗姓朱,名古虚,号卓三,浙江黄岩人,天台宗名家。22岁出家,28岁首次"升座"开讲《法华》,之后或闭关或讲经,弘扬天台教义。历任江苏全省佛教师范学校校长、宁波观宗寺住持,发起成立观宗学社。1932年坐化。其弘法40余年,南北讲席,数逾百次;设立学社,培植后进,对晚清佛教有扶衰起弊之功。他认为,"圆觉"(即佛性)是众生本身所具有的,不过是众生迷而不觉。只要觉悟就"与佛无异";众生和佛,虽然都具佛性,但却因迷、悟而有天渊之别。只要能放下妄想,断除恼障、知障,得我空真如,得法空真如,就能进入微妙圆觉之位。著有《圆觉经讲义》、《金刚经新疏》、《教观纲宗讲录》、《圆觉经亲闻记》等。其著述被弟子辑为《谛闲大师全集》行世。

[文献] 蒋维乔《中国佛教史》卷四:"谛闲法师,名古虚,号卓三,黄岩朱氏子。……二十二岁,母殁,即出家。圆具后,依敏祖听讲《法华》,未及终卷,已悟一心三观之旨。年二十八,即升座讲经。既而两度掩关,坚持禅观;出关则应各丛林之邀请,或讲《法华》,或讲《楞严》;自此四十八年,皆为法师弘扬教观之时。……民国二十一年八月三日……趺坐而逝。年七十五岁。"(上海书

店,1989)郭朋《中国近代佛学思想史稿》:"谛闲(1858—1932),名古虚,号卓三,俗姓朱,浙江黄岩人,生于清咸丰八年(1858)。……简介谛闲的佛学思想如下……'圆觉'妙心,众生本具,迷之而为众生;一旦觉悟,则'与佛无异'。""众生与佛,虽然同具'圆觉妙性'(亦即佛性),但是迷、悟之间,却又有着天渊之别。""断除'二障',证得'二空',即可除迷、得悟而'入'于'微妙圆觉'之位,也就是成佛了。"(巴蜀书社,1989,55~57页)全国政协文史资料委员会宗教组《名僧录》:"谛闲法师,1858年(清咸丰八年)出生于浙江黄岩。……1910年(宣统二年),江苏各界人士在南京创办全省佛教师范学校,公推法师为校长兼总监督。……1912年(民国元年)冬,受聘主持宁波观宗寺。……被誉为观宗寺中兴之祖。……兴建伽蓝,树立学社,培植后进,卫教弘法,立功也。法嗣天台,行修净土,疏经流布,昭示因果,立言也。"(中国文史出版社,1988,11、12、15页)

朱骏声卒 朱骏声(1788—1858),清代经学家。字丰芑,号允倩,江苏吴县人,嘉庆举人,官黟县训导。少受许氏《说文》,从钱大昕学。咸丰元年,进呈所著《说文通训定声》及《古今韵准》、《柬韵》、《说雅》,授国子监博士衔。是年卒。年71岁。其明通象数,尝论《尔雅》太岁在寅,推大昕说。著述有《夏小正补传》、《离骚补注》、《左传识小录》、《左传旁通》、《六十四卦经解》、《尚书古注便读》、《读传笺补》、《仪礼经注一隅》、《大戴礼记校正》、《论孟塙解》、《悬解》、《经史问答》、《天算琐记》、《数度衍》、《淮南书校正》、《说解商》等。

[文献]《清史稿》卷四八一:"朱骏声,字丰芑,吴县人。年十三,受许氏《说文》,一读即通晓。从钱大昕游,钱一见奇之,……咸丰元年,以截取知县入都,进呈所著《说文通训定声》及《古今韵准》、《柬韵》、《说雅》,共四十卷。文宗披览,嘉其治,赏国子

监博士衔。旋迁扬州府学教授,引疾,未之官。八年,卒,年七十一。骏声著述甚博,……兼长推步,明通象数。尝论《尔雅》太岁在寅,推大昕说,谓其时自以实测之岁星在亥,定太岁在寅,命之曰摄提格以纪年,岁星所合之辰,即为太岁。"蔡冠洛《清代七百名人传》(下):"他(骏声)著有《六十四卦经经解》八卷、《尚书古注便读》四卷、《诗经笺补》十二卷、《仪礼经注一隅》二卷、《夏小正补传》二卷、《大戴礼记校正》二卷、《左传旁通》十卷、《左传识小小录》三卷、《论孟塙解》二卷、《悬解》四卷、《经史问答》二十六卷、《天算琐记》四卷、《数度衍》约四卷、《离骚补注》一卷、《淮南书校正》六卷、《说解商》十卷、《小学识余》四卷、《说业》十二卷。"

[考辨] 关于朱骏声的卒年。《清史稿》卷四八一:"八年卒,年七十一。"蔡冠洛《清代七百名人传》(下):"六年卒,年七十一。"因《清史稿》成书较早,故可信度较高,所以定朱骏声为咸丰八年卒。另可参张惟骧《疑年录汇编》。

《中外新报》在香港创刊 《中外新报》是中国人主办的第一份近代中文报纸,创办人为伍廷芳。该刊初创时为两日刊,不久即改为日刊,以"有益于商贾及庶民"为宗旨,在港、粤一带很有影响。其新闻标题简略,大都如火警、盗窃、物妖、诙谐等。评论时事也不直指时事,往往托以寓言、劝惩等等。该报的创刊,首先得益于香港的自由环境。而且报纸的主笔大多为中国人,所以以中国人所关心的事情为内容,以中国人的眼光和角度来评论时事,更易为中国人接受。该刊虽主持者屡屡变更,但还一直坚持刊行至1919年,达61年之久。

[文献] 廖苹《1853年至1932年之香港报业》:"先是,香港有伦敦传道会牧师英人罗傅烈者,按照《康熙字典》译成英文,颜曰:《汉英字典》,请《孖剌西报》排印,书中文字为汉英合璧。书成,所存汉字即等于腐物。时适伍廷芳先生由香港圣保罗书院首

届毕业而出,就《孖剌西报》翻译之职,见而惜之,乃就商于该报之总理人,组织《中外新报》,所有排字派纸等事,由承批人经理。印刷及纸墨则由《孖剌西报》支出。而承批人每月纳费若干,生意盈亏承批人负责。议定,逐(遂)由伍廷芳先生承批,时在一八五七年间事也。"(杨光辉等编《中国近代报刊发展概况》,新华出版社,1986,191页)麦思源《七十年来之香港报业(1864—1934)》:"(《中外新报》)初办时,篇幅颇狭,每日出纸一小张,约容四号字一万五千字,除广告外,新闻仅占面积三分之一,不过五千余字,另以土纸印载货价船期一页,名曰行情纸,随报派送,年收报费三元。其时侨商甚鲜读报,大抵多订阅行情纸,主报事者乃收半价以便阅者焉。至光绪中,始扩充篇幅为两页,……各类新闻之标题甚简略,大都如火警、盗窃、物妖、诙谐等。主笔政者每有论著,不直指时事,一托以寓言、劝惩之旨,往往而见。(杨光辉等编《中国近代报刊发展概况》,新华出版社,1986,214页)

[考辨] 据戈公振《中国报学史》,后附史实订误载:"伍廷芳生于1842年,《中外新报》创办时他才16岁,该报由他创办并主其事,年龄似乎小了点儿。考其它材料,伍廷芳13岁时往香港入圣保罗书院,1861年毕业,在香港高等审判厅当翻译,接着与友人创办《中外新报》。因此,伍廷芳于1861年在圣保罗书院毕业后参加该报翻译工作的可能性较大。此事向有争议,有待进一步考证。"(中国新闻出版社,1985)

域外 [法]社会学家涂尔干生,著作有《社会分工论》、《社会学研究方法论》及《自杀论》等。

文宗咸丰九年 己未(公元1859年)

《资政新篇》刊行 《资政新篇》是太平天国后期的重要文件,洪仁玕撰写,是年刊行。作者认为治国必先立政,立政关键在于用人。设法有四项:(1)"用人察失类",主要是禁朋党之弊,强调政权内部团结和加强中央权力;(2)"风风类",即移风易俗,革除封建陋习;(3)"法法类",提出一系列适应于新形势的政治、经济和思想文化等方面的改革措施;(4)"刑刑类",主要是关于健全司法制度的措施。这是中国近代第一个比较完整的资本主义建设方案,表露出要求发展资本主义的新精神。尽管它没有涉及土地问题,但总体来说,它在当时是符合历史发展趋势,推动社会进步的。它甚至比后来改良派陆续提出的发展工商业的主张还更为全面和彻底,是先进的中国人向西方寻求救国救民真理的表现。

[文献] 萧一山编《太平天国诏谕·天王诏旨五通》:"太平天国九年干王洪仁玕制《资政新篇》。"(国立北平研究院总办事处出版课,1935)罗尔纲《太平天国史料考释集》:"书封面题'资政新篇'四大字,额题'太平天国己未九年新镌'十字。……左四小字为'旨准颁行'。……这部书,是干王洪仁玕在推翻封建地主阶级政权和反对外国侵略的太平天国中,提倡实行资本主义制度的建议书。前为总论,后分三章,详陈世界大势、西洋物资文明及立国大计等。……顶有五批,说某条是,某条非,大约是预备要实行的。19世纪60年代,资本主义经济已经在中国萌芽的时期,洪仁玕初步传播了发展中国资本主义的思想,这在当时是有一定进步意义的。"(生活·读书·新知三联书店,1985,31~32页)

曾国藩作《圣哲画像记》 是年,曾国藩先后图画他认为值得师法的圣贤先儒共33人。

[文献] 黎昌庶《曾文正公年谱》卷六:"咸丰九年,公四十九岁。……公作《圣哲画像记》,图书昔时圣贤先儒三十三人,系之以说明抗希古人之意,略依孔门四科及近世桐城姚氏论说,以义理考据辞章三门依类而图之。"(传忠书局光绪二年刊本)

文宗咸丰十年　庚申(公元 1860 年)

宋翔凤卒　宋翔凤(1776—1860),清末今文经学家。字于庭,江苏长洲人。嘉庆举人,官泰州学政、旌德训导、湖南新宁知县等职。庄存与之外甥,从其舅庄述祖治今文经学,成为常州学派的代表人物之一。其治今文经学,以为《春秋》之义,天法也,不随正朔而变,谓《左传》只有史文,探索《春秋》之义,当用《公羊》。著《拟汉博士答刘歆书》,以反对古文经学,扬变易观。因喜附会,杂用谶纬之辞,为当时学者所讥,晚年著《过庭录》,系读书笔记,对古代史料详加考证。另著有《大学古义说》、《尚书略说》、《周易考异》、《说文声类》、《朴学斋文录》等。是年卒,终年 85 岁。

[文献]《清史稿》卷四八二:"宋翔凤,字于庭,长洲人。嘉庆五年举人,官湖南新宁县知县,亦庄述祖之甥。述祖有语'刘甥可师,宋甥可友'之语,刘谓逢禄,宋谓翔凤也。翔凤通训诂名物,志在西汉家法,微言大义,得庄氏之真传。著《论语说义》十卷,序曰:'《论语说》曰,子夏六十四人共撰仲尼微言,以当素王。微言者,性与天道之言也。此二十篇,寻其条理,求其旨趣,而太平之治、素王之业备焉。'……又有《论语郑注》十卷,《大学古义说》二卷,《孟子赵注补正》六卷,《孟子刘熙注》一卷,《四书释地辨证》二卷,《卦气解》一卷,《尚书说》一卷,《尚书谱》一卷,《尔雅释服》一卷,《小尔雅训纂》六卷,《五经要义》一卷,《五经通义》一卷,《过庭录》十六卷。咸丰九年,重赋鹿鸣。逾年,卒,年八十二。"蔡冠洛《清代七百名人传》(下):"少嗜读古书,不乐举子业。……母阳湖庄氏,为珍艺先生妹,尝随母归宁,因留常州。从舅父受业,遂得闻庄氏今文学之家法绪论。比长,更游段懋堂门,兼治东汉许郑之学。……咸丰乙未,重宴鹿鸣,加知府衔。卒年八十七。"(中国书店,1984)

[考辨] 关于宋翔凤生卒时间,姜亮夫《历代名人年里碑传总表》(台湾商务印书馆,1965)宋翔凤条记其生于清高宗乾隆四十一年(1776),卒于文宗咸丰十年(1860)。又《清代人物大事纪年》(朱彭寿编著,朱鳌、宋苓珠整理,北京图书馆出版社,2005)记其生于乾隆四十一年丙申,享年八十五。《清史稿》及《清代七百名人传》有误。又《清代七百名人传》载:"咸丰乙未,重宴鹿鸣,加知府衔。"宋翔凤重宴鹿鸣为咸丰九年,该年为己未年,有误。

文宗咸丰十一年　辛酉(公元 1861 年)

十一月,《上海新报》创刊　《上海新报》为上海最早的中文报纸,初为周刊,半年后改为每周三次,由英商字林洋行出版。传教士伍德(M·L·Wood)、傅兰雅(John Fryer)、林乐知(Young·J·Allen)先后任该报主编,他们决定材料的取舍,由华人助手执笔编写。其内容包括中外新闻、论说、来稿杂著、商务消息广告等,并且鼓励中国人士踊跃投稿,该报创刊之际,正值江浙难民涌入上海租界,而《上海新报》又是当时唯一的中文报纸,所以很受欢迎。1872 年 4 月,《申报》在上海创刊,压低报费与《上海新报》竞争,《上海新报》遂于该年 12 月 31 日停刊。

[文献] 《上海新报》"发刊启":"大凡商贾贸易,贵乎信息流通。本行印此新报,所有一切国政军情,市俗利弊,生意价值,船货往来,无所不载。……华人如有切要时事,或得之传闻,或得之目击,无论何事,但取其有益于华人,有益于同好者,均可携至本馆刻刷,分文不取。"(《上海新报》1862 年 5 月 28 日)方汉奇主编《中国新闻事业通史》第一卷:"上海最早的一家中文报纸,是 1861 年 11 月在上海创办的《上海新报》。这家报纸由字林洋行出资创办,起初为周刊,自 1862 年 5 月起改为每周出版三次,星期日停出,1872 年 7 月又改为日报。……《上海新报》是一家商业性报

纸。……一直将各种商业信息的传播放在首要地位,以大部分的版面刊登各类商业信息。……《上海新报》在创刊后的十年中,是上海唯一的一家中文报纸,……在1872年12月31日宣告停刊。"(中国人民大学出版社,1992,318~322页)

冯桂芬提出"中学为体、西学为用"的思想雏型 "中体西用"是中国近代最具代表性的文化原则。所谓"中学"是指维护封建统治秩序的纲常名教和道德意识。所谓"西学"泛指西方文化,主要包括近代自然科学、工艺技术以及资产阶级的社会政治学说和文化教育措施等内容。"中体西用"是在外国资本主义影响下,一些有识者为维护封建统治而提出的向西方学习的主张。这一主张的内涵随中国近代社会的发展而变化。是年,冯桂芬在《校邠庐抗议》中提出:"以中国之伦常名教为原本,辅以诸国富强之术",最早提出了这种主张。其后谈西学者大都有类似说法,王韬、郑观应等对此都有所论述。洋务派把它付诸实践,改良派则认为中国不但必须学习西方科学技术,而且还要采用资本主义政治制度。1896年,孙家鼐在《议复开办京师大学堂折》中明确说:"自应以中学为主,西学为辅;中学为体,西学为用。"1898年,张之洞发表《劝学篇》,对这一主张作了系统阐发,其中指出:"旧学为体,新学为用","中学治身心,西学应世事"。"中体西用"几乎贯穿整个中国近代文化史的始终,它是中国传统文化和西方近代文化相结合的产物,为中国学习西方制造了理论依据,在中国近代政治、经济和文化思想各方面都有较大影响。

[文献] 冯桂芬《校邠庐抗议·采西学议》:"夫学问者,经济所从出也。太史公论治曰:'法后王(本荀子),为其近己而俗变相类,议卑而易行也'。愚以为在今日,又宜曰:鉴诸国。诸国同时并域,独能自致富强,岂非相类而易行之尤大彰明较著者。如以中国之伦常名教为原本,辅以诸国富强之术,不更善之善者哉。"(光

绪戊戌本)郑观应《郑观应集·盛世危言·西学》上册:"中学其本也,西学其末也。主以中学,辅以西学。知其缓急,审其变通,操纵刚柔洞达政体。教学之效,其在兹乎!"(上海人民出版社,1982,276页)张之洞《劝学篇·叙》:"旧者因噎而食废,新者歧多而羊亡。旧者不知通,新者不知本。不知通则无应敌制变之术,不知本则有非薄名教之心。……《内篇》务本,以正人心。《外篇》务通,以开风气。"(光绪二十四年甘肃藩署重刊本)孙家鼐《议复开办京师大学堂折》:"应以中学为主,西学为辅;中学为体,西学为用。中学有未备者,以西学辅之;中学其失传者,以西学还之。以中学包罗西学,不能以西学凌驾中学。"(《皇朝经世文新编》上,卷五)

[考辨] 有学者提出,林则徐把中学与西学的关系问题第一次摆到了中国士大夫面前,拓西学引进之先河,所以,首先为"中体西用"文化模式形成开辟道路的当推林则徐。作为"中体西用"文化模式形成的殿军当推魏源,他是"中体西用"近代化模式的开路先锋(沈其新《"中体西用"文化模式探源》,载《求索》1989年第2期)。有人不同意把林则徐、魏源视为开"中体西用"之先河人物,认为"中体西用"其核心在"中学为体",大凡称得上"中体西用"的言论,思想上必须与张之洞所言具有本质上的一致性。而林则徐、魏源根本没有涉及"中体西用"说的核心问题,本质上是一种军事上的抗敌方针,不属于一般的文化自救方案。只有冯桂芬才有资格戴上"开中体西用之先河"这项帽子(蒋国保《也谈'中体西用'》(载《学术界》1990年第3期)。开"中体西用"之先河的当属冯桂芬,原因倒不在于是否思想上与张之洞所言具有本质上的一致性才能称得上"中体西用",因为"中体西用"是一个发展的过程,不同的阶段,中国人眼中西学内涵的延伸是不一样的,它经历由表及里、由具体到抽象的过程。不能单以张之洞所言作为评

判标准。林则徐、魏源不是开"中体西用"之先河人物,他们只考虑到学习西学,没有思考到以西学辅接中学,只考虑到取彼之长,没有讲清中学、西学的内涵,还没有触及"中体西用"的思想体系。在中国传统文化和西方资本主义文化相碰撞、相渗透的过程中,对于刚走出中世纪的人们来说,"中体西用"是当时人们能够提出的将中西文化融为一体的较好的文化原则,它顺应了历史潮流,在当时具有进步的历史意义。

傅兰雅来华抵港 傅兰雅(John Fryer),英国传教士,生于1839年英国海德城一个牧师家庭,卒于1928年,享年90岁。早年于海德中学读书,后入布里斯托尔港的圣雅各书院,又考入伦敦海伯雷师范学院读书。其少年时代因受家庭影响,渴慕到中国。终于于是年初乘船离开英国,八月抵香港,就任香港圣保罗书院校长,又受聘为英国圣公会的传教士。之后,他先后入同文馆教授英语、担任英华学堂校长并兼任《上海新报》编辑,在江南制造总局翻译馆工作28年,创办格致书院及格致书室,创办杂志《格致汇编》,兼益智书会和中华教育会等职,晚年离华赴美。其一生致力于介绍西方科学技术,据统计,他在华30余年里,单独翻译或与他人合译的西学书籍达129部,属于基础科学的57部,应用科学的有48部,军事科学14部,社会科学10部,这些书籍影响了当时中国的一批维新人士和先进人士,以至清政府在1872年,授予他三品官衔,1899年又授予他三等第一双龙勋章,以表彰他长期在华介绍西学所作的功绩。他开阔了中国人民的视野,为中西文化的交流做出了贡献。

[文献] 顾长声《从马礼逊到司徒雷登——来华新教传教士评传》:"傅兰雅是英国传教士,他以向中国翻译介绍大量科学技术书刊而著名。傅兰雅于一八三九年八月六日出生在英国海德城一个牧师家庭,早年在海德中学念书,后入布里斯托尔港的圣雅各

书院,不久获得政府一等奖学金,以后又考入伦敦海伯雷师范学院读书,一八六〇年大学毕业。……傅兰雅在大学毕业后接受香港圣保罗书院的邀请,在一八六一年初乘船离开英国,同年八月抵达香港,就任该书院的校长,当时他只有二十三岁。圣保罗书院属于英国圣公会,傅兰雅被聘用后即为该会的传教士。……他在同文馆每天授课两小时,主要教英语,年俸为一千两银子。……早在一八七二年,清政府已授予傅兰雅三品官衔,一八九九年,清政府还颁给他三等第一双龙勋章,以表彰他长期在华介绍西学的功绩。……傅兰雅在三十余年里,单独翻译或与他人合作翻译的西学书籍,共有一百二十九部。"(上海人民出版社,1985,222~248页)

邵懿辰卒 邵懿辰(1810—1861),清末今文经学家。字位西,浙江仁和(今杭州)人。道光举人,官内阁中书、军机章京、起居注主事、刑部员外郎。生平论学,私淑宋儒,以程朱之学为正学,不喜考证之学。经学宗李光地、方苞之学,好公羊汉学。反对宋汉门户之争,主张二者兼容。所著《礼经通论》,谓《仪礼》本为17篇,古文《逸礼》39篇乃为西汉刘歆伪作,并提出乐本无经说,批判古文经学派所说的乐亡于秦火说。究心版本、目录之学,编成《四库简明目录标注》。另著有《仪宋堂记》、《尚书通义》、《孝经通论》、《尚书传授同异考》、《半岩庐遗文》等。是年卒,终年52岁。

[文献] 《清史稿》卷四八〇:"邵懿辰,字位西,仁和人。……道光十一年举人,授内阁中书。久官京师,因究悉朝章国故,与曾国藩、梅曾亮、朱次琦数辈游处,文益茂美。……既罢归,则大覃思经籍,著《尚书通义》、《礼经通论》、《孝经通论》,颇采汉学考据家言,而要以大义为归。……(咸丰)十一年,城陷,死之。……其所著书,遭乱亡佚,长孙章辑录之,为《半岩庐所著书》,共三十余卷。"梁启超《清代学术概论》(二十二):"同时邵懿辰亦著《礼

经通论》,谓《仪礼》十七篇为足本,所谓古文《逸礼》三十九篇者,出刘歆伪造。……自邵书出而《逸礼》真伪成问题。"梁启超《中国近三百年学术史》(十三):"道、咸间,则有邵位西(懿辰)《礼经通论》,专明此经传授源流,斥古文《逸礼》之伪。"

穆宗同治元年　壬戌（公元 1862 年）

七月,同文馆设立　同文馆为清末最早的洋务学堂。是年,为培养翻译人员,由奕䜣等奏设,在北京成立,附属于总理各国事务衙门。先只设英、法、俄文三班,后陆续增设天文、算学及德文、日文班。开始只招收十三四岁以下的八旗子弟,后又招收 15 岁以上、25 岁以下的满汉学员。1867 年,又设算学、化学、万国公法、物理、外国史地等。该馆设有印刷所,译印数、理、化、历史、语文等方面的书籍,30 余年印书 200 余部。1902 年,并入京师大学堂。同文馆的设立,标志着中国具有近代意义的教育事业的开始。西式课程的设立以及广译西书,传播近代的科学技术知识和西方的史地国情,使人们看到传统文化之外的另一个天地。新的观念借助于具体的事物改变着人们世代相沿的思想观念,影响了一代知识分子。同文馆的设立,在晚清学术思想史上占有重要地位。

宋恕生　宋恕,清末思想家,浙江平阳人。是年生。

[文献]　胡珠生《宋恕年谱》"清同治元年,壬戌（1862 年）,一岁"条引宋恕重孙宋绍祖编《宋平子先生平谱》(《绍谱》)记"是岁三月十二日(4.10)戌时,公生于浙江平阳县万全乡鲍洋地方居第"。（《宋恕集》下册,中华书局,1993,1085 页）

穆宗同治二年　癸亥（公元 1863 年）

杨文会始学佛　是年,杨文会 27 岁,读马鸣《大乘起信论》,有所悟,乃一意搜求佛经,从此开始入道学佛。

[文献]蒋维乔《中国佛教史》卷四："同治二年,居父丧;归葬乡里;适罹疫,病中得马鸣《大乘起信论》,反复读之,得其奥旨;由是一意搜求佛经,后于书肆得《楞严经》,就几讽诵,几忘其身在肆中,日暮不去;肆主促之归,始觉;是为文会入道之始,年二十七也。"(上海书店,1989)

陈奂卒 陈奂(1786—1863),字硕甫,号师竹,又号南园老人,江苏长洲(今吴县)人。清代经学家。咸丰元年举孝廉方正。初从江沅治小学,继师事段玉裁。入京,师王念孙、王引之父子,并与郝懿行、胡培翚、胡承珙等交好,学益进。后客居杭州数年,晚归故里,是年卒于上海,终年78岁。其生平专治毛诗,尝谓齐、鲁、韩三家诗皆可废,而《毛诗》不可废。所著《诗毛氏传疏》尽弃《郑笺》,专疏《毛传》,谨守毛公诗义。另著有《毛诗说》、《三百堂文集》等。

[文献] 梁启超《中国近三百年学术史》(十三):"陈(奂)所以专毛废郑者,以郑固笺毛,而时复破毛,严格绳之,亦可谓为'不守师法',又郑本最长于礼,恒喜引礼解《诗》,转生轇轕。……硕甫(陈奂)专宗其一,也可以说他取巧。但毛传之于训诂名物,本极矜慎精审,可为万世注家法程。硕甫以极谨严的态度演绎它,而又常能广采旁征以证成其义,极洁净而极通贯,真可称疏家模范了。"《清史稿》卷四八二:"陈奂,字硕甫,长洲人。诸生。咸丰元年,举孝廉方正。奂始从吴江沅治古学,金坛段玉裁寓吴,与沅祖声善。……沅尝假玉裁《经韵楼集》,奂窃视之,加朱墨。后玉裁见之,称其学识出孔、贾上,由是奂受学玉裁。……著《诗毛氏传说》三十卷。又以疏中称引,博广难明,更举条例,立表示图,为《毛诗说》一卷。准以古音,依四始为《毛诗音》四卷。仿《尔雅》例,编毛《传》为《义类》十九篇一卷。以郑多本三家《诗》,与毛异,为《郑氏笺考证》一卷。又有《诗语助义》三十卷,《公羊逸礼考

证》一卷,《师友渊源记》一卷,《禘郊或问》、《宋本集韵校勘记》,各若干卷。……同治二年,卒,年七十有八。"

域外 J·S·穆勒的《功利主义》出版。

穆宗同治三年　甲子(公元1864年)

正月,叶德辉生　叶德辉(1864—1927),字奂彬,号直山,光绪进士,擢吏部主事。戊戌变法期间,反对康梁变法,谓《公羊》改制之说为"倡言变法以乱政"。认为治经应本于"考释训诂",深疾发挥"微言大义"。1910年,因湖南饥民抢米风潮被削籍回里,从事著述。1927年因民愤被杀。所著及校刻书凡百数十种。有《郋园丛书》、《经学通诂》等。

[文献]　蔡冠洛《清代七百名人传》(下):"叶德辉,字奂彬,号直山。……长沙湘潭人。……壬辰成进士,以主事用,观政吏部。……戊戌政变将作,与王葵园祭酒讼言孔子改制之诬,几蹈不测。……尝慨湖湘往时学者,因沿明人习气,好著议论,不究本源,虽擅淹通,益形固陋。故其为学博大汪洋,靡测涯际,而考订精审,从不轻下己意。一时言古学者,翕然宗之。……距其生同治三年甲子岁正月十四日,春秋六十有四。"(中国书店,1984,补编第2~3页)

四月,洪秀全卒　洪秀全(1814—1864),太平天国领导人。从1828年起,屡试未中,遂与封建科举决绝。后来受基督教布道书《劝世良言》影响,创拜上帝会,用以宣传和发动农民起义。他将村中学塾供奉的"至圣先师孔子"牌位打翻,掷于野外。1851年,率众在广西金田村起义,建立太平天国,自称天王。太平军定都天京后,颁发《天朝田亩制度》。后期任用洪仁玕总理朝政,并颁行其《资政新篇》。1864年,在天京形势恶化的情况下,于四月十九日病逝。他吸取西方基督教教义中平等博爱思想,结合以往农民起义中朴素的平等观念、古代的大同思想,提出"四海之内皆兄弟"、"天下一家、共享太平"的理想,用平等观念批判封建社会的不平等,反对充满压迫、残杀的现实世界。他还创造性地提出上帝的观念,并根据基督教只拜上帝、排斥其他一切偶像的教旨,对儒家学说予以批判,并焚除、删改儒家经典,有力地批判了封建纲常名教。《天朝田亩制度》是其反封建思想的顶峰,平等平均思想较前有较大发展。但其毕竟是农民阶级领袖,思想中革命性与落后性并存。他革命的世界观是披着宗教神学外衣,并带有平均、禁欲、皇权主义倾向。他所要建立的天国,仍然充满封建等级制度,虽然删改经书,但却保留其核心思想,未能超出农民阶级的视野。著作有《原道救世歌》、《原道醒世训》、《原道觉世训》等。

[文献]《中国近代史资料丛刊·太平天国Ⅱ·洪秀全来历》:"丙申年在广府考试,逢一异人,着大袖衣,梳髻,传书一部,名曰《劝世良言》,书中所言教人信实上帝耶稣,遵守十诫,不可拜魔鬼,以及其病时灵魂所见,一一相同,故即照书中所言而行。"(据逸经二十五期,原文藏不列颠博物院东方部,神州国光社1952年版,689~690页)《太平天国起义记》:"洪李二人由是书而知洗礼之必要,于是依照书中所言……自行施洗。彼等复对上帝祈祷,许愿不拜事邪神,不行恶事,而恪守天条。……二人于是将偶像扫除,并将塾中孔子牌位弃去。……是年(1851)秋,秀全又率军出发,直趋广西东部之永安州……洪秀全在永安即帝位,改国号为'太平天国'。"(民国二十四年燕京大学图书馆铅印本)《太平天国Ⅱ·洪仁玕自述》:"至今年四月十九,我主老天王卧病二旬升天。"(神州国光社,1952,847页)

五月,《字林西报》出版 《字林西报》前身是1850年(道光三十年)创刊的《北华捷报》,是英国人在上海出版的英文报纸。以刊载通讯报道、时事新闻和有关中国的军事情报为主。1951年停刊。是近代史研究的可贵资料。

[文献] 张革非《中国近代史料学稿》:"《北华捷报》是英商于1850年8月30日在上海创刊罗的周刊,又译作《华北先驱》,从1859年起成为英国驻上海领事馆和商务参赞公署的机关报,并且也是英国驻华使馆的喉舌。1864年英国在华另出《字林西报》,将《北华捷报》改为《字林西报》星期副刊。太平天国革命期间,《北华捷报》登载大量有关太平军的消息,翻译不少太平天国的印书和文件"(中国人民大学出版社,1990,287页)郭廷以《近代中国史事日志》上:"7,1(五,二八)上海'北华捷报'(航务商业日报)改名为'字林西报'(North-China Daily News)。"(中华书局,1987,446页)

十月,洪仁玕卒 洪仁玕,太平天国后期重要领导人之一,中国近代思想家、政治家。少习经史,累试不第。1843年皈依拜上帝会。1851年金田起义后,应召赴广西,未能赶上太平军,后辗转至香港,在外国传教士处研究基督教教义,并学习西方近代文化。1858年返天京,被封为干王,总理朝政,次年作《资政新篇》,呈于洪秀全。曾主持修订历法,并奏准发布革新考试制度的重要文献《士阶条例》。是年天京陷落,被清军所执,十月在南昌被杀。他在政治上主张既要加强中央权力,又要使中央和地方之间的关系相协调,还反对搞宗派、闹分裂。经济方面,他主张发展近代的交通运输和通讯事业,鼓励私人发明创造等等;并主张实行社会福利制度。他是中国十九世纪五六十年代学习西方的先进人物,把"向西方学习"提高到了一个新的高度,比他的前辈们大大前进了一步,不仅看到西方国家近代科学知识和生产技术的优越性,而且对英、美等国的资产阶级政治制度十分钦慕。他所提出的健全司法制度、完善君主政体、发展民用工业、承认私有权、奖励发明创造等一系列政策,和后来资产阶级改良派的筹议有共通的脉络。要求发展资本主义的主张虽然背离太平天国要求消灭剥削、废除私有制的宗旨,却与历史发展趋势相吻合。著有《资政新篇》、《英杰归真》、《太平天国己未九年会试题》等。

[文献]《中国近代史资料丛刊·太平天国Ⅱ·洪仁玕自述》:"辛亥年游广西,……不能追随我主天王,不遇而回。癸丑游香港,授书夷牧。……己未年洋人助路费百金,……于三月十三日到京,蒙我主恩封福爵。……四月初一日,改封开朝精忠军师顶天扶朝纲干王。……再臣钦奉上谕:'沈葆桢奏拿获凶悍逆者,请旨办理一摺,着即将洪仁玕、洪仁政、黄文英三犯就地凌迟处死'等因,钦此。遵即委令按察使文辉会同署抚標中军参将荣翰于十月二十五日,将洪仁玕、洪仁政、黄文英绑赴市曹,凌迟处死,以快人心。"(神光出版社,1952,846~847页、862页)蔡冠洛《清代七百名人传》:"道光三十年,金田起事,仁玕募壮士五十人自广东赴之,至则大军已启行,追蹑不及……乃达香港。受洗礼于英教师。……天王得仁玕,大喜,封为干王。……六月乙酉,天京陷,仁玕、仁政,护后主杂乱军中冲门以出……遂被执。与后主骈戮于南昌市。"(中国书店,1984,1901~1902页)

丁韪良所译《万国公法》印行　丁韪良(William Alexander Parsons Martin),美国传教士,以传播西学和任同文馆总教习闻名。生于1827年,卒于1916年,终年89岁。1850年来华,任同文馆教习后,以当时美国的国际法权威、哈佛大学惠顿的《国际法原理》(Elements of International Law)为底稿,与当时总理衙门章京陈钦、李常华、方浚师、毛鸿图等人精心研究协作,于是年印发同文馆的第一部西学著作《万国律例》,后改为《万国公法》。其第一卷"释义明源",第二卷"论诸国自然之权",第三卷"论平时往来",第四卷"论交战"。该书出版后,分送清政府中央和各省各口岸,影响甚远。冯桂芬称"《万国公法》一书,翻译尚有未全,意彼所持以治国莅民者当有一定法律,如能得其要领,不能以矛攻盾,或可稍免俯张。"(《中国近代学制史》,第 1 辑,上册,229 页)之后,在丁韪良的主持下,同文馆又相继翻译了《星轺指掌》4 卷、《公法便览》6 卷、《公法会通》10 卷、《陆地战役新选》、《中国古代万国公法》、《邦交提要》、《新加坡律例》等。这部书的译成,对晚清西学东渐和中国近代翻译事业做出了巨大的贡献,尽管丁韪良等人翻译书籍的主观动机是要中国服从西人所公认的国际关系准则,维护不平等条约,但其书中毕竟包含了近代国际关系准则中一系列民主与平等交往的原则,为中国造就了一批翻译和外交人才。

[文献] 王立新《美国传教士与晚清中国现代化》:"《万国公法》(Wheaton's International Law)该书由丁韪良根据美国国际法权威、哈佛大学教授惠顿的《国际法原理》(Elements of International Law)翻译而成。……书成后,总理衙门拨银 500 两,由京都崇实馆于 1864 年印行。初名《万国律例》,后增订改为《万国公法》。这是同文馆出版的第一部西学著作。"(天津人民出版社,1997,365~370 页)顾长声《从马礼逊到司徒雷登——来华新教传教士评传》:"继《万国公法》问世之后,丁韪良又在他担任同文馆工作期间,与他人合作陆续译著出版了以下国际法的书籍:一、《星轺指掌》四卷,一八七六年出版……二、《公法便览》六卷,一八七七年出版……三、《会法会通》十卷,一八八〇年出版……四、《陆地战役新选》,一八九九年出版……五、《中国古代万国公法》,一八八四年出版。"(上海人民出版社,1985,209 页)

穆宗同治四年　乙丑(公元 1865 年)

二月,谭嗣同生　谭嗣同,字复生,号壮飞,湖南浏阳人。是年生。

[文献]《谭嗣同全集·三十自纪》:"同治四年春二月己卯,

嗣同生于京师宣武城南,嬾眠胡同邸第。"(中华书局,1981,56页)杨廷福《谭嗣同年谱》:"谭嗣同字复生,号壮飞,一号华相众生,一号东海褰冥氏。先生六世祖逢祺,明末从长沙徙至浏阳定居,遂世代为浏阳人。"(人民出版社,1957,11页)

《张子正蒙注》刊行　《张子正蒙注》,王夫之著,是其晚年著作之一,系北宋张载《正蒙》一书的注释和发挥。作者通过对《正蒙》逐篇注释,表彰张学以与程朱、陆王之学相颉颃。以为"张子之学,上承孔孟之志,下救来兹之失。"比较集中地体现了作者"袭张横渠之正学"的治学路径。全书共有九卷十八篇。书中发挥了张载气本论和"一物两体"思想,指出阴阳对立统一是事物运动的源泉,而运动与静止是互相依存的。后收入《船山遗书》,有1956年北京古籍出版社和1957年中华书局单行本。

[文献]　王之春《王船山公年谱》:"同治四年,曾文正公国藩与忠襄公国荃重刻前十七种于金陵,……刻增……《张子正蒙注》、《思问录内篇》、《思问录外篇》一共五十九种。"《张子正蒙注·太和篇》"阴阳二气充满太虚,此外更无他物,亦无间隙,天之象,地之形,皆其所范围也。……阴阳者气之二体,动静者气之二几。……阴阳之消长隐见不可测,而天地人物屈伸往来之故尽于此。……动有动之用,静有静之质,……动而成象则静。"

穆宗同治五年　丙寅(公元1866年)

十月,孙中山生　孙中山(1866—1925),名文,字德明,号日新,改号逸仙。1897年,在日本化名中山樵,后遂以中山名世。广东香山人。青少年时代就学于檀香山、香港等地书院,接受西方资本主义文化教育。1894年,上书李鸿章,提出变法自强的主张,遭拒绝,遂萌发武装推翻清政府的思想。在檀香山创立兴中会,提出"驱除鞑虏,恢复中华,创立合众政府"的资产阶级革命纲领。

1905年,组织中国同盟会,被举为总理;确定"驱除鞑虏,恢复中华,建立民国,平均地权"的资产阶级革命政纲;创办《民报》,提出"民族、民权、民生"三民主义学说,同改良派展开论战,坚持只有推翻清朝封建专制政府,建立民主政治,中国才有前途;主张用"平均地权"和"土地国有"政策防止贫富悬殊。1911年10月10日武昌起义,各省响应,孙中山被选为临时大总统,1912年1月1日在南京宣誓就职。建立中华民国临时政府,公布具有资产阶级共和国宪法性质的《中华民国临时约法》,由于立宪派及其他旧势力对袁世凯的支持及革命党人的妥协,被迫于2月13日向临时参议院提出辞职,荐袁世凯担任总统。8月,同盟会改组为国民党,被推为理事长。1913年发动讨袁的"二次革命",因国民党涣散无力,旋告失败。1914年,在日本组织中华革命党,被举为总理。1917年,坚决反对段祺瑞拒绝恢复《临时约法》和国会,在广州召开国会非常会议,组织护法政府,被推举为海陆军大元帅,誓师北伐。次年,因受桂系军阀排挤,向非常国会提出辞职。1919年,撰成《建国方略》,并将中华革命党改组为中国国民党。1921年,国会召开非常会议,决定组织中华民国正式政府,他就任非常大总统,再揭护法旗帜,但因陈炯明叛乱,再次失败。俄国十月社会主义革命的胜利,中国共产党的诞生给了他以新的希望。此后,他接受中国共产党和苏俄的帮助,实行联俄、联共、扶助农工的三大政策,把中国国民党改组为民主革命的阶级联盟。1924年1月,在广州召开国民党第一次全国代表大会,通过党纲、党章,把旧三民主义重新解释为新三民主义。1925年3月12日积劳成疾,于北京逝世。其一生屡遭挫折,为中华民族的解放事业奋斗了40余年,是举世尊崇的杰出的政治家、革命家、思想家、理论家。在其整个思想体系中,政治思想是最具代表性的思想,而政治思想的核心则是三民主义,即民族、民权、民生。一生始终坚持资产阶级民主主义,并不断对此做出补充说明,其中最重要的是提出了"五权宪法"的思想,五权即立法、司法、行政、考试、监察五权,实质是分权与制衡原则。辛亥革命以后,他将三民主义解释为新三民主义,即政治上反对帝国主义侵略,实现普遍平等的民权;经济上平均地权,节制资本,实现耕者有其田。哲学思想上,其宇宙观是以近代自然科学为基础的唯物主义宇宙观。坚持进化发展的历史观念,并以此论证民主革命的历史必然性,承认人的主观能动性可以推动历史的飞跃发展;提出"知难行易"说,主张"以行而求知,困知以进行",接近能动反映论。但又提出"知行分任"说,认为人类知识分为"不知而行"、"行而后知"、"知而后行"三个阶段。社会历史观方面,是民生史观,认为民生问题是人类历史不断进化发展的原动力。其一生大多从事革命活动,很少有时间进行专门之思辨,但他所提出的思想和政纲,却是当时最完整、最先进的思想体系。其中也存在某些弱点,如民族主义,从种族革命、承认不平等条约、五族共和到民族自决、废除不平等条约、国内各民族一律平等,达到了他思想的最高水平,但却不能用马克思主义阶级斗争观点来解释民族斗争,而是用王道、霸道来加以解释;其民权主义,宣扬民主共和、自由平等博爱、五权分制,是反对等级制、君主专制的思想武器,但却低估了数千年来专制政体的影响和潜力,权能分开说为独裁统治开辟了道路。平均地权,客观上打击了封建土地所有制,为资本主义发展开辟道路,却只能是一种乌托邦式的社会主义空想。哲学思想,在自然观和认识论方面,基本上是唯物主义的,在社会历史观方面,却基本是二元论或唯心论。

[文献]《孙中山全集》第一卷:"仆姓孙名文,字载之,号逸仙,藉(籍)隶广东广州府香山县,生于一千八百六十六年华历十月十六日。幼读儒书,十二岁毕经业。十三岁随母往夏威仁岛(Hawaiian Islands),始见轮舟之奇、沧海之阔,自是有慕西学之心,

穷天地之想。是年母复回华,文遂留岛依兄,入英监督所掌之书院(IoLani College, Honolulu)肄业英文。三年后,再入美人所设之书院(Oahu College, Honolulu)肄业。……居乡数月,即住香港,再习英文,先入拔粹书室。……转入香港书院。……二十一岁改习西医,先入广东省城美教士所设之博济医院(Canton Hospital)肄业。次年,转入香港新创之西医书院。……文早岁志窥远大,任慕新奇,故所学多博杂不纯。于中学则独好三代两汉之文,于西学则雅癖达文之道(Darwinism);而格致政事,亦常流览。……曾于香港考授英国医士。幼尝游学外洋,于泰西之语言文字、政治礼俗,与夫天算地舆之学,格物化学之理,皆略有所窥;而尤留心于其富国强兵之道,化民成俗之规。……余自乙酉(1885)中法战后,始有志于革命,乙未遂举事于广州,辛亥而民国告成。……倾覆满洲专制政府,巩固中华民国,图谋民生幸福,此国民之公意,文实遵之。"《蔡元培全集》第五卷《孙逸仙先生传略》:"先生自美洲归,则于阳历一月一日就职,即废除阴历,而以是年为民国元年,建设临时政府。及清帝退位,先生即辞临时总统之职,而袁世凯继之。……先生夙有肝疾,到北京,疾转剧,历经名医手均无效,竟于本年三月十一日去世。年六十有一。"(中华书局,1984,17页)

罗振玉生 罗振玉(1866—1940),字叔言,又字叔蕴,号雪堂,自署守残老人,浙江上虞人。历任学部参议、京师大学堂农科监督等职。其生平最大之功绩,在于搜集并解读甲骨文字。他还考订汉晋木简,就伯希和所得的敦煌千佛洞所藏古本书写《敦煌石室遗书》,排印行世。其于古书古器之发现,为史学研究提供了新材料,推动了史学的研究。著有《殷墟书契》、《殷墟古器物图录》、《汉晋书影》、《莫高窟石室秘录》等。卒于1940年。

[文献] 甘孺辑述《永丰乡人行年录·罗振玉年谱》:"清同治五年丙寅(一八六六)乡人一岁。六月廿八日子时,乡人生于江

苏淮安府山阳县南门更楼东寓庐。乡人家自南宋时由慈溪迁上虞之永丰乡,遂为上虞人。"王森然《近代二十家评传·罗振玉先生评传》:"罗振玉安叔言,又字叔蕴,号雪堂,自署守残老人。生于清同治五年丙寅(西历一八六六年),现年六十九岁。浙江上虞人。历任学部参议,京师大学堂农科监督等职。……先生贡献于学术界之伟绩,其彰彰在人耳目者,在其提携王观堂,以今文创读殷墟书契,而因以是正商、周间史迹及发见当时社会制度之特点,使古文麦然改观,斯穴空前绝业。……先生治学,缜密谨严,奄有清代二百余年文字、训诂、目录、校勘、金石之特长,而变化之。树一义,考一事,精赅无伦。……自光绪戊戌己亥间,甲骨文字出土,又大半为先生所得,竟藏至三万片有奇。其著《殷墟书契》前八卷,……先印其最精粹者,以流传于社会,垂范于后世,裨益于文字学及古代史之功绩,其非先生乎?……而敦煌所出古书之研究,则全出先生一人之乎。其新得之成绩……皆前此所未知。此更见先生古书研究之独得也。……先生以学者之身,百方蒐求新出之材料,不啻为近三十年来新研究功绩之主人,且为近百年文化之总结晶体也。"(书目文献出版社,1987,133~145页)

穆宗同治七年　戊辰(公元 1868 年)

十一月,章炳麟生　章炳麟(1869—1936),字枚叔,号太炎。曾任《时务报》撰述,发起成立光复会,任《民报》主编、光复会会长、《大共和日报》社长、共和党副理事长、护法军政府秘书长等职。幼师从俞樾习经史,谨守朴学。是古文经学派的大师,学兼中西,贯通古今,于经史子佛造诣很深。其治经,笃守古文家法,以周官左氏为本,崇尚汉学,不废魏晋;对于历史,他是一位忠实的方法论者,只有他的形式逻辑所能理会的东西,才能使他坚信不疑,不信史前之说。对于宗教,他是一位无神论者,但与一般无神论者不同,提倡建立宗教。他对于诸子学的研究,最有价值之处在于他能考究源流,有别于理学家和公羊家。他是中国近代史上第一位有系统地尝试研究学术史的学者。著有《訄书》、《文物论释》、《太炎文录》、《莉汉微言》等,均收入《章氏丛书》。

[文献] 《章太炎先生自定年谱》:"伪清国同治七年一岁"条记"余先自分水迁余杭,距今几五百年。……是岁十一月三十日生"。"光绪十六年二十三岁"条记"正月,先君殁。遗命以深衣殓。既卒哭。肄业诂经精舍。时德清俞荫甫先生主教,因得从学。并就仁和高宰平先生问经,谭仲仪先生问文辞法度……是岁求通典读之。""光绪二十二年二十九岁"条记"余始治经,独求通训故知典礼而已。及从俞先生游,转益精审。……有为弟子新会梁启超卓如与穗卿集资就上海作时报,招余撰述,余应其请,始去诂经精舍。""光绪二十三年三十岁"条记"偶得《大乘起信论》,一见心悟,常讽诵之。"光绪三十二年三十九岁"条记"时孙逸仙与善化黄兴克强已集东京学子千余人设中国同盟会。倡作民报,与康氏弟子相诘难。……余抵东京。……入同盟会,任民报编辑。""宣统元年四十二岁"条记"民报既被禁,余闲处与诸子讲学。……焕卿知南洋归,余方讲学,焕卿亦言逸仙难与图事。吾辈主张光复,……曷分设光复会,余诺之。"(上海书店,1986)章念驰《章太炎生平与学术·章炳麟的学术成就》:"炳麟治经,笃守古文家法,以周官、左氏为本,宗尚汉学,亦不黜魏晋。因其对古文有特别造诣,常能推翻旧说,提出新的见解。……炳麟对国学的深入研究,以及他对百家学术的广泛论列,对中国学术史有其不可忽略的贡献。炳麟可谓为中国第一位有系统地尝试研究学术史的学者。"(生活·读书·新知三联书店,1988,172~177页)章念驰《章太炎生平与学术·章太炎的科学成就及其对于公羊学派的批判》:"太炎继承了清代学者的诸子研究,融会贯通,卓然成一家之言。最有价值的

部分,在于他能考竟源流,而反乎理学家的心传,公羊家的口授与托古。"(同上,136页)

陈乔枞卒 陈乔枞(1808—1868),清代今文经学家。字朴园,一字树滋,福建侯官(今福州)人。陈寿祺之长子。道光举人,官至抚州知府。尽得其父之今文经学,主治《诗》、《书》、《礼》。著作颇丰,主要有《今文尚书经说考》、《欧阳夏侯经说考》、《礼堂经说》、《礼记郑读考》、《鲁诗遗说考》、《齐诗遗说考》、《韩诗遗说考》、《毛诗郑笺改字考》、《诗家四家异文考》、《诗纬集证》、《齐诗翼氏学疏证》等。其《今文尚书经说考》不仅旁征博引,而且能述清源流,为清代今文学名著之一;其《齐、鲁、韩三家诗遗说考》辑佚广泛,可与魏源的《诗古微》相媲美,为皮锡瑞所称引。其长于辑佚,而不重思想发挥。著作汇刻为《小琅嬛馆丛书》(亦名《左海续集》)。是年卒,享年61岁。

[文献]《清史稿》卷四八二:"(陈寿祺)子乔枞,字朴园。道光五年举人,二十四年,以大挑知县分发江西。因官分宜、戈阳、德化、南城诸县,署袁州、临江、抚州知府。以经术饰吏治,居官有声。同治七年,卒于官,年六十一。……成《礼记郑读考》六卷、《三家诗遗说考》十五卷。又著《齐诗翼氏学疏证》二卷、《诗纬集证》四卷。……又著《今文尚书经说考》三十四卷、《欧阳夏侯经说考》一卷。……又有《诗经四家异文考》五卷、《毛诗郑笺改字说》四卷、《礼堂经说》二卷,最后为《尚书说》。"蔡冠洛《清代七百名人传》(下):"齐诗之学,宗旨曰:四始、五际、六情。皆以明阴阳终始之理、考人事盛衰得失之原。……凡所论列,一时名公硕彦莫不钦服焉。《尚书说》最后成。其时宿学渐芜、微言衰落,而曾文正公见之,独许以为可传。"

穆宗同治八年　己巳（公元1869年）

陈立卒　陈立（1809—1869），字卓人，一字默斋，江苏句容人。清代今文经学家。道光进士，官翰林院庶吉士、刑部主事，升郎中，授云南曲靖知府，因道阻，未上任，流转东归。少颖，于扬州从梅植之受诗、古文辞，后师从凌曙、刘文淇受《公羊春秋》、许氏《说文》、郑氏《礼》，而致力于《公羊传》，博采众家之长而撰成《公羊义疏》，又撰成《白虎通疏证》。另著有《尔雅旧注》、《说文谐声孳生述》、《句溪杂著》等。是年卒。

[文献]　张惟骧《疑年录汇编》卷一四："陈卓人六十一立，生嘉庆十四年己巳，卒同治八年己巳。"《清史稿》卷四八二："陈立，字卓人，句容人。道光二十一年进士，二十四年，补应殿试，选翰林院庶吉士。散馆改刑部主事，升郎中，授云南曲靖府知府。……少客阳州，师江都梅植之，受诗、古文辞；师江都凌曙、仪征刘文淇，受《公羊春秋》、许氏《说文》、郑氏《礼》，而于《公羊》致力尤深。……初治《公羊》也，因及汉儒说经师法，谓莫备于《白虎通》。先为疏证，以条举旧闻、畅隐扶微为主，而不事辨驳，成《白虎通疏证》十二卷。……成《尔雅旧注》二卷。又以古韵之学敝蚀已久，而声音之原，起于文字，《说文》谐声，即韵母也。……成《说文谐声孳生述》三卷。其文渊雅典硕，大抵考订服制典礼及声音训诂为多，成《句溪杂著》六卷。"梁启超《中国近三百年学术史》（十三）："而陈卓人（立）费毕生精力。成《公羊义疏》七十六卷，实为董、何以后本传第一功臣。……凌晓楼尝锐意以此自任，晚年病风，精力不逮，仅成《公羊礼疏》十一卷。卓人为晓楼（凌曙）弟子，继师志以成此书。此书严守'疏不破注'之例，对于邵公只有引申，绝无背畔，盖深知公羊之学专重口说相承，不容出入也。其所征引，自董仲舒、司马迁以下，凡汉儒治公羊家言者，殆网罗无遗；

清儒自孔、庄、刘以下,悉加甄采,而施以严正的裁断;礼制一部分,则多采师(凌)说而笃宗郑氏,程易畴、金辅之驳正最多。其余公羊家三世九旨诸说——邵公所谓'非常异义可怪之论'者,阐发无余蕴,不独非巽轩所梦见,即方耕、申受亦逊其精锐。在公羊学里头,大约算登峰造极的著作了。"《中国近三百年学术史》(十四):"道光间陈卓人著《白虎通疏证》十二卷。卓人本受公羊学及礼学凌晓楼(曙),此书实足与凌注《繁露》并美。"

丁韪良出任北京同文馆总教习　丁韪良,美国传教士。1850年4月,丁韪良来华抵港,后到宁波传教。1865年,丁韪良接替英国传教士傅兰雅任北京同文馆英文班教习。1869年11月,在中国海关总税务司赫德的推荐与支持下,出任同文馆的总教习,之后担任这个职务长达25年之久。其上任后,将同文馆的学制改为五年制和八年制两种,五年制课程不包括外语,主要学习数学、格致和国际法等,八年制学员在前三年几乎全部学外语,后五年学数学、格致和国际法等课程。生源在1870年以前均为八旗子弟,之后,逐渐招收汉人,到1893年,汉人与八旗子弟的比例已为52:48,汉人超过了八旗子弟。同文馆为中国培养出了一批翻译和外交家。如户部尚书董恂、刑部尚书谭廷襄等人,都是同文馆的高材生。同时同文馆还翻译了一批西学书籍。但亦有人称丁韪良对同文馆管理不善,学生浮躁,教授之法浅薄等等,但毕竟同文馆给中国带来了一股进步的气息,这是值得肯定的。

　　[文献]　顾长声《传教士与近代中国》:"中国官办的洋学堂或称新式学堂是从一八六二年在北京开设京师同文馆肇始的。……丁韪良是一八六五年到同文馆接替傅兰雅任英文班教习的,从一八六九年十一月起,他出任同文馆的总教习职,一直做到一八九四年。"(上海人民出版社,1981,243页)顾长声《从马礼逊到司徒雷登——来华新教传教士评传》:"丁韪良上任之后,对同文馆

的学制进行了一些改革,分成五年制和八年制两种,后者是在一八七六年获得总理衙门批准的。五年制课程不包括外语,主要学习数学、格致和国际法等课程。八年制在头三年几乎全部学习外语,后五年才学习格致、数学和国际法等课程。……同文馆在丁韪良的主持下,培养出一批翻译和外交官。洋务派中的要员如户部尚书董恂、刑部尚书谭廷襄等,都是同文馆的毕业生。同文馆还翻译出版了一批西学书籍。"(上海人民出版社,1985,210~213页)陈其章《请整顿同文馆疏》:"计自开馆以来,已历三十余年,问有造诣精纯、洞悉时务、卓为有用之材乎? 所请之洋教师果确知其教法精通,名望出众,为西国上等人乎? 授受之法固不甚精,而近年来情弊之多,尤非初设馆时可此。……生等平时在馆亦多任意酣嬉,年少气浮,从不潜心学习。间有聪颖异人者,亦只剽窃皮毛,资为谈剧。及至三年大考,则又于洋教师处先行馈赠,故作殷勤,交通名条,希图优等。"(《皇朝道咸同光奏议:变法类·学校》)

穆宗同治九年　庚午(公元1870年)

二月,英国传教士李提摩太来华　李提摩太(Timothy Richard),英国浸礼会传教士。是年二月来华,先在山东、东北和山西等地传教。光绪十六年(1890年)任天津《时报》主笔。次年任同文书会(后改名广学会)总干事。出版多种书籍和杂志,大量向中国介绍西方的政治、经济、历史、文化等情况,客观上对当时中国知识界和一部分官吏起过不同程度的启蒙作用。他还广交中国上层官僚和士大夫知识分子,与康有为、梁启超相知。1902年,以庚子赔款设立山西大学堂。著有《留华四十五年记》、《广学会年报》、《时事新论》、《泰西新史揽要》等。

[文献]　顾长声《从马礼逊到司徒雷登——来华新教传教士评传》:"李提摩太……于一八七〇年二月二十七日到达中国山东

烟台。李提摩太像早年来华的传教士一样,在烟台……进行传教活动。……其中一次曾远至东三省的鸭绿江边。……一八九〇年七月,李提摩太时来运转,在天津的直隶总督兼北洋通商事务大臣李鸿章特邀他到天津担任《时报》主笔。……李提摩太……于一八九一年十月正式到上海走马上任。他担任同文书会督办(总干事)的职务长达二十五年。……在译介西方各国的历史、地理和政治经济等状况时,李提摩太也不期而然地引进了欧、美的资产级自由、平等、博爱的说教和立宪制度、民主制度、议会制度等;介绍了西方的文化、科学、教育的发展状况以及所采用的一些制度。……李提摩太还与维新运动领袖康有为在北京初次会晤","梁启超担任李提摩太的秘书。"(人民出版社,1985,315~356页)戴逸、林言椒《清代人物传稿》下编第一卷:"同治八年(1869),他被派遣来华,翌年在山东烟台登岸。……光绪十六年(1890年),他受聘为英国人在天津创办的报纸——《时报》的主笔。……同文书会改称广学会,在李提摩太主持下,积极扩展会务,出版大量书籍,创刊《万国公报》,除宗教宣传外,还以介绍'西学'为标榜,兼论中国政教,影响迅速扩大,成为外人在华的重要文化机构,李提摩太自己也几乎是废寝忘食地从事翻译和著述。"

五月,天津教案发生 天津自设堂传教以来,法国天主教传教士搜罗爪牙,拐骗人口,强占民地,包揽词讼,激起民愤。是年五月间,育婴堂收养的婴孩死去三四十人,同时,拐骗幼孩的事不断发生,拐犯"当堂直供,系天主堂主使",于是天津地方官吏及近万群众聚集教堂前要求惩办凶犯。法国驻天津领事丰大业胁迫崇厚派兵弹压,并开枪打死天津知县刘杰。群众怒不可遏,当场殴毙丰大业,焚毁法国教堂、育婴堂、英美教堂数所,打死教士、商人20人。事后,英、美、法等七国抗议,清政府派曾国藩、李鸿章查办,两人屈服于侵略者,以杀民谢敌了事。曾国藩因此而遭时人唾骂。

[文献]《筹办夷务始末》:教堂"迷拐人口,实难保其必无。天津之王二、安三,河间拿获之王三纪,静海现留之刘金玉,供词牵涉教堂,实在可疑"。"词讼之无理者,教民则抗不遵断;赋役之应出者,教民每抗不奉公。……遇有民教争斗,平民恒屈,教民恒胜。教民势焰愈横,平民愤郁愈甚。郁积必发,则聚众而群思一逞。"(同治朝卷七三第45页,卷七六第39页)李时岳《近代中国反洋教运动》:"1870年6月间,法国天主教育婴堂所收养的婴孩死去三四十人,同时天津一带又不断发生迷拐幼孩的事件,拐犯供词,无不牵连教堂。于是民情汹汹,闾阎浮动,……反洋教揭贴飞翔于街头巷尾。……丰大业及西蒙,立被群众殴毙,投尸河中。随后居民又鸣锣聚众,火烧法国教堂、育婴堂、领事署及英、美教堂数所,打死洋教士、洋商及外国职官二十名。"(人民出版社,1985,30~31页)蔡冠洛《清代七百名人传》:"五月,通商大臣崇厚奏,天津民人因迷拐幼孩,有牵涉教堂情事。法国领事丰大业出言不逊,对官施放洋枪,百姓激忿,殴毙丰大业,焚毁教堂。上命国藩赴天津查办。"(中国书店,1984,1044页)

域外 [日]哲学家西田几多郎生,京都大学教授,著有《善之研究》、《思索的体验》、《现代理想主义的哲学》及《意识的问题》等。

穆宗同治十一年 壬申(公元1872年)

二月,曾国藩卒 曾因藩(1811—1872),近代洋务派官僚,清末理学代表。道光进士,曾任翰林院待讲学士、内阁学士等职,擢礼部右侍郎,历署兵、吏部侍郎。为军机大臣穆彰阿门生,又从倭仁、唐鉴讲习程朱之道。曾镇压太平天国运动。同治四年(1865),以钦差大臣督办直隶、山东、河南三省军务,围剿捻军,战败去职。与李鸿章创办江南制造总局等军事工业,为洋务派首领。1870年,奉命查办天津反洋教斗争,残民媚外,受社会舆论谴责。

是年二月初四卒于南京。作为清末理学的最后一位代表,他主张以严刑峻法与封建纲常名教强化对人民的思想统治。其学术思想主要有以下几个方面:(1)尊奉程朱理学。在继承理学传统的同时,进一步阐发理学家"格物致知"、"即物穷理"的理论。但其理学思想又与程朱理学有差异,他不像程朱理学那样严辨"天理人欲",而是将理化为礼,由"天理"转向"经世之礼",强调经世之术,从而将程朱理学与经世之学有机结合在一起,使学术研究与现实相结合。(2)提倡汉宋调和,会通汉宋学术。汉学崇尚古文经学,提倡实事求是,宋学尊奉程朱,尚空谈心性。汉宋两个对立的学术流派,自清初以来就发生分歧与论辩。他想消除二者争端,其办法就是主张义理、考据、辞章、经世对于治礼都有必要,不存在轻重之别。作为一代儒家,其学术思想在近代社会以及思想界产生了重要影响。尤其是礼学经世思想以及会通汉宋学术的主张,适应了晚清以来学术逐渐与现实相结合、强调经世致用这一趋势,既具积极精神,也有代表时代的含义。

[文献]《清史稿》卷四〇五:"国藩,道光十八年进士。二十三年,以检讨典试四川,再转侍读,累迁内阁学士、礼部侍郎,署兵部。时太常寺卿唐鉴讲学京师,国藩与倭仁、吴廷栋、何佳珍严事之,治义理之学。……三年,粤寇破江宁,据为伪都,分党北犯河南、直隶,天下骚动,而国藩已前奉旨办团练于长沙。……捻匪者,始于山东游民相聚,其后剽掠光、固、颍、亳、淮、徐之间,……有众数十万,马数万,蹂躏千里,分合不常。……上闻大惊,诏国藩速赴山东剿捻,节制直隶、山东、河南三省,……九年四月,天津民击杀法领事丰大业,毁教堂,伤教民数十人,……国藩方病目,诏速赴津,乃务持平保和局,杀十七人,……津民争怨之。……国藩既负重谤,疾益剧,……天性好文,治之终身不厌,有家法而不囿于一师。其论学兼综汉、宋,以谓先王治世之道,经纬万端,一贯之以

礼。……同治十三年,薨于位,年六十二。"朱维铮《求索真文明》:"曾国藩……在太平天国失败以后,竭力提倡汉宋调和,既想化解桐城派与汉学家的宿怨,也想消除经今古文学的争端,那办法就是把经学说成'礼学',以为考据、义理、词章、经世,对于治礼都有必要。""尊奉程朱理学,是曾国藩学术思想的主要特征之一。"(上海古籍出版社,1996,10 页)陈居渊《略论曾国藩的学术思想》:"曾国藩的理学思想与程朱理学又有着明显的差异……将'理'具体化为'礼'。""从表面理解,曾国藩强调'礼',仍是出自匡正人心,整治政事,而实质上其内涵更多的是指'经世之礼'和'治世之术'……曾国藩的学术思想带有很浓烈的政治伦理道德色彩和经世致用的积极精神,它既反映了当时社会思潮的一般性要求,也体现出曾国藩学术思想的本质内容具有时代的代表性意义。"(载《求索》1994 年第 6 期)

[考辨] 有学者认为:近代学术史上没有曾国藩的席位。曾国藩在学术史上的地位,不取决于他的 1500 万字遗文,更不取决于任何人的片面论断,而应取决于他对中国文化学术的认识,有无学术专著,是否创建了某种学说。曾国藩只是个不轻立说,未足成家,没有专门著作的宋明理学的最后一名道学先生而已(刘乐扬《略论曾国藩的历史功罪与学术地位》,载《江海学刊》1987 年第 4 期)。而全国第一次曾国藩学术研讨会则对曾国藩给以极高评价:认为他是儒家文化晚期的代表人物,(早期为孔子,中期为朱熹),是传统文化的集大成者(《全面评价曾国藩——全国第一次曾国藩学术研讨会学术论点综述》,载《湘潭大学学报》哲社版 1996 年第 2 期)。对于曾国藩的评价,应实事求是,不贬低,也不抬高。他虽无学术专著,但其思想已融于其书札、文集、杂著、日记之中,并在近代社会、思想界产生了深远影响,不应抹煞他在学术史上的地位。

四月,《申报》创刊 《申报》,由英商美查(Ernest Major)等于是年四月在上海创办,执笔者皆由华人担当。内容涉及论说、时事新闻、社会新闻、其他报刊选登、《京报》全录及广告等,鼓励中国士人投稿。由于华人文章很多,所以载文内容和理论能够迎合中国人的心理,因此创刊后即受到人们的广泛欢迎,在宁波、汉口、镇江、天津、苏州、杭州、湖州、嘉兴、盛泽、扬州、香港、广东、南京、北京等地皆设有分销点。因该报执笔的华人与西人多有交往,对西方文化较为了解,所以行文屡有艳羡西方文明,倾向学习西方之论。故而民间有《申报》"偏袒西人"之说。

[文献] 《申报》创刊号《本馆告白》:"今天下可传之事甚多矣,而湮没不彰者比比皆是。……求其论述当今时事,文则质而不俚,事则简而能详,上而学士大夫,下及家工商贾,皆能通晓者,则莫如新闻纸之善矣。新闻纸之制创自西人,传于中土,向见香港唐字新闻体例甚善,今仿其意设《申报》于上海。凡国家之政治,风俗之变迁,中外交涉之要务,商贾贸易之利弊,与夫一切可惊、可愕、可喜之事,是以新人听闻者,靡不毕载,务求其真语。庶几留心时务者于此可以得其概,而出谋生理者于此亦不至受其欺。此新闻之作固大有益于天下也。"(《申报》1872年4月30日)方汉奇《中国新闻事业通史》第一卷:"美查邀集友人伍华德(C·Woodward)、普莱亚(W·B·Pryer)和麦洛基(John Machillop)等3人合资开办《申报》,每人出银400两,共1600两,由美查担负报馆全责。《申报》于1872年4月30日(同治11年3月23日)创刊。初为双日刊,自第5号起改为日刊(星期日停出)。单面铅印,第期8章(8版)。"(中国人民大学出版社,1992,322~323页)

[考辨] 关于美查办《申报》的动机。戈公振《中国报学史》中认为,他的生意"某岁折阅,思改业",所以转而办报。(商务印书馆,1972,第3章,12页)白瑞华(R·S·Brittom):《中国

报刊》(The Chinese Periodical Press)认为,他所经营的江苏药水厂生意兴隆,因而将剩余的资金来办报。(亚洲文会1933年版,第六章)

七月,首批中国学生赴美留学　随着洋务运动的开展,急需更多的科技人才,需要开辟育才的新途径。容闳提出派学生赴美留学的设想,得到曾国藩等人的赞同。曾国藩于1871年7月上奏阐明派遣留学生的目的和具体方案。1872年秋,陈兰彬率领第一批30名幼童到达美国。顽固派把派遣学生留学外洋视为离经叛道之举,指责学生剪发、入美国宗教等种种"不轨",认为即使学成归国,非但无益于国家,反将有害于社会。因此要求从速撤回留美学生。清政府偏听谗言,于1881年下令分批撤回留美幼童。幼童赴美留学虽未达到洋务派自强的目的,但却开近代留学之风,促进了晚清以来中国人向西方学习的努力,对引进西方的自然科学与民主思想,具有积极意义。

[文献]《同治朝筹办夷务始末》卷八二"拟选聪颖幼童,送赴泰西各国书院学习军政、船政、步算、制造诸学,约计十余年、业成而归,使西人擅长之技,中国皆能谙悉,然后可以渐图自强……爰饬陈兰彬、容闳等,悉心酌议,……拟派员在沪设局,访选沿海各省聪颖幼童,每年以三十名为率,四年计一百二十名,分年搭船赴洋,在外国肄业,十五年后,按年分起,挨次回华。"容闳《西学东渐记》:"一八七二年夏季之末,第一批学生三十人,渡太平洋而赴美国,……一八七六年秋间,吴既任事,……处处吹毛求疵,……学生绝无敬师之礼,对于新监督之训言,若东风之过耳,又因习耶教科学,或入星期学校,故学生已多半入耶酥教。此等学生,若更令其久居美国,……非特无益于国家,亦且有害于社会,欲为中国国家谋幸福计,当……撤回留美学生。……此百二十名之学生,遂皆于一八八一年凄然返国。"(商务印书馆,1915,110~126页)

域外 ［德］尼采的《悲剧的诞生》出版。

穆宗同治十二年 癸酉（公元1873年）

正月，梁启超生 梁启超（1873—1929），字卓如，号任公，又号饮冰室主人。广东新会人。年轻时就学于广州万木草堂，协助康有为校对《新学伪经考》、《孔子改制考》等著作，深受其影响。1895年，随康有为发动"公车上书"。主办《中外纪闻》，主编《时务报》，任时务学堂总教习，宣传维新变法思想。戊戌政变后逃亡日本，思想为之一变。先后主编《清议报》、《新民丛报》，介绍西方资产阶级政治、经济、哲学、伦理学说，在社会上产生过积极影响，同时鼓吹保皇立宪，开明专制，与资产阶级革命派展开论战。辛亥革命时期，成为著名的保皇派。辛亥革命以后，先后在袁世凯、段祺瑞政府中任职。1918年底，赴欧旅游，归国后著《欧游心影录》，认为西方文明已经破产，主张发扬"东方的——中国与印度的的文明"。1920年，支持张东荪与马克思主义者论战，反对马克思主义、社会主义在中国的传播。晚年任清华研究院导师，致力于学术研究。其一生行为，反覆无常，人格操守，有种种讹难之声，但学识文章，却为世人所推重，被誉为"绝代之文宗"。其思想，可分为四个时期：第一期自就学于万木草堂至戊戌政变以前，是通经致用时期；第二期自戊戌政变至辛亥革命成功，是介绍西方思想，并以新观点批评中国学术的时期；第三期自辛亥革命成功到欧游以前，是作为一个政论家的时期；第四期是自欧洲归来之后，专力治史的时期。其思想体系，就政治主张来说，不同的时期表现不一，经历了由立宪政治到开明专制，由虚君共和到辛亥革命后成为民主共和的"拥护者"，其思想核心是改良主义。反对民主共和。在学习西方和传播西学的过程中，他做了有益的工作。其学习西学的内容是："西学致之精微"，"西政富强之本末"，其态度是："采西人之意,行中国之法,采西人之法,行中国之意"。也就是会通中西,新旧并举。其哲学思想,深受佛学与陆王心学的影响,推崇王守仁为"千古大师",以佛学为"全世界文化的最高产品",其哲学思想始终是唯心论。其对史学的发展贡献较大。1901年、1902年写了《中国史叙论》和《新史学》,较早提出了中国资产阶级的史学体系。《论中国学术思想变迁之大势》、《清代学术概论》、《中国近三百年学术史》对中国的学术思想史进行全面评价,尤其对清代学术思想的研究,成为开拓性著作。20世纪初,提倡"道德革命"、"文界革命"、"史界革命",对建设资产阶级新道德、新史学、新文学做出了贡献。一生主要功绩是在思想启蒙方面,提出用"破示主义"来摧毁两千多年来的政治统治和礼教独尊,以笔锋常带情感的新文体来宣传介绍资产阶级社会政治文化道德思想,打开了封建文人的眼界,起到思想启蒙的作用,不愧为"新思想界之陈涉。"其启蒙宣传活动,破坏力很大,但总是随有所见,随即发表,难免有浅薄之处。其历史观,发展了康有为的历史进化论思想,认为进化动因为物竞天择,竞争越剧烈,破坏性越大,进步就越迅速。提倡"新史学",反对以帝王将相为主体的旧史学,认为史学必须说明事件的因果法则,揭示群体的进化规律。著有《清代学术概论》、《中国近三百年学术史》、《中国历史研究法》、《中国文化史》等。后著作编为《饮冰室合集》。

[文献] 梁启超《饮冰室合集·三十自述》:"余生同治癸酉正月二十六日,实太平天国亡于金陵后十年,清大学士曾国藩卒后一年……辛卯余年十九,南海先生始讲学于广东省城长兴里之万木草堂。……余与诸同学日札记其讲义,一生学问之得力,皆在此年。……七月《时务报》开,余专任撰述之役,报馆生涯自兹始,著《变法通议》、《西学书目表》等书。""十月,湖南陈中丞宝箴、江督学标,聘主湖南时务堂讲席,就之。""戊戌九月至日本,……自此

居日本东京者一年,稍能读东文,思想为之一变。"(中华书局袖珍本第 36 册,1916,46~46 页)王森然《近代二十家评传》:"梁启超,字卓如,号任公,别号沧江,又号饮冰室主人,广东新会人。生于清同治十二年癸酉,卒于民国十八年己巳。……幼颖悟,承家学。长学于康有为之万木草堂,有声誉。……民元十月归国,弃其旧怨,袁聘为大总统府顾问,组织民主党。……其间三年五月任参政院参政……段祺瑞新内阁成立,七月十七日,任财政总长兼盐务署督办之重职。……先生为现代中国第一流之政论家,其人格操守,虽有种种讥难之声;但其学识文章,实为一世所推重。""先生实绝代之文宗良师也。"(书目文献出版社 1987 年版,第 169、170、171、172 页)梁启超《清代学术概论》"二十年来学子之思想,颇蒙其影响。……启超之在思想界,其破坏力确不小,而建设则未有闻。晚清思想界之粗率浅薄,启超与有罪焉。……启超务广而荒,每一学稍涉其樊,便加论列,故其所述著,多模糊影响笼统之谈,甚者纯然错误,及其自发现而自谋矫正,则已前后矛盾矣!平心论之,以二十年前思想界之闭塞萎靡,非用此种卤莽疏阔手段,不能烈山泽以辟新局。就此点论,梁启超可谓新思想界之陈涉。"(上海古籍出版社,1998)

戴望卒 戴望(1837—1873),清末今文经学家。字子高,浙江德清人。少孤贫嗜学。初好辞章,继好颜李之学,以为颜李之学,乃周公、孔子之真道,后遇长洲陈奂,习声音、训诂之学,复从宋翔凤受《公羊春秋》,遂研精覃思,专意治经。其所著《论语注》,以公羊家法推阐刘逢禄《论语述何》与宋翔凤《论语发微》之微言。先生另著有《颜李学记》、《管子校正》、《谪麟堂遗集》等。是年卒,年仅 37 岁。

[文献] 梁启超《中国近三百年学术史》(十):"子高,名望,浙江德清人。卒同治十二年(一八七三),年三十七。""他于同治

八年辑成《颜氏学记》十卷。……子高尝从陈硕甫(奂)、宋于庭(翔凤)游,于训诂学所造甚深,又如西汉今文家言,著有《论语注》二十卷,《管子校正》二四卷。赵㧑叔辑其遗文曰《谪麟堂遗集》。"《清史稿》卷四八二:"戴望,字子高,德清人。……始好词章,继读博野颜元书,为颜氏学。……复从宋翔凤授《公羊春秋》,遂通公羊之学。"

徐继畬卒 徐继畬(1795—1873),清代地理学家,中国近代开眼看世界的先驱之一。自幼受过良好的家庭教育和儒学熏陶,曾随父寓京师。道光六年进士,授翰林院编修,不久补陕西监察御史,道光十六年,外任广西省浔州府知府。后历任福建延津道、汀漳龙道、广东盐运使、广东按察使、福建布政使等职。道光二十六年升任广西巡抚,十二月改授福建巡抚。后曾多次署理闽浙总督,咸丰元年被人诬告,革职回京,降补太仆寺少卿。咸丰二年,再次被人诬告,落职归里。咸丰六年被平遥超山书院特聘为山长,于教业之余,从事学术研究。同治四年,被重新起用,命参通商事务,以三品京堂在总理各国事务衙门行走,管理同文馆,同治八年以老病告归,是年卒于家。其体恤民情,为官清廉。著有《禁鸦片论》,详细论述了"鸦片之害与禁治之方"。他提出的惩治之法是"先贵而后贱,先富而后贫,先内而后外,先豪猾而后良弱"。鸦片战争期间,主张坚决抵抗英军的侵略,并修建炮台等工事。《瀛环志略》是其最重要的一部著作。道光二十二年,晋京,道光帝询问海外形势与各国风土人情,他具所知答对,道光帝遂责成其纂书进呈。他发奋努力,广为搜集资料,公余著述。《瀛环志略》初名《舆地考略》,道光二十四年初稿完成,改名为《瀛环考略》。其后,继续采寻西人杂说,参阅魏源《海国图志》(初版),补充疏漏,使《瀛环考略》日臻完备,定名为《瀛环志略》,道光二十八年初刻于福建抚署。同治四年,经冯桂芬大力提倡，董恂奏准，由总理衙门主持重刻，次年刻成。该书分 10 卷，分装 6 册，总分图共 44 幅。全书先为总说，后为分叙，图文并茂，互为印证，于各洲之域、种族、人口、沿革、建置、物产、生活、风俗、宗教、盛衰以及列国比较，皆言之颇详，亦间有议论。《瀛环志略》一出世，便受到有识之士的重视。曾任福建巡抚的刘鸿翔赞誉此书是"百世言地球之指南"。福建道员鹿泽长谓该书"于国家抚驭之策，控制之方，实有裨益。"郭嵩焘叹曰："徐先生未历西土，所言乃确定如是，且早吾辈二十余年，非深识远谋加人一等者乎？控制之方，实有裨益。"徐继畬在《瀛环志略》中不仅介绍了西方的科学技术，还介绍了西方的民主制度。在当时来说，确系首创，给予当时中国的思想界以及后来的资产阶级维新派以重大影响。康有为读了《瀛环志略》之后才"知万国之故，地球之理"，并把此书列为他讲授西学的教材之一。梁启超读了《瀛环志略》后"始知五大洲各国"。他在平遥超山书院讲学时开始撰写《两汉郡国今地考略》，至咸丰八年已撰成《两汉幽并凉三州今地考略》，又撰《沿边十郡考略》。著作还有《退密斋时文》，《退密斋时文补编》，《五台新志》，编有《举隅集》和《超山书院课程》等，大部分著述都收入《松龛先生全集》中。

[文献] 张惟骧《疑年录汇编》卷一三："徐健男七十九继畬，生乾隆六十年乙卯，卒同治十二年癸酉。"《清史稿》卷四二二："徐继畬，字松龛，山西五台人。道光六年进士，选庶吉士，授编修，迁御史。迭疏劾忻州知州史梦蛟、保德知州林树云营求升迁，登州知府英文讳灾催征，荣河知县武履中藉事科敛。又疏请除大臣回护调停积习。又疏陈政体宜崇简要，……疏入，上嘉纳。旋召入对，论时事至为流滋。十六年，出为广西浔州知府，擢福建延邵道，调署汀漳龙道。海疆事起，敌船聚厦门，与漳州隔一水，居民日数惊。

继畲处以镇定,导赖以安。二十二年,迁两广盐运使,旬日擢广东按察使。二十三年,迁福建布政使。二十六年,授广西巡抚,未赴官,调福建。闽浙总督刘韵珂以病乞假,继畲暂兼署总督。……咸丰二年,吏部追论继畲在巡抚任递送罪人迟误,请议处,乃罢归。寻丁母忧。……同治二年,召诣京师,命在总理各国事务衙门行走。寻授太仆寺卿,加二品顶戴。五年,以老疾乞归。继畲父润第,治陆王之学。继畲承其教,务博览,通时事。在闽、粤久,熟外情,务持重,以恩信约束,在官廉谨。罢归,主平遥书院以自给。寻卒。"

穆宗同治十三年　甲戌(公元1874年)

马复初卒　马复初(1794—1874),回族学者,幼承家学,研读阿拉伯文、波斯文,及长,得"陕学"传授,为周良隽晚年弟子之一。因自觉真传未得,遂于道光二十一年赴麦加朝觐,又历经开罗、亚历山大、耶路撒冷、君士坦丁堡、亚丁、新加坡等地游学,博搜典籍,探讨天方之学,历时八年。返滇后,设帐讲学于临安(今建水)、新兴(今玉溪),"四方从学之士,星列云集,可谓盛矣。"由此形成中国伊斯兰教经堂教育之云南派。咸丰六年,组织滇东南回民起义反清,同治元年降清,被赐二品伯克、诰授荣禄大夫、署理云贵总督、滇南回回总掌教。是年,被云贵巡抚岑毓英杀害于吴贡安江村。其著译主要有《大化总归》、《四典要会》、《性命宗旨》、《祝天大赞》、《醒世箴》、《道行究竟》、《朝觐途记》、《醒迷要道》、《据理质证》、《天方蒙引歌》等,并重新整理伊斯兰教的经典著作《真诠要录》、《指南要言》、《天方性理注释》、《至圣实录实训》及用于经堂教育的教材。其《宝命真经直解五卷》为《古兰经》最早汉文节译本。

[文献]　李兴华等著《中国伊斯兰教史》:"马复初(1794—

1874),名德新,以字行。经名鲁哈丁,被尊为'老巴巴'。云南太和(今大理)人。回族,幼承家学,习读阿拉伯文和波斯文。壮游秦川,得'陕学'传授,为周大阿訇晚年弟子之一。因自觉'真传之未得,名师之罕遇',遂赴麦加朝觐,……返滇后设帐讲学于临安回龙与新兴大营,'四方从学之士,星列云集,可谓盛矣',经堂教育云南支派因之而立。……同治十三年(1874),被清廷杀害于吴贡安江村。"(中国社会科学出版社,1998,534~535页)金宜久《伊斯兰教辞典》:"著译有《大化总归》、《四典要会》、《性命宗旨》、《祝天大赞》、《醒世箴》、《道行究竟》、《朝觐途记》、《醒迷要道》、《据理质证》、《天方蒙引歌》等。……其《宝命真经直解五卷》为《古兰经》最早汉文节译本。"(上海辞书出版社,1997,489页)

冯桂芬卒 冯桂芬(1809—1874),字林一,号景亭,道光进士,江苏吴县人。由翰林院编修官至右中允。1860年,因太平军克苏州而避居上海。曾主讲金陵、上海、苏州诸书院。重视经世致用之学,关心时务,对清政府腐朽统治亦有不满。继承自珍、魏源的思想,但在此基础上又有所发展。《校邠庐抗议》是其代表作,共40篇,提出公黜陟、汰冗员、许自陈、易吏胥、省则例、兴水利、改土贡、筹国用、收贫民、改科举、采西学制洋器、善驭夷等主张。他继承了龚自珍的批判色彩,对封建吏治的腐败,科举制的黑暗予以猛烈抨击,并将谴责的矛头指向高高在上的皇帝。对于学习西方,他比前人已有所提高,而且态度也更坚决。其学习西学的内容除采西学制洋器、学习西方军事技术并广泛采用机器生产外,视野还涉及到资本主义国家制度。他认为学习西学的目的,期在能够"自选、自修、自用",通过自强来反对外国侵略。其学习西学的方法为"以中国伦常名教为原本,辅以诸国富强之术",实开中体西用思想之先河。其思想既有对地主阶级改革派的师承,又可见洋务思想的端倪,对后来的洋务派与资产阶级改良派都深有影响。其认识是站在封建阶级的立场上提出的,尽管有时代、阶级的局限性,但总的来说反映了进步的方向和潮流,具有积极的意义。著有《校邠庐抗议》、《显志堂集》、《说文解字段注考证》等。是年卒,享年66岁。

[文献] 《清史稿》卷四八六:"桂芬性恬淡,服官仅十年,然家居遇事奋发,不避劳怨。……先后主讲金陵、上海、苏州诸书院,与后进论学,昕夕忘倦。……著《说文解字段注考证》、《弧矢算术细草图解》、《西算新法直解》、《校邠庐抗议》、《显志堂诗文集》,都数十卷。同治十三年,卒。"蔡冠洛《清代七百名人传》(下):"冯桂芬,字林一,号景庭,江苏吴县人。道光二十年一甲二名进士。授翰林院编修。""尝著《校邠庐抗议》四十篇,于经国大计,指陈剀切。……十三年,卒于家,年六十六。"(中国书店,1984,1731~1732页)陈旭麓《论冯桂芬的思想》:"他站在封建阶级的立场来要求'采西学'、'制洋器',主张'以中国伦常名教为原本,辅以诸国富强之术',这是毫不足怪的,重要的还在他承认了西方'诸国富强之术',对于'采西学'比先前的人提出了较多的内容。"(载《学术月刊》,1962年第3期)

德宗光绪元年　乙亥(公元1875年)

《书目答问》书成　《书目答问》,是清末一部指导治学门径的目录学著作。作者张之洞(1837—1909),字孝达,号香涛,河北南皮人,晚清后期洋务派的著名代表人物,学术上继承传统经学思想,重视封建伦理道德,其社会理想为"中体西用"模式,参加洋务实践,维护清朝统治。该书是他在任四川学政期间所作,因诸生求教,不知"书以何本为善",故有此作。该书收录了少量《四库全书总目提要》中的书目,其余全为《四库全书总目提要》以外或晚出的书目。它的特点在于驭繁就简，只挑重要的、有代表性的书目进行介绍，并且在每一书目下介绍比较重要的或常见的版本和注本，按经、史、子、集进行分类，还增加了"丛书目"一类，列举古今合刻及清代一人自著丛书一百余种。该书对初学国学者有一定帮助。

［文献］《书目答问补正》："书目答问略例，此编为告语生童而设，非是著述，海内通人见者，幸补正之。诸生好学者来问应读何书，书以何本为善。……因录此以告初学。读书不得要领，劳而无功；知某书宜读而不得精校精注本，事倍功半。此编所录，其原书为修四库书时所未有者十之三四。四库虽有其书，而校本、注本晚出者十之七八。……所举二千余部，疑于浩繁，然分类以求，亦尚易尽，……光绪元年九月（原稿无日），提督四川学政、侍读衔翰林院编修张之洞记。"

德宗光绪二年　丙子（公元 1876 年）

康有为始从朱九江问学　朱九江，名次琦，号子襄，主张济人经世，不做无用之空谈。康有为受其思想影响很深，其一生的经世致用思想，主要得益于朱九江。

［文献］梁启超《饮冰室合集》第一册，文集之六："先生……年十八。始游朱九江先生之门受学焉。九江者，名次琦，字子襄。粤中大儒也。其学根柢于宋明而以经世致用为主。……先生从之游，凡六年。而九江卒，其理学政学之基础，皆得诸九江。"（中华书局，1989，60~61 页）蔡冠洛《清代七百名人传》（下）："年十八，始游朱次琦之门。次琦，湛深经术，以经世致用为主。……有为……然生平言学必推次琦。"（中国书店，1984，1913 页）

傅兰雅创办格致书院　傅兰雅，英文名为 John Fryer（1839—1928），英国传教士，在华以翻译介绍西方科学技术书籍著名。早在 1874 年，他就与英国驻上海领事麦华陀磋商，拟在上海创办一个科普机构，得到麦华陀的赞许。不久即组织成立了筹备委员会，公推麦华陀（英国驻沪领事）、福勃士（美国旗昌洋行商人兼植物学家）、伟烈亚力（英国传教士兼汉学家）、唐廷枢（轮船招商局总办）和傅兰雅五人为筹备委员，后又增补徐寿和徐建寅参加筹备，募集资金。是年正式创立格致书院，包括介绍陈列西方科技书籍的阅览室、博物馆展览室用来陈列工艺机械、实验仪器、动植物和化石标本等。傅兰雅初任格致书院监督，徐寿主管院务。1896年傅兰雅辞去监督。格致书院立院宗旨为传播西学，反对任何宗教书籍入内。起初，格致书院并未受到社会的重视，创办3年之后，傅兰雅决定开设一些西学课程，招收学生，之后，社会上一部分知识分子开始重视西学，达到了傅兰雅传播西学的部分目的。格致书院于1911年停办。

[文献] 顾长声《从马礼逊到司徒雷登——来华新教传教士评传》："傅兰雅于一八七四年与英国驻上海领事麦华陀磋商，拟在上海创办一个科普机构，并请英国领事出面倡议和发动募集捐款，得到麦华陀的赞许。……同年三月二十四日，由傅兰雅主持召开了筹备会议，出席者有英美传教士、中外商人、报馆记者和英领事馆人员。会上提出了创办格致书院的计划和设想，打算先设立一个阅览室。但是，某些传教士提出要在阅览室内陈列宗教书刊，傅兰雅对此竭力反对。……于是，他们开始向上海中外人士募捐和加紧筹备工作。傅兰雅在徐寿帮助下，在当时的英租界福州路元芳花园北首买到一块地皮，开始建屋，除原来打算开辟的阅览室外，又增辟了博物展览室，陈列工艺机械、实验仪器、动植物和化石等标本。一八七六年六月二十二日正式开幕，取名格致书院，以推广格致之学为宗旨。……三年之后，傅兰雅决定在格致书院内开设一些课程，招收学生来听课学习。……格致书院在一九一一年停办。"（上海人民出版社，1985，236~239页）

域外 [英]布拉德雷的《伦理学研究》出版。

[英]H·斯宾塞发表《社会学原理》。

德宗光绪三年　丁丑（公元1877年）

二月,严复赴欧洲留学　是年2月17日,福州船政学堂派遣第一批学生出洋,严复也在其中。入格林尼茨海军大学学习炮台及建筑学。严复从此开始接触西方的自然科学和社会科学。

［文献］《清史稿》卷四八六:"光绪二年,派赴英国海军学校,肄战术及炮台、建筑诸学,每试辄最。侍郎郭嵩焘……赏其才,时引与论析中西学术同异。"蔡冠洛《清代七百名人传》:"光绪二年,派赴英国海军学校,肄战术及炮台、建筑诸学。"(中国书店,1984,1814页)

［考辨］　关于严复赴英留学时间,史载不一。王允晰《侯官严先生行状》记为同治十三年(1874),严璩《侯官严先生年谱》记为光绪元年(1875),黄鸿寿《清史纪事本末》、蔡冠洛《清代七百名人传》记为光绪二年。王民《谈谈严复研究中的几处疏误》(载《历史教学》1983年第5期)认为是光绪三年(1877)。应以王民所说为确。因为直到1877年,留学经费才基本拨足,留学才得以成行。当时的船政大臣吴赞诚在光绪三年三月的《学生出洋起程日期折》中,详细呈奏了全部出洋人员的名单和出洋的具体时间,人员名单中有严复。

十月,王国维生　王国维(1877—1927),字静安,号观堂,浙江海宁人。1898年至上海,在东文学社受罗振玉赏识。后赴日本留学,学习自然科学及哲学、心理学、伦理学等。从1903年起,任通州、苏州等地师范学堂讲习。中年转而从事中国戏曲史和词曲的研究。辛亥革命之后,随罗振玉东渡日本,1916年回国。1913年起,专志于考古学及史学,尽弃以前所治之文学、哲学、社会学、心理学、法学。1923年两赴北京,任职于溥仪的"南书房"。1925年起为清华研究院教授,讲授《古史新证》,并作西北史地和蒙古史料考证。1927年在颐和园投昆明湖自尽年仅50岁。其一生致力于学术研究,于文学、哲学、史学均有贡献。哲学上,推崇康德、叔本华和尼采,受康德先验论影响,在认识论上强调先天经验直观,认为时空、因果律等都是先天预定的;又受叔本华唯意志论影响,认为"理"是主观上之物,人性本质只是欲望。因为欲望得不到满足,所以人又生痛苦,欲望与生活、痛苦是三者合一的。在推崇康德、叔本华先验论与唯意志论的同时,尊重实证精神,倾向实证论的哲学,从而产生了"可爱"与"可信"之间的矛盾。文学上提出境界说,主张写真情真景,反对伪文学,反对"乡愿文学",对近代词风的改变起了好的作用。但仍受叔本华哲学思想的影响,把解除痛苦作为文学的最大推动力,有其局限性。史学上,是晚清新史学的代表人物,一生学术,尤以史学独创最多、贡献最大。他接受过历史进化论和实证科学的洗礼,认为历史应该具体揭示事物发展演化的规律。在治学方法上,主张以地下史料参订文献史料,以实物与文献互证。科学的治学方法使他在甲骨文、金文、古代简牍的考释等方面,以及对边疆地理、辽金元史等方面的研究,取得了很多有独创性的成就,尤其对甲骨文和殷周史的研究,开辟了这些领域的新纪元。生平著作共有60余种,部分考证文章及诗词收入《观堂集林》,其他著作40余种皆见《海宁王静安先生遗书》。

[文献] 罗振玉《海宁王忠悫公传》:"公讳国维,字静安,亦字伯隅,号观堂,亦曰永观,浙江海宁州人。""明年,予与吴县蒋伯斧学博黼结农学社于上海,迻译东西各国农学书报,以乏译才,遂以戊戌夏立东文学社造就之。……公来受学,时予尚未知公,乃于其同舍生扇头读公咏史绝句,知为伟器,遂拔之侪类之中。""岁庚

子,既毕业……明年秋,公东渡留学日本物理学校。""乃荐公于南通师范学校,主讲哲学、心理、伦理诸学。甲辰秋,予主江苏师范学校,公乃移讲席于苏州。""及辛亥冬国变作,予挂冠神武,避地东渡,公携家相从,寓日本京都……公……方治东西洋学术……课余复从藤田博士治欧文及西洋哲学、文学、美术,尤喜韩图、叔本华、尼采诸家之说,发挥其旨趣,为《静安文集》。""公居海东,既尽弃所学,乃寝馈于往岁予所赠诸家之书。""壬戌冬,蒙古升吉相国奏请选海内耆宿供奉南书房,以益圣学,首以公荐,得旨俞允。明年夏,公入都就职。""奉命就清华学校研究院掌教,以国学授诸生。""今年夏,南势北渐,危且益甚,公欲言不可,欲默不忍,乃卒以五月三日自沉颐和园之昆明湖以死。"(载《碑传集三编》七册卷三一,台湾文海出版社,1980)孙敦恒《王国维年谱新编》:"(光绪三年)12月3日(旧历十月二十九日),生于浙江省海宁州城内(今海宁市盐官镇)双仁巷王氏旧宅。……王国维,初名国桢,后改国维,字静安,亦字伯隅,号观堂,又号永观。"(中国文史出版社,1991,1~2页)梁启超《王静安先生墓前悼辞》:"若说起王先生在学问上的贡献,那是不为中国所有而是全世界的。其最显著的实在是发明甲骨文。和他同时因甲骨文而著名的虽有人,但其实有许多重要著作都是他一人做的。以后研究甲骨文的自然有,而能矫正他的绝少。这是他的绝学!""'通方知类'四字能够表现他的学问全体。他观察各方面都很周到,不以一部分名家。他了解各种学问的关系,而逐次努力做一种学问。"(《国学月报》第二卷第八号,1927年10月)梁启超《王静安先生纪念号》序:"先生贡献于学界之伟绩,其章章在人耳目者:若以今文创读殷墟书契,而因以是正商周间史迹及发见当时社会制度之特点,使古文焕然改观。若创治《宋元戏曲史》,搜述《曲录》,使乐剧成为专门之学。斯二者实空前绝业,后人虽有补苴附益,度终无以度越其范围。""其少年喜谭哲学,尤酷嗜德意志人康德叔本华尼采之书,晚虽弃之不甚治,然于学术之整个不可分的理想,印刻甚深。"(载《国学论丛》第一卷第三号,1928年4月)蔡尚思《王国维的学问、思想及死因》"王国维的学问,博而又精。""他把地下器物(指甲骨、金石等),与书本的文字结合起来互相印证,终于成为古文字学上的最大权威。""王国维的学术著作,以史学为最多,文学为最深,文字学为最基本,并涉及其它许多方面。换句话说,便是殷周制度史、宋元戏曲史、古文字学等方面的成就,都是空前而超过了同时代学者的。"(载《历史研究》1985年第4期)

德宗光绪四年　戊寅(公元1878年)

僧圆瑛生　圆瑛(1878—1953),俗姓吴,法名弘悟,字圆瑛,号韬光,自号一吼主人、三求堂主人、灵源行者、离垢子。是年生。福建古田人。18岁出家,历参谛闲等诸宗宿。传临济正宗第四十世,曹洞正宗第四十六世。曾任七届中国佛教会主席、中国佛教协会第一任会长。其佛学思想,不守一家之说,台贤并举,禅净双修,并极推崇《楞严经》。一生积极倡导佛家"入世"的思想,是一位爱国僧人。他反对日本侵略者的暴行,支援抗战并从事救济事业。著有《仁王般若经讲义》、《金刚般若讲义》、《心经讲义》、《一吼堂文集》等20余种,合编为《圆瑛法汇》行世。

[文献]　全国政协文史资料委员会宗教组编《名僧录》:"先师于公元1878年生,圆寂于1953年农历八月十二日,享年75岁。师是福建古田县端上村人,俗姓吴。""18岁大病愈后,遂决心出家于福州鼓山涌泉寺。……法名弘悟,字圆瑛,号韬光;自号一吼主人、三求堂主人、灵源行者、离垢子。""后又历参通谛、谛闲、祖印、慧明、道阶诸宗宿。""先师禅净双修40余载,曾经著述净土法门各种经论。""1928年第一次全国佛教代表大会在上海觉园召开,

议决成立中国佛教会……先师曾经担任过七届中国佛教会的主席或理事长。全国解放后,又与赵朴初、虚云……等共同发起成立中国佛教协会,并被选为首任会长。"(中国文史出版社,1988,67、68页)阮仁泽、高振农《上海佛教史》:"圆瑛的佛学思想不拘宗派之说,不守一家之貌。对各宗学说,析异观通,舍短取长,台贤并弘,禅净双修,他特别专精于《楞严经》……一生倡导佛教的'入世'和'积极救世'思想,把宣扬佛教作为挽回世道、救正人心的唯一方法,认为这是大乘佛学的精髓。"(上海人民出版社,1992,238~239页)

魏源《默觚》淮南书局刻本刊行 《默觚》即《古微堂内集》,清代学者魏源著,该书收入《古微堂集》与《魏默深文集》。光绪四年淮南书局刻本分为三卷:卷一为《默觚上》,凡15条,未分篇;卷二为《默觚中》,凡66条,分《学篇》十三;卷三为《默觚下》,凡83条,分《治篇》十六。光绪二十三年墨斋本与宣统元年国学扶轮社本,均将原《默觚上》改为《学篇一》,移入原《默觚中》,增《学篇》为十四,并分此书为上、下两卷。中华书局1976年编《魏源集》时亦照此录入。该书系读书笔记,是魏源的主要哲学著作。书中提倡"经世致用"之学,反对繁琐考证的汉学和空谈心性的理学,政治上主张变革,认为历史是向前发展的。知行观上坚持行先知后、不知不行的唯物主义原则,并提出真知要经受"实事"的检验。认识到"阴阳、寒暑、昼夜"等的对立存在,持朴素辩证法。当然,该书所反映的魏源思想具有很多矛盾之处,如认为知后行先,却又坚持"吾心即宇宙","身在心中","万物备我"(《默觚·学篇五》)。总之,该书所体现的朴素唯物主义和辩证法及政治上的变革思想,顺应了历史潮流,为魏源的重要著作。

[文献] 《默觚·治篇一》:"使其口心性,躬礼义,动言万物一体,而民瘼之不求,吏治之不习,国计边防之不问;一旦与人家

国,上下足制国用,外不足靖疆圉,下不足苏民困,举平日胞与民物之空谈,至此无一事可效诸民物,天下亦安用此无用之王道哉?"(见《魏源集》)《默觚·治篇五》:"庄生喜言上古,上古之风必不可复,徒使晋人糠秕礼法而祸世教;宁儒专言三代,三代井田、封建、选举必不可复,徒使功利之徒以迂疏病儒术。……天下物无独有对,""有对之中必有一主一辅","三代以上,天皆不同今日之天,地皆不同今日之地,人皆不同今日之人,物皆不同今日之物。""古乃有古,执古以绳今,是为诬今;执今以律古,是为诬古;诬今不可以为治,诬古不可以语学。"

域外　[德]文德尔班《近代哲学史》出版。

德宗光绪五年　己卯(公元 1879 年)

圣约翰大学创办　圣约翰大学为美国基督教会在旧中国所办的大学。创办于上海,原名圣约翰书院,创始人为美国圣公会上海主教施若瑟。1905 年,正式改为大学。设置有文、理、医、神等学院,并附设研究院和附属高中。圣约翰书院最初的宗旨是传教,通过学校教育加强宗教灌输和训练,使这些毕业生能控制中国未来。其教育内容是殖民地化教育,抹杀了一些学生的爱国观念。但圣约翰大学也培养了一批外语人才,成为沟通中西文化的一座桥梁。1951 年该校被中央人民政府接管,次年并入他校。

[文献]　顾长声《从马礼逊到司徒雷登——来华新教传教士评传》:"圣约翰书院即为圣约翰大学的前身。它的创始人是美国圣公会上海主教施若瑟。……于一八七七年在上海曹家渡附近沿苏州河以南的一块三角洲上开始筹建校舍,一八七九年九月正式开学。""一九〇五年十一月九日该校在美国哥伦比亚特区注册,定命为上海圣约翰大学。""圣约翰大学设有文、理、工、医和神学院,并附设研究院和附属高中。"(上海人民出版社,1985,393、

398、400页)顾长声《传教士与近代中国》:"在'圣约翰'的课程中和课外活动中,宗教灌输和宗教活动始终是放在首位,使学生接受宗教意识的熏陶和奴化思想的渗透,……养成一种唯上帝之命是从的逆来顺受、敌我不分的宿命论思想,国家观念淡薄甚至消失。""'圣约翰'毕业生的外语水平在旧中国可以说是首屈一指的。"(上海人民出版社,1981,373~374页)

康有为始接触西学,思想为之一变　是年,康有为得西书数种览之,游香港,接触了比较多的西方资本主义文化,转而学习西学。舍弃考据帖括之学,以拯救民生为己任,以经营天下为志。

[文献]　梁启超《饮冰室合集·南海康先生传》第一册文集之六:"既出西樵,乃游京师。……及道香港上海,见西人殖民政治之完整。属地如此,本国之更进可知。因思其所以致此者,必有道德学问以为之本原。乃悉购江南制造局及西教会所译出各书尽读之。……自是于其学力中,别开一境界。"(中华书局,1989,61~62页)

德宗光绪七年　辛巳(公元1881年)

朱次琦卒　朱次琦(1807—1881),清代经学家,字九江,广东南海人,道光进士,曾为官数年,颇有政绩,为百姓所称颂。生平论学,平实敦大,反对汉宋门户之争,主张二者融合。提出生徒修行之四要:敦实孝悌、崇尚气节、变化气质、检摄威仪。以经、史、掌故、性理、词章之学为读书之必修功课,一时名声鹊起,被推为人伦师表。著作有《国朝名臣言行录》、《五史实征录》、《晋乘》、《国朝逸民传》、《性学源流》、《蒙古闻见》等书。另著有《朱氏传芳集》、《南海九江朱氏家谱》、《大雅堂诗集》、《燔余集》、《橐中集》等。是年卒。享年75岁。

[文献]　简朝亮《清朱九江先生次琦年谱》:"嘉庆十二年

(岁在丁卯)八月辛卯二十二日,先生生。先生讳次琦,字稚圭,一字子襄。先世子议居南海九江方明。……(光绪)七年(岁在辛巳,先生年七十有五,……冬十二月丁丑十九日先生卒。"《清史稿》卷四八〇:"朱次琦,字九江,南海人。道光二十七年进士,分发山西,摄襄陵县事,引疾归。次琦生平论学,平实敦大。尝论:'汉之学,郑康成集之;宋之学,朱子集之。朱子又即汉学而精之者也。宋末以来,杀身成仁之士,远轶千古,皆朱子力也。然而攻之者互起,有明姚江之学,以致良知为宗,则攻朱子以格物;乾隆中叶至于今日,天下之学,以考据为宗,则攻朱子以空疏。一朱子也,攻之者又矛盾。呜呼!古之言异学也,畔之于道外,而孔子之道隐;今之言汉学、宋学者咻之于道中,而孔子之道歧。果其修行读书蕲之于古之实学,无汉学,无宋学也。'凡示生徒修行之实四:曰敦行孝弟,曰崇尚气节,曰变化气质,曰检摄威仪;读书之实五:曰经学,曰史学,曰掌故之学,曰性理之学,曰词章之学。一时咸推为人伦师表云。"蔡冠洛《清代七百名人传》(下):"(朱次琦)著有《国朝名臣言行录》、《五史实征录》、《晋乘》、《国朝逸民传》、《性学源流》、《蒙古闻见》等书。手辑《朱氏传芳集》五卷。撰定《南海九江朱氏家谱》十二卷、《大雅堂诗集一卷》、《燔余集》一卷、《橐中集》二卷。"

德宗光绪八年　壬午(公元1882年)

春,宋教仁生　宋教仁(1882—1913)字遁初,号渔父,湖南桃源人。曾学于漳江书院及武昌普通学堂。在校常与同学议论时政,关心国家,渐萌革命思想。1904年,与黄兴、刘揆一等在长沙创立华兴会,后因举事失败而逃亡日本,于早稻田大学学习法政,开始研读西方资产阶级社会政治学说与欧美近代政治,特别是英国式的议会政治和政党内阁。1905年,与程家柽等人创办《廿世纪之支那》杂志。回国后积极参加革命活动,武昌起义时,离沪赴汉,起草《鄂州临时约法》,后任南京临时政府法制院院长。国民党成立后,任理事。他虽对袁世凯任临时大总统持支持态度,但他主张效仿西方的议会政治和政党内阁,以限制袁的权利,保证中华民国成为一个名副其实的资产阶级共和国,并积极建党组阁。由于反袁专政,于1913年3月20日遇刺,22日身亡。有《宋教仁集》,其政治思想为资产阶级民主思想,主张设立责任内阁制,开创了近代议会政治,并草拟了资产阶级民主宪法,对近现代政治有非常重要的意义。

[文献] 卞孝萱、唐文权《辛亥人物碑传集》:"宋教仁,字遁初,湖南桃源县人。……穷苦励学,肄业湖北文普通学堂,感国弱政敝,慨然兴革新中国之志。与黄兴、刘揆一、陈天华辈,创华兴会于湘,谋五路揭竿起,……事败,走日本,……升早稻田大学。教仁为学,精研法政经济舆地形势,……检校利弊,言出动人。初创《廿世纪支那》杂志,后改《民报》,最后与于右任主上海《民立报》,……同盟会论坛健将也。又历掌同盟庶务编制,扩充潜势,遍布要区,赞画多功。……曾试拟宪法草案,及是手定鄂州临时约法,……组织临时政府。……教仁以法制院院长,……联合五政党,改组为国民党,教仁被举为理事。……教仁政见大旨,主单一国制,设责任内阁,总理由众议院推举,国务员由总理选任,不须国会同意,犹前在临时政府时所建议也。省行政长官由民选制,进于委任制,省为自治团体,有列举立法权。所至演说,为有识者所赞同。盖一本昔时所拟宪法草案,于民治政体有深刻研究也。……而未审所提政见为袁世凯所深忌也。世凯佯促之赴京,不料三月二十日夜,至沪宁车站,将登车,竟遭狙击。越日殂,年三十二。"(团结出版社,1991,9、10页)贺觉非《辛亥武昌首义人物传》上册:"宋教仁字遁初,一字渔父,湖南桃源人。清光绪八年壬午二

月十八日生。……乙巳春,创刊《二十世纪之支那》杂志,鼓吹革命。……独他能留心政治立法,《鄂州临时约法》即由其手订。他对大都督一职属意黄兴,但未成为事实。……造成沪汉对立。……有人批评他'眼高识暗,志大才疏,说话则夸张不伦,办事则杂乱无章,自身取祸则有余,担当大事则不足'。"(中华书局,1982,80、82页)

陈澧卒 陈澧(1810—1882),字兰甫,别署东塾,广东番禺人。道光举人。六应会试,不第,授河源县学训导。旋归,主讲广东学海堂数十年,晚年主讲菊坡精舍。其学兼采汉宋,反对门户之见。谓经学乃道之根源,六艺之总会;又谓郑玄诸经注无失偏颇,远胜许慎与何休。其著作主要有《汉志水道图说》、《切韵考》、《声律通考》、《水经注提纲》、《三统术详说》、《东塾读书记》等。是年卒。享年73岁。

[文献] 蔡冠洛《清代七百名人传》(下):"陈澧,字兰甫。广东番禺人。道光十二年举人。……凡天文地理乐律算术古文骈文填词篆隶真行书,无不研究。中年读诸经注疏,子史及朱子书,……遂辍作诗。初著《声律通考》十卷。……又《切韵考》六卷。……著《汉儒通义》七卷。……光绪七年,粤督张树声、巡抚裕宽以南海朱次琦与澧皆耆年硕德,奏请哀异。奉旨朱次琦、陈澧均著加恩,赏给五品卿衔。八年卒,年七十三。卒后门人请于大吏,祀其主菊坡精舍。所著读书记已成十五卷,又稿本十卷,遗命曰《东塾杂俎》。他著有《说文声表》十七卷、《水经注提纲》四十卷、《水经注西南诸水考》三卷、《三统术详说》三卷、《弧三角平视法》一卷、《琴律普》一卷、《申范》一卷、《摹印述》一卷、《东塾集》六卷。"《清史稿》卷四八二:"其于汉学、宋学能会其通,谓:'汉儒言义理,无异于宋儒,宋儒轻蔑汉儒者非也。近儒尊汉儒而不讲义理,亦非也。'"

李善兰卒　　李善兰(1810—1882),清代数理科学家,字壬叔,号秋纫,浙江海宁人,自幼独好数学。鸦片战争后,他发愤研究科技,与外国传教士合作翻译西方的数学、天文学、物理学等方面名著,介绍和传播近代自然科学知识,为培养近代科学人才做出了贡献。至道光二十五年,他已刻印了《方圆阐幽》、《弧矢启秘》、《对数探源》三种著作,取得了惊人的成绩,他发明的"尖锥求积术"与以诸尖锥合积表示对数,都表明假如没有西方微积分传入,中国数学可以通过自己独特的发展路径,进入高等数学阶段。他的主要数学著作汇编有《则古昔斋算学》24卷,主要包括《方圆阐幽》、《椭圆新术》、《级数回求》等13种,代表了中国传统数学的最高水平,主要译著有《几何原本》、《代数学》、《重学》、《代数微积拾级》、《谈天》等。其历任同文馆算学总教习,总理衙门章京等,著书授业,《代数微积拾级》是介绍解析几何和微积分学的第一个译本。《谈天》出版后,中国才得见西方近代天文学之全貌。他在墨海书馆共译西方科技书籍6种、86卷之多。他将近代科学最主要的几门知识传入我国,为中国近代数学等学科的发展奠定了基础,堪称我国近代科学的先驱者。是年卒。享年73岁。

　　[文献]　　张惟骧《疑年录汇编》卷一四:"李壬叔七十三善兰,生嘉庆十五年庚午,卒光绪八年壬午。"《清史稿》卷五〇七:"李善兰,字壬叔,海宁人。……于算术好之独深。十岁即通《九章》,后得《测图海镜》、《勾股割圆记》,学益进。……咸丰初,客上海,识英吉利伟烈亚力、艾约瑟、韦廉臣三人,伟烈亚力精天算,……善兰以欧几里德《几何原本》十三卷,续二卷,明时译得六卷,因与伟烈亚力同译后九卷,……善兰笔受时,辄以意匡补,译成。伟烈亚力叹曰:'西士他日欲得善本,当求诸中国也!'伟烈亚力又言美国天算名家罗密士尝取代数、微分、积分合为一书,……复与善兰同译之,名曰《代微积拾级》十八卷。代数变天元、四元,别为新法,微

分、积分二术,又借径于代数,实中土未有之奇秘。……同治七年,……征入同文馆,充算学总教习、总理衙门章京,授户部郎中、三品卿衔。课同文馆生以《海镜》,而以代数演之,合中、西为一法,成就甚众。光绪十年,卒于官,年垂七十。善兰聪强绝人,其于算,能执理之至简,驭数至繁,故衍之无不可通之数,抉之即无不可穷之理。所著《则古昔斋算学》,详《艺文志》。"蔡冠洛《清代七百名人传》(下):"李善兰,字壬叔,号秋纫,浙江海宁人。诸生。甫入学,偶受教官训言,遂辞出,终身不就试。少从长洲陈奂受经,通辞章训诂之学,而于算术,好之独深。……有《方圆阐幽》一卷、《弧矢启秘》三卷、《对数探原》二卷、《垛积比类》四卷、《四元解》二卷、《麟德解》三卷、《椭圆正术解》二卷、《新术》一卷、《拾遗》四卷、《火器真诀》一卷、……《天算或问》一卷,附《考数根法》一卷。统名《则古昔斋算学》。"(中国书店,1984,1733页)

德宗光绪十年　甲申(公元1884年)

五月,刘师培生　刘师培(1884—1919),近代学者,经学家。字申叔,号左庵、光汉等,江苏仪征人。举人出身,以治经学为业。后与章太炎、蔡元培等人结识,1903年出版《中国民族志》、《攘书》等小册子,署名光汉子,以示"攘除清廷,光复汉族"之志。次年任《警钟日报》主笔,参加光复会。1907年任《民报》编辑,并加入同盟会。初步具有民主思想,运用西方资产阶级学说对传统经学进行改造,使其成为科学研究的资料,并加入社会进化论,以论证社会变革的必然性。而且,其提倡的历史类比法、社会学方法、语源学方法等历史研究方法,为新史学的发展奠定了基础。由于其无法科学地分析历史的进程,后期奉行国粹主义,为《国粹学报》撰稿,并在其为北京大学教授时刊行《国故月刊》与新文化对抗。其治古文经学注重文字训诂,主张以字音推求字义,用古语明今言,用今言通古语,其对魏诗文亦有较深研究。一生著述颇丰,由后人辑为《刘申叔先生遗书》。

[文献] 蔡冠洛《清代七百名人传》(下):"刘师培,字申叔。江苏仪征人。曾祖文淇、祖毓崧、伯父寿曾,均以治《左传》、《春秋》名于道咸同光间。父贵曾、亦以经术发名东南。师培少承先业,服膺汉学,以《春秋三传》同主诠经。《左传》为书,说尤赅备,审其义例,或经无传著,或经略传详,以传勘经,知笔削所昭,类存微恉。汉儒说左氏,据本传以明经义。凡经字相同恉,即为同恉。又引月冠事明经,有系月不系月之分,创获实多,亦较二传为密。爰阐厥科条,著之凡例,成《春秋左氏传例略》一卷。又据《汉志·礼》古经五十六卷,……增多三十九篇,故合五十六篇言,则曰《古经》,亦曰《古文礼》。即三十九篇言,则曰《逸礼》,至五十六篇所自出。……著《周礼古注集疏》二十卷。……著录《周书》七十一篇,……成《周书略书》一卷,师培说经之书,略具于此。……信乎研精覃思,持之有故者矣。又历检群籍,……成《老子斠补》二卷、《庄子校义》一卷、《荀子斠补》若干卷、《吕氏春秋斠补》一卷、《楚辞考异》八卷、《贾子斠补》一卷、《春秋繁露斠补》三卷。计所发正凡数百事,均王、黄、俞、孙之所未诠。每论定一说,必旁推交通,百思莫能或易,乃著间毕,其精审如此。民国八年十一月二十日,卒于北京,距生于清光绪甲申年五月二日,享年三十有六。生平精力夺于著述。世变纷纶,匪能所悉。昔曾用文学鼓吹革命,后以贫病故。为金王牵引,入于坎陷,论者惜之。师培于学无所不窥,而论文则考型六代,撢源两京。……又裒次所为辞赋诗文若干首,成《左庵文集》五卷。末季主讲安徽公学、两江优级师范、四川国学院,执经问业者几千人。民国以来,主讲北京大学、女子高等师范,弟子从游者益进。闻之丧莫不为之恸哭流涕云。"(中国书店,1984,1656~1658页)王森然《近代二十家评传》:"刘师培先生,字

申叔,号左庵,初名光汉,江苏仪征人。生于清光绪十年甲申(一八八四),卒于民国八年己未(一九一九),年仅享三十有六。……先生承仪征刘氏三世之绪,对经、史、文、哲,均大放光辉。……而先生则兼取其长。……何况先生言学,重在贯通,颇能兼取浙东史家之长。故其所得,乃能于文章流变,别具会心;谓为融清代经学史学文学诸家论文之长,以自成一家之言,殆非过誉已。……(大约古今说经之书,每书皆有可取处,要在以己意为折衷耳。)……与章太炎、邓实、黄节,办国学保存会,每月刊《国粹学报》一册。""又好博览,治《左氏春秋》,旁及子、史、文学,……在日本时与太炎,并号为二叔先生。"(书目文献出版社,1987,285~288、295 页)卞孝萱、唐文权《辛亥人物碑传集》:"后十余年,宁武南桂馨辑其遗著,凡得七十四种,书已行,自有目录。""时诸人方诵言攘除客帝,师培心契其说,遂改名光汉,著《攘书》,创《警钟日报》,兼为《国粹学报》撰述文字,既风切时政,益以辨章夷夏之志,寓诸论学,由是知名。"(团结出版社,1991,766、767 页)

薛福成《筹洋刍议》刊行 《筹洋刍议》,是薛福成在洋务思潮时期的代表著作之一。作者面对日本侵占琉球,西方列强纷纷胁迫中国等种种状况刺激之下写下政论集《筹洋刍议》,他较为系统地阐述了自己的变法主张,以求对外御辱,对内自强。该书包括《约章》、《边防》、《邻交》、《利器》、《商政》、《船政》、《矿政》、《利权》、《变法》等章,文章着重分析了当时世界情势和中国所处的危急境地,力陈中国变法的重要性和紧迫性,批评一些不合时宜的保守议论和传统观念。薛福成身为洋务官僚,敢于直抒己见,发表不同于当政者的主张,这需要相当勇气,在这一点上,表明了他的难能可贵之处,但他的立场与郑观应和王韬相比,则显得比较平缓。

[文献] 《筹洋刍议·序》:"光绪五年,日本兵船入琉球,以其王归,遂灭琉球。是时,日本势益张,而西洋德意志诸国,方议修

约事,议久不协。俄罗斯踞我伊犁,索重赂,议者尤汹汹。余愚以谓应之得其道,敌虽强不足虑;不得其道,无事而有事,后患且不可言。窃不自揆,网罗见闻,略抒胸臆,笔之于书,凡得《筹洋刍议》十四篇。……时十一年冬十一月,无锡薛福成自序于宁绍台道官廨。"(徐素华选注《筹洋刍议》,张岱年主编《中国启蒙思想文库》,辽宁人民出版社,1994,53~54 页)

德宗光绪十五年　己丑(公元 1889 年)

十月,李大钊生　李大钊(1889—1927),近代思想家、史学家。字守常,河北乐亭人。1907 年,入天津北洋法政专门学校,1913 年留学日本。此时,不仅是辛亥革命与袁世凯的窃国教育了他,而且甲午战争与八国联军侵略更刺激了他,使他忧国忧民,立志献身革命。他常与留日学生谈论国事,探讨对宇宙和人生的看法,并阅读了日本人介绍马克思主义的著作,受到较深的影响。1916 年,回国后参与新文化运动,后任北京大学图书馆主任,及《新青年》编辑。他一方面要唤起民族的自觉,积极地反军阀反封建,另一方面又积极找寻国家民族的出路,成为我国最早的马克思主义传播者。1920 年,组织马克思学说研究会,后成为共产党员,积极参加革命工作,于 1927 年 4 月 28 日被张作霖杀害。其政治思想早期为资产阶级民主思想,后期为马克思主义思想,其哲学思想以唯物思想为主,他的史学方法与史观为中国史学辟一新境。一生著述颇丰,多收入《李大钊选集》。

[文献]　王森然《近代二十家评传》:"李大钊先生,字守常。生于清光绪十四年,戊子(一八八八),卒于民国十六年,丁卯(一九二七),享年三十有九。河北乐亭人。……夙于北洋法政专门学校攻政治经济,后留学日本早稻田大学政治经济系。……归国后,任北京大学图书馆主任。……兼编辑《新青年》杂志,……使

中国新文坛气势为之大昂。……先生最初与胡适之等同执渐进主义,乃不久即行过激化。……先生深思好学,博通群籍。游学日本,兼通英文。研究政治经济,有声当代。兼治哲史,取证极确。……著有《史学要论》,《史学思想史》,《史观》,《唯物史观在现代史学上之价值》……等书。……先生为中国之思想系统者。为中国经济学、哲学、社会学三方面之实质论理学者。其经济学以马氏哲学组织为议论之中心。其哲学亦以马氏哲学组织为议论之中心。其社会学,以资本社会之理论,与其理法的马克斯说,为议论之中心。先生之学说,已俨然为中国社会主义学之经典矣。"(书目文献出版社,1987,301~303、314页)韩一德、王树棣《李大钊研究论文集》上册:"李大钊的早期民主主义思想,可以用他在1918年所说的两句话来概括:'个性自由之不能不要求,代议政治之不能不采行。'""他的历史观,不是'拜古'的,而是'爱今'的,不是'天命'的,而是'进步'的,不是所谓'无所为而为'的'学问之趣味',而是要'变革'社会'创造'社会的,而是主张'求真'与'有用'合一的。"(河北人民出版社,1984,221、66、67页)辛冠洁、丁健生、蒙登进《中国近代著名哲学家评传》下册:"李大钊指出宇宙是客观存在的实体,同时还进一步指出,'精神现象是物质的反映'。……'实在即动力,生命即流转'这个哲学命题,既表明了物质运动的必然性,也表明了物质与运动不可分。它闪耀着唯物辩证法的光辉。"(齐鲁书社,1983,627、629页)

[考辨] 关于李大钊的生年,王森然记为1888年,而据后人考证,应为1889年,见黄真等人的《关于李大钊的生年问题》:"李大钊同志出生于1889年10月29日,即清光绪十五年十月初六日,这在我国史学界经过多年的研究考订,特别是根据李大钊同志墓碑的记载,已是无疑的了。"(《李大钊研究论文集》下册,第309页)

德宗光绪十七年　辛卯（公元 1891 年）

年初，康有为讲学于万木草堂　是年，康有为在广州长兴里的万木草堂讲学，不仅讲解孔学、佛学、周秦诸子学、宋明理学，而且讲授西方社会学、政治学等内容，并探讨沿革得失，倡言托古改制，开新风尚，对维新运动有极大推动作用。光绪二十年（1894），万木草堂被清政府解散。

[文献]　钱穆《中国近三百年学术史》："言近三百年学术者，必以长素为殿军，而长素学术生命可记者，则始于其长兴之讲学。长兴，羊城里名，长素以陈千秋、梁启超请，讲学于里之万木草堂，著《长兴学记》为学规。时光绪十七年辛卯，长素年三十四也。……至其教人读书则曰：'本原既举，则历朝经世之学，自《廿四史》外，《通鉴》著治乱之统，《通考》详沿革之故，及夫国朝掌故，外夷政俗，皆宜考焉。宋、明义理之学，自朱子书外，陆王心学为别派，四朝《学案》为荟萃。至于诸子学术，异教学派，亦当审焉。博稽而通其变，务致之用，以求仁为归。'此处所举，首史籍，次理学，又次诸子，而乾、嘉以来一切考据训诂必治之书不得，此亦当时讲学态度之绝异于乾、嘉者也。梁启超记初见长素之情景，谓：'……先生乃教以陆王心学，而并及史学、西学之梗概。自是决然舍去旧学，自退出学海堂，而间日请业于南海之门。'又曰：'辛卯，余年十九，南海先生始讲学于广东城长兴里之万木草堂，……先生为讲中国数千年来学术源流，历史政治沿革得失，取万国以比例推断之。……日课则宋元明《学案》、《二十四史》、《文献通考》等。（《梁氏三十自述》）'当时长兴讲学，卓然与乾、嘉以来学风划一新线之情景与其意义及影响，亦俱可见矣。"（商务印书馆，1997，703~709 页）

二月，《长兴学记》书成　是年初，康有为开始在广州长兴里万木草堂讲学,著《长兴学记》为学规,对当时学术界占统治地位的古文经学和宋学进行抨击,认为为学当以仁为本,指出"天下道术至众,以孔子为折衷。孔子言论至多,以《论语》为可尊。《论语》之义理至广,以'志于道,据于德,依于仁,游于艺'四言为至该"。此与乾、嘉学风不同,开一代新风气,显示了康有为早期的学术思想。其收入《万木草堂丛书》1916年本,由上海广智书局出版。

[文献] 钱穆《中国近三百年学术史》:"长兴,羊城里名,长素以陈千秋、梁启超请,讲学于里之万木草堂,著《长兴学记》为学规。时光绪十七年辛卯,长素年三十四也。陈千秋为《学记》作跋,谓:'……吾师康先生,思圣道之衰,悯王制之缺,慨然发愤,思易天下。……爰述斯记,……其词虽约,而治道、经术之大,隐隐乎拨而燧光晶之。孔子之道,庶几焕炳。……缀学之士,知所趋向,推行渐广,风气渐移,生民之托命,或有赖焉。'……时长素之意,固已欲判然划一境界,以自别于亭林以来清儒博雅之学矣。其所谓'孔子讲学之旧'者,大意谓:'天下道术至众,以孔子为折衷。孔子言论至多,以《论语》为可尊。《论语》之义理至广,以"志于道,据于德,依于仁,游于艺"四言为至该。'因举四言为纲。……主人生实行,不主训诂考订,与乾、嘉以来风尚绝异。……是谓汉、宋经世义理,分得孔门四科之旨,而清儒经学,实不得谓汉学。此长兴讲学之纲领也。……方长素讲学长兴,而已有《新学伪经考》之作。《学记》成于光绪十七年二月,《伪经考序》在四月,相差仅两月。"(商务印书馆,1997,703~712页)

四月,《新学伪经考》书成 是年四月,康有为撰成《新学伪经考》,同年刊于广州,共14卷。书中,作者用大量篇幅论述东汉以来的古文经学多是刘歆所伪造,用来佐王莽篡汉,淹灭了孔子的"微言大义"精神,应称为"伪经"、"新学"。此书的主要内容是:

(1)秦始皇焚书造成六经亡缺,是刘歆的伪说,故意制造口实,欺蔽天下,其实天下还有许多藏本;(2)由《史记》所载:《诗》传授者有鲁、齐、韩三家,无所谓《毛诗》,其它如《古文尚书》、《逸礼》、《周官》、《左氏春秋》都是刘歆伪造;(3)王莽以伪行篡汉国,刘歆以伪经篡孔学,二者同伪,二者同篡;(4)刘歆所传皆一时之通学,又适遇汉室衰微,经籍道息,后人惑于刘歆所收古文之本,使伪古文行于九州而今学亡矣。该书把当时在学术界占统治地位的汉学说成是伪经,这对打破其权威统治,破除对正统思想的迷信,寻求学术思想的解放,有十分重要的意义,该书为当时思想界的"飓风",曾被清廷三次毁版。主要版本有1917年重刻本和1931年北平文化社出版的标点本,及1956年北京古籍出版社本。

[文献] 康有为《新学伪经考》:"光绪十七年夏四月朔,南海康有为广厦(五)记。述叙既讫,乃为主客,发期例曰:'客问主人曰:伪经何以名之'新学'也?《汉书·艺文志》号为《古经》,《五经异义》,称为'古说',诸书所述'古文'尤繁。降及隋、唐,斯名未改。宜乃旧贯,俾人易昭。"汤志钧《康有为政论集》上册:"《新学伪经考》凡十四篇,叙其目而系之辞曰:始作伪,乱圣制者,自刘歆,布行伪经,篡孔统者,成于郑玄。……光绪十七年夏四月朔,南海康祖诒长素记。"(中华书局,1981,92~93页)梁启超《清代学术概论》:"有为最初所著书曰:《新学伪经考》。'伪经'者,谓《周礼》、《逸礼》、《左传》及《诗》之毛传,……《新学伪经考》之要点:一、西汉经学,并无所谓古文者,凡古文皆刘歆伪作。二、秦焚书,并未厄及六经,汉十四博士所传,皆孔门足本,并无残缺。……五、刘歆所以作伪经之故,因欲佐莽篡汉,先谋湮乱孔子之微言大义。诸所主张,是否悉当,且勿论,要之此说一出,而所生影响有二:第一,清学正统派之立脚点,根本动摇;第二,一切古书,皆须从新检查估价。此实思想界之一大飓风也。……《新学伪经考》出甫一

年,遭清廷之忌,毁其板,传习颇稀。"(复旦大学出版社,1985,63~64页)钱穆《中国近三百年学术史》:"'新学伪经'者,谓东汉以来经学,皆出刘歆伪造,乃新莽一朝之学,与孔子无涉。其书亦似从乾、嘉考据来,而已入考据绝途,与长兴宗旨并不合,而长素不自知。……盖长素《伪经考》一书,亦非自创,而特剿窃之于川人廖平。……皆有所闻而张皇以为之说,非由寝馈之深而自得之也。……盖长素骤得盛名,全由《伪经考》一书,……梁启超曾言之,曰:'……实则此书大体皆精当,其可议处乃在小节。……有为以好博好异之故,往往不惜抹杀证据,或曲解证据,……此其所短也。'……《伪经考》所持,为事理之万不通者尚多,论大体亦无是处。"(商务印书馆,1997,712~723页)

六月,《人境庐诗草》初成 《人境庐诗草》为黄遵宪的诗作集,初收诗300余首,经晚年编订后为600余首,共11卷。其诗表现出黄遵宪的诗风,以及他一生的思想变化,并反映出当时中外社会政治的重大题材。作者的指导思想为"我手写我口,古岂能拘牵",为"诗界革命"树一旗帜,故此诗集亦有"诗史"之称。其主要版本有1908年康有为序《人境庐诗草》本。

[文献] 蔡冠洛《清代七百名人传》:"遵宪读书有精识远见。……至其为诗,则精思虑渺,盘薄而莫测其际。自其少年稽古学道,以及中年阅历世事,暨国内外名山水,与其风俗政治形势土物,至于放废。而后忧时感事,悲愤伊郁之情,悉托之于诗。……平生所作逾千首,《自哀集》得六百余首,曰《人境庐诗草》。"(中国书店,1984,补编第12~13页)汤志钧《康有为政论集》上册:"自是久废,无所用,益肆力于诗,上感国变,中伤种族,下哀生民,博以寰球之游历,……情深而意远,益动于自然,而华严随现矣,……公度之诗乎,……而为人所瞻仰徘徊者也!康有为序于……光绪三十四年夏至。"(中华书局,1981,627页)郑海麟《黄遵宪与近代中

国》:"正如他曾对梁启超说:'四十以前所作诗多随手散佚。庚辛之交,随使欧洲,愤时势之不可为,感身世之不遇,乃始荟萃成编,借以自娱。'此次编辑的诗稿,据黄氏自己说约有'二三百篇'。……另外,从诗的写作年代来看,……即截止于 1891 年 8 月黄公度结束伦敦使署参赞职回国之际。由此可知,黄氏《人境庐诗草》稿本是编辑于 1891 年。同年六月,黄氏写有《人境庐诗草序》,……提出了自己有关诗歌创作的指导思想和创作方法。……这个指导思想,用他的诗来概括就是:'我手写我口,古岂能拘牵'。……并且极力提倡诗歌必须反映社会现实,必须表达自己的真实感情。"(三联书店,1988,362~363 页)

六月,郭嵩焘卒 郭嵩焘(1818—1891),近代洋务思想家。字伯琛,号筠仙,别署玉池山农,晚更号玉池老人。道光进士,授翰林院庶吉士,丁父母忧回籍,后随曾国藩办团练,后授编修,入直上书房,历任两淮盐运使,广东巡抚,驻英公使,驻法公使。在途经香港、新加坡等地时,他参观学校、官署、监狱等地,对各地的政教军务及民情风俗等有了一定的了解,于是写成《使西纪程》,此书不仅批评了中国士大夫不明时势,不通外情,还认为中国应当认真研究、学习西方治国之道,在当时引起很大轰动。主张学习西方科学技术,整顿内务,对外交涉采缓和态度。使西期间,他经常参观议院、学校、工厂,接待学者与各国名流,潜心考究西方政教、学术和风俗,不断对改革中国的落后状况提出自己的看法。他认为学习西方不应局限于军事方面,更重要的是从教育、冶矿采煤、铁路、电报着手,有自己对外交、政治、经济等方面的独特建议。一生著述颇多,现存有《礼记质疑》、《大学质疑》、《中庸质疑》、《使西纪程》、《养知书屋遗集》、《史记札记》、《玉池老人自叙》、《郭嵩焘日记》等。

[文献] 张惟骧《疑年录汇编》卷一四:"郭筠仙七十四嵩焘,生嘉庆二十三年戊寅,卒光绪十七年辛卯。"《清史稿》卷四四六:

"郭嵩焘,字筠仙,湖南湘阴人。道光二十七年进士,选庶吉士,遭忧归。……授编修。还朝,入直上书房。……同治改元,起授苏松粮储道,迁两淮盐运使。……光绪元年,授福建按察使,未上,命直总署。擢兵部侍郎、出使英国大臣,兼使法。……既莅英,锡鸿为副使,益事事龃龉,嵩焘不能堪,乞病归,主讲城南书院。……嵩焘虽家居,然颇关心君国。……及庚子祸作,其言始大验,而嵩焘已于十七年卒矣。著有《礼记质疑》四十九卷,《大学中庸质疑》三卷,《订正家礼》六卷,《周易释例》四卷,……诗文集若干卷。"梁启超《中国近三百年学术史》(四):"自此,中国人才知道西人还有藏在'船坚炮利'背后的学问,对于'西学的观念'渐渐变了。一般士大夫对于这种'洋货',依然极端的轻蔑排斥。当时最能了解西学的郭筠仙(嵩焘),竟被所谓'清流舆论'者万般排挤,侘傺以死。"

[考辨] 关于郭嵩焘,学术界主要存在的争论是其思想的归属问题,即其思想究竟是洋务派思想还是早期维新派思想。持前一种观点的学者认为:郭嵩焘思想的实质和主流是其"坚决维护半殖民地半封建的社会地位和统治秩序",因此,"他的思想,在总体上属于洋务派的思想体系。"(马春庆《郭嵩焘思想评价》,载《文史哲》1987 年第 4 期)而持后一种观点的学者则提出:"从郭氏维新主张所提出的时间和达到的程度来看,完全可以同一般公认的早期维新派的代表人物王韬相媲美,说他是早期维新派的先驱者之一是毫不夸张的。"(庄竺华《郭嵩焘是早期维新派的先驱者之一》,载《求索》1992 年第 2 期)

德宗光绪十九年　癸巳(公元 1893 年)

《庸书》书成　陈炽撰著,分内、外篇,各篇有子目 50 篇,内篇论农田、水利、政治、军事、学校、宗教等,外篇论议院、报馆、格致、西医等。该书反映了作者的资产阶级改良主义思想,言"泰西之所以长者政,中国之所以长者教,体与用殊,互相补救",主张中国实行君主立宪政体,且设立议院。同时,还批评洋务派的"自强新政",要求抵制外国资本主义经济侵略,在近代影响很大。但书中也存在早期改良主义思想的某些缺陷。版本有光绪二十四年(1898)成都志古堂刻本等。

[文献] 《戊戌变法》第四册:"陈君名炽,……留心天下利病,深研经济学,……足迹满天下,归著《庸书》内外百篇,言综名实,故以《名实篇》托首。其于审官、牧民、兴学、理财、平律、治兵、筹边,反复于古今盛衰之故,中外名实之科,治乱之条贯备矣。而于风化治本,尤钦钦致意焉。"(神州国光社1953,4页)汤志钧《戊戌变法史论》:"陈炽在一八九二年写成了《庸书》,他批判了顽固守旧者,同时也揭露了貌似维新者,他说:'主于守旧者,深闭固拒,……事变既来,茫昧昏蒙,束手无措;主于维新者,不深察中国之人情,与国家创制显庸之本意,……欲一切舍己而从之,其意似皆是也,而皆非也。'又极力反对满清封建统治者和外国帝国主义分子在中国建立起的殖民地关税管理制度,谓:'税则者,国家自主之权也,非它国所得把持挽越者也,'所以应该更改税则,……'不可轻以假人者也。'"(三联书店,1995,59页)

《盛世危言》刊行 《盛世危言》于是年刊行,为清末早期维新派代表人物郑观应的代表作,是其对早期作品《易言》的扩写,正文包括57篇,附录19篇。《道器》一篇,系该书的总论,继以《学校》、《西学》、《考试》、《议院》等篇,提出在中国全面发展资本主义的主张。该书对宣传变法、传播西学起过积极作用。其后郑曾根据"局势变迁",多次改编重版,计有《盛世危言》五卷本、《盛世危言》增订新编十四卷本、《盛世危言》增订新编八卷本等。此外坊间自行翻刻的版本繁多,卷数、编排也多有差异。

[文献] 《盛世危言·民团》附论:"当今之世,与古昔情形不同。防外侮更重于防内患。"《盛世危言·商战》:"商务之盛衰,不仅关物产之多寡,尤必视工艺之巧拙。有工以翼商,则拙者可巧,粗者可精。"《盛世危言·技艺》附论:"西人之富,在工不在商。盖商者运已成之货,工者造未成之货,粗者使精,贱者使贵,朽腐者使可用。有工艺然后有货物,有货物然后有商贾耳。"《盛世危言·议院篇》:"欲张国势,莫要于得民心;欲得民心,莫要于通下情,欲通下情,莫要于设议院。……凡有国事,先令下院议定,详达之上院,上院议定,奏闻国主……议院者,公议政事之院也,集众思广众益,用人行政,一秉至公,法诚良意诚美矣。……故有议院而昏暴之君无所施其虐,跋扈之臣无所擅其权,大小官事无所卸其责,草野小民无所积其怨,故断不至数代而亡,一朝而灭也。"《盛世危言·西学》:"所谓天学者,以天文为纲,而一切算法、历法、电学、光学诸艺,皆由天学以推至其极者也。所谓地学者,以地舆为纲,而一切测量、经纬、种植、车舟、兵阵诸艺,皆由地学以推至其极者也。所谓人学者,以方言文字为纲,而一切政教、刑法、食货、制造、商贾、工技诸艺,皆由人学以推至其极者也。""殊不知当今之世,无论西学之不能不讲,即一切华洋交涉之事,亦日繁一日,苟其不明详文,安能周旋于其间哉?余是知洋文必将盛行于中国。"《盛世危言后编·自序》:"欲攘外,亟须自强;欲自强,必先致富;欲致富,必首在振工商;欲振工商,必先讲求学校,速立宪法、尊重道德,改良政治。"

[考辨] 关于《盛世危言》的刊行时间,传统上一般认为1892年刊行,因为郑观应的"自序"写明是光绪十八年,即1892年。但根据书前陈炽的"癸巳七月"之序,书末杨毓辉"癸巳暮春之初"和吴广霈的跋语"壬辰冬",可以断定,刊行时间不应早于癸巳年(1893)壬辰冬,故此处将《盛世危言》的刊行时间定在

1893年。

域外 [法]《社会学年鉴》创刊,涂尔干任主编。
[英]哲学家布拉德雷著成《现象与实在》。

德宗光绪二十年　甲午(公元1894年)

六月,薛福成卒　薛福成(1838—1894),近代早期改良思想家、外交家,早年致力于八股时文,后受太平军起义的影响而致力于经世实学,先后为曾国藩、李鸿章幕僚,历任直隶州知州,直隶宣化府知府,湖南按察使等。光绪五年(1879),作《筹洋刍议》,书中反映了他变易进化的历史观,及"变今以复古","变古以就今"的洋务思想。光绪十六年(1890)出洋赴任,后认为"君民共主,无君主、民主偏重之弊,最为斟酌得中",可见其改良主义的倾向。他一生著述颇多,除《筹洋刍议》外,还有《庸庵全集》、《浙东筹防录》、《出使四国日记》等。

[文献]《清史稿》卷四四六:"薛福成,字叔耘,江苏无锡人。以副贡生参曾国藩戎幕,积劳至直隶州知州。光绪初元,下诏求言,福成上治平六策,又密议海防十事。……十四年,除湖南按察使。明年,改三品京堂,出使英法义比四国大臣,历光禄、太常、大理寺卿,留使如故。……福成任使事数年,恒惓惓于保商,疏清除旧禁,广招徕。……其将归也,复撮举见闻上疏以陈,大恉谓宜历人才,整戎备,浚利源,重使职,为弃短集长之策。二十二年,归,至上海病卒,优诏赐恤。……福成好为古文辞,演迤平易,曲尽事理,尤长于论事记载。著有《庸庵文编》、《笔记》、《海外文编》、《出使英法义比日记》、《浙东筹防录》。"蔡冠洛《清代七百名人传》:"薛福成,字叔耘,一字庸庵,江苏无锡人。……二十年四月,差竣。六月,抵上海卒。有《庸庵全集》。"(中国书店,1984,690~693页)张惟骧《疑年录汇编》卷一五:"薛叔耘五十七福成,生道光十八年

戊戌,卒光绪二十年甲午。"

[考辨] 《清史稿》记载薛福成卒于光绪二十二年,而《清代七百名人传》却为光绪二十年,学术界普遍采用"光绪二十年"这一说法。见汤志钧《戊戌变法史论》(群联出版社,1955)及戴逸、林言椒《清代人物传稿》下编第一卷(辽宁人民出版社,1984)。此处采用生于光绪二十年之说。另可参见张惟骧《疑年录汇编》。

《桂学答问》撰成　康有为于是年冬,撰《桂学答问》于桂山书院,约万言,由上海大同译书局刊行。该书收录其讲学时的答问,分条叙述研读经、史、子、天文、西洋书籍的方法,并列举书目,主张应以《〈公羊〉何注》、《春秋繁露》、《孟子》、《荀子》等书为主,具言"孔子虽有《六经》,而大道萃于《春秋》","《春秋》所以宜独尊者,为孔子改制之迹在也",是时已可窥其"《六经》皆孔子托古改制"之说了。

[文献]　姜义华、吴根樑《康有为全集》第二集:"光绪二十年秋,吾以著书讲学被议,游于桂林,居于风洞,过于桂山书院之堂。……暇辄与桂士读书逊业堂者相过从,……来问学者踵履相接,口舌有不给,门人请写出传语之。……不敢固辞,敢妄陈说所闻,以告多士。……南海康祖诒恭纪。"(上海古籍出版社,1990,49、51页)钱穆《中国近三百年学术史》:"光绪二十年长素为《桂学答问》时已言之,曰:'天下之所宗师者,孔子也。……孔子去今三千年,其学何在?'曰:'在《六经》。……故凡为孔子之学者,皆当学经学也。'……故长素当时论孔学最尊《易》。……以其为孔子之自著,而发明穷、变、通、久之理也。……不久而为《新学伪经考》、《孔子改制考》,则《六经》皆孔子托古改制,不独《易》为孔子之自著,于是全变其说,而一以《春秋》为主。其说见于《桂学答问》,谓:'孔子虽有《六经》,而大道萃于《春秋》。……孔子所以为圣人,以其改制。……《春秋》所以宜独尊者,为孔子改制之迹在也。

《公羊》《繁露》所以宜专信者,为孔子改制之说在也。能通《春秋》之制,则《六经》之说,莫不同条共贯,而孔子之大道可明矣。'"(商务印书馆,1997,765~768 页)

朱一新卒　朱一新(1846—1894),清末思想家。字鼎甫,浙江义乌人。同治九年举人,官内阁中书,光绪二年(1876)进士,授翰林院庶吉士,散馆授编修。光绪十一年,任湖北乡试副考官,转陕西监察御使。光绪十二年(1886)告归。是年卒,享年 49 岁。幼聪颖好学,喜濂洛关闽之学,务通经以致用。曾接受张之洞的邀请,主讲广雅书院。面对列强纷争于中国之情形,他指出日本为一大患,提出远交近攻之方略。著作有《秦疏》1 卷、《诗古文词杂著》8 卷、《京师访卷志》4 卷、《汉书管见》4 卷、《德庆州志》、《东三省内外蒙古地图考证》等。

〔文献〕　蔡冠洛《清代七百名人传》(下):"朱一新,字鼎甫。浙江义乌人。同治九年举人,官内阁中书。光绪二年进士,改翰林院庶吉士,散馆,授编修。十一年,充湖北乡试副考官,转陕西监察御使。十二年,上遇灾修省疏劾,及内待懿旨诘责。降主事,告归。二十年卒,年四十九。……一新生而颖异,四岁,与群儿戏,虑有倾跌者,辄趋掖之。长嗜濂洛关闽之学,务通经以致用。……又著有《奏疏》一卷、《诗古文词杂著》八卷、《京师访卷志》四卷、《汉书管见》四卷、《德庆州志》、《东三省内外蒙古地图考证》。"《清史稿》卷四四五:"一新博极群书,洞知两汉及宋、明诸儒家法,务通经以致用。诸生有聪颖尚新奇者,必导而返诸笃实正大,语具所著《无邪堂答问》中。卒,年四十有九。"

德宗光绪二十一年　乙未(公元 1895 年)

四月,"公车上书"　清政府在中日甲午战争中失利,派李鸿章赴日签订《马关条约》,激起全国人民的强烈反对。康有为自是年三月二十一日起,便联合举人上奏折,后又在松筠庵集会,与会者一千三百多名,由梁启超执笔陈书,联名上书光绪帝,指陈割地之祸,并明定对策,"请拒和、迁都、变法",但都察院不为代奏。此举是资产阶级改良运动的起点,其具体内容为资产阶级维新政治思想的体现,意义深远。

[文献]《康有为全集》第二集:"中日和约十一款,全权大臣既画押,电至京师,举国哗然。……而声势最盛、言论最激者,莫如公车上书一事。……广东举人康长素者,……主其事,草疏万八千余字,集众千三百余人,力言目前战守之方,他日自强之道。文既脱稿,乃在宣武城松筠庵之谏草堂传观会议,……光绪二十一年五月朔,沪上哀时老人未还氏记。"(上海古籍出版社,1990,103页)《戊戌变法》第四册:"三月二十一日电到北京,吾先知消息,即令卓如鼓动各省,并先鼓动粤中公车,上摺拒和议,湖南人和之,……与卓如分托朝士鼓(动),各直省莫不发愤,连日并递章满察院,衣冠塞途,……时以士气可用,乃合十八省举人于松筠庵会议,与名者千二百余人,以一昼二夜草万言书,请拒和、迁都、变法三者,卓如孺博书之,并日缮写,遍传都下,士气愤涌,联轨察院前里许,至四月八日投递,则察院以既已用宝,无法挽回,欲不收。先是公车联章,孙毓汶已忌之,至此千余人之大举,尤为国朝所无。"(神州国光社,1953,130页)

夏秋,京师强学会开 甲午战败,国人大受刺激,康有为、梁启超等为提倡新学,开通风气,故于是年在北京创办强学会,并发刊《中外纪闻》,宣传西学,宣传维新,一时人才云集,后又办于上海。由于其影响巨大,清政府下令封禁。

[文献]《戊戌变法》第四册:"当甲午丧师以后,国人敌忾心颇盛,而萃于世界大势。乙未夏秋间,诸先辈乃发起一政社,名强学会者,今大总统袁公,即当时发起之一人也。彼时同人固不知

各国有所谓政党,但知欲改良国政,不可无此种团体耳。而最初著手之事业,则欲办图书馆与报馆,袁公收捐金五百,加以各处募集得千余金,遂在后孙公园设立会所,向上海购得译书数十种,而以办报事,委诸鄙人。……办理月余,居然每日发出三千张内外,……其年十一月强学会遂被封禁,……益感慨时局,……办报之心益切。……京师之开强学会也,上海亦踵起,京师会禁,上海会亦废。""士大夫创立强学会于京师,以讲中国自强之学,风雨杂沓,朝士鳞萃,尚虑未能布衍于海内。……为士大夫所走集者,今为上海,乃群天下之图书器物,群天下之通人学士相与讲焉。尝考泰西所以富强之由,皆由学会讲求之力。……其以开风气而成人才,……而济中国之变,殆由此耶!""一、本会专为中国自强而立,……今者鉴万国强盛弱亡之故,以求中国自强之学。总会立于上海,以接京师,次及于各直省。""今设此会,……以广见闻而开风气,上以广先圣孔子之教,下以成国家有用之才,最要者四事,……一、译印图书。……一、刊布报纸。……一、开大书藏。……一、开博物院。""盖强学会之性质,实兼学校与政党而一之焉。……而一新当时耳目,具革新中国社会之功,实亦不可轻视之也。""其年七月,京师强学会开,发起之者为南海先生,赞之者为郎中陈炽","不三月为言官所劾,会封禁"。(神州国光社,1953,253、254、386、389、390、391 页)

《日本国志》刊行 《日本国志》,黄遵宪撰著,近代中国系统介绍日本政治、历史、人文地理的重要专著,是年刊行。书中翔实介绍日本明治维新的历史,具有资产阶级史学色彩,着重发挥经世作用及宣传进化论思想,对戊戌维新有直接影响。除羊城富文斋初刻本(1895)外,还有浙江书局重刻本(1898)等。

[文献] 《清史稿》卷四六四:"充使日参赞,著《日本国志》上之朝。旋移旧金山总领事。"蔡冠洛《清代七百名人传》:"而所

成之《日本国志》四十卷。当吾国二十年以前,群未知日本之可畏。而此书则已言日本维新之效,成则且霸。而首先受其冲者为吾中国,及后而其言尽验。以是人尤服其先见。"(中国书店,1984,补编第 12~13 页)郑海麟《黄遵宪与近代中国》:"《日本国志》初版面世,正值甲午战败,……版本有如下数种:一、羊城富文斋初刻本(1895),刊头署'光绪十六年羊城富文斋刊版',卷首有李鸿章《禀批》,张之洞《咨文》,薛福成《序》,每页十二行,每行二十四字,共十册。……《日本国志》每志所附'外史氏曰',评论古今,阐发著者的思想见解,……比较同时代人的日本研究诸书,更可看出黄遵宪《日本国志》的独特之处,它在近代思想启蒙运动史上的作用,是其它日本研究书所不可及也不能代替者。……总之,《日本国志》通过介绍和评论日本的明治维新而形成了一套系统的变法思想。"(三联书店,1988,166~167、175、348 页)梁启超《中国近三百年学术史》:"而黄公度(遵宪)之《日本国志》四十卷,在旧体史中实为创作。"

《泰西新史揽要》出版　《泰西新史揽要》,原为英国人麦垦西著,李提摩太于 1892 年始译,是年由广学会出版,共 24 卷。该书叙述 19 世纪欧美各国资本主义发展的历史,由于符合中国人变法、富强等观点,因而十分畅销,只是李提摩太对此书稍有臆取。

[文献]　《戊戌变法》第四册:"一八九二年,……这时候《泰西新史揽要》(Mackenzie's History of the Nineteenth Century)已着手编译,这《新史》出版之后,销售极多,在中国各省大著效力。"(神州国光社,1953,236 页)顾长声《从马礼逊到司徒雷登——来华新教传教士评传》:"以李提摩太编译的《泰西新史揽要》和林乐知编译的《中东战纪本末》,最为畅销。梁启超曾称:'《泰西新史揽要》述近百年以来欧、美各国变法自强之迹,西史中最佳之书也。'……《泰西新史揽要》一书的原作者,是英国人麦垦西。……

书中叙述了十九世纪欧、美各国资本主义发展的历史。……为了把自己的观点强加在原书中,他在翻译时作了一些篡改和删节。……李提摩太在这本书的'序言'中,还用帝国主义的口吻教训中国读者。他写道:'泰西各国素以爱民为治国之本,不得不借兵力以定商情。……犹幸尚有明敏之才,深知中国近年不体天心、不和异国、不敬善人,实有取败之理。'……就是要中国人民接受传教士宣扬的奴化思想;……就是要中国人民接受这批伪善者提出的使中国变为外国殖民地的变法主张。"(上海人民出版社,1985,333页)

《天演论》出版 《天演论》是严复所译英国科学家赫胥黎的《进化论与伦理学》一书的前半部,分两卷,33篇。曾在《国闻报》上连载,是年出版,1931年收入商务印书馆出版的《严译名著丛书》。此书附有译者自序及大量按语,但对原著未完全翻译,反映出严复具有资产阶级启蒙思想。此书的发表,在社会上引起巨大反响,尤其是其宣传的进化论思想,长久风行,影响了几代知识分子。

［文献］ 梁启超《清代学术概论》(二十九):"戊戌政变,继以庚子拳祸,清室衰微益暴露。……壬寅、癸卯间,译述之业特盛,……时独有侯官严复,先后译赫胥黎《天演论》,……虽半属旧籍,去时势颇远,然西洋留学生与本国思想界发生关系者,复其首也。"《严复集》:"严子几道既译英人赫胥黎所著《天演论》,以示汝伦曰:'为我序之。'天演者,西国格物家言也。其学以天择、物竞二义,综万汇之本原,考动植之蕃耗,言治者取焉。因物变递嬗,深挚乎质力聚散之几,推极乎古今万国盛衰兴坏之由,而大归以任天为治。赫胥黎氏起而尽变故说,以为天不可独任,要贵以人持天。以人持天,必究极乎天赋之能,使人治日即乎新,而后其国永存,而种族赖以不坠,是之谓与天争胜。而人之争天而胜天者,又

皆天事之所苞。是故天行人治,同归天演。……抑严子之译是书,不惟自传其文而已,盖谓赫胥黎氏以人持天,以人治之日新,卫其种族之说,其义富,其辞危,使读焉者怵焉知变,于国论殆有助乎?是旨也,予又惑焉。凡为书必与其时之学者相入,而后其效明。今学者方以时文、公牍、说部为学。而严子乃欲进之以可久之词,与晚周诸子相上下之书。吾惧其俲例驰而不相入也。虽然,严子之意,盖将有待也。……赫胥黎氏此书之旨,本以救斯宾塞尔任天为治之末流,其中所论,与吾古人有甚合者。且于自强保种之事,反复三致意焉。物竞、天择二义,发于英人达尔文。斯宾塞尔者,与达同时,亦本天演著《天人会通论》,举天、地、人、形气、心性、动植之事而一贯之,……其第一书开宗明义,集格致之大成,以发明天演之旨。第二书以天演言生学。第三书以天演言性灵。第四书以天演言群理。最后第五书,乃考道德之本源,明政教之条贯,而以保种进化之公例要术终焉。赫胥黎是书大指,以物竞为乱源,而人治终穷于过庶。此其持论,所以与斯宾塞尔氏大相径庭,而谓太平为无是物也。斯宾塞尔则谓事迟速不可知,而人道必成于郅治。……进者存而传焉,不进者病而亡焉,……人欲图存,必用其才力心思,以与是妨生者为斗。负者日退,而胜者日昌。"(中华书局,1986,1317~1321、1325~1352页)郭湛波《近五十年中国思想史》:"自光绪甲午(一八九四)中日之战,……严氏深有鉴于我国之贫弱,由于学术不及西洋,乃专力从事于译述,先译成赫胥黎(Huxley)之《天演论》……,……严氏之译述对于当时思想界影响甚大,胡适之先生在他的《四十自述》里说:'……《天演论》出版之后,不上几年,便风行到全国,竟做了中学生的读物了。……他们能了解的只是那'优胜劣败'的公式在国际政治上的意义。……几年之中,这种思想像野火一样,延烧着许多少年人的心和血。'天演'、'物竞'、'淘汰'、'天择'等等术语都渐渐成了报纸文章的熟语,渐渐成了一班爱国志士的'口头禅'。……我自己的名字也是这种风气底下的纪念品。'""可见严氏介绍西洋学术思想影响之大,而其最大者则为《天演论》,蔡孑民先生称之谓'尊民叛君,尊今叛古',当时目为'传播革命'。"(山东人民出版社,1997,48~50页)

[考辨] 光绪二十四年,沔阳卢氏慎始基斋的木刻本《天演论》,是最早正式出现的版本,这一点学术界没有多大争议,有争议的是严复的《天演论》是何时译成的这一问题。目前主要有两种观点:第一种是以王栻为代表所提出的,《天演论》至迟在光绪二十一年(1895)译成,在光绪二十年(1894)译成的可能性更大些。王栻既有文献为凭,又有实物为证,因此,这一观点为学术界普遍接受。(见王栻《严复传》,上海人民出版社,1957)第二种观点是邬国义在其《关于严复翻译〈天演论〉的时间》一文中提出的:"严复翻译《天演论》的时间应在1896年。"(《华东师范大学学报》,1981年第3期)他主要引证的是吴汝纶与严复之间的通信。但是,这不能证明严复在1896年译成《天演论》,也无法说明严复何时开始译《天演论》。王栻的至迟在光绪二十一年(1895)严复译成《天演论》的观点的有力证据之一,即是严璩的《侯官严先生年谱》中的"和议始成,府君大受刺激,自是专力于翻译著述,先从事于赫胥黎之天演论,未数月而脱稿"。目前光绪乙未春三月陕西味经售书处重刊本已在陕西省图书馆中查出。因此,在1895年《天演论》已经刊印。另外,严复将自己的学术观点加入《天演论》中,以适应时代的需要,因此,关于《天演论》中所蕴含何种进化论的问题,史学界主要有三种观点。(1)李泽厚在《中国近代思想史论》中提出:严复"一方面虽然同意斯宾塞尔认为自然进化是普遍规律,也适用于人类;另一方面又不满足斯宾塞尔那种'任天为治'弱肉强食的思想",因此,严复将两者折中,运用于同一本书

中。(安徽文艺出版社,1994)(2)以王栻为代表,认为"严复的思想,更像赫胥黎",这在郑永福、田海林的《〈天演论〉探微》一文中也有体现,他们认为"严复虽然推崇斯宾塞尔,但对其'任天为治'的无为思想持否定态度",更多的是对赫胥黎的有关论述再加工,形成"与天争胜"等理论。(《近代史研究》1985年第3期)(3)董增刚在他的《试析严复翻译〈天演论〉的主旨》中提出"严复的《天演论》基本赞同斯宾塞的社会学说,排斥赫胥黎的伦理思想;不仅主张'物竞',而且力倡'任天'"。(《北京师范学院学报》1992年第1期)事实上,无论严复引进何种理论,无论其如何将此理论曲解、附会,他的"优胜劣汰"、"物竞天择"之说对19世纪末20世纪初的中国人而言,起到了不可估价的作用。

严复在天津《直报》连续发表《原强》、《辟韩》等文章 严复自幼接触西学,不满于封建时弊,恰逢清军甲午战败,是年,他在天津《直报》上连续发表《论世变之》、《原强》、《救亡决论》、《辟韩》等文章,批判封建制度和封建文化,鼓吹变法维新和救亡图存。《原强》一文系统介绍达尔文及其学说,高度评价《物种起源》一书,将达尔文的生物进化论和斯宾塞(Herbert Spencer)的社会有机论相结合,为维新变法和救亡图存寻找理论根据,认为生物界的物竞天择同样适用于人类社会。提出救国三策在于"鼓民力"、"开民智"、"新民德",期求以西学来教育改造中国社会,实现君主立宪。该文后收入《侯官严氏丛刊》。《辟韩》一文主要是批判唐韩愈关于天生圣人以制民和劳心治人、劳力治于人的封建专制理论。由于严复受卢梭"天赋人权论"、"社会契约论"的影响,所以提出君主和人民应依"通功易事"原则确立一种契约关系。民为国家主人,其自由权利来自天赋,但又谓"民弗能自治",将变法图强的希望寄托于圣明君主。该文后收入《严几道诗文钞》。上述四文均收入中华书局1986年出版的《严复集》。另可参阅《清代经世文编》。

[文献] 《原强》:"达尔文者,英之讲动植之学者也。……著一书,曰《物种探原》,自其书出,欧美二洲几于家有其书,而泰西之学术政教,一时斐变。……其一篇曰:物竞,又其一曰天择。物竞者,物争自存也;天择者,存其宜种也。……此所谓以天演之学言生物之道者也。"(《严复集》第1册,中华书局1986年版)《原强》:"是以今日要政,统于三端:一曰鼓民力,二曰开民智,三曰新民德。"(同上)《辟韩》:"有其相欺,有其相夺,有其强梗,有其患害。自秦以来,为中国之君者,皆其尤强梗者也,最能欺夺者也。正所谓大盗窃国者耳。西洋之言治者曰:'国者,斯民之公产也,王侯将相者,通国之公仆隶也。'而中国之尊王者曰:'天子富有四海,臣妾亿兆'……西洋之民,尊且贵也过于王侯将相,而中国之民,其卑且贱,皆奴产子也。论者动言中国宜减君权,兴议院。嗟乎,以今日民智未开之中国,而欲效泰西君民共主之美治,是大乱之道也。"(同上)

天津中西学堂成立　甲午战败,举国痛感落后挨打的耻辱,朝野一片自强求富的呼声。人们认识到,自强之道,首在培育人才,兴学热潮由此兴起。是年10月2日,天津中西学堂经清政府批准创设。该学堂分为头等、二等两部,头等学堂的课程设置参照国外大学,成为中国近代新式大学的萌蘖。二等学堂课程内容相当于中学,四年毕业,升入头等学堂。头等学堂也学四年,课程侧重于西方自然科学、国际公法和英语等有用之学,但也不偏废中学,表现出当时中西并重、西学为主的特点。该成立后不久,人们即称其为"天津大学堂",庚子事变中,该校一度停办,1902年恢复,1903年改称北洋大学堂。

[文献] 《盛宣怀拟设天津中西学堂禀》:"自强之道,以作育人才为本;求才之道,尤宜以设立学堂为先,……职道之愚,当赶紧

设立头等、二等学堂各一所,为继起者规式。"(朱有瓛编《中国近代学制史料》第 1 辑下册,华东师范大学出版社,1986,490 页)茅家琦、田珏等编《中国近现代大事编年》:"设天津中西学堂:30 日(八月十二日庚辰),津海关道盛宣怀奏设中西学堂于天津。中西学堂亦称天津西学学堂,分头等、二等两级,修业各 4 年,为中国学校分级之始。头等学堂为大学本科,二等学堂为大学预科。头等学堂请二品衔候选道伍廷芳任总理,二等学堂由蔡绍基任总理。聘美国传教士丁家立为总教习。"(北京出版社,1999,133 页)

域外 [日]井上圆了的《哲学史》出版。

德宗光绪二十二年　丙申(公元 1896 年)

夏,**《西学书目表》成**　梁启超撰,是年在上海刊行,共 4 卷,录书 300 余种。该书目系统介绍了西方的算学、重学、电学、化学、声学等科技书与史志、官制等社科书籍,以配合改良主义的变法主张,影响颇大。此书反映了梁启超的学术主张,而且,目录在分类上开创新法,著录上又不拘一格,还有精炼的提要识语,是中国古代图书分类法过渡到现代分类法的重要一环。它冲破了传统的四分法樊笼,奠定了中国现代图书分类法的基础。

[文献] 《饮冰室合集·文集》梁启超《三十自述》:"三月去京师,至上海,始交公度。七月《时务报》开,余专任撰述之役,报馆生涯自兹始,著《变法通议》、《西学书目表》等书。"梁启超《饮冰室合集·文集》《西学书目表后序》:"梁启超曰:'今日非西学不兴之为患,而中学将亡之为患。'……吾尝见乎今之所论西学者矣,……动曰:中国之弱,由于教之不善,经之无用也。推其意,直欲举中国文字,悉付之一炬。而问其于西学格致之精微,有所得乎?无有也。问其于西政富强之本末,有所得乎?无有也。……若不思补救,则学者日夥,而此类日繁,……其不亡者几何哉!

……盖六经之文,无一字不可见于用,教之所以昌也。今之所谓儒者,八股而已,试帖而已,律赋而已,楷法而已,上非此勿取,下非此勿习。……是则中国之学,……虽无西学以乘之,而名存实亡,盖已久矣。……西人今日所讲求之而未得者,而吾圣人于数千年前发之,……要之,舍西学而言中学者,其中学必为无用;舍中学而言西学者,其西学必为无本。无用无本,皆不足以治天下,……无救危亡。"《西学书目表序例》:"今以西人声、光、电、化、农、矿、工、商诸学,与吾中国考据、词章、贴括、家言相较,其所知之简与繁相去几何矣。兵志曰,知彼知己,百战百胜,人方日日营伺吾侧纤细曲折,虚实毕见。而我犹称然自大,偃然高卧,非直不能知敌,亦且昧于自知,生见侵陵,固其宜也。故国家欲自强,以多译西书为本;学者欲自立,以多读西书为功。此三百种者,择其精要而读之,于世界蕃变之迹,国土迁异之原,可以粗有所闻矣。……译出各书,都为三类:一曰学、二曰政、三曰教。今除教类之出不录外,自余诸书分为三卷。上为西学诸书。……中卷为两政诸书。……下卷为杂类诸书。明季国初补艾、南、汤诸君,心明历见擢用。其所著书见于天学汇函,新法算书者百数十种。又制造局、益智书会等处译印未成之书百余种。通商以来,中国人著书言外事,其切实可读者,亦略有数十种。掇拾荟萃,名为附卷。"(同上)

《仁学》书成 《仁学》,为谭嗣同的代表作,共两卷,50篇,撰于光绪二十二年(1896),光绪二十五年(1899)由梁启超、唐才常在日本横滨刊的《清议报》和上海《亚东时报》连载发表。著者有鉴于甲午中日战争后国家民族的危亡,为救国,将儒家的"仁"、墨家的"兼爱"和耶稣教、佛教的教义结合起来,再同当时自然科学的"以太"说混合,成为"仁学",故而此书为并不完整也不成熟的哲学—政治著作。该书上卷讲哲学,宣扬平等,提倡博爱,言"五伦中于人生最无弊而有益,……其惟朋友乎?……所以者何?一曰平等,二曰自由,……总括其义曰不失自主之权而已。"下卷讲政治,批判君主专制,反对民族压迫,要"黜古学,改今制,废君统,倡民主,变不平等为平等",对冲决封建专制制度和传统纲常名教有积极意义。其主要版本有1902年上海国民报社排印本、1958年中华书局排印本及中华书局1981年版《谭嗣同全集》本等。

[文献] 《谭嗣同全集》之《仁学》自叙:"网罗重重,与虚空而无极。初当冲决利禄之网罗,次冲决俗学若考据、若词章之网罗,次冲决全球群学之网罗,次冲决君主之网罗,次冲决伦常之网罗,次冲决天之网罗,次冲决全球群教之网罗,终将冲决佛法之网罗。然真能冲决,亦自无网罗;真无网罗,乃可言冲决。故冲决网罗者,即是未尝冲决网罗。循环无端,道通为一,凡诵吾书,皆可于斯二语领之矣。"(《中华书局》,1981,290页)又梁启超《仁学序》:"仁学何为而作也?将以光大南海之宗旨,会通世界圣哲之心法,以救全世界之众生也。南海之教学者曰:'以求仁为宗旨,以大同为条理,以救中国为下手,以杀身破家为究竟。'《仁学》者,即发挥此语之书也。而烈士者,即实行此语之人也。……烈士流血后九十日,同学梁启超叙。"(同上,373)

[考辨] 关于《仁学》成书时间《谭嗣同全集》致汪康年书(三)记:"去年吴雁翁到金陵,述卓如兄言,有韩无首大善知识,将为香港《民报》,属嗣同畅演宗风,敷陈大义。斯事体大,未敢率尔,且亦不暇也。近始操觚为之,孤心万端,触绪纷出。非精探性天之大原,不能写出此数千年之祸象,当今日宜扫荡桎梏冲决网罗之故,便觉刺刺不能休,已得数十篇矣。少迟当案上。……谭嗣同顿首正月十八日"(中华书局,493页)经徐义君考证此书写于一八九七年一月十八日即公历二月十九日(参见徐义君《谭嗣同思想研究》,湖南人民出版社,1981,197~198页),可知在写此书信之时《仁学》未完稿。又《章太炎先生自定年谱》光绪二十三年

(1897)记:"春时在上海,梁卓如等倡言孔教,余甚非之。……会平阳宋恕平子来,与语,甚相得。平子以浏阳谭嗣同所著《仁学》见示,余怪其杂糅,不甚许也。"(上海书店,1986)可知宋恕见示于章太炎的《仁学》应已完稿,故《仁学》一书初成于1897年春季。有关《仁学》写作时间的详细考证可参见徐义君著《谭嗣同思想研究》相关内容。

《时务报》创刊　《时务报》,是戊戌维新期间影响最大的报纸。是年8月9日创刊,馆设于上海四马路石路。为旬刊,每册32页,辟有论说、谕折录要、京外近事、英文报译、东文报译等栏目。该报由汪康年、黄遵宪、梁启超等人发起,汪康年任总理,梁启超任主笔,张坤德(字少塘)任英文翻译,郭家骥任法文翻译,日人古城贞吉任日文翻译,黄春芳(字延耀)任掌管银钱及印书事务的理事。该报力倡变法维新,介绍西方的政教风情,不遗余力。因此,创办当年,发行量即达7000份,次年增至1万余份,"为中国有报以来所未有"(汤志钧《戊戌变法史》,人民出版社,1984,178页)。《时务报》的发行对戊戌维新及开启民智有重要意义,1898年7月26日,光绪下令,将《时务报》改为官报,8月8日,出版第69册后终刊。

[文献]　《饮冰室合集·文集》卷十一《三十自述》:"三月去京师,至上海,始交公度。七月《时务报》开,余专任撰述之役,报馆生涯自兹始。著《变法通义》、《西学书目表》等书。"(中华书局,1989)丁文江、赵丰田编《梁启超年谱长编》一八九六年下引汪颂谷《任公事略》记:"丙申七月,创设时务报馆。是年吾国尚止有日报无杂志,有之,则为广学会月出一册之《万国公报》。时承中日战役之后,钱塘汪穰卿进士与任公议,谓非创一杂志,广译五洲近事,详录各省新政,博搜交涉要案,俾阅者周知全球大势,熟悉本国近状,不足以开民智而雪国耻。于是有《时务报》之设。汪君经

理馆事,任公则主撰述。"(上海人民出版社,1983,52 页)又同书一八九八年下引光绪二十四年六月二十四日《国闻报》汪康年广告:"康年于丙申秋创办《时务报》,延请新会梁桌如为主笔,至今二年。……从七月初一日起,谨遵六月初八日据实昌言之谕,改为《昌言报》。"(同上,131 页)又汪康年上黄遵宪呈:"康年于获见电传上谕后,遵即暂行停办《时务报》,一面电催康主政速行来沪,候其主持,以明不敢擅专之意。又读谕旨,令民间广开报馆以开风气,康年窃思时务报馆原有之款,本系公共纠集,以为办报之用,故即续办《昌言报》,上副圣天子广开言路之盛心,下答捐款人集资委托之重任。"(同上,132 页)

德宗光绪二十三年　丁酉（公元 1897 年）

秋,王韬卒　王韬(1828—1897),近代早期改良思想家、报刊政论家。秀才出身,于道光二十九年(1849)任职于墨海书馆,后因上书太平军被缉拿而逃往香港。在香港创办《循环日报》,宣传变法。光绪十年(1884),在上海创办弢园书局,晚年任上海格致书院掌院。其政治思想为君主立宪思想,要求仿效资产阶级君主立宪制政体,建立资产阶级国家;在道器论、体用观上,则强调"器"、"道"俱变,与洋务派的"中体西用"已有质的不同。同时,又提出较为系统的报刊新闻理论,是我国近代报刊思想的奠基者。著作有《弢园文录外编》、《弢园笔记》、《普法战纪》、《弢园尺牍》等,涉猎政治、经济、历史、天文、地理等多方面。

　　[文献]　蔡冠洛《清代七百名人传》:"王韬,初名畹。……少避乱,居粤东。性佻达,顾通西学有识略。壮岁返里,会太平军下苏松常太,……上书陈攻取上海之策。……同治元年二月,……攻下七堡垒,获韬书,……乃下令索韬。韬遁迹南洋,办星州报馆。……自号曰天南遁叟。久之回沪,任格致书院山长。评定文字,持

论阂通。……寻主申报馆笔政,为报界开其先河。……卒年七十有八。所著有《普法战纪》、《淞隐漫录》、《遁窟谰言》、《瓮牖余谭》等。"(中国书店,1984,1806~1807页)忻平《王韬评传》:"1948年1月23日,徐光摩从王韬乡友徐兆兰诗集《梅墅吟草》中,发现了王韬和缪少初各写的一篇序言,……缪少初在序言中写道:'……遁叟于今秋归道山,……'缪少初序文末署为'光绪丁酉冬'。……故徐光摩认为王韬去世时间当为1897年秋季。……大部分人也都持王韬死于1897年秋之说。……并都有较为严密可信之考证。故在无其他更可靠证据之前,王韬逝世于1897年(光绪二十三年丁酉)秋之说,当可作为定论。"(华东师范大学出版社,1990,238~239页)

秋冬间,大同译书局创办 是年,梁启超与诸君集资创办大同译书局于上海,其旨在译书,并以政学为先,艺学为次,从而为维新变法以理论上的支持,是维新派的编译出版机构,曾刊印《大彼得变政考》、《日本书目志》、《孔子改制考》、《经世文编新编》等书籍。

[文献] 《戊戌变法》第四册杨复礼《梁启超年谱》(节录)"光绪二十三年丁酉(西元一八九七)二十五岁。"条记:"(六)创设大同译书局——秋冬间公联合同志,集股创办大同译书局于沪,由康幼博经理其事。当年印出之书,大部有《经世文新编》,小册子有《俄皇大彼得变政考》等书,《日本书目志》四册、南海所著《孔子改制考》等,亦由此译书局印成。"(神州国光社,1953,172-173页)

十月,梁启超就任时务学堂讲席 谭嗣同、黄遵宪在长沙创办时务学堂,是年,请梁启超讲学。其时,梁启超以讲《公羊》、《孟子》为主,阐发民主思想。

[文献] 《戊戌变法》第四册杨复礼《梁启超年谱》(节录)

"光绪二十三年丁酉(西元一八九七)二十五岁"条记:"冬十月入长沙,就时务学堂讲席。时谭嗣同、黄遵宪、熊希龄等,设时务学堂于长沙,聘公主讲席,唐才常等为助教。公至以《公羊》、《孟子》教课以札记,学生仅四十人,而李炳寰、林圭、蔡锷称高才生焉。……所言皆当时一派之民权论,又多言清代故实,胪举失政。"(神州国光社,1953,173~174页)

十月,《春秋董氏学》书成 《春秋董氏学》,是康有为托古改制的重要理论著作,共8卷,自光绪十九年(1893)始撰,于光绪二十四年由大同译书局出版。该书推崇《春秋》,认为孔子之道在六经,而六经统一于《春秋》,并假借董仲舒《春秋繁露》中关于"天人合一"和"孔子受命改制"的说法,推衍"三世为孔子非常大义,托之《春秋》以明之",指出"据乱"、"升平"、"太平"三世是历史演进的三个阶段,初步把"公羊三世说"与《礼运》大同、小康相糅合,进而试图从哲学理论高度探求事物变化的内容,为变法维新制造舆论。清政府两次下令毁版。版本除大同译书局本外,还有演孔书局1898年版及1917年《万木草堂丛书》版等。

[文献]《康有为政论集》上册:"从孔子,孔子之道何在?在六经。六经粲然深美,浩然繁博,将何统乎?统一于《春秋》;……惟《公羊》评素王改制之义,故《春秋》之传在《公羊》也。……因董子以通《公羊》,因《公羊》以通《春秋》,因《春秋》以通六经,而窥孔子之道本,……孔子生二千四百四十八年,为有清光绪二十三年十月朔日,南海康有为广夏记。"(中华书局,1981,195~196页)《康有为全集》第二集《春秋董氏学》卷二:"'三世'为孔子非常大义,托之《春秋》以明之。所传闻世为据乱,所闻世托升平,所见世托太平。乱世者,文教未明也;升平者,渐有文教,小康也;太平者,大同之世,远近大小如一,文教全备也。"《春秋董氏学》卷五:"《春秋》一书,皆孔子明改制之事。……孔子创义,皆有三数以待变

通。……三统、三世皆孔子绝大之义,每一世中皆有三统。此三统者,小康之时,升平之世也。……已见圣人之范围无外,由三统推之四复、五复、九复,穷变通久至万千统可也。"(上海古籍出版社,1990,671、783~785页)

《礼运注》书成 《礼运注》,康有为撰,最早刊于《不忍》杂志。作者认为《礼记·礼运》中所讲"孔子三世之变,大道之真"、"大同小康之道"与"古今进化之故"是"相时而推施,并行而不悖"的,并将公羊三世说、大同、小康思想与进化论相结合,将大同作为崇高理想,既批评守旧派的泥古,又强调社会进化应循序渐进,作者用学术阐发自己的大同思想和资产阶级改良思想,对戊戌维新有很大推动作用。其版本有1913年上海广智书局的《演孔丛书》本,又有中华书局1987年版的《康有为学术著作选》本等。

[文献] 钱穆《中国近三百年学术史》:"至是而《语》、《孟》、《学》、《庸》各有新注,然其所大书特题者,则不在《四书》,而在《礼运》。又为《礼运注》而序之,曰:……读至《礼运》,乃浩然而叹曰:'孔子三世之变,大道之真,在是矣。大同、小康之道,发之明而别之精,古今进化之故,神圣悯世之深,在是矣。相时而推施,并行而不悖,时圣之变通尽利,在是矣。……'其推尊《礼运》者如此。何以独尊《礼运》?则为其言大同。长素又言之,曰:吾中国二千年来,凡汉、唐、宋、明,不别其治乱兴衰,总皆小康之世也。……今者中国已小康矣,而不求进化,泥守旧方,是失孔子之意,而大悖其道也,甚非所以安天下、乐群生也,甚非所以崇孔子、同大地也。……小康隐指专制政体等而言,大同隐指立宪政体等而言。是长素其时尚主追步西化,而不过以复昌孔教为之门面,故为此大同小康、三世之说相附会。大抵言《公羊》改制在前,言《礼运》大同在后。言《公羊》改制,终不脱廖季平牢笼;言《礼运》大同,乃始见为自辟之天地,宜乎长素之必篝火狐鸣为神怪也。"(商务印书

馆,1997,772、773、775 页)汤志钧《康有为政论集》上册《礼运注叙》:"但以生当乱世,……虽默想太平,世犹未升,乱犹未拨,不能不盈科乃进,循序而行,故此篇余论及它经所明,多为小康之论,而寡发大同之道,亦所谓知其不可而为之者耶?……孔子二千四百三十五年,即光绪十年甲申冬至日,康有为叙。"(中华书局,1981,193~194 页)

德宗光绪二十四年　戊戌(公元 1898 年)

正月,《孔子改制考》书成　《孔子改制考》,康有为撰,是年由上海大同译书局刊行,共 21 卷。书中发挥"托古改制"的理论,宣称《六经》皆孔子倡言改制之作,是孔子假托古圣先王的言行,宣传自己的政治观点和改革社会的典章,进而考证诸子百家皆托古改制。作者提出"《春秋》始于文王,终于尧舜,……孔子之圣意改制之大义,《公羊》所撰,微言之第一义也",进而发挥"公羊三世说",将中国社会历史的发展划分为据乱世、升平世、太平世三个阶段,并用历史进化论附会公羊派的学说,以此论证君主专制进化到君主立宪,再进化到民主共和的历史必然性,向封建专制挑战,满足了维新运动的政治要求,震动了上层知识分子,影响深远。(李泽厚《中国近代思想史论》,安徽文艺出版社,1994,185 页)清廷两次焚版禁行。此书的主要版本有 1920 年万木草堂古刻版和 1958 年北京中华书局版。

[文献]　汤志钧《康有为政论集》上册《孔子改制考序》:"孔子卒后二千三百七十六年,康有为读其遗言,……为万民作保,为神明,为圣王,……为大地教主。生于乱世,乃据乱而立三世之法,而垂精太平,乃因其所生之国而立三界之义,……以天为仁,以不忍心而为仁政。……而立《春秋》新王行仁之制,……《诗》、《书》、《礼》、《乐》、《易》、《春秋》为其书,……予小子梦执礼器而

西行,乃睹此广乐钧天,复见宗庙百官之美富。……不敢隐匿大道,乃与门人数辈朝夕钩撑,八年于兹,删除繁芜,就成简要,为《改制考》三十卷。……《孔子改制考》成书,去孔子之生二千四百四十九年也。有清光绪二十四年正月元日,南海康有为广夏记。"(中华书局1981,198~200页)梁启超《清代学术概论》(二十三):"有为第二部著述,曰《孔子改制考》。其第三部著述,曰《大同书》。若以《新学伪经考》比飓风,则此二书者,其火山大喷火也,其大地震也。……定《春秋》为孔子改制创作之书,……又不惟《春秋》而已,凡六经皆孔子所作,……孔子改制,恒托于古。……又不惟孔子而已,周秦诸子罔不改制,罔不托古。……喜言'张三世'。'三世'者,谓据乱世、升平世、太平世,愈改而愈进也。……《孔子改制考》之内容,大略如此;其所及于思想界之影响,可得言焉。一、教人读古书,不当求诸章句训诂名物制度之末,当求其义理。……于是汉学、宋学,皆所吐弃,为学界别辟一新殖民地。二、语孔子之所以为大,在于建设新学派(创教),鼓舞人创作精神。三、……《改制考》复以真经之全部分为孔子托古之作,则数千年来共认为神圣不可侵犯之经典,根本发生疑问,引起学者怀疑批评的态度。四、虽极力推挹孔子,……则已夷孔子于诸子之列。所谓'别黑白定一尊'之观念,全然解放,导人以比较的研究。"(上海古籍出版社,1998)李泽厚《中国近代思想史论》:"如果说,《新学伪经考》的主要内容和目的是为了'证明'刘歆伪造经典,从而湮灭了孔子的'微言大义',那么,《孔子改制考》等书就正是要正面来说明和阐发这种'大义'。《新学伪经考》如果是'破',则《孔子改制考》等书是'立'。"

三月,《劝学篇》书成 《劝学篇》,张之洞著,光绪二十四年(1898)刊行,共二十四篇,内篇九,外篇十五,四万余言。该书宣扬中体西用,全文贯穿"旧学为体,新学为用"的观点,作者言"图救者言新学,虑害道者守旧学","旧者因噎而食废,新者歧多而亡羊",将使"旧者愈病新","新者愈厌旧",故为此意。此书基本上是针对康梁新学而发的,以维护封建统治为基本原则。但是,也在一定程度上阐发了学习西学的重要性,认为应以接受西方资本主义科学技术为前提来富国强兵,力图以办洋务来抵制维新变法思想。因此,张之洞的《劝学篇》则被认为反民权思想的代表作。此书在十日之内三易版本,广为刊布,有湖北两湖书院、桐庐袁氏等刻本,并收入《张文襄公全集》。

[文献]《清史稿》卷四三七:"二十四年,政变作,之洞先著《劝学篇》以见意。"梁启超《清代学术概论》(二十五):"叶德辉著《翼教丛编》数十万言,将康有为所著书,启超所批学生札记,及《时务报》、《湘报》、《湘学报》诸论文,逐条痛斥。而张之洞亦著《劝学篇》,旨趣略同。"(上海古籍出版社,1998)庄练《中国近代史上的关键人物》:"'中学为体'与'西学为用'的教育主张,正是张之洞所撰《劝学篇》一书的精义。此书撰成于光绪二十四年三月,……风行一时,也因此而使张之洞在晚清的学术思想界发生了颇大的影响。他所归结的论点,仍然只是全国一心拥戴大清圣君,以求达到保国保教保种之目的而已。……其重点无非在申明,大清皇朝的统治权必须被绝对尊重,犯上作乱的'民权'思想决不可有。……并一再力斥民主自由的思想为邪说暴行,这才是值得特别注意的地方。"(中华书局,1988,141~144页)张之洞《劝学篇》:"今日之世变,岂特春秋所未有,抑秦、汉以至元、明所未有也,……学堂建,特科设,海内志士发愤扼腕。于是图救时者言新学,虑害道者守旧学,莫衷于一。旧者因噎而食废,新者歧多而羊亡。旧者不知通新者不知本。不知通则无应敌制变之术,不知本则有非薄名教之心。夫如是,则旧者愈病新,新者愈厌旧,交相为愈,而恢诡倾危、乱名改作之流,遂杂出其说以荡众心,学者摇摇,

中无所主,邪说暴行,横流天下。……人才之盛衰,其表在政,其里在学,……著论二十四篇,以告两湖之士。……《内编》务本,以正人心;《外篇》务通,以开风气。《内篇》九:曰《同心》,明保国、保教、保种为一义。……曰《明纲》,三纲为中国神圣相传之圣教,礼政之原本,……曰《正权》,辨上下,定民志,斥民权之乱政也。……《外篇》十五:……曰《会通》,知西学之精意通于中学,以晓固蔽也。……二十四篇之义,括之以五知:一、知耻,……二、知惧,……三、知变,……四、知要,中学,考古非要,致用为要。西学亦有别,西艺非要,西政为要。五、知本,……兹《内篇》所言,皆求仁之事也,《外篇》所言,皆求智求勇之事也。……光绪二十四年三月南皮张之洞书。"(上海书店,2002)

七月,开京师大学堂 京师大学堂为我国最早的大学,是年7月创办于北京,由吏部尚书协办大学士孙家鼐管理,为戊戌变法的"新政"措施之一,初议设道、政、农、工、商等十科,以"广育人才,讲求时务"为宗旨。但它仍受到"中学为体,西学为用"的影响,以经学、理学为主,于1900年停办。1902年复校时,增设预备科、进士馆、译学馆等,1910年改设为经、法、文、格致、农、工、商七科。辛亥革命后改称北京大学。作为变法的主要成果,开设京师大学堂具有重大深远之意义。

[文献]《戊戌变法》第四册:"自四月杪大学堂议起,枢桓托吾为草章程,……酌英美日之制为之,甚周密,而以大权归之教习。……选刻学书。将中国应读之书,自经史子集及西学,选其精要,辑为一书,……又所请各分教习,皆由总教习专之,……时派大学士孙家鼐管学,……来面请吾为总教习,并请次亮为总办。……二十四年戊戌,公七十二岁,……五月充会典馆正总裁,以吏部尚书协办大学士管理大学堂。……又奏筹办京师大学堂大概情形八条:……一、中西学分门宜变通办理。……一、学成出身名器宜慎,

鼓励之中仍示限制。一、编书宜慎，……凡经书旧例学官者，概不得妄行增减一字，惟西学各书，应令编译局迅速编译。……京师大学堂为各省之表率，万国所瞻仰，规模当极宏远，条理当极详密，不可因陋就简，有失首善体制。……近年各省所设学堂，虽名为中西兼习，实则有西而无中，且有西文而无西学；盖由两者之学未能贯通，……中国学人之大弊，治中学者则绝口不言西学；治西学者，亦绝口不言中学；……夫中学体也，西学用也，二者相需，缺一不可，体用不备，安能成才。……此次设立学堂之意，乃欲培非常之才以备他日特达之用，则其教法亦当不同。……今略依泰西、日本通行学校功课之种类，参以中学列表如下：经学第一，理学第二，中外掌故学第三，诸子学第四，初级算学第五，初级格致学第六，初级政治学第七，初级地理学第八，文学第九，体操学第十。以上皆普通学，其应读之书……，始得领学成文凭，惟体操不在功课书内。……创立京师大学堂，简吾（丁韪良）为总教习，……但不及二年，忽出拳匪之乱，教习学生，四散而逃，惜哉。"（神州国光社，1953，150、209、486、488、489页）钱耕森《光绪与京师大学堂》："戊戌变法虽然以失败告终，但京师大学堂，却作为变法的重要成果，幸存下来。京师大学堂的名字一直沿用到一九一二年五月，此后，改称北京大学，一直延续至今。……光绪帝本人也'深知现时人才未足为变法之用，故首注意学校。'所以，在所颁《明定国是》诏书中，光绪皇帝极其突出地强调了创建京师大学堂的问题。……首先，明令'京师大学堂为各行省之倡，尤应首先举办。'其次，明文规定创办京师大学堂之目的在于'以期人才辈出，共济时艰。'再次，确定了培养这种新型人才的新方针：一方面要'以圣贤义理之学，植其根本'；另一方面'又须博采西学之切于时务者'。这个新教育方针，虽然未能完全摆脱洋务派'中学为体，西学为用'的影响，但是毕竟具有时代特色，要求从时务出发，深入学习西方文化，会通中西，不再只是学习西方的语言与船坚炮利的技术。""当时的《国闻报》评论说,戊戌政变后,'北京尘天粪地之中,所留一线光明,独有大学堂而已。'"

八月,谭嗣同卒 谭嗣同(1865—1898),近代资产阶级思想家。早年周游各地,博览群籍,后接触到一些西方自然科学和外国史地政治及耶稣教书籍,转而研究新学。甲午战后,其思想发生剧变,讲西学,著《仁学》,参与维新。戊戌政变时遇害。其思想糅合中西、佛儒、科学与哲学,自成一系,既含有唯物辩证法因素,又存在着主观相对主义,表现出不成熟性与过渡性,但其献身变法之行为对同时代的人影响很大。著作除《仁学》外,还有《以太说》等,均编入中华书局1981年版的《谭嗣同全集》。

[文献] 蔡冠洛《清代七百名人传》(下):"谭嗣同,字复生。……淹通群籍,能文章。……甲午东事起,益发愤。首在浏阳设学会,……实为湖南全省讲新学之始。……见其徒梁启超,语以讲学之宗旨,经世之条理。……自是学日益近。时和议初定,……冥探孔佛之精奥,会通群哲之心法,成《仁学》一书,……丁酉六月。……与办新政。……未及十日而变起矣。既系狱,……以八月十三日斩于市,春秋三十有四。嗣同资性绝特,于学无所不窥。……少年曾为考据笺注。……三十岁以后,……究心泰西天文算术格致政治历史之学,皆有心得。又究心宗教。……既而闻康有为所发明《易》《春秋》之义,穷大同太平之条理。……其学术宗旨,大端见于《仁学》一书,又散见与友人论学书中。……尚有《寥天一阁文》二卷,……《兴算学议》一卷,……《壮飞楼治事》十篇。"(中国书店,1984,1911~1913页)郭湛波《近五十年中国思想史》:"中国近五十年思想第一阶段之代表人物,除康有为外,其思想足以自立,而影响最大者就是谭嗣同。……谭氏……是中国初期资本社会启蒙思想家,……他的理想的社会是'大同',他反对

中国数千年来遗留下来的'名教'——三纲,五常,……对于专制政治尤痛恨切齿;这都是他代表资本社会的表现。……以复孔教为志,以孔教之路德自命:可见谭氏思想之所归,仍是宗法封建社会思想之反映。""谭氏对他的'仁学'的解说,是他的根本思想,……谭氏以为宇宙之本体,就是物理学中所谓'以太'(Ether),……不生不灭,……这就是唯物辩证法上所谓'万物流转'的法则;……但谭氏以为'但有我见,世间果无大小矣',认为'对待'只在主观上——我见,存在,这就谬误了。"(山东人民出版社,1997,20、32、33、23、24、27 页)《谭嗣同全集》:"'仁'从二从人,相偶之义也。'元'从二从儿,'儿'古人字,是亦'仁'也。'无',许说通'元'为'无',是'无'亦从二从人,亦'仁'也。故言仁者不可不知元,而其功用可极于无。能为仁之元而神于无者有三:曰佛,曰孔,曰耶。佛能统孔、耶,而孔与耶仁同,所以仁不同。能调燮联融于孔与耶之间,则曰墨。周秦学者必曰孔、墨,孔、墨诚仁之一宗也。惟其尚俭非乐,似未足进于大同。……成书凡五十篇,分为二卷,首界说二十七条。""一、仁以通为第一义。以太也,电也,心力也,皆指出所以通之具。……四、通有四义:中外通,多取其义于《春秋》,以太平世远近大小若一故也;上下通,男女内外通,多取其义于《易》,以阳下阴吉、阴下阳吝、泰否之类故也;人我通,多取其义于佛经,以'无以相,无我相'故也。""七、通之象为平等。""二五、凡为仁学者,于佛书当通《华严》及心宗、相宗之书;于西书当通《新约》及算学、格致、社会学之书;于中国书当通《易》、《春秋公羊传》、《论语》、《礼记》、《孟子》、《庄子》、《墨子》、《史记》,及陶渊明、周茂叔、张横渠、陆子静、王阳明、王船山、黄梨洲之书。""目不得而色,耳不得而声,口鼻不得而臭味,无以名之,名之曰'以太'。其显于用也,孔谓之'仁',谓之'元',谓之'性';墨谓之'兼爱';谓之'性海',谓之'慈悲';耶谓之'灵魂',谓之'爱人如己'、'视敌如友';格致家谓之'爱力'、'吸力';咸是物也。法界由是生,虚空由是立,众生由是出。"(中华书局,1981,289~294页)

九月,《马氏文通》书成 《马氏文通》是我国第一部系统的语法研究著作。作者马建忠(1845—1900),字眉叔,江苏丹徒人。系近代早期维新派的代表人物之一。他懂希腊文、拉丁文、法文和英文,又去法国留过学,所以接触了许多西方文化,面对国势衰微,提出学习西方先进技术以求富强。是年,他利用西方语言的语法规则,探求中文的"义例之所在",写成该书。第一次将虚词与实词并列(以前虚词一直是放在训诂学里研究的),放在同一本书中研究,并且还系统地讲解了句法结构,初步确立了词法和句法的语法。该书例句丰富,注重对语言规律的阐释和探讨。缺点在于语法上还存在着一些漏洞和矛盾。但该书的诞生,却对后世以至现代汉语语法体系的建立,有着深远的影响。

[文献]《马氏文通校注·序》:"上稽经史,旁及诸子百家,下至志书小说,凡措字遣辞,苟可以述吾心中之意以示今而传后者,博引相参,要皆有一成不变之例。愚故罔揣固陋,取《四书》、《三传》、《史》、《汉》、《韩文》为历代文词升降之宗,兼及诸子、《语》、《策》,为之字栉句比,繁称博引,比例而同之,触类而长之,穷古今之简篇,字里行间,涣然冰释,皆有以得其会通,辑为一书,名曰'文通'。部分为四:首正名。天下事之可学者各自不同,而其承用之名,亦各有主义而不能相混。……次论虚字。凡字无义理可解而惟用以助辞气之不足者曰'虚字'。……字类既判,而联字分疆庶有定准,故以论句读终焉。"(马建忠著,章锡琛校注,中华书局,1954)《马氏文通校注·后序》:"斯书也,因西文已有之规矩,于经籍中求其所同所不同者,曲证繁引以确知华文义倒之所在。……光绪二十四年九月初九日,丹徒马建忠又序。"《马氏文通校注·例言》:"书中正文,只叙义例,不参引书句,则大旨易明。

正文内各句有须引书为证者,则从《十三经注疏》体,皆低一格写,示与正文有别。"

冬,《戊戌政变记》初成 梁启超著,全书共五篇,约十一万字。部分内容初刊于 1898 至 1899 年的《清议报》,旋出单行本。第一篇记改革实情,第二篇记废立始末,第三篇记政变前事,分析政变原因,第四篇记政变情状,第五篇为殉难烈士戊戌六君子作传。另附录《变法起原记》、《湖南广东情形》、《光绪圣德记》三篇。《戊戌政变记》是系统记述戊戌变法的重要著作。

[文献]《戊戌政变记》第三篇《政变前记》第三章"政变原因答客难":"语曰:忠臣去国,不洁其名,大丈夫以身许国,不能行其志,乃至一败涂地,漂流他乡,则惟当缄口结舌,一任世人之戮辱之,嬉笑之,唾骂之,斯亦已矣。而犹复哓哓焉欲以自白,是岂大丈夫所为哉?虽然,事有关于君父之生命,关于全国之国论者,是固不可以默默也。论者曰:中国之当改革不待言矣,然此次之改革,得无操之过蹙,失于急激,以自贻蹉跌之忧乎?辨曰:中国之言改革,三十年于兹矣。然而不见改革之效,而徒增其弊何也?凡改革之事,必除旧与布新两者之用力相等,然后可有效也。苟不务除旧而言布新,其势必将旧政之积弊,悉移而纳于新政之中,而新政反增其害矣。……我中国自同治后所谓变法者,若练兵也,开矿也,通商也,交涉之有总署使馆也,教育之有同文方言馆及各中国学堂也,皆畴昔之人所谓改革者也。……凡此之类,随举数端,其有弊无效固已如是,自余各端,亦莫不如是。则前此之所谓改革者,所谓温和主义者,其成效固已可睹矣。……夫不除弊而不能布新,前既言之矣,而除旧弊之一事,最易犯众忌而触众怒,故全躯保位惜名之人,每不肯为之。……今夫所谓爱国之士,苟其事有利于国者,则虽败己之身,裂己之名,犹当为之。今既自谓爱国矣,又复爱身焉,又复爱名焉,及至三者不可得兼,则舍国而爱身名;至二者不

可得兼,又将舍名而爱身。吾见世之所谓温和者,如斯而已,如斯而已!……故康先生之上皇帝书曰:'守旧不可,必当变法;缓变不可,必当速变;小变不可,必当全变。'又曰:'变事而不变法,变法而不变人,则与不变同耳。'"(《饮冰室合集·专集》第一册卷一,中华书华,1989)

德宗光绪二十五年　己亥(公元 1899 年)

发现甲骨文　是年河南安阳小屯殷故墟出土甲骨,王懿荣购买发现。甲骨的出现,对研究战国商代社会的政治、经济、文化等各方面情形提供了宝贵资料,弥补了史学研究中商代资料严重不足的局面,是我国 19 世纪末 20 世纪初的三个重大考古发现之一。

[文献]　董作宾《甲骨年表》:"己亥,清光绪二十五年西历一千八百九十九年,山东潍县古董商人范维卿,初以安阳小屯村出土的甲骨文字介绍于世,……相传安阳小屯殷墟出土的甲骨文字,为王懿荣所发现。"罗振玉《殷商贞卜文字考》自序:"光绪己亥,予闻河南之汤阴发现古龟甲兽骨,其上皆有刻辞,为福山王文敏公(王懿荣)所得,恨不得遽见也。"《清史稿》卷四六八:"王懿荣,字正孺,山东福山人。……谥文敏。懿荣泛涉书史,嗜金石。"

黄以周卒　黄以周(1828—1899),清代经学家,字元同,浙江定海人。举人出身,历任内阁中书,处州府教授等。集汉唐至清的礼制解说,撰成《礼书通故》100 卷,影响颇大,又著《经训比义》3 卷,详引诸经各注,自树一帜,还著有《子思子辑解》、《古文世本》、《黄帝内经集注》等书。其一生著书讲学,曾主讲南菁书院 15 年,培养了大批的经学之士,促进了清代的经学研究。

[文献]　张惟骧《疑年录汇编》卷一五:"黄元同七十二以周,生道光八年戊子,卒光绪二十五年己亥。"(民国十四年刊本)《清史稿》卷四八二:"以周,本名元同,后改今名,以元同为字。同治

九年优贡。旋举于乡,大挑以教职用,补分水县训导。以学臣奏加中书衔,以教授升用,旋选处州府教授,而年已七十,遂不就。以周笃守家学,乃体顾氏之训,上追孔、孟之遗言,于《易》、《诗》、《春秋》皆有著述,而《三礼》尤为宗主。所著《礼书通故》百卷,列五十目,古先王礼制备焉。……其间有子思子,综七十子之前闻,承孔圣以启孟子,乃著《子思子辑解》七卷。……江苏学政黄体芳建南菁讲舍于江阴,延之主讲。以周教以博文约礼、事实求是,道高而不立门户。宗源瀚建辨志精舍于宁波,请以周定其名义规制,而专课经学,著录弟子千余人。卒,年七十有二。"梁启超《中国近三百年学术史》:"最后的一部是黄儆季(以周)的《礼书通故》一百卷。儆季为薇香(式三)之子,传其家学,博而能精;又成书最晚(草创于咸丰庚申,告成于光绪戊寅),先辈所搜辑所考证,供给他以较丰富的资料。所以这部书可谓为集清代礼学之大成。……慎修著《礼书纲目》,对于礼制为通贯的研究。……而绩溪、泾县两胡(竹村、景庄)以疏礼名其家,皆江、戴之遗风也。自兹以往,流风广播,作者间出,而最后则孙仲容、黄儆季称最善云。"

马克思学说首次传入中国 是年2月至5月,广学会的月刊《万国公报》连载英国传教士李提摩太节译、中国人蔡尔康撰文的《大同学》的前半部,此文系英国哲学家基德的《社会进化》一书的节译。该文介绍说:"其以百工领袖著名者,英人马克思也。"(《大同学》第1章,《万国公报》第121卷)该文还介绍恩格斯说:"恩格斯有言:'贫发联合以制富人,是人之能自别禽兽,而不任人簸弄也。'"(《大同学》第8章,上海广学会1899年版)同年5月,《大同学》以单行本出版,1902年10月16日,梁启超在《新民丛报》第18号上发表《进化论革命者颉德之学说》。文章说:"麦喀士(日耳曼人),社会主义之泰斗也。"这是中国人对马克思主义的最初介绍。至1908年,中国人翻译出版的马克思著作约有30多种,

1906年1月至4月,朱执信在《民报》第2、3号上,发表《德意志社会革命小传》,第一次较为系统地介绍《共产党宣言》中关于阶级斗争的学说和《资本论》的主旨,马克思学说在中国传播,反映了国人对马克思主义的渴求。

［文献］《大同学》第1章:"其以百工领袖者,英人马克思也。马克思之言曰:'纠股办事之人,其权笼罩五洲,突过于君相之范围一国。倚若不是早为之所,任其蔓延日广。诚恐遍地球之财币,必得尽入其手。'"(《万国公报》第121卷)《大同学》第3章:"近代学派,有讲求安民新学之一家,如德国之马克偲(即马克思),主于资本者也。"(《万国公报》第123卷)梁启超《进化论革命者颉德之学说》:"麦喀士(日耳曼人),社会主义之泰斗也。……今之德国,有最占势力之二大思想,一曰麦喀士之社会主义,二曰尼志埃之个人主义,麦喀士谓今日社会之弊,在多数之弱者为少数强者所压伏。"(《新民丛报》第18号,1902年10月16日)

德宗光绪二十六年　庚子(公元1900年)

正月,章太炎《訄书》刊于苏州　《訄书》意为"述鞠迫言",为章太炎著作。于己亥年冬至庚子年春在上海编成。初刻本收论文50篇,论列先秦至晚清诸子及学人的学术思想,评品各家优劣得失,阐发唯物主义认识论、进化论,宣传革新。修订本于光绪三十年(1904)刊行于日本,该本前录两篇及收文63篇,革命性增强,力倡排满。第二次修订本为《检论》,又附录7篇。其后两个修订本流行较广,影响较大,后均收入《章太炎全集》。

［文献］《章太炎全集》(三)《訄书》初刻本章太炎序记:"幼慕独行,壮丁患难,吾行欲曲,废不中权。述鞠迫言,庶自完于皇汉。辛丑后二百三十八年十二月,章炳麟识。(上海人民出版社,1984,6页)王森然《近代二十家评传》:"于时著《訄书》数十篇,首

申排满之义,匡客帝之谬,编中以论学为主,而政治社会附焉。词气古奥,自成一格。……厥为先生综合国学之初型。兹书力辟食毛践土之说,直言谁食谁之毛,谁践谁之土,海内思潮,于是大变,光复之声,遂一发而不可遏止矣。"(书目文献出版社,1987,153页)姜义华《〈訄书〉简论》:"《訄书》每个议题大都联系历史,引古证今,它比《盛世危言》、《变法通议》之类就事论事的时论,具有更多的理论学术色彩。然而也就在这种佶屈聱牙的古文词中,又居然包含着近代自然科学和社会学说的知识介绍和解说,它比《孔子改制考》、《新学伪经考》之类有更明白的政治内容。它是一种半政治半学术的广阔评述。从而,其复杂性也就更突出了。"(《复旦学报》1982年第2期)

[考辨] 章太炎在木刻本《訄书》的序中写着"辛丑后二百三十八年十二月"记,即1900年1月,表明此书应在此时结集完成,但是朱维铮在他的《〈訄书〉、〈检论〉三种结集过程考实》(《复旦学报》1983年第1期)中提出:由于《訄书》中的一篇《帝韩》内有"以至庚子"的话,说明已在1900年1月31日以后,因此,"倘若初刻本结集完成于庚子年正月中、下旬,也许离事实不太远"。此观点已为学术界普遍接受。但是,由于纪年换算的问题,也存在另一种观点,即"辛丑后二百三十八年十二月",是清光绪二十四年十二月(1898),那么,《訄书》应于清光绪二十五年(1899)刊刻。(参见汤志钧《章太炎年谱长编》,中华书局,1979)因此存有争议。但是,根据《帝韩》正文中"自永历丧亡,以至庚子,二百三十九年"的话,笔者赞同朱维铮的观点。章太炎于1899年初(即己亥年)到了台湾,便开始结集,成《訄书》初稿,后不断修改,遂于1900年初定稿出版。"此外,《丛稿》卷一中又有馆森鸿的两篇文字,……一是《送章枚叔序》,一是《儒术真论序》。前序说:'(枚叔)去年冬,载书数车,入台疆,……余尝读其所著《訄书》,……其

论时务,最精最警。……枚叔在台仅半载,今夏将归里……因劝东游.'……前文容易看出是在一八九九年六月十日太炎离台与馆森鸿共往日本之前所作。"(见谢樱宁《章太年谱摭遗》,中国社会科学出版社,1987,12页)《訄书》改订本序中有"共和二千七百四十一年"的字样,因此,推断其书改订从1900年起,但据朱维铮考证,《訄书》的改订应从1902年2月起至1903年春天,后在1904年6月于日本出版。

七月,唐才常卒 唐才常(1867-1900),近代资产阶级改良派思想家,字伯平,号佛尘,别号洴澼子。积极参预维新运动,在湖南创办《湘学报》、时务学堂和南学会,宣传西方资产阶级的民权思想和君主立宪制。戊戌政变后出逃,与康、梁和孙中山联系,共同探讨救国方略,于起兵"勤王"时被捕遇害。其哲学思想具有自然科学的唯物主义思想倾向,主要反映在《质点配成万物说》一文中,他力图用近代自然科学说明宇宙观问题,认为宇宙万物是由质点配合而成,宇宙间有六十四种元质,表现出明显的机械唯物主义观点。他还认为灵魂为宇宙万物的最后根源,主张人的"心力"可以创造万物,"今夫太空中而有全世界焉,惟心力之所成耳",从而陷入唯心主义。其将历史进化论、三世说及佛教轮回说相杂糅,形成自己的史观,提倡历史应为政治服务,而且,他还有一定的革命倾向。其著作有光绪二十四年(1898)长沙刊本《觉颠冥斋内言》4卷,及1980年中华书局版《唐才常集》3卷。

[文献] 蔡冠洛《清代七百名人传》:"唐才常,……深沈好学,尤邃于佛学。……甲午中日之役,……国势益危,才常发愤讲学,倡变法图强。于长沙创《湘学报》、时务学堂、南学会。……海内靡然从风。……戊戌……特旨征才常,未发,会政变作。……于是东走日本,南至香港。……集资购军械,图大举。……庚子拳祸作,……乃密约各地易期七月末。……二十八日晨……同及于难。

才常为人渊默寡言笑,谋革命数年。……所著书有《觉颠冥斋内言》、《种族考》,自署曰洴澼子,皆为官所禁。……殁时年三十四。"(中国书店,1984,1903~1904页)唐才常《唐才常集》:"夫判析源流,周知派别,原为史家常例,而有志之士,尤心殚四民教养之原,通考历代礼乐兵刑之制,能见诸施行者为要务。若夫袭宋代诛心之余论,沿明人评尾之陋习,衍为空谈,博取甲第,斯又每下愈况者矣。要之,考古以证今,由中以逮西,博观而约采,规时而达用,之四者,史学之宗旨也。"(《史学论略》)"物之身配于质,质之生起于点,点之微起于魂;魂乎质点之中者天,天乎质点之用者灵魂。……天予人以配之为世大用,乃知天有六十四元质,配成世界万物,而格致家之精化学者,复能配合各质以代天功:一、凡物有体质性情;一、凡物有爱力吸力摄力;一、凡物无一质能灭之使无,无一质能造之使有;一、凡物奇妙不可方物;一、知质可与言点。"(《质点配成万物说》)"今夫太空中而有全世界焉,惟心力之所成耳。"(《公法学会叙》)"人之躯魄而轮回,虽不生不灭,不增不减,而道与时为变迁,则人之智识权力,亦随时而增长。《春秋》言据乱、升平、太平,西人言石刀、铜刀、铁刀,释氏言铁轮、铜轮、银轮、金轮,其明证也。"(《辨惑(上)》)"佛氏之言曰:一切微尘国,现一切相,成一切法,皆非真实。今夫黄帝为中国生人之祖,至实也,而百家托之,言人人殊,则所以权之者,无一定之重心矣;……举大地生人以来之政教学艺,曰孰为新? 孰为旧? 今日见为新者,明日又见为旧矣;明日见为新者,后日又见为旧矣。世界无止境,新世界之心力无止境。……公理者何? 大同之道也。一国新而一国大同,万国新而万国大同,一世新而一世大同,万世新而万世大同。大同之迹,破国界,破种界,破教界。大同之精,破世界。"(《觉颠冥斋内言自叙》)(中华书局,1980,40、66~67、157、163~164、180页)

陈炽卒 陈炽(1855—1900),近代早期的维新思想家。字次亮,号瑶林馆主,江西瑞金人。清末光绪举人。历任户部郎中、刑部章京、军机处章京。积极钻研西学,主张学习西方以自强。1895年与康有为组织强学会,认为西方的议院制度是"强兵富国"的根源,所以主张君主立宪政体。反对外国侵略,提倡商战,加强商业在国民经济中的分量。反对洋务派对华商的压榨政策,提出成立商部、保护关税、取消厘金、制定商律,实行专利等保商措施。1998年变法失败,次年忧愤而死。其著作有光绪十九年(1893)所著的《庸书》,另著有《续富国策》。

[文献]《陈炽集》附录《陈农部传》:"陈君名炽,字次亮,江西人也。以孝廉为户部郎,久植枢垣。留心天下利病,深研经济学。……旧著《庸书》内外百篇,言综名实,故以《名实》篇托首。其于审官、牧民、兴学、理财、平律、治兵、筹边,仅复于古今盛衰之故,中外名实之科,治乱之条贯备矣。而于风化治本,尤钦钦致意焉。""炽又以各国之强,皆原于富,若《富国策》,于物产、制造、商务,言之娓娓。"(中华书局,1997,385页)《陈炽传》:"惟枳长子喜炽,原名家瑶,改名炽,字克昌,号次亮,又号用絜,优廪生。……清咸丰乙卯四月初七日吉时生,光绪庚子五月十三日午时殁于京都赣宁新馆。"(同上,386页)《庸书·序》:"(《庸书》)始以《自强》,终以《圣道》。《自强》之言曰:'形而上者谓之道,形而下者谓之器。器为道之粗迹,先王遗意之所存,经秦政之酷烈澌灭而迁流于外哉。天将以器还中国,而以道行泰西,表里精粗,交易而退。'《圣道》之言曰:'宜及此时,上下同心,修明学校,博采泰西制器尚象之理,强兵富国之原,使天下万世,不得议其迂疏而寡效。'"(同上,3页)

马建忠卒 马建忠(1844—1900),近代早期改良主义思想家、语言学家。少通经史旧学,有感于外患日深,专究西学,习拉丁文及英、法、希腊文。光绪二年(1876)赴法留学。回国后,积极办洋务,先后任轮船招商局总办、上海织布局总办。认为"治国以富强为本,而求强以致富为先。"(《富民说》)其政治思想有改良主义倾向,反对君主专制。他的《马氏文通》为中国第一部较全面系统的语法著作,使其成为近代语言学的奠基者。著作还有《适可斋纪行》6卷、《适可斋纪言》4卷等。

[文献]《清史稿》卷四四六:"马建忠,……少好学,通经史。愤外患日深,乃专究西学,派赴西洋各国使馆学习洋务。……建忠博学,善古文辞;尤精欧文,自英、法现行文字以至希腊、拉丁古文,无不兼通。以泰西各国皆有学文程式之书,中文经籍虽皆有规矩隐寓其中,特无有为之比拟而揭示之,遂使学者论文困于句解,知其然而不能知其所以然。乃发愤创为《文通》一书,因西文已有之规矩,于经籍中求其所同所不同者,曲证繁引,以确知中文义例之所在,务令学者明所区别,而后施之于文,各得其当,不唯执笔学为古文词有左宜右有之妙,即学泰西古今一切文学,亦不难精求而会通焉。书出,学者皆称其精,推为古今特创之作。又著有《适可斋记言》、《记行》等书。"

域外 [德]胡塞尔的《逻辑研究》出版。

德宗光绪二十七年 辛丑(公元1901年)

二月,康有为著成《中庸注》《中庸注》为康有为在印度槟榔屿所作,目的在于发表其孔学意蕴,认为中庸是盛德至道,"原于天命,发为人道,本于至诚之性","君子当因其所处之时,观其会通,以行其典礼","道极相反行亦相反,然适当其时则为此时之中庸。故谓之时中,若守旧泥古而以悍狂行之反乎时宜,逆乎天运,虽自谓中庸,而非应时之中庸,则为无忌惮之小人而已。"是将"中庸"曲解为顺从天命、时运,反映了作者当时坚持立宪的思想,学术性渐淡,评价不高。版本有中华书局1987年版的《康有为学术著作选》本,亦有上海广智书局1916年《演孔丛书》本等。

［文献］ 汤志钧《康有为政论集》上册《中庸注序》:"孔子生二千四百五十一年,康有为避地于槟榔屿英总督署之明夷阁,……䀢然念孔子之教论,莫精于子思《中庸》一篇。此书自《汉·艺文志》既别为篇,梁武帝曾为之注,而朱子注之,缉为四书,元、明至今,立于学官,益光大矣。恨大义未光,微言不著,一予小子既推知孔子改制之盛德大仁,昔讲学广州,尝为之注,戊戌遭没,稿多散佚,吾既流亡,不知所届,逡巡退思,此篇系孔子之大道,关生民之大泽,而晦冥不发,遂虑掩先圣之隐光,而失后学之正路,不敢自隐,因润色夙昔所论,思写付于世,而序之曰:……圣道不明,为害滋大,予因此惧。幸仲尼祖述尧、舜之旨,犹存大义;子思昭明德之说,尚有遗言。敢据兹义,推阐明之,庶几孔子之大道复明,而三重之圣德乃久,此区区之意,其诸后圣复起,亦不惑于予言乎? 光绪二十七年辛丑春二月,康有为叙。"(中华书局,1981,465~466页)

冬,康有为著成《孟子微》 是年,康有为著成《孟子微》,初刊于《不忍》杂志第1册,共8卷。书中认为精通《孟子》是掌握孔子之道的必由之路,并将《孟子》7篇分类改编为18篇,有《总论》、《性命》、《仁义》等,加注以阐发微言大义,提出孔子立三世之说,即"据乱世"、"升平世"、"太平世",认为凡世皆有进化,可推至无穷世,而"仁"是社会进化的动力,也可推至无穷,透露出康有为的历史进化论,人关注。版本有中华书局1987年版《康有为学术著作选》本等。

［文献］《康有为政论集》上册《孟子微序》:"盖颜子早殁,而孔子微言大义不能尽传矣。荀子传《礼》,孟子传《诗》《书》及《春秋》。《礼》者防检于外,行于当时,故仅有小康、据乱世之制,而大同以时未可,盖难言之。《春秋》本仁,上本天心,下该人事,

故兼据乱、升平、太平三世之制。子游受孔子大同之道,传之子思,而孟子受业于子思之门,深得孔子《春秋》之学而神明之,故论人性则主善而本仁,始于孝弟,终于推民物;论修学则养气而知言,始于资深逢源,终于塞天地;论治法则本于不忍之仁,推心于亲亲仁民爱物,法乎尧、舜之平世。……吾以信孟子者知孔子,惜乎数千年注者虽多,未有以发明之,不揣愚谬,探原分条,引而伸之,表其微言大义,不能循七篇之旧,……非敢乱经也。……孔子二千四百五十三年,光绪二十七年冬至日,南海康有为序。"(中华书局,1981,471~473页)

改书院为学堂 是年,清廷下令,改书院为学堂,以适应社会的发展,自此后,书院制度宣告废除。

[文献]《光绪谕折汇存》卷二二:"(清光绪二十七年八月初二日发布)人才为政事之本,作育人才,端在修明学术。……近日士子或空疏无用,或浮薄不实。如欲革除此弊,自非敬教学,无由感发兴起,……着各省所有书院,于省城均改设大学堂,各府及直隶州均改中学堂,各州、厅、县均改设小学堂,并多设蒙养学堂,各使文行交修,讲求实用。"李才栋《白鹿洞书院史略》:"清光绪二十七年,1901清廷下令,改书院为学堂。"(教育科学出版社1989年版,第218页)

德宗光绪二十八年　壬寅(公元1902年)

三月,康有为著《论语注》书成 是年三月,康有为著成《论语注》,认为《论语》为曾子后学人所辑。其文推崇"仁",认为"仁也,以博爱为本",将其解释为资产阶级宣扬的博爱,同时,又十分看重个人主观道德修养,还提出"命者,人受于天者也,……非人力所能为"的观点,该书是为了"正伪古文之谬,发大同之渐",以补正孔教。此仍为作者的政治思想服务。版本有中华书局1984

年单行本,亦收入1917年的《万木草堂丛书》本。

[文献] 汤志钧《康有为政论集》上册《论语注序》:"惜口说既去,无所凭借,上蔽于守约之曾学,下蔽于杂伪之刘说,于大同神明仁命之微言大义,皆未有发焉。昔尝为注,经戊戌之难而微矣,避地多暇,不揣愚昧,谬复修之。僻陋在夷,无从博征,以包、周为今学,多采录之,以存其旧。朱子循文衍说,无须改作者,亦复录之。郑玄本有今学,其合者亦多节取焉。正伪古文之谬,发大同之渐,虽不敢谓尽得其真,然于孔学之大,人道之初,亦庶有小补云尔。孔子生二千四百五十三年。即光绪二十八年癸卯春三月十七日,康有为序于哲孟雄国之大吉岭大吉山馆。"(中华书局,1981,508~509页)

[考辨] 康有为文末署"光绪二十八年癸卯三月十七日",光绪二十八年应为"壬寅",时康居印,次年癸卯三月离印,序是"三月十七日"作,所以"癸卯"当为"壬寅"之误。

十月,《饮冰室文集》初成 《饮冰室文集》是何擎一将梁启超数年来所作文章编辑所成,版本主要有上海广智书局1903年版,后收入林志钧编《饮冰室合集》,1932年中华书局版。

[文献] 梁启超:《饮冰室文集》:"擎一编余数年来所为文,将汇而布之。……擎一曰:'虽然,先生之文公于世者,抑已大半矣。纵自以为不可,而此物之存在人间者,亦既不可得削,不可得洒,而其言亦皆适于彼时势之言也'。……'而零篇断简,散见报纸,或欲求而未得见,或既见而不获存,国民以此相憾者亦多矣。先生之所以委身于文界,欲普及思想,为国民前途有所尽也。使天下学者多憾之,……亦岂先生之志哉?'余重违其言,且自念最录此以比较数年来思想之进退,用此自鞭策,……擎一乞自序,草此归之。……壬寅十月梁启超。"(中华书局,1989)

康有为著《大同书》成 《大同书》,是康有为阐述理想的大同社会的一部重要著作,从甲部至癸部共10部,成书于辛丑、壬寅年间,后于1913年以《大同书》为名在《不忍》杂志上发表甲、乙两部。书中揭示了人类社会的种种苦难,认为去九界就可达到大同社会,实质是用资产阶级的天赋人权、自由、平等、博爱等原则去否定封建君主制和封建宗法家族制。在书中,作者提出尊民权、立宪法,设立议会制度,产业平均,消除殖民地与宗主国之间的不平等,推行一夫一妻制,贵族与平民平等,不立帝王,民主统领,各民族互通婚姻等,表明他看到存在于人类的国界、级界、种界、形界、家界、业界、乱界、类界、苦界,即是在于有国家、阶级、家庭的存在及人类的种族、性别、经济地位等方面的不平等是一切痛苦的根源,从而他以追求自然人性的快乐和确立以平等独立、天赋人权为核心的理论依据来揭露,反对封建专制,体现了近代先进思想家为突破封建传统理论的樊篱,从资产阶级平等观高度剖析社会现象的努力。他所推行的大同太平之道,被认为是对两千年前孔子思想的沿袭。而在大同社会,已消灭了阶段,废除了国家和家庭,从生产制度方面去除私有制影响,是一个无阶级、无剥削、无压迫、无私有财产的社会,明显反映出康有为的大同理想曾受过空想社会主义思潮的影响。可见,康有为的《大同书》,既吸取了古代儒家的社会历史理想,又融入了资产阶级天赋人权与平等的政治观念,还结合了空想社会主义等东西方理论的内容,具有一定的进步性,影响很大。此书有以下版本:《不忍》月刊本,仅刊甲乙二部;上海长兴书局1919年甲乙两部合刊本;由康有为弟子钱定安整理甲、乙、丙、丁、戊、己、庚、辛、壬、癸十部,中华书局1935年出版;1958年古籍出版社从康氏家族中借到钞本,并参照各本校订出书;朱维铮编校综合以往各版本,由北京三联书店1998年出版的《康有为大同论二种》。

[文献] 梁启超《清代学术概论》(二十四):"右两书皆有为

整理旧学之作,其自身所创作,则《大同书》也。……有为以《春秋》'三世'之义说《礼运》,谓'升平世'为'小康','太平世'为'大同',……以今语释之,则民治主义存焉,……共产主义存焉,劳作神圣主义存焉。有为谓此为孔子之理想的社会制度,……全书数十万言,于人生苦乐之根原,善恶之标准,言之极详辩,然后说明其立法之理由。……在三十年前,而其理想与今世所谓世界主义、社会主义者多合符契,而陈义之高且过之。……有为虽著此书,然秘不以示人,……启超屡请印布其《大同书》,久不许,卒乃印诸《不忍》杂志中,仅三分之一,杂志停版,竟不继印。"钱穆《中国近三百年学术史》:"……当长素时中国固无应趋大同之需要,亦无可向大同之步骤,而无端发此奇想,何也?陈义虽高,唐大不实,亦几于以空想为游戏而已。……分析《大同书》含义,虽若兼容并包,主要不过两端:一曰平等博爱,此西说也,而扬高凿深之,乃不仅附会之于墨翟,并牵率之于释迦。……要之长素此书,其成之于闻见杂博者,乃长素之时代;其成之于扬高凿深者,乃长素之性度。"(商务印书馆,1997,737~738页)

[考辨] 学界对康有为所著《大同书》评论不一。李泽厚在其《中国近代思想史论》(安徽文艺出版社1994年版)中对《大同书》的评价:"《大同书》的主要内容基本是康有为早期资产阶级民主、自由的进步思想。","'大同'空想是比较彻底的反封建呼声,而并非对资本主义的批判;它实际上不是导向社会主义,而是导向资本主义"。李泽厚同时还表明他反对汤志钧"认为该书的思想基本上是反动的,是康氏'麻痹群众'、'反对革命'、'主张保皇复辟'的理论基础"的观点,认为"汤先生过低地估计了《大同书》批判封建主义的因素",而且还认为林克光在《论〈大同书〉》中"过高地估计了《大同书》的批判资本主义的因素。"李泽厚的这一番表述可基本反映学术界对《大同书》评价的三种不同观点,而他的

观点基本为学术界普遍接受。《大同书》手稿的写作年代也一直是学术界争论的问题,迄今为止,主要有以下三种观点:第一种观点认为,"康有为不可能在1884年即已撰有《大同书》,而是政变以后游历欧美,避居印度时所撰",应"是1901—1902年间所撰",此论点是汤志钧在他的《〈大同书〉手稿及其成书年代》(《康有为与戊戌变法》,中华书局,1984)一文中提出的。第二种观点出自朱仲岳发表的《〈大同书〉手稿南北合璧及著书年代》(《复旦学报》1985年第2期)一文,认为康有为于1884年已写出了《大同书》手稿,在1898年去日本时,还向日本人出示过,后来,"辛丑、壬寅间,避地印度,乃著为成书"。此观点为当时史学界所接受。第三种观点是一种新说:"《大同书》起稿于1892年以后",此说见于房德邻的《〈大同书〉起稿时间考》(《历史研究》1995年第3期)一文。他认为:犬养毅的跋文只能说明1898至1899年间已有《大同书》手稿存在,却不能证明康有为在1884年开始起稿。在分析了康有为早期大同思想形成过程之后,作者得出这一结论。这三种观点仍需再商榷。康有为可能在1884年开始起稿,最迟应于1891年已开始起稿。因为在丁文江、赵丰田编著的《梁启超年谱长编》(上海人民出版社1983年版)中,有一段他们引自《饮冰室合集·文集》之四十四第28~29页的史料,"先生著《新学伪经考》方成,吾侪分任校雠。""其著《大同书》覃思独创,莫能赞一辞,然后发一义,未尝不择其可语者相互商榷。"又见《梁启超论清学史二种》第68页:"启超年十三,与其友陈千秋同学于学海堂,……越三年,……共请康开馆讲学,……居一年,乃闻所谓'大同义'者,喜欲狂,锐意谋宣传。"对证这两段文字,推断出梁启超应于1891年始知《大同书》的,而且,康有为还要"择其可语者相互商榷",故断没有成稿,所以,《大同书》在1891年已可能有部分初稿,后直至1902年才完成的。

德宗光绪二十九年　癸卯(公元1903年)

陈虬卒　陈虬(1851—1903),字志三,近代早期维新主义思想家。其维新思想主要包括:设议院、兴制造、奖工商、开铁路、变营制等,但他又认为资本主义的议院制度,在"中国猝难仿行",只能将各省、州、县的书院改为议院"变通其法"。甲午战后与康梁有交往,后来回温州业医,建药房,设学堂,办报馆。戊戌时遭通缉,后潜至学生里居得幸免。其作品主要有光绪十八年所撰的《治平通议》8卷,另著有《报国录》。

[文献]　《陈虬集》附录刘久安《陈蛰庐先生行述》:"先生姓陈氏,讳虬,原名国珍,字志三,号蛰庐。……生平无书不读,所作古文辞,自成一家。好言变法,慕商君、荆公之为人。……著有《蛰庐丛书》数十种。《治平通义》熔铸今古,贯穿中外,开中国变法之先河,其最著者也。欲统一国语,制字母,变文体,号曰瓯文,未行而卒。卒年五十九。盖光绪癸卯十一月十四日也。"(浙江人民出版社,1992,394~395页)

邹容《革命军》出版　邹容著作《革命军》于是年五月,在上海大同书局刊行,2万余字,共分七章,以西方资产阶级的自由、平等、天赋人权说为理论基础,热情讴歌革命。文字浅显易懂,主张推翻满清封建统治,驱逐外国侵略势力,建立独立自主的"中国共和国"。该书刊行后,辗转翻译,流传很广,销数逾100万册。对中国资产阶级民主主义革命运动起了推动作用。

[文献]　邹容《革命军》:"革命者,天演之公例也;革命者,世界之公理也;革命者,争存争亡过度(渡)时代之要义也;革命者,顺乎天而应乎人者也;革命者,去腐败而存良善者也;革命者,由野蛮而进文明也;革命者,除奴隶而为主人也。……吾……竖独立之旗,撞自由之钟,呼天吁地,破颡裂喉,以鸣于我同胞前曰:呜呼!

我中国今日不可不革命……我中国欲为地球上强国,地球上之主人翁,不可不革命。"(中华书局,1958)《革命军序》:"蜀邹容为《革命军》方二万言,示余曰:'欲以立懦夫,定民志,故辞多恣肆,无所回避,然得无恶其不文耶?'……共和二千七百四十四年四月,余杭章炳麟序。"(同上)

德宗光绪三十一年　乙巳(公元1905年)

二月,黄遵宪卒　黄遵宪(1848—1905),近代资产阶级改良派政治家、思想家。举人出身,光绪四年(1878)被任命为驻日公使参赞,撰写《日本国志》,后游宦于新加坡、美国等地。甲午战后,他跻身维新,加入强学会,并出资创办《时务报》,在任湖南长宝盐法道时,积极推行新政。其政治思想对戊戌变法及维新党人产生过深刻影响。后因戊戌政变中遭弹劾而回乡闲居,是年卒于家。其一生诗作颇丰,著述甚厚,除《日本国志》外,有《日本杂事诗》、《人境庐诗草》等。

[文献]《清史稿》卷四六四:"黄遵宪,字公度,嘉应州人。……充使日参赞,著《日本国志》上之朝。旋移旧金山总领事。……历湖南长宝盐法道,署按察使。时宝箴为巡抚,行新政,遵宪首倡民治于众曰:'亦自治其身,自治其乡而已。由一乡推之一县、一府、一省,以迄全国,可以成共和之郅治,臻大同之盛轨。'"蔡冠洛《清代七百名人传》:"光绪三十一年二月二十三日以疾卒于家。遵宪读书有精识远见,不囿于古,不徇于今。……而所成之《日本国志》四十卷。……及后而其言尽验,以是人尤服其先见。为文章,务取畅达。……至其为诗,则精思妙虑。……自哀集得六百余首,曰《人境庐诗草》。"(中国书店,1984,补编第12~13页)《康有为政论集》上册《人境诗草序》:"吾于并世贤豪多友之,我仪其人欤,则吾乡黄公度京卿其不远之耶!公度生于嘉应州之穷壤,

游宦于新加坡、纽约、三藩息士高之领事馆,……自能博群书,工诗文,善著述且体裁严正古雅,何其异哉?"(中华书局,1981,626页)

[考辨] 关于黄遵宪晚年的政治思想属性,主要有两种观点。第一种认为:黄遵宪的政治思想"是一种君主立宪思想。他所要建立的立宪政体,是一种联邦自治的君主立宪制度"。(郑海麟《黄遵宪与近代中国》,三联书店,1988)第二种说法是黄遵宪具有民权思想及"共和三世说"的进化思想,并想向中国输入,"继而以'尊王改制'到'君主立宪',实行以'民分官权'的共和民主制思想"。表明他最后走向资产阶级共和民主制度。(任松《黄遵宪的政治改革思想初探》,载《北方论丛》1995年第1期)。黄遵宪晚年的政治思想应为君主立宪思想。但是,由于其游历美洲,必会接触共和思想,也一定会认识到共和政体的某些优越性,因此,不能排除黄遵宪的政治思想中已有民主共和思想的倾向。

夏,《二十世纪之支那》杂志发行 是年夏,杂志《二十世纪之支那》在日本发行。其文宣传爱国主义,鼓吹革命,由宋教仁、陈天华等人于东京创刊,内容多为论说、学说、历史、政治等,因内容过激,未出第二期即被日本政府所禁。同盟会成立后,改为其机关报——《民报》。

[文献] 夏敬观《宋教仁传》:"与黄兴、刘揆一、陈天华辈,创华兴会于湘,谋五路揭竿起,……事败,走日本,……初创《廿世纪支那》杂志,后改《民报》,最后与于右任主上海《民立报》,……同盟会论坛健将也。"(卞孝萱、唐文权《辛亥人物碑传集》,团结出版社,1991,9页)《宋教仁日记》第二卷一九零五年一月一日—九月二十一日:"一月二十四日晴,……未初,至崎越馆访雷道亨,并促其速作《二十世纪之支那》发刊辞。……夜,写致警钟社、中外日报馆、时报馆、中国日报馆等信,皆为杂志事,欲其代登章程于彼之报内也。""五月十三日晴,未初,至会馆阅书报,见美国大埠《大同

日报》载《二十世纪之支那》将出版,并云为余一人专办云。""六月二十四日晴,……酉正,至张步青寓,知《二十世纪之支那》杂志已出版,已发邮约明日开会发行矣。""六月二十五日晴,……未初,至会馆赴《二十世纪之支那》杂志会。""八月二十七晴,……酉初,至秀光舍,该店言《二十世纪之支那》已印刷装制成,……酉正,秀光舍将书送来,交余清点,正交代间,忽有警吏数人至,向余言'此书须押收,不能发卖。'余不解其由来,与之辩。……该警吏乃向余言:'此杂志有害公安,须押收也。'""八月二十八日阴巳初,遂同至神田警署,晤警吏二人,彼先以本日官报示余,见载有内务大臣告示,称:'《二十世纪之支那》第二号,妨害安宁秩序,禁止颁布买卖,并差押印本之处分'云云。……余始知报内第一篇《日本政客之经营中国谈》,所谓妨害公安者,即指此也,乃漫应曰:'此香港友人投来者,不知何姓名也,现在香港出版矣。'""……九月二十一日晴,……酉初,至黄庆午寓,庆午言:'《二十世纪之支那》停办后拟另办之报,已名曰《民报》,下礼拜日拟开会商议办法。'"(宋教仁《宋教仁集》下册,中华书局,1981,511~512、530、539~540、551~552、558~559页)

十一月,陈天华卒 陈天华(1875-1905),近代民主革命思想家、宣传家,字星台,湖南新化人。曾读于资江书院与实业学堂,光绪二十九年(1903)留学日本,与杨笃生等人编辑《湖南游学译编》、《新湖南》等革命书刊,并作《猛回头》、《警世钟》等书,后与宋教仁创华兴会,办《二十世纪之支那》杂志,并为同盟会撰《革命方略》,形成自己的革命理论。他没有完整的哲学思想体系,革命思想主要以进化论为依据,因而成为唯心史观,但也包含着朴素的唯物主义与辩证法因素,反映了当时条件下思想状态的复杂性。其论著被编为《陈天华集》,湖南人民出版社1958年出版。

[文献] 卞孝萱、唐文权《辛亥人物碑传集》:"烈士名天华,

字星台,湖南新化县人。性敦笃,善属文。少时即以光复祖国为志,……日惟著述以鼓吹民族主义。……每读中西史志,于兴亡盛衰之感,则涕泗横流,其爱国之忱,发于天性如此。岁癸卯,留学日本。时值俄据东三省。……烈士大痛,啮指血成书数十幅,备陈灭亡之惨,邮寄内地各学〈堂〉,闻者莫不悲愤。去年秋,湘中志士谋起义湖南,……烈士闻之,即星夜附轮归长沙,筹划布置,昼夜不辍。不幸未发即败,……不得已,复游日本。……十一月,日本文部〈省〉颁发关于留学生规则,烈士益见中国之将亡于邻;革命之不可一日缓,作《绝命书》累万言,遂自投日本大森海以殉。……烈士所著书,其已都成集者《猛回头》、《警世钟》、《最近政见之评决》、《国民必读》、《最后之方针》、《中国革命史论》,皆风行于世。……烈士死时年三十一,乙巳年十二〔一〕月十二日也。"(团结出版社,1991,97~98页)陈天华《陈天华集》:"迩来民族主义日昌,苟革彼膻秽残恶旧政府之命,而求乎最美最宜之政体,亦宜莫共和若。何也?朱明为汉驱元,一家天下,满洲从而攘之,以民族之公而行其私,君主专制,政敝而不能久存也。……日本之奏维新之功也,由于尊王倾幕。……幕不倾则日本不能有今日,满不去则中国不能以复兴,此吾侪之所以不欲如日本之君主立宪,而必主张民主立宪者,实中国之势宜尔也。……吾侪既认定此主义,以为欲救中国,惟有兴民权、改民主;而入手之方,则先之以开明专制,以为兴民权改民主之预备;最初之手段,则革命也。"(《论中国宜改创民主政体》)"宇内各国,无不准进化之理。其所以雄飞突步得有今日者,进化为之也,非自古而然,革命亦其一端也。……泰西革命之所以成功者,在有中等社会主持其事;中国革命之所以不成功者,在无中等社会主持其事。""故中国今日而革命也,万不可蹈刘、项之覆辙;而革命之范围必力求其小,革命之期日必力促其短;否则亡中国者革命之人也,而岂能遂其家天下之私心耶?夫人群,进化者也。"(《中国革命史论》)"近则主张民族者,则以满、汉终不并立。我排彼以言,彼排我以实。……欲使中国不亡,惟有一刀两断,代满洲执政柄而卵育之。……故今日惟有使中等社会皆知革命主义,渐普及下等社会。斯时也,一夫发难,万众响应,其于事何难焉。若多数犹未明此义,而即实行,恐未足以救中国,而转以乱中国也。此鄙人对于革命问题之意见也。……鄙人于宗教观念,素来薄弱。然如谓宗教必不可无,则无宁仍尊孔教;以重于违俗之故,则兼奉佛教亦可。至于耶教,除好之者可自由奉之外,欲据以改易国教,则可不必。"(《绝命辞》)(湖南人民出版社,1958,203、209、214~215、226、236、238 页)

德宗光绪三十三年　丁未(公元 1907 年)

林乐知卒　林乐知(1836－1907),美国传教士,1860 年抵华,同治三年(1864)起任上海广方言馆教习,直至 1883 年解聘。其间,曾任《上海新报》编辑,办《教会新报》,并创设了中西书院。1881 年任广学会协理,改《教会新报》为《万国公报》,撰写大量政论性文章及译书,对维新思潮有很大影响,是年卒于上海。其一生在华传教,散布奴化思想,并系统提出将基督教教义与儒家旧礼教旧思想相结合的理论,对近代思想有很大影响。主要译著有《中东战纪本末》、《文学兴国策》、《中西关系略论》等,其主要文章有《消变明教论》、《印度隶英十二益说》等。

　　[文献]　顾长声《从马礼逊到司徒雷登——来华新教传教士评传》:"林乐知是美国传教士,他在中国以主编《教会新报》和《万国公报》而著名,与中国近代报刊史、近代思想史和近代教育史,都有密切关系。""终于在一八六〇年六月抵达上海。……首先学习中文,……一八六四年,……林乐知到上海广方言馆担任西学教习一年,……一八六七年,林乐知再次请求到上海广方言馆当教

习。……兼任中文《上海新报》编辑,……他在广方言馆任教习,直到一八八三年才正式解聘。"《教会新报》是林乐知在《上海新报》担任编辑期间自费创办的一份中文期刊,……其中政事近闻比例逐渐增至近乎一半的篇幅。林乐知是把'孔子加耶稣'系统地从理论上加以鼓吹的第一个基督教新教传教士。……他在《教会新报》上连续五期发表题为《消变明教论》的长篇文章,把基督教的一部分教义同儒家的旧礼教、旧思想相结合。他写道:"吾教中人教曰:耶稣心合孔孟者也,请略言之,……儒教之所重者五伦,而吾教亦重五伦,证以《圣经》。""儒教重五常,吾教亦重五常,复引《圣经》以证之。……请进言儒教君子三戒,与吾教上帝十诫,旨有相同者,更历引《圣经》以证之。""《教会新报》出到第三百期结束,从三百零一期开始改刊名为《万国公报》。……即在一八八三年七月停刊。……中西书院是林乐知于一八八一年在上海创办的一所教会学校。……广学会……成立于一八八七年,林乐知被推举为协理。……假传播西学之名散布其殖民主义理论的。广学会决定把已经停刊五年的《万国公报》恢复出版,变为广学会的机关刊物,……林乐知撰写了三十多篇直接干涉中国政治的政论性文章,……《印度隶英十二益说》等。……维新派领袖康有为、梁启超等都曾直接受到《万国公报》及广学会其它宣传品的影响。……其他和谭嗣同、翁同龢以及光绪帝也不同程度地受到《万国公报》的影响。……林乐知在广学会出版的译作,主要有《中东战纪本末》、《文学兴国策》、……《列国岁纪政要》等书。""一九〇七年,……林乐知突然在五月三十日清晨去世,终年七十一岁。"(上海人民出版社,1985,263~280页)《戊戌变法》第四册:"一八八九年广学会发行一种公报,名《万国公报》,由林乐知先生(Young J. Allen)主撰。以后这报销行最广,感力伟大,中国维新分子,受这报的鼓动者,不在少数。"(神州国光社,1953,235页)汤志钧

《戊戌变法史论》:"李提摩太的《新政策》,林乐知所拟的《中国新教育制度的规则》,就是要使中国成为他们的殖民地的'方案',……从事文化侵略,以利于帝国主义在中国的掠夺。"(三联书店,1955,47页)

俞樾卒 俞樾(1821—1907),清代经学家,字荫甫,浙江德清人。道光进士,改庶吉士,授翰林院散馆编修,官河南学政。38岁罢归,后主讲苏州紫阳、上海求志、德清清溪等书院,并主杭州诂经精舍30余年,并于浙江书局精刻子书22种,皆为善本。其治经宗法于高邮王氏,其法大要在正句读、审字义、通古文假借,分析特殊文法与修辞。一生著述颇丰,撰有《群经平议》35卷,校正诸经句读,颇为精当。又《诸子平议》35卷,校正古文,阐明古义,认为"圣人之道,具在于经,而周秦两汉诸子之书亦各有所得",指出"诸子之书,文词奥衍,且多古文假借家,注家不能尽通",因此著该书,其文甚有见地。又《古书疑义举例》7卷,共88条,每条各从经、子、诸书举例,分析其语法修辞的特殊性,使读者触类旁通。晚年成《茶香室经说》16卷,又有《第一楼丛书》、《曲园杂纂》、《茶香室丛钞》等,大部收入《春在堂全书》。其笔记搜罗宏富,为学术史、文学史提供了许多颇有价值的参考资料,在学术上被尊为"一代经师",影响深远。

[文献] 《清史稿》卷四八二:"俞樾,字荫甫,德清人。……咸丰二年,散馆授编修。五年,简放河南学政,……七年,以御史曹登庸劾试题割裂罢职。樾归后,侨居苏州,主讲苏州紫阳、上海求志各书院,而主杭州诂经精舍三十余年,最久。……樾总办浙江书局,……又于浙局精刻子书二十二种,海内称为善本。……生平专意著述,先后著书,卷帙繁富,而《群经平议》、《诸子平议》、《古书疑义举例》三书,尤能确守家法,有功经籍。其治经以高邮王念孙、引之父子为宗。谓治经之道,大要在正句读,审字义,通古文假

借,三者之中,通假借为尤要。王氏父子所著经义述闻,用汉儒'读为'、'读曰'之例者居半,发明故训,是正文字,至为精审。因著《群经平议》,以附《述闻》之后。其《诸子平议》,则仿王氏《读书杂志》而作,校误文,明古义,所得视《群经》为多。又取九经、诸子举例八十有八,每一条各举数事以见例,使读者习知其例,有所据依,为读古书之一助。樾于诸经皆有纂述,而《易》学为深,……《玩易》五篇,则自出新意,不拘泥先儒之说。复作《艮宦易说》,……《易穷通变化论》、《互体方位说》,皆足证一家之学。晚年所著《茶香室经说》,义多精确。……同时如大学士曾国藩、李鸿章,尚书彭玉麟、徐树铭、潘祖荫,咸倾心纳交。日本文士有来执业门下者。……樾湛深经学,律己尤严,笃天性,尚廉直,布衣蔬食,海内翕然称曲园先生。……三十二年,卒,年八十有六。著有《群经平议》三十五卷,《诸子平议》三十五卷及《第一楼丛书》、《曲园杂纂》、《俞楼杂纂》、《宾萌集》、《春在堂杂文》、《诗编》、《词录》、《随笔》、《右台仙馆笔记》、《茶香室丛钞》、《经说》,其余杂著,称《春在堂全书》。"《章太炎全集》(四)《太炎文录初编》:"俞先生,讳樾,字荫甫,浙江德清人也。清道光三十年成进士,改庶吉士。既授编修,……年三十八,始读高邮王氏书。自是说经依王氏律令。五岁,成《群经平议》,以劗《述闻》,又规《杂志》作《诸子平议》,最后作《古书疑义举例》。治《群经》,不如《述闻》谛,《诸子》乃与《杂志》抗衡。……年八十六,清光绪三十三年卒。……赞曰:浙江朴学晚至,则四明、金华之术茀之,昌自先生。宾附者,有黄以周、孙诒让。是时先汉师说,已陵夷矣,浙犹觳张,不驰愈缮。不逮一生,新学螾生,灭我圣文,粲而不蝉,非一隅之忧也。"(上海人民出版社,1985,211~212页)

[考辨]《清史稿》言俞樾"三十二年,卒,年八十有六。"而《太炎文录初编》则是"年八十六,清光绪三十三年卒。"考徐澄《俞

曲园先生年谱》:"光绪三十二年(丙年)八十六岁……十二月二十三日,先生卒于苏州寓庐。"(《民国丛书》三,上海书店 1991 年版)俞樾应卒于光绪三十二年腊月二十三日,即阳历 1907 年 2 月 5 日。

域外 [法]亨利·柏格森著成《创造进化论》。

[美]威廉·詹姆斯著成《实用主义》。

德宗光绪三十四年　戊申(公元 1908 年)

二月,皮锡瑞卒　皮锡瑞(1850—1908),晚清经学家,字鹿门,又字麓云,世称师伏先生,湖南善化(今长沙)人,光绪举人。曾主讲湖南龙潭书院,江西经训书院。光绪二十四年(1898)任南学会会长,主讲学术,纵论变法图强。戊戌政变后,被清政府发回原籍。晚年长期任教著书。其认为《易》、《礼》为孔子所作,并对各家持论公允,言"学派不齐者,当知汉宋之学,皆出孔门,不可分别门户,同室操戈。即西洋非吾人所知,亦足以补中学之未达"。著作有《五经通论》、《经学历史》、《今文尚书考证》,收入《师伏堂丛书》和《皮氏八种》,另有《师伏堂笔记》、《师伏堂日记》。

[文献]《戊戌变法》第四册皮名振《皮鹿门先生传略》:"公讳锡瑞,字鹿门,一字麓云,姓皮氏,湖南善化人,颜其所居曰师伏堂,学者因称师伏先生。……幼承庭训,好学覃思,六龄就外传,八岁能诗文。……年二十四,举同治癸酉科拔贡。……公既困于甲科,遂潜心讲学著书。光绪十六年,主湖南桂阳州龙潭书院讲席。后二年,移主江西南昌经训书院。江右故宗宋学,伦重性理,或流禅释,公以西京微言大义教诏学者,说经当守家法,词章必宗家数,一时高才俊秀,咸集其门,先后七门,学风丕变。……战后,朝野倡言变法,公独以为'宜先清内乱,严惩贿赂,刻绳赃吏,实事求是,且必先改宋明陋习,不必皆从西俗。'……戊戌,复创南学会于长

沙,公被聘为学长,主讲'学派'一科。……公阐明学会宗旨,略谓:'学非一端所能尽,亦非一说所能该,……古今事变,中外形势,亦须讲明切究,方为有体有用之学。'……所言皆贯穿汉宋,融合中西,闻者莫不动容。是年秋,变法事败,……复以参与南学会,为忌者诬奏,奉廷寄,革举人,交地方官管束,公以布衣罹党禁,杜门著述。三年,始得开复。……公留湘讲学,先后五年,历任湖南高等师范馆、中路师范、长沙府中学堂讲席、学务公所图书课长,及长沙定王台图书馆纂修,博学沈思,诲人不倦,三湘硕学,咸出其门。……公以经学名于时。光绪五年,年三十,乃始治经,精研覃思,更三十年,著书百卷,成一家言。光绪十三年,始为《尚书大传笺》,后更名《尚书大传疏证》,……公平生学问,实萃此书,自序谓:'……冀以扶孔门之微言,具伏学之梗概。'盖公治《尚书》,服膺伏生,宗今文说,然尝谓:'解经当实事求是,不当党同妒真。'故其疏证,于曲直离合之间,类有发明。公少壮所作,多属诗文,……中年主讲江右,专治经学,……既刊《尚书大传疏证》,复成《古文尚书疏证辨正》、《九经浅说》、……及《王制笺》等书。晚年讲学湘垣,复撰《经学历史》、《经学通论》二书,为经学课本,今日犹为初学治经者所必读。……公瘁精学术,体力早衰,以光绪三十四年戊申二月初四日(公历一九〇八年三月六日),卒于善化南城故宅,享年五十有九。"(神州国光社,1953,189~191页)

五月,孙诒让卒 孙诒让(1848—1908),晚清经学家、文字学家。字仲容,号籀庼。同治举人,官刑部主事,晚年曾主温州师范学校,充浙江教育会会长。好六艺古文,研治古籍古字,除经史以外,诸子百家无不贯通,又专事著述,有《周礼正义》86卷,"以发《郑〈注〉》之深奥,裨《贾〈疏〉》之遗阙",是解释《周礼》较完备之书。又撰《墨子闲诂》15卷,又《目录》1卷,《附录》1卷,《后语》2卷。认为墨学以不合儒术而几为绝学,其书又脱误而多不相读,所以此书依经谊字例,遂加诠解,又订补《经说》上、下篇,旁行句读,此书为当时学者所推崇,对此后先秦诸子研究颇有影响。又有《石籀拾遗》3卷,《名原》2卷,《札迻》12卷,《籀庼述林》14卷等,均是考金石,定文字;辨析龟骨文,以推阐古人造字之精微之作,对古书的校勘解释有较大贡献。主要著作收入光绪庚子年间(1900)所刻《孙氏遗著》中。

[文献]　朱芳圃《孙诒让年谱》:"1908年,61岁(光绪三十四年戊申)……春初患寒咳累月,三月二十二日猝患中风,至四月二十七日病增剧,延至五月二十二日(阳历6月20日)巳时逝世。"(商务印书馆,1934)《清史稿》卷四八二:"孙诒让,字仲容,瑞安人。……诒让,同治六年举人,官刑部主事。初读《汉学师承记》及《皇清经解》,渐窥通儒治经、史、小学家法。谓古子、群经,有三代文字之通假,有秦、汉篆、隶之变迁,有魏、晋正草之混淆,有六朝、唐人俗书之流失,有宋、元、明校雠之羼改。匡违捃佚,必有谊据,先成《札迻》十二卷。又著《周礼正义》八十六卷,以为:'有清经术昌明,于诸经均有新疏,《周礼》以周公致太平之书,而秦、汉以来诸儒不能融会贯通'。……诒让乃以《尔雅》、《说文》正其训诂,以《礼经》、《大小戴记》证其制度。……遂博采汉、唐以来迄乾、嘉诸经儒旧说,参互绎证,以发郑《注》之渊奥,裨贾《疏》之遗阙。……宣统元年,……未几卒,年六十二。所著又有《墨子闲诂》十五卷,《目录》、《附录》二卷,《后语》二卷。精深闳博,一时推为绝诣。《古籀拾遗》三卷,《逸周书斠补》四卷,《九旗古义述》一卷。"《章太炎全集》(四)《太炎文录初编》:"孙诒让,字仲容,浙江瑞安人也。……晚年尝主温州师范学校,充浙江教育会长,清廷征主礼学馆,不起。年六十一。清光绪三十四年五月,病中风卒。赞曰:叔世士大夫狃于外学,才得魄莫,视朴学若土梗。诒让治六艺,旁理墨氏,其精姞足以摩揪姬、汉三百年绝等双矣!遭时不淑,

用晦而明,若日将暮,则五色柳縠愈章。而学不能传弟子,勉为乡里起横舍,顾以裂余见称于世,悲夫!"(上海人民出版社,1985,212~214 页)

[考辨] 《清史稿》中记载孙诒让卒于宣统元年(1909),而章太炎则写为"年六十一。清光绪三十四年五月,病中风卒。"仔细衡量两者,章太炎为其作传,且为同时代者,故而可信度更高,加之朱芳圃《孙诒让年谱》中之确切记载,孙诒让卒年应列于此。

域外 [俄]列宁著成《唯物主义和经验批判主义》。

[英]W·麦独孤著成《社会心理学方法》。

末帝宣统元年　己酉(公元 1909 年)

八月,张之洞卒　张之洞(1837—1909),近代洋务思想家,学者。同治进士,历任翰林院侍讲学士、内阁学士、体仁阁大学士、军机大臣等职。自光绪十五年(1889)起,力办洋务,先后开办广东水师学堂、矿务局、汉阳铁厂、湖北枪炮局等。他整顿吏治,荐举人才,奖励农工,减免苛税,禁止种植吸食鸦片。他最大的业绩在于推行湖北新政:办厂,练兵,兴学,而且他还积极派遣留学生出国。后撰写《劝学篇》表明自己的立场,宣扬中体西用论,以维护封建伦理纲常。因此,其政治思想主要为维护封建专制统治的洋务思想,哲学思想则具体反映在中体西用论,即"中学为内学,西学为外学,中学治身心,西学应世事",以及天命论和"道不变"论。其学术上重《诗》、《礼》,兼顾汉学与宋学,并提出"一切学术,……要其终也,归于有用"的观点,且为京师大学堂及留学有关事宜拟定章程,对清末全国学制改革也有相当贡献。他仿照日本创建新学制,称"癸卯学制",共分三段七级。分为初等教育、中等教学、高等教育三段,虽然,其总共要修 27 年,但毕竟是我国正式采用近代教育体制的开端,对清末教育有很大影响,在晚清学术史上有重要地位。其思想自成一系,著述颇丰,后编为《张文襄公全集》。

[文献] 《清史稿》卷四三七:"张之洞,字香涛,直隶(河北)南皮人。……同治二年,成进士,……十二年,典试四川,就授学政。……之洞以文儒致清要,遇事敢为大言。……则阴自图强,设广东水陆师学堂,创枪炮厂,开矿务局。……复立广雅书院。武备文事并举。……之洞乃奏开炼铁厂汉阳大别山下,……设织布、纺纱、缫丝、制麻革诸局,……采东西规制,广立武备、农工商、铁路、方言、军医诸学堂。……二十四年,政变作,之洞先著《劝学篇》以见意,……二十八年,充督办商务大臣,再署两江总督。……明年,……厘定大学堂章程,……三十二年,晋协办大学士。……擢体仁阁大学士,授军机大臣,兼管学部。……德宗暨慈禧太后相继崩,……逾年,……移疾,遂卒,年七十三,朝野震悼。赠太保,谥文襄。……之洞短身巨髯,风仪峻整。莅官所至,必有兴作。务宏大,不问费多寡。爱才好客,名流文士争趋之。"蔡冠洛《清代七百名人传》:"宣统元年二月,充实录馆总裁官,……八月二十一日卒。予谥文襄,晋赠太保,入祀贤良祠。有《广雅堂集》。"(中国书店,1984,640页)

[考辨] 对于张之洞的评价,近年来学术界已用较宽容的态度分析其在具体历史时期所起的作用,并给予一定的肯定。对于他的中体西用论,与桑咸之等人的"'中体西用',实是以不变应万变","它代表了封建的、买办资产阶级对一切进步势力主张的改革的挑战与进攻","对历史的发展起着阻碍和反动的作用"(见《中国近代著名哲学家评传》之《张之洞》)的观点不同,又出现了一种观点,即认为:"'中体西用'论成为官方儒学向维新派理论、向革命派理论依次嬗变的'过渡形式'之一。"(雕胡《认识"中体西用"论的新思路》,载《社会科学辑刊》1993年第1期)还有人评价"中体西用"的思想,"其理论与实践均能贯通,尤适于当时情

势。……对科学技术的传播和推动社会生产等方面的作用,是不能低估与忽视的。"(陈阳凤、熊贤君《张之洞中体西用论辩》,载《河北学刊》1990年第1期)这种观点与评价已为学术界普遍赞同,只是个人说法各异而已。"中体西用"论,虽非张之洞首倡,但是由其完善的。而且,作为清政府的疆吏,张之洞必然会严守三纲五常,可以说,张之洞对"中体西用"论所作的完善与引申,已是他当时作出的最大限度的维新举措了,因此,应给予肯定。至于其主客观方面的反作用,则应放在时代背景下分析。

孙家鼐卒 孙家鼐(1829—1909),清代赞同变法的有识官吏。字燮臣,号蛰生、澹静老人,咸丰状元,曾任湖北学政,擢工部、礼部、吏部尚书等职。其列名强学会,戊戌变法时主办京师大学堂,建议增设中小学堂、速成学校及医学校,还认为对待中西学应采取不同的态度,大胆启用有学之才与外籍人士,以资议政,认为"变法自强应通筹全局,分别轻重缓急,谋定后动",还重视实用技术,曾与马吉森创办安阳广益纱厂。他又提出"中学体也,西学用也,二者相需,缺一不可",说明其虽主张变法,但因其思想背景的复杂,决定其不可能具有维新思想,只是赞同温和的变法而已。变法失败后罢归。后于光绪二十六年(1900)起任文渊阁大学士,又晋武英殿大学士,后充资政院总裁,是年卒于官。

[文献]《清史稿》卷四四三:"孙家鼐,字燮臣,安徽寿州人。咸丰九年一甲一名进士,授修撰。历侍读,入直上书房。光绪四年,命在毓庆宫行走,与尚书翁同龢授上读。累迁内阁学士,擢工部侍郎。江西学政陈宝琛疏请以先儒黄宗羲、顾炎武从祀文庙,议者多以为未可,家鼐与潘祖荫、翁同龢、孙诒让等再请,始议准。十六年,授都察院左都御史、工部尚书,兼顺天府尹。二十年,中日事起,朝议主战,家鼐力言衅不可启。二十四年,以吏部尚书协办大学士。命为管学大臣。时方议变法,废科举,兴学校,设报编书,

皆特交核复，家鼐一载以正。尝疏谓：'国家广集卿士以资议政，听言固不厌求详，然执两用中，精择审处，尤赖圣知。'其所建议，类能持大体。及议废立，家鼐独持不可。旋以病乞罢。二十六年，乘舆西狩，召赴行在，起礼部尚书。还京，拜体仁阁大学士。历转东阁、文渊阁，晋武英殿。充学务大臣，裁度规章，折衷中外，严定宗旨，一以敦行实学为主，学风为之一靖。议改官制，命与庆亲王奕劻，军机大臣瞿鸿禨总司核定。御史赵启霖劾奕劻及其子贝子载振受贿纳优，命醇亲王载沣与家鼐往按，启霖坐污蔑亲贵褫职，而载振寻亦乞罢兼官。资政院立，命贝子溥伦及家鼐为总裁，一持正议不阿。时诏诸臣轮班进讲，家鼐撰《尚书四子书讲义》以进。三十四年二月，以乡举重逢，赏太子太傅。历蒙赐'寿'，颁赏御书及诸珍品，赐紫缰，紫禁城内坐二人暖轮，恩遇优渥。宣统元年，再疏乞病，温诏慰留。寻卒，年八十有二，赠太傅，谥文正。家鼐简约敛退，生平无疾言遽色。虽贵，与诸生钧礼。闭门斋居，杂宾远迹，推避权势若怯。尝督湖北学政，典山西试，再典顺天试，总裁会试，屡充阅卷大臣，独无所私。尝拔一卷厕二甲，同列意不可，即屏退之，其让不喜类此。器量尤广，庚子，外人请惩祸首戮大臣，编修刘廷琛谓失国体，责宰辅不能争，家鼐揖而引过。其后招举御史，家鼐独保廷琛，谓曩以大义见责，知忠鲠必不负国，世皆称之。"

［考辨］（一）关于孙家鼐生卒年，谢巍《中国历代人物年谱考录》（中华书局，1992）《孙家鼐年表》条中"备考"记："家鼐，……《清史稿》本传，谓年八十二，误。马其昶撰《武英殿大学士孙文正公神道碑》作年八十三。《清代科举考试述录》谓咸丰九年会试履历作年三十一，则生于道光九年（1829），推其得年八十一。"比较而言，履历所载内容应更为准确，故从《考录》。

（二）学术界对孙家鼐争论不多，20世界80年代曾就其是否为"中学为体，西学为用"的首倡者有过一些争辩。邬国义在其

《孙家鼐最早提出"中学为体,西学为用"》一文中,提出:"中体西用"的思想渊源甚早,而孙家鼐于光绪二十二年七月的《议复开京师大学堂摺》明确说此话,比张之洞早二年,故而最早。(载《社会科学战线》1982 年第 2 期)接着,益之便作文反驳,认为:沈寿康与吴之榛提出"中学为体,西学为用"的时间都早于孙家鼐,因此孙不是首倡者。(《孙家鼐非"中学为体,西学为用"的首倡者》,载《社会科学战线》1984 年第 3 期)

末帝宣统二年　庚戌(公元 1910 年)

宋恕卒　宋恕(1862—1910),清学者,字平子,号六斋,后改名衡。出身业儒世家,喜谈经论史,曾在上海龙门书院、南京钟山书院、北洋水师学堂、上海求志书院等处任教。1891 年写成《六斋卑议》,抨击纲常名教,主张变法维新,以议院、报馆、学校为三大纲领。他在发展经济方面主张效法西欧国家,不仅办工业、农业、商业学校造就人才,还要改革币制,修建道路,让民间集股开矿、办厂;他还针对封建社会男尊女卑,反对重男轻女和包办婚姻;他还反对清王朝和统治者对少数民族实行高压政策;他还提出要创立各种学会。1901 年在浙江求是书院任教,介绍西学,还提出了汉语拼音的主张,认为其将会有利于教育的普及,传播新思想,对后人影响很大,但晚年其思想趋于保守,维新之说渐息。著作除《六斋卑议》外,还有《六斋高议》、《浙学史》、《永嘉先辈学案》等。

　　[文献]　胡珠生《宋恕年谱》:"清宣统二年,庚戌(1910 年),四十九岁。……不幸,谱主竟于陈氏离瑞之日戌时卒,享年仅四十八周岁,以三弟子佩琚为嗣。"(《宋恕集》下册,中华书局,1993)章太炎《太炎文录初编》:"炳麟始交平阳宋恕平子。……而平子疏通知远,学兼内外。……炳麟少治经,交平子始知佛藏。平子麻衣垢面,……多举平子为笑,平子无愠色。及与人言学术,刚棱四注,

谈者皆披靡。……平子虽周谨,顾内挚深与人言,辄云,皇帝圣明。今且用满洲文署其诗。炳麟素知平子性奇瑰。而畏祸以此自盖。非有媚胡及用世意。谈言微中亦咢咢见锋刃。……闻平子治瑜伽,窃自熹以为梵方之学知微者莫如平子。……且闻平子亦蛰处不与世耦,生死未可知。内之,颉籀儒墨之文。外之,玄奘义净之术,凑于一身。世道交丧,求良友且不得一二。学术既亡。"(上海书店,1992,59~61 页)

末帝宣统三年 辛亥(公元 1911 年)

杨文会卒 杨文会(1837—1911),清末居士、佛学家,号仁山。自少长于文学,通孔、老、庄等学,自 26 岁学佛,先后出使英、日搜寻佛经,结识日本佛教学者南条文雄。1894 年与李提摩太将《大乘起信论》译成英文。1897 年在南京设金陵刻经处。于 1908 年开办佛教学堂"祇洹精舍",培养佛学人才。1910 年成立佛教研究会,任会长。是年卒,享年 75 岁。其一生致力于佛经刊刻事业,佛教思想以《起信论》为理论基础,归心"净土",力图"佛化"儒道两家,并对净土、华严、禅、唯识诸宗均有研究。其为中国近代佛教的先驱,对梁启超、谭嗣同、章太炎,及以后的太虚、欧阳渐都有很大影响。其著述于 1919 年由金陵刻经处编辑成《杨仁山居士遗著》10 册,包括《佛教初学课本》并《注》各一卷,《论语发隐》一卷,《孟子发隐》一卷,《道德经发隐》一卷等。

[文献] 郭朋、廖自力、张新鹰《中国近代佛学思想史稿》:"杨文会(1837—1911),号仁山,安徽石埭人,……二十六岁时开始学佛。他曾自述说:'我于二十六岁学佛。……日日学佛,未尝懈怠,至五十三岁,始能专求出世之道。'……杨文会第二次(光绪十二年—1886)随同刘芝田出使英国时,在伦敦得与日本留英的佛教学者南条文雄结识,……光绪二十年(1894),杨文会还同英

人李提摩太将《大乘起信论》译成英文,以为佛学西行之渐;……而杨文会因得南条文雄之助,遂从日本先后搜集到藏外佚典近三百种。……光绪二十三年(1897),杨文会于南京延龄巷住所,设立'金陵刻经处',专门负责刻印、流通各种佛经。……光绪三十四年(1908)冬,杨文会于刻经处创办佛教学堂,名曰'祇洹精舍',""开了此后各地举办各种佛教学院的风气之先,它的影响是深远的。……宣统二年(1910),在南京创立佛学研究会,杨文会自任会长。……杨文会卒于宣统三年(1911),终年七十五岁。""在中国近代佛学史上,在刻经、办学等等方面,杨文会都是一位开风气之先的人。梁启超曾说:'晚清有杨文会者,得力于《华严》而教人以净土。流通经典,孜孜不倦。今代治佛学者,什九皆闻文会之风而兴也。'又说:'文会深通法相、华严两宗,而以净土教学者,学者渐敬信之。……晚清所谓新学家者,殆无一不与佛学有关系;而凡有真信仰者,率归依文会。'""在思想上,他推崇《起信》;在践履上,他归心'净土'。……他又力图'佛化'儒、道两家。……杨文会在其《佛法大旨》一文中说:'如来设教,义有多门,……出世妙道,与世俗知见大相悬殊,西洋哲学家,数千年来精思妙想,不能入其堂奥。……'这里,杨文会提出了一个非常重要的问题,这就是:大讲'出世妙道'的佛教,归根结底,它是一种宗教,并不同于一般的哲学。……应该说是相当中肯的。""他对于《起信论》这部书,……'《起信论》者,……此《论》宗教圆融,为学佛之要典。'……'鄙人常以《大乘起信论》为师。仅仅万余言,遍能贯通三藏圣教。'……杨文会著有《论语发隐》和《孟子发隐》","充满着以佛释儒的言论。……'孔子行菩萨道,不许门人退入二乘,其慈悲行愿,有如此者。'杨文会视孔子为'菩萨',则儒家学说,同佛家教义,自无二致了!……在《道德经发隐序》里,杨文会说:'予阅《道德经》至'出生入死'一章,见各家注解,无一合者,遂以佛经义释之,似觉出人意表。'……在佛学思想上,杨文会还没有形成可以自成一家的严密的思想体系,他只是恪守不渝地遵循着中国传统的大乘性宗的佛学思想的理论原则,而且还具有着浓厚的信仰主义的色彩。……他的佛化儒、道,便是这种思想的突出表现。"(巴蜀书社,1989,1~8页,18、19、24、27、29、34页)蒋维乔《中国佛教史》卷四:"至清末石埭杨文会仁山出;贤首之著述,经其一再搜求于日本,……为之去伪存真,分别刊行;所辑《华严著述辑要》,大半皆中土久佚之本;……乃手辑《贤首法集》一百数十卷,以《探玄记》冠其首,……于是贤宗一脉相传之经疏,至此复备。其于贤宗教理,亦复深造自得,于古义颇有发挥,推为晚近中兴华严宗之人,殆无愧也。……更有特出之居士焉,即江都郑学川、石埭杨文会是已。……文会见乱后经版无存,……因邀合同志,发起大愿,踵嘉兴藏式,专刻方册藏经,……抛弃一切世务,竭尽其精力资财而为之,数十年如一日。古德佚著,更多方展转向日本购求而归,校刊流布。文会道德学问,既足起人信仰,又以经书购求之易,故在家者研诵益多,……由旅居北平之居士,两次聘请谛闲讲经,开向来未有之例焉。(向来讲经,皆由寺院发起)"(上海书店,1989,44、11页)

附录

古代文献

二　画

《一庵王先生遗集》　　（明）王栋撰　　　　　　　齐鲁书社 1995 年版

二　画

《二十二史札记》　　（清）赵翼撰　　　　　　　中国书店 1987 年版
《十七史商榷》　　　（清）王鸣盛撰　　　　光绪十九年广雅书局刊本
《十驾斋养新录》　　（清）钱大昕著
　　　　　　　　　　陈文和，孙显军校点
　　　　　　　　　　　　　　　　　　江苏古籍出版社 2000 年版
《人境庐诗草笺注》　（清）黄遵宪著，钱仲联笺注
　　　　　　　　　　　　　　　　　　上海古籍出版社 1981 年版

三　画

《大同书》　　　　　（清）康有为著　　　　　中华书局 1935 年版
《大明会典》　　　　（明）李东阳等奉敕撰　　广陵书社 1989 年版
《大明律》　　　　　怀效锋点校　　　　　　　法律出版社 1999 年版
《大明律释义》　　　（明）应槚撰　　《续修四库全书》影印嘉靖刻本
《大明律附例笺释》　（明）王樵、王肯堂撰　　　万历四十年官刻本
《大学千虑》　　　　（明）穆孔晖撰　　　　　齐鲁书社 1997 年版
《大学衍义补》　　　（明）邱浚著，林冠群、周济夫校点
　　　　　　　　　　　　　　　　　　京华出版社 1999 年版
《士翼》　　　　　　（明）崔铣撰，四库全书本

《万历野获编》	（明）沈德符撰	中华书局1959年版
《广阳杂记》	（清）刘献廷撰，汪北平、夏志和点校	
		中华书局1957年点校本
《马氏文通校注》	（清）马建忠著，章锡琛校注 中华书局1954年版	
《习斋四存编》	（清）颜元撰，陈居渊导读	
		上海古籍出版社2000年版

四　画

《王文成公全书》	（明）王守仁著	明隆庆六年刻本
《王心斋全集》	（明）王艮著，陈祝生主编	
		江苏教育出版社2001年版
《王龙溪先生全集》	（明）王畿著	清道光二年会稽刻本
《王廷相集》	（明）王廷相撰，王孝鱼点校 中华书局1989年版	
《王阳明全集》	（明）王守仁著	上海古籍出版社1992年版
《王忠文公集》	（明）王祎撰	中华书局1985年版
《天工开物》	（明）宋应星著	江苏古籍出版社2002年版
《元史译文证补校注》	（清）洪钧著，田虎注 河北人民出版社1990年版	
《云栖法汇》	（明）僧袾宏著 清光绪二十五年金陵刻经处刻本	
《廿二史考异》	（清）钱大昕撰	中华书局1985年版
《太平天国起义记》	（瑞）韩山文撰	
		民国二十四年燕京大学图书馆铅印本
《太平天国诏谕》	萧一山编，国立北平研究院总办事处出版刻印	
行		民国二十四年本
《太炎文录初编》	章太炎著	上海书店1992年版
《太炎文录续编》	章太炎著	上海书店1992年版
《五杂俎》	（明）谢肇淛著	上海书店2000年版
《尤西川先生拟学小记》	（明）尤时熙撰，李根辑 齐鲁书社1995年版	
《日知录》	（清）顾炎武著，雷汉卿选注	
		陕西人民出版社1998年版

《中外约章汇要 1689—1949》　　褚德新、梁德主编
　　　　　　　　　　　　　　　　黑龙江人民出版社 1991 年版
《四书大全》　　　　　（明）胡广编　　　　山东友谊书社 1989 年版
《水月斋指月录》　　　（明）瞿汝稷辑　　　三秦出版社 1999 年版
《今文尚书考证》　　　（清）皮锡瑞撰，盛冬铃、陈抗点校
　　　　　　　　　　　　　　　　　　　　中华书局 1989 年版
《升庵全集》　　　　　（明）杨慎撰　　　　商务印书馆 1937 年版
《升庵集》　　　　　　（明）杨慎撰　　上海古籍出版社 1993 年版
《文史通义》　　　　　（清）章学诚著　　　中华书局 1961 年版
《文华大训箴解》　　　（明）廖道南撰　　　齐鲁书社 1995 年版
《文敏集（外三种）》　（明）杨荣撰　　上海古籍出版社 1991 年版
《文渊阁书目》　　　　（明）杨士奇等编　　中华书局 1985 年版
《方望溪全集》　　　　（清）方苞著　　　北京中国书店 1991 年版
《方以智全书》　　　　（明）方以智著　　上海古籍出版社 1988 年版
《六书精蕴》　　　　　（明）魏校撰　　　上海古籍出版社 1996 年版
《订讹杂录》　　　　　（清）胡鸣玉撰　　湖海楼丛书 1936 年排印本
《心学宗四卷续编四卷》（明）方学渐辑，方中通续辑
　　　　　　　　　　　　　　　　　　　　齐鲁书社 1995 年版
《双江聂先生文集》　　（明）聂豹撰　　　　齐鲁书社 1997 年版
《双江先生困辩录》　　（明）聂豹撰，罗洪先批注　齐鲁书社 1995 年版
《劝学篇》　　　　　　（清）张之洞著　　　上海书店 2002 年版
《书目问答补正》　　　（清）张之洞撰，（清）范希曾编，瞿一起点校
　　　　　　　　　　　　　　　　　　　上海古籍出版社 1983 年版

　　　　　　　　　　　　　五　画

《玉堂丛语》　　　　　（明）焦竑著　　　　中华书局 1981 年版
《甘泉文集》　　　　　（明）湛若水著　　　清同治资政堂刻本
《古文辞类纂》　　　　（清）姚鼐辑，胡士明、李祚堂标校
　　　　　　　　　　　　　　　　　　　上海古籍出版社 1998 年版

《古今图书集成》	(清)陈梦雷等编,蒋廷锡校订	
	上海中华书局1934年缩小影印本	
《尚书古文疏证》	(清)阎若璩著　上海古籍出版社1987年影印本	
《龙溪王先生全集》	(明)王畿撰	齐鲁书社1997年版
《石渠意见》	(明)王恕撰	上海古籍出版社1996年版
《戊戌政变记》	梁启超撰	上海古籍出版社1996年版
《东山外纪》	(清)刘振麟撰,周骧辑	
	北京文物出版社1982年版	
《东西均》	(清)方以智著,庞朴注释　中华书局2001年版	
《东林始末》	(明)蒋平阶编	中华书局1991年版
《东岩集》	(明)夏尚朴撰	上海古籍出版社1993年版
《东廓邹先生文集》	(明)邹守益撰	齐鲁书社1997年版
《四库全书学典》	李煜瀛、杨家骆著	上海世界书局1946年版
《四库全书总目》	(清)永瑢	中华书局1965年影印本
《四库全书总目提要》	(清)永瑢、纪昀主编　中华书局1987年整理本	
《北征录》	(明)金幼孜撰	中华书局1991年版
《北游录》	(清)谈迁撰,汪北平点校	
	中华书局1960年点校本	
《白鹿洞书院古志五种》	(明)李梦阳等编,	
白鹿洞书院古志整理委员会整理		
	中华书局1995年版	
《永乐大典》	(明)解缙等编	商务印书馆1960年影印本
《汉学师承记(外二种)》	(清)江藩、方东树著	
	生活·读书·新知三联书店1998年版	
《圣武记》	(清)魏源撰,韩锡铎、孙文良点校	
	中华书局1984年点校本	

六　画

《世载堂杂忆》	刘愚生著	中华书局1960年版

书名	作者	版本
《西学东渐记》	（清）容闳著	商务印书馆 1915 年版
《存学编》	（清）颜元著	中华书局 1985 年版
《朱舜水全集》	（明）朱之瑜著	中国书店 1991 年版
《休复居文集》	（清）毛岳生撰	道光二十四年嘉定黄氏刻本
《传习录》	（明）王守仁著，叶绍钧点注	上海商务印书馆民国十六年版
《全祖望集汇校集注》	（清）全祖望撰，朱铸禹汇校集注	上海古籍出版社 2000 年版
《名山藏》	（明）何乔远著	北京大学出版社 1993 年版
《竹窗随笔》	（明）僧莲池著述，孔宏点校	北京图书馆出版社 2004 年版
《危学士全集十四卷》	（明）危素撰	齐鲁书社 1997 年版
《关中胜迹图志》	（清）毕沅著	四库全书本
《光绪朝东华录》	（清）朱寿朋编	中华书局 1958 年版
《刘礼部集》	（清）刘逢禄著	道光十年刻本
《刘宗周全集》	（明）刘宗周著，吴光主编	浙江古籍出版社 2004 年版
《刘端临先生遗书》	（清）刘端临著	清道光十四年扬州阮思海刻本
《孙中山全集》	孙中山著	中华书局 1981—1986 年版
《阳明全书》	（明）王守仁著	中华书局 1920—1934 年版

七 画

书名	作者	版本
《严复集》	（清）严复著	中华书局 1986 年版
《李贽文集》	（明）李贽著，张建业主编，刘幼生整理	社会科学文献出版社 2000 年版
《戒庵老人漫笔》	（明）李诩撰，魏连科点校	中华书局 1982 年版
《困知记》	（明）罗钦顺著	中华书局 1990 年版
《吴康斋先生集》	（明）吴与弼著	四库全书本
《吴廷翰集》	（明）吴廷翰著，容肇祖点校	中华书局 1984 年版

《灵峰宗论》	（明）满盖大师	台中莲社 1994 年版
《何心隐集》	（明）何心隐著,容肇祖整理	中华书局 1960 年版
《利玛窦中国札记》	[意]利玛窦、[比]金尼阁著,何高济等译	
		中华书局 1983 年版
《饮冰室合集》	梁启超著	中华书局 1989 年版
《宋元学案》	（清）黄宗羲著,（清）全祖望补修	
		中国书店 1990 年版
《宋文宪公全集》	（明）宋濂著	清嘉庆间严氏刻本
		民国八年排印本
《宋教仁日记》	宋教仁著	湖南人民出版社 1980 年版
《宋教仁集》	宋教仁著	中华书局 1981 年版
《证治准绳》	（明）王肯堂著,吴唯等校注	
		中国中医药出版社 1997 年版
《社事始末》	（清）杜登春纂	中华书局 1991 年版
《灵峰宗论》	（明）藕益著	青莲出版社 1994 年版
《陈天华集》	陈天华著	湖南人民出版社 1958 年版
《陈炽集》	陈炽著,赵树贵等编	中华书局 1997 年版
《陈献章集》	（明）陈献章著,孙通海点校	中华书局 1987 年版
《陈剩夫集》	（明）陈真晟撰	中华书局 1985 年版
《张子正蒙注》	（明）王夫之著	中华书局 1975 年版

八　画

《枫山章先生集》	（明）章懋撰	中华书局 1985 年版
《枫山集（外四种）》	（明）章懋撰	上海古籍出版社 1991 年版
《枫山章文懿公年谱》	（明）阮鹗撰	中华书局 1991 年版
《抱经堂文集》	（清）卢文弨撰	中华书局 1985 年版
《松崖文钞》	（清）惠栋著	《聚学轩丛书》本
《松崖笔记》	（清）惠栋著	台北艺文印书馆 1970 年版
《述学》	（清）汪中著	中华书局 1991 年版

《欧阳南野先生文集》	（明）欧阳德撰	齐鲁书社1997年版
《郁离子》	（明）刘基撰，魏建猷、萧善乡点校	
		上海古籍出版社1981年版
《易汉学》	（清）惠栋撰	上海古籍出版社1990年版
《国朝学案小识》	（清）唐鉴撰	四部备要本
《国朝汉学师承记》	（清）江藩著，钟哲整理	中华书局1983年版
《国朝典故》	（明）邓士龙辑，许大龄、王天有校点	
		北京大学出版社1993年版
《国榷》	（清）谈迁著	中华书局1958年版
《明史》	（清）张廷玉等撰	中华书局1974年点校本
《明史纪事本末》	（清）谷应泰撰	中华书局1977年版
《明会要》	（清）龙文彬撰	中华书局1956年版
《明夷待访录》	（清）黄宗羲著	中华书局1981年版
《明儒学案》	（清）黄宗羲著，沈芝盈点校	
		中华书局1985年版
《明经世文编》	（明）陈子龙辑	中华书局1962年版
《明实录类纂》（人物传记卷）李国祥主编		武汉出版社1990年版
《明通鉴》	（清）夏燮著	中华书局1959年版
《明道编》	（明）黄绾著，刘厚佑、张启之标点	
		中华书局1959年版
《明鉴》	印鸾章编	上海书店1984年版
《尚书引义》	（清）王夫之著	中华书局1962年版
《制义丛话》	（清）梁章钜著，陈居渊校点	
		上海书店出版社2001年版
《牧斋有学集》	（清）钱谦益撰，（清）钱曾笺注，钱仲联标校	
		上海古籍出版社1996年版
《林则徐全集》	林则徐全集编辑委员会编	
		海峡文艺出版社2002年版
《知足斋文集》	（清）朱珪	清光绪五年定州王氏刻本
《牧斋初学集》	（清）钱谦益撰，（清）钱曾笺注，钱仲联标校	
		上海古籍出版社1996年版

《物理小识》	（清）方以智录	台湾商务印书馆1978年版
《念庵罗先生集》	（明）罗洪先撰	齐鲁书社1997年版
《周易述》	（清）惠栋著	上海古籍出版社1990年版
《周易外传》	（清）王夫之著	中华书局1977年版
《宗喀巴大师集》	（明）宗喀巴著，中国佛教文化研究所主编，法尊法师译	民族出版社2001年版
《诚意伯文集》	（明）刘基著，何镗编校	商务印书馆1936年版
《性理大全》	（明）胡广纂修	山东友谊社1989年版
《学蔀通辨》	（明）陈建撰	中华书局1985年版
《泾野子内篇》	（明）吕楠撰，赵瑞民点校	中华书局1992年版
《泾皋藏稿》	（明）顾宪成撰	上海古籍出版社1993年版
《郑观应集》	（清）郑观应著	上海人民出版社1982年版
《郑端简公吾学编余》	（明）郑晓撰	中华书局1985年版
《居业录》	（明）胡居仁撰	中华书局1985年版
《建文年谱》	（明）赵士喆著	商务印书馆1935年版
《建炎以来系年要录》	（清）惠栋撰	中华书局1985年版
《经学通论》	（清）皮锡瑞著	中华书局1954年版
《经籍纂诂》	（清）阮元著	中华书局1982年版
《孟子正义》	（清）焦循著	中华书局，1957年
《孟子字义疏证》	（清）戴震著，何文光整理	中华书局1982年版

九　画

《珂雪斋近集》	（明）袁中道撰	上海书店1982年版
《珂雪斋集》	（明）袁中道撰，钱伯诚点校	上海古籍出版社1989年排印本
《春在堂随笔》	（清）俞樾著	江苏古籍出版社2000年版
《春明梦余录》	（清）孙承泽著	北京古籍出版社1992年点校本
《南园漫录》	（明）张志淳著	北京书目文献出版社1998年版
《南雷文定》	（清）黄宗羲撰	四部丛刊本

《养一斋文集》	（清）李兆洛	清光绪四年木刻本
《柏斋集》	（明）何塘撰	四库全书本
《赵文肃公文集》	（明）赵贞吉撰	齐鲁书社1997年版
《胡适文存》	胡适著	台北远东图书公司1979年版
《胡敬斋集》	（明）胡居仁撰	中华书局1985年版
《研六室文钞》	（清）胡培翚	光绪四年刊本
《研经室集》	（清）阮元撰，邓经元点校	中华书局1993年版
《弇山堂别集》	（明）王世贞撰	台北故宫博物馆民国八十六年版
《复初斋文集》	（清）翁方纲撰	台北文海出版社1974年102卷影印本
《皇明制书》	（明）张卤编，杨一凡点校	黑龙江人民出版社2003年版
《拜经堂文集》	（清）臧庸著	1930年上元宗氏影印汉阳叶氏旧藏写本
《皇清经解》	（清）阮元辑	上海书店1988年版
《逃虚子诗集》	（明）姚广孝撰	齐鲁书社1997年版
《洪武正韵四卷》	（明）宋濂撰，杨时伟补笺	齐鲁书社1997年版
《洪武御制全书》	张德信、毛佩琦主编	黄山书社1995年版
《洪亮吉集》	（清）洪亮吉撰，刘德权点校	中华书局2001年版
《逊志斋集》	（明）方孝孺著，徐光大校点	宁波出版社1996年版
《弢园文录外编》	（清）王韬著，楚流等选注	辽宁人民出版社1994年版

十　画

《袁中郎全集》	（明）袁宏道著	世界书局1935年版
《校邠庐抗议》	（清）冯桂芬著	光绪戊戌本
《耿天台先生文集》	（明）耿定向撰	齐鲁书社1997年版

书名	作者	出版信息
《顾亭林集》	（清）顾炎武著，许啸天整理，胡云翼校阅	上海群学社1926年印行
《高邮王氏遗书》	（清）王念孙等撰	江苏古籍出版社2000年版
《顾端文公遗书》	（明）顾宪成撰	齐鲁书社1995年版
《钱牧斋全集》	（清）钱谦益著	上海古籍出版社2003年版
《徐光启集》	（明）徐光启撰，王重民辑校	上海古籍出版社1984年版
《徐霞客游记》	（明）徐弘祖著，褚绍唐整理	上海古籍出版社1980年版
《涌幢小品》	（明）朱国桢著，缪宏点校	北京文化艺术出版社1998年版
《贼情汇纂》	（清）张德坚等辑	国学图书馆民国二十一年影印本
《诸子辨》	（明）宋濂著，顾颉刚校点	朴社民国十六年点校本
《海国图志》	（清）魏源著	光绪元年重刊本
《海涵万象录》	（明）黄润玉著	中华书局1991年版
《读史方舆纪要》	（清）顾祖禹撰	上海书店1998年版
《读律笺释》	（明）王肯堂撰，顾鼎重编	清康熙三十年刻本
《读律琐言》	（明）雷梦麟著，怀效峰、李俊点校	北京法律出版社2000年版
《高拱全集》	（明）高拱著，岳金西、岳天雷点校	中州古籍出版社2005年版
《唐才常集》	（清）唐才常著	中华书局1980年版
《唐明律合编》	（明）薛允升等编	中国书店1990年版
《通雅》	（明）方以智著	中国书店1990年版

十一画

书名	作者	出版信息
《黄宗羲全集》	（清）黄宗羲著，沈善洪主编	浙江古籍出版社1986年版

书名	作者	出版信息
《理学宗传》	（清）孙奇逢编辑	山东友谊书社1989年版
《曹月川集》	（明）曹端撰	上海古籍出版社1991年版
《笥河文集》	（清）朱筠	清光绪五年定州王氏刻本
《曹端集》	（明）曹端著，王秉伦点校	中华书局2003年版
《龚自珍全集》	（清）龚自珍著	中华书局1959年版
《职方外纪校释》	[意]艾儒略著，谢方校释	中华书局1996年版
《雅述》	（明）王廷相撰	齐鲁书社1995年版
《盛世危言》	（清）郑观应著	翰华阁书店1921年铅印本
《粤大记》	（明）郭棐撰，黄国声、邓贵忠点校	中山大学出版社1998年版
《船山全书》	（清）王夫之著	岳麓书社1988—1996年版
《续焚书》	（明）李贽著	中华书局1974年版
《续藏书》	（明）李贽著	中华书局1959年版
《康有为全集》	（清）康有为撰，姜义华、吴根梁编	上海古籍出版社1990年版
《章氏遗书》	（清）章学诚著	文物出版社1985年影印本
《章太炎全集》	（清）章炳麟著	上海人民出版社1982—1986年版
《章太炎学术史论集》	（清）章太炎著，傅杰编校	中国社会科学出版社1997
《高邮王氏遗书》	（清）王念孙、王引之著	江苏古籍出版社2000年版
《惜抱轩诗文集》	（清）姚鼐著	上海古籍出版社1992年版
《清史列传》	王钟翰点校	中华书局1987年版
《清史纪事本末》	黄鸿寿著	上海书店1986年版
《清史稿》	赵尔巽等撰	中华书局1977年标点本
《清代七百名人传》	蔡冠洛编著	中国书店1984年版
《清代学术概论》	梁启超著	上海古籍出版社1998年版
《清代碑传文通检》	陈乃乾编	中华书局1959年版

《清代禁书总述》	王彬主编	中国书店1999年版
《清真指南》	(清)马注著，余振贵标点	
		宁夏人民出版社1988年版
《清代人物大事纪年》	(清)朱彭寿编著，朱鳌、宋苓珠整理	
		北京图书馆出版社2005年版
《清碑类钞》	徐珂著	中华书局1984年版
《清鉴》	印鸾章著	中国书店1985年版
《清鉴易知录》	许国英著	北京古籍出版社1987年版
《清经世文编》	(清)贺长龄、魏源编	中华书局1992年版
《海国图志》	(清)魏源撰	清光绪元年重刊本
《梁启超论清学史二种》	朱维铮校注	复旦大学出版社1985年版
《康有为政论集》	汤志钧著	中华书局1981年版
《康有为大同论二种》	康有为著	
		生活·读书·新知三联书店1998年版

十二画

《焚书》	(明)李贽著	中华书局1974年版
《雅述》	(明)王廷相撰	齐鲁书社1995年版
《畴人传》	(清)阮元撰	商务印书馆1955年版
《紫柏老人集》	(明)僧真可著	金陵刻经处本
《崔东壁遗书》	(清)崔述著，顾颉刚编订	
		上海古籍出版社1983年版
《焦氏笔乘》	(明)焦竑撰，孔子文化大全编辑部编辑	
		山东友谊书社1991年版
《曾文正公年谱》	(清)黎昌庶撰	传忠书局光绪二年刊本

十三画

| 《蒙藏佛教史》 | (明)释妙舟编纂 | |
| | | 上海佛学书局民国二十四年刊本 |

《罪惟录》	(清)查继佐著	浙江古籍出版社1986年版
《慎言》	(明)王廷相撰	齐鲁书社1995年版
《新学伪经考》	康有为著	光绪辛卯初印本
《筹办夷务始末》	(清)宝鋆等	光绪年间石印本

十四画

《嘉定钱大昕全集》	(清)钱大昕著	江苏古籍出版社1997年版
《蔡元培全集》	蔡元培著	中华书局1984年版
《蔡文庄公集》	(明)蔡清撰	齐鲁书社1997年版
《韬园尺牍》	(清)王韬著	中华书局1959年版
《鲒埼亭集》	(清)全祖望著	商务印书馆1936年版
《谭嗣同全集》	(清)谭嗣同著	中华书局1981年版
《疑年录汇编》	张惟骧辑	民国十四年刊本

十五画

《潜书》	(清)唐甄著	中华书局1963年版
《潜研堂文集》	(清)钱大昕著	江苏古籍出版社1997年版
《颜元集》	(清)颜元著,王星贤、张芥尘、郭征点校	
		中华书局1987年版
《憨山老人梦游集》	(明)僧德清著	江北刻经处本

十六画

《整庵存稿》	(明)罗钦顺、顾清撰	
		上海古籍出版社1991年版
《薛文清公读书录》	(明)薛瑄著	正谊堂全书本1937排印本
《薛敬轩先生文集》	(明)薛瑄撰	清康熙四十七年正谊堂张氏刻本
《雕菰楼集》	(清)焦循著	清道光四年刊本
《澹园集》	(明)焦竑撰,李剑雄点校	中华书局1999年版

十七画

《霜红龛集》	（清）傅山著	山西古籍出版社 2004 年版
《戴震全书》	（清）戴震著，张岱年主编	
		黄山书社 1994—1997 年版
《戴震文集》	（清）戴震著	中华书局 1980 年版
《藏书》	（明）李贽著	中华书局 1959 年版
《魏庄渠先生集》	（明）魏校撰	中华书局 1985 年版
《魏源集》	（清）魏源著	中华书局 1976 年版

十九画

《瀛环志略》	（清）徐继畬著	山西古籍出版社 2004 年版
《瀛涯胜览校注》	（清）马欢著，冯承钧校注	
		商务印书馆 1935 年版

研究文献

二画

《十五家年谱丛书》	杨希闵编	江苏广陵古籍刻印社 1980 年版

三画

《上海佛教史》	阮仁泽、高振农等著	
		上海人民出版社 1992 年版
《上海近代报刊史论》	秦少德著	复旦大学出版社 1993 年版

四画

《王心斋全集》	陈祝生主编	江苏教育出版社 2001 年版
《王世贞研究》	郑利华著	学林出版社 2002 年版

书名	作者	出版社
《王艮评传》	龚杰著	南京大学出版社 2001 年版
《王守仁·阳明年谱》	钱穆著,王云五主编	台湾商务印务书馆民国五十九年版
《王国维年谱新编》	孙敦恒著	中国文史出版社 1991 年版
《王廷相和明代气学》	葛荣晋著	中华书局 1990 年版
《王船山认识范畴研究》	陈远宁著	湖南人民出版社 1982 年版
《王船山传论》	邓潭洲著	湖南人民出版社 1982 年版
《王船山思想体系》	蔡尚思著	湖南人民出版社 1985 年版
《王韬评传》	忻平著	华东师范大学出版社 1990 年版
《太平天国史》	罗尔纲著	中华书局 1991 年版
《太平天国史料考释集》	罗尔纲著	生活·读书·新知三联书店 1985 年版
《历代名人年里碑传总表》	姜亮夫著	台湾商务印书馆 1965 年版
《中国人思想之源——儒释道思想的斗争与融合》	赵书廉著	吉林文史出版社 1992 年版
《中国文化史》	柳诒徵撰,蔡尚思导读	上海古籍出版社 2001 年版
《中国书院学规》	邓洪波编著	湖南大学出版社 2000 年版
《中国史纲要》	剪伯赞著	人民出版社 1984 年版
《中国古代藏书与近代图书馆史料》	李希泌等著	中华书局 1982 年版
《中国启蒙思想文库》	张岱年主编	辽宁人民出版社 1994 年版
《中国伊斯兰教史》	李兴华等	中国社会科学出版社 1998 年版
《中国佛教史》	蒋维乔著	商务印书馆 1935 年版
《中国学术流变——论著辑要》	冯天瑜等编著	华东师范大学出版社 2003 年版
《中国学案史》	陈祖武著	台北文津出版社 1994 年版
《中国近三百年学术史》	钱穆著	中华书局 1986 年版

《中国近三百年学术史》	梁启超著	东方出版社 1996 年版
《中国近三百年哲学史》	蒋维乔编述	中华书局 1934 年版
《中国近代史资料丛刊》	中国史学会主编	上海人民出版社 1961 年版
《中国近代史料学稿》	张革非等编著	中国人民大学出版社 1990 年版
《中国近代报刊史》	方汉奇著	山西人民出版社 1981 年版
《中国近代报刊发展概况》	杨光辉等编	新华出版社 1986 年版
《中国近代思想史论》	李泽厚著	安徽文艺出版社 1999 年版
《中国近代哲学的革命进程》	冯契著	华东师范大学出版社 1997 年版
《中国近现代佛教人物志》	于凌波著	宗教文化出版社 1995 年版
《中国思想通史》	侯外庐著	人民出版社 1956 年版
《中国政治制度史》	左言东著	浙江古迹出版社 1986 年版
《中国哲学史料学初稿》	冯友兰著	上海人民出版社 1962 年版
《中国天主教史人物传》	方豪著	中华书局 1988 年版
《中国敦煌学史》	林家平等著	北京语言学院出版社 1992 年版
《中国基督教史略》	[韩]李宽淑著	社会科学文献出版社 1998 年版
《中国景教》	朱谦之著	人民出版社 1993 年版
《中国佛教》	中国佛教协会编	知识出版社 1980 年版
《日知录集释》	黄汝成撰	上海古籍出版社 1996 年版
《从马礼逊到司徒雷登——来华新教传教士评传》	顾长声著	上海人民出版社 1985 年版
《文学二十家传》	梁容若著	中华书局 1991 年版
《文渊阁四库全书指南》	陈有方编译	台湾商务印书馆 1988 年版
《方以智年谱》	任道斌编著	安徽教育出版社 1983 年版

五　画

| 《戊戌变法》 | 中国史学会编 | 上海神州国光社 1953 年版 |
| 《戊戌变法史论》 | 汤志钧著 | 群联出版社 1955 年版 |

《东林书院志》	高廷珍著	台湾庄严文化事业公司1996年版
《甲骨学通论》	王宇信著	人民出版社1993年版
《白鹿洞书院史略》	李才栋编著	教育科学出版社1989年版
《永乐大典考》	郭伯恭著	商务印书馆1938年版
《法兰西学院汉学研究所藏汉籍善本书目提要》	[法]魏丕信监修,田涛主编	中华书局2002年版
《皮鹿门年谱》	皮名振编著	上海书店1992影印本

六 画

《在华耶稣会士列传及书目》	[法]费赖之著,冯承钧译	中华书局1995年版
《全谢山先生年谱》	蒋天枢编	上海书店1992年版
《传教士与近代中国》	顾长声著	上海人民出版社1981年版
《近三百年人物年谱知见录》	来新夏编	上海人民出版社1983年版
《近代二十家评传》	王森然著	上海书店1996年版
《近代中国反洋教运动》	李时岳著	人民出版社1985年版
《刘伯温年谱》	王馨一著	商务印书馆1936年版
《刘宗周年谱》	姚名达著	商务印书馆1934年版
《阮元思想研究》	李成良著	四川人民出版社1997年版
《孙诒让年谱》	朱芳圃编	商务印书馆1934年版
《孙夏峰李二曲学谱》	谢国桢著	商务印书馆1934年版

七 画

《李大钊研究论文集》	韩一德、王树棣编	河北人民出版社1984年版
《李贽年谱》	容肇祖编著	北京三联书店1957年版
《李贽年谱考略》	林海权著	福建人民出版社1992年版
《严几道年谱》	王蘧常编	商务印书馆民国二十五年版
《严复传》	王栻著	上海人民出版社1957年版

《吴廷翰哲学思想》	衷尔钜著	人民出版社 1988 年版
《利玛窦评传》	[法]裴化行著,管震湖译	
		商务印书馆 1993 年版
《辛亥人物碑传集》	卞孝萱、唐文权编	团结出版社 1991 年版
《辛亥武昌首义人物传》	贺觉非著	中华书局 1982 年版
《宋元明清四朝学案》	国学整理社编	世界书局 1936 年版
《宋明理学史》	侯外庐、邱汉生、张岂之主编	
		人民出版社 1987 年版
《张江陵年谱》	杨铎编	商务印书馆 1938 年版
《陈白沙研究论文集》	章继光等主编	湖南大学出版社 2001 年版

八　画

《林则徐年谱》	来新夏编著	上海人民出版社 1981 年版
《明大诰研究》	杨一凡著	江苏人民出版社 1988 年版
《明末朱舜水先生之瑜年谱》	梁启超撰	台湾商务印书馆 1981 年版
《明本纪校注》	王崇武著	香港龙门书店 1967 年影印本
《明史考证》	黄云眉著	中华书局 1985 年版
《明史艺文志史部补》	蒋考瑀编	台北台联国风出版社 1969 年版
《明吴康斋先生与弼年谱》	杨希闵编	台湾商务印书馆 1981 年版
《明季史料题跋》	朱希祖著	中华书局 1961 年版
《明代哲学史》	张学智著	北京大学出版社 2000 年版
《明清人物与著述》	何冠彪著	香港教育图书公司 1996 年版
《明清之际党社运动考》	谢国桢著	中华书局 1982 年版
《明清进士题名碑录索引》	朱保炯、谢沛霖编	上海古籍出版社 1979 年版
《明清笔记谈丛》	谢国桢编著	中华书局 1962 年版
《国外藏学研究译文集》	王尧主编	西藏人民出版社 1990 年版
《佛教史》	任继愈主编	中国社会科学出版社 1991 年版
《佛教志》	方广锠	上海人民出版社 1998 年版
《宗喀巴评传》	王尧、褚俊杰著	南京大学出版社 1995 年版

《近三百年人物年谱知见录》	来新夏著	上海人民出版社 1983 年版
《近代中国史事日志》	郭廷以著	中华书局 1987 年版
《近代译书目》	王韬、顾燮光等编	
		北京图书馆出版社 2003 年版
《近代经学与政治》	汤志钧著	中华书局 2000 年版
《近现代上海出版业印象记》	朱联保著	学林出版社 1993 年版
《美国传教士与晚清中国现代化——近代基督新教传教士在华社会文化和教育活动研究》		
	王立新著	天津人民出版社 1997 年版

九 画

《复社及其人物》	胡秋原著	台北学术出版社 1968 年版
《复社纪略》	陆世仪撰	上海古籍出版社 1996 年版
《皇清经解正续编书题索引》	陈治等编	文史哲出版社 1991 年版
《洪武法律典籍考证》	杨一凡著	法律出版社 1992 年版

十 画

《顾亭林学谱》	谢国桢编	上海商务印书馆 1957 年版
《乾嘉学术编年》	陈祖武、朱彤窗著	河北人民出版社 2005 年版
《康有为政论集》	汤志钧编	中华书局 1981 年版
《读史札记》	吴晗著	北京三联书店 1956 年版
《读通鉴论》	王夫之撰,舒士彦点校	中华书局 1975 年版
《高文襄公集》	高拱撰	明万历刻本

十一画

《黄宗羲年谱》	王政尧点校	中华书局 1993 年版
《黄梨洲学谱》	谢国桢著	商务印书馆 1933 年版
《黄遵宪与近代中国》	郑海麟著	生活·读书·新知三联书店 1998 年版
《章太炎年谱长编》	汤志钧著	中华书局 1979 年版

《章太炎年谱摭遗》　　　　　谢樱宁著　　　中国社会科学出版社 1987 年版
《章太炎先生自定年谱》　　　　　　　　　　上海书店 1986 影印本
《清史编年》　　　　　　　　人大清史所编
　　　　　　　　　　　　　　中国人民大学出版社 1985—2000 年版
《清代人物传稿》　　　　　　清史编委会编　中华书局 1984—1993 年版
《清学案小识》　　　　　　　唐鉴编　　　　台湾商务印书馆 1969 年版
《清儒学术讨论集》　　　　　陈柱著　　　　上海商务印书馆 1930 年版
《清儒学术拾零》　　　　　　陈祖武著　　　湖南人民出版社 1999 年版
《清儒学案》　　　　　　　　徐世昌著　　　　中国书店 1990 年版
《清儒学案新编》　　　　　　杨向奎著　　　　齐鲁社 1985 年版
《清儒传略》　　　　　　　　严文郁编　台湾商务印书馆民国七十九年版
《清儒学记》　　　　　　　　张舜徽著　　　　齐鲁书社 1991 年版
《梁启超年谱长编》　　　　　丁文江、赵丰四编 上海人民出版社 1983 年版
《梁启超论清学史二种》　　　朱维铮编　　　复旦大学出版社 1985 年版
《续修四库全书总目提要》　　中国科学院图书馆整理　中华书局 1993 年版

十二画

《中国历代人物年谱考录》　　谢巍编　　　　　中华书局 1992 年版
《紫柏老人集》　　　　　　　曹越主编　　　北京图书馆出版社 2005 年版

十三画

《蒙藏佛教史》　　　　　　　释妙舟著　　　上海佛学书局民国 24 年版
《碑传选集》　　　　　　　　钱仪吉编　　　　台湾大通书局 1976 年版
《碑传集》　　　　　　　　　钱仪吉编　　　　中华书局 1993 年版
《碑传集补》　　　　　　　　闵尔昌著　　　燕京大学国学研究所 1932 年版
《新学伪经考》　　　　　　　康有为著　　　　中华书局 1988 年版
《新编中国名人年谱集成》　　　　　　　　台北商务印书馆 1980 年排印本

十四画

《鲒埼亭文集选注》　　　　　全祖望著,黄云眉选注　齐鲁书社 1982 年版

十五画

《谭嗣同年谱》	杨廷福编	人民出版社 1957 年版
《颜元评传》	陈山榜著	人民教育出版社 2004 年版

十七画

《戴东原先生年谱》	段玉裁编	北京图书馆 1999 年版
《戴东原的哲学》	胡适著	商务印书馆 1927 年版

十九画

《藏族宗教史之实地研究》	李安宅著	中国藏学出版社 1989 年版
《藏学研究》	中央民族学院藏学研究所编	中央民族学院出版社 1993 年版
《藏传佛教寺院考古》	宿白著	文物出版社 1996 年版
《藏传佛教思想史纲》	班班多杰著	三联书店上海分店 1992 年版

后 记

《中国学术思想编年·明清卷》经过 8 年时间的资料搜集、整理、研究和写作,终于完成。我们在如此漫长的研究和写作过程中深深地感到,要完成这个课题绝非轻而易举之事。我们不仅要了解学术界对这些问题的研究动态,而且要到散落在浩若烟海的历史典籍中,搜集那些与本课题有关的文献资料,并逐年加以编辑整理和研究考辨,其艰难程度是可想而知的。经过几年的研究和写作,我们对明清两代的主要历史典籍有了更多的把握,原先存疑的具体问题也有了较为明确的了解,大致理清了明清两代主要的学术事件、著名学者、学术著作、学术流派、学术思想和治学方法等基本状况。所有这些,对我们今后的学术研究均有裨益。

此外,我们要向审读本卷的专家,尤其要向本书的策划编辑侯晋公先生表示感谢,他们提出的诸多意见和建议已经在修改时得到采纳,他们严谨的治学态度给我们留下深刻印象。我们还要向本书前期的参与者表示感谢,他们搜寻到不少有价值的资料,并初步进行了一部分稿件的整理和研究工作。他们是线文、曾谦、蔡礼强、王春霞、车冬梅、李春雷、乔志强、张启耀、刘彗娟、徐晓霞、王有红、安树彬、张治江、朱文哲、孙坤明等人。

我们在写作过程中尽可能地搜寻各类资料,但限于条件,有些资料还是没有搜集齐全。明清学术思想史是近年来学术研究的热点之一,研究成果层出不穷;在本书写作和编辑出版过程中出现的新资料和新成果,也不可能全部被吸收到本书中来。此外,对于已有的历史文献和学术观点,学者们仁智互见,认识各异。我们对历史文献进行了较为细致和系统的爬梳整理,并在初步理解的基础上做出严肃的分析研究,书中的考辨和论述中的某些观点是否准确还希望得到专家的批评。我们在写作过程中六易其稿,但呈献给读者的这本书中可能还存在某些问题,学术研究永无止境,我们也将以更加严谨的态度把学术研究工作做得更好。

作　者
2005 年 12 月 20 日

后 记

《中国学术思想编年·明清卷》经过8年时间的资料搜集、整理、研究和写作,终于完成。我们在如此漫长的研究和写作过程中深深地感到,要完成这个课题绝非轻而易举之事。我们不仅要了解学术界对这些问题的研究动态,而且要到散落在浩若烟海的历史典籍中,搜集那些与本课题有关的文献资料,并逐年加以编辑整理和研究考辨,其艰难程度是可想而知的。经过几年的研究和写作,我们对明清两代的主要历史典籍有了更多的把握,原先存疑的具体问题也有了较为明确的了解,大致理清了明清两代主要的学术事件、著名学者、学术著作、学术流派、学术思想和治学方法等基本状况。所有这些,对我们今后的学术研究均有裨益。

此外,我们要向审读本卷的专家,尤其要向本书的策划编辑侯晋公先生表示感谢,他们提出的诸多意见和建议已经在修改时得到采纳,他们严谨的治学态度给我们留下深刻印象。我们还要向本书前期的参与者表示感谢,他们搜寻到不少有价值的资料,并初步进行了一部分稿件的整理和研究工作。他们是线文、曾谦、蔡礼强、王春霞、车冬梅、李春雷、乔志强、张启耀、刘彗娟、徐晓霞、王有红、安树彬、张治江、朱文哲、孙坤明等人。

我们在写作过程中尽可能地搜寻各类资料,但限于条件,有些资料还是没有搜集齐全。明清学术思想史是近年来学术研究的热点之一,研究成果层出不穷;在本书写作和编辑出版过程中出现的新资料和新成果,也不可能全部被吸收到本书中来。此外,对于已有的历史文献和学术观点,学者们仁智互见,认识各异。我们对历史文献进行了较为细致和系统的爬梳整理,并在初步理解的基础上做出严肃的分析研究,书中的考辨和论述中的某些观点是否准确还希望得到专家的批评。我们在写作过程中六易其稿,但呈献给读者的这本书中可能还存在某些问题,学术研究永无止境,我们也将以更加严谨的态度把学术研究工作做得更好。

作 者
2005 年 12 月 20 日

中国学术思想编年

先　秦　卷
秦　汉　卷
魏晋南北朝卷
隋唐五代卷
宋　元　卷
明　清　卷

ISBN 7-5613-3488-5